天理圖書館叢書　第二十一輯

古義堂文庫目録

天理圖書館

序　文

老いては、ますます子孫の連綿をおもひ、家の傳統をもなつかしむのは、人情の常ではあるまいか。明治の末から今日まで、京都に住むこと五十年にも近くなつて、堀川の流れは濁りはてたものの、その川の東涯に立つ古義堂の古き建物を、今もしばしば、若き垂柳の風になびく西涯から眺め見つつ、懷古の情、敬慕の念、いよよ深くなるばかりである。三代の碩儒ときこえた狩野君山先生と相共に、いくたびか、この古義堂をおとづれて、三四十年前から、或る期間、この堂を擁護して居られた、備後福山における梅宇系統より出でた篤實なる伊藤顧也翁から、主として、仁齋東涯兩先生時代の記錄および文書、手稿本や書入本、ないしは門人帳會計簿のたぐひまでも見せてもらひ、諸先生の印譜をも新製して頂戴したことさへあつた思出は、一一ここに書きつくしがたい。

經學は、固より私の柄ではないから、深く探り究めようとは思はなかつたが、當時君山先生から、その古義堂の舊蹟の一室において、而も古義なるものの由來を、默默と拜聽した時の感懷を忘れることが出來ない。私の興味は、むしろ紹述先生の學風と業績と遺德との上に存した。殊に、そのころ調査最中であつた青木昆陽や慈雲律師の少壯時代の堀川塾修業の徑路を知りたさで、東涯先生の學問の淵源を深く究めたい一念から推進し、江戸の新井白石および荻生徂徠の學問との對照をも試みつつ、大正四年このかた伊藤東涯先生資料と題した抄物一冊を作つて、爾來四十年ほどに亘つて、絶えず零細をも厭ふことなく、この一冊に集注して一向增補を盡したのであつた。

その大正四年十一月には、京都大學の文科の支那學會において、公開講演會ならびに大展觀が催された。大正天皇即位を祝する意味から出たのであつた。古義堂から、殆どあらゆる重要なる文獻が出陳された。兩先生の肖像をはじめ、筆蹟や稿本および刊本のかずかずが展觀せられた。繪葉書も發行された。講演者六名のうち、高瀨惺軒博士の、堀川學派と徂徠學派との比較が、特に私の注意を集めた。君山湖南兩博士のお話もあつたかと思ふが、この會の案内狀や目錄には載つてゐない。とにかく、私の資料抄物は、かくの如き契機よりして一段大いに進められたと信ずる。その前後徐ろに、堀川文献を少しづつ渉獵して、專ら自分自身の所期の方向をたどつて進んだ。

　これより先き、京都府立圖書館に寄託されてあつた古義堂舊藏の和漢書古刊本の稀籍のたぐひのうち、宋版の歐陽文忠公全集のごときは、折にふれて、私の好書趣味を著しく引いた。金澤文庫の黑印も据わつてゐたことをも忘れず、就中、有名な日本刀歌をその集中に見などして、逸書百篇今尚存の名句のごときは、いつも想起されるのである。むろん、この全集も、幾多の逸書と共に、今はこの天理文庫に見られるわけである。

　その他、ここに書きとどめておきたいのは、大正四年の大典に方つて、中央公論の十一二月にわたり、私は京都近代學藝史論なるものを載せたが、それは上記の京大支那學會以前の起草にかかり、その後、自著の史傳叢考の中に收めた。その第四第五の兩章に、仁東兩先生の學問を、私の立つた一隅から觀察しつつ、傍ら門下が受けて餘光の廣大無邊ともいふべき感化力を禮讃したのであつた。

　かくて星霜二十有六七年、昭和十六年秋冬の交に至つて、日本の教育史上また學藝史上、比類極めて稀なる古義堂文庫を擧げて、殆ど全部とも稱し得べきほど、細大漏らさず、南流して大和の石の上布留の天理文庫に納りたるの一事に至つては、京都の學界また古文化財保存史上より、いささか愛執の念、名残惜しき感、全く無いとは申されまいこと、君山先生と共に同感至極ではあるけれども、散逸を防ぎ得た大局の上から、何人も達觀した所であつた。殊に石上宅嗣卿の靈境に在つて、永く完全に保存せられ、内外の學者の、諸方面からの調査と研究とに資せられ得るに至つたのは、日本の文庫史上、極めて稀有なる美事快擧と稱して可なりと思ふ。

寧樂東山の兩御文庫は、いまさら申すもおろかで、元より比倫を絶するが、姑く之を金澤足利紅葉山等、關東の諸文庫の内容に比し、なほ又諸大名の舊秘庫や古社寺の有數なる名庫の實質に對し、この堀川文庫の實質の一きは特殊にして優秀なるは、連綿たる名儒一家門流の學問傳統の實歴の經過を如實に展開し得べき資料に充實せる一點こそが、東西に、内外に、誇示するに足るものと信ずるのである。仁齋以下數代二百餘年、江戸に在つて、そも林家の文庫いづこにか存する、白石徂徠の藏儲稿本のゆくへはいかに、と對照し來たると共に、近世第一流の國學漢學兩界の名門の文庫を古今の變遷のあとから回顧すれば、思ひ半ばに過ぐるの嘆がある。陽明家の文庫をはじめ、舊公卿の寳庫の如きも、その整理、その運營、なほ未だ甚だ進まざるを遺憾とせざるを得ない。もとより其の容量、その單純複雜、一樣ではないにしても、この古義堂文庫が、昭和十七年十月十八日、創立記念を祝する天理圖書館に於て、大展観をせられたとき、私は君山博士に陪して往いて一見し、武内義雄、吉川幸次郎の兩博士と共に、私も講演をしたが、やはり上記の如き、東涯及門の先覺者について、師の餘光を仰いで大成するに至つた趣を略述したのであつた。こんな思出も浮んでくるが、爾來十三年、割合に速かに、司書中村文學士等の努力に由つて、富永館長の董督のもと、着着、その整理も進んだ結果書誌も完成するに及び、恰も同館創立二十五年の絶好機と共に、いまこの大冊を印行頒布するに至つたのは、誠に慶幸とすべきである。兩文庫との多年にわたる好情舊縁をも回顧しつつ、贅言を題したことを寛恕せられたい。

昭和三十年十月

京都

新村出

序文

古義堂文庫を所藏するようになつたのは、全く偶然の事であつた。

私には、堀川學派についての、深い知識はなかつた。又、それを究めようとの意圖もなかつた。況んや、仁齋以來、文献が伊藤家に保管されてあると云う點など知るよしもなかつた。

昭和十六年の秋であつた。反町茂雄君から伊藤家に文献讓渡の意圖ある事を聞いた時も、深い興味を持つてはいなかつたが、さて、整理のすゝむにつれて、これは容易ならぬものであると感じた。

その第一は、仁齋、東涯等の學に對する態度である。その眞劍味が、各々の文献の蔭ににじみ出て感ぜられ、假令、同學に志さぬにしても、學に志すものとして、識見態度に、先賢の面影を偲び得るものである。

その第二は、稿本類が、散逸せずに保管されてあつた點である。幾年かの間に、推敲を重ね心血を注がれた跡が、躍動して見る者の胸に迫る觀がある。

交友の名簿、入門名簿、尺牘類等にいたつては、几帳面な儒者氣質を偲び得ると共に、半面、一般人の生活態度に暗示を與えるものと云える。

本箱に張られてある千字文篆書の分類文字は、残念ながら、解り難く、一般向きはせぬが、儒家の香をとゞめる懐かしみをおぼゆるものである。

○

尚、私事にわたるが。古義堂文庫の第一回搬入完了の翌日が、眞珠灣攻撃の報が當時の大本營から發表された日であつた。文庫と戰爭とは全くの無關係ではあるが、古義堂文庫の名と共に、常に私の念頭に浮ぶは、その日のスリルである。

○

天理圖書館に架藏して、十餘年、その間、諸事象不如意の中を、營々として整理に力をいたされた、中村幸彦君等の勞を謝し、こゝに書目の發刊のよろこびを誌す。

昭和三十年十月　日

中山正善

凡　例

一、カツテ古義堂文庫書誌ヲ計画シ、昭和十九年ソノ第一トシテ、仁齋書誌略ヲ出刊シテ後、昭和二十年暮藏書増加アリ、ヨツテ改メテ、コヽニ文庫ノ全書籍ヲツクス目録ヲ出ス

一、本目録ハ上下巻ニワカレ、上ハ古義堂ト伊藤家歴代ニ直接關スルモノヲ収メ、下ハソノ他一般舊藏書類ヲ収ム

一、上巻ハ著者別ヲ本體トシ、宗家・別家、歴代ノ順ニ從ツテ配列ス、各著者ノ内ニテハソノ著述、編纂、校刊ノ書ヲ第一、日記、門人録、書簡來簡ヲ第二、手澤ノ證アル舊藏書、書畫ノ類ヲ第三、ソノ手ニナル書畫、草稿ヲ第四、第五ニハ印章等ノ物品器物ヲ分類ス

一、上巻所收ノ各項ニハ簡單ナガラ書誌的ノ説明ヲホドコシ書誌略ト題ス、タヾシ仁齋、東涯等主要人物ニ自ラ詳ニシテ、他ハコレヲ簡略ニス、例ヘバ第三類ノ手澤本ノ類ハ、仁齋等ニ於イテハコレヲ盡シ、東所ハソノ若干ニトドメ、歴代ハ下巻ノ部ノ註記ニ述ベテ、全ク略スガ如キナリ

一、下巻ハ和書、漢籍、書畫草稿、刷物文書ノ類ニ大別シ、各ニナホ若干ノ細分アリ、本邦人ノ著述ハ專ラ和書ニ入ルルモ、彼土ノ著ノ註釋ニシテ、漢文ナル如キハコレヲ漢籍ニ加フ

一、上巻ニ収メシ手澤本ノ類ハ下巻ト重複ス、タヾシ説明ハ上巻ニ於イテ行ヒタレバ、下巻ニテハ單ナル註記ニ止ム、ソノ他例ヘバ仁齋ノ著述東涯ノ加筆ノ如キハ仁齋ノ状ニ出シテ東涯ノ状ニハ再出セズ

一、書籍ノ配列ハ各區分内ニ於イテ、和書ハ本館使用スル日本十進分類法ニ、漢籍ハ經史子集ノ順ニ大略從ヒタルモ、舊古義堂以來ノ本箱ヲ用ヒ、實物ノ配置ト目録ノ順序ヲ出來得ルカギリ一致セシメント試ミタル爲、故意ニ亂シタルコトナキニシモアラズ、ソノ例、書畫文書等ニ於イテ甚シ、ソノ事情ニヨル配列ノ亂雜ハ許容アリタシ

一、各項ニツキテハ本館ノ稀書目録ニナラヒ、書名、成立様式、巻數、冊數、著者、筆者、刊行者等人的關係、出刊成立年次等ニツキテ記載シタレドモ、本目録ノ性質上、適宜ノ省略多シ、書名ノ下部ノ括弧中ニ示ス數字ハ古義堂文庫内ニ於ケル請求番號ナリ

一、本目録中ニ見ユル古義堂關係ノ人物ハ、若干紹介ヲ加ヘシモアレド、參考ノ爲、一括シテ伊藤家略系譜ヲ附録トス、コノ系譜ハ仁齋ヲ中心トシ大體明治年代ヲ以テ終ル

一、上巻ハ目次ヲ檢引ノ用ニアテ、下巻ノ和書・漢籍ノミニ、各發音通リ五十音順ノ索引ヲ附ス

一、コノ目録作成ニアタリシ者ハ、前川梅造、新城英太郎、相場弘一、中村幸彥ナリ

伊藤家略系譜

一、宗家

伊藤了慶

名長之、字七郎右衞門、攝津尼崎人長澤道林子、和泉堺住ノ伊藤道慶ノ男了雪ノ養子トナル、天正十四年京都堀川東畔勘解由小路北ニ移住シテ一家ヲナス、寛永元年七月二十九日歿、五十五才、京都東山仁王門通信行寺ニ墓石アリ、實讃(カ)了慶居士

妙忍孺人

了慶元配、伊登《イト》、池田武藏守家人榎本新右衞門直治(空心居士)女、慶長十五年四月五日歿、三十三才、信行寺ニ葬ル

了室

名長勝、字七右衞門、了慶二男、母榎本氏、長男了心正之、家ヲツギテ、了室ハ別家セシナルベシ、仁齋父ナリ、延寶二年九月十日歿、七十六才、嵯峨二尊院ニ葬ル

壽玄孺人

了室配、那倍《ナベ》、連歌師里村玄仲女即チ紹巴ノ孫ニシテ、仁齋母、延寶元年七月十一日歿、六十五才、嵯峨二尊院ニ葬ル、以後代々ノ墓石ハ二尊院ニアリ

無三

名直之、初名直昭、字主馬助、了慶三男、母榎本氏、母方ヲ嗣イデ、池田家ニ仕フ、天和元年七月廿五日歿、八十三才

(了室以前ナホ詳ニ明カナレド、略ス)

仁齋 ○

名維楨、幼名維貞、字源佐又源助、幼字源吉又源七郎トモ云フ、別號棠隱、了室長男、母里村氏、古義堂第一代ナリ、寛永四年七月廿日生、寶永二年三月十二日歿、七十九才、諡號、古學先生

貞淑孺人

仁齋元配、嘉那《カナ》、淺野因幡守家醫士緒方元安女、東涯母ナリ、延寶六年十月十二日歿、三十三才

惠慈孺人

仁齋繼室、總、園部小出家ノ臣瀬崎豈哲女、梅宇以下ノ母、寛保元年十一月十一日歿、八十四才

七左衞門

了室男、仁齋弟、寛文某年七月五日、江戸ニテ歿

佐和

了室女、母里村氏、仁齋妹、京都住井上長右衞門久也(似休)ニ適ク、ソノ長女ソヨハ、仁齋門小川成章室、享保十四年五月二十七日歿、八十九才、號壽貞

嘉都

了室女、母里村氏、仁齋妹、母方ノ從兄、蒔繪師田付長兵衛高政ニ適ク、延寶八年八月十九日歿

進齋(仁齋弟、一家ヲナス、別出)

東涯 ○

名長胤、字源藏又元藏、幼名龜丸、仁齋長男、母緒方氏、古義堂二代

目ナリ、寛文十年四月廿八日生、元文元年七月十七日歿、六十七才、諡號、紹述先生

温　正　孺　人

東涯配、倉、嵯峨ノ醫加藤柳軒重治女、瀬崎豈哲ノ外孫ナリ、寡シテ桂林ト云フ、東所母、安永五年正月九日歿、八十二才

具　　壽

仁齋長女、母緒方氏、幼ニシテ痾ニカヽリ適カズ、寶永五年十月十三日歿、三十六才、號順静

清《セイ》

仁齋二女、母緒方氏、京ノ醫小見山凉甫ニ嫁ス、寶永四年九月十五日歿、三十一才、號妙甫孺人

梅　　字（東涯弟、一家ヲナス、別出）

介　　亭（同、叔父進齋家ヲツグ、同）

留《メト》

仁齋三女、母瀬崎氏、越前福井藩士本多武兵衛武雅（白峯）ノ繼配、寶暦九年正月十七日歿、七十二才、號敬信

竹　　里（東涯弟、一家ヲナス、別出）

蘭　　嵎（同、　同　　同　）

○

東　　所

名善韶、字忠藏、東涯三男、母加藤氏、長、次男幼死シテ古義堂三代目、七才父ニ死別シ、蘭嵎ニ教育サル、享保十五年八月廿四日生、文化元年七月廿九日歿、七十五才、諡シテ修成先生

静　懿　孺　人

東所元配、定《テイ》、和歌山井口喜太夫（蘭雪文炳）女、東里母、明和三年六月五日歿、二十八才

順　室　孺　人

東所繼室、本《モト》、加茂縣主新庄氏龍女、安永六年二月四日歿、三十七才

順　貞　孺　人

東所三配、佐喜、若狭三方郡木野村農大同六兵衛女、東峯等ノ母ナリ、寡トナリテ桂心、弘化四年六月二日歿、八十五才

蒼　山　爲　雲

東所侍妾、シナ、經師商若林政盛女、明和七年五月十一日歿、一女アリ、名葺《フキ》、東所長女、明和七年八月十七日歿、二才

常

東涯長女、母加藤氏、寛保三年三月廿四日歿、十二才

（東涯ニ早生ノ男子二人アレド略ス）

○

東　　里

名弘美、字延藏、東所長男、母井口氏、古義堂四代目、寶暦七年三月廿三日生、文化十四年五月廿四日歿、六十一才、子ナク弟東峯ツグ、諡號、恭敬先生

弘　　茂

字蕃藏、東所二男、母井口氏、明和八年十二月廿一日歿、八才

由　　多

床ニ改ム、東所二女、母新庄氏、淀藩稲葉侯臣龜山恰ニ嫁ス、享和二年三月十三日歿、三十三才、號仙桃院

弘　　義

東所三男、名幾久三郎、母新庄氏、天明元年六月九日歿、七才

篤《アツ》

毛登ニ改ム、東所三女、母大同氏、京醫檜林（本姓谷）宗博ニ嫁ス、文化十一年十一月十七日歿、三十一才

多　加

岩尾ト改ム、東所四女、母大同氏、大將軍社司生嶋安藝守經彭ニ嫁ス、弘化元年九月廿八日歿、五十八才

東　皐

名弘明、字良藏、幼名小四郎、東所四男、母大同氏、文化七年十一月十三日歿、二十一才

東　岸（東里弟、一家ヲナス、別出）

臨　皐（同、紀州伊藤家ニ入ル、別出）

○

東　峯

名弘濟、字壽賀藏、幼名壽賀若、東所七男、母大同氏、兄東里歿、子ナキヲモツテ、ツイデ古義堂五代目トナル、寛政十一年五月十九日生、弘化二年八月十四日歿、四十七才、諡號、靖共先生

順常孺人

東峯配、榮、京醫福井丹波守需（榕亭）女、輶齋母、明治二十一年十月十三日歿、八十四才

○

輶　齋

名重光、字德藏、幼名多米吉、由藏、別ニ東原、六有齋等ノ號アリ、東峯三男、母福井氏、古義堂六代目ナリ、天保二年十月廿日生、明治四十年七月二日歿、七十七才

順淑孺人

輶齋配、靜、初名功《コト》、宇治茶師橋本玄可女、子皆夭折、明治四十三年三月二十四日歿、六十八才

寛　理（寛丸）

東峯長男、母福井氏、文政八年三月十日歿、五才

達

東峯長女、母福井氏、所司代與力石崎長久ニ嫁ス、大正三年十月十一日歿、八十八才、号瓊樹院

丑　二　郎

東峯二男、母福井氏、文政十三年九月十二日歿、二才、號瓊蘂

尚　吉

東峯四男、母福井氏、天保四年十月十六日歿、當才、號夙泯

糇　吉

東峯五男、母福井氏、天保十年三月五日歿、六才、號綺蕚

倶

東峯二女、母福井氏、近衞家大夫北小路俊良ニ嫁ス、文久二年六月三十日歿、二十五才、號清操院

蘭　渓

名重遠、字龜之助、別号清嘯軒、明治五年二月九日歿、二十八才

○

琢　彌

梅宇ノ備後福山伊藤家廬西楊藏（後出）五男、母中島氏、輶齋養子トシテ宗家ニ入ル、明治三十三年四月十九日歿、三十九才、配ハ山城笠

置村大倉治郎左衛門六女文榮、一男一女アレド、夫ノ歿後、實家ニ歸ル

晞　雲

輶齋長男、母橋本氏、明治七年二月七日歿、當才

岫　雲

輶齋二男、母橋本氏、明治八年十一月廿一日歿、當才

翠　雲

輶齋三男、母橋本氏、明治十年八月九日歿、當才

孝　彥　○

琢彌男、母大倉氏、明治三十二年四月廿六日生

春　榮

琢彌長女、母大倉氏、明治二十九年一月九日生

二、進齋家

進　齋

名維則、字新助、幼名七之助、了室男、仁齋弟、母里村氏、仁齋ニ業ヲウケテ後、江戸ニ出テ土屋相模守ニ仕ヘ一家ヲナス、慶安四年九月十日生、元祿四年四年九月一日歿、四十一才、子ナク仁齋三男介亭ヲモツテ嗣トス、江戸四谷圓融寺ニ葬ル、今墓石ナシ

介　亭

名長衡、字正藏、仁齋三男、母瀬崎氏、貞享二年十二月十日生、進齋家ヲツギ、享保十一年、攝津高槻藩永井侯ニ仕フ、子ナク竹里ノ子弘窩ヲ以テ嗣トス、明和九年十月廿四日歿、八十八才、謚號、謙節先生

弘　窩

名惟章、字修藏、後ニ文藏ト改ム、竹里二男、母西村氏、介亭家ヲツグ、天明元年七月二十三日歿、四十一才、配温恭孺人（青木有定女）ノ間ニ男子ナク、羽田氏弘毅字任藏ヲ嗣トスレド、後絶ユ、女子五アリ、岡村玄康ニ嫁セシ信女ハ狂シテ入水セル夫ニ殉ジタル節婦ナリ

三、梅宇家

梅　宇

名長英、初名長敦、字重藏、仁齋二男、母瀬崎氏、享保三年備後福山阿部侯ニ仕ヘ一家ヲナス、代々福山藩儒ナリ、天和三年八月十九日生、延享二年十月廿八日歿、六十三才、謚號、康獻先生、配可貞孺人、留、福山家中佐野理右衛門宗闕女、安永五年十一月六日歿、七十四才、六男一女アリ

霞　臺

名輝祖、字大佐又必大、別號省齋、梅宇二男、母佐野氏、福山伊藤二代目、寶曆三年九月二日卒、三十才、子ナク弟蘭畹ヲ嗣トス

蘭　畹

名懷祖、字修佐、別號圖南、梅宇三男、母佐野氏、兄ヲツギテ三代目トナル、天明八年八月晦歿、六十二才、謚號、彰常先生

竹　坡

名弘亨、字貞藏、幼字貞吉、蘭畹長男、母深町氏、四代目、二男五女アレド川越光崇弟良炳ヲムカヘテ長女都也ニ配シ嗣トス、文化二年東所遺言ニヨリ二百日宗家ノ學業ヲ補助ス、文政十一年七月十七日歿、六十九才、謚シテ嚴恭先生

弘　訓

字新藏、初字元治、蘭畹二男、母深町氏、同藩士石谷瀬兵衛重之ノ女ニ配シ、新之丞重光ト改ム、天保十年歿、七十六才

蘆　汀

名良炳、字文佐、別號蘆東、川越仁右衛門光崇弟、竹坡長女都也ニ配シテ五代目トナル、東里東峯時代京ニ上リテ宗家ノ家學ヲ補助ス、文政四年十月一日歿、四十六才、諡シテ棐恭先生

蘆　岸

名良有、字格佐、竹坡二男、蘆汀ノ養子トナルノ後、文化二年五月ニ生、蘆汀死シ嗣幼ナルニヨリ六代目トナル、文久元年十二月晦歿、五十七才、幽讓先生ト諡ス

長　文

字健藏、蘆汀長男、文政十一年正月十四日歿、二十五才、諡撝謙先生

長　大

字順藏、通稱元善、蘆汀二男、天保十四年五月十七日歿、三十五才、諡丸齋先生

蘆　西

名良之、字楊藏、別號竹塘、蘆岸長男、七代目、母石崎氏、明治十四年七月十三日歿、四十六才

梅　塘

名顧也、蘆西四男、母中島氏、八代目、孝彦ノ幼時、宗家ヲ補佐ス、昭和九年一月二十四日歿、六十九才、

琢　彌（蘆西五男、宗家ニ入ル、前出）

四、竹里家

竹　里

名長準、字平藏、仁齋四男、母瀬崎氏、元祿五年生、享保七年筑後久留米有馬侯ニ仕ヘ一家ヲナス、寶暦六年九月十一日歿、六十五才、配、縫、毛利家中飯田茂定女、寶暦二年九月廿八日歿、三十九才

惟　城

字平格、寶暦六年十月四日歿、十八才、竹里家コヽニ絶ユ

惟　章（惟城弟、介亭ヲツグ、前出）

五、蘭嵎家

蘭　嵎

名長堅、字才藏、別號六有齋、抱犂齋、仁齋五男、母瀬崎氏、元祿七年五月一日生、享保十六年、紀藩ニ仕ヘ一家ヲナス、代々紀藩儒、東所ノ幼時宗家ヲアヅカルコト十年、安永七年三月廿七日歿、八十五才、諡紹明先生、元配、喜城氏、齊淑孺人、二配安立氏、三配本多氏、（一説、元配小野寺氏、二配本多氏）

亦　蘭

名有濟、字甚左衛門、別號梅岑、蘭嵎長男、母本多氏、二代目、男子ノ嗣ナク菅野氏ノ六子弘朝ヲムカフ、寛政三年八月十日歿、三十九才、諡明義先生

海　嶠

名弘朝、字海藏、淡路人菅野善右衛門ノ六子、亦蘭女ヤヘ（鷗心孺人母加茂氏）ニ配シテ三代目トス、文化十五年四月廿八日歿、五十三

才、諡緝明先生

臨　皐

名弘剛、字泰藏、宗家東所六男、母大同氏、文政元年海嶠ノ嗣トナル、四代目、嘉永四年七月二十九日歿、五十六才、諡文靖先生

周　峯

名弘耿、字専藏、臨皐二女健ニ配ス、五代目

六、東　岸　家

東　岸

名弘充、字滿藏、東所五男、母大同氏、越後長岡牧野侯ニ仕ヘ一家ヲナス、輶齋ノ時、宗家ノ後見ヲナス、配山本氏愛トノ間ニ子ナシ、深津氏ノ四子ヲムカフ、元治元年十月十二日、歿七十四才、諡繼明先生

竹　宇

名弘貞、字幹藏、別號東岳、長岡藩深津金右衛門四子、入リテ二代目トナル、祢津氏ノ二男、弘文禮藏ヲ養子トスレド、戊辰ノ役ニ戰死ス、明治二年正月十九日歿

達　三　郎

竹宇五男、母ハ淀藩龜山恰ノ孫、三代目、長男弘以下六子アリ

一、宗家

伊藤道慶（長弘）―了雪（長光）―了慶（長之、長澤氏ヨリ）

妙清

妙忍 榎本氏 伊登

妙春 久保氏 龜

了慶の子：
- 女子（珠慶、適山田氏）
- 了心（正之、別家）―道恩（正知）
- 了室（長勝）
  - 壽玄 里村氏 那倍《ナベ》
- 無三（直之、嗣榎本氏）
- 女子（適吉田氏）

了室の子：
- 仁齋
  - 貞淑 緒方氏 嘉那
  - 惠慈 瀬崎氏 總
- 某（早世）
- 某（早世）
- 七左衛門
- 佐和（適井上氏）
- 某（早世）
- 嘉都（適田付氏）
- 虎之助（早世）
- 進齋（別家）

仁齋の子：
- 東涯
  - 温正 加藤氏 倉
- 具壽（號 順靜）
- 清（又俊、適小見山氏）
- 梅宇（別家）
- 介亭（嗣進齋家）
- 留（適本多氏）
- 竹里（別家）
- 蘭嵎（別家）

- 世俊（早世）
- 世倫（早世）
- 東所
  - 静懿　井口氏　定
  - 順室　新庄氏　本
  - 順貞　大同氏　佐喜
  - 東里
  - 弘茂（早世）
  - 茸（早世）
  - 由多（改名床　適龜山氏）
  - 弘義（早世）
  - 篤《アツ》（改名毛登　適楢林氏）
  - 多《タ》加《カ》（改名岩尾　適生嶋氏）
  - 東皐
  - 東岸（別家）
  - 岩（改名富佐　嗣大同氏）
  - 臨皐（嗣蘭嵎家）
  - 東峯
    - 順常　福井氏　榮
    - 寛理（早世）
    - 達（適石崎氏）
    - 丑二郎（早世）
    - 輶齋
      - 順淑　橋本氏　静
      - 晞雪（早世）
      - 岫雲（早世）
      - 翠雲（早世）
      - 琢彌（梅宇家ヨリ）
        - 大倉氏　文榮
        - 春榮
        - 孝彦
          - 中村氏　友枝
          - （以下略）
    - 尚吉（早世）
    - 糇吉（早世）
    - 倶（適北小路氏）
    - 蘭溪
- 常

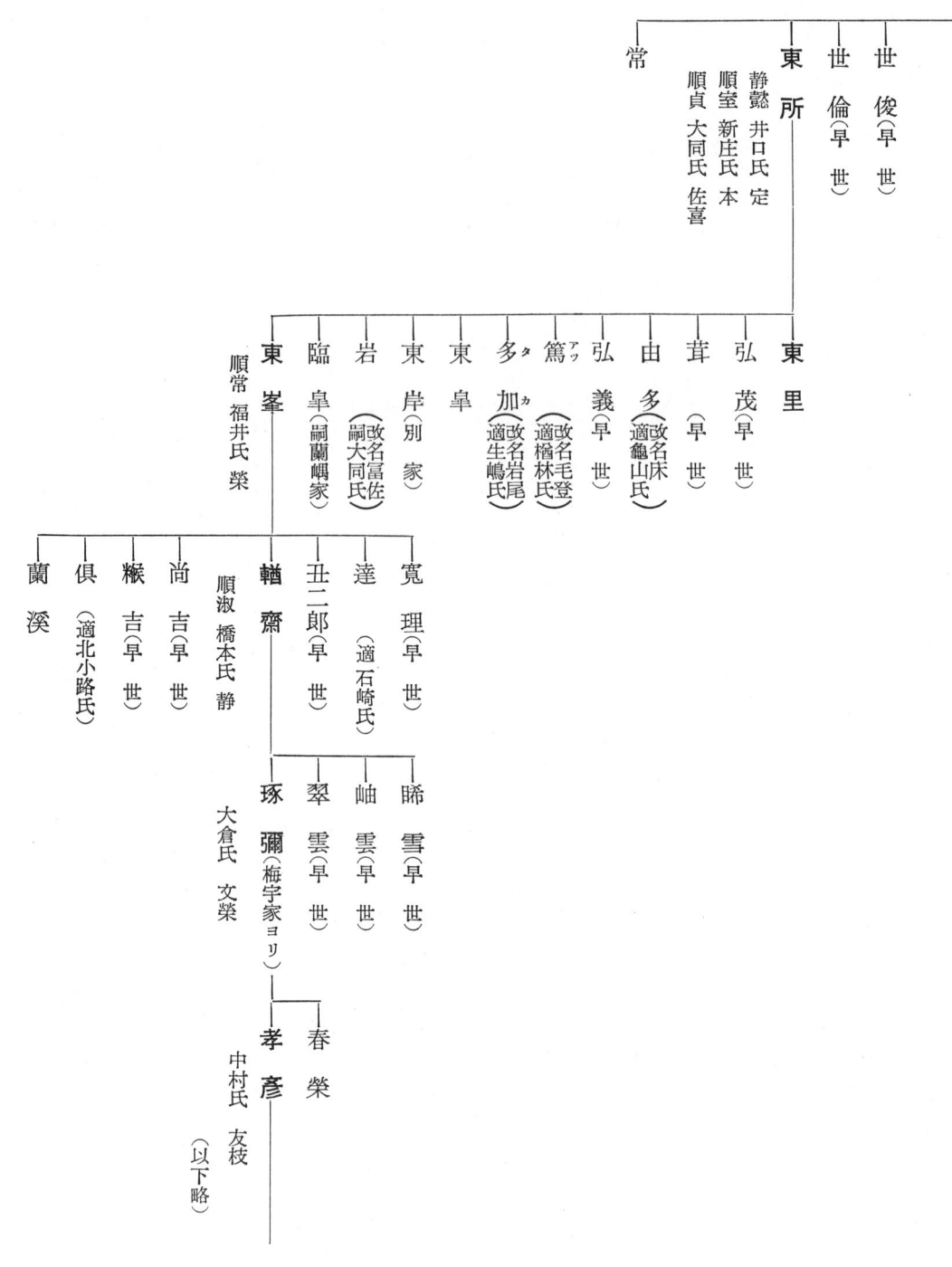

二、進齋家

伊藤**進齋**（仁齋弟）―**介亭**（仁齋三男）―**弘寯**（竹里二男）　温恭　青木氏

- 弘毅（羽田氏ヨリ）
- 女子（弘毅配カ）
- 女子
- 女子
- 信（適岡村氏）
- 阿留（順序不明）

三、梅宇家

伊藤**梅宇**（仁齋二男）　可貞　佐野氏　留

- 世廉（早世）
- **霞臺**　山岡氏
- **蘭睆**　川崎氏　深町氏　須和
  - **竹坡**　佐藤氏　久
    - **蘆汀**（川越氏ヨリ）
      - 長文
      - 長大　座間氏―貞吉（早世）
      - 鶴（適山本氏）
    - 都也（改義、蘆汀配）
    - 良和（早世）
    - 豊（改智、適佐原氏）
    - 參（早世）
    - 花代（改信、適堀氏）
    - 女子（早世）
    - **蘆岸**　石谷氏　小治《コハル》
  - 弘訓（改重光、嗣石谷氏）
  - 融（改島津、適小曽戸氏）
  - 京（適川合氏）
  - 高（改尾上、適大野氏）
- 長富（改保富、嗣宮田氏）
- 世保（早世）
- 世秀（早世）
- 宮也（早世）

- 國（適川相氏）
- **蘆西** 中島氏 トセ
  - **梅塘** 磯長氏
    - 慥尾（適昌谷氏）
    - 琢彌（嗣宗家）
    - 愛（適井上氏）
    - 千嵗（適定敏《サダトシ》氏）
    - 女子（適藤田氏）
- 定（適川合氏、後適鈴木氏）
- 良道（早世）
- 眞藏（早世）
- 義範（早世）

四、竹里家

- 伊藤**竹里**（仁齋四男） 飯田氏 縫（一ニ西村氏）
  - **惟城**
  - 弘窩（嗣進齋家）

五、蘭嵎家

- 伊藤**蘭嵎**（仁齋五男） 齊淑 喜城氏 ミヨ（一ニ、小野寺氏） 安立氏 本多氏
  - トミ（適服部氏）
  - **亦蘭** 加茂氏
    - **海嶠**（菅野氏ヨリ）
      - モト（適山本氏）
      - **臨皐**（宗家ヨリ） 野澤氏 小坂氏
        - 男子（早世）
        - 女子（早世）
        - **周峯**
          - ヤヘ
          - トシ
          - ヒロ
          - 溫之進（早世）
          - 驥四郎（以下略）
        - 健（周峯配）
        - 女子（早世）
        - 男子（早世）
    - ヤヘ（鷗心、海嶠配）
    - 女子（早世）
    - 弘業（早世）

六、東岸家

伊藤東岸（東所五男）―竹宇（深津氏ヨリ）

山本氏　愛

龜山氏　力《リキ》

竹宇―廉藏（岩井氏ヨリ）

―禮藏（禰津氏ヨリ）

―達三郎

清水氏　幸

―鏗《カタ》治《ジ》（適羽賀氏）

―鐵（適深津氏）

（四子二女外ニ早世）

達三郎―弘

種村氏

―賴藏

―初（適深津氏）

―艶（嗣羽賀氏）

―恆《ツネ》

―治《ハル》

（以下略）

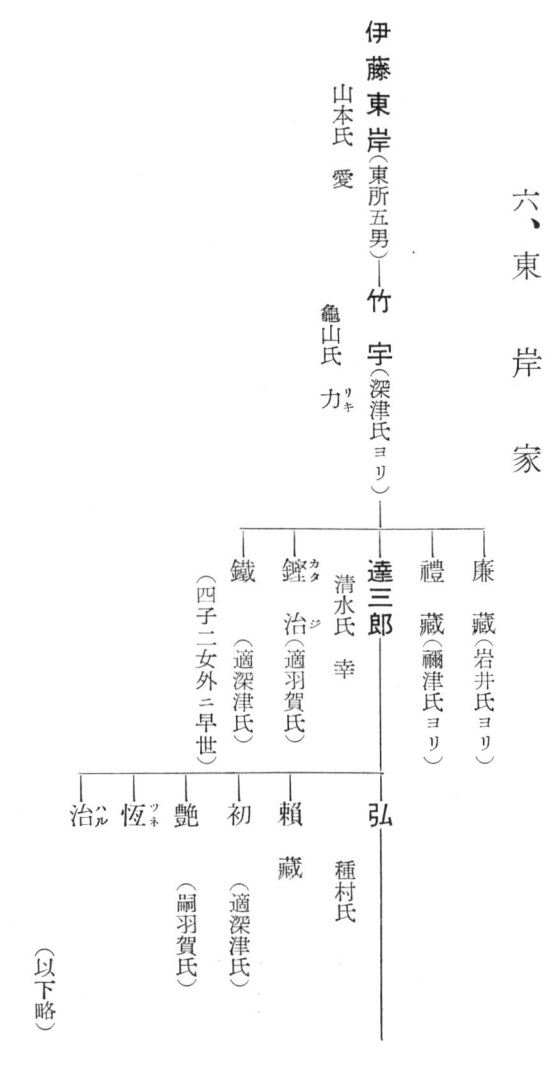

目次

丙 東所書誌略……一五六

丁 東里以後歴代書誌略……一八四

己　伊藤家資料目錄……二三四

下卷　伊藤家舊藏書籍書畫之部

古學先生肖像　二三六頁

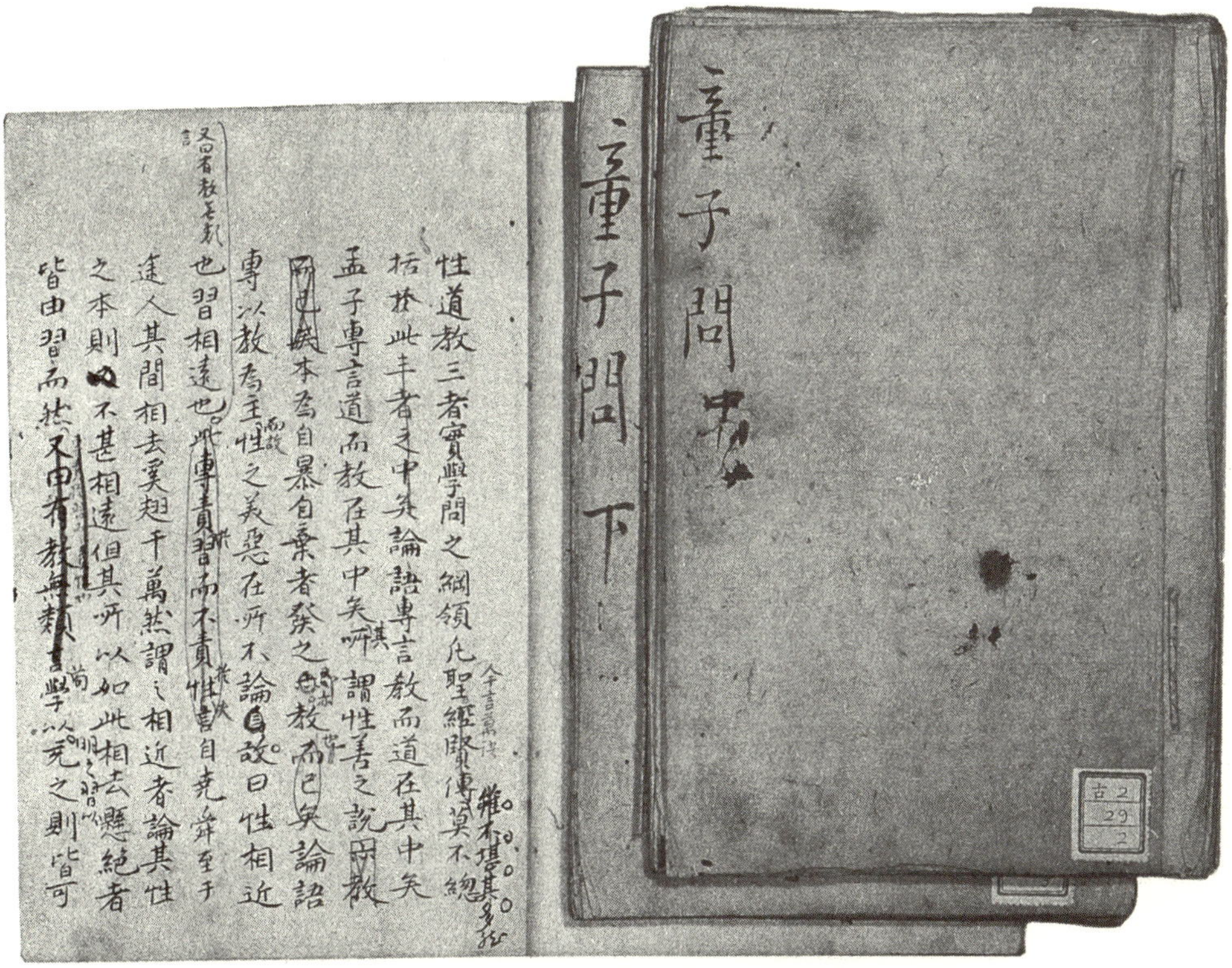

童子問　元祿六年自筆本（仁齋）　一七頁

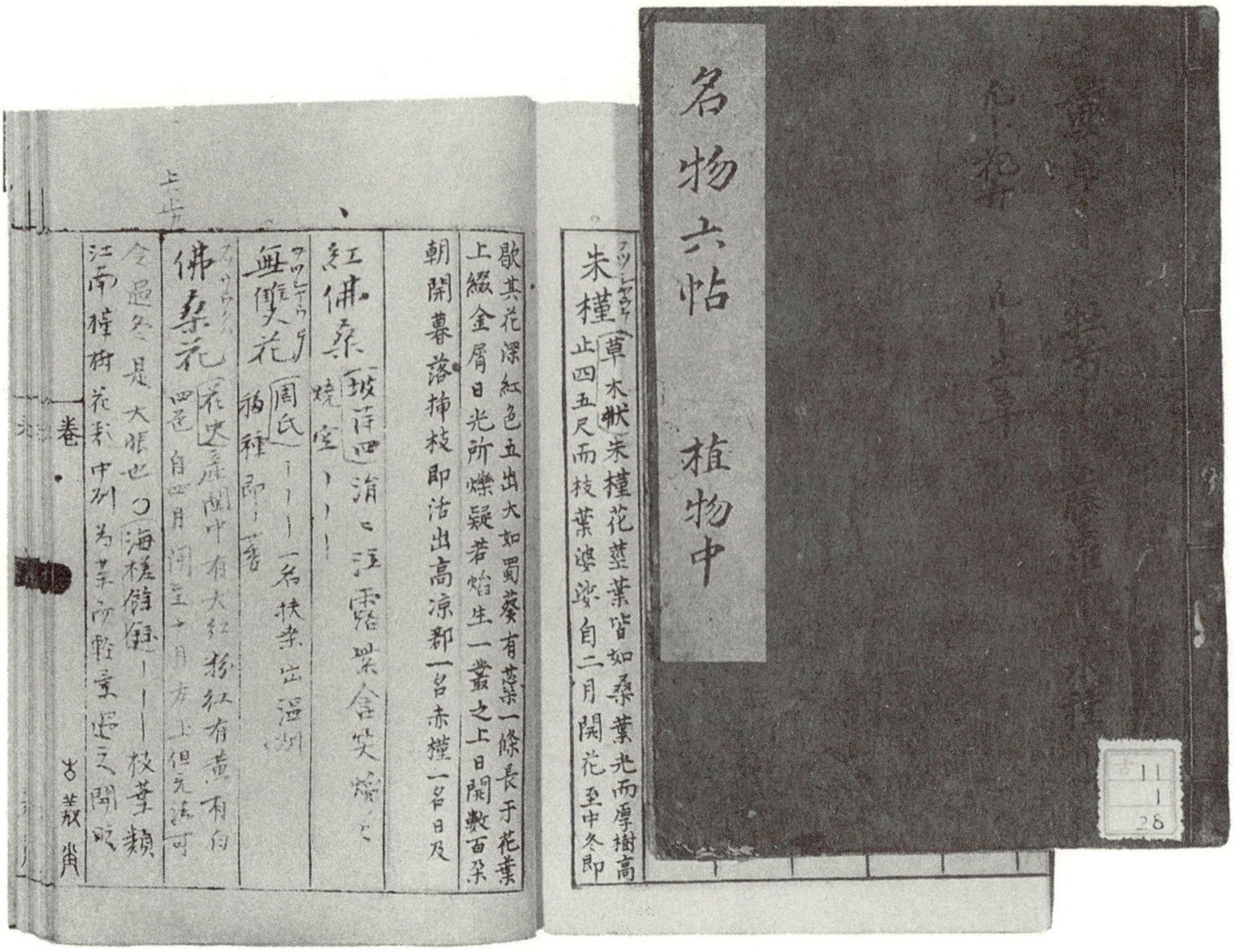

五二頁

名物六帖自筆底本(東涯)

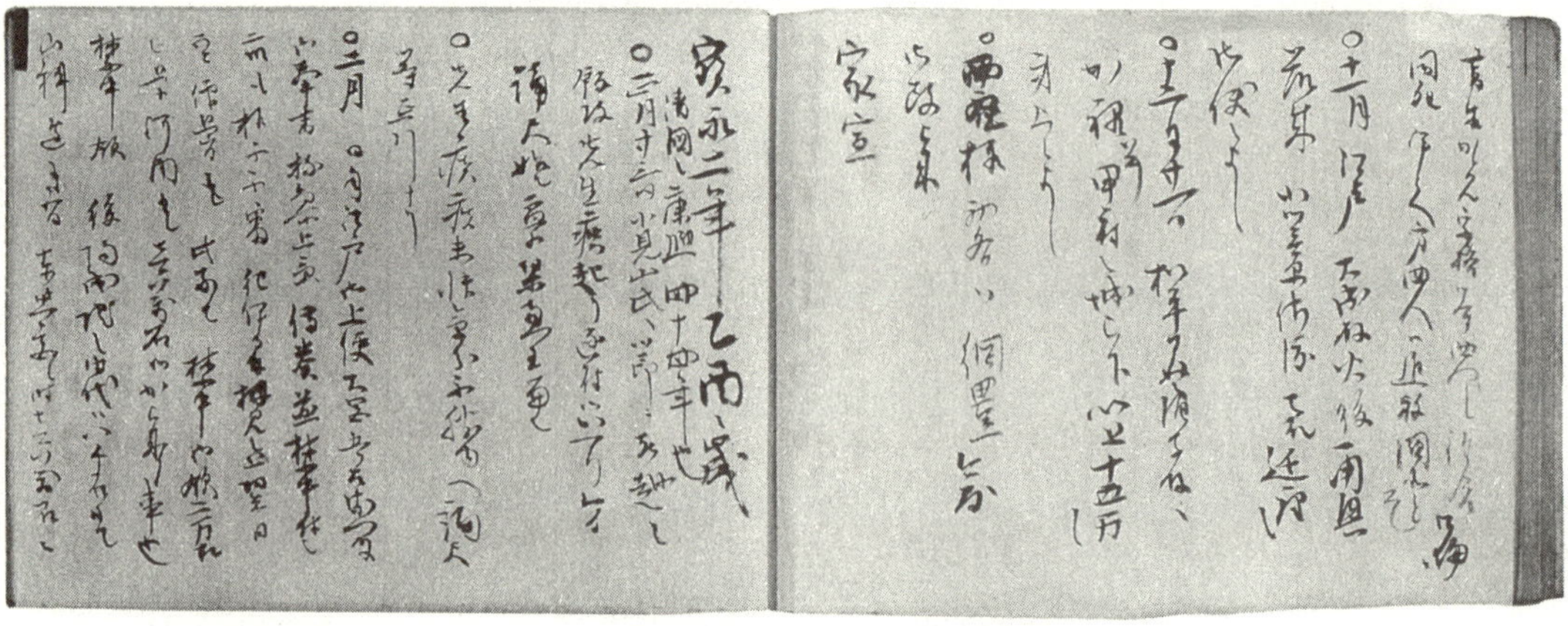

一〇一頁

伊藤氏家乘(東涯)

稽古堂額（東涯）　一四四頁

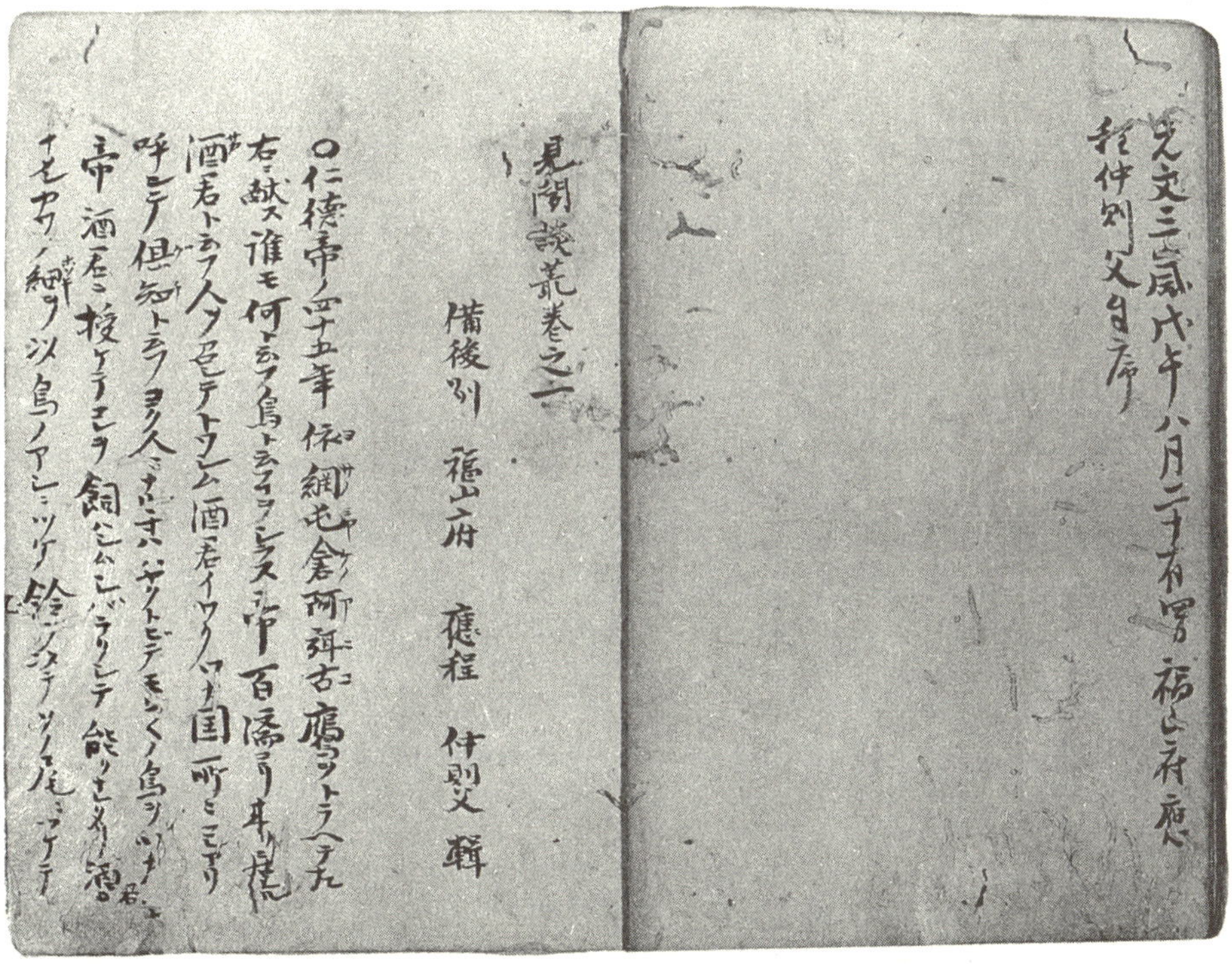

見聞談叢自筆本（梅宇）　二一二頁

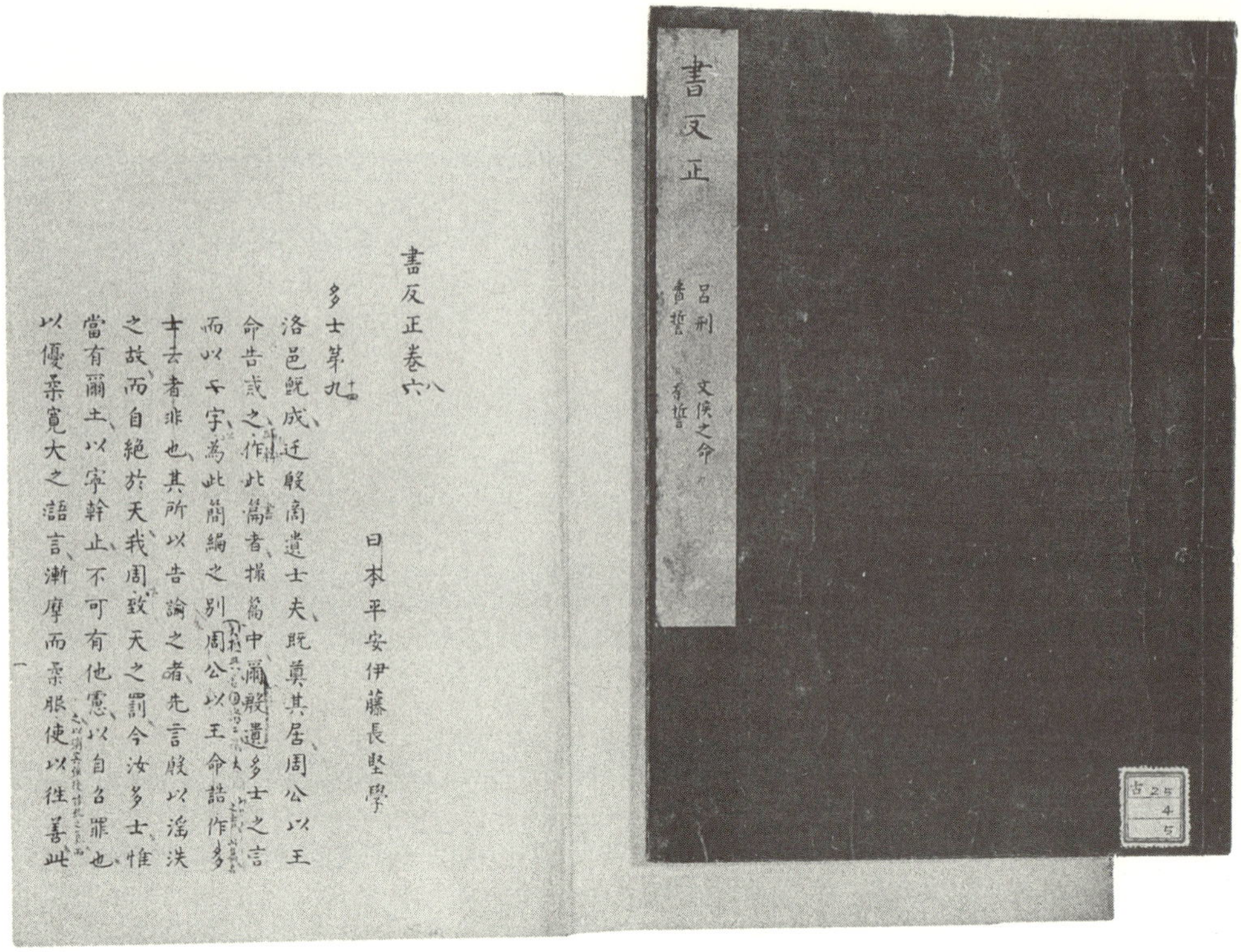

書反正

呂刑 文侯之命 秦誓

書反正巻六八

多士第九十

日本平安伊藤長堅學

洛邑既成、遷殷商遺士夫、既奠其居、周公以王命告誡之、作此篇書、撮篇中爾殷遺多士之言而以千字為此篇編之別、周公以王命誥作多士去者非也、其所以告諭之者、先言殷以滔洪之故而自絶於天、我周致天之罰、今汝多士惟當有爾土、以寧幹止、不可有他慝、以自名罪也、以優柔寛大之語言、漸摩而柔服使以往善此

書反正自筆本（蘭嵎）　二二〇頁

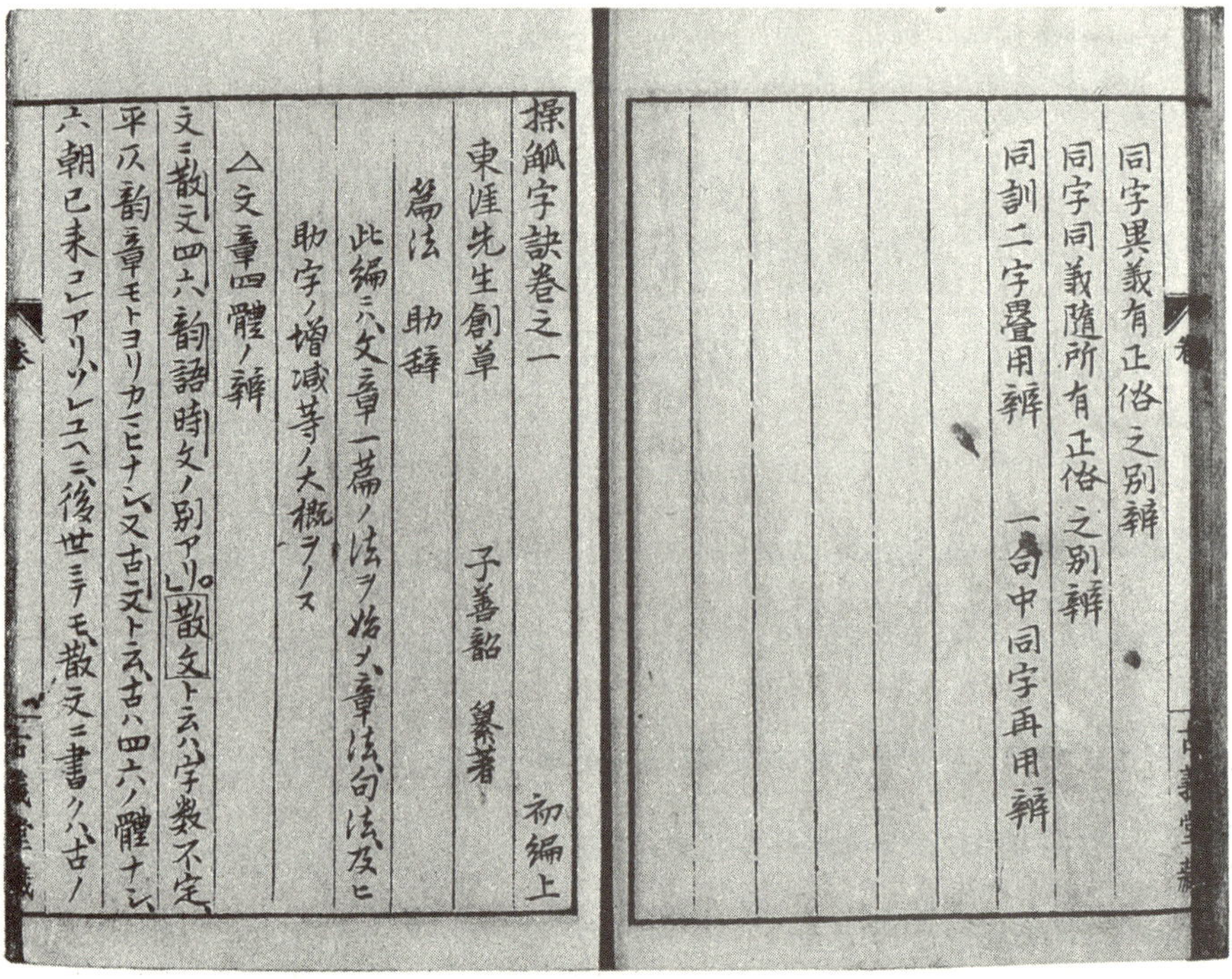

同字異義有正俗之別辨

同字同義隨所有正俗之別辨

同訓二字疊用辨　一句中同字再用辨

操觚字訣巻之一　初編上

東涯先生創草　子善韶　纂著

篇法　助辭

此編ニハ文章一篇ノ法ヲ始メ、章法句法及ヒ助字ノ増減等ノ大概ヲノス

△文章四體ノ辨

文ニ散文四六韻語時文ノ別アリ。散文ト云ハ字数不定、平仄韻章モトヨリカヽハラス、又古文ト云。古ハ四六ノ體ナシ。六朝已来コレアリ。ソレユヘニ後世ニテモ散文ニ書クハ古ノ

操觚字訣第一浄書本（東所）　一五九頁

古義堂文庫目録

上卷

古義堂文庫目錄　上卷

甲　仁齋書誌略

第一類　著述・編纂

一　易經古義　附大象解

○東涯著周易經翼通解ノ釋例ニ云フ、「先子抱二遺經一、尋二墜緒一、闡二明聖猷一、以終二其身一、研二覃鄒魯二書一、兼治二周易一、然易唯解二乾坤二卦一、務明二大義一、不レ要二瑣究一、不レ如下治二一書一之専且精上也、胤不肖、紹二述遺志一、叙二之舊聞一、僭爲二此解一、但曰易主二義理一、不レ從二卜筮一、曰十翼非二夫子之所一レ作、曰易言レ氣而不レ言レ理、曰古易有二卜筮義理兩端一、凡此大義數條皆本二于先子之綿蘊一、其佗條例間亦得二于蠡測一、具見二解中一、不二復甄別一」ト、同書東所序ニ云、「吾　祖考晩年將注易、已解乾坤及大象、名以古義」ト、綱領九條註例ヲ巻頭トシテ解説シ、巻之一ニテ乾坤ヲ註シ、別ニ文言若干ヲ附ス、後未完ノマヽ、古學先生別集巻一ニ収メラル、別ニ大象ノ解一巻アリ　（日本儒林叢書収、武内義雄著　易と中庸の研究參照）

1　易經古義　自筆本　寫半一冊　（一―一）

墨附表紙共二十四丁、元祿中葉寫、墨・朱・青・附箋增補訂正多シ、初名周易古義、後現名ニ改メタリ、包紙モ亦仁齋自筆「周易古義稿」ト書ス

2　易經古義　改修本　寫大一冊　（一―二）

墨附表紙共二十六丁、自筆本增訂直後ノ寫、仁齋自ラノ墨・朱・青・附箋ノ訂正アリ、仁齋歿年迄用ヒシモノナルベシ、附蘭嵎附箋一葉

3　易經古義　附大象解　林本　寫大一冊　（一―三）

墨附四十二丁内大象解十三丁、林景范寫、東涯補筆、仁齋改修本現姿ニ至ル中間元祿最晩年ノ寫ナリ、仁齋歿後現姿改修本ニヨリ東涯補筆、更ニ自説ヲ加フ、大象解ニモ亦東涯加筆アリ、林景范ハ又希放、通稱文之進、仁齋友人宗孝ノ子ナリ、仁齋ノ主著晩年ノ稿ハコトゴトク景范ノ手ニナリ、語孟字義ノ刊行ソノ他遺著出刊ニハ東涯ヲ助ケテ最モ努力ス

4　易大象解　東涯改修本　寫大一冊　（一―四）

墨附表紙共十四丁、東涯寫、同補筆、林本ニ加筆セシ東涯ガ更ニ文章ニ洗錬ヲホドコセリ、「元藏家書」ノ印、見返シニ墨書「古學先生別集目録　巻之一、易經古義易大象解　巻之二、仁齋日札讀近思録鈔極論　巻之三、和歌和文」、第一回別集編輯ノ計畫ナルベシ（古學先生別集ノ條參照）

5　易大象解　介亭筆本　寫大一冊　（一―五）

墨附十二丁、〔介亭〕寫、東涯本補筆以前ノ本文ニ等シ

二　春秋經傳通解

○春秋ノ略註ニシテ六巻、巻頭論例六條アリ、中、論註例ニ云フ「此書專據左氏爲説而取其切經義者各附於經文之下合爲之解名曰經傳通解」ト、早ク天和三年七八月ノ頃門弟中島恕元ノ請ニヨリ春秋通解ヲ講ズル由日記ニ見ユ、初稿ハ天和三年既ニナリタルヲ知ルベシ、後古學先生別集巻二、三ニ収ム

1　**春秋經傳通解**　改修本　寫大六巻一冊　（一―六）

墨附百十九丁、〔中島浮山〕寫、中庸發揮第三本、論語古義誠修校本等ト同筆、共ニ天和頃ノ筆ナルベシ、巻五末數葉ハ東涯寫、朱・青・附箋ノ仁齋補筆アリ、附箋ハ晩年ノ筆、仁齋生涯机邊ニソナヘシ所ナルベシ、浮山、名義方、字正佐、先游傳同人條ニ云フ「弱齢師事先人古義發揮等書多其所草定」

2　**春秋經傳通解**巻之一　觀德亭本　寫大一冊缺　（一―七）

墨附二十五丁末欠、觀德亭藏ノ用紙、末ニ東所書ス「此書癸未復月一校多誤字　東所」、癸未ハ寶暦十三年

3　**春秋經傳通解**　臨皐筆本　寫半六巻三冊　（三―一三）

伊藤弘剛寫、第一冊目末ニ「文政二年己卯秋七月十八日創業同八月五日畢實齋伊藤弘剛録原本藏干宗家」、朱ニテ「校畢」、二冊目末「己卯八月念一日初メ同月廿五日終業」、「校畢」（朱）、三冊目末ニ「文政三年庚辰三月晦日謄寫畢」、「校畢」（朱）トアリ、弘剛ハ東所ノ男臨皐ナリ

三　大學定本

○大學ヲ以テ非孔氏之遺書トスル仁齋ガ貞享ノ初、門人長澤純平（粹庵）ノ請ニヨリ此ノ書ヲ校定註解セルモノ、十章ニ分段、極力朱子ノ説ヲ排ス、貞享二年四月ノ後識中ニ云フ、「今原二作者之意一爲レ之考定又擧其盭二於孔孟之旨一與中註家失二作者之意一者上逐一論議辨駁糾レ繆正一誤聊附各條之下二」ト、正徳甲午四年古義堂藏板ニテ、東涯ノ序ヲ附シテ刊行ス、初、京玉樹堂、後文泉堂發行、版木今ニ古義堂文庫ニ存ス、東所遺書總目叙釋ニ贋刻本アリト云フ（四書註釋全書収、語孟字義附大學非孔氏之遺書辨參照）

1　**大學定本**　改修本　寫大一冊　（一―八）

墨附表紙共十四丁、筆者ハ中島浮山ナルベク、中庸發揮第三本（天和三年講義ノ本）ト同筆、識語ヲ加ヘタル貞享二年ヲ去ル遠カラザルモノトス、仁齋補正第一回朱、第二回青、現存最古稿本、巻頭「日東洛陽伊藤維楨原佐甫考定」「旹貞享歳次乙丑夏四月洛陽伊藤某謹識」ノ後語、外題本文同筆

2　**大學定本**　林本　寫大一冊　（一―九）

墨附表紙共二十四丁、林景范寫、青筆モテ仁齋補、表紙中央青「家藏大學定本癸未　七月校　維楨」、癸未ハ元祿十六年

3　**大學定本**　寫大一冊　（一―一〇）

本文林本ニ近シ、元祿中葉ノ寫ナルベシ

4　**大學定本**　浦井本　寫大一冊　（一―一一）

墨附十八丁、浦井某寫、末ニ本文同筆ニテ「付墨十有八葉　浦井氏」本文補筆共ニ林本ノ轉寫、癸未冬改正ノ前元祿十六年末ノウツシニカヽル

5　**大學定本**　元祿十六年冬校本　寫大一冊　（一―一二）

墨附二十四丁、仁齋朱筆補正シ自カラ「癸未冬改正」ト表紙ニシルス、林本ニ於ケル元祿十六年七月校ニツヾクモノ、末ニ「寶永二年乙酉冬十一月望日制中長胤校正」トアルハ、仁齋歿後東涯校正シ句讀ヲホドコセシ年月ナリ、朱墨ニテ點ヲ加ヘシモ東涯ナリ

6　**大學定本**　抄本　寫大一冊　（一―一三）

墨附三十二丁、本文ハ元祿十六年冬校本ニ近ク、寶永五年校本以前ノ寫、註ノ部分マヽ省略アリ

7
大學定本　應氏本　寫大一冊　（一―一四）
墨附四丁、初ノミ、東涯寫、應氏藏書ト柱刻アル用紙ヲ用フ、應氏ハ伊藤氏ノ修、本文元祿十六年冬校本ニ近シ

8
大學定本　寶永五年校本　寫大一冊　（一―一五）
墨附二十三丁、〔梅宇〕寫、伊藤氏藏書ト柱刻セル用紙、東涯、墨・朱二回ノ校補、巻頭朱ニテ「寶永五年戊子十二月十二日（東涯花押）」トハソノ年月ナリ、本文元祿十六年冬、寶永二年ノ校ニ從フ

9
大學定本　正徳三年校本　寫大一冊　（一―一六）
墨附表紙共二十五丁、寶永五年校本ヲ本文トシ東涯第一回青、第二回墨ノ校訂ヲホドコセリ、表紙東涯筆ニテ「癸巳定(印)」、癸巳ハ正徳三年ナリ、尙朱書シテ「此本ハ御忍坊（橋本氏ヲ消シテ）筆工ヘ頼候本也板行之時一部可遣又筆人も可相尋候」「此上又一本有之校正了て板下申付候也」ト、巻頭「伊藤維楨原佐甫考定」ト改ム

10
大學定本　底本　寫大一冊　（一―一七）
墨附二十三丁、梅宇介亭竹里ノ筆ヲ混ズルガ如シ、東涯校訂青・墨・朱ノ三回、六丁裏ニ「已上十一月初七日見了」十七丁裏「已上十一月十三日之校了」トアルハ東涯ニシテ、本文癸巳定ノ改定ニ從ヘバ、同書又一本ト云フニアタリ、正徳三年十一月ノ校訂ニシテ刊行底本ナリ、全部ニ句讀訓點アリ、巻頭「洛陽伊藤維楨考定」トアリ

11
大學定本　校正刷　大一冊　（一―一八）
初四丁、字配現刊本ニ等シケレド、振假名甚シク多キヲ相違トス

12
大學定本　東涯手澤本　大一冊　（一―一九）
洛陽伊藤維楨考定、旹貞享二年歲次乙丑夏四月洛陽伊藤某謹識ノ後語、正徳三年癸巳臈月日伊藤長胤謹叙、古義堂藏、正徳甲午新刊京兆玉樹堂發行、本文校正ト講義ノ際ノ書入上部ニアリ、且ツ正徳五年ヨリ享保二十一年迄六回ニワタル講義始終ノ時日ヲ記載ス

13
大學定本　東所手澤本　大一冊　（一―二〇）
前書ト同刊本、タヾシ奧附ナシ、東涯ノ書入及本文校正ヲ轉寫シ更ニ自説ヲ書加フ、寶曆五年讀畢以下一回ノ校正、寛政十二年ニイタル七回ニワタル講義始終ノ日ヲ記ス、題簽下「長衡之印」アリ、初メ介亭使用セシ本ヲ用ヒシト見ユ

14
大學定本　東里手澤本　大一冊　（一―二一）
奧附ナキ刊本、東涯東所ノ書入及ビ自説ヲモ行間ニシルス、文化四、八、二度講義ノ時日ヲシルス、「弘美之印」ノ印

15
大學定本　東皐手澤本　大一冊　（一―二二）
奧附ナキ刊本、東涯東所東里ノ書入ヲ写シ、自ラノヲモ加フ、末ニ「文化二年乙丑歲初夏較正卒業、同三年丙寅之春三月十七日會卒業」「弘明之印」ノ印

16
大學定本　東岸手澤本　大一冊　（一―二三）
「正徳甲午新刊　京兆文泉堂發行」ト奧附アル刊本、東涯、東所ノ書入ヲ寫シ、自己ノ書入ニ甚ダ努メタリ、末ニ「文化丙寅三月十七日會卒　弘充」、丙寅ハ三年、東皐、東岸共ニ會ニ參加セシト見ユ

17
大學定本　大一冊　（一―二四）
奧附ナキ刊本、東涯、東所ノ書入ノ寫シアリ、「清和源氏源頼龔之印」ノ印

四　中庸發揮

○中庸ノ註解書ニシテ、巻頭叙由ニ於テハ書誌學的見解ヲ示シ、朱子分章ノ第一章ヨリ十五章迄ヲ上編本書トシ、以下下編ヲ漢儒ノ雑記ト誠明ノ書ナリトノ新見ヲ示ス、次グ綱領ニテ中庸ハ論語ノ衍義ナリトシテ思想的解説ヲ下ス、子蘭嵎ガ東涯ノ中庸標釋序ニ曰「我先君子、毅然正舛復古、以爲已任……既註論孟、後及此書、而使瑕瑜不掩、偽妄無逃、及與夫註家、以已意見而解、悉皆平反鄭麗、以要至當、辨之精、然信者疑者、殆相半」ト、正徳四年甲午年古義堂藏版トシテ刊行、初メ玉樹堂、後文泉堂發行、東所ノ遺書總目叙釋ニハ贋刻本アリト云フ（四書註釋全書収、武内義雄著　易と中庸の研究參照）

1　中庸發揮　第一本　寫半一冊　（一―三五）

表紙共廿六丁、論語古義第二本ト同筆、朱筆仁齋増訂、仁齋自ラヲ維貞ト記ス、筆寫増訂共ニ天和三年三月改名以前ナリ、現存最古稿本、恐ラクハ仁齋自筆ノ稿アルベク、最初稿本トハ思ハレネドモ次々第二本第三本トアリ、尙表紙ニ「二書共十一本」トアルハ論孟古義現存最古稿本ト合セテノ事ナレバ今コヽニ第一本ト稱ス、原名中庸古義、仁齋自ラ今名ニ改ム、未ダ上下二編ニワカレズ書誌學上ノ卓説ハコノ書ノ訂正ニヤ、見ユ、所々頭部「以上」トアルハ淨寫ノ折ノモノカ

2　中庸發揮　第二本　寫大一冊　（一―三六）

表紙共三十二丁〔中島浮山〕寫、朱書仁齋増訂、維貞ト書シアレバ天和三年三月以前ナル事第一本ニ同ジ、替表紙ニ「第二本、於西谷氏宅講之、中庸發揮古本全」トアリ、タダシ假稱第一本トノ間ニ少クトモ今一本或ハ一部ノ訂正アリシカト思ハル、本文ナリ、西谷氏ハ門人西谷道室ナルベシ、先游傳同人條ニ云「從先人學尊信之篤不異古聖賢居止接近古義初脫藁先子就其宅講討修定勸人爲學使子弟師先子」ト、浮山ハ道室ノ婿ナリ、未ダ上下二篇ニワカレズ

3　中庸發揮　第三本　寫大一冊　（一―三七）

表紙共三十三丁、第二本ト同筆、第一回青第二回朱ノ仁齋補筆アリ、本文ハ第二本増訂ニ從フ、尙維貞トアレバ天和三年三月以前寫ニカ、ル、表紙ニ「中庸發揮全、定本（墨）、第三本、天和癸亥年於味木氏宅講（朱）」等ノ文字アリ、仁齋筆ナリ、味木氏ハ松仙、仁齋日記天和三年五月八日ノ條ニ「味木松仙にて中庸之講尺いたし候今晩にて相すみ候自三月八日至于今候て會終十三會」ト見ユ、味木松仙先游傳ニヨレバ後道印宇治之人ニテ延壽院門ノ醫ナリ、未ダ二篇ニワカレズ、天和三年五月稲葉正休ノ請ニヨリ東涯ヲシテ寫サシメ送リシ時ノ草稿ハコレナルベシ（語孟字義ノ條參照）、「伊藤維楨」「元輔氏」「仁齋」ノ印アリ

4　中庸發揮　第四本　寫大一冊　（一―三八）

墨附四十二丁、追加三丁、入紙追加ハ東涯筆、仁齋加筆第一回朱、第二回青、第三回朱、第四回墨、現存第三本ニ次グ稿本ニシテ本文ハ元祿七年校本以前ナリ、タヾシ第三本トノ間尙一二稿本アリシガ如シ、シバラク第四本ト云フ、追加三丁アリテ初メテ上下二篇ニワカル、ソノ追加ノ文中ニハ元祿七年校本中ノ校訂ノ説ノ入ルヲ見レバ、元祿七年頃ニ校訂挿入セシモノトシルベシ、外題ハ仁齋筆、尙次回淨書ノ爲ノ註記所々ニアリ、「覺、一圈ノアル所ハ始メ刪リ申候得共後又復シ申也皆イケ申候」「首章ヨリ以下二節皆改メ前ニ入紙イタシ淨書仕リ置候」等、黄表紙

5　中庸發揮　元祿七年校本　寫大一冊　（一―三九）

墨附四十四丁、〔東涯〕寫、仁齋増訂第一回墨、第二回青、第三、四

回朱、見返シニ「元祿七年歳次甲戌夏四月八日中庸章句講始秋七月八日卒功此時發揮修補改定畢」（墨東涯）、「丙子冬十一月再校定」（青仁齋）「丁丑冬重校」、「已卯夏秋重校」（朱仁齋）トアリ、各元祿九、十、十二年ナリ、本文ハ第四本ノ訂正ニ從ヘリ、外題仁齋

6

中庸發揮　寫大一册　（一―三〇）

元祿七年本ノ本文ニ近キモノ、補訂ナシ

7

中庸發揮　元祿十年校本　寫大一册　（一―三一）

墨附四十五丁、明朝體ノ寫、補筆一ハ東涯一ハ林景范ナリ、巻頭「四拾五葉　元祿丁丑之歳秋七月八日（夏五月ヲ消ス）校訂廿六日訖、已卯歳輪講九月廿六日畢」トアルハ東涯筆、コレヨリ見レバ元祿七年本ガ仁齋使用本ニシテコレハ東涯使用本ナリ、元祿丁丑十年仁齋講義重訂ニ先ダツ寫ニシテ、已卯十二年夏秋輪講ノ際七年本仁齋加筆ニヨリ増訂シタリト見エタリ、本書ハ仁齋生前最終本ナリ

8

中庸發揮　板行下本　寫大一册　（一―三二）

全五十三丁、〔東涯〕寫、同補訂、表紙ニ「甲午之歳板行下本也」、元祿十年校本ニ比シテ尙數段ノ變化アリ、且浄書ノ指定ヲ所々ニ認メアレドモ刊本ト比スルニ尙若干ノ相違アレバ、更ニ浄書加筆セシト見ユ、「元藏家書」ノ印、見返シニ「序之分六枚也午ノ二月十一日校完」「ロノ書様論語ノ書様ト一處ニ御考可被下候」ト東涯筆

9

中庸發揮　浄書校正本　寫大一册缺　（一―三三）

「中庸發揮　古義堂藏」ト柱刻アル用紙ニ認メシモノ四丁ヨリ十五丁迄十二丁、本文刊本ニ等シケレド字配相違シ、二三東涯ノ訂正ヲ加ヘタルアリ、刊本ハソノ訂正ニ從ヘリ

10

中庸發揮　東涯手澤本　大一册　（一―三四）

日東　洛陽伊藤維楨述、正徳四年甲午月正元日伊藤長胤謹敍、古義堂藏版、正徳甲午新刊京兆玉樹堂發行、本文ノ校正ト上部ノ書入アリ、書入ハ後ノ中庸發揮標釋ナリ、ナホ正徳五年四月ヨリ享保十五年ニイタル六回ノ會讀讀了ノ時日ヲ記入ス

11

中庸發揮　東所手澤本　大一册　（一―三五）

奥附ナキ刊本、外題ニ「長衡之印」アレバ介亭用本ヲ後東所使用セシト見ユ、書入ノ初メニ「善韶幼時、先君見背、無蒙過庭之教、參前横衡、希彷彿先悳之萬一、勤讀遺書、寶暦六年丙子二月廿五日、始講説發揮、考稽語原、乃書之上幀、其至義理深微、有標釋在焉、敢非後生可議」ト、字句ノ解多シ、寶暦六年ヨリ寛政十二年ニイタル間八回講義ノ時日ヲ記入ス

12

中庸發揮　東里手澤本　大一册　（一―三六）

京兆　文泉堂發行本、末ニ「寛政二年庚戌冬十月十四日訂正全業　伊藤弘美」トアリ、訂正トハ東所手澤本ヲ轉寫セシ事ト見エタリ、寛政十、文化九ノ二回鷹司家ニテコノ書ヲ講ゼシ由ヲ記ス、行間ソノ折ノ註記ヲトドム、「弘美之印」ノ印

13

中庸發揮　東皐手澤本　大一册　（一―三七）

文泉堂發行本、末ニ「文化二年乙丑之夏四月輪講始同五月訂正全業弘明、同四年丁卯之夏四月東里先生講始」、訂正ハ東所手澤本ニヨル、講義ノ説ハ假名混リ文ニテ行間ニアリ

14

中庸發揮　東岸手澤本　大一册　（一―三八）

奥附ナキ刊本、末ニ「文化二年四月吉日輪講始　文化二年八月吉日輪

講卒　弘充、文化六年己巳之歳正月廿二日於綾小路卿始講　弘充」、書入ハ主ニ東所手澤本ノ寫シ

15 **中庸發揮**　大一冊　（一—三九）

文泉堂發行本、書入ハ主ニ東所手澤本ニヨレリ、大學定本**17**ト同筆、「源」ノ印

16 **中庸發揮**　𫌏齋手澤本　大一冊　（一—四〇）

奥附ナキ刊本、東涯ガ中庸ノ説ヲ箋シテ貼附シアリ、弘化二年𫌏齋、父ヨリ附與サレシ四書中ノ一ナリ、「古義堂」ノ印（孟子古義𫌏齋手澤本ノ條參照）

五　論語古義

○論語ハ仁齋、以テ最上至極宇宙第一書トスルモノ、ソノ註解タル本書ハ又仁齋ノ學ノ精髓ト云フベク、東涯刊本ニ敍シテ「改竄補緝、向二五十霜一、稿凡五易、白首紛如、冀傳二聖訓于後昆一、託二微志于汗青一、瑣義末説、時有二出入一、則蓋立不レ暇レ校矣」ト、初稿ハ仁齋三十ヲ越ス頃ヨリ稿ヲナシ寛文初年門戸ヲ開ク時ニナリ、第二稿ハ天和ヤ、以前、更ニ元祿初年、元祿九年、元祿十六年、及ビ寶永年間ニ最終ノ校訂ヲ加ヘタリ、歿後東涯、諸弟及ビ北村篤所、林景范、辻必大、中島義方等諸門人ト討議校訂ヲ經テ古義堂藏版トシ正徳二年京都文會堂奎文館ヨリ發行ス、十巻五冊、東涯コレニ序ス、タヾシコノ書校正不十分ニシテ誤刻多シ、東涯更ニ校正ヲ加ヘ、カタハラ論語古義標釋ヲ製ス、其后マ、補刻訂正スル事アリシモ、天明大火板木燬滅ノ事アリ、ヨツテ文政十二年東峯ノ再版文泉堂ヨリ發行ス、再版本ハ東涯手澤本ニヨリ嚴密校訂ヲホドコサレタリ、コノ間ノ事情ハ東峯ガ再刻論語古義後ニ詳カナリ、再版ノ版木又文庫ニ現存ス（四書註釋全書収、武内義雄著論語之研究、大江文城著　本邦四書訓點並に註解の史的研究參照）

1 **論語古義**　第二本　寫半十巻四冊　（三—一）

毎半葉十行罫紙ヲ用ヒ紙捩モ亦仁齋筆反古ナリト（伊藤顧也附箋）、一冊目ハ叙由・綱領・學而ヨリ雍也迄、二冊目ハ述而ヨリ郷黨迄、三冊目ハ先進ヨリ季氏迄、四冊目ハ陽貨ヨリ堯曰迄ヲ収メ、表紙ニ所収篇名ヲシルス（自筆）、第一回墨及ビ貼箋、第二回朱、第三回青筆ノ自筆訂正アリ、第三回ハタヾシ巻二ニヤム、本文筆寫年代ハ自ラヲ維貞ト記シタレバ天和三年三月以前ニシテ仁齋自ラ第二本ト各冊表紙ニ朱書セリ、サレド又後人筆ニテ「三書共十一本」トアルハ現存最古ノ孟子古義六冊、中庸發揮一冊ノ表紙ニモ見エシ所ニテ論語古義第一本ハ早クヨリナク、本書ヲ以テ現存最古稿本トナスベシ、タヾシ第一本文ニツキテハ仁齋補筆中「此段舊本ノ總註ヲ用ヘシ」等ト見エタリ、本筆者ハ明カナラネド、仁齋弟ノ進齋、高弟小河立所ナドノ手ヲ混ズルガ如シ

2 **論語古義**　誠修校本　寫大八巻八冊缺　（三—二）

假綴、各冊論語ノ二篇ヲ収ム、タヾシ第一、第二ノ二冊ヲ缺ク、巻之六表紙「誠修」トアルニヨツテ名ヅク、誠修ハ仁齋ノ號ナリ、筆者ハ天和二年ノ故事成語考ニ跋セシ中島浮山ナルコト文字ノ照合ニヨリ明カナリ、孟子・大学・中庸極初稿本ニ同筆アレバ天和延寶頃ノ寫ナルベシ、本文第二本訂正ニ從フ、更ニ第一回朱、第二回青筆ノ仁齋補正アリ、元祿九年校本本文ハ本書補正ニヨレバ補正ハソノ前元祿初年ナリ、天和三年五月稻葉正休ニ書キオクリシ折ノ草稿ハコレナルベシ（語孟字義ノ條參照）

3 **論語學而古義**　寫大一冊　（三—三）

叙由、綱領ト學而篇ノ註ノミ表紙共廿一丁、外題ニ「論語學而古義」、補筆二ケ所初章ノ註學ノ下ニ「傚也」ヲ加ヘ、見聞トアルヲ「傚法」

ト改メシハ元祿九年校本ニテモ最初ニ加ヘラレシ校正ナレバ本書ノ本文ハ元祿九年以前ト知ルベシ

4　論語古義　元祿九年校本　寫大九巻四冊缺　（三―四）

外題仁齋筆、各所収篇名ヲモ合セ書ス、第一集叙由ヨリ里仁迄、第二集公冶長ヨリ郷黨迄、第三集先進ヨリ憲問迄、第四集衞靈公ヨリ堯曰迄、タダシ子張堯曰二篇缺、本文ハ誠修校本補筆ニ従フ、仁齋補訂第一回ヤ、赤味ノ朱、後ノ東涯校本ニ元祿八年ノ校正トアルモノナリ、第二回青、第一冊表見返シニ青筆「丙子冬十二月十四（三ニ訂正）日與長胤時亮重校訂從此夜々相聚修定」第二冊表見返シニ「丙子冬重校總用青筆」トアル時ノモノナリ、第三回朱及ビ墨、附箋　第一冊表見返シニ墨筆「丁丑冬十一月重校」第二冊表見返シニ朱筆「丁丑之冬復重校」ト自書セシ時ノモノニシテ、各全巻ニワタレリ、丁丑ハ元祿十年丙子ハ同九年ナリ、コノ書内題論語古義ヲ消シ青筆モテ最上至極宇宙第一書ト改メアリ、所謂宇宙第一書ノ初出ニシテ訂正ハ元祿九年ニアリト知ルベシ、タヾシ一冊目コノ文字墨ニテ消ス、時亮ハ京ノ門人芥河清介

5　論語古義　寫大二巻一冊缺　（三―五）

叙由ヨリ里仁迄、本文ハ元祿九年校本第一回補訂中ノアル時期ナリト思ハレ、甚ダ仁齋ニ類似セル朱補筆ヲモッテ東涯校本ノ本文ニ近接シ居レリ、元祿九年頃寫ナルベシ、全冊句點アリ、茶表紙

6　論語古義　東涯校本　寫大十巻五冊　（三―六）

一冊・四冊目ハ紺表紙他ハ假綴無表紙、黄紙ノ題簽ハ東涯後年ノ筆、校者東涯ノ手モ混ズル如キ寫本ニテ、本文ハ元祿九年校本ノ第一回朱筆ニ従フ、朱以テ東涯ガ加ヘシ校訂ハ元祿九年本ノ第二回青筆ニ等シ、各冊表紙扉ノ識語次ノ如シ、一冊目「元祿八年乙亥秋九月晦校正十月十六日訖凢六十五枚　男長胤書、九年臘十三日重校侍　先生口授二十六日完　上論百六十三張」、二「元祿九年丙子蔔月念七日侍　先生重校十年丁丑正月初五日完　凢三十五張」三「元祿八年乙亥冬十二月廿七日長胤校完凢六十三枚、拾年丁丑春正月五日侍先生重校十九日完」四「凢七十壱枚　元祿十年丁丑正月廿二日侍　先生校二月十一日完」五「上下論共三百〇一張、凢六拾八葉、元祿十年丁丑二月十三日校閲廿六日完」、コノ書東涯自用トシテ製セルモノニシテ元祿八年ノ校正ヲ明カニ知リ得

7　論語古義　寫大二巻一冊缺　（三―七）

東涯本元祿十年校訂ニ従ヒシ本文ヲ持ツ、初メヨリ里仁篇迄、元祿十年頃寫、縹表紙

8　論語古義　東涯青筆校本　寫大三巻二冊缺　（三―八）

爲政一冊十五丁、八佾里仁二篇一冊計二ノミ、東涯ト思ハルル青筆ノ補筆寫シアリ、マ、朱筆ヲマジフ、介亭筆寫本ニ比シヤ、先ンルズルモノナリ

9　論語古義　元祿十四年校本　寫大一冊缺　（三―九）

爲政篇十五葉、初丁長奐寫トアリ、伊藤介亭幼年ノ筆ニシテ、「辛巳九月三日長胤校定畢」ルノ東涯朱筆校正アリ、本文ハ東涯青筆校本ニ従フ、元祿十六年定本云フ東涯公校本トハコレナルベシ

10　論語古義　元祿十六年定本　寫大一冊缺　（三―一〇）

四冊合綴、一（甲ト番號アリ）叙由以下學而、二（甲二トアリ）爲政篇ハ共ニ林景范筆、三（丙三トアリ）八佾、四（乙二トアリ）里仁ハ共ニ介亭筆ニシテ、介亭筆ハ元祿十四年校本ト同時ノ寫ナルベク、二ノ表紙ニハ「伊藤東崖公辛巳九月三日所校定本同六日書寫畢」トアレバ一、二共ニ元祿十四年寫

ナルベシ、一冊目表紙ニ「元祿十六年定本」ト景范ノ手ニテアリ、コレハ景范仁齋ノ校訂ヲ寫シ書加ヘシ時ノ年次ナルベシ、ナホ仁齋自ラノ朱訂正シゲキモ亦ソノ頃ノモノト思ハル、本文ハ東涯校本ニ比シ一段ト進歩ノアトヲ示ス

11　論語雍也古義　介亭筆本　寫大一冊　(三―一一)

墨附十九丁、元祿十四年本、元祿十六年定本ノ介亭筆ト同時ノ介亭寫ニカヽル、甲六ト番號ヲホドコシ表紙ニハ長衡寫トアリ、十六年定本ト前後シテ仁齋ノ補訂アリ、十六年定本ノ一部トモ見ルベクソノ頃ノ補訂ナリ

12　論語雍也古義　梅宇介亭筆本　寫大一冊　(三―一二)

表紙ニ東涯書シテ「雍也古義十九丁　癸未九月　長敵長衡寫　長胤校」トアリ、末ニ「雍也篇古義十九丁　九月二十三日寫畢」トアリ、前半梅宇、後半介亭、癸未ハ元祿十六年ニシテ前介亭筆本ニツヾクモノナリ

13　論語古義　林本　寫大十巻四冊　(三―一三)

林景范寫、「寶永甲申重九校完　長胤」(三冊目末)、外題仁齋ニシテ、仁齋生前最終ノ稿本ナリ、各巻題シテ「最上至極宇宙第一論語」ト云フ、寶永二年仁齋歿後刊行ノ爲ニ東涯校訂、文章註釋ニ自己ノ意ヲ加ヘ、全部訓點ヲホドコス、更ニ門人某ニハカリタルニソノ某附箋シテ意見ヲ示ス、コノ事寶永三年定本作成以前ニシテ、ソノ定本ニ云フ辻生ノ附箋ナルベシ

14　論語古義　寫大三巻一冊缺　(三―一四)

衞靈公篇半ヨリ最後ニ及ブ、本文ハ林本本文ヨリハルカニ定本ニ近ケレバ寶永中葉ノ寫ナルベシ

15　論語古義　竹里藏印本　寫大二巻一冊缺　(三―一五)

七十丁、叙由ヨリ里仁篇迄、本文定本ニ甚ダ近ク、本書朱補筆ハ定本ニハ墨ニテ加ヘラレタリ、「伊藤長準」「平藏氏」ノ二印冒頭ニアリ

16　論語古義　定本　寫大十巻六冊　(三―一六)

最終稿本ニシテ最上至極宇宙第一論語ヲ改メテ論語古義トス、筆者數人、東涯、介亭、林景范ノ手ヲモ混ゼリ、補訂ハ大略第一回朱、第二回墨、第三回青筆、皆東涯、附箋モ多ク又他筆ヲモ若干認ム、寶永初年林本ノ校訂ヲ終ヘショリ出版迄漸々加筆セシモノニテ最終校正ヲ以テ刊本ノ底本トス、各冊識語書入次ノ如シ、スベテ東涯記

一　外題「古義 學而 爲政 庚寅改正本」(庚寅ハ寶永七年)、學而篇初「叙由ノ分ハ板下すみ申候此冊者首巻にて候間別而被入念候而御清書且又文字ノ直見にくゝ可有之候其所能御見分以上」

二　外題「定本論語古義 癸未、新改　八佾里仁」(以前ノ表紙ヲ用フ、癸未ハ元祿十六年)見返シ「寶永三年丙戌春王二月十一日同辻生始校定上巳後一日校完」「五年戊子九月廿五日ゟ再校」末ニ「八佾里仁二篇庚寅十一月廿六日清校了」(庚寅ハ寶永七年)

三　外題「定本論語古義 公冶長 雍也」

四　外題「定本論語古義 述而 泰伯、子罕 鄕黨」見返シ「此冊辛卯二月十三日精校了(東涯花押)」「二月廿九日皆了附瀬尾生也」

五　外題「定本論語古義 先進至 憲問」巻六末ニ「此壹冊漸寅ノ十月十二日ニ完」(寅ハ寶永七年)

六　外題「定本論語古義 衞靈公至 堯曰」扉「一篇は点付候へ《マヽ》もステかな間少あらく御座候まゝ例之通にま少御そへ可被下候爲念文　五月廿日」見返シ「此本不許借人　寶永六年己丑二月日　伊藤長胤書」、「論吾古義ノ會子九月廿五日始ル」子張ノ初メニ「子張堯曰　五

月廿五日　平藏点付濟」末ニ「論語古義校合會戊子九月二十五日始己丑十月十日畢」「寶永七年十月十七日清校了」

辻生ハ美濃加納家臣辻必大ニシテ論孟古義刊行ニハ東涯ノ助手トシテ努力ス、瀬尾生ハ用拙齋、維賢、通稱源兵衛、仁齋門ニシテ京ノ書肆即チ本書發行所奎文館主人ナリ、平藏ハ竹里

17

論語古義　東涯手澤本　大十巻四冊　（二―一七）

日東　洛陽伊藤維楨述、正徳二年壬辰九月日京兆伊藤長胤謹叙、書入ハ本文ノ校正ト講義ニ際スル註記ナリ、註記ヲ後ニ東所一部トシテ論語古義標註ト云フ、首尾ニ講義時日ノ記入アリ、東涯正徳三年五月ヨリ享保十六年ニイタル六回、東所ハ初年コノ書ヲ用ヒ寛延、寶暦ノ間コレヲ講ジ居レリ、因ニ頭部註ノ原稿現存ス、「長胤之印」ノ印

18

論語古義　竹里手澤本　大十巻四冊　（二―一八）

奥附ナキ刊本、書入ハ東涯ノ書入ヲモ參考セシト見ユ、三冊目同筆書入アレド取合セナリ、一、二、四ニハ巻初「長準」ノ印

19

論語古義　東所手澤本　大十巻四冊　（二―一九）

京師書坊文會堂奎文館發行本、書入ハ本文校正ト講義ノ際ノ註記ナリ、「寶暦十二年壬午六月據先子手澤之本句讀改點完」ヨリ以下寶暦十三年ヨリ享和三年十二月迄十二回ニワタル講義ノ時日ヲ首尾ノ見返シニ記ス、各冊題簽下部ニ「善韶」ノ印

20

論語古義　東里第一手澤本　大七巻三冊缺　（二―二〇）

奥附ナキ刊本、第二冊目ヲ缺ク、序文及ビ落丁ノ部ヲ補寫ス、東里少年時ノ筆ナリ、行間片假名交リニテ細書セシハ父東所ニ聽講セシ折ノ筆記ナルベシ、各冊「古義堂」ノ印

21

論語古義　東里第二手澤本　大十巻四冊　（二―二一）

「京師書房文會堂奎文館發行」ノ紙片ヲ末ニ貼レル刊本、書入ハ東里講義用ノモノニシテ、東涯・東所ノ書入ニヨリ倘蘭嵎ノ説ヲモ取入レタリ、「青筆ハ東涯先生ノ書付教授也」ト始メニシルセシ説モアリ、末ニ「寛政三年辛亥七月十八日就原本句讀改點完」、倘輶齋ノ書入モ若干アリ、書入ノ講義時日ハ寛政六年ヨリ文化十二年ニイタル十一回ナリ、「弘美之印」ノ印アリ

22

論語古義　東岸手澤本　大十巻四冊　（二―二二）

奥附ナキ刊本、書入ハ東涯、東所ノ書入ヨリ集註、東涯ノ標註、自己ノ案等朱墨縦横ニシテ甚ダツトメタリト云フベシ、各冊文化三年間ニ校正ヲ加ヘシ由ト文化四年東里ノ講義ニハベリシ由ヲ記ス、「弘充之印」アリ

23

論語古義　東峯手澤本　大十巻十冊　（二―二三）

文會堂奎文館發行刊本、早ク東所用ヒ、後東皐使用、末ニ東峯講義用ニ用ヒシモノ、三者ノ書入存ス、「寛保二壬戌卯月廿四日塡落丁書」トセシ東所補寫一丁アリ、寶暦十一、明和五ノ二回東所講義ニ用ヒ、東皐會讀ニ數回、東峯又化政年間數度ニワタリコノ書ニヨリ講義セシ時日ヲ記ス、「善韶之印」「弘明之印」アリ

24

論語古義　再刻底本　大十巻四冊　（二―二四）

取合セ本ニシテ、「長衡」ノ印アル一・三冊目ト文會堂奎文館發行ノ二・四冊目ニシテ、伊藤東峯ノ重校ニカ、ル、校訂ハ初版本ヲ白墨ヲ以テ消シ東涯以來ノ校訂ヲ朱又ハ墨ニテ示ス、マ、重校了ノ日時ヲ記ス、倘東峯淨書ヲ命ゼシ折ノ注意書アリ、一冊目見返シ「墨ニ而頭ラ書キ所々有之候板下ニハ不及候其外萬事書體孟子之通リ孟子ニハ第何

章々ト御書候得共此本ニハ入レ不申候」、三冊目見返シ「板下出來候ハ、五六丁ツ、御見セ可被下候万一落字御座候て一行送リ有之候てハ大そうニ御座候間五六丁ツ、出來次第御越シ可被下候」、四冊目末「此巻ニ而論語終此後ニ跋二三丁御座候來春ニ可相成候以上　筆者之姓名無用ニ可致候哉若又加ヘ候義なれば其趣申出シ之事　古義堂」等、長準即伊藤介亭使用本ニハ同人書入アリテ主ニ東涯說ナリ

25

論　語　古　義　文政再刻本　大十巻十冊　（二—二五）

伊藤維楨述、正德二年壬辰九月日伊藤長胤謹叙、文政十二年已丑首夏日向守大江直寛識ノ後、文政十二年歲次已丑冬　伊藤弘濟謹誌ノ後、古義堂藏版、文政已丑再刻　京兆　文泉堂發行、各冊校了ノ日ヲ刻ス一「文政甲申季夏」二「文政甲申仲冬」三「文政乙酉仲秋」四「文政乙酉季冬」五「文政丙戌秋阿州久次米邦樹助成」六「文政丁亥季冬」七「文政戊子初秋」八「文政戊子季冬」九「文政戊子季冬」十「文政戊子重九校了」、　再刻ノ所以ハ東峯ノ跋ニ詳カナリ

「論語古義舊刻。刻字不清。曾祖考嘗有改刻令論孟合璧之志而不遂。及祖考之時。遇丙丁之厄。欲再刻之。荏苒有年矣。不肖叨繼箕裘之業、欲遂先志。嘗就元本。讐對加校。偶長岡候之宰《マヽ》山本勘右。入京話次謀之。遂爲之唱先。予叔氏亦應焉。又募轂下同志。延及四方。人皆戮力資財焉。至已丑初冬竣工（下略）」

各冊ニ「古義堂」ノ印、大江直寛ハ永井氏即攝州高槻藩主、叔氏ハ長岡藩儒タリシ東岸ナリ

26

論　語　古　義　文政再刻本　大十巻十冊　（二—二六）

前書同、書入アリ

27

論　語　古　義　輶齋手澤本　大四巻四冊　（二—二七）

再刻本、弘化二年輶齋父東峯ヨリ與ヘラレシ四書ノ一部ナリ、少年時ノ墨ト後年朱ノ書入アリ（輶齋手澤本孟子古義參照）

六　孟　子　古　義

〇論語古義ト共ニ主著ニシテ、又論語古義ニツギテ稿ヲナス、初稿ハ寛文延寶ノ頃ニシテ、元祿九、十、十二年ノ校訂ヲ經テ寶永ニ入リテ最後ノ校正ヲ加フ、歿後東涯辻必大中江一貫等諸高弟ト合議、梅宇以下諸弟ヲ助手トシテ文章内容共ニ大補訂ヲ加フ、ノミナラズ論語古義ノ不十分ヲ前轍トシテ、嚴密校正、古義堂藏版トシテ享保五年文泉堂、玉樹堂ヨリ發行ス、七巻七冊、東涯ノ序ニ仁齋門ノ俊秀香川修庵跋ス、本文版ヲ追ヒテ改訂校正スル所アリ、東涯ノ補訂ノ功ハ高養浩ノ時學鍼焫、原田東岳ノ孟子億、湯淺常山ノ文會雑記等モ認メタルハ先人既ニ云ヘリ、版木文庫ニ現存ス（四書註釋全書收）

1

孟　子　古　義　自筆本　寫半七巻七冊　（三—一）

一冊目叙由ヨリ梁惠王上下、二冊目公孫丑上下、三冊目滕文公上下モトハ二、三冊ヲ合綴セシ時アリタリ、四冊目離婁上下、五冊目萬章、六冊目告子、七冊目盡心、各表紙ニ三書共十一冊トアルハ論語中庸ノ現存最古稿本ト合セテノ数ナリ、共六本トアル仁齋筆ハ二、三合綴セシ折ノ記ナリ、本文仁齋ノ自筆ヲモ混ズルガ如ク、時ハ「維貞」ト自ラ署スル所ヨリ天和三年改名以前ノ書寫ナリ、後墨朱大略二回全巻ニワタル補訂アリ、尙青筆及ビ附箋ノ小補訂ヲモトドム、五冊目表紙十月廿三日トアルハ講義ノ日附ニテモアルカ

2

孟　子　古　義　東涯第一校本　寫大二巻二冊缺　（三—二）

四、五ノ二巻、全文送假名反點アリ、本文ハ元祿十年重訂本本文ト同ジク、東涯ノ補校ハ十年本ニ塗消シアルモノノナホ存スレバ、十年以前恐ラクハ九年、父ノ書入ニ從ヒシモノナルベシ

3

孟子告子古義　寫大一冊　（三―三）

表紙共四十六丁、本文及ビ若干朱書補筆ハ元祿十年重訂本ノ中間ニ於ケル轉寫ト思ハル、表紙ニ「孟子告子古義完」トシ「告子と盡心と一本ニ致合巻申度奉存候筆耕表紙代重便ニ御申下シ被成可被下候已上」トアリ

4

孟　子　古　義　元祿十年重訂本　寫大七巻七冊　（三―四）

孟子各篇ヲ一冊ニオサム、〔中島浮山〕寫、本文ハ自筆本ノ最終補訂ニ從フ、タヾシ維楨ノ木篇ハ後ニテ加ヘシヲ見レバ寫シハ天和三年以前トオボシ、仁齋補訂ハ附箋、朱、青ノ數回ニワタル、巻二表紙ニ「丙子冬又觀」ト自ラ書ス、丙子ハ元祿九年ナリ、巻四表紙ニ青筆ニテ「丁丑春三月五日重訂可爲定本夏四月五日終功」トアリ、丁丑ハ元祿十年ナリ、カクテ叙由、綱領ノ個條漸クトトノヘルヲ見ル、天和三年稻葉石見守ニ呈セシ折ノ原稿ハ本書本文ナルベシ（語孟字義條參照）

5

孟　子　古　義　東涯第二校本　寫大三巻三冊缺　（三―五）

四、六、七ノ三冊、四、六七ノ二手ニナリ四ハ「畑德齋印」アリ同人筆カ、六七ハ元祿十二年校訂本ト同筆、本文ハ元祿十年重訂本ニ等シク東涯筆書入モ亦同書ニヨル、各冊ニ東涯ノ識語アリ、四「几伍拾葉丁丑三月五日校正四月五日完」六「几四拾九葉　元祿十年丁丑四月六日校正是月十九日完」七「几六拾葉　元祿丁丑端午前一日校訂是月二十一日畢功」、コノ日附ハ恐ラク仁齋校訂ノモノナルベシ

6

孟子古義巻之四　寫大一巻一冊　（三―六）

東涯第二校本四ト同筆、本文ハ元祿十年重訂本ニ從フ

7

孟　子　古　義　元祿十二年改修本　寫大六巻六冊缺　（三―七）

筆者不明一ト二・三・五・六ト七ノ三手アリ、本文ハ元祿十年重訂本ニヨリ、數度ニワタル仁齋ノ補訂アレド、最終ガ元祿十二年ナルガ如シ、次第ハ各冊識語ニ見ユ

一冊目見返シニ仁齋青筆「元祿十歲次丁丑二月念八日始校合」朱ニテ「已卯歲重訂正」、已卯ハ元祿十二年、青朱二回ノ補筆ト次ノ淨書ヘノ注意書ノリ、外題仁齋筆

二冊目、青朱二回ト朱ニ先立ツテノ附箋コレニモ朱ノ訂アリ、末ニ「几四十四枚辛未秋校訂」ト墨書アル辛未ハ恐ラク辛巳ノ誤ニテ元祿十四年ナルベケレド、コノ校訂ハ本書ノ校訂ニアラズ、本書ヨリノ轉寫本ト本書トノ校訂日附ナリ　以上二冊青表紙

三冊目、青・墨・朱及ビ僅カノ墨ノ仁齋補正アリ、コノ書年次ヲ示サザルモ、元祿十―十二年間ナル事前後ノ書トノ比較ニヨリ明カナリ、更ニ一朱校アリ見返シニ「以先生訂正之本先生沒後五月十日林希放請校合」トアルコレナリ、希放ハ景范ノ字、先生訂正之本トハ寶永林本ノ仁齋書入ヲサス

四冊目、缺

五冊目、三冊目ト全ク同ジク、仁齋　青朱二回ノ補筆ト後ニ林希放（景范）朱筆書入アリ、見返シ「寶永乙酉六月以先生所改定本考訂」、乙酉ハ二年

六冊目、青朱二回仁齋補訂、見返シニ青筆「元祿丁丑四月初校正四月十九日終」、丁丑ハ十年、以上三冊同體裁黄表紙、共ニ仁齋筆外題

七冊目、青朱墨ノ仁齋補筆アリ、表紙朱ニテ仁齋「已卯秋略改定」ト、外題仁齋筆

以上ニヨリ元祿十年四月青筆ニヨリ補訂、同十二年更ニ改定了ナルコトヲ知ル、僅少ノ墨ハソノ間時々ノ加筆ナルベシ

8

孟子古義巻之三　寫大一冊　（三―八）

表紙共五十七丁、本文ハ元祿十二年校訂本ニ從ヒ、朱補訂ハ寶永三年林本林氏補筆ニヨル、表紙ニ「新定本」トアリ

9　孟子古義巻之二　寫大一冊　（三―九）

四十九丁、表紙ニ「寶永甲申之歳秋九月二十三日」トアルハ書寫年次ニシテ寶永元年ニアタル、二三校正アルノミ

10　孟子古義　林本　寫大六巻六冊缺　（三―一〇）

林景范寫、巻之二缺、外題仁齋筆、校訂ハ仁齋朱墨ノ二回、仁齋生前最後ノ姿ヲ示セリ、景范ハ本文ヲ校正シ、東涯ヤ、文章ソノ他ニ若干ノ修正ヲ加フ、巻三初「寶永二年春正月廿五日校訂可爲定本　景范（花押）」、巻五初「寶永三年丙戌二月校訂可爲定本（花押）」ト、尙所々次回淨書ノ指示ヲ東涯ノ手モテ記ス

11　孟子古義　定本　寫大七巻七冊　（三―一一）

外題ハ東涯筆ニテ上部ニ定本ト記ス、東涯底本作成用トシテ手許ニオキシモノ、大略寶永三年、正德享保年間二回ノ改定ヲホドコシタルモノニシテ、ソノ間諸門人トノ合議ヲ經タル事明カナリ、各冊筆者及ビ年次ヲ異ニスルヨセアツメナリ

一冊目、初東涯墨「凢五十葉　元祿十年丁丑二月廿八日校閏月初六完」トアリ、元祿十年東涯校本六七ト共ニ本文ハナリシモノニシテコノ校ハ仁齋ナリ、次ニ「寶永二年臘月ゟ校正三年正月三日完」ト朱書セシハ、定本作成第一改修ニシテ、更ニ刊本板下ヲ作ルニ先立チ正德四年甲午大改修ヲ加フ、マ、「已上甲午九月十九日始校了」「甲午十月十三日第三度校了」等ノ文字ヲ認ム、其ノ間尙朱墨附箋多ク、次回淨書ノ注意モ多シ

二冊目、筆者數人、介亭ノ筆多シ、初墨東涯「此壹冊就林景范本淨寫乙酉之冬十一月廿日倶濃州加納家人辻必大校凢朱書（以下墨消）（東涯花押）」ナホ「此壹冊者未校正とて無之他篇ゟハ不宜候先今にて之校正本にて候」上欄ニ某人筆ニテ「已下五十五字下ノ章ノ末ヘ可入カ」東涯筆ニテ「慊ノ注ナキ𪜈又一貫云」「一貫申様少ハ劣カ」ナドアリ、一貫ハ中江岷山ナリ、ヨッテ諸門人ト合議檢討ノコト察スベシ、又朱書「正德五年乙未後藤氏令校之後又精校一過時十二月初六日也」トアルハ、板下作成ノ時ノモノナリ

三冊目ハ一冊目ト同性質ノモノニシテ、東涯識語　初朱「凢三十九葉右上孟一百二拾七葉（以上九字墨）元祿十年丁丑春閏二月二十四日校定三月四日完」、墨ニテ「寶永二年乙酉冬十一月廿日制中長胤校訂（花押）」、文中又「甲午二月十三日断然而改之」等見ユ

四冊目、元祿十年ノ識語ナケレド又三冊目ト同種　東涯識語「凢五十五葉」（墨）朱「寶永三年丙戌四月初三日校初十四日校完」（下五字墨）文中又「甲午十二月朔日定校是也にて了ス」等

五冊目、又同種、識語「凢三拾八葉　元祿丁丑孟夏廿一日校訂卅日完」「寶永三年丙戌再校完」（以上墨）「正德乙未二月將梓　又精校一過」（朱）補筆ニ東涯ナラザルハ命ジテ書セシナルベシ

六冊目、一種別ノモノナレド寶永正德ノ校正ヲヘタルコト明カナリ、東涯補正最モシゲシ

七冊目、識語「凢六十四葉　請清水允廸就丁丑改本淨寫」「寶永三年丙戌春三月初五日校正廿四日校完　（五字朱）」「享保元年十月又改正了」、元祿十年本ヲ轉寫セシモノニ寶永享保ト改正ヲ重ヌ、一冊目等ト同種ナリ、中ニ「理ノ𪜈中氏所存」等アルハ中江岷山ナリ、諸氏合議ノ事ノ一端ヲ示セリ、淸水允迪ハ信州松本ノ醫、又仁齋門

12　孟子古義　板行下本　寫大七巻七冊　（三―一二）

定本ヲ經テ筆耕ニ手渡スベク淨書、句讀訓點ヲ加ヘシモノ

一冊目「古義堂藏板」ノ印ヲオシ「板下之本様不レ同以レ有ニ此印一爲ニ正本ト者ナリ他放《マヽ》レ此ニ」トアリ、裏表紙入紙ニ「定本孟子古義梁惠王乙未三月十八日寫成　十月廿六初校　佐野生淨寫　凢五十五葉」、東涯、又「丁酉臘月了」ト内題下ニアリ、丁酉ハ享保二年

二冊目「此一冊享保戊戌之歳春二月成就託白河學生國井修業淨寫　長胤校訂」「四年己亥八月初六日清校皆了也」（朱）「十九日又校了」（墨）、皆東涯ニシテ戊戌ハ三年

三冊目、林景范寫、「戊戌五月初一清校了」「七月廿三日上校了」以上三冊及ビ五冊目ハ同體裁青表紙ニシテ二ニハ藏板印ナケレド、外題板下ト明記アリ

四冊目、東涯寫、表紙「九五十五葉」見返シ「享保己亥二月廿一日校正點讀皆完」

五冊目、林景范寫、東涯初メニ「戊戌五月初八日清校了夜雨已及三更」（朱）「九月廿七日内校へ遣」（墨）

六冊目、五十二枚、

七冊目、六十四枚、梅宇寫カト思ハル

13　孟子古義　校正刷　大一冊　（四―一）

梁惠王上ノ四丁、現刊本トヤヤ相違、東涯ノ校正一ケ所アリ

14　孟子古義　東涯手澤本　大七卷七冊　（四―二）

伊藤維楨述、享保五年庚子八月朔旦伊藤長胤謹叙、享保五年庚子八月望日門人香川修德拜識ノ後、古義堂藏版、享保庚子新刊　京兆　玉樹堂發行、全卷東涯ノ本文校正ト上欄ニ後孟子古義標註トシテ東所編セシ書入アリ、享保六、同十年ヨリ十二年、十六年ヨリ十八年迄三回ニワタル東涯講會始終ノ記ト東所寶曆六年ト同十年ヨリ十三年迄ノ講義時日ヲ記ス

15　孟子古義　東所手澤本　大七卷七冊　（四―三）

享保庚子新刊　京兆　文泉堂發行本、本文ハ初刷ニ比シテ若干ノ改訂アレド、尙東涯本ニヨリ校正ス、各冊題簽下部「善韶」ノ印ト所々上欄ニ書入アリ　明和四年ヨリ享和四年迄自宅及ビ花山公宅等ノ數度ノ講會始終ノ日附アリ、又「天保乙未七月四日一條公講席全業弘濟」ト東峯ノ記モアリ

16　孟子古義　東里手澤本　大七卷四冊　（四―四）

文泉堂發行本、各卷初「弘美之印」アリ、東所ノ書入ノ轉寫及ビ自己ノ書入モアリ、天明八年校正ヲオヘ以下寛政六、文化四、文化九ノ三回講終了ノ次第ヲ記ス

17　孟子古義　東皐・東峯手澤本　大七卷四冊　（四―五）

文泉堂發行本、初卷初「弘明」ノ印、東涯東所其ノ他ノ説ヲ書入タルハ多ク東皐ニシテ末ニ「文化二年乙丑春正月校正全業弘明」トアリ、次イデ東峯兄ノ遺本ヲ用ヒ文政ヨリ天保ニカケ數度ノ講義ヲナス日附アリ

18　孟子古義　東岸手澤本　大七卷七冊　（四―六）

玉樹堂發行本、タヾシ校正ハ文泉堂本ト同ジク初刷ヨリハ進メリ、初卷「弘充之印」アリテ、各冊末校終ルノ由ヲ記ス、一卷末ニハ「文化二年乙丑之歳冬十月十六日輪講卒　弘充」「文化三年丙寅之歳春二月十五日會始」トアリ

19　孟子古義　輶齋手澤第一本　大七卷七冊　（四―七）

玉樹堂發行本、各冊、古義堂ノ印アリ、初卷初「弘化二年十二月十八日會讀」トアリ、ソノ時行間ノ書入ヲナス、ソノ準備ナルベシ東涯説ヤ集註ヨリノ書入多シ

20　孟子古義　輶齋手澤第二本　大七卷四冊　（四―八）

文泉堂發行本、各冊輶齋使用「古義堂」ノ印アリ、背ニ「共十冊」トアルハ、末ニ「于時弘化二年乙巳七月二十三日家嚴賜四書一部因珍藏

云　伊藤徳藏」トアルニテ四書共十冊ナリ、上欄ニ輶齋後年ノ書入アリ

21
孟子古義　大七巻七冊　（四―九）
文泉堂發行本、上下裁斷製本、各冊「古義堂」ノ印

七　孟子釋述

○東涯編、仁齋講ズル所ヲ東涯浄書セシモノナルベク孟子盡心篇上ノ初二章ノ解ナリ、後出古學問答ノ類ナリ

1
孟子釋述　寫半一冊　（四―一〇）
伊藤東涯寫、元祿年間トオボシ　全四丁、本文三丁

八　修辭活套

○實用上必要ナル文字使用修辭ノ用例ヲ古典ニ求メ分類セシモノニシテ、一ハ「助字、字法、當用助字反不用法　不可用助字反用法」二ハ「虚字、異字同訓考」三ハ「雋言、字解、文勢波瀾（五ト重復略スベシ）硬語、譬喩」四ハ「熟語、用語」五ハ「文勢波瀾、行文可法」トス、早ク元祿以前ニ計畫シ、晩年修辭六帖ト題シ整理ヲ試ミシモ完成ヲ見ズ、東涯ノ修辭文字研究ハ實ニコレガ大成ナリト云フベシ

1
修辭活套　自筆本　半寫五巻一冊　（七―一）
字體元祿以前ト推セラル、各巻頭「洛川伊藤維楨輯」一巻七丁　二巻五丁　三巻九丁　四巻四丁　五巻二丁ノ墨附、末ニ淮南子ノ抄二丁アリ

九　修辭六帖

○修辭活套ノ試ミヲ更ニ整理擴大セントセシモノニテ、元祿九年コレヲ初メタレドモ未完ニ終レリ、第一帖ヲ硬語　第二帖熟語名言　第三帖用語　第四帖助字　第五帖虚子　第六帖字法、附餘活套ニ分類セリ

1
修辭六帖　自筆本　寫大一冊　（七―二）
目録ノ次ニ「元祿九年歳次丙子春二月念三日」トアリ、墨附ハ一帖ヨリ五帖迄各一丁六帖二丁　附録三丁

十　語孟字義

○古學先生行状云「天和癸亥、稲葉石見侯正休巡察到レ京、爲著二語孟字義一」ト、シカシテコレト同時ニ仁齋ノ主著ヲモ合セ呈上ノ事ハ仁齋日記天和三年五月ノ條ニ見ユ、命ヲウケテ同月二十日頃ヨリ諸門人ニ書寫セシメ二十七日完成　廿八日稲葉石見守内大村市之丞、濱田文四郎宛發送セリ、筆者ハ、論語古義、學而爲政ハ眞瀬朴元、八佾里仁ハ山口少外記、公冶長雍也ハ松村昌庵、述而泰伯ハ木村松軒、子罕郷黨ハ眞輔（新助即仁齋弟進齋ナルベシ）、先進顔淵ハ松原良伯、子路憲問ハ齋藤源八、衛靈公季氏ハ多田惣五郎、子張堯曰ハ曾和二郎九郎、孟子古義、梁惠王ハ小河庄兵衛、公孫丑ハ同茂介、滕文公ハ同庄兵衞、萬章ハ曾和二郎九郎、離婁ハ松原玄伯、告子ハ眞瀬一學、盡心ハ中嶋恕元、中庸發揮ハ源藏（東涯）、語孟字義、上巻ハ小河庄兵衞、下巻ハ林源太郎、シカシテ校合ハ北村伊兵衞小河茂七同茂介ニシテ全紙數六百九十枚ニ及ベリ、語孟字義ハ二巻二冊、後仁齋コノ書ヲ講ジソノ折々ニ補訂スル所アリ、シカルニ元祿八年　江戸ニ於テ無斷刊行スルモノアリ、古義堂遺書總目叙釋ニ所謂贋刻本ニシテ、適從録等ノ駁論ハケダシコノ刊行ニヨリテ出デシナルベシ、ソノ後尙補訂ヲ加ヘル事

數回歿スル冬寶永二年　林景范刊行ス、後東涯コノ刊本ニヨリ改定スル所アリ、コレ東所ノ所謂紹述先生校本ナリ、仁齋儒學説ヲ述ベタル主著ニシテ堀川古義學ヲメグル賛否ノ論ハ本書ヲ中心トシテ展回セリ、刊本ハ早ク燒失シ又再版サレシヲ知ラズ（日本儒林叢書収）

1

語孟字義　最古稿本　寫大二巻一冊　（一—四一）

筆者未詳　仁齋補正ハ朱及ビ青ニテ數回ニワタル、本文ハ元祿八年贗刻本ニ類似シ上五十六則下三十五則、補筆ニヨリテ　四端之心三則君子小人一則　及ビ忠信之條四則ガ五則、仁義禮智十四則ガ十三則ニ改マリ、大學非孔氏之遺書辨ヲ附録トス、巻末ニ「長胤藏書」ト墨書シ、「伊藤氏圖書」ノ印

2

語孟字義　贗刻本　大二巻二冊　（一—四二）

天和三年歳在癸亥五月　日東洛陽伊藤維楨謹識ノ識語アリ、元祿八乙亥年五月吉日　江戸日本橋南一丁目　書肆刊、總目叙釋ニ所謂贗刻本ニシテ仁齋ノ許可ナクシテ出刊ス、以テ仁齋學ノ世評ヲ察スベシ、上五十六條　下三十五條ヲ収メテ、頭ニ若干ノ註記アリ、附録ナシ、本文古義堂文庫現存諸稿本ニ比シテ古體ヲ存ス

3

語孟字義上巻　仁齋改修本　寫大一冊　（一—四三）

同筆ニテ上部ニ本文註ニアタルベキヲ諸書ヨリ抄出シテカ、ゲアリ、朱墨ノ補筆ハ仁齋ナルベク全部句讀訓點ヲホドコセリ、本文ハ元祿八年刊贗刻本ニホヾ等シ、末ニ「癸酉之歳八月初六日閲畢」トアルハ東所ナルベク、癸酉ハ寶暦三年ナリ

4

語孟字義下巻　東涯筆本　寫大一冊　（一—四四）

〔伊藤東涯〕寫　仁齋青・朱・墨及附箋ノ補筆ヲ加フ、末ニ大學非孔氏之遺書并論堯舜既没邪説暴行又作ヲ附録トス、元祿中葉ノ補筆ナルベシ

5

語孟字義　津田本　寫半二巻一冊　（一—四五）

本文末ニ、于時柔兆困敦元祿九年中冬日武藏巖築津田有榮謹識于江府旅舍ノ書後アレドソレヨリノ轉寫カ、本文ハ元祿八年刊本ニ近ク、補筆ハ仁齋補筆ノ上下巻3・4系ニヨレルモノ、如シ、大學非孔氏之遺弁《ママ》弁ヲ附録トス

6

語孟字義下巻　梅宇介亭筆本　寫大一冊　（一—四六）

仁齋改修本ノ後、元祿十二年本ニ先ンズルモノニシテ、推量スルニ本文梅宇　校正介亭ニシテ頭部註記ニ、マ、東涯ノ手ヲ混ズルモノ、如シ、シバラク梅宇介亭筆本ト假稱ス

7

語孟字義　元祿十二年本　寫大二巻二冊　（一—四七）

巻頭「元祿十二年仲冬念五日仁齋先生」トアリ、末ニ東涯筆ニテ「字義講元祿十年六月開講臘月十七日卒業　伊藤長胤　又十二年霜月廿五日先生講始十三年十月十日業畢」トアリ、東涯ノ朱書校正ハソノ際ノモノナルベク、全文句讀訓點アリ、爰ニイタリテホヾ刊行定本ノ姿ヲソナヘタリ、外題東涯筆

8

語孟字義下巻　林氏改修本　寫大一冊　（一—四八）

本文ハ元祿十二年本ノ直後ナルベク、林本ニヨリ補筆ヲ加ヘアルモソノ筆景范ナリト思ハル、本文モ景范ヤ、若キ時ノ書體ナルベシ

9

語孟字義上巻　畑本　寫大一冊　（一—四九）

本文ハ元祿十二年本本文ニヒトシク、補筆ハ林本ニヨル、見返シニ「墨付紙四十六枚有上紙共四十七まい有主畑集庵同源多良（上八字消ソ」トアリ、畑集庵ハ先游傳ニ云フ「世住㆓丹州柏原㆒業㆑醫、篤信ニ

先子ハ、使三其子徳基寓二學于塾一、書問頻頻、謂レ不レ讀二先子之書一、學者無二下レ手之所一」

10　語孟字義　評語本　寫大二巻一冊　（一―五〇）

元祿十二年本ノ本文ニ近シ元因子ナル者ノ評語數十ケ所アリ、末ニ評者ノ識語アリ、曰「拜讀至言敢陳胡見附驥而走似乎日行千里依智而斷類乎自識八行總是蜘巧之不如鸑鷟言之豈似鳳也只與吾子暗論莫與庸人明辨一見八裂囑之　元因子青及　松老物謹筆」

11　語孟字義下巻　清水本　寫半一冊　（一―五一）

末ニ「清水允廸藏書」同筆ニテ「寶永元甲申四月念一寫之」トアリ、仁齋最晩年ノ姿アリ

12　語孟字義　林本　寫大二巻二冊　（一―五二）

林景范寫、本文元祿十二年本ニ從フ、仁齋補筆、コノ補筆ヲ以ツテ刊行定本ヲ得、全文句讀訓點アリ、外題仁齋筆、生前仁齋使用歿ニイタル迄加筆シタルモノナリ

13　語孟字義　東涯手澤本　大二巻二冊　（一―五三）

天和三年歳在癸亥五月洛陽伊藤維楨謹識ノ巻頭識語、寶永二年乙酉冬至日門人林景范文進頓首拜書ノ後語、タヾシ文ハ東涯代作、紹述先生文集目録語孟字義跋ニ代人已刊トシテ見ユ、景范刊行ニカヽル所ナリ、コノ書「長胤之印」「東涯精舍」ノ印アリ、東涯講義用ニアテ、寶永三年五月ヨリ享保十八年九月迄六回ノ講義日附ヲシルス、ノミナラズ本文校正及ビ書入多シ書入ハ後ニ語孟字義標釋トナルモノナリ、東所又寶暦九・十年ノ間本書ヲ用ヒテ講義セル日附アリ

14　語孟字義　東涯改定本　大二巻二冊　（一―五四）

前者ニ同ジク東涯享保年間四回ニワタリ講義用トセシ所ニシテ本文校正前書ニ比シ更ニ精、東所云フ所改定本ナリ、若干ノ書入又アリ、題簽ニ「長胤之印」「東涯精舍」ノ印

15　語孟字義　東所手澤本　大二巻二冊　（一―五五）

景范刊本、東涯ニヨル本文校正ヲ寫ス、題簽下「善韶」印、寶暦十二年壬午二月廿四日就先子手澤本校正句讀卒業以下、寶暦十三年ヨリ天明六年迄三回ニワタル講義日附ヲ記シ、末ニ「享和元年辛酉七月十三日就先子改定本校正全業」トアリ

16　語孟字義　東里手澤本　大二巻二冊　（一―五六）

景范刊本、巻頭「弘美之印」アリ、書入ハ東所本ニヨル、末ニ「寛政二年庚戌冬十二年朔且就先生原本校正句讀卒業伊藤弘美」、先生トハ東所ナリ

十一　童子問

○儒學説ト方法論ヲ合セ述ベシ童子問ハ、元祿初年ニ稿ヲ起セシモノニシテ、初メ、紙片ニ一條ヅツ記シタクハヘテ、後ニ冊ヲナシ、ソノ後モ改訂最モ努メタリ、學タケ識熟シテノ著ニシテ眞ニ字義ト共ニ仁齋學ノ面目ヲ見ルベク、次子梅宇享保四年福山ニ於イテ韓使成夢良ニ送リシモ亦宜ナリ、歿後、コレ又東涯林景范辻必大等ト共ニ校正シ、寶永四年三巻三冊トシテ刊ス、東涯序林景范跋ヲ附ス、明治三十七年、輶齋東涯ノ校正ニ從ヒ、送假名ヲ改メテ再刻ス、古義堂藏板ニシテソノ版木文庫ニ現存ス（日本倫理彙編収、古學先生文稿ノ條參照）

1　童子問　元祿四年自筆本　寫半一冊缺　（二―一八）

序ニアタル巻頭識語ニ「旹元祿辛未春正月日東洛陽伊藤維楨謹識」ト

アリ、辛未ハ四年ソノ年寫、冊子トシテハ古義堂文庫藏最古稿墨・朱・青・附箋等ノ補筆又仁齋自ラナリ、表紙共九丁刊本ニ比シ、出入甚シ

2　童　子　問　元祿六年自筆本　寫半三巻三冊缺　（二―二九）

上巻末缺、外題ナシ、中下仁齋筆外題、本文又自筆、巻頭ノ識語ニ「元祿癸酉冬十月既望洛陽伊藤維楨原佐謹識」、癸酉ハ六年、六年ノ寫ナルハ本書ニツグ稿ニ「乙亥秋七」ト訂正アレバ明カナリ、本文ハ元祿四年本ノ補筆ニ從ヒ、更ニ附箋、朱ノ補訂ニヨリ、章句數十條ヲ加フレド、尙刊本ニ比シテ少シ

3　童　子　問　元祿八年本　寫大一冊缺　（二―三〇）

上巻一冊ノミ墨附二十八丁、本文ハ元祿六年本ノ加筆ヲ追フ、補筆ハ仁齋ニシテ朱・青・墨・附箋數回ニワタル、識語ノ「元祿癸酉冬十月望ヲ墨ニテ「元祿乙亥秋七月哉生明日」ト改メ、更ニ朱ニテ「日東元祿歳癸酉冬十月望」トモトニカヘシタリ、乙亥即チ元祿八年書寫ト知ルベシ　古義堂著述ノ序識語等ハ皆此ノ如クホヾ著述體ヲナセシ時ノモノヲ存スルナリ、本書ノコノ日附モ亦刊本ニ殘レリ、タヾシ章句ハ十數章少ナク、順序相違ス

4　童　子　問　元祿十六年本　寫大三巻三冊　（二―三一）

各冊手違ヘリ、補筆ハ梅宇東涯等、上見返シニ「元祿十六年癸未夏六月五日講始　九月廿五日畢　凡改定用青筆者系此時删動九月二十日講後校正」、下巻末「寶永元年甲申九月五日　先生講畢」トアリ、朱改訂ハ仁齋使用本タル林本ノ訂正ニ從ヒ、東涯ノ元祿十六年ヨリ寶永元年迄聽講ニ用ヒテ青筆ニアラタメシモノナリ、更ニ聽講後朱筆ニテ訂正、下巻頭ニ「寶永三年丙戌之歳春王正月廿九日　長胤校完」トアリ、中巻ノミハ別本モテ仁齋死後更ニ校シコノ上下二冊ト合セ定本トセリ

5　童子問中巻　寫大一冊　（二―三二）

（參照12）

墨附四十三丁、本文元祿十六年本ニ近シ、ナレド同本七十一章ナルニ比シ、全七十五章

6　童子問上巻　寫大一冊缺　（二―三三）

第三十章以下六十章迄二十一丁、林本ニヤ、先ンズルモノ元祿十六年本ノアル時期ノ校正ニヨルカ

7　童子問中巻　寫大一冊　（二―三四）

元祿十六年本ニ近クシテ七十五章ヲ收ム

8　童　子　問　林本　寫大三巻三冊　（二―三五）

林景范寫、外題仁齋筆、仁齋晩年使用本、朱・青ノ仁齋補訂アリ、寶永元年講義ノ時用ヒシ所ニシテ歿スル迄訂正ノ筆ヲオカズ、歿後東涯墨筆ニテ校正ヲ加フ、上巻見返シニ「童子問全三冊丙戌二月八日校正完、丁亥二月十五日此冊校正凡及二度　凡三巻百八十九章」下巻見返シニ「此壹冊丙戌十一月五日校正訖」、丙戌ハ寶永三、丁亥ハ同四年ニテ墨筆校正ノ日附ナリ

9　童　子　問　寫大三巻三冊　（五―一）

外題仁齋筆、林本補訂ノ姿ヲ寫シタルモノ、外題ハ筆者ノ仁齋ニ請ヒシ所ナルベシ（本文ハ介亭寫トノ大倉澗水ノキハメアレドモ誤リナリ）

10　童　子　問　寫大二巻二冊缺　（二―三六）

上中二巻本文ハ林本ニ近シ、補筆ノウツシハナシ、元祿末寶永初ノ

寫、全部ニワタリ訓點ヲ付ス

11　**童子問中巻**　寫大一冊　（二―三七）

薄葉墨附四十四丁、本文ハ林本ニ近シ

12　**童　子　問**　定本　寫大二巻二冊　（二―三八）

上ハ東涯朱校正アレド定本トスベキ程ニアラズ、外題モ亦定本トハナシ、中ハ見返シニ「元祿十六年癸未龝九月二十五日開講　中巻　寶永三年丙戌正月六日同辻必大生校正十四日校完」トアリ、朱ハ辻生、墨ハ東涯ノ校正ニシテ本文ハ林本訂正ニ從ヘリ外題ニモ定本トアリ、東涯コノ中巻ニ元祿十六年本ノ上下ヲ合セ定本三冊ヲ作ル、「叉原藏」ノ印（4參照）

13　**童子問上巻**　蘭嵎筆本　寫半一冊缺　（二―三九）

表紙共三十丁　末數丁缺、伊藤蘭嵎寫、表紙ニ「改正仁齋先生童子問巻之上」「童子問上策」　見返シニ「元祿十六年癸未六月先生講始」トアリ、長堅（花押）トセシ紙ヲ貼符スルハ後人ナルベケレド、蘭嵎筆ヲ示スナルベシ、本文ハ定本本文ニ近ケレバ、寶永初年ノ寫カ、因ニ寶永三年ハ蘭嵎十三歳ナリ

14　**童　子　問**　東涯手澤本　大三巻三冊　（二―四〇）

元祿六年癸酉冬十月既望洛陽伊藤維楨原佐謹識ノ巻頭識語、寶永四年丁亥夏五月壬子朔子長胤謹識序、寶永四年丁亥重陽日門人林景范文進頓首拜書跋、東涯本文ヲ校正シ、後年童子問標釋トナルベキ書入ヲナス、寶永五年閏正月五日ニ初マリ享保十九年ニイタル九回ノ講義日附アリ、末ニ「寬延辛未季秋會讀畢業」トアルハ蘭嵎ニテ彼モ亦本書ヲ用ヒ講セシト見ユ、「長胤之印」アリ

15　**童　子　問**　東所手澤本　大三巻三冊　（二―四一）

東所講義使用本、東涯書入ノ一部ヲウツシ本文ノ校正ヲホドコス、寶曆十二年二月四日讀畢、寶曆十四年ヨリ天明六年ニイタル四回ノ講義日附ヲ記ス、「善韶」ノ印

16　**童　子　問**　東里手澤本　大三巻三冊　（二―四二）

東里講義使用本、「寬政二年庚戌冬十一月廿六日訂正全業　伊藤弘美」ト末ニアル訂正ハ東所手澤本ニヨル校正書入ナリ、「文化五年戊辰十二月八日本堂講畢」トハ彼ノ講義日附ナリ、「弘美之印」アリ

17　**童　子　問**　東峯等手澤本　大三巻三冊　（二―四三）

東峯輶齋講義使用本、書入ハ東所ノ子東皐東岸東峯等幼時ノ文字ヲ混ズ、祖父ノ説ヲ寫セシモアリ、行間書入ハ父又ハ兄ノ聽講ノ折ノモノナルベシ、上巻見返シ附箋ニ「庚午九月三日童子問講始　重光」トアリ、輶齋又コノ遺本ヲ用ヒタルナリ、庚午ハ明治三年

18　**童子問上巻**　寫半一冊　（二―四四）

刊本ヨリノ轉寫ナリ

19　**童子問上巻**　再刻校正刷　大一冊　（二―四五）

表紙ニ「摺本差上申候大通リ御高覽可被下候　井上」トアリ、次ノ再刻本ノ折ノ校正刷、送假名ナドハヤ、相違アリ

20　**童　子　問**　再刻本　大三巻三冊　（二―五三）

東涯序景范跋モノコシ、奥付ニハ寶永四年九月九日原刻明治三十七年三月一日再刻、草述者伊藤仁齋、著述相續人兼發行者　伊藤重光（京都市上京區東堀川通下立賣上ル四町目百九拾七番地）、販賣所　林芳兵

衞（京都市二條通高倉東ニ入町）、古義堂藏板、改正ハ東涯ノ校正ニ從ヒ、送假名ヲ整頓セリ

十二 古學或問

○東涯青年時、仁齋ヨリノ聞書ヲアツメシモノ、斷片ニシテ末ニ「右函丈過庭のいとま多年きゝをきしことを書あつめ自これをこゝろむといふ時ニ元祿五年壬申之春二月伊藤長胤謹拜書」トアリ、事ハ仁義ニ對スル宋儒ト相違セル見解ニカヽル

1 古學或問 寫半一冊 （七―三）

墨附十丁、編者東涯自筆、外題ハ「古學問答四」トアリ、古學問答ノ他巻ハ所在不明

十三 讀近思錄鈔

○「元祿辛未之歳春三月」ニナル所、宋儒ノ性理説ヲ評シテ、周子ノ大極圖説中ノ一條ヲ論ズルモノ、後古學先生別集巻之四ニ収メラル（日本儒林叢書収）

1 讀近思錄鈔 寫大一冊 （七―四）

墨附六丁、末ニ「寶暦十四年甲申正月八日善韶校正卒業」トアリテ、東所本ヨリノ轉寫、東所校正本ハ今文庫ニナシ

十四 誠修筆記

○文集巻五所収同志會筆記ノ初名ナリ、文集所収ニ東涯註シ「右筆記四十八則、係二寛文延寶年間所レ著、先子時年五十左右、悟二從前所學之非一、新有レ所レ見、其言皆體驗躬踐之所レ得讀者毋レ忽諸」

1 誠修筆記 寫半一冊 （七―五）

九行罫紙ヲ用ヒテ全廿四丁墨附二十丁、表紙ニ洛川伊藤維則トアリ、本文モ亦維則即チ進齋ノ筆カ、校正削去ハ仁齋カト思ハル、四十八則スデニソナハル、延寶頃ノ寫ナルベシ

十五 同志會籍申約

○行狀ニ云フ「時年三十六、始艸定論孟古義及中庸發揮一、又設同志會一、掛二夫子像于北壁一鞠躬致レ拜、退講二説經書一相二規過失一……」云々ト、ソノ同志會ノ規約ト會式トヲオサメタルモノニシテ、末ニ「寛文壬寅夏五月朔且伊藤維貞手識」、文集巻之六ニハ同志會籍申約并序及ビ同志會式トシテ収メラル

1 同志會籍申約 小河成章筆本 寫折一帖 （七―六）

十四丁、小河成章寫ニシテ題簽ハ仁齋ナリ、東涯末ニ書シテ云フ「先人寛文年刱同志會奬率學者、此其會約也、時小河成章爲門人上首此式其所書尒後會廢也久矣爲書其由以藏于家云　標題則先人手筆　享保癸丑歳六月十二日長胤拜誌」、成章ハ號立所、仁齋ノ友人省宇ノ子元祿九年七月十七日歿四十八

2 同志會籍申約 伊藤琢彌筆本 寫大一冊 （七―七）

表紙共十一丁、同ジク申約ト會式トヲ合セ寫シアリ、末ニ「明治廿八年三月謄寫　琢彌」

十六　仁齋先生詩文集

○東涯、林景范等諸門人トハカリ編セシ所、享保二年、玉樹堂ヨリ刊行ス、文集巻頭ニ北村可昌ノ碣銘ト東涯ノ古學先生行狀ヲ掲グ、古義堂藏板ニシテ版木文庫ニ現存ス

1　**仁齋先生文集**　寫半一冊　（六—一）

墨附八十丁、収ムル所三十七編、タヾシ目録九十一編アリ、門人某ノ編ナルベク「仁齋先生詩集附和歌」ノ同筆編一冊アリ、目録ヲ附シ製作年次ヲ示シヤ、體ヲナセリ、和文二三ヲ混ズルモ珍ラシ、所収和文ハ「水野防州の哥幷ことは」ヘノ返書、同志會示諸生、與水野防州別書、送防州太守水野公序ナリ

2　**古學先生文集**　寫半一冊　（六—二）

墨附四十丁、所収十九編、前書ト同筆ナレド重複スルモノモアリ、序、雜著等ノ類ヲワカチアレドソノ體甚ダソナハラズ

3　**古學先生文集**　底本　寫大五巻五冊缺　（六—三）

伊藤東涯編スル刊行ノ底本、六冊目一冊ヲ缺ク、筆者門下數名、東涯校正ニシテ各冊ニ校正ノ折ノ記及ビ淨書ニ對スル註記アリ、一冊目「此冊校評甲午ノ十一月廿二日ノ夕了」（甲午ハ正德四年）、二、「乙未四月三日清校完可附書手」等（乙未ハ正德五年）、三、「此冊何時にても板下筆生へ可遣正月下澣長胤書」、鳥居侯墓碑銘ニハ「以下八枚半板下清書時分うつすへからす」、四、「此冊五月十六日校完」等、全部訓點ヲ附ス、正德四五年間校正ヲ終リシモノナリ

4　**伊藤先生文集目錄**　寫大二冊　（六—四）

伊藤東涯編、自筆、一ハ九十六編ノ目次ニ制作年代ヲ註記ス、タヾシ一編重複全九十五編ニシテ刻本ト順序相違シテ體系ナシニ列記シアリ、巻頭記シテ「長胤按門人知舊屢相往來者多因事見于詩文集中平井惟一小河成材大町敦素關祖衡石河成倫桂芳中島義方中江一貫諸人相從最久皆垂三十餘年而集中無其名」ト、末ニ「塞翁子ノ賛未入カ」トアルハ詩集ニ東涯ノ追加セシ「題塞翁圖」ナルベシ、又一ハ刊本ノ配列順ヲ定メタル時ノ案ニシテ、ナホ類ノ順序ナド刊本ニ相違ス

5　**古學先生文集**　校正刷　大一冊　（六—五）

初四丁、現刊本ニ比シヤ、相違ス、初メニ「古學先生詩文集、全部十冊、入銀拾六匁、但無表紙、來ル申春中出來、唐本屋吉左衞門」

6　**古學先生文集**　東涯東所書入本　大六巻三冊　（六—六）

子長胤（東涯）編、寶永三年歲次丙戌仲秋縠旦、參議從三位藤原（勘解由小路）韶光序、享保丁酉三月既望門人香川修德再拜謹譔ノ跋、享保丁酉　玉樹堂ヨリ詩集ト共ニ刊、巻頭ニ北村可昌ノ古學先生伊藤君碣銘ト東涯ノ先府君古學先生行狀ヲ附ス、コノ書東涯東所使用ニテ會讀ノ日附アリ、且會讀ノ折ノ本文校正書入アリ

7　**古學先生文集**巻之二　寫半一冊缺　（六—七）

全十九丁、巻之二漢文帝除肉刑論ヨリ以下末迄ノ寫ナリ、寫ハ刊本ニヨル

8　**誠修先生詩集**　大須賀本　寫半一冊　（六—八）

門人輯録トアレド筆者不明　外題下ニ大須賀哲齋　末ニ哲齋家藏之トアレバ、哲齋等ノ編シ藏セシモノナルベシ、墨附二十一丁百二十詩ヲ収ム、中刊本未収九詩、中一詩ヲ削除セリ、タヾシ林本ニハ皆収メアリ、哲齋前ニ宗節ト云ヒ、京ノ醫、備前ニ住シ江戸ニ死ス

9

誠修先生詩集　寫半一冊缺　（六—九）

内容大須賀本ニ同ジ、タヾシ墨附十六丁ニシテ前書四丁半分ヲ缺ク、九十七詩収

10

仁齋先生詩集附和歌　寫半一冊　（六—一〇）

筆者編者不明ナレド數人ノ手ニテ次第ニ添加シアリ、大部ハ仁齋先生文集（1）ノ筆ニ同ジ、墨附七十七丁、刊本ニ比シ百數十詩少ナシ、和歌ヲ混ズルハ珍ラシ、刪、可刪ナド東涯記シアレバ刊行ノ際ノ參考トセシモノナラン

11

古學先生詩集　林本　寫大二冊　（六—一一）

東涯編、林景范寫、林景范編シ且筆寫セシモノヲ、東涯詩型ニヨッテ分類配列切リツギタルモノ、ケダシ刊行ノ際ノ底本ナレド順序ハ五言律・七言律・五絶・七絶ニテ刊本ト相違シ、且末三首ヲ東涯加ヘ、校正スル所アリ、未ニ景范寫本ニ所収シテ刊本ニ収メザリシ二十二詩ヲ朱消シテ配列ス、別ニ景范編ノ目録一冊アリテ附ス、林本ノ原型ヲ知ルヲ得

12

古學先生詩集　歴代手澤本　大二巻一冊　（六—一二）

子長胤（東涯）編、享保初元八月日　北（村）可昌謹識序、享保二年丁酉二月穀旦子長胤謹跋、古義堂藏、享保丁酉新刊　京兆玉樹堂發行（文集ト共ニ）、東涯東所東里使用本ニテ東涯ノ校正頭註ト歴代及ビ蘭嵎ノ追加五詩アリ

13

古學先生詩集　東峯輶齋手澤本　大二巻一冊　（六—一三）

薄葉ノ自家用トシテ刷リシモノ、末ニ「天保七年丙申四月廿五日校正了弘濟卒業」トセシハ東峯ガ東涯以下ノ手澤本ニヨリ校正セシモノニシテ、後輶齋コノ書ヲ用ヒテ得ル所三詩ヲ書加ヘタリ

14

古學先生詩集　寫大一冊　（六—一四）

古義堂藏壼謄録ト柱刻アル罫紙ヲ用フ、墨附七十六丁、綴違ヒ順序亂レタレド輶齋三詩加筆後ソノ本ヨリノ轉寫ナリ

十七　古學先生別集

○伊藤蘭嵎元文年間編スル所ニシテ、巻之一ニ易乾坤古義附大象觧、巻之二ニ春秋經傳通解隱公至閔公、巻之三ニ春秋經傳通解僖公哀公、巻之四ニ仁齋日札　極論　讀近思録鈔ヲ収メ、附録トシテ送水野防州公序等從來未刊ノ論著ヲ集メシモノナリ、コノ計畫ハ既ニ東涯生前ニカヽリ東涯本易大象解ノ見返シニ「古學先生別集目録」アリ云「巻之一易經古義易大象解、巻之二　仁齋日札　讀近思録鈔　極論、巻之三和歌和文」ト自ラ書シタルガ、ハタサズシテ歿ス、ソノ後蘭嵎編スル次第ハ、元文五年歳次庚申復月日伊藤長英（梅宇）謹譔ノ序ニ明カナリ、曰「嚮者弟長堅寓書曰、亡伯兄在日、承間言曰、先子遺書、陸續刻行、唯易春秋解等未刊、須漸上梓、曰、豈唯予之任而已哉、異日汝善爲之、堅默而退、意不欲獨任事、亦將分功、後不復言、既而伯氏見背、其書稍鏤梨棗、先書有猶未付剞劂者、與仲氏校訂、而將上梓、仲氏僻在山陽、然兄弟行今爲首、序巻端棄仲氏豈求之外乎」云々ト、コノ序ノ梅宇及ビ蘭嵎加筆草稿共ニ現存ス、サレド儒林叢書所収迄遂ニ刊行ヲ見ズシテ終レリ

1

古學先生別集　東所本　寫大五巻五冊缺　（六—一五）

文行忠信ノ四巻、文ハ易經古義　附大象解　序ハ東所筆寫ニテ「寶暦甲申正月（明和元）善韶淨寫」トアリ、本文蘭嵎寫蘭嵎及ビ東所校末ニ「寶暦十三年癸未六月十九日校讀卒業善韶」、行・忠ハ春秋經傳通

解ヲ収メ蘭嵎寫同及ビ東所校、信ハ仁齋日札、極論、讀近思録鈔ヲ収メ、蘭嵎東所寫、東所校、末ニ「寶暦十四年甲申正月八日善韶校正卒業」トアリ、今一冊ハ送防州太守水野公序ノミニシテ　末ニ「寶暦甲戌（四）年本文者請山本北溟謄寫跋語自寫云善韶」トアリ、跋語ハ東涯ノモノナリ、五冊共外題蘭嵎ナリ

十八　古學先生十絶詩帖

1　古學先生十絶詩帖　墨本　折中一帖　（七—八）

○甲申之夏四月仁齋老人ト記名セシ絶句十首ノ墨本、甲申ハ寶永元年、現品ハ門人土佐守淺井國幹ノ持チシモノニシテ、享保歳在乙卯閏三月日　伊藤長胤拜題ノ跋アリ、詩ハ皆詩集ニ収マル

山本藏板ト題簽ニ墨書アリ

十九　送防州太守水野公序

○天和壬戌之歳夏四月十六日伊藤維貞謹拜書ノ自筆ノ墨本、享保壬子歳季冬日　伊藤長胤頓首拜題跋アリ、元文庚申歳春三月　奥田士雄後識シテ刊セシモノナリ、水野防州ハ忠增、壬戌ハ二年、壬子ハ十七年。庚申ハ元文五年、奥田三角三角亭集所収謹書先師國字序後ニ「古學先生送二水野侯一國字序從不レ留稿侯亦愛惜不三敢示二レ人以故雖二親炙門人一稀二得レ知者一矣侯沒之後不知二其所一レ在焉族叔士雄宦二游東都一獲二於一僧一矣蓋左右以二侯平日寶惜之厚一寄二之僧寺一而寺僧嫌二共關異之語一落二士雄手一也士雄素信二古義一珍重之餘恐二池魚罹一レ災遠送二卿里一竹亭君借觀臨模不レ差二絲毫一裝潢爲レ軸命二余跋一」、竹亭、片岡氏字順、名承行三角門、寛政二年歿四十八

1　送水野防州公序　東涯跋本　寫一巻　（三六—一）

享保壬子歳冬ノ東涯跋ト共ニ門人兒玉昭慶ガ臨摸セシモノ、末ニ東涯朱書シテ「壬子臘月予草此跋時作州侯家人兒玉昭慶寓學于塾因請摸様以藏之于家時泉州河合壽則在坐云此序在鄉里間名云送序又記當時此序初出和州郡山侯好學招致一耆儒譚道有人進此序于侯時在几上侯睎之云此序意如何曰其意亦明但語而不詳耳先子門人中島義方云其不詳正是先子得意處盖以不涉虚有宁感之辭也俯仰四紀任爲陳迹遺文一篇巋然獨存昌勝感愴之至長胤又誌」、外題蘭嵎筆

2　送防州太守水野公序　墨本　折大一冊　（七—九）

外題東所「古學先生送水野公序」、同人末ニ「寶暦戊寅年奥田小平太氏恵己卯裝潢　善韶珍藏」、戊寅ハ八年

二十　古學先生和歌集

○仁齋晩年和歌ヲタシナム、生前元祿十六年自選自點シテ和歌愚草ヲ編ス、所収百三十六首、歿スルヤ東涯林景范ノ助力ヲ得テ蒐集コレットメタレド未ダ整理刊行スルニイタラズ、東所ニ至ツテコレヲ整理按配二百八十七首ヲ収メ編ス、コレヲ古學先生和歌集トナス、坊間流布スル所ハコノ東涯ヨリ東所ニイタル間ノ稿本ヲ筆寫シ、和歌愚草ノ點ト識語ヲ合セウツスモノナリ、甘雨亭叢書本、三十幅所収本皆コノ類ナリ、南川金溪閑散餘録、畑鶴山四方ノ硯等ニ自筆歌集　京税官小堀氏藏トアルハ現ニ存否知ラズ

1　愚詠和歌　初本　寫大一冊　（七—一〇）

表紙共十九丁、外題及朱校正ハ仁齋、所収百六十三首中一首重出、和歌愚草ニ比較スルニ己卯・庚辰即チ元祿十二・十三年ノ作見エズ、丁

卯即貞享四年ノ作アリ、故ニ元祿十二年以前、先ヅ元祿中葉ノ寫ニシテ初期ノ詠歌ヲ自選セシナルベケレド體整ハズ、和歌愚草ニ入ルモアリ入ラザルモ亦アリ

2

和歌愚草　自筆第一本　寫一巻函　（三六―一）

冊子ヲ巻子ニ改メシモノ、巻頭「手澤如新」ト東涯ノ題字アリ、末ニ蘭嵎書ス、「先君子作詩若和歌自忬性靈不循人之門墻有懷則唫興到則咏故不事藻繢彫琢亦未始屑〻輯録詩集既登梓公世皆門人子弟所輯其和和亦爲一本藏于家堅猶記八九歳時某人就乞其歌集先君子親手撰録釘爲小冊續爲淨書以贈堅時侍傍以其草本見賜實是此也恐矮紙蠹爛不耐久故今裝潢以爲一巻謹藏云　享保十九年歳次甲寅夏四月十二日不肖男長堅頓首再拜敬書」、所収百三十一首中重複一、消十三首ノ外ニ淨書本ニ入ラザルモ五首アリ、淨書ノ爲ノ順序番號ヲ朱書以テ附シ歌ノ訂正モ多シ

3

和歌愚草　自筆第二本　寫一巻　（三六―三）

冊子ヲ巻子ニ仕替ヘタルモノ、タヾシ所々切リ取リアリ、愚詠和歌ト題スレド、前書ヲ改訂ニ從ヒテ淨書シ更ニ増加セシモノナレバカリニ前書ノ如ク題ス、仁齋自ラ朱ニテ「百二十八首諸点五首点四十九首」トシタレド、切リ取リニヨリ現存百一首内消八首アリ

4

和謌愚草　自筆淨書本　寫大一冊　（七一―一）

墨附廿四丁、収ムル所百三十六首四季雜ニ配列ス、自筆第二本トノ間ニナホ一、二草稿アルト思ハル、中点六十一首諸点七首タヾシ自ラ書シテ「以上百三十五首点六十四首内諸点七首」ト淨書ノ際ニオチシモアルベシ、末ニ識語アリ

「予もとより稽古もなく師傳もなくして歌よむ事まことに目しゐの蛇を恐れさるためしなれと花晨月夕折にふれて心の興れはやむ事を得すしていひ出せる慰めことなり誠に哥の風情にもかなはす又法度禁忌をもしらされは定めてひか事のみおほく待らむかししかれとも人のとかむる我にもあらす又人にみするものにもあらされは其ことわりに及はす唯身つからの哥に点を加ふることいかゝと思ひ侍れとも老後の慰めにせんかため心にまかせよしあしを定め点を加へ侍りぬ古人も身つからの歌を番ひ自歌合と名付られたるためしも侍れはくるしかるましき歟

元祿癸未のとし二月中旬　洛下老布衣　維楨題」

癸未ハ十六年、外題東涯筆「和謌愚草　古學先生遺筆」

5

和歌愚草　東所臨摹本　寫大一冊　（七一―二）

前書ヲ東所謄寫セルモノ、末ニ「寶暦甲申二月善韶拜臨」、甲申ハ寶暦十四即明和元年

6

先子遺詠　寫半一冊　（七一―三）

内題「古學先《マヽ》集和歌集」墨附四十丁、東涯編並ビニ寫、所収二百八十九首中重出六首　消十一首　四季雜ニ配列　點及ビ識語ヲ附セズ　表紙ニ「御一覧之後御返辨可被下候序を入可申候間重而御目懸可申候」ト東涯筆、恐ラクハ林景范等ニ巡回セシモノナルベシ、ソノ後カ追加細書ノモノ多シ

7

古學先生和謌集　林本　寫大一冊　（七一―四）

東涯篇、林景范寫、全三十三丁、先子遺詠ヲ按配浄書セルモノ、尙二三重出アレド體裁ヤヤ整フ、上部ニ東涯書中人物ニツキ略註ヲトドム、所々附箋アルハ東所浄書ノ際ノモノナリ

8

古學先生和歌集附送水野公序　東所本　寫大一冊　（七一―五）

全三十八丁、近松顯忠寫、東所、林本ヲ更ニ整理セシモノヲ浄書セシ

メ自ラ校正セル所、附スルニ送水野公序ヲ以テス、末ニ「寶暦十四年甲申五月八日始校廿四日全業善韶」、所収二百八十七首、東涯ノ頭註ヲモ寫シ加ヘタリ

9　古學先生和歌集　甘雨亭叢書本　中一冊　（七―一六）

三十四丁扉一丁計三十五丁、三十幅所収大田南畝所藏本ノ系統ナリ、タヾシ本文ハ林本古學先生和詞集成立ノ中間ノ姿ニ、和歌愚草ノ點ヲウツシタルモノナリ

二十一　仁齋日札　附　極論

○仁齋文稿ニ収ムル袋ノ中ニ「日札古義　元祿五年歳壬申二月念六日製」ト書セシモノアリ、元祿五年前後ヨリヨリ〳〵思フ所ノ斷思ヲタクハヘ集メシモノ、歿後蘭嵎古學先生別集巻之四ニ所収ス、同巻ニ同ジク収ムル極論ハ「夫子賢於堯舜」ノ一條ノミ、タヾシ東涯編吉岳氏文叢ニ日札若干條ヲ収ム、又日札ハ甘雨亭双書ニ極論ハ日本儒林叢書ニ載セテ共ニ流布ス

1　仁齋日札　甘雨亭叢書本　中一冊　（七―一七）

板倉勝明ノ仁齋伊藤先生傳四丁　本文二十丁　計二十四丁コノ書若干ノ異本トノ校合アリ　吉岳氏文叢所収ト比スルニ又多少ノ異動アリ

2　仁齋日札　附　極論　寫半一冊　（七―一八）

日札ハ十七丁、大正八年春伊藤梅塘甘雨亭叢書本ニヨリウツセシモノ、極論ハ二丁、日本儒林叢書本ニヨリ當文庫ニテ新シク加ヘシモノ

二十二　自筆雜記

○諸雜記ヲ一括シテコノ部ニ加フ

1　隨得手記　寫横中一冊　（七―一九）

首ニ伊藤維楨纂トアリ、表紙共十九丁、讀書抄記ニシテ多クハ文詞ノ參考トナル語句ナリ、最晩年ノ筆

2　聞書　寫半一冊　（七―二〇）

讀書抄記、前半三十一丁ハ仁齋筆、末ニ二十七丁博古齋庚訂燕居筆記事類函ノ寫ハ他筆ナリ

3　〔抄錄〕　寫三冊　（七―二一）

讀書抄録ヤ聞書集、紙型又種々今合セテ抄録ト名ヅク

4　讀書部注　寫大一冊　（七―二二）

仁齋讀書抄記一丁、後東涯墨附五丁ヲ經説ノ抄出ニ用ヒアリ

5　藥方之古紙　二十九枚　一袋　（三―四六）

東涯筆ニテ「寶永二乙酉歳十月二十九日　藥方之古紙　先生遺筆」トセシ袋ニ入ル、中ニハ別人ノ書送リシノヲモ混ズ

6　古學先生雜筆　藥方其他聞書　寫一巻　（三六―四）

初メハ坐客譚話ト題スル數葉アリ以下七十一葉、諸氏ヨリノ聞書多ク話者ノ名日次ヲトドメシモ亦多シ、事ハ藥方ヲ主トシテ日常生活ノ萬端ニワタレリ（長谷川涼圓、稻葉丹後守殿、岸本壽軒、大町正淳、中川修也、瀬崎牧右衞門、田付六郎兵衞、山口善右衞門、山本紀内等、）

巻端東所書シテ「古學先生雜筆　善韶裝」

7　**藥　方**　寫一巻　（三六―五）

巻頭東所筆ニテ「古學先生書藥方」トアリ、仁齋自筆ノ藥方ヲトドメシ故紙七枚ヲ一巻ニ収メシモノ、諸方多ク傳授者ノ名ヲシルセリ（奥谷意三、山村宗節、大町正淳、田付常甫等）

8　**古學先生雜筆**　堀川家主覺其他　寫一巻　（三六―六）

自筆故紙ヲ一巻ニ収ム、東所巻頭ニ「古學先生雜筆」、所収堀川四町目家主覺（甲申三月廿五日記）、太極生兩儀四象八卦圖、香銘覺、筆之覺、江戸ヨリ鹿島ヘ地圖、尼崎ヨリ加古川アタリヘノ地名以上六葉

9　**町内規定**　寫一巻　（三六―七）

巻端ニ伊藤梅塘書シテ「古學先生筆町内規定昭和五年七月褙裝顧識」、所収、汁献立定之覺、家賣買之定、拜借米上納之覺、年寄定之事（貞享乙丑二年二月朔日）以上ヲ九枚ニ書ス

10　**〔藥　方　控〕**　寫大一冊　（七―三）

全四十九丁墨附十丁、中二丁仁齋筆ニテ諸氏ヨリ聞ク所ノ藥法ヲ書留メアリ、癸酉ナド日附アレバ元祿六年頃ト思ハレ、後七丁ハ東涯文稿ヲ書ケリ、見返シ東所附箋アリ、「此一冊藥方ハ衆妙方ヘ校了　策問十八首讀了舊藁故書寫不申候　艮卦注一條附入此モ書寫不申候　寶暦甲申二月廿日善韶記」

二十三　文　式

○仁齋ノ編ニカヽル古人ノ文集、韓柳以後近儒之文ニシテ學者ノ作文ニ資スベキモノ三十五編ヲ収ム、上十九下十六編、仁齋序ヲ附ス、文集所収ノ文式序ニ東涯註シテ「初年甚信二程朱一、最尊二大學一、右諸文可見二其槩一矣」

1　**文　式**　東所本　寫大二巻一冊　（七―二四）

序及ビ目録ハ東所寫、全六十七丁、古義堂藏ト柱刻アル用紙、東所校末ニ「明和元年甲申新寫重陽日校讀全業　善韶」

2　**文式目録**　寫半一冊　（七―二五）

墨附四丁、表紙ニ「寶暦癸未六月廿日東所書」、目録ノ下ニソノ出所ヲ示シ末ニソノ出所ノ總計ヲシルス「軌範二十編　選玉二編　韓文三編　元豊一編　折義一編　宋文鑑六編　八大家二編」、更ニ浄書ニ對スル註記アリ

3　**文　式**　寫大一冊缺　（七―二六）

墨附三十五丁、上巻「上茫司諫書」ノ中途迄

二十四　二十一代四季選・和歌四種高妙

○仁齋和歌ノ選書ニシテ二十一代四季選ハ二十一代集四季ノ部ヨリノ抄出ナリ、事ハ延寶六年ノ時ニカヽリ、文集巻一所収四季倭歌選引ニハ、「今此選也、總取二格高調古、意直指遠者一、而專以二意興一爲レ主焉、若夫淫言媟語、浮靡雕繢、傳レ朱施レ粉、徒足三以供二人之翫賞一者、皆棄而不レ收、雖レ不レ免二於世之譏笑一、然識者必有取焉」、ソノ選歌ノ據所ヲ知ルベシ、和歌四種高妙ハ元祿戊寅之秋九月廿日ノ自序ニヨルニ、詩歌ハ源ヲ一ニスル故詩ノ四種ノ高妙、即チ理・意・想・自然、ノ高妙ニ相當スル詠歌ヲ古人ニ求メ選セシモノナリ、何ヲ四種ノ高妙ト云フヤハコノ序、文集巻之一ニ収マリテ明カナリ

1 二十一代四季和歌選
和歌四種高妙　自筆本　寫半二冊　（七—二七）

外題東涯ニシテ古學先生筆ト註記ス、サレド鼠害甚シ、外題ニ中逸三代集トアレド逸ハ拾遺後拾遺ノ二ツナリ

二十五　校刊書

1 魯齋先生心法　東涯手澤本　大一冊　（七—二八）

刻魯齋心法叙元祿四年歳次辛未正月　日東洛陽後學伊藤維楨原佐父謹識六丁、魯齋心法叙嘉靖元年中秋日賜進士中順大夫知懷慶府事前南京兵部郎中洪洞後學韓士奇謹識三丁、本文四十三丁、附録三丁、元祿四年辛未八月之吉　京東洞院通夷川上町　林九兵衞壽梓、序ニ云フ「予嘗獲朝鮮版本魯齋心法一冊藏焉、…乃使門人謄寫一本、且加訓點、以壽諸梓、癸丑之火、朝鮮本既燬滅、點本亦不行于世、其版今不知所在、教重付諸剞劂氏、以廣其傳」云々ト、許魯齋ハ仁齋最モ心服スル所ノ一人ナリ、東涯ノ印アリ

第二類　日記・書簡

一　日記類

1 日次之覺帳　寫横大一冊　（六—一）

半紙横折帳綴表紙共七十二丁、天和二年七月ヨリ、同十月ヨリ、天和三年元日ヨリノ計三冊ヲ後合綴シテ天和三年六月末ニイタル一年間ノ日記ナリ、表紙ハ「日(並)《次》之覺帳」「天和二年七月6」ノ文字アリ、內ハ「家乘　昉于天和二年 歲次壬戌秋七月　伊藤維貞著」ト見ユ、十月初及ビ元日ノ巻頭ニモ又家乘トシルシ署名アリ、末ニ「寶曆十四年甲申之歳善韶讀」ト記セシハ東所ナリ、コノ年仁齋大痢病ヲ患ヒ有馬凉及ノ投藥ニテ癒ヘシ事稻葉石見守ニ著述ヲ呈セシ事等詳カナリ

2 日　次　寫横大一冊　（六—二）

半紙横折帳綴全四十六丁、前冊ニツヾキ天和三年七月ヨリ同年晦ニ到ル、表紙「日次」「天和三年七月朔」ノ文字アリ、內題ハ「家乘天和三年癸亥七月」、更ニ一葉ヲ附シテ三行ニ「天和三年癸亥初秋至季冬之日記凡四十三枚　伊藤源助」ト書セシヲ表紙トス、末ニ「明和戊子正月十五日善韶謹讀」ト東所書ス、前年ニツヾキ最モ充實セシ日々ヲ記ス、因ニ仁齋天和三年ハ五十七歳ナリ

3 家　乘　寫横中一冊　（六—三）

半紙四ツ折横綴　表紙共全三十六丁ナレド墨附表紙共三枚ナリ、表紙ハ「家乘」、內題ハ「家乘元祿十一年 歲次戊寅秋始」トアレド、日記ラシキハ表一枚ニシテ以下ハ雜記帳ニ用ヒアリ

4 毎日記事簿　寫横中一冊　（六—四）

半紙四ツ折横綴全十七丁、墨附六丁　表紙左スミニ「毎日記事簿」トアリハジメニ「壬午歳毎日記事」トシテ卯月廿一、廿三、廿四、廿五、廿六、廿七、廿九、卅日、五月朔日、七月廿六日ノ記事二丁ニワタリ表紙ウラニ三月廿六日ノ一條アリ、九丁トビ契約申候書物之覺トシテ己卯廿一日ノ一條アリ、壬午ハ元祿十五、己卯ハ同十二年ナリ

5 〔諸事覺帳〕　寫大一冊　（六—五）

帳簿風仕立ニシテ表紙共五十七丁、墨附三十二丁、初メ仁齋後東涯ノ筆ニテ寛文ヨリ享保年間ニワタル家政會計上ノ諸覺ナリ、御公儀様ゟ御借シ米之覺、吉田平兵へ殿ニ而銀子借用之覺、京上下惣材木や拾四町有此内へ中間之銀子あつかり申候覺、伊藤五郎右衛門殿ニ而小判借用之覺、川井新右衛門屋ちんの覺、是ゟ銀子借シ申候覺、しちおき申候覺、山田善太郎殿材木銀子出入之覺、おさわとの銀子之覺、質物利足相渡申候覺、小河庄兵衛殿指引覺、又、瀬崎牧右衛門殿米之代渡申候覺、森本与助殿ゟ借申候金子覺、東堀川七町目家宅之事、町之家主人數、七町目借屋分銅屋清兵へ宿代之覺、忠光脇指買得覺、南隣買得之覺、先祖碑石覺、等

6　町内用記　寫一巻　（六一—六）

巻端ニ「町内用記　元町内ニ在曾テ植村武三郎別ニ保存之比日從同子得之藏家古義堂伊藤重光」ト輶齋書シ別ニ顧也附箋アリテ「仁齋先生京都西町奉行役所ヨリノ御触を寫し置れたるもの元祿七年ハ先生六十八」トアリ、所収次ノ十三通、

午十月十六日（悪敷秤ニツイテ）、元祿七年戌三月（町中ヨリ秤ニツイテ奉行所ニ出シタル証文）、某年某日（捨子ノ触）、「東堀川四丁目材木町」トノミ記シタル一帋、十一月朔日（捨子ノ触）、午ノ十一月廿八日（同シク捨子ニツイテ）、町内七歳以下子供人數覺、町内借屋七歳以下子共人數之覺（平藏二歳トアリ元祿六年カ）、九月廿九日（朝鮮人参調候様ノ注意書）、戌三月日（浪人筑紫團右衛門斬罪ノフレ）、亥二月十三日（犬ノ子ステシモノハ罸スルトノ触）、元祿七年戌三月日（やせ犬ヲ養育スベシトノ口触）、三月晦日（年寄人ノ請狀ニツイテ口触）、亥二月廿五日（はくち、勝負事生類見世物禁止）、タヾシ、署名又ハ花押ナドアリシト思ハル、所切ハリニテ空白、二ケ所源佐ト切ハリニテ補ヒタリ、仁齋筆タルニ若干疑ヒアレド、シバラクコ、ニ加フ

二　門人錄類

○古義堂ノ門人録ハ多ク初見帳ト稱シ、聽講者ヲ記名ス、仁齋ノ延寶九年ヨリ輶齋ノ明治三十八年迄ソノ間天明ノ大火ニ燒失セシ數年ヲノゾキテ連續現存ス、殆ド當代ノ堂主自筆ニカヽリ門人名ノ下、紹介者ノ名ヲ加ヘ且ツ門人ノ本貫其ノ他ノ略註ヲ加ヘアリ、タダシ仁齋ノモノニハ、東涯記入多シ

1　諸生初見帳　寫横大一冊　（六一—七）

美濃横折綴全二十二丁内墨附十七丁、書簡ソノ他反古ノ裏ヲ用フ表紙ニ中央「諸生初見帳、」左右ニ「辛酉延寶九年正月吉旦」トアリ、延寶九年即天和元年正月ヨリ貞享三年末迄ノ入門來訪者ヲ記ス

2　諸生初見帳　寫横大一冊　（六一—八）

前者ト同裝釘、二十二丁書簡包紙ヲ用フ、表紙ニ中央「諸生初見帳」左右ニ「丁卯貞享肆祀大簇穀日」ト、貞享四年正月ヨリ元祿五年六月ニ至ル入門來訪者控ナリ

3　諸生納禮志　寫横大一冊　（六一—九）

美濃横折帳綴、全八十三丁、前二書ヲ浄書シテ、更ニ追加シ元祿十二年壬九月ニ至ル迄ノ入門來訪者控

4　門人錄　寫大一冊　（六一—一〇）

二十行罫紙ヲ用ヒ　全三十九丁、墨附二十丁、元祿十六年正月ヨリ寶永二年正月迄十七丁ト拾遺三丁トナリ

三　書　簡　類

1　**先君子手帖雜書**　一巻函　（三五—一）

元祿中近江水口鳥居侯ニマネカレ旅行又滯在中家庭ニイタセシ書十一通ヲ東涯編スル所、東涯巻頭ニ「先君子手帖雜書一巻享保丁未歳集」ト記シ、後ニ装釘セシ東所ハ外題ニ「古學先生手帳　安永庚子歳装」ト記ス、丁未ハ享保十二、庚子ハ安永九年ナリ、所收十一通ハ左ノ如シ、三月十日　伊藤源藏・重藏宛、三月十一日源藏宛、三月十三日同、三月十六日同、三月十八日同、三月廿五日　源藏・重藏・正藏宛（以上元祿十二年）、九月十三日　伊藤源藏宛、九月十六日同、九月二十日同、九月二十三日同歟、九月高須源兵衞以下七名宛禮狀案文（以上元祿九年）（加藤仁平著　伊藤仁齋の學問と教育附録第二收）

2　**伊藤仁齋先生手簡**　一幅函　（三六—八）

正月廿九日畑集庵宛ノ一通ノ寫シ、文中「正藏は十二藏相成」トアレバ介亭十二才即チ元祿九年ノ事ナリ、集庵ハ仁齋門、丹州柏原ノ醫、（荻野由之編先哲書影所收）

3　**同**　一巻函　（三六—九）

前文ノ寫シナリ、タヾシ宛名ハ畑來多郎ト見ユ、集庵ノ誤讀カ

4　**仁　齋　書　簡**　一幅　（三六—一〇）

孟冬六日　某氏（宛名ナシ）ニアテシモノ文中ハ中島恕元ニタクシテ機嫌ヲウカガヒシモノ、某氏ハ門下ノ如シ

5　**古學先生送緒方木鐘書牘**　臨本一枚　（三六—一一）

「壬二月初五」緒宗哲様維貞トアリ、壬二月ハ寛文七年ナルベシ　附箋アリ「右先子仁齋答緒方木鐘氏之書距今既餘八十年所榊原丈獲之使不肖書于其後謹書歳月以還之云、寶暦戊寅端月、長堅拜識」ト、コレモ寫シナリ、木鐘、名維文、仁齋門ニシテ、土佐ノ文學ナリ

6　**仁齋先生俗牘**　一幅函　（三六—一二）

六月十八日加納紹白宛　中二女婿長谷川涼甫ノコトナド見ユ

7　**仁齋書簡**山我宗敬宛　一巻　（三六—一三）

宗敬ニ東寺瓜ヲモラヒシ禮狀ニシテ七月四日付「維貞」ノ文字ヲ用ヒアレバ天和三年以前ソレヲ去ル遠カラサル先ナリ、享保十七年壬子七月ノ東涯跋ヲ附ス、文ハ紹述先生文集巻之十六ニアリ、宗敬、名甚七佐渡人、京住ノ醫

8　**仁齋先生書簡**　一巻函　（三六—三七）

七月十六日　木村松軒宛　タヾシ東涯ノ代筆ナルベシ、松軒字信甫、秋田藩醫、仁齋門

9　**仁齋先生來簡集**　一袋　（五九—一）

一、伊藤宗恕（二日朔）　二、梁田國憲（二月三日）
三、長澤純平（二月廿日）　四、小河茂七郎同茂介（臘念九日）
五、守眞庵太氏（閏八月十九日）　六、平政義（元祿四年十一月十三日）
七、桂元忠（五月十八日）　八、貞任順庵（六月十八日）
九—一三、妙千院（十一月廿七日、三月廿五日、二月十一日、七月三日、卯月十八日、妙千院ハ仁齋元配緒方氏ノ母）
一四、平政義（元祿四年十一月十三日、御文庫内ノ五車韻瑞等下賜ノ

執達状、六ト同文）

第三類　手澤本

一　和書

1　**大人其不失赤子之心節**　寫一帖　（七一―七）

元祿庚辰之秋八月二日譔トアリ、何人ノ作ナルカ明ナラズ、サレド青筆ニテ添削セルハ仁齋ナレバ彼ノ門人ノ制義ナルベシ

2　**私擬對策**　寫大一冊　（七一―九）

墨附七丁　末ニ「已上一篇五事、元祿四年三月廿二日　陰山元質淳夫識」トアリ、門人陰山東門ノ出セシ對策ヲ仁齋朱モテ修正セルモノナリ、東門紀藩ノ儒者元祿四年ノ入門ナリ

3　**扶桑隱逸傳**　大三巻一冊　（七三―五一）

元政、自序、寛文甲辰仲冬中澣銅駝坊書肆村上氏刊行、末ニ「延寶已未春予患痘呰年十歳勘鮮由小路故亜相韶光卿辱惠此冊爾後先人就加朱墨吁俯仰已五十有餘年矣人亡栞在曷勝感念享保十七年壬子小暑日伊藤長胤元藏誌干扶桑隱逸傳後」、朱・青ノ文章改訂シゲキハ仁齋ニシテ、後東所ハ「明和二年乙酉善韶讀」ス

4　**醫法明鑑**　古活字本　横中四巻八冊　（八一―一〇）

曲直瀬玄朔、元和寛永年間刊　第一、三、五、六冊目ノ表紙ニ朱ニテ内容ヲ、例ヘバ「中風」「傷寒」ナド記シアルハ仁齋元祿年間ノ筆ナリ

5　**古來風體抄**　寫大二巻二冊　（八六―一）

藤原俊成、「元祿五壬申歳臘月上旬書寫畢　宗至」、上下共末ニ「元祿癸酉之歳仲春託人謄寫伊藤維楨藏書」、癸酉ハ六年ナリ

6　**藻鹽草**　大二十巻十冊　（八六―四）

宗碩、寛文九年刊本ノ後刷ニテ奥附刊記ナシ、各冊表紙ニ朱筆以テ内容見出シヲ書キシハ仁齋ナリ

7　**類字名所和歌集**　大七巻四冊　（八六―五）

里村昌琢編、元和三年ノ奥書、木活字本ヲ用ヒシ整版ニシテ、寛文八年刊カ、各冊表紙ニ朱筆以テ外題セシハ仁齋ナリ、一名大名寄

8　**元祿五年十三夜堂上和歌等寫**　寫一巻　（九〇―一一）

東涯集セシ和歌叢ノ中ノ一ニシテ中　元祿乙亥年トシテ御製及ビ有栖川親王ノ御作ヲウツセシハ仁齋ナリ

9　**十一韻**　小一冊　（九一―四）

里村紹巴、自序、正保二年乙酉仲冬吉辰杉田勘兵衞尉刊行、仁齋補寫数葉ソノ他青年時ノ書入多シ、因ニ仁齋母ハ紹巴ノ孫ニアタル

10　**俊成卿九十賀記**　寫大一冊　（八九―三一）

墨附十五丁　末ニ「這俊成卿九十賀記則依伊藤原佐所望而馳禿筆耳唯憐拙劣而英傑閲焉元祿五載秋七月下浣日尙書藤原（花押）」、ケダシ俊成ハ仁齋最モ敬スル歌人ノ一ニシテ、和歌四種高妙序ニモ最高自然ノ妙ヲ得タルハ三代ノ後「釋阿西行壬二品三家得之」トアリ、題簽下部東涯ノ印

11　うらなひ集　寫五枚　(三〇七―一―一〇)

仁齋ノ母里村氏ノ筆カト思ハル、世上ニ流傳スル占ヲ書キトドメシモノ、ソノ中幼キ手ニテ「伊藤維貞」トシルセシハ仁齋幼年時ノ筆ナルベシ

二　漢　籍

1　周易經傳　大廿四巻四冊　(九五―一)

(宋) 程頤・朱熹、元符二年正月程頤序、寛永刊本無刊記後刷、コノ易傳ハ仁齋ノ高ク推ス書ノ一ニテ、童子問上ニ云、「獨程子易傳所㆘以裒㆓出諸儒之上㆒而爲㆗三代以來好書㆖者以㆘其自㆓論孟之理㆒來㆖也」ト、仁齋青年時ヨリ晩年ニイタル迄墨・朱・青數回ノ書入アリ、墨ハ青年期ニシテ朱子ソノ他ノ訓詁ノ註ヲ書入、朱ハ元祿初易經古義製作頃ナルベク論説ニシテ自説ヲシタタメアリ、後梅宇重藏コレヲ使用ス、三冊目裏表紙ニ「伊藤十藏」ト幼キ筆跡ヲ認ム、各冊外題「周易傳義元(亨利貞)」ハ仁齋筆、「幽居」ノ印

2　監本四書　大十九巻六冊　(一二―七)

(宋) 朱熹注、康熙辛未新鐫　闞家弘毅堂藏板、各冊ニ「仁齋」ノ一印

3　四書集註大全　(周會魁校正古本大方四書大全) 大三十六巻十九冊　(一三―一)

(明) 胡廣等奉勅編、永樂十三年十月初一日御製序、永樂十三年九月十五日胡廣等上表、宣德二年秋七月楊榮後序、句讀及ビ、僅少ナレド、筆蹟ハ青年時ヨリ晩年ニイタル墨・朱ノ書入ヲ存ス、各冊外題モ仁齋筆　論語ニ「維貞之印」アリ

4　字　彙　半十四冊　(一六―一)

(明) 梅膺祚音釋、萬曆乙卯孟陬之月梅鼎祚序、見返シニ「鐫宣城梅誕生先生重訂、字彙、鹿角山房藏版」、和刻、マヽ仁齋以下歴代ノ書入アリ、「維貞之印」「長胤」「善韶之印」「弘美之印」「弘濟之印」之五印、函底ニ「伊藤維楨藏」ト仁齋書ス、外題東涯筆

5　立齋先生標題註解十八史略　古活字本 大五巻二冊缺　(三六―一)

(元) 曾先之、(明) 陳殷音釋、(明) 王逢點校、單邊十二行二十二字ノ五山版ヨリノ元和年中黐印、初メ二巻一冊ヲ缺ク、本文校正朱筆句讀仁齋ニシテ、「維楨之印」「原佐氏」「仁齋」ノ印アリ、「壬午九月　長敦句讀」ト中巻初ニ青筆アリ、コノ句讀ハ青筆、長敦ハ梅宇ノ初名、壬午ハ元祿十五年、外題モ仁齋筆

6　纂圖互註荀子　大二十巻三冊　(一四八―三)

(周) 荀況、(唐) 楊倞註、元和十三年十二月楊氏序、墨筆校正仁齋、後東涯使用朱筆モテ再校ス、三冊目巻頭附箋「戊申冬日再讀朱筆寫補系楊注」トスルハ蘭嵎カ、戊申ハ享保十三年、外題東涯筆

7　程子則言　寫六巻六冊　(一四八―二)

〔仁齋〕寫、二程全書ノ抄記ニシテ、青年時仁齋勉學ノ跡ヲ示スモノト云フベシ

8　萬病回春　横中八巻四冊　(一五三―七)

(明) 龔廷賢、胡廷訓等校、萬曆丁酉秋月茅坤序、萬曆二十五年歲次丁酉仲秋舒化序、萬曆丁亥春正月自序、萬曆丁酉年陬月徐汝陽後序、萬曆二十五年歲次丁酉孟秋勤烋後序、金陵書坊対峰周日校刊行ニヨ

ル、延寶二年甲寅孟夏吉辰寺町通圓福寺前町秋田屋平左衞門重版、巻
頭東所識語アリ云「古義堂藏書舊目載萬病回春予弱齡檢藏書回春書無
見矣問之於季父蘭嵎答曰梅宇兄之福山日携去其後予購一本置焉戊申之
災燬焉火後煩□又購之閲之録人參湯方髣髴有　古學先生少年之筆意審
見之有体書細字數處有元吉曰字明是　古學先生少年之日所藏其舊書否
乎今不可知偶然會而歸予手亦天之所與不可知不遺重也深感之至詳書以
貽子孫云　寛政十一年己未之冬十月廿六孫男伊藤善韶再拜誌」、本書刊
行ノ延寶二年ハ仁齋年四十八、少年ノ時ハイカヾナレド文字仁齋初期
ニ髣髴タリ、元吉ハ仁齋初字源吉ニ通ズ、シバラク茲ニカ、グ

9　標題徐狀元補注蒙求　大三巻一冊　(一六六—一)

(五代) 李瀚、(宋) 徐子光注、天寶五年八月李良上表、己酉仲冬之月
徐子光序、寛永和刻、墨字仁齋書入、青字東涯ノ若干ノ書入アリ、朱
ハ介亭ニシテ全巻ニ及ブ、東所又使用シテ末ニ「寶曆五年乙亥臘月十
五日善韶讀了」外題「蒙求補注全」ハ東涯筆

10　諸書源流　寫中一冊　(一六六—一三)

内題「事言要玄引用諸書源流」、東涯寫、末ニ「予癸亥歳借藤拾遺所
藏事言要玄抄其諸書源流未卒業既返璧焉時尙稚越歳庚午書坊偶閲此書
爲暇之續寫前次未了者時元祿三年東崖逸史援毫干洛水哉閣」、巻題「仁
齋」「維楨之印」ノ二印アリ、又末ニ「伊藤長胤藏書」ト墨書、藤拾
遺ハ勘解由小路韶光、癸亥ハ天和三年

11　翰苑英華中州詩集　大十巻四冊　(一八六—一一)

(金) 元好問編、宣德九年龍集甲寅冬十二月日長至陳孟浩序　張德輝
後語「廣勤書堂繡梓」ノ和刻　延寶二甲寅年九月吉日　田中理兵衞開
板、外題仁齋筆

12　文體明辯粹抄　大二巻一冊　(一八六—一一)

(明) 徐師曹編、寛文元昭陽赤奮若年陽復旁死魄　白山通竹屋町吉文字屋
次郎左衞門開板　墨筆仁齋書入、朱墨東涯校訂書入、外題仁齋筆

13　詩人玉屑　大二十一巻三冊　(二〇三—八)

(宋) 魏慶之、淳祐甲辰長至日黃易序、正統己未冬十一月尹烱跋、寛
永十六年己卯九月吉辰　二条通鶴屋町田原仁左衞門新刊、仁齋筆外
題、東涯朱批圈書入

14　文章一貫　大二巻一冊　(二〇三—一〇)

(明) 高琦編、呉守素集、嘉靖丁亥季夏程默序、嘉靖丁亥陸月程然
跋、寛永廿一甲申歳孟夏吉辰　二條通觀音町風月宗智刊行、仁齋、東
涯書入、後東所使用シテ「己卯九月朔韶讀畢、癸未十二月再讀」、外
題東所筆

三　舊藏書畫

1　輪王寺宮公辨親王御筆靈山圖　紙本墨畫　一幅函　(五〇—一)

庚辰之夏五月玄堂主人製 (「守玄堂人」「修禮」) ト署名アリ、裏書
「右靈山圖一幅輪王寺宮一品公辨親王之所寫親王後西院帝之皇子雖在
空門而夙欽慕吾先府君之道業嘗親製此畫下賜謹藏之干家下貽後葉寶永
乙酉七月念五日伊藤長胤拜書」(函書東涯「輪王寺宮一品公辨親王畫
水墨山水　壹幅」、裏ニ「元祿十四年歳在辛巳正月下澣賜　伊藤氏藏」、
親王ハ享保元年四月十七日寂

2　靑蓮院宮尊證親王御筆竹鷄圖　絹本着色　一幅函　(五〇—二)

「義蹄」ノ朱印アリ、裏書東涯「竹鶏圖　一幅　青蓮院尊澄《マヽ》親王模李安忠圖所寫院侍士並河惟忠嘗寄贈先君子云旹寶永乙酉七月伊藤長胤拜書」、箱書東涯「青蓮院宮尊證法親王畫　竹鶏　一幅」、ウラ「元祿八年乙亥孟夏裱褙」、親王ハ後水尾皇子元祿七年十月十五日寂

第四類　書　畫・草　稿

一　書　畫

1
古學先生牡丹詩　一幅　（五六—一）

輪王寺宮公辨親王桐壺牡丹ヲ賜ハリタル時ニモトメラレシ近體詩四韻一章ノ書、タヾシ書アヤマリアリ、詩ハ古學先生詩集巻一ノ廿八丁ニ見エ言辭ヤヽ相違ス、元祿十六年正月仁齋七十七歳ノ作ナリト

2
書　畫　帖　折一帖函　（六三—一）

堂上諸公ノ書畫貼交帳ノ空面ニ伊藤家歴代諸先生ノ書畫小品ヲ貼リ交ゼタルモノ、箱書東所ニシテ箱裏面ニ「天明元年辛丑夏造函善韶」トアリ、所収ハ仁齋十二枚東涯二十六枚梅宇三枚介亭三枚竹里二枚蘭嵎二十九枚計七十五枚、他ハ六十一枚アリ、中ニ仁齋貞享戊辰三月初八ノ學品、東海道双六、東涯短冊、蘭嵎ノ絹紙蘭ナドアリ

3
古學先生寫字反古　三巻　（三六—一四）

行狀ニ云フ「常好書字、而未㆔嘗摸㆓臨法帖㆒毎旦晨起、先憑㆑几亂㆓書楷艸數紙㆒、家人促餐頻頻而始罷」ト、ソノ折ノ反古ヲ後人アツメテ巻トセシモノ、二巻ハ東所題シテ「古學先生寫字反古」、一ハ無題ナレド同ジク反古ヲ集メシモノニテ「甲戌七月初四」「乙亥三月七日」ナドノ日付ヲ記セリ、元祿七、八年ノ頃ノモノト知ラル

4
朗詠集手本　一巻　（三六—一五）

巻端東里筆ニテ「古學先生書朗詠集手本」トアリ、ハシニ「元祿十年丁丑七月二十三日白習《マヽ》同二十九日上ル」、又所々ニ「左付八月二日ニ習始同月十六日ニ上ル」「左付八月二十日自九月七日上ル（長胤ノ印）」トアルハ東涯ナリ、末ニ仁齋筆和文ノ書狀手本アリ、ソノハシニ「第四元祿拾年丁丑五月廿日ゟ六月十五日上ル」トアルハ東涯、又遊寶性院七律一首ノ草稿ヲモ合セ收ム、詩ハ集一ノ廿三丁裏ニアリ

5
國　字　法　書　一巻函　（三六—一六）

四季折々ノ書狀三十六通ノ習字手本ナリ、折本ヲ今巻子ニナセリ、函書東所「丁酉年裝善韶」

6
古學先生墨跡「至聖先師孔子」　一幅函　（三五—二）

「後學伊藤維楨頓首頓首謹拜書（元輔氏）」、箱書輶齋

7
仁齋先生眞跡「德必有隣」　一幅　（三五—三）

裏書東涯「元祿七年甲戌之冬先生書乙亥之春三月十七日裱褙不肖子長胤藏」又東所「寶曆十一年辛巳之夏四月廿九日重裱褙不肖孫善韶藏」

8
天　滿　宮　號　一幅　（三六—一七）

軸端東所筆ニテ「古學先生書天滿宮三大字　天明丙午春裱褙古義堂藏」、聯句ノ折ニ用ヒシモノナルベシ

9
仁齋先生書「博文約禮」　一幅　（三五—四）

署「伊藤維楨書」

10 讀經一絶　一幅　（三六―一八）

「和璧非眞寶」云々ノ五言ノ詩　詩集巻二ノ一丁表ニアリ

11 詩二首　信筆　一幅　（三六―一九）

詩集ニハ巻二ノ三十二丁裏ニ「那波祐英座上信筆二首」トシテ収ム、署名「維楨題」トアレド仁齋筆ニアラズ、梅宇幼時ノ手カ、シバラクコヽニ収ム

12 欹器圖　一幅函　（三五―一五）

書者不明、元祿辛未之歳春三月ノ題辞アリ、東所箱書

13 古學先生短册　月前納涼　一幅　（三六―二〇）

「月になる柳か本の夕納《マヽ》み人も待けり人もこそとへ　維楨」

14 古學先生和歌　棠隱　一幅函　（三六―二一）

「世中をいとふとなしにをのつからさくらか本の隱家の庵」ノ和歌トソノ前詞、梅塘大正五年箱書

15 古學先生和歌　橋上霜　一幅函　（三六―二二）

「橋上霜、置霜の白きか上に影さえて月に見かけるかさゝきの橋楨」トアリ、附箋ニ云フ「右古學先生眞筆和歌一首堂姪弘亨自其祖君所寶傳今玆重表褙詳題其後云寛政庚申二月善韶拜録」トアリ、箱書ハ萬延元年伊藤良有ナリ

16 古學先生上棟簽　一幅　（三六―二三）

「無念爾祖聿脩其德　延寶改元歳次辛丑冬十月庚戌日伊藤維貞謹識」トセルモノニシテ、東涯附記シテ云「延寶癸丑之夏京師火予宅延燒逮冬土木工畢上棟之次匠氏請貼道人符先人爲書此二句以簽之蓋欲脩其身以莫負祖先垂裕之恩也距今四十八年頃日爲風所飄墮黴黒不復可解子弟輩謹湔濯之命工裱褙以藏于家伏願世々子孫念祖先之積德體遺志之丁寧屁其安宅以克肯堂至祝々々長胤拜識（印）」、又「享保五年庚子穐九月穀旦裱褙」トアリ、外題「古學先生上棟簽延寶改元」

17 古學先生小紫石記　東涯臨　一巻函　（三六―二四）

「時貞享紀元冬孟月念三日伊藤維楨謹拜識」トセシ文、文集巻一、小河省宇所藏小紫石歷書記トアルモノニシテ末ニ「右小紫石厭《マヽ》書記先考紹述先生所臨書也　寛政乙卯之秋手裝藏于家云善韶拜書」、東峯箱書、外題東所「先考臨本古学先生小紫石記」

18 古學先生書　東所臨　一巻　（三六―二五）

東所ニ審定ヲ乞ヒ來タル内眞筆ト認メタルモノヲ臨書シ一巻トセシモノ、所藏主ヲ記スル多シ、所収次ノ如ク七枚

○日札三則　○七月十一日作扇面五律（江州小村木村源太輔氏所藏己卯三月廿二日審定臨書之、詩ハ集ノ巻一ノ九裏ニ収ム）○園城寺湖樓翫月（七絶、詩集巻二ノ廿一丁裏ニアリ）○讀書有感七絶（朱晦翁）○七絶「倦遊風雪對江關……」○秋懷舊（七絶、詩集巻二ノ三十四丁表秋日懷舊）○七絶「山中誰築小高樓（當世詩林續編所収題シテ題書壬午閏月應曼殊皇子教トアリ）

19 仁齋先生書寫　十四枚　（三六―二六）

一、雙鉤古學先生大字守字　鳥飼圭純雙鉤（東涯書シテ「右鳥飼圭純翁雙鉤先子古學先生遺墨旹享保十年歳在乙巳秋日褙藏于家云伊藤長胤頓首拜」）

二、古學先生大書摹本　温故知新（端ニ東所書シテ「古學先生大書摹

本丙辰六月廿三日自兼葭堂來東所」）
三、道外無物　何人ノ寫カ不明（維楨書）
四、紅楓之語　東峯臨（古學先生和文之手本紅楓之語天保己亥弘濟影藏也久次米子江遺之寫）
五、古學先生書摹本　存心養性（包紙ニ「重光収」）
六、古學先生忠孝二大字臨本（韜齋双鉤　包紙ニ「重光収」）
七、古學先生書大字雙鉤斷片　八枚

20 **博學審問**　石刻　一幅　（三六―二七）

裏書東涯「正徳乙未之穐紀人小貫致道生命工勒石板存京極書林萬屋喜平店（花押）」、外題東涯

21 **孝弟忠信**　石刻　一幅　（三六―二八）

裏書東涯「正徳甲午之冬中島正佐氏命工彫刻播州網于人京師書肆安田萬助藏板惠予（花押）」、外題東涯

22 **發憤忘食**　石刻　一幅　（三六―二九）

東涯軸端ニ「享保甲辰林氏刻」

23 **聯**　石刻　一幅　（三六―三〇）

碧知湖外草紅見海東雲、東涯後語モ同ジク刻シアリ「先子題此聯時予僅踰冠今藏在松宇氏之家書肆欲摸刻傳世音客日遠手澤猶新爲敬書干其後　享保乙巳月正元日長胤頓首」、又「門人木村之漸元進勒成」

24 **古學先生題壁墨本**　一幅　（三六―三一）

コノ題壁ノ詩ハ詩集巻二所収「十二月十四偶題、丙子」トアル七絶

25 **「雲行雨絶」**　墨本　一幅　（三六―三二）

26 **沈草亭石刻童子問一條**　一幅　（三六―三三）

守身之法ノ一條ヲ姑蘇沈草亭書シテ石刻トセシモノ、仁齋書ニハアラザレドシバラクコ、ニ加フ、軸端ニ「文政丙戌初冬古義堂珍藏谷觀流手表」

27 **古學先生書**　石刻類　五通　（三六―三四）

一、「徳必有隣」石刻（包紙ニ「重光収」）
二、冬夜詩　石刻（詩集巻二ノ三十七丁裏ニアル七絶）
三、沈草亭石刻摹本　童子問一條　三通（包紙ニ「重光収」）

二　草稿

1 **父祖諸父之遺筆**　一巻　（三六―三五）

仁齋、進齋、東涯、梅宇、介亭、竹里、蘭嵎ノ草稿ヲ集メ一巻トナセシモノ、末ニ寛政三年辛亥正月東所ノ跋アリ、所収次ノ如ク八通

祖考古學先生遺筆　竄正周伯弜唐詩三體序并跋（丁丑秋七月三、文集巻三）、

叔祖父進齋府君遺筆　「孟子曰堯舜……」（近江ノ人孝弟ノ記事、元祿二己巳七月廿一日）

先考紹述先生遺筆、桐木火籠（七絶）得崇寧折二錢以銅匡且底之作水中丞（七絶共ニ文集三十所収）、題竹園（七絶）（卯歳大森氏所竹園書之小堀家之所藏と云々下書也）

梅宇仲父遺筆（七絶「遲日園林……」）

介亭叔父遺筆　徳洽千古（藤原惺窩百五十年忌辰之詩七絶）

竹里叔父遺筆　弟長堅買了戒所鑄古劍詩以賀之（歲戊申冬日七言古詩）

蘭嵎季父遺筆　昨日獲家信詔姪書宿構新正作求改遂次其韻作三首以贈（七絶三首）

2

三先生遺筆　一巻　（三六—三六）

仁齋、東涯、蘭嵎ノ草稿ヲ一巻ニ収メシモノ、寛政四年壬子夏東所跋アリテ三人ノ筆致ヲ評ス所収五通

仁齋　硯銘（末缺、文集未収）

東涯　含翠堂記（享保十七季歳次壬子冬十一月　文集巻六）、次弟長準新正韻（文集巻二十一、七言古）

蘭嵎　登瀛亭十致（七絶十首戊辰二月）　歇涉盧十景（戊辰二月七言十首）

3

古學先生文稿　四巻　（三五—六）

一、所収四通、論堯舜既没邪説暴行又作（貞享五年歳戊辰仲秋日、已巳閏正月驚蟄前一日跋、文集巻二）、許魯齋心法叙（元祿四年歳辛未正月之吉、文集巻一）、荀子性悪論（末缺、文集巻二）、孟子勸諸侯行王道論（元祿四年歳辛未八月初五日、文集巻二）

二、父子宛諸家ノ來簡ノウラヲ用ヒシモノ多シ所収次ノ如シ五十八枚、論堯舜既没邪説暴行又作、諸友爲余賀七袠宴集講義、智仁勇解（文集巻二）、紀談（「國朝自寛永年間…」）、又（「江州中江氏」）、……題不明、題白氏長慶集後（甲申冬、文集巻三）、賀知章孝經跋（寶永改元夏五月、文集巻三）、稍留希賢名説（巻三）、題白雲集後（同）、和歌四種高砂（巻一）、「七篇之書論語義疏也…程子曰禮貴得中……」、童子問二十八通、祝壽會中問諸友、「論曰聖人之教……」、論諸葛孔明（巻二）、童子問一通、手記十枚、書反古一枚、答荻野某書、「道藝並稱…」、「眞氏曰士…」、「天也山也…」、「昔者無偏年之史…」、裏書簡二十九通多クハ切レテ全備スルモノ少ナシ、差出人ノ明カナル中ニハ得生院（源藏宛）石河三郎左衛門（源佐宛）伊藤淳篤（源藏アテ）松原泰安（源佐宛）宮原又兵衛（源藏宛）山本七左衛門（源藏宛）高橋土佐守（源佐宛）西庄作之進（同）小出權之助（同）ナドアリ

三、所収二十三枚次ノ如シ、タヾシ牛若像賛トアリテ實物ナキモノアリ、跋張即之書（文集巻三）、送長澤純平歸覲雲州序（末缺）、送木村信甫歸羽州序（貞享丁夘秋七月廿二日、己巳春二月重改正）、大須賀氏字説（甲申之歳夏四月朔旦）、賀知章孝經跋（末缺、文集巻三）梅詩哥三通、輻字考、自作詩八首、林佐兵衛宛書狀（仲夏朔日）、童子問草稿七枚、登鳳凰臺追次李太白韻（郭功甫）、「松鎻草玄揭子宅」、王守仁十一歳時作七絶「金山一點……」、「類苑」「仁齋」トアル二帖

四、箱入、箱書輶齋、末ニ「右古學先生文稿十九葉爲一巻六世孫伊藤重光誌」トアレド全二十一枚アリ次ノ如シ、童子問十二枚、語孟字義補二枚、「困莫深於不知患…」、書良秀事（末缺）、讀性理大全載黄勉齋荀或吊張讓父喪一段、童子問一枚、「己之所欲難遽得…」、「輔氏胡氏曰…」、讀近思録鈔

4

古學先生眞蹟　一巻函　（三五—七）

末ニ「寶曆乙亥年善韶表裝」トアリ、次ノ九篇ヲ収ム、箱書東里、題雪浪堆詩歌序（貞享歳丁夘秋仲上戌、文集巻一）、刻魯齋心法序（元祿四年歳辛未正月之吉、文集巻一）、智仁勇解（元祿十五年歳壬午三月上浣文集巻二）、名稍留氏子説（元祿十五年歳壬午仲冬日、文集巻三）、書宣聖十哲像後（元祿十三年歳庚辰秋八月釋菜日、文集巻三）、私擬策問（元祿乙亥正月朔旦、文集巻四）、遊攝州記（文集巻一）、硯銘、送木村信甫歸秋田序（貞享丁夘秋七月廿六日）

5

古學先生雜書　一巻　附四葉　（三五—八）

東所巻端ニ書シテ「古學先生雜書丁未裝　善韶」所収八十六枚、童子問三枚、題岩崎元質（辛未之歳三月上巳日）、張文昌贈李渤詩七絶、

筆之覺、春秋經傳通解ノ表紙、清閑硯ノ覺、習字反古四枚、扇面書斷片、題簽斷片、帳簿ノ表紙（「元祿八年…金銀錢之覺」）、附ハ寫字反古一枚　表紙ウラ書入一枚　帳簿ノ斷片二枚

6　古學先生譯文　十四通　（二―四七）

一、孫明復墓誌銘（辛酉夏五十一日）二、醒心亭記（曾鞏、辛酉夏念日）三、「鄭太子華齊威公ニマウシテ……」（延寶九稔九月念八）四、泉州同安縣學故書□序（天和改元冬十月初三日）　五、賣柑者言（劉覆瓿、天和二年壬戌孟秋初三日）　六、代仲兄會表兄弟序（黃直卿、天和三年秋九月二十有一日）論相（昭陽大困獻孟冬朔）贈相士序（呂祖謙、天和三年十月十一日）閱江樓記（宋濂天和三年冬十月廿一日）七、秋亭記（陳衆仲、天和三年冬十一月念一）　八、立志說（王守仁、天和三年冬十一月）　九、說苑目錄序（天和四年歲甲子仲春十六）一〇、魏徵論化民（貞享甲子夏五念）　一一、靈壁張氏園亭記（子瞻貞享改元六月念）　一二、王荊公桂州新城記（王安石、貞享甲子季夏晦日）　一三、同（貞享改元秋七月朔）　一四、晏元獻公類要序（貞享甲子仲秋念五）、仁宗皇帝御飛白記（歐陽修、延寶辛酉春三月念五日貞享改元秋再譯）

7　鳥居公墓碑銘稿本　六冊帙　（二―四八）

行狀云フ「元祿中、因二鳥居播磨侯忠救之欽侍一到二江之水口一者再、……爲撰二定其六世祖長源侯元忠墓碑一」、元祿十二年三月筆ヲオコシタルモノ、稿本數種アリ

一、第一稿　半一冊、自筆、　七丁、墨補正、末ニ「旹元祿十二年歲次己卯春三月下念三日洛陽伊藤維楨撰」、以下ノ各稿皆コノ日附ヲ持ツ

二、第二稿　大一冊、八丁、本文筆者未詳、朱墨自校正

三、第三稿　大一冊、十丁、筆者第二稿ト同筆、朱・墨・青三回自ラ校正、以下皆元祿十二年ニカヽル事ハ第四稿ノ筆又十二年五月ナルヨリ明カナリ

四、第四稿　大一冊、十一丁、末ニ「己卯孟夏長敦長奐寫」トアリ、梅宇介亭ノ事ナリ、朱二回ノ訂正アリテ表紙ニ自ラ「辛巳夏六月重訂正　維楨」トアリ、己卯ハ元祿十二年、辛巳ハ十四年ナリ

五、第五稿　大一冊、十四丁、梅宇筆、朱補正仁齋ニシテ表紙ニ「辛巳夏六月再訂正　維楨」トアリ

六、資料　半一冊、二丁、草稿トモ稱シ得ザル斷片、補正ノミ仁齋筆ナリ

8　私擬策問　一通　（二―五三）

貞享改元夏六月經濟之學ニツキテノモノ、文集巻五所收十三番目ノモノ

9　論堯舜既沒邪說暴行又作　半一冊　（七―二九）

表紙共九丁、戊辰仲秋望ノ日付アリ墨朱ノ訂正多シ（文集巻二所收）

10　侖吾志學章講義　大一冊　（七―三〇）

表紙共六丁、「寬文歲丙午八月廿五日　伊藤維貞識（印）」トアリ、丙午ハ六年ナリ（文集巻四所收）

11　送肥陽村上生歸鄕序　一巻　（三五―九）

貞享三年夏六月初七日トアリ、末ニ東所書シテ「右進齋先生遺筆代古學先生書者　寬政甲寅之夏五善韶書」トアリ、マヽ訂正アリ進齋書トスル說イカヾ仁齋ニアラザルカ、外題東所

12　良秀記事　一巻　（三五―一〇）

東涯寫シテ、享保壬寅長至日ノ跋ヲ加ヘタリ

13 留青日札抄　半一冊　（一六一―四）

（明）田藝衡、全四丁、罫紙ヲモチヒテ抄記、末ニ延寶八年庚申正月吉日誠修伊藤源吉家藏トアレド仁齋ノ書トスルニハウタガヒアリ、シバラクコヽニ加フ

14 古學先生文寫　七冊　（二一―四九）

多クハ文集編纂時ノ原稿ナルベケレド今一括シテ假ニ題ス

一、文二首　和歌四種高妙序（巻一）、漫筆一首（巻六）

二、文二首（同右）

三、書良秀事（巻六）、送木村信甫歸羽州序（巻一）、題雪浪堆詩歌序（同）

四、私擬策問三（巻五）

五、竄正周伯弜唐詩三體序并跋（巻三）

六、鵝湖異同辨（大須賀哲齋寫、同巻三）

七、讀予舊稿（巻六）、同、名稻留氏子說（巻三）、私試策問（巻五）

15 古學先生詩文寫　大一冊　（二一―五〇）

一、大須賀氏字說（甲申之歳夏四月朔日）

二、「急於自治則……」東峯寫、巻端ニ「下長者町錢又所持」トアリ

三、「子愼子愼不相見」輶齋寫、末ニ朱書「明治五壬申春三井喜左衞門より鑒定頼來古學先生文稿自筆之由難定候事寫以俟後日重光記」

四、梅詩　七律　東涯寫、末ニ「右先考遺詠本集失載　享保癸丑上巳日長胤謹書」

五、栗原先生見和予節後賞菊詩韻仍次其韻戲之　七絶　東涯寫

六、爐邊言志　七絶　東所書ス「寛政庚戌三月自斯文堂來審定臨留」

七、席上作　七絶　東里寫「右古學先生詩紹述先生代寫者天明丁未之首審定拜書善韶（印）」「右古學先生詩集中失載天明丁未之春自林伊兵衞見之水中蓮之詩箋也書有之」

八、「無寸有壽是盧生……」七絶（辛巳之秋）

九、古學先生秋露・秋祝七絶二詩　東岸書シテ「久次米氏江遺之寫」

十、食豆腐　七絶、輶齋寫

十一、春日郊行　七絶　寄草述懷和歌二首

十二、春の歌とてよめる　東涯の包帋アリ

十三、冬月「木葉ふり人も音せぬ庭の面に獨更行霜の上の月」

十四、古學先生和歌臨本　三通、東所臨、一ハ「斯民也三代之所以直道而行也」の和歌ニテ包帋ニ「奥田士廸藏壬子十月審定之序臨置也此歌ハ初ノ草稿也集ノ方宜也」トアルモノ、二ハ橋上露ニテ東所後語アルモノ今文庫ニ現品アリ、三ハ「誰としも人をはわかて秋の菊咲にそしるき花のこゝろは」デ「此哥集ニハ不見右絹地着色也一本菊ノ畫……金谷九兵衞より審定來寫留申候」トハシニアリ

十五、書簡寫、九月廿日（元祿九年）伊藤長胤宛輶齋寫、末ニ記シテ「此本紙古學先生百五拾年忌ニ付山本達所君助成被呉候ニ付贈ル安政己巳年　重光記」、顧也附箋アリ

16 寺請狀町請狀之案紙　二枚　（二一―五四）

寺方及ビ町方請人ヨリ、東堀川四町目御町中ニ出ス狀ノ案文、四町目ハ古義堂ノアリシ町ナリ

第五類　遺　品

1 所用印　四顆函　（六〇―一）

一、東涯刻　印文　鄒魯正派

二、直指庵蘭谷刻　〃　元輔氏、伊藤維楨

三、同　〃　仁齋
四、同　〃　維楨之印、原佐氏

2　清閑硯　一面函　（三三一一）

蓋ニ硯銘及署名アリ、大キサ縦九寸一分、横五寸七分、高一寸九分

3　古學先生使用紙袋類　一袋　（二一五一）

各表ニ次ノ如ク記ス、
一、「筆裏」（筆はさみ）二、「活套　癸酉秋九月」　三、「遠方書狀之留」四、「童子問近録　癸酉八月十三日」　五、「脱藁　乙亥夏六月」　六、「活套　乙亥孟夏八日　自詠和哥」　七、「拙文藁　元祿甲申　脩安老ヨリノ狀有之」　八、「日札　古義　元祿五年歳壬申二月念六日製」　九、「拙文初稿　元祿戊寅秋八月初三日」　一〇、「魯齋心法叙　辛未秋七月」トアル罫紙、一一、外ニ細字ヲ寫シアリ、一二、無記ナレド同類ナルベシ、一三、人參ツヽミ紙　表ニ「庚辰十二月人參二錢二分　長谷川涼圓老」　ト中ニ小袋アリ、「保命丸小見山氏」トアリ

乙　東涯書誌略

第一類　著述・編纂

一　周易經翼通解

○同書東所序ニ云フ「吾祖考晚年將注易、已解乾坤及大象、名以古義、先考自夙歲深好易、考傳義之異同、題之上幀、苦心盡力、剖別甚精、祖考嘗稱曰、殆不讓古人好易者、祖考見背、古義亦未成、故本過庭之大意、考索傳義、以爲注述、名曰經翼通解、其解直隨易書之本旨、以戒人事之進退時宜、至十翼中、有詭聖人之道者、亦直辨其旨、不牽強而是非自明、經翼各還其本旨、亦不混同矣、卦變及正策餘策、宋儒有說、先考特發明原旨、各詳本書、經翼之次第、姑從程氏之本云」、亨保頃初稿ナリ、後屢ヽ補修、歿後安永三年夏東所校シテ、京都文泉堂ヨリ刊行ス、版木文庫ニ現存ス

1　周易經翼通解　自筆第一本　寫十八巻十六冊缺　（八一一）

古義堂ト柱刻アル十二行罫紙ヲ用フ、假綴表紙ニ所収爻ノ名ヲ記ス、巻頭伊藤氏學トアリ、各冊所収次ノ如シ
一（乾坤）　二（屯蒙需訟）　三（師比小畜履）　四（泰否同人大有）　五（謙豫隨蠱）　六（臨觀噬嗑賁、タヾシ臨ノ末噬嗑ノ部ヲ缺ク）　七（剝復无妄大畜、タヾシ无妄大畜缺）　八（頤大過坎離）　九（咸恒遯大壯）　十（晋明夷家人睽）　十一（蹇解損益、タヾシ益缺）　十二（夬姤萃升）　十三（困井革鼎）　十四（震艮漸歸妹豊旅、タヾシ歸妹以下ナシ十三、十四合綴）　十五（巽兌渙節、タヾシ中孚小過既濟未濟ヲ合ス、十六ニ相

當スルナルベシ）　十七（繫辭上）　十八（繫辭下説卦序卦雜卦）　目録ニ釋例一巻トアレド、本書ニ附セズ、別ニ稿ヲオコセシト見ユ、十七末ニ「享保十三年戊申三月上巳初稿初脱草　長胤拜」、十八末ニ「享保十三年戊申三月廿四日長胤浄書脱藁」、外題第二冊ヨリ十五冊迄周易義解、二冊目柱周易新義、五冊目柱易傳ナドアリ、第一、十七、十八ノ三冊ニ周易經翼通解トアリ、前々ヨリ新義又ハ義解ノ名ニテ稿ヲナシ來タリ、享保十三年完了ノ時今名ヲ附セシナルベシ、各條未ダ註ヲ附セザルモマ、アリ、第一冊末ニ「乙酉六月廿日校了」三冊目末ニ「辛卯四月廿三日」ナドアルハ、東所校刊ノ折ノ記、乙酉ハ明和二年辛卯ハ同八年

2

周易經翼通解　自筆第二本　寫半十六巻十六冊缺　（八―二）

記録表紙、所収ノ爻ハ所冊表紙ニアリ、乾坤ヨリ未濟ニ到ル、釋例及ビ繫辭ヲ缺ク、冊分ケハ十四（震艮漸歸妹）　十五（豐旅巽兌）　十六（渙節中孚小過既濟未濟）、他ハ第一本ニ等シク、版本ト同ジ體裁ヲトレリ、第一本ニ補修浄書セルモノニシテ註ホヾ出揃ヒタレド全キニハイタラズ、第一冊裏表紙ニ「享保十六年辛亥裝釘成書」、十一冊末「十二月十日（カ）」、十三冊中「此冊庚戌元日屮之」トアレバ、前々年前年度ノ書ナリ、後自ラノ朱墨補修アリ、十二冊目「乙酉正月善韶考」トノ書入アリ、乙酉ハ明和二年

3

周易經翼通解　浄書本　寫十八巻十冊　（八―三）

青色行成表紙、外題東涯一ヨリ八マデ各冊二巻ヅ、、十六巻末二冊ハ繫辭上下ヲ収ム、マ、「胤」ノ印ヲオス、本文ハ諸門人ノ浄書、繫辭上末ニ「享保乙酉秋受先生之命謹繕寫焉九月七日畢功安原貞平頓首拜」同下モ同筆、東涯自ラ朱筆校訂補修シ一冊目末ニ「享保癸丑歳南呂月校謄」、五冊目末「享保癸丑歳應鐘月校謄」九冊目末「癸丑重九日長胤校正句豆」、己酉ハ十四、癸丑ハ十八年ナリ、體裁刊本ニ等シケレド釋例ナシ、コノ書東所使用本且校刊ノ折ノ底本ニシテ、前掲諸本トノ校合印刷用浄書作成ノ際ヤ其外ノ東所ノ書入多シ、一冊目末ニ「寶暦辛巳歳復月善韶校」（墨）、「明和己丑夏五覆校」（朱）、「壬辰三月板本照對畢」、最末ニ「明和甲申七月十六日校讀卒業善韶」（墨）、「同乙酉五月廿六日原本照對卒業」（朱）、「同庚寅二月三日校讀卒業」（朱）、「安永甲午八月十二日刊本照對卒業」（墨）トアリ、皆東所ナリ、各寶暦十一年明和六、九、元、二、七及ビ安永三年、一冊目初「善韶」印、安原貞平、字伯亨、號霖寰又省所、近江ノ人、東涯高弟

4

周易經翼通解　巻一・二　寫大一冊　（八―四）

全五十六丁、本文ハ浄書本ノ東涯校訂後ノ姿ニシテ、東所ノ校訂ハ朱筆ヲ以テ記入ス、筆者不明、見返シニ貼ル二箋ハ蘭嵎ニ似タリ

5

周易經翼通解釋例　草稿本　寫半一冊　（八―五）

自筆、全二十五丁、中釋例ノ部十七丁、他ハ別ノ文稿ナリ、條項ノ順次ハ版本ト甚シク相違ス、初メニ東所箋ヲ附ス「釋例甲申中秋照對了入用ノ異同ハ浄書本ニ書入置候刊成之節照對ニ不及少〻異同アリ文義ノ違ハ無シ」、ソノ折東所ノ註記朱墨筆ヲ以テ一箇所アリ、甲申ハ明和元年

6

周易經翼通解釋例　浄書本　寫大一冊　（八―六）

表紙共十四丁、末ニ「享保十七年壬子十月」ト、本稿ノ成リシ年次、次ニ「臈月十一日江左三俊頓首拜書」トセルハ筆寫年次ナリ、筆寫ノ校合ト東涯ノ加筆若干朱ニテアリ、外題東涯、上部ニ校刊ノ折東所ノ註記アリテ、末ニ朱「明和甲申中秋屮稿照對了、●此印也屮稿ト異同アリ別本ニテノ改竄トミエタリ」、江左氏ハ近江人、ソノ家、代々古義堂ノ門ニ入ル

7 周易經翼通解　東所、東里東峯手澤本　大十八巻十冊　（八―七）

巻頭伊藤氏學トス、享保十七年壬子十月釋例、明和八年辛卯冬十一月朔伊藤善韶謹叙、安永甲午夏全刻、京兆文泉堂發行、東所及東峯ノ書入多ク、且ツ各巻原本照對改點校讀及ビ講義始終ノ日次ヲ末ニ記ス、東里モ文化十二年本書ヲ用ヒテ講ズトアリ十七巻上部ニ、「乙未二月寧誌」トアルト同筆ノ書入マヽアリ、乙未ハ天保六年ナルベケレド寧ハ何人ニヤ未ダ詳ニセズ、各冊題僉下部「善韶」印

8 周易經翼通解　東峯輶齋手澤本　大十八巻十冊　（八―八）

前ニ同ジ板本、一冊目東峯朱墨ニテ東所ノ書入ヲ寫シ末ニ「天保壬辰暮春照對畢」、二冊目以下ナシ輶齋各冊初メニ所収爻名ヲ記ス

9 周易經翼通解　大一冊　（八―九）

全三丁、刊本ノ巻之十三ノ二十一丁目、巻之十五ノ十七、十八丁目ヲ字配モソノマヽ、近代活字ニ組ミアラタメタルモノ、明治ノ後再版ノ計畫アリシ折ノ組見本カト思ハルレド、何時ノ頃ナルヤハタシテ出刊ヲ見タルヤ否ヤモ不明

二　周易傳義考異

○古義堂遺書總目叙釋ニ云フ「此、先子録二傳義合刻本之上幀一者、韶今新寫以爲二別本一、其名二傳義考異一者、先子所レ命、先子将レ爲二別本一而、預立二其號一也、世所二傳寫一有二東涯先生易説一者即此書之未全者耳、此書中亦有二義解一、有二語原一、既名二考異一則當三語原削去而留二傳義之上幀一」、東涯計畫ヲハタサズシテ歿スルノ後、東所寶暦十二年新寫シテ一部トス、東涯使用易經集註首巻見返シニ東所ノ附箋アリ、「此一巻新寫全校了但筮儀圖ハ考異條ミ新本ヘ書入候、又少々ノ考異不入アリ、新本ハ可書入候其節考異可見合事」ト、ソノ態度察スベシ

1 周易傳義考異首巻　寫半一冊　（九―一）

表紙共全五十丁、外題東涯ニテ「緒氏寫本周易傳義考異首巻」トアリ、門人緒方英貞ノ寫ナルベシ、集註巻一、二所収、序ヨリ屯ノ卦ニイタル迄ノ書入ヲ以ツテ一冊トス、原本ニ照合スルニ享保十三年ノ書入ハ寫サレ、同十六年ノモノハナシ、コノ間ノ寫本トシルベシ、東涯朱筆ニテマヽ、補修ス

2 周易傳義考異　寫大七巻三冊缺　（九―二）

巻一ヨリ三迄ノ三巻所収、第一冊ヲ缺ク、末ニ「寶暦壬午之歳新寫」ト東所シルス、朱筆東所校合アリ　二冊目末ニ五月十七日、三冊目ハ己丑六月九日、四冊目ハ「明和己丑七月十日校畢」トス、外題東所、ソノ下部ニ各冊トモ「善韶」ノ印アリ、又最末「享和辛酉十一月廿九日讀畢」トアルモ彼ナリ

三　讀易圖例

○三易之圖、鄭玄王弼程子朱子諸家易説ノ要領、彖象經傳圖以卦配月圖變爻占辭圖等卦爻ノ諸相ヲ圖表シテ讀易ノ便ニソナヘシモノ、早キ頃ノ撰ナルベシ

1 讀易圖例　自筆本　寫大一冊　（九―三）

全二十六丁、外題東涯、東所幼年時所用印ヲ巻頭ニ認ム

2 讀易圖例　東所手澤本　寫大一冊　（九―四）

全二十六丁、外題校正東所、原本ニツキ文字ヲ正シタル所モアリ、末ニ「明和二年乙酉四月十二日校正卒業　善韶」、外題下部ニ「善韶」

ノ印

2　讀易圖例　東里筆本　寫大一冊　（九—五）

全二十六丁、古義堂ト柱刻ノ用紙、東所ノ手澤本ヨリノ寫、外題東所、末ニ「天明七年丁未端午謄寫始業同十四日照對全業伊藤弘美」、巻初「弘美之印」アリ

四　周易義例卦變考

○周易義例考ト周易卦變考ヲ合ス、義例考ハ易經ノ組織ニツイテノ畧解、卦變考ハ序アツテ寶永元年甲申之春ト、コレ大體ノ稿ナリシ年次ナルベシ、程朱二子ノ説ニ對シテ一見解ヲ述ベシモノ、序中ニ云フ「因以此説問于家君（仁齋）乃曰、此説亦有理熟復以成其説故今擧二十卦彖辭以述管見」

1　周易義例卦變考　東所手澤本　寫大一冊　（九—六）

全二十七丁、中、義例考四丁、外題東所、末ニ「明和二年乙酉三月盡日校訂全業　東所韶」、東所マヽ自説ヲ書入ル、外題下一印「善韶」

2　周易義例卦變考　東里筆本　寫大一冊　（九—七）

全二十七丁、東所手澤本ノ寫、外題東所、末ニ「天明七年丁未之夏四月十二日謄寫始業五月廿二日照對句豆全業　伊藤弘美」、巻初「弘美之印」アリ

五　讀易私説

○易ニ關スル論二十一條ヲオサム、タヾシ目録ハ二十六條アリ、附三篇、中ニ復見天地之心説ハ元祿十六年、用九用六説ハ元祿十三年ノモノナレバ、多クハソノ頃ノ論ナルベシ

1　讀易私説　東所手澤本　寫大一冊　（九—八）

墨附五十九丁、四書集註標釋ノ東所手澤本ト同筆ニテ近松顯忠寫、外題校正東所、末ニ東所書シテ「明和元年七月七日照對原本句讀考訂卒業　善韶」、又「享和元年九月十三日再讀畢」（朱）外題下部「善韶」ノ印

2　讀易私説　東里筆本　寫大一冊　（九—九）

墨附四十九丁、東所手澤本ニヨル寫、外題東所、末ニ「天明八年戊申八月九日謄寫始業冬十一月五日病中句讀校訂全業　伊藤弘美」、巻初「弘美之印」

六　春秋胡傳辨疑

○東所序ニ云フ「胡氏之傳春秋詭聖人之道者固不鮮矣先君夙歳著此書以辨訂其背經者……然纔隱桓二公而止不復續著」、東所外題ノ下ニ初年ト朱書ス、東涯青年時ノ著ナリ、内題「春秋胡氏傳辨疑」

1　春秋胡傳辨疑　東所手澤本　寫大一冊　（九—一〇）

墨附五十八丁、東所校正、末ニ「明和元年甲申八月五日原本照對卒業同月廿六日韶句讀校訂了」、後明和七年庚寅之秋九月日序シテ自ラ書シ巻頭ニ附ス、東所ノ外題ニ「春秋胡傳辨疑　（隱桓二公成、初年（二字朱）」、ソノ下部「善韶」ノ一印

七　胡傳考

○胡傳ニツキテ參考トナルベキ記事ヲ諸書ヨリ抄セシモノ、書體ヨリ見

テ東涯少年時ノ著ナリ

1　胡傳考　自筆本　寫半一冊　（九—一一）

表紙共四丁、表紙ニ「胡傳考（一字虫浸判讀）壹」

八　左傳纂

○左傳ノ抄記ニシテ、魯ノ隱公ヨリ始マリ桓公ヲヘテ莊公ノ二十二年ニイタル、マヽ、註ヲモ共ニウツシタル所アリ、東涯十六歳ノ記ナリ

1　左傳纂　自筆本　寫半一冊　（九—一二）

表紙共二十一丁、表紙ニ「貞享乙丑之歳南呂之月十有八日初草」トアリ、乙丑ハ二年時ニ東涯十六歳ナリ

九　左氏熟語

○左傳中ノ熟語ヲ抄出セルモノニシテ、末ニ「元祿甲戌之仲春廿五日抄畢　長胤」トアリ、戌ハ元祿七年、自筆ハ雜識甲集中ニアリ、東所後ニ紹述雜抄巻十九ニ収ム

1　左氏熟語　東所手澤本　寫横中一冊　（九—一三）

十九丁、末ニ「安永戊戌夏六月十八日善行謹寫」ト東所書ス、善行ハ筆者ナルベシ　次イデ「天明甲辰春正月校正畢　善韶」（朱）トアリ見返シニ東所云フ「題左氏熟語、和州柳本侯家臣佐々木恭寛生持是書示予、云東涯先生所著、自同寮門田丈借謄、予覧之蓋先子弱齡所輙抄録、拾遺書中今無之、失之乎削之乎、不可知也、因寫一本、収于遺稿中云、于時天明三年癸卯之冬也伊藤善韶識」、外題東所、ソノ下部印「善韶」

十　大學定本釋義

○刊本蘭嵎序ニ云フ「嚮者、亡伯氏（東涯）著釋義一本、將以翼之、夫本文之與聖意不合者、固不論也、與註家失意而解者、分析不遺、一見犁然、將上梓公世、使門人度會某、耑董刊事、而伯氏溘下世、今茲告成」、享保九年草ヲ起シ數度補修、門人度會末濟等ノ努力ニヨリ元文四年文泉堂ヨリ刊行サル、刊本大學六議ヲ附録トス、古義堂遺書總目叙釋ニ、「釋義有二自序一、韶得二之於廢紙中一、而其文未レ完」、版木文庫ニ現存ス、末濟ハ號南溟、伊勢ノ人

1　大學定本釋義　自筆本　寫大一冊　（九—一四）

三十六丁、古義堂ト柱刻アル十二行罫紙ヲ用フ、各條未ダ完備セズ、墨以テ補修スル所多シ、巻頭書シテ「享保九年辰十一月草書」トアリ、六議ヲ附セズ

2　大學定本釋義　浄書本　寫大一冊　（九—一五）

門人等ノ手ニナリ、各丁筆者ノ名ヲ隅ニ記ス次ノ如シ、士亨（奥田三角）七丁、信清八丁、忠純七丁、玄亮七丁、貞平（安原省所）八丁、以上三十七丁、次イデ六議ヲ附シテ、之漸（木村鳳梧）四丁、忠純三丁、長堅（伊藤蘭嵎）五丁、貞平二丁、玄龍（松井玄龍）一丁、士亨二丁、計十七丁、總計五十四丁、外題東涯ニシテ「大學釋義」、朱墨ノ補正アリ、末ニ東涯墨書シテ「享保十八年癸丑秋日講章句次亦稍改定」トアルハ墨ノ補筆ヲ云フナルベシ、本文全ク刊本ノ體アリ、「序可重加」ト見返シニ記スハ蘭嵎カ、以テ刊行時ノ底本ナリシコトヲ知ル、タヾシコノ序ハ東涯遺筆ノモノヲサスカ、東涯ノ序ハ東所手澤本ニ掲グ、外題下部「胤」ノ印アリ

3

大學定本釋義　東所手澤本　大一冊　（九一一六）

巻頭伊藤長胤著トシテ本文三十四丁、附大學六議十五丁、元文四年已未端午日季弟長堅謹序二丁、元文三年戊午九月朔且門人渡會濟拜譔ノ後一丁、元文已未新刊、京兆文泉堂發行、古義堂藏板ニシテ柱ニ慥慥齋集トアリ、本書東所校訂ヲ加ヘ且上欄朱墨ノ書入アリ、末ニ「寶暦乙亥三月韶讀畢」（墨）「同十三年癸未講定本之次三讀卒」、巻頭一葉東涯遺筆ノ序ヲ東所書シテ加フ、末ニ云フ「右先子自序、淨書本不載、蓋未經改削、不滿意故耳、韶得之遺稿中、不忍湮晦、姑題録巻端云明和七年庚寅四月　善韶謹書」、外題下一印「善韶」

4

大學定本釋義　東皐手澤本　大一冊　（九一一七）

文泉堂刊本ニ同ジ、タヾシ「文泉堂」文字ヲ削ル、他店ヨリ發行セシモノナルベシ、跋ノ度會濟が度會末濟トアルハ校正ヲ經タルナルベシ、叙釋ニ廣文堂發行トセルハコレカ、東所手澤本ノ書入ヲ寫シタルハ子東皐ニシテ、外題下部ニ「弘明」ノ印アリ

十一　中庸發揮標釋

○東涯敍ニ「歳甲辰、弟長準休告在都、與一二同志、講討先子遺書、近將隨節歸任、會讀中庸發揮卒業、此解出入古註疏及章句、別創特見、其離合沿革之間、尤爲精微、爲剖別其義、著諸上幀、豹窺貂續、僭越是懼、唯取童習、不殺其辭、讀者察焉、時享保九年十月上澣」、甲辰ハ享保九年、長準ハ竹里、久留米藩儒タリ、東涯手澤本中庸發揮ニハ「享保九年甲辰八月　長準休告在京時會讀一過」トアリ、後蘭嵎序シテ元文五年文泉堂ヨリ刊行ス

1

中庸發揮標釋　浄書本　寫大二巻一冊　（九一一八）

全五十三丁、筆者自ラノ朱校正アリ、東涯朱墨ノ補修アリ、享保九年十月ノ叙アレド、ソレハ東涯發揮上幀ニ記セシ日次ニシテ、コノ浄書ハソノ後大學釋義淨書トホヾ同ジ頃ナルベシ、「中庸標釋　全」トノ外題下部ニ「胤」ノ印アリ

2

中庸發揮標釋　東所手澤本　大二巻一冊　（九一一九）

伊藤長胤著、元文已未復月季弟長堅謹譔序、元文庚申新刊京兆文泉堂發行、慥慥齋集ノ柱刻アリ、東所本文ノ校正其ノ他若干ノ書入ヲナセリ、末ニ朱書「寶暦戊寅復月就原本校正句讀畢　善韶」、「同癸未二月再校正畢」

十二　論語古義標註

○古義堂遺書總目叙釋ニ「論孟古義標注四巻未刻　此先子録古義上幀者韶今分而新寫以爲別本名以標注云」

1

論語古義標註　東所手澤本　寫大二巻一冊　（九一二〇）

四十二丁、筆者ハ四書集註標釋ト同ジク近松顯忠ナルベシ、東所朱書校正ヲ加フ、末ニ「寶暦壬午七夕校正句豆卒業　善韶」、外題東所、下部「善韶」ノ印

2

論語古義標註　東里筆本　寫大二巻一冊　（九一二一）

四十丁、東所手澤本ノ寫、巻初「弘美之印」

十三　論語古義講録

○正徳三年五月廿五日ヨリ開カレ正徳五年十月十日ニイタル論語古義初

メヨリ季氏篇ニイタル百二十二席ノ東涯講義ノ國字筆記ナリ、末ニ「正德三癸巳年五月廿五日開講乙未十月廿日結講大凢毎月五十之日六會而止予与養春房寶持坊半途而止偏出席若有公事不得赴會爲補忘失寡聞之趣倉卒令筆記了最不許佗見焉和訓等勿責鄙語多講師之談話而已正德五乙未年十月廿日賢賀俗齒三十二才」トアリ、東涯使用ノ論語古義ヲ検スルニ「正德三年癸已五月二十五日胤始講」「正德丙申三月廿日講畢」トアリ、東涯初度ノ講義ナリトシラル、賢賀ハ東寺觀智院ノ僧ナルコト東里序ニアリ

1　論語古義講錄　東所手澤本　寫大三冊　（九―二二）

外題東所

2　論語古義講錄　東里筆本　寫大四卷三冊　（九―二三）

末ニ「右論語古義講録四巻　天明九年乙酉春正月廿五日謄寫始業是月改元寛政元年夏四月三日訂正全業　伊藤弘美」、東里寛政元年己酉之二月日次ニテ序ヲモ作成シ附セリ、巻ヲ四ニワカチ、二ハ公治長ヲ、三ハ先進ヲ、四ハ衞靈公ヲ初トセリ

十四　論語古義疑問

○阿波ノ人福住德右衞門、古義巻初ヨリ雍也篇迄ノ疑問ヲ五十丁ニワタリ提出ス、タヾシ筆蹟モ少年若ハ初心者トオボシ、東涯懇切ノ返答ヲシタタメタルモ、ソノ箇條未ダ半バニモ及バズ

1　論語古義疑問　寫大一冊　（九―二四）

表紙共五十一丁、問ハ墨、ソノ間東涯朱筆和文ニテ返答ヲ加ヘアリ

十五　考　證

○論語學而ヨリ里仁ニイタル四篇、各章ノ主ニ思想的ナル解説ナリ、何人ノ著ナルヤ明記ナケレドモ仁齋子孫ノ筆ナルコトハ思想上カラモ想像サル、「聖門無復性之説先子之書亦縷々之矣」トアルハ複性辯アル東涯ヲ指シ、本書東所説カト考フルニ「韶按……」ノ如キ書入アリテ東所ニハアラズ、サレバ先子ハ仁齋ノコレハ語孟字義ノ説ヲ云フナルベシ、文中マヽ省畧アリテ若干字數ヲ示シテ「大全ノ上」「古義ノ上ニ在」ナド記ス、東涯手澤本四書大全論語古義ノ書入ニ照スニ相當スルモノ悉クトハイヘザルモ多シ、論語古義標註四書集註標釋ニ収ムルモノハ、コノ記ヨリノゾキタリト思ハル、又巻頭甲寅トアルハ享保十九年ト考ヘラルレバ、同年東涯講ジ又ハ著述シタル論語解説ヲ集メテ一部トナセシモノト、シバラク認メムトス

1　考　證　東所手澤本　寫半二卷二冊　（九―二五）

末ニ「寛政五年六月二十三日校正全業　弘美」ト朱書セルハ東里ニシテ、外題ハ東所、校正ノ朱筆以外ニ朱書入若干アルハ東所ナリ、末ニ「癸丑七月十三日一過讀了甲寅二月十二日句讀畢　善韶」（朱）トアリ、癸丑ハ寛政五年、甲寅ハ同六年

十六　孟子古義標註

○東涯ノ孟子古義上幀書入ヲ歿後東所一部ニ編セシモノ

1　孟子古義標註　東所手澤本　寫大一冊　（九―二六）

墨附四十四丁、筆者ハ論語古義標註ト等シク近松顯忠ナルベシ、外題東所、下部「善韶」ノ一印アリ、朱書「寶暦壬午臈月初三日校正句讀卒業　善韶」、壬午ハ十二年ナリ

十七　四書集註標釋

○東涯ガ使用セシ慶安四年刊鵜飼石庵校點ノ四書大全ノ書入ヲ後東所一

部トナセルモノナリ

1
四書集註標釋　東所手澤本　寫大六巻四冊　（九―二七）
一冊目、巻一大學章句標釋、巻二中庸章句標釋、巻三論語集註標釋上二冊目巻四　同　下、三冊目巻五　孟子集註標釋上、四冊目巻六　同下ヲ収ム、末ニ「寶暦壬午春托近松顯忠生新謄寫　明和庚寅夏校正全業」（墨）、「享和二壬戌九月廿七日重讀了」（朱）トアリ、外題東所、外題下部ニ「善韶」ノ印各冊ニアリ、書名ハ初メ標註トアリ後ニ今名ニ改ム、巻一ノ初メ庚寅六月廿九日校正ノ折ノ附箋一葉アリ

十八　四聲彙辨

○漢字ノ義ニヨッテ四聲ノカハルモノヲ説明セシモノニシテ、同ジモノニ四聲圏發アリテ紹述遺稿中ニ収マル、後東所コレヲ完成セシモノ即チ世ニ行ハルル四聲彙辨ナリ、東所ソノ序ニ云フ「先子欲集經傳中之圏發爲解名四聲彙辨又欲據張位發音録爲解、皆有其志而不成書」

1
四聲彙辨　自筆本　寫横中一冊　（一〇―一）
二十二行罫紙ヲ用ヒテ四十丁、文字ノミアリテ説明ナキモノモ多シ、原名兩音辨正、東涯自ラ今名ニ改ム

十九　𧝒考

○日本ノ地名ノ古書ニ見エタル種〻ノ表記法ヲ集メタルモノ、例ヘバ富士山、不二山、不盡山ノ如シ、マ、歴史地理ニ關スル見聞ヲモノス、オソラクハ譯語十例ナドノ資料トナリシモノナルベシ

1
𧝒考　自筆本　寫横中一冊　（九―二八）

黄色用紙、墨附十三丁

二十　五音五位口訣 譯語十例

○五十音ヲ喉牙齒舌脣ノ五音ニワカチ各行ニ活用スル動詞ヲ上ゲテ五段ニ働ラカセタルモノ五音五位口訣ナリ、譯語十例ハ内題訓讀十例トアリ漢字ヲ以テ日本語ヲアラハス方法十ヲ示ス、十トハ兩字借音各當其字同　彷彿取之兩字借訓各當其字同　彷彿取之音訓補畧　取其整齊　音訓相錯或上或下、以義爲訓　不由字訓　漢字制名　直用音呼　漢語用訓　不拘字數　直用漢語ナリ、ナホ「十二時百刻之事」一條ヲ附ス、自筆本ハ紹述遺稿中ニアリ

1
五音五位口訣 譯語十例　東所筆本　寫大一冊　（一〇―二）
全十八丁、末ニ「明和丙戌六月十六日校讀卒業」、外題下ニ「善韶」ノ印

二十一　朝鮮國諺文字母

○諺文ノ字母ヲアゲ説明シ、ソレヲ組合セタルモノノ音ヲ漢字ニテ示シタルモノ、寶永元年東涯草ス三韓紀略方諺畧ニ加フベク、考究セシナルベシ、寶暦十二年東所補訂セリ、昆陽漫録ニ云フ「朝鮮諺文左ノ如シ、用ヒ様ハ朝鮮諺文字母ニ詳ナリ」

1
朝鮮國諺文字母　自筆本　寫中一冊　（一〇―三）
二十二丁、末ニ「寶永元年十月裴釘（長胤ノ花押）」、初メニ「又原藏」ノ印、外題「朝鮮諺文字母」

2
朝鮮國諺文字母　東所筆本　寫中一冊　（一〇―四）
前書ノ謄寫、全二十二丁、末ニ「寶暦十二年十月新謄　善韶」、二三

朱書入ト「善詔」ノ印アリ

3　**朝鮮國諺文字母**　東所補訂本　寫横中一冊　（一〇—五）

墨附三十二丁、東所筆、各音ニ相當スル文字ヲ増加シ、字母ノ説明モ詳カナリ、末ニ「寶永元年十月東涯先生創草　寶暦十二年壬午之冬善詔補訂」、「寶暦十三年癸未二月五日謄寫畢」「明和丙戌之秋八月較正」、外題下ニ新校ト加ヘ、善詔ノ印アリ、明和丙戌ハ三年

二十二　助字考略

○貞享三年ノ頃東涯作文ノ參考トシテ助字ノ用例ヲ集メタルモノ後追加シテ、ヤガテ助字考、用字格及操觚字訣ノ三部ヲナス基ナリ、東涯貞享三年十七才

1　**助字考略**　自筆本　寫半一冊　（一〇—六）

表紙共十八丁、表紙ニ「貞享三年二月朔」トアリ、コノ後ナルベシ、朱墨ニテ用例ヲ追加シアレド尚見出シノミニテ用例ノナキモノ多シ、表紙ニ東所ノ二紙箋アリ「庚申十二月廿三日校了全業重而校兌ニ不及用字格ノ分引合　助字考ノ分引合字訣ノ分引合無キ分ハ五編所ゝヘ書入了」「已亥八月廿一日讀了十二月十四日全業収藏重而校スルニ不及也□字訣、助字考助語考等ニ有ハ校シ無ハ書入浄盡也助字考□□」、已亥ハ安永八年、庚申ハ寛政十二年、五編トハ操觚字訣ノ五編ナリ

二十三　用字格

○刊本東涯叙云フ「先子欲レ矯レ之（華語作文上ノ弊）嘗譯二古文一以課二諸生一俾レ諳二字法一予因就二經史子集一掇用字上下之別、可二以楷則一者上類聚群分、解以國語、凡得二三百餘條一名曰二訓蒙用字格一附二之諸季一以爲二修辭之筌蹄一」ト、早ク貞享三年助字考畧ノ著アリ、後用字格助字考ヲ著スベキ基ヲナセドモ、二書ニワカツテハ元祿初年ヨリ業ヲオコシ六年助字考序ナル、コノ書ノ叙ハ元祿癸未陽月廿五日（十六年）ニナル、此頃東涯自著作文ノ參考書ヲ一部トシ訓蒙字譜五巻ヲ作ラントス、ソノ目録ニ巻之一作文眞訣　巻二用字格上序凡例　辨正　巻之三用字格中　巻之四用字格下巻之五助字考證ト自筆ヲ以テ浄書セシガ未ダ完備セサル内ニ豫定ヲ變更シテ各ヲ獨立トス、用字格ハ後補修ヲ加フ、ソノ間ヒソカニ刻刊スル者アリ所謂竊刻本ナリ、ヨツテ奥田三角主トナリ、享保十九年京都奎文館、又文泉堂ヨリ刊行ス、後東所寛政四年校正ヲ嚴ニシテ再刻ス、松崎觀海（文會雑記）篠崎東海（不問語）等、初學必讀ノ書トス

1　**用字格**　自筆草本
　續用字格　同　寫大二冊　（九—二九）

共ニ後用字格ニ収マル極早期ノ稿本、順序ノ如キモ刊本ニ比スレバ亂雜ニシテ用例モ亦少ナク加筆シゲシ、巻初元祿癸未陽月廿五日序アレド序モ亦補修アリ、癸未ハ十六年、ソノ前後ニナリシモノト知ルベシ、末ニ「辛巳四月十一日校了　詔」トセルハ東所ニテ、辛巳ハ寶暦十一年

2　**用字格**　訓蒙字譜本　寫大三冊　（九—三〇）

自筆、訓蒙字譜ノ一及二、三、四巻ニ相當スル三冊ニシテ、一ニアタル作文眞訣ハ未ダ白紙ナレバ用字格ノミナリ、内容ハ前掲ノ用字格、續字格ヲ整理シタルモノナレド尚順序ノ如キ刊本ニ近カラズ、マヽ刊本ニ未収ノ所モアリ、後東所コノ未収ノモノヲ一冊トシテ用字格削餘ヲ作ル、序ノミハ介亭筆ニシテ元祿癸未ノ日附ハソノマヽトドメ尚東涯ノ補修アリ、又文中ニ「清書ノ時假名書ノ釋ハ本文ノ末ニ一字サケテ可書入」ナド次ノ浄書ヘノ注意書アリ、上末「辛巳三月廿日校了善詔」、中「辛巳三月廿七日精訂卒業　詔」、下「辛巳正月廿二日校

了」トセルハ東所寶暦十一年ノコト、ソノ折ノ附箋所々ニアリ、各冊初メニ「徳ヽ齋」上ノ初メニ「長胤之印」「原藏氏」ノ印アリ

3　用字格　草本　寫大四冊缺　（九―三一）

「用字格　慥慥齋藏」ト柱刻アル十八行罫紙ヲ用フ、刊行ノ爲浄書セシモ東涯更ニ校補セシモノナルベシ、一冊目丁附アリ（三十七丁カラ五十一丁迄）可字格ノ中ヨリ末迄（刊本一）、二冊目（「二巻之一」ト東涯書ス）有字格（刊本二）、三冊目（東涯書ノ（「二巻ノ内第二束」）無字格　莫字格（刊本二）、四冊目ハ所字格等刊本三所収ノモノト、得字格（刊本一）トヲ収ム、東涯ノ朱補修尙多シ、包紙ニ東所書ス「用字格草本四冊校了戊戌八月廿四日始同廿七日卒業韶」、戊戌ハ安永七年ナリ

4　新刊校正用字格　東涯手澤本　大三巻二冊　（九―三二）

伊藤長胤輯、元祿癸未歳陽月伊藤長胤叙、享保甲寅端午日門人津府記室奥田士亨跋、享保歳次甲寅夏五刊板存于古義堂、皇和享保十九甲寅夏六月平安書坊奎文館瀨尾源兵衞發行、見返シ訓蒙用字格三巻トアレド、巻三ハ上下二部ニワカル、新刊校正ト冠スル所以ハ跋ニ云フ「此書初稿未經改修、嘗被坊間竊刻、傳譌匪鮮……今茲予休告在京、謀將上木、爰就定本、逐件校對」、某人ノ朱筆校正アリ、表紙ニ東涯朱筆以テ各巻所収ノ格ヲ書セリ、東所書入モアリ

5　新刊校正用字格　東所手澤本　大三巻二冊　（九―三三）

前書ト同板ナレド入植シテ校正改訂スル所アリ、皇和享保十九甲寅夏六月平安書坊文泉堂林權兵衞發行、東所ノ自ラ校正書入多ク、末ニ朱書「寶暦十一年辛巳之秋八月朔就原本校訂卒業善韶句讀」、表紙ニ各冊所収ノ格ヲ示シ、外題ノ下「善韶」ノ印アリ、四冊ヲ二冊ニ合綴ス

6　用字格削餘　寫大一冊　（九―三四）

全七十丁、東所訓蒙字譜本自筆本ノ草本ノ中ニテ刊本ニ収メザリシモノヲ一部ニ編セシモノニシテ、編者自筆、自筆草本用字格ノ分ヲ終了セシ末ニ「寶暦辛巳四月十九日善韶謄完」トアリ、辛巳ハ十一年

7　新刊校正用字格　再刻校正刷　大三巻四冊　（九―三五）

寛政四年再刻刊行ノ折ノ校正刷ニシテ、東所ノ校正努力ノアトヲ示ス、末ニ「寛政三年辛亥秋八月校正再刻」ト刻セリ、コノ所刊本ニハ四年壬子ト改ム、一冊目末ニ「子ノ九月六日校了」二冊目「壬子八月十日校了韶」三冊目「重校了」四冊目「壬子十月廿二日精校了」ト朱書セリ、コレヨリ見レバ實際ノ刊ハサラニオクレシモノト見ユ、後年東皐コレヲ使用セリト見エテ假表紙ヲ附シタリ、ソノ外題ハ彼ノ手ニシテ「乙丑九月十三日」、「文化二年乙丑之歳秋九月十三日弘明」ナドトモ書セリ

8　新刊用字格　再刻　東所手澤本　大三巻二冊　（九―三六）

東涯手澤本、東所手澤本ノ新刊用字格ノ校正ニ従ヒテ改正再刻セシモノニテ、「享保年次甲寅夏五刊」ノ次ニ「寛政四年壬子秋八月校正再刻伊藤善韶」ト刻セリ、各冊巻初「施政堂藏書記」ノ一印アリ

9　新刊用字格　再刻　大三巻二冊　（九―三七）

前ニ同ジ、書入等全クナシ

二十四　助字考

○東涯刊本序ニ云フ、「採下李氏摻觚字要盧氏助語辭湯氏一見能文及韻會正字通等書、解二助辭之義一者上彙而録之、間附管見、又綴三拾古書及明

清人文字中助辭變例、一字至㆓三字㆒載㆓全上下數語㆒以便㆓觀閲㆒」、序ハ元祿六年ニナル、後訓蒙字譜第五巻トシテ収ムル予定ナリシモ獨立ス、ソノ後竊刻本出ルニヨッテ奥田三角校讐刊行ノ計畫アリシガ、東涯歿後寛延四年ニシテ完成ス、後東里ノ頃校正再刻ノ計畫アリタルモ、ソノ刊行ハ不明

1　**助辭考**　訓蒙字譜本　寫大一冊　（九―三八）

墨附八十九丁、自筆ニシテ、元祿六年癸酉之春ノ自叙アリ、朱ノ補記アレドモ頗ル少ク、元祿末年ニハ既ニトトノヘリト見ユ

2　**助辭考**　竊刻本東涯書入本　大二巻二冊　（九―三九）

皇穌京兆伊藤長胤東涯輯、東涯叙、享保元年丙申九月穀旦柏屋勘右衞門刊、遺書總目叙釋ニ云フ竊刻本ナレド本文ハ訓蒙字譜本ノ補修ニ從ヘリ、タヾシ乾坤二冊ノ別チ方其他ニ整ハザル點ヲ認ム、序ハ原文ノ前部極ク小部分ヲカヽグルノミ、東涯コノ書ヲ用ヒテ朱墨ノ補修ヲ可成リニ加ヘアリ

3　**新刊助字考**　東所手澤本　大二巻一冊　（九―四〇）

東涯先生著、寛延辛未上元日奥田士亨跋、元祿六年癸酉之春東涯序（藤元資書）、辛未晩春東所伊藤善韶補、寛延四辛未歳季春吉日　皇都書林瀨尾源兵衞、梅村彌右衞門、山岡勘右衞門刊、見返シ助字考證、跋ニ云フ「此書係先師二十左右作、蓋要爲之乎者也用得底秀才時也、曷謂射利者私刊公世……他日書林來訂前盟、先師顧亨命校讐之任、既而就官、不給於務、亡幾而先師易簀、竊謂……頃稍聞因就遺稿校之、遂刊貽同好」、タヾシ本文ハ何ニヨリシヤ字譜本ノマヽニモアラズ、竊刻本ノ書入ハ見ザルモノヽ如シ、若干三角ソノ聞ク所ニヨリテ補修シタルカト思ハル、コノ書東所校正書入本ニシテ、末ニ「寶暦己卯春二月就原本校正句豆畢　韶」、云フ所原本トハ字譜本及ビ竊刻本書入ヲサスモノヽ如シ

4　**新刊助字考**　改訂校正本　大二巻二冊　（九―四一）

東所手澤本ノ校正ニヨッテ改訂シタル版本ニ更ニ東里朱ヲ以ッテ校正ヲ加ヘアリ、初刷ノ板下ヲ用ヒアレドモ「玉池堂板」トアリシ柱刻ヲ削レリ、順序ハ見返シ序目録上、同下、本文、跋、表紙ニ東里書シテ「本とぢ様次第此之通り　此直し之通り直し又々本すり御遣し可被成候三番之校合可致候其節又々此二番校合之本御遣し可被成候伊藤」トアリ、「助字考上、（下）二番」ト外題アルモ同筆ニテ、本書ノ再校ナルコトヲ示ス、此ノ再刻ノ刊否ハ不明

二十五　授幼文規

○刊謬正俗ノ初名ナリ、既ニ元祿庚午三歳律中夾鐘月ノ自序アレドモ目録ハ一年號、二輿地、三官爵、四姓族、五名字、六稱呼、七自述、八印章、九文章説、十讀書訣、十一譯文法ノミニテ刊本ノ十四條附四條ニ比シテ不完備ト云フベシ、各條ノ各項ノ順序モ刊本ト相違アリ、中ノ讀書訣、譯文法ハ作文眞訣ニ收メラル

1　**授幼文規**　自筆本　寫大一冊　（一〇―七）

表紙共三十丁、末ニ「元祿辛未之秋卒功」トアリテ書寫年代ヲ示ス、タヾシソノ後朱墨或ハ附箋ノ補修多シ、目録モ補修ニヨッテ刊本ニヒトシ、各條ノ記載モ番號ヲ附シテ刊本ノ體ニ定マル過程ヲ示ス、辛未ハ元祿四年ナリ

二十六　刊謬正俗　附　作文眞訣

○安原省所ノ跋ニ、紹述先生全集輯録ノ際本書ノ校刊ヲ請フニ、コノ書

初年ノ作、慶元以來ノ作文ニハ名物稱謂等ノ誤多キヲナゲキテ一書ヲナシタルモノ、今ハ昔日ノ弊一掃サレテ出スノ用ナクカツ一二慊ヒノアリト云ヘリト、サレド東都ニアリテ同門淸水允迪ト語リ晩生ニ益アリト思ヒ刊スト見ユ、早ク元祿三四年頃授幼文規ヲ作リ後補修ヲ加ヘテ得ルモノナリ、年號類ヨリ訓詁類ニイタル十四項ニワカチテ作文用語ノ心ヲ說ク、附スル作文眞訣ハ畧シテ文訣ト云ヒ、作文眞訣、譯文法式、讀書題目、抄書門類ニワカル、文訣ハ早ク元祿十四年仁齋門林九成編スル文林良材ノ首巻トシテ刊行サル、後寛延元年安原貞平號省所江戸ニテ校刊シ、東所明和九年京都ニテ再校、寛政七年三刻ヲ出セリ、版木文庫ニ現存ス

1　刊謬正俗　初刻　東所手澤本　大一冊　（一〇—八）

全四十五丁、伊藤長胤著、安原貞平校、元祿庚午之歳春二月自叙、末ニ一紙ヲハル寛延元年戊辰冬十一月吉日江都書肆青竹樓壽梓、本石町三町目前川庄兵衛トアリ、目録ニ附録作文眞訣アルモノ、如クナレド、總目叙釋ニ「原本附載作文眞訣、眞訣往年刻于文林良材中、故刻此書於東都時除去眞訣」トアレバナキヲ然リトス、貞平ノ跋ヲ缺クカ、東所ノ朱墨ノ校正書入アリ、末ニ「癸酉秋九月善韶句讀　據原本也」「寶暦十年庚辰之夏五月再校訂畢　亦同」トアリ、外題下一印「善韶」

2　重刻刊謬正俗　東所手澤本　大二冊　（一〇—九）

伊藤長胤著、安原貞平校、明和己丑歳伊藤善韶重刻ノ序、元祿庚午之歳春二月自叙、延享三年丙寅冬至日安原貞平跋、寛延戊辰原刻明和九年壬辰三月再板、古義堂藏板、平安書林間之町御池上町文泉堂林權兵衛發行、作文眞訣等ヲ一冊附録トス、東所序ニ云フ、「寛延戊辰之冬、安原伯亨氏校正刊行于東都、後數年書坊罹災、版亦燬矣、近者京都書坊文泉堂、來謀再刻」トアリ、此書東所書入本ニシテ正俗ノ末ニ「癸酉秋九月舊刻本據原本句讀寶暦十年庚辰之夏五月再據原本校訂畢安永七年戊戌之秋閏七月朔據舊刻本照對卒業善韶」、附録末ニ「安永戊戌閏七月廿八日校始八月二日校了七日讀全　韶」トアリ、外題下「善韶」ノ印

3　三刻刊謬正俗　東所手澤本　大二巻二冊　（一〇—一〇）

重刻本ノ東所校正ニ從ヒテ本文ヲ正ス、他ハ全ク重刻ニ同ジ、末ニ「寛延戊辰原刻明和九年壬辰三月再板寛政七年乙卯三刻」「平安書林寺町通二條下町文泉堂林權兵衛發行」ト、三刻ノ所以ハ見返シニアリ「此書再刻罹戊申之災今玆寛政乙卯三刻既成東所先生校正之業尤正補舊刻之脱誤爲新本之精訂雲顧之君子其諒之」ト、各冊初「施政堂藏書記」ノ印アリ、版木文庫ニ現存ス

4　三刻刊謬正俗　大二巻二冊　（一〇—一一）

前書ニ同ジ、書入等全クナシ

5　文　訣　文林良材本　半全七巻八冊（文林良材）（九—四二）

文林良材ハ文會堂主人（林九兵衛）編、元祿辛巳孟冬朔旦自序、元祿十四年辛巳孟秋吉日京城東洞院通夷川上町林九兵衛梓行、本文六巻巻首一巻、ソノ首巻ヲ東涯ノ作文真訣、譯文法式・譯文式・例讀題目・鈔書門類ニ充ツ、本文後年ノ刊本ト先ヅ相違ナシト云フベシ

6　文　訣　東所筆本　寫大一冊　（一〇—一三）

墨附二十二丁、東所初刻刊謬正俗ノ時寫シタルモノト思ハル、末ニ「寶暦十一年辛巳夏五念日善韶謄完」、「廿四日就原本句度照對了廿九日就良材刊本校正了六月四日讀了」、授幼文規、文林良材本ト校セシナリ、外題下一印「善韶」

二十七　助字考・用字格・文訣目録

○東所三書ノ目録ノミヲ寫シテ一部トセルモノナリ

1　助字考・用字格・文訣目録　東所筆本　寫横小一冊　（一〇―一三）

廣文堂ト柱刻アル二十四行罫紙ヲ用フ、墨附二十丁、用字格末ニ「辛巳六月廿九日書完」トアリ、辛巳ハ寶暦十一年

二十八　異字同訓考

○操觚字訣東所凡例ニ云フ、「先子初年ニ異字同訓考ヲ輯ム、タ、古文ノ同訓アル句ヲ載ス、晩ニ同訓雜志ヲ輯ム亦同、ソノ後操觚字訣ヲ草ス、同訓ノ義ヲ解シテ古語ヲ引ズ、三書未定ノ稿ニシテ體統ヲナサズ、又諸抄録中、間文字ノ義ニ及フモノアリ、韶悉裒集増補シテ以テ此書ヲ著ス」ト、同訓雜志、操觚字訣ハ共ニ紹述雜抄ニ収マル、同訓考ハ貞享二、三年ノ頃東涯、十五六才ノ編ナリ

1　異字同訓考　自筆本　寫大二巻二冊　（一〇―一四）

得ルニ從ヒテ集メシモノノ如ク、後特ニ表紙ヲ作リソレニイロハ順ノ索引ヲ附ス、ソノ表紙ニハ同訓異字考ト題ス、タヾシ東所ノ新製書ハ異字同訓考トス、又ソノ上策表紙ウラニハ「伊藤長胤編甲子仲冬十一日肇乙丑孟夏十三日備」下策ノ表紙ウラニハ「乙丑孟夏十六肇」トアリ、甲子乙丑ハ貞享二、三年ナリ、後東所コノ表紙ヲ保存シテ新シク摸製ス、東涯ノ記セシ年次ヲ寫シテ「右先子之書舊表紙ニアリ寶暦戊寅春東所」トアルハ新製ノ年ナリ、戊寅ハ八年、尙上策ニハ「己卯五月十六日淨書了善韶」「享和元年辛酉八月十七日再校合卒業」「享和二年壬戌二月九日校了新寫於古義堂善韶」、下策ニハ「寶暦九年己卯夏六月朔浄書全善韶拜」「享和元年辛酉七月廿日校畢」トアルハ操觚字訣編輯ノ折ノコトナルベシ

二十九　字詁襍集

○　字ノ詁ニ問題アルモノニツキソノ出典用例ヲカヽゲテ説明セルモノ、操觚字訣ト同ジ試ミノ所モアリ

1　字詁襍集　自筆本　寫横中一冊　（一〇―一五）

墨附二十二丁、東所附箋アリ「此一冊字訣ヘ入ノ分并字ノ音義ノ「二品共書抜了己卯秋韶」、己卯ハ寶暦九年ナリ

三十　襍雋手録

○雋ハ義理深長ノ言、詩文ニ用ヒテ面白キ熟語ヲアレコレト鈔出シ、多クハ出典ヲ記セリ、二字ノモノ多シ、若干ノ分類ヲ試ミアルモ一書トシテ未ダ體ヲナサズ、東所後紹述雜鈔巻十六ニ収ム

1　雜雋手録　自筆本　寫半一冊　（一〇―一六）

十二行罫古義堂用紙、墨附四十丁、外題襍雋トノミアリ、末ニ「享保乙巳年十月装釘」トアリ、乙巳ハ十年

三十一　熟語備數

○二字ノ熟語ニシテ參考トナルベキヲ集メントセシモノト思ハルレド、自筆本三丁ニシテ、後ハ雜記トナレリ、シカレドモ肆言類雋、三字雋ト共ニ計畫サレシト思ハルレバ、シバラクコヽニ加フ

1

熟語備數　自筆本　寫横中一冊　（一〇―一七）

初メ東厓散人應愼輯トアレド、題ニ相當スルハ墨附四十丁中三丁ニスギズ、他ハ雑記ニ用ヒアリ、中ニ白話文ノ譯五丁、下部ニ却、着、取ナドノ字ヲトル動詞ヲアツメタルモノ五丁ナドアリ、末ニ除封邑采地等ノ記アリテ、乙未之歳也トアレバソノ頃ノ記ナルベシ、乙未ハ正徳五年

三十二　三字雋

○三字ヨリナル熟語ノ興アルヲ集メシモノ、四字ヲモ若干混ズ、解ヲ附セシモノモアリ

1

三字雋　自筆本　寫大一冊　（一〇―一八）

表紙共三十五丁

三十三　肆言類雋

○元祿壬申ノ跋ヲ見ルニ、文ノ骨子ヲナスモノハ四言ノ句ナリトノ見地ヨリ「摋古書中四字句精彩俊麗者彙而録焉」ト云フ、集メシモノノ出典ヲ示シ解ヲ附スルモマヽアリ、東所後ニ紹述雑鈔巻十七ニ収ム

1

肆言類雋　自筆本　寫横中一冊　（一〇―一九）

墨附四十五丁、中二丁跋、元祿壬申伊藤長胤東涯題、壬申ハ五年ナリ

三十四　集語鈔

○漢籍ニ見ユル成語諺語ヲ集メソノ出典ヲ附ス、マヽ解ヲ加ヘタルモノモアレド未ダ書ヲナスニイタラズ、後東所紹述雑鈔巻四ニ加フ

1

集語鈔　自筆本　寫横中一冊　（一〇―二〇）

古義堂ト柱刻アル十二行罫紙ヲ用ヒ墨附四十一丁、末ニ「正徳甲午之年四月中澣釘」トアリ、其ノ後ノ朱墨ノ補筆アリ

三十五　文體辨略　附　文章緣起

○東涯自ラノ識語ニ云フ「此一巻系明范淶字原易所輯典籍便覧所載辨覧九――巻其書類類書纂要文體一類辨諸體簡而易見抽取爲文體辨略附以梁任昉緣起云」ト、後東所紹述雑鈔巻之十五ニ収ム

1

文體辨略　附文章緣起　東涯書入本　寫大一冊　（一〇―二一）

十四丁、筆者不明、朱ニテ訓點ヲ付シタルハ東涯ナルベク、見返シニ「文林肆考巻之二」トシテ前掲ノ識ヲ附ス、東所ノ書入モ一二三アリ、末ニ「丁亥三月二十日」トスルハ東所、明和四年讀書ノ意

三十六　記事珠

○名數重日諸名物ヲ類彙セルモノニシテ、後ノ名物六帖ニ發展スベキモノ、東涯初年ニ屬シ、雑記ノ程度ヲ出デズ

1

記事珠　自筆本　寫横小一冊　（一〇―二二）

墨附四十六丁、名物ニハ和訓ヲ附シ出典ヲカヽゲアリ

三十七　姓林全書

○末ニ云「己卯之歳戯集所記近代之姓字後得伊呂波名字鈔等書大備今玆

釘裝爲一巻名曰姓林亦閑中之一戲事云爾　正徳甲午二月廿三日伊藤長胤書」、難讀ノモノニハ訓ヲ附ス、又氏ヲ註記スル等ノコトモアリ、後東所紹述雜抄巻廿四ニ収ム

1　姓林全書　自筆本　寫横中一冊　（一〇―一三）

百六十七丁、中白紙若干アリ、朱・青・墨ノ補修アリ、正徳淨書ノ後モ折ニフレテ追加シタリト見ユ、外題「姓林」

三十八　雜識甲集

○熟語八箋、簡牘套語、左氏熟語ノ三部ヲ後ニ合裝セシモノナリ、熟語八箋ハ天文、地理、人品、人事、宮室、器用、鳥獸、雜ノ八部ニワカチソレゾレノ熟語ヲ集メ附トシテ四六雜説、古語剪截、文字過誤、以字象物等ヲ加フ、柬牘套語ハ書簡文用語ヲ抄出用ヒ方ニヨリ分類セシモノ、後東所、紹述雜鈔ノ巻十八ニ加フ、左氏熟語ハ既ニ東所筆本ヲ以テ先ニ掲ゲタリ

1　雜識甲集　自筆本　寫半一冊　（一〇―一四）

目録一丁、熟語八箋ハ墨附二十八丁、柬牘套語十七丁、左氏熟語十六丁、左氏熟語ノ末ニハ「元祿甲戌之仲春廿五日抄畢　涯野人」、三部ヲ合訂セシハ初メニ「寶永己丑七月朔裝釘」トアリ

三十九　名物六帖

○東涯早クヨリ、漢字我ガ國ニ渡來以來「沿習相襲之久、訛傳日滋、字用二漢文一譯乖二其義一……疑似混淆、莫二之能正一辯之不レ達、職此之由」ヲナゲク、仁齋講摩之暇コノ事ニ及ブ多シ、ヨッテ「爾來佔僤之次、信レ筆抄謄、積得數簏一乘レ間繕次序以篇帙取二白孔舊號一題曰二名物六帖爲レ冊三十分類十二、綱標二其名一目載二其委一副以二國字一務便二童習一」如ク編纂セルモノナリ、早ク寶永ノ始釋詁隨筆釋詁録アリテ紀聞小牘十三、十四ニ収メラル、コレヲ集メテ大成セルモノ、古義堂ニコノ書アルコトハ當時ヨリ有名ニシテ寫本ノ流布スルモノアリ、又全二十二巻ナリシ時モアリシハ篠崎東海ノ不問語等ニ見エタリ、又長州藩校ノ目録ナドニ「應氏六帖二」トアルモコレナルベシ、原本ハ東涯手許ニテ漸次充實サレユキシガ、享保末年ニイタリ書肆乞フコトアリ、奥田三角主ニ事ニアタリ、同二十年先ヅ器財箋ヲ出刊、東涯歿後寶暦五年人品箋、安永六年人事箋ト逐次刊行サル

1　名物六帖　芽垣内舊藏本　寫大二十九冊　（一四―一）

名物六帖ト柱刻アル十二行罫紙ヲ用フ、首巻見返シニ附箋アリ「名物六帖一部廿餘巻伊藤長胤先生自筆稿本也與版行本互有異同次第亦不同蓋先生之於書道亩秀發出入晋唐此巻雖如不經意者有書法可觀者巻中又有平野廣臣印章是予岳翁櫻園翁叔父以醫受知於藩公而學問精博亦一時之俊也予今見玆書有所感依附一言於巻尾云　後學抱生田晋識」、抱生ハ名古屋ノ人奥田氏、シカレドモ東涯ノ筆ニハアラザルベシ、内容ハ後掲自筆本ノ補修途次ニ寫セシモノニシテ、項目説明原本ニ比シテ少ナシ、序文ニ就イテ云ハヾ大略三度改メラレタル第二回目ノ姿ヲ取ル、雜載箋ヲ缺ケリ、思フニ藩校等ニテソノ出身者ニシテ門人在塾中ノ者ニ謄寫セシメシニアラザルカ、各冊初「芽垣内藏書」ノ印アリ、コレ平野廣臣ナリ

2　名物六帖　自筆底本　寫半三十冊附器財箋補遺一冊　（二―一）

古義堂ト柱刻アル十二行罫紙ヲ用フ、「正徳甲午歳正月」（下五字朱）自叙アリ、ソレ以前ヨリ編シ初メ、コノ頃體裁ナシタリト見ユ、初メノ序ニハ「爲冊二十四巻門十有五」トアリ、朱ニテ「冊三十」トアラタメタリ、門ハ目録ニ第五帖病痾箋第六帖雜載箋消却シテ十三門トナ

ル、本文ニハシカシ雜載部ハ殘レリ、序ヲ草セル後モ東涯一生机邊ニ置キテ增訂シタル跡アリ、勿論刊行時ノ底本ナレドソノ最終ノ姿モ尙刊本ニ比スルニ整ハザル所アレバ、刊本ニ際シテ又手ヲ加ヘシナルベシ、所収及ビ各冊ノ書入次ノ如シ

第一帖　天文箋　時運箋　一冊、末ニ東所「甲申十月朔善韶較訂了」
　　　　地理箋　上　下　二冊、
第二帖　人品箋　上中下　三冊、上末ニ東所「寶暦壬午四月廿一日韶校畢」、下末ニ「壬午七月廿三日校了」
　　　　親屬箋　一冊、末ニ東所「寶暦庚辰七月四日精訂畢東所」（刊本人品箋ニ入ル）
第三帖　宮室箋　上　下　二冊、
　　　　器財箋　一―五　五冊、一末ニ東所「癸未四月廿九日校正卒業韶」、二末ニ「癸未六月十七日校訂卒業善韶」、五末ニ「甲申六月十二日刊本校正全業韶」
　　　　飲膳箋　一冊、
　　　　服御箋　一冊、
第四帖　人事箋　一―七　七冊、
第五帖　身體箋　一冊、
　　　　病痾箋　一冊、（目録消・實物ナシ）
第六帖　動物箋　上　下　二冊、
　　　　植物箋　上中下　三冊、
　　　　雜載箋　一冊、（目録消、實物アリ）末東所「明和三年丙戌五月十五日全校了」

各箋文中數門ニワカル所收門ノ名ヲ表紙ニシルセリ、器財箋補遺寫一冊ハ筆者不明ナレド、東所ノ次ノ識語ニテ次第明カナレバコレニ附ス
「器財箋刊刻既成之後讀書之次有又得者自書刻本之上幀纔數十條書舖人請附刻於本箋之末爲浄寫校正以爲補遺爾　善韶拜識」

3　名物六帖　器財箋附序目　東涯東所手澤本　大六巻八冊　（四一二）

伊藤長胤纂輯、奥田士亨校訂、正德甲午正月伊藤長胤叙、享保十一年丙午歳冬至日奥田士亨跋、慥慥齋藏、享保十二丁未歳孟春穀旦京師書林唐本屋吉左衞門發行、第三帖ノ器財箋五巻ニ序目一巻ヲ附シテ刊行セシモノ、奥田三角ノ序ニソノ次第明カナリ、自筆底本ニ比スルニ配列ノ順ハ大ニカハリ、用例訓等ニ充實ヲ認ム、刊行ノ折ノ東涯自身ノ補修ノアト努力察スベキモノアルモ、三角又努メタリト云フベシ、コノ書東涯校正ヲ加ヘソノ後ニ得ル所ヲ上幀ニ書入アリ、コレヲ集メテ後東所補遺一冊ヲ作ル、東所又校正ヲ加フ、末ニ「（不明虫侵）年九月十三日較訂全業」トアルハ東所ナリ、各冊題簽下部「善韶」ノ一印アリ

4　名物六帖　人品箋　東所手澤本　大五巻五冊　（四一三）

伊藤長胤纂輯、奥田士亨校訂、寶暦乙亥新鐫（五年）京師書林奎文館瀬尾源兵衞發行、器財箋ニ次イデ第二帖人品箋ヲ出ス、前同様三角ノ努力多キヲ認ム、コノ本東所書入ハ校正ヨリ補修ニイタル甚ダシ、各冊題簽下「善韶」ノ印アリ

5　名物六帖　東所手澤本　寫大十三冊　（四一五）

名物六帖ト柱刻アル十四行罫紙ヲ用フ、器財箋人品箋ノ出デシ後、未刊ノ本ヲ淨書シ自已ノ補修用トシタルモノナリ、人事箋出デシ後ハ其他ノ部ニ一層ノ補修ヲ加ヘテ刊本ノ底本トナサントセシ努力ヲ認ム、各冊題簽下「善韶」ノ印アリ、各冊ノ所収及ビ東所書入次ノ如シ

天文箋　時運箋　一冊　「甲申（明和元年）十一月六日校訂了善韶」
　　「享和辛酉三月十七月校始」（青）
地理箋　一冊　「十一月廿日校訂了」「享和辛酉四月廿三日

校了」(青)

宮室箋　上　下　二冊　上末「享和元年辛酉五月七日校了」(青)
下末「五月十七日校了」(青)

飲饌箋　服章箋　一冊　「辛酉五月廿七日校了」(青)

人事箋　一―七　六冊　一末「乙酉五月十七日校終」「七月十一日刊本ヘ精校了」、二末「乙酉八月六日校訂卒業」「九月朔日刊本ヘ精校了」、三末「乙酉十月七日校訂卒業」「庚子十二月十三日刊本ヘ精訂了」、四末「乙酉十二月八日校訂畢」「辛丑三月廿二日刊本ヘ精訂卒業」、五末「丙戌正月廿三日校正全業」「辛丑閏五月廿七日刊本ヘ精校了」、六、七末「明和三年丙戌三月四日卒業」「辛丑六月朔始七月廿二日刊本精訂照對卒業」

身體箋　動物箋　一冊　末「四月廿二日校正卒業」「六月十九日校畢」(青)

植物箋　雜載箋　一冊　「明和三年丙戌夏五月十五日全校正卒業」
「享和元年辛酉秋七月八日再校全業」(青)

「享和元年辛酉七月十一日記」トセシ新寫ノ注意書巻頭ニ附セル一葉アリテ「六帖寫本ノ分七冊次第青筆ノ一二三ノ通リニ新寫スベシ」云々ト

6

名物六帖　人事箋　東所手澤本　大五巻五冊　(一四―四)

伊藤長胤纂輯、奥田士亨校訂、安永丁酉新鐫(六年)京師書林奎文館瀬尾源兵衞發行、人品箋ニツギ第四帖ノ人事箋ヲ刊ス、三角ノ努力東所ノ書入前ニ同ジ、末ニ「天明壬寅正月廿四日精讀改點全畢善詔」「癸卯七月初四日校正了」、壬寅ハ二年、癸卯ハ三年、「善詔」ノ印各冊ニアリ

7

名物六帖　器財箋附序目補遺　東所校正本　半七冊　(一四―六)

伊藤長胤纂輯、奥田士亨校訂、二人ノ序アル事前掲刊本ニ同ジ、タヾシ見返シニ享保乙巳新鐫、平安奎文館發行トアリ、コノ半紙本ハ後刷ナリ、序目一冊器財箋五冊ハ東所校正本ニテ更ニ朱、墨、附箋ノ書入アリ、題簽下部ニ對校ノ日次ヲ示ス、序一「明和元年九月十四日了」、一「明和元年六月廿九日原本照對了」、二「七月廿三日了」、三「八月十四日了」、四「八月廿九日了」、五「九月十三日全了」、補遺一冊ハ刊本上幀東涯追加ヲ収メシモノ筆者不明、末ニ東所識語アリ、寶曆壬申ト、又末ニ「明和己丑之秋七月二十有四日全業」、校正セルハ東所ノ文字ナリ、外題又東所、各冊ニ「善詔」ノ印

8

名物六帖　世業校本　寫大二冊缺　(一四―七)

一ハ三帖ノ飲膳箋服章箋、二ハ五帖ノ身體箋六帖ノ動物箋、植物箋、襍載箋ヲ収ム、本文ハ東涯自筆底本ナレド全部ニワタリ朱青ニテ東所本ニ從ツテ校正ヲ加ヘアリ、一末ニ「暮春初六業校了」(朱)、二ノ末ニ「寛政三辛亥春三月中澣於水哉閣中校讀訂正全業　逐葊居士世業識」(朱)、「文化十三年七月三日再校卒業」(青)トアリ、「鹿々齋藏書記」ノ印

四十〔類聚名辭解〕

○コノ書題名ナシ今カリニ名ヅク、君道解、治道解、臣事解、官職解、文史解、武用解、人事解、人品解、親族解、姓名解、動物解、植物解、器服解ニワカチ各門ソレ〳〵ニ屬スル名辭用語ヲ集メ、日本文ニテ解ヲ加ヘタルモノ、部門ハ現在二冊ニ収ムル所ノミ、ナホ散佚セルモノアリト思ハル、名物六帖ノ初案ナルカ

1 〔類聚名辭解〕　自筆本　寫中二冊　（一四―八）

名辭ノミニテ解ノ附セラレザルモノ多シ

四十一　釋　親　考

〇元祿十四年三月、東涯ノ識語ニ云フ「今子弟輩、不レ諳二親屬稱呼之別一動招二有識之誚一、不三唯臨文乖二其義一、而内外之宗、昭穆之序、多致二混淆一其失匪細、因就二爾雅釋親一爲二本經一、其下各附二諸儒之説一、間著二管見干其後一」ト、タヾシ元祿初年ヨリ計画サレシ所ニシテ元祿十四年頃ヤ、體ヲナスト見ルベシ、正續二篇ニ元祿十三年ニナリシ輩行説ヲ附録トス、安原貞平元文元年江戸ニテ刊行シ、後寛政八年再刻サル

1 釋　親　考　東涯改修本　寫大一冊缺　（一〇―二五）

全三十丁、東涯、墨、朱ニテ加筆アリ、ホヾ刊本ニ近ヅケリ、倘淨書ニ對スル注意アリ、コノ書最終稿本ニシテ墨筆改修ハ享保年中ノ事カト思ハル、全文朱ニテ訓點ヲホドコシアリ、輩行説ハ附スレドモ續編ヲ缺ク、外題東涯

2 釋　親　考　初刻　東所手澤本　大二冊　（一〇―二六）

伊藤長胤著、安原貞平校、享保歳次乙卯秋七月貞平序、元祿十四年辛巳春三月長胤識語、元文元年丙辰仲夏穀旦　京都書肆堀川錦上ル町西村市郎右衞門　江都書坊本町三町目西村源六（文刻堂）發行、タヾシ見返シニハ享保乙卯新鐫トアリ、「古義堂藏板記」ノ印アリ、柱ニ慥慥齋集トアリ、一ハ正編一ハ續編及輩行説ヲ収ム、本書外題下「善韶」ノ印アリテ東所校正本、末ニ「寶暦己卯三月善韶校了」（朱）

3 釋　親　考　再刻　大二冊　（一〇―二七）

初版ノ誤刻ヲ東所手澤本ニヨリテ校正シタルモノ、末ニ元文元年丙辰仲夏原刻寛政八年丙辰仲夏再刻、平安書林文泉堂林權兵衞發行、見返シニ云フ、「此書原刻罹戊申之災今茲寛政丙辰再刻既成東里先生校正之業尤正補舊刻之脱誤爲新本之精訂雲顧之君子其諒之文泉堂主人林好直謹誌」

四十二　宗　法　之　圖

〇釋親考所収大宗小宗之圖ナリ、早ク元祿元年ニナリシモノ

1 宗　法　之　圖　自筆　寫折一舗　（一〇―二八）

包紙ニ宗法之圖、内ニ大宗小宗ノ圖ト記シ「元祿元年戊辰孟冬初十伊藤長胤謹寫」

四十三　掌　　記

〇大永七年即チ御奈良天皇ノ元年ヨリ享保二年ニイタル日本ノ略年表ナリ、タヾシ年次ハ享保九年甲辰迄ヲ記シアレバソノ頃ノ製ナルベシ、記事ハ政治上ノ人事天災地變ノ事多シ

1 掌　　記　自筆本　寫横中四冊　（一〇―二九）

末ニ「寶暦八年戊寅裝釘善韶」トアリ、ソノ折表紙ヲ附シテ東所外題ヲ書セリ、元ハ大永七年ヨリ、亨ハ天正五年ヨリ、利ハ寛永元年（タヾシ東涯表紙ニハ寛永三年ヨリトアリ東所綴改メシニヤ）、貞ハ天和元年ニオコル、又末ニ東所「明和四年丁亥四月念五（讀了ノ印）」トアリ

四十四　通華志

○漢籍ニ見エタル日支交通資料ヲ拾ヒ集メタルモノニシテ、人名ヲ見出シトシテホヾ年代順ニナラベアリ、末ニ若干地名モ見エタリ、未ダ體ヲナスニイタラズ

1　通華誌　自筆本　寫中一冊　（一〇—三〇）

見出シノミ又ハ所見書名ノミヲ記シテ本文ヲ引カザル項モ多シ

四十五　鶏林軍紀

○豊臣秀吉ノ文祿慶長ノ役ノ記事、筆ヲ橘康廣朝鮮ニ使シタルニオコシ、慶長三年李舜臣討死ノ件ニイタル、未定稿ナリ、東所ヤ、整理シテ紹述雑抄十三ニ収ム

1　鶏林軍紀　自筆本　寫大五冊　（一〇—三一）

引用書名ノミヲ上ゲテ文章ヲ缺ク所ナドマヽアリ

2　鶏林軍紀　輶齋筆本　寫半五巻三冊　（一〇—三二）

古義堂ト柱刻アル用紙、輶齋寫、紹述雑抄所収本ヨリノ轉寫

四十六　倭韓通信襍誌・朝鮮襍誌

○朝鮮襍誌ハ名ハ異ナレドモ通信襍誌ノ下冊ナリ、共ニ日本朝鮮通交ノ文書及ビ關係諸記録ヲ集メシモノ、上ハ寶永七年正徳元年度、下ハ正徳元二年度ノモノナリ、上ニハナホ寶永七年琉球トノ交通文書ヲ合セオサム、東所後ニ紹述雑抄十一、十二ニ収ム

1　倭韓通信襍誌　東涯手澤本　寫半一冊
　　朝鮮襍誌　同　同　（一〇—三三）

朝鮮襍誌ノ初メニ目録アリ、ソノ下ニ「正徳辛卯（元年）下冊、上名通信襍誌」トアリ、種々ノ手ヲ混ズ東涯自ラ書キシモアリ、恐ラクハソノ當時得ルニ從ヒ寫シトドメシモノヲ後纂輯シテ冊トナセシモノナルベシ

四十七　宋元通鑑刪補

○明ノ薛應旂ノ宋元通鑑ヲ刪補スルモノ、建隆元年ヨリ英宗ノ治平四年ニイタル、五巻分現在ス、青年時ノ編ナリ

1　宋元通鑑刪補　自筆本　寫大五巻二冊　（一〇—三四）

皇明武進薛應旂編集、日東洛陽伊藤長胤刪補ト初メニアリ、貞享ヨリ元祿初年ノ筆ナリ

四十八　歴代帝王世統譜略

○和漢ノ讀史備要トモ稱スベク、巻之一ニ國統圖ヨリ建都年紀系譜干支、参考書ヲカヽゲ、以下巻二國朝紀、三四五ヲ漢土紀トシテ、歴代君主ノ紀略ヲ収ム、日本ハ東山天皇漢ハ明末ニイタッテ止ム、東涯天和貞享ノ頃閲史ノ間世系紀略ナド題シテ各代ノモノヲ製シ始メシガ、ツイデ元祿三年一旦淨書シ、更ニ補修ヲ加ヘタリ、成立ノ事ハ元祿二年ノ序ニ詳カナリ、巻之二國朝紀ハ帝王譜略國朝紀トシテ甘雨亭叢書ニ収ム

1　歴代帝王世統譜略　草稿本　寫半一冊　（一〇—三五）

草稿本ト名ヅケタレドモ、序ニ「毎閲往史遺策、遇其簡捷可紀者、則

手自抄之、投諸幣筐敗篋之中者」トアル時々ノ抄記ヲ今新シク一冊ニマトメタルモノ、所収次ノ如シ

漢世系三丁、後漢世系三丁、晋世系四丁、同草案二丁、十六國七丁、南北朝ノ諸國ノモノ十一丁、隋紀一丁、唐世系三丁、五代世系二丁、十國四丁、五代十國年表四丁、宋帝王世系三丁、以上四十七丁ハ同ジク十八行罫紙ヲ用ヒタリ、宋史記略（天和三年癸亥孟春吉辰伊藤長胤撰據柯維騏宋史新編）題ナシ（遼及西遼ノ紀略）金世系紀年略（據柯氏新編撰）夏世系紀年略（據柯氏新編撰　天和癸亥仲春四日長胤）遼國世系以上五ハ片紙ニシタヽメシモノニテ、ソノマヽ譜略ノ草稿トハ稱シガタケレド、コレヲ省略配案セシモノ譜略ノソノ條ナルコト明カナリ

2

歴代帝王世統譜略　自筆淨書本　寫中五巻二冊帙　（一〇―三六）

日東元祿三年龍次上章敦牂姑洗之月上弦之日洛陽布衣東涯散人伊藤長胤原藏甫ノ序アリ、凢例モ庚午季春上弦日（元祿三）トアリ、ソレヲ去ル遠カラザル寫ナルベシ、序ニ五巻トスレド、内容ハ目、巻一ノ分ハ首巻ト見ナシ、國朝ヲ巻之一、中朝一ヲ巻之二、中朝二ヲ巻之二（マヽ）中朝三ヲ巻之三ト四巻ニワカツ、巻之二ヲ重ネシハ誤リナルベシ、其ノ後墨朱ノ補修アリ、特ニ序ハ東涯墨ノ訂正ノミナラズ仁齋青筆ノ訂正アリ、「原藏」「東涯」、等ノ印數個アリ

3

歴代帝王世統譜略　浄書第一本　寫大四巻二冊缺　（一〇―三七）

甚ダ東涯ニ似タル筆蹟ナレド俄カニ定メガタシ、本文ハ自筆浄書本ノ本文ニ等シ、タヾシ序ナク巻三初メヨリ巻四北燕ノ初メ迄ヲ缺キ、巻五ニ入リテハ所々缺ケタリ、朱墨ヲ以ツテ校正シ加筆シ次ノ浄書ノ注意ヲ記セシハ東涯ナリ、タヾシ第二冊ニハ補筆一モナシ

4

歴代帝王世統譜略巻三　浄書本第二本　寫半一冊　（一〇―三八）

歴代帝王譜畧ト柱刻セシ用紙ヲ用ヒテ全十六丁、中朝一帝堯ニ初リ呉ノ末ニイタル、本文ハ自筆浄書本補修ニ従ヒ、コノ部分ダケニツイテ云ヘバ最モトトノヒタリ、一個所東涯書入アリ

5

歴代帝王世統譜略　東所手澤本　寫大五巻四冊　（一〇―三九）

自筆本ヲ底本トシテ寫シ、東所校訂ヲ加ヘルト共ニ、同書及ビ浄書第一本ノ補修ヲ自ラ寫シ倘自身ノ書入ヲモ加フ、仁之巻末ニ「乙酉重九校始丙戌人日再校始」（朱）、又「年號類聚與倭漢紀元録校正補寫」、義之巻末ニ「陽月朔校始丙戌二月望再校始」（朱）、禮之巻末ニ「陽月念九校始丙戌三月十七日再校始」（朱）、智之巻末「明和五年戊子之秋八月廿四日校訂讀全業善韶」「臈月初五校始丙戌五月念日再校畢」（朱）、外題「帝王譜畧」東所筆、ソノ下部ニ「善韶」ノ印

6

帝王譜略國朝紀　甘雨亭叢書本　中一冊　（一〇―四〇）

巻頭東涯伊藤先生傳ヲ附シテ帝王譜畧巻之一ヲ刊セシモノ、巻初ニ「西園寺家學館之印」アリ

四十九　〔五代十國年表〕

○歴代帝王世統譜畧草稿本中ニ見エル、五代十國年表ヲ整理シテ先ヅカヽゲ、五代十國疆理之圖及ビ同ジ草稿本中ノ十國世系譜ヲ詳密ニシテ合セタルモノ

1

〔五代十國年表〕　自筆本　寫半一冊　（一〇―四一）

全二十二丁、末ニ「貞享丙寅仲冬六日」、丙寅ハ三年ナリ、朱墨ノ訂正増加アリ

五十　記事草

○皇后門院ノ事ト見出シテ歴代諸后妃ノ門院名ヲ集メ畧註ヲ附セリ、末ニ桓武平氏ノ系圖アリ、共ニ王代一覧ニヨル所多シ

1 記事草　自筆本　寫半一冊　(一〇—四二)
表紙共十二丁

五十一　先識傳

○先人即チ仁齋ノ交アリシ人ヲ集メ略傳ヲ附シタルモノ、享保九年ノ着手ナリ、後享保十四年序シテ名ヲ先游傳ト改ム、内容ヤ、出入アリ、東所先游傳ヲ紹述遺稿巻之一ニ収ム

1 先識傳　草本　寫半一冊　(一〇—四三)
自筆、表紙共二十四丁、名ノミカ、ゲテ傳ノナキ人モアリ、表紙ニ自ラ「享保甲辰歳　先識傳　草本」トス、序アリ

五十二　異名考

○帝堯ノ古ヘヨリ明ニイタル支那歴代ノ著名人ノ異名ヲ時代區分ニ集メタルモノ

1 異名考　自筆本　寫大一冊　(一〇—四四)
五十五丁、中年ノ筆ト思ハル朱墨ノ追加モアリ

2 異名考　東所筆本　寫大一冊　(一〇—四五)
墨附十八丁、東所自ラ前書ヲウツシ校正ヲ加ヘ、ナホ頭部ニ追補セシモノ多シ、末ニ「明和四年丁亥五月八日校讀功全」、外題下部「善韶」ノ印

五十三　宋元明三朝人物略　附　朱文公年譜略

○所収宋朝人物略ハ宋代著名人ニツキ姓名表字郷貫諡號官階選擧ヲ明カニセルモノ、初メニ「丙子九月伊藤長胤源藏輯」トアリ、丙子ハ元祿九年、朱文公略譜ハ初メニ云フ「據朱子年譜略注除授著述之次第各書弟子及門之早晩蓋文公語類有早晩之異使據譜以驗其語之定否」トアリ、末ニ「日本國元祿八歳乙亥季夏京市布衣伊藤長胤原藏書」、元朝人物姓名爵里諡號便閲、明朝人物姓名爵里諡號便閲ハ宋朝人物略ト同體裁ノモノ又元祿九年前後ノ編ナルベシ

1 宋元明三朝人物略　附朱文公年譜略　自筆本　寫半一冊(一〇—四六)
芥河家藏ノ柱刻アル十八行罫紙ヲ用フ、宋ハ二十三丁朱ハ八丁、元ハ三丁明ニ二十二丁計墨附五十六丁、朱墨ノ加筆アレドモ尙人物略ナド記入ナキ個條モアリ

五十四　宮室名號

○諸書ニ見エタル宮室ノ名ヲ集メタルモノ、後東所紹述雜抄巻之七ニ収ム

1 宮室名號　自筆本　寫小一冊　(一〇—四七)
十四行罫紙ヲ用テ全五十七丁、見返シニ東所書ス「宮室名號先君子之

所録韶誌」、中年以後ノ手ナリ

五十五　軒齋名號

○諸書ニ見エタル三字ノ軒齋ノ名ヲ集メシモノ

1　軒齋名號　自筆本　寫横一冊　（一〇―四八）

十丁、末ニ東所「寛政庚申夏手装善韶」、題モ東所名ヅケシナルベシ

五十六　物産志

○日本諸州ノ物産ヲ漢文ニテ記セシモノ

1　物産志　自筆本　寫中一冊　（一〇―四九）

墨附十九丁、中年ノ書ナリ

五十七　三韓紀略

○朝鮮ノ簡ニシテ要ヲ得タル地誌ニシテ、部ヲワカツコト、君長略（三國勃海高麗朝鮮ノ歴代ヲ含ム）紀號略、土地略、職品略、族望略、文籍略、方諺略ノ七門、宛モ小百科事彙ノ感アリ、「日本國寶永元年甲申之夏伊藤長胤原藏輯次」トアレバ、寶永元年ニ大略ナリ寶永年中ニ完備セルモノナルベシ、中職品略ノ大部分ハ朝鮮官職考トシテ正徳元年刊行サル

1　三韓紀略　自筆本　寫半一冊　（一〇―五〇）

甚ダ整頓シタル浄書、寶永元年夏六月ノ自序ヲ附スレドモ、筆寫ハソノ後寶永年中ノコトナルベシ、自ラ朱墨ノ補修若干アリ、職品略ノ版本ノアル部ハ封ヲツケ東所記ス「寶暦庚辰二月八日精校了可以版本爲正東所韶」トアリ

2　三韓紀略　東所手澤本　寫大一冊　（一〇―五一）

自筆本ノ寫シ、東所校正シ又墨朱ノ書入若干アリ、末ニ「寶暦癸未大盡日讀畢」「明和甲申十一月廿六日就原本校正終」、刊本ニアル職品畧ハ寫サズ、外題下「善韶」ノ印

3　三韓紀略　東里筆本　寫大一冊　（一〇―五二）

東所手澤本ヨリノ寫、末ニ「天明八年戊申之秋七月十八日謄寫始業八月五日全業　伊藤弘美」、巻初「弘美之印」アリ

五十八　避諱書

○支那歴朝避諱ノ例ヲ諸書ヨリ集メ歴史順ニ配列セルモノ、後東所紹述雜抄巻廿六ニ加フ

1　避諱書　自筆本　寫半一冊　（一〇―五三）

古義堂、十二行罫紙ヲ用ヒ墨附四十一丁、墨朱追加アリ、中年以後ノ筆ナリ、一ニ「古今諱攷」ト云フ

五十九　和漢紀元錄

○歴代帝王世統譜略巻之一所収歴代年号類聚ヲ獨立シテ完備セシメントセルモノ、二字ノ年號ヲ四聲ヲ以テ分チ集メ、三字四字六字國世未詳僞撰等ノモノヲ後ニ附ス、享保年中ノ試ミナリ

1

和漢紀元錄 東涯手澤本 寫大一冊 （一〇—一五四）

全四十四丁、末ニ東涯書シテ「享保丙午九月託肥州球磨人緒方英貞謄」、丙午ハ十一年ナリ、東涯自筆本帝王譜畧ノ追加ヲモフクメシモノヲ本文トシ、更ニ東涯増補ヲナセリ、東所附箋ノ補修モアリ、一紙ニ云フ「辛巳十二月廿一日詔校」、辛巳ハ寶暦十一年ナリ

2

和漢紀元錄 東所手澤本 寫大一冊 （一〇—一五五）

全四十六丁、末ニ「原本享保丙午九月淨寫寶暦甲申新寫校訂」トアリ、寶暦十一年ノ補修ヲモ合セ本文トセリ、後東所墨朱ノ書入アリ、外題東所、下ニ「善韶」ノ印

3

和漢紀元錄 東里筆本 寫大一冊 （一〇—一五六）

全四十八丁、末ニ「原本享保丙午九月淨寫 天明七年丁未之夏五月十二日謄寫始業六月廿九日照對全業 伊藤弘美」トアリ、東所手澤本ノ寫シナリ、巻初「弘美之印」アリ

六十 閱史隨鈔

○六國史ヲ初メ主ニ我國古典ノ讀書中ニ得タル興多キヲ鈔セルモノ、後東所紹述雜抄巻八ニ收ム

1

閱史隨鈔 自筆本 寫半一冊 （一〇—一五七）

十八行罫紙ヲ用ヒ墨附四十三丁、中年以後ノ筆ナリ

六十一 廣古錢譜

○和漢朝鮮古錢ノ名ヲツラネテ、略註ヲ附セントシ試ミシモノ、未ダ體ヲナスニイタラズ、青年期ノ業カ

1

廣古錢譜 自筆本 寫大一冊 （一〇—一五八）

墨附二十四丁、外題廣古泉譜、ハジメニ「伊藤長胤輯」、日本錢ナドハ見出シノミニテ記載ナキ部分モアリ、三丁目ニ幼ナキ文字ニテ「伊藤善韶珍藏」ナドトモ見ユ

六十二 考古雜編

○南圓堂銅灯臺銘、東大寺屛風銘、廣隆寺及洛東大佛ノ鐘銘及ビ我國ト諸外國トノ交通文書ヲ收ム、少年時ノ筆寫ヲ後年一部トシタルモノ

1

考古雜編 自筆本 寫半一冊 （一〇—一五九）

墨附四十五丁、交通文書ノ末ニ「右書在黑川道祐先生之家甲子秋余入善妙寺得閱借來漫書十一月初四夜燈下記」トアリ、甲子ハ貞享元年ナリ、其ノ他モ同筆ニシテコノ頃ノ寫、筆者明記ナケレドモ、恐ラクハ東涯天和貞享頃ノ寫ナルカ、外題及目錄ノ文字ハ明カニ東涯中年ノ文字ナリ

六十三 國朝百官志

○日本官制變遷ノ次第、官位相當ノ表、諸官ノ職務、官廳ノ構成ヲ說明セルモノニシテ、本朝官制沿革圖考ノ初案ト思ハル

1

國朝百官志 自筆本 寫半一冊 （一二—一）

墨附三十二丁、中程諸官ノ職務ヲトク狀ト前ニ、國朝百官志伊藤長胤撰トアリ、文字ヨリ見テ初年ノモノナリ

六十四　本朝官制沿革圖考

○正徳四年ノ自序ニ云フ「昔大寶中著令、詳著官位職員之制、實國家大典萬世大經也、爾後損益時異、併省不一、職原一書、著近代典故、先王沿革、因著古今制度、釐爲六巻」、正徳四年ホヾ體ヲナセルナルベシ

1　〔本朝官制沿革圖考一部草本〕　自筆本　寫半一冊　（二三―四）

表紙共七丁、本朝官職古有而後廢圖ノ一部ノ草稿ナリ、末ニ「甲申十二月沿革ヘ校正書入了東所」、甲申ハ明和元年

2　本朝官制沿革圖考　東所筆本　寫大六巻一冊　（二三―二）

紹述先生文集ト柱刻ノ用紙ヲ用ヒテ全百二丁、文集完成スル寶暦末年ノ寫ナルベシ、國朝百官志其ノ他ニヨリテ校合スルノ朱筆アリ

3　本朝官制沿革圖考　東里筆本　寫大六巻二冊　（二三―三）

東所筆本ヨリノ轉寫、末ニ「天明七年丁未之夏四月廿一日謄寫始業五月十四日照對完　伊藤弘美」、巻頭「弘美之印」アリ

六十五　〔兼官例抄記〕

○國書ニ見ユル兼官ノ記載例ヲ抄出シタルモノニシテ、制度通本朝官制沿革圖考等ノ資ナルベシ、書名ハ今假ニ附ス

1　〔兼官例抄記〕　自筆本　寫横中一冊　（二三―五）

十九丁、中年ノ文字ト思ハル

六十六　朝鮮官職考

○古義堂遺書總目叙釋ニ云フ「此書本三韓紀略中之一篇也往年韓使來聘之日爲人之明韓官林景範抽巻刊刻而今爲一部之書行干世他日刊刻三韓紀略當復舊以爲一部」（文泉堂藏版）、刊行ノコトハ正徳元年夏ナリ

（三韓紀略ノ條參照）

1　朝鮮官職考　東涯東所手澤本　大一冊　（二三―六）

全三十二丁、正徳改元之夏林景范叙、正徳元年辛卯之夏崇古堂梓行、著者ノ名ヲ示サズ、ハジメニ「長胤之印」「東涯精舍」ト印アリ、外題下ニ「善韶」ノ一印アリ、東所校正アリテ、末ニ「寶暦庚辰二月十七日就原本校正畢善韶」、コノ書元來半紙本ナルヲ特ニ大本ニ製セシナルベシ

2　朝鮮官職考　半一冊　（二三―七）

前書ト同ジ半紙本仕立ノモノ

六十七　朝鮮國官制

○朝鮮官職考中、朝鮮國官階頒祿圖ノ簡略ナルモノ、恐ラクハソノ圖ノ初案ナルベシ

1　朝鮮國官制　自筆本　寫半一冊　（二三―八）

四丁、東涯青年時ノ筆ト思ハル

六十八 後漢官制

○後漢ノ官制ヲ圖表ニセシモノ、内題後漢官制圖説、元祿七年甲戌閏月伊藤長胤撰

1 後漢官制 自筆本 寫半一冊 （三―九）

全十五丁、元祿末年ノ寫ナルベシ、「長胤」「又原藏」ノ二印アリ

2 後漢官制 東所手澤本 寫大一冊 （三―一〇）

古義堂ト柱刻アル用紙全十五丁、末ニ「寶暦十四年甲申三月十九日就原本校正卒業善韶」、題簽下部「善韶」ノ印

3 後漢官制 東里筆本 寫大一冊 （三―一一）

古義堂ト柱刻アル用紙十五丁、東所手澤本ニヨリ寫、末ニ「天明七年丁未之夏五月四日謄寫始業同十四日照對全業 伊藤弘美」、巻頭「弘美之印」

六十九 皇唐流内官品之圖

○唐百官志杜氏通典事文類聚ニヨリテ唐官制ヲ圖表ニシタルモノ、貞享二年大略成リ補修シテ元祿二年跋ヲ附シテ刊行ス、總目叙釋ニ云「文會堂藏板」

1 皇唐流内官品之圖 自筆本 寫一巻 （三―一二）

末ニ「右據杜氏通典 貞享貳年歲次乙丑孟秋念有四日伊藤長胤謹書」トアリ、朱ノ補修ヲホドコシ淨書ノ注意ヲ加ヘシハ刊行時ノ事ナルベク、コレニヨリ刊本ト等シキ體トナレリ、元祿己巳孟夏ノ跋ヲ加ヘアレドモコノ文字東涯トハ思ヘズ刊本ニヨリテ補ヒシナルベシ、東所末ニ「寶暦辛巳冬福井氏惠善韶」、「忠孝之家」「思無邪」ナドノ印ヲ東涯用ヒアルモ珍シ

2 皇唐流内官品之圖 東所手澤本 折一鋪 （三―一三）

跋末ニ「元祿己巳孟夏洛陽伊藤長胤謹録」、東所自筆本ト校合シ裏ニ「寶暦九年歲次己卯臈月念八校正畢原本福井立啓氏購得収藏借來而校加 此号者唐官鈔不載者也善韶」、外題東所、「善韶」印アリ

七十 唐官鈔

○享保廿一年ノ自序ニ云フ「本朝之官階専遵唐家、而斟酌損益、以到干今、則學者不可不考究其委焉予蚤歲嘗著唐官品圖行干世、屬者某公見問唐官制予、因考唐六典及通典唐書百官志、著官爵位員之大略、註其職掌以進、名曰唐官鈔凡三巻」、竹原重威跋ニ云フ「先生在日令余膺其校訂之任欲速刻公世而不果、既而先生易簀、殆歷數年、今玆之春令嗣忠藏氏、頻促梓事、而責諸余不敢辭訂正亥豕」、本書刊行ノオクレシハ近衛家ノサ、ハリアリテナリト（文會雜記）、寶暦三年刊、版木文庫ニ現存ス

1 唐官鈔 改修本 寫大三巻一冊 （三―一四）

經史博論慥慥齋集ト柱刻アル用紙ヲ用ヒテ全百六丁、筆者校正者未詳ナレド、マ、朱筆補修アリ、淨書ノ注意書アレバ刊行時ノ底本ナリ

1 唐官鈔 東所手澤本 大三巻三冊 （三―一五）

伊藤長胤輯、寶暦癸酉之春藤原（中山）榮親序、享保廿一年歲次丙辰自序、寶暦三年癸酉冬十月主殿助伴（竹原）重威跋、寶暦癸酉新刊

京兆文泉堂發行、東所種々ノ校正ヲ加フ、末ニ「寶暦九年己卯蕤月廿八日就原本校正全　善韶」「凡紫筆者舊本之節文也加ㄱ此号者舊本所無也頂朱書者舊本之削餘也官品圖訂正了加、此號者官品圖不載者也」（以上朱）「癸未七月校刻校正全業」、題簽下部「善韶」ノ印、本書ノ本文訂正ニ従ヒテソノ若干ヲ改メタル後刷本アリ

3 唐官鈔　大三巻三冊　（三—一六）

前書ノ東所校正ニヨリ改訂セル後刷本ナリ

七十一　明制圖略

○明官制之圖表ナリ、明朝宗室擬名圖以上二十圖ヲ収ム

1 明制圖略　自筆本　寫半一冊　（三—一七）

墨附十六丁、中ニ「宋朝制科五等圖」「宋朝三省官屬圖」二葉ヲ混ズ、初年ノ筆ナリ

七十二　皇明流内官制之圖

○皇唐流内官品之圖ニヒトシク、正從九品ニワカチテソレ〳〵ノ官ヲコレニ配シ表トセルモノ、元祿三年大略ナリ後ニ跋ヲ附シテ刊ス、總目叙釋ニ文會堂藏板ト云フ

1 大明官制圖　自筆本　寫折一舗　（三—一八）

包紙ニ東所書ス「大明官制圖舊本一舗　先子二十一歳之年所著及書也寶暦十年庚上元後一日以此本刊行官制圖校正畢善韶」トアリ、末端「日東元祿三年庚午之秋季洛陽屈川伊藤長胤原藏録」トシ、各省官衙ノ役人ハ別ニシテソノ上ニ九品ノイヅレニ相當スルカヲ記セリ、刊本コレヲ一ツニセルヲ大キナル相違トス

2 皇明流内官制之圖　東所手澤本　折一舗　（三—一九）

「日東元祿三年庚午伊藤長胤原藏謹録」ノ跋アリ、東所朱ノ校正アリテ裏ニ「按此圖全據會典吏部稽勳司資格等製家不収原本而有舊草本因就草本及會典明史職官志校正云旹寶暦十年庚辰之春正月廿一日也　善韶拜書」、外題東所、下部ニ「善韶」ノ印アリ

七十三　歴代官制沿革圖補

○明鍾伯敬ガ通鑑纂所載王光魯ノ官制沿革圖ニ感ジ、「予甚珍之、因手自繕寫又各官後續補明官制末附載文武散官勳爵圖皆舊所未及也增舊凡二十餘紙合爲一冊」、コトハ元祿七年ナリ、明和元年東所藤好道生ヲシテ點校セシメテ刊行ス、版木文庫ニ現存ス

1 歴代官制沿革圖補　自筆本　寫半一冊　（三—二〇）

全六十三丁、竟陵鍾惺伯敬鑒定淮南王光魯漢恭篇次ノ古今官制沿革圖ヲウツシ、明代ノ補フベキ所ハ白紙ノマヽニ殘ス、歴代散官沿革ハ元祿七年甲戌之歳七月念四ノ凡例ヲ附シテ既ニソナハレリ、自叙モ既ニアリ

2 歴代官制沿革圖補　東所手澤本　大一冊　（三—二一）

（明）王光魯編、同鍾惺鑒定、（伊藤東涯補）、元祿甲戌之歳伊藤長胤叙、元祿甲戌之歳東涯ノ自序ハ東所ノ版下ナリ、廣文堂藏、東所自家用トシテ大本ニ制セシモノナレドモ跋ヲ缺ク、朱筆校合書入アリ、末ニ「明和元年甲申之秋八月十二日校正卒業」

3 歴代官制沿革圖補　半二冊　（三—二二）

（明）王光魯編、同鍾惺鑒定、（伊藤長胤補）、元祿甲戌之歳伊藤長胤叙、寶曆甲申夏五月豫州藤好道生本藏跋、京師書林圓屋清兵衞上梓ノ本ノ林權兵衞ヨリノ後刷ナリ

七十四　制度通

○刊本東所跋ニ云フ「先子有レ慨二乎是一四十五十之間以二國字一草二一書一名曰二制度通一詳二中華古今之源委一施及二本朝之古制一次而至二宋元明一雖レ本二通典通考等一然博覽二群籍一事有二明據一者旁通考索體製簡當反便二於浩博之典一」、其後東涯補修ヲツヾク、諸門弟コレヲ寫シテ世ニ流布スルモノ誤落多キヲナゲキ、東所刊行ヲ思ヒタチテ天明八年ノ火ニアヒテ中絶、寛政五年再ビ業ヲオコシ同十年刊行ス、版木文庫ニ現存ス、東涯生涯制度研究ノ集成トモ云フベク、服部南郭云フ「制度通ナト隨分文獻通考杜氏通典明會典ナドヲ能ヨミテトクト呑込テ仕立タル物ナリ大抵ニ書ヲ精密ニ見タルハカリニテナラヌヿ也」ト（岩波文庫所収、同解題參照）

1　**制度通**　自筆本　寫半十二巻十二冊缺　（三—一）

記録表紙、平假名ヲ用フ、表紙ニ所収項目ヲ記シタルハ大體刊本ニ近キ順ナルガ、ナホ記事ナク白紙ノ所アリ、自ラ朱筆附箋ヲ以テ大補修ヲ加フ、附箋ニハマ、別筆アリ刊行ノ折東所ガ挿入セルモアリ、次ノ浄書ノタメノ指定アリ、享保九年甲辰蕤月日ノ自序別人ノ手ニテ附サレタリ、本書ノ本文補修ハソノ前後ナリト知ラル、巻十三、一冊ヲ缺ク

2　**制度通**　竹里筆本　寫半三巻三冊　（三—二三）

青表紙、一ヨリ三迄ノ通巻番號ヲ附セドモ刊本一、三、四ノ三巻ニアタル分ナリ、本文ハ自筆本本文ニ等シク、享保九年竹里筆ト思ハル、自筆本トハ又別ノ補修及ビ白紙ノ部分ノ追加アレドモ、次次ノ浄書ニハコノ補修ハ取ラレザルガ如シ、一末ニ「戊戌十二月三日校畢韶」（朱）トアリ、東所校本ニ用ヒシナリ

3　**制度通**　補訂本　寫大六巻六冊　（三—二四）

自筆本ノ補修ニ従フ本文ニシテ、東涯更ニ墨朱ヲ以テ補正ヲ加ヘタリ、同時ニ補正サレシ巻六、九、十、十二ノ四冊ハ東所校正本ニ用ヒタリ、ソノ殘リ巻二、三、四、五、八、十三ノ六巻ヲ今カリニ一括ス、各冊ニ東所ノ記アリ、二「戊戌九月讀了善韶」三「戊戌十月十日校讀畢韶、癸丑五月九日再校讀了」（朱）四「戊戌十月校讀畢　癸丑五月再校讀畢」（朱）五「戊戌十一月二日校讀了」八「癸丑五月十五日校讀畢韶」（朱）十三、「安永戊戌十一月十一日校讀畢　寛政甲寅正月十二日照對畢」（朱）

4　**制度通草稿**　寫大十二冊　（三—二五）

刊本東所跋ニ云フ「就二原稿一一一照對又別有レ草者三片紙斷簡屬二其稿一者櫛比讎對補訂去就一從二先意一」トアル片紙斷簡ナリ、巻一州國郡國ノ事ノ一部（東涯自筆、東所云「癸丑七月校了」）巻二朝鮮ノコトヲ述ベシモノ（東涯自筆、東所云「乙卯五月十四日校了韶」巻三本朝大政官ノ事ノ案（東涯自筆）巻三後宮官ノ事（東所「癸丑之歳是一條青表紙ヲ本トシテ記録ト取合申候改正補正申候相濟申候」）同（「此一枚校了記録表紙ニアリ」）巻三東宮官屬ノ事（「此ハ刪出也甲寅春三巻ノ終ヘ補入校正畢」）巻五俸祿ノ事（東涯自筆、東所「校了」）同（同、東所「校了」）巻十一樂ノ事（東涯自筆）同經籍之事（同）巻十三議請減贖官當除免之事（東涯補修）刪篆八分眞草ノ事（東涯自筆、他筆モ混ズ）斷片五帋（東涯自筆、東所包帋）ヲ一括ス

5　**制度通巻二**　寫大一冊　（三—二六）

七十九丁、溢表紙アリテ東所校正本ニ等シキ作リナリ、本文自筆本ノ補修ニ従フ、東所校了末ニ「戊戌九月十四日校讀了重而校スルニ不及韶」

6

制度通巻之四上　寫大一冊　(二—二七)

十六丁、刊本巻三「東宮官属ノ事」ノ部ニテ刊本ニ削ラレシ部分、同ジク削ラレシ「武官ノ事」「爵ノ事」「勲ノ事」ノ四條ヲ収ム、本文自筆本ノ補修ニ従フ、末ニ「此巻校讀了削書也重而校スルニ不及癸丑韶」

7

制度通巻十一　寫大一冊　(二—二八)

五十九丁、自筆本ノ補正ニ従フ本文ニシテ、東所後々稿本ニヨッテ補ヒアリ、附箋ニ云フ、「此壹冊舊原本ト校讀了相違無シ重而刊本成候共斯本トハ違引合ニ不及候　戊戌九月六日校讀畢　東所」、又「此本初稿ナリ」トモアリ

8

制度通巻十一　寫大一冊　(二—二九)

五十四丁、東所ガ自筆本ヤ制度通草稿等ヲ用ヒテ校正シアリ、末ニ「丁酉岡本覺之進殿より來本條ヲ引合申候同事也只原本有之節寫候物と相見え書方惣〆ト合テ原本ノ趣髣髴ニ相見申候而已板下之時左様ノ本可訂書事也」、諸本ト校合次第モ亦書入アリテ巻頭ニ「此壹冊並自筆共精校了重而校スルニ不及候癸丑五月十一日収」、癸丑ハ寛政五年ナリ

9

制　度　通　東所校本　寫大十三巻十三冊　(二—三〇)

刊本時ノ底本タリシモノニシテ、東所諸原稿ト校正加減苦心ノ跡歴然タリ、タヾシ本文寫ハ東涯生前ナルベシ諸生ニウツサセシモノ、中六、九、十、十二ノ四冊ハ補訂本ノ連ニテ東涯加筆アリ二、三、四、五、十、十一、十三等モ前掲ノ諸本ヨリハ進歩セル本文ヲ有ス、外題ハ蘭嵎トオボシ、タヾシ第一冊ハ東所ナリ、東所校正ノ年次等記載次ノ如シ

一「寛政癸丑三月十四日校了韶、甲寅正月廿五日讀始廿九日畢、溢表上田來　附録　三本共校正了無相違此本之通ニ而宜也」

二「丁未八月廿七日校了、癸丑八月十九日重校了、甲寅二月七日又讀了」

三「癸丑六月九日校畢、甲寅正月十七日自刪出所々補入校正畢善韶、同年二月十一日讀畢」

四「癸丑七月三日校畢、甲寅二月十六日再讀了」

五「癸丑九月廿六日校正補訂畢韶、甲寅二月廿六日再讀畢」

六「癸丑十月十日校了韶、甲寅上巳讀畢」

七「癸丑十月廿三日校補畢、甲寅三月七日讀畢」

八「癸丑七月廿日校正畢、甲寅三月十二日讀畢」

九「癸丑十一月十七日校正畢、甲寅三月十四日讀畢」

十「癸丑十二月十七日校訂畢、甲寅三月廿七日讀畢」

十一「寛政癸丑四月六日校了韶、同甲寅四月五日讀了」

十二「甲寅正月四日校畢韶、同年四月十日讀畢」

十三「寶暦丙子韶讀了、甲寅正月十七日全校訂卒業善韶、同年四月十四日讀全、享和元年辛酉十月校讀了」

10

制度通刪　寫大一冊　(二—三一)

四十四丁、東所刊本ノ底本ヲ製スルニ際シ旧諸稿本ニアリテ、刊本ニハ削リタルモノヲ一冊ニ集メタルモノ、癸丑ノ年ニ原本ト照対シ更ニ「甲寅正月廿日校讀畢善韶」

11

制　度　通　初刷東所手澤本　半十三巻十三冊　(三—二)

伊藤長胤輯、享保九年甲辰蔄月日伊藤長胤序、寛政八年丙辰冬十一月伊藤善韶跋、寛政丙辰冬全刻施政堂藏版、施政堂ハ東所ノコトナリ、

序跋本文コト〳〵ク東所ノ版下ニシテ末ニソノ書寫年次ヲ記ス、「寛政丙辰歳六月十九日善韶書畢」、本書東所自ラノ校正アリ、且若干ノ書入モアリ、「施政堂藏書記」ノ印

12　制度通　改訂東所手澤本　大十三巻八冊　（三—三）

前書ノ校正ニ從ヒテ改訂セルヲ大本ニ製シタルモノ、初冊末ニ「寛政十年戊午八月七日會讀始善韶」、終冊末ニ「寛政十一年己未四月七日會讀卒業」、外題下部ニ「善韶之印」

七十五　通略

○諸種ノ文稿ヲモ混ズレドモ官制ノ資料ヲアツメ記セルモノ最モ多シ

1　通略　自筆本　寫中一冊　（三—三）

東涯中年筆ナリ

七十六　經史博論

○經學史學ノ論文集ナリ、早ク寶永七年序シテ五十四編ヲコノ名ヲ以ツテ収ム、後文章ノ改訂モアリ削去セントスルモアリ又追加スベキモ生ジ、享保丙午十一年門人明石生五十一篇ヲ以ツテ考定本ヲ作ル、更ニソノ後七十篇ヲ述經旨、辨史綱、崇聖賢、論天人ノ四巻ニワカチ一部トナス、叙釋ニ云「此書先子在日令門人校刻刻将成而先子易簀翌年全刊行于世大抵先子在日刻既成者歴先子之讀閲改正如意可知没後刻者不能無校者之得失焉須推刊成之歳月而知其精粗」、原田邦直等コノ刊行ニアヅカツテ元文二年刊ナリ、邦直、字温夫、号東岳、豊後出身ノ高弟

（續日本儒林叢書所収）

1　經史博論　寶永本　寫大二冊　（三—三）

本文ハ諸門弟筆ナルベク目次東涯、寶永庚寅之歳ノ序既ニアリ、倘見返シニ「寶永庚寅新鐫」トアレバコノ頃刊行ノ計畫アリテ篇シタルモノナルベシ、所収五十四篇、墨青朱ノ自筆補訂アリ、目録ニハ本書未所収ノモノヲ追加ス、追加所収豫定論文ノ目ナルベク、ソレ等ヲ合セテ五十一篇ニ朱丸印ヲ附シ「明石生丙午考定本ヘ取分」トコトハレリ、タヾシコノ考定本文庫ニ存セズ、外題東涯筆

2　經史博論　補訂本　寫大二巻一冊　（三—四）

百五丁、本文ハ寶永本ノ順ニ等シクシテ文ハソノ補訂中途ニ寫サレシモノ也、筆者不明ナレド中數篇東涯墨或ハ朱ヲ以ツテ補訂セルハ、寶永本ノ補訂ト重複セズ、合セテ全キヲ得ベシ、末ニ附箋シテ東所「己卯閏七月校了韶」、己卯ハ寶暦九年

3　經史博論　板行底本　寫三巻三冊缺　（三—五）

巻四ヲ缺ク、順序所収文全ク刊本ニ等シク、筆者數人中ニ蘭嵎カト思ハル、アリ、本文校正ハ刊本跋者原田邦直カト思ハル、補訂ハ東涯ナリ、巻三ノ表紙ニ「此一冊板本相了四月廿三日」トセルハ東涯ノ如クナレド、巻二ノ表紙ニ「丙辰七月九日板下清書相渡申候」トアルハ何人ニヤ、實ニ東涯死五日前也

4　經史博論　東所手澤本　大四巻二冊　（三—九）

伊藤長胤著、寶永七年歳次庚寅平安伊藤長胤引、元文改元丙辰夏五月門人豊州日出鎮原田邦直跋、元文二年丁巳三月穀旦　皇都書林間之町御池上ル町林權左衞門發行、柱ニ「慥慥齋集」ト刻ス、本書東所書入本ニシテ、末ニ「寶暦己卯陽月廿七日就原本訂正訖工善韶」「天明癸卯

復月七日會讀畢」トアルハ東所、「弘化四年丁未三月一讀加標釋句讀卒業　世寧」トアルハ何人ニヤ未詳

5　經史博論刪餘　東所手澤本　寫大一冊　（三―七）

二十四丁、草稿ノ經史博論ニ收マリテ刊本ニ所收サレザリシモノ十二篇ヲ一部トス、末ニ東所「庚辰二月託眞田主計氏謄　同十九日一稿校正畢」トアリ

6　經史博論　東里手澤本　大四巻二冊　（三―八）

元文二年林權兵衞發行本、東所手澤本ニ從ヒシ書入アリ、末ニ「天明六年丙午陽月十一日就藏本訂正始業同十八日全業　弘美」、「弘美之印」アリ

7　經史博論　校正本　大四巻二冊　（三―六）

元文二年林權兵衞刊本ニ全面的ニ校正ヲ加ヘタルモノ、墨又朱ニテ文章ヲ校訂セシハ東所、朱ニテ若干ノ文字ト訓點等ヲ改メタルハ原田邦直ニテ、二巻初ニ林權兵衞宛註記ナドアリ、ケダシ再版ノ準備ナルベケレド再版ノ刊否ヲシラズ

七十七　經史論苑（治經八論）

○古義堂遺書總目叙釋云フ「輯治經八論品士四科等雜文、以載間居筆録後、甲寅之歳選散載集中、後復舊又分以爲一部、未立號、只題篇首之文名曰治經八論、部今改名經史論苑、始有論苑之書、後插入其文於博論中、取彼加此耳」、收ムル所治經八論、讀史五論、品士四欵、續大學辨、師説十九篇ナリ、安永八年東所序ヲ附ス、後奥田三角ノ後裔士彦號強齋コレヲ木活字ヲ以テ刊ス（田中敬　活字開板美談―書物展望十二ノ八―參照、續日本儒林叢書所收）

1　治經八論　東涯補訂本　寫大一冊　（三―一〇）

四十丁、「安原省處」寫、本文ニ東涯朱筆補修アリ、目次モ東涯ナリ、題簽ハ本文ト同筆、東所書入若干アリテ末ニ「明和元年甲申之冬閏十二月十一日善韶讀完」、外題下「善韶」ノ印

2　經史論苑　東所手澤本　寫大一冊　（三―一一）

四十二丁、末ニ「安永七年戊戌之秋九月新寫就原本照對句豆完廿六日校讀全業　善韶」、東所校正書入アリ、又安永八年己亥之夏五月十有七日伊藤善韶拜録ノ自筆序アリテ、本書ノ成立ヲ明カニセリ、外題東所筆、下部一印「善韶」

3　經史論苑　東里筆本　寫大一冊　（三―一二）

四十二丁、東所手澤本ノ寫シニシテ、末ニ「天明六年丙午之冬十一月朔旦冬至謄寫始業同十日照對句豆全業　弘美」、巻頭ニ「弘美之印」

4　經史論苑　鞜齋書入本　大一冊　（三―一三）

四十丁、見返シニ東涯先生著、三角亭藏、安永八年己亥之夏五月十有七日伊藤善韶序奥田士彦跋、跋ニ云「因謀上之聚珍之板榻成三百本其誤塡不可追改者則附以校勘若干葉以授同門諸子」トアル如ク、活字刊行ナリ、士彦ハ奥田三角五世ノ裔號強齋字介甫、天保八年津藩教授トナリ、明治四年歿、本書鞜齋ニ送リシモノナルベク、彼ノ書入アリ

七十八　通書管見

○周惇頤ノ通書、朱熹解ヲ用ヒテ講ズルニ際シ、自己ノ思フ所ヲ、所用本寛文六年鈴木太兵衞刊本上欄ニ書キ加ヘタル所ヲ後集メテ一書トスルモノ、寶永六年冬ニ序ヲ附ス、寶暦十年東所、原田邦直ト議シテ刊

ス、文政十二年補刻サル、版木文庫ニ現存ス

1　通書管見　東涯補訂本　寫大一冊　（三—一四）

十五丁、奥田三角筆カト思ハル、本文ノ寫ニ、東涯朱補訂校正ヲ加フ、時寶永七年己丑臈月十七日京兆伊藤長胤譔ノ序アリ、己丑ハ六年、通書上欄ニハ正シク六トアリ、七ハ誤リナレドモ、本書ヲ底本トセシ刊本又コノ誤リヲツゲリ、外題東涯、下部ニ「胤」ノ印アリ

2　通書管見　東所手澤本　大一冊　（三—一五）

十六丁、京兆伊藤長胤著、寶曆丙子善韶序、寶永七（六ノ誤）年己丑臈月十七日自序、寶曆壬申秋八月門人豊州原田直跋、慥慥齋藏、寶曆十庚辰年二月　平安書林間之町御池上町文泉堂林權兵衞發行、東所校正アリテ末ニ「寶曆十年庚辰之夏六月念五日精訂卒業善韶」、外題下「善韶」ノ印

3　通書管見　大一冊　（三—一六）

前ニ等シク寶曆十年文泉堂刊本、書入等全クナシ

4　通書管見　文政補刻東峯手澤本　大一冊　（三—一七）

十五丁、序跋ソノ他寶曆十年刊本ノマヽ、タヾシ東所校正ニ從ヒアラタメタリ、寶曆十年庚辰二月新刊、文政十二年己丑正月輔刻　平安書林林權兵衞發行、コノ書ニ東峯書入シテ「旧板通書管見遇于天明戊申之厄幸存過半也去冬福井榕亭君購求且添補刻之費而藏古義堂因謹告志之篤于後昆云（弘濟之印）（東峯）」、外題下「弘濟之印」

七十九　太極管見

○太極圖説管見ト太極圖説十論ヲ合セ一部トセルモノ、寶永四年丁亥之春、管見ノ跋ニ云フ「甲申（寶永元）之秋令刑部尙書藤公（冨小路貞維）請先君子講太極圖説予時受其説作論十篇以演其旨令玆豫州學生義準就予求講爲告予所得于家庭者既而輯著其説名曰管見」、管見ハソノ折寛文四年村上平樂寺刊行ノ太極圖説ノ上欄ニ書入レタル所ナリ（日本儒林叢書所収）

1　太極管見　蘭嵎筆本　寫大一冊　（三—一八）

四十一丁、柱ニ「抱膝齋」ト書シ「長堅」ノ印アリ、筆者又蘭嵎ナリ、本文ハ寛文四年刊本上欄ヲ寫セルモノナリ、全文次ノ東涯補訂本ニ比シテ不備ノ點アリ、初ノ姿ヲ示スモノナリ

2　太極管見　東涯補訂本　寫大一冊　（三—一九）

四十丁、筆者不明ナレド本文既ニ蘭嵎筆本ヨリ進歩セリ、ソノ上東涯朱筆ニテ改訂ヲ加フ、東所更ニ十論ノ部ハ別本以テ校訂セリ、末ニ「明和二年乙酉二月五日校訂完善韶」、外題東所、下部ニ「善韶」ノ印

3　太極管見　東里筆本　寫大一冊　（三—二〇）

三十丁、東涯補訂本ニヨル轉寫、末ニ「天明七年丁未之夏五月廿三日謄寫始業六月朔日照對句豆全業　伊藤弘美」、「弘美之印」

八十　語孟字義標註

○東涯使用語孟字義上欄ノ書入ヲ東所寫シテ一書トシタルモノ、寶曆十年庚辰之春上巳日ノ東所叙ニ「其後（仁齋）因門人某請著字義書、弁別詳明然初學晩進猶或苦其難遽曉故先人著訓幼字義又題義趣訓詁於字義上幀無非所以羽翼之也」ト云フ

1　語孟字義標註　東所手澤本　寫大二巻一冊　（三—二一）

四十二丁、末ニ「寶暦庚辰歳托近松顯忠生浄書同壬午三月十九日校畢」、東所序同筆ナリ、庚辰ハ十年、壬午ハ十二年、外題東所、下部「善韶」ノ印

2

語孟字義標註　東里筆本　寫大二巻一冊　（三—三）

四十二丁、東所手澤本ノ寫、末ニ「寛政二年庚戌之冬十一月望日謄寫句豆訂正就原本全　伊藤弘美」、巻頭「弘美之印」

八十一　童子問標釋

○東涯使用ノ刊本童子問ノ上欄書入ヲ集メテ一書トセルモノ、寛保二年刊

1

童子問標釋　東所手澤本　大三巻一冊　（三—三）

男長胤輯、寛保二年壬戌端月　平安書肆間之町通御池上ル町林権兵衛刊、此書東所使用ノ本ニシテ本文校正及ビ書入アリ、末ニ「寶暦九年己卯端月就原本句讀校正畢　善韶」「又十二年壬午二月四日讀畢」トアリ、外題下部「善韶」ノ印

2

童子問標釋　東里手澤本　大三巻一冊　（三—二四）

同ジク林権兵衛文泉堂刊本、巻頭「弘美之印」アルノミ

八十二　性道教書

○國字ノ問答體ニシテ儒學ノ用語ヲ説明スルコト語孟字義ニ似タリ、未ダ完成セズトイヘドモ、忠恕論、距異論、心論、求放心論、仁論等ニ分類スルコト訓幼字義ニ類ス、サレド字義ニ比スルニ説明簡略ニシテ量少ナシ、恐ラクハ訓幼字義ノ初案ニシテ、字義ナルニ及ンデ中止セルモノナルベシ

1

性道教書　自筆本　寫半六冊　（四—九）

見返シニ目録ノ如ク二案ヲ書セシアリ、一ハタヾニ案ノミニシテ二ハヤ、體ヲナシテ各論ノ順序ヲモ定メアリ、ソレニヨレバ一冊目性論、情論、心論、求放心論、正心論、誠意論、二冊目道論、徳論、仁論、仁義禮智論、理論、中論、天道論、天命論、三冊目明倫論、敬論、権論、誠論、忠恕論、鬼神論、氣論、崇聖論、距異編ノ如ク収ム豫定ノ如シ、タヾシ本文ハソノ全部ニワタッテハ現存セズ、末ニ東所記ス「以上六冊明和戊子上巳日善韶全讀了」

八十三　訓幼字義

○仁齋ノ語孟字義ノ條欵ニヨッテ、古學的見解ヲ述べ仁齋ノ説ヲ擴充セルモノ、二十六類三百二十六條ニ及ブ、早ク性道教書ニ同ジ試ミヲナシ、後案ヲ改メシガ如シ、教書ト同ジク國字ヲ用フ、序ニヨレバ「起筆於丁酉之夏初而脱藁於臘月之上澣」トアリ、丁酉ハ享保二年、後年々修訂ス、寶暦九年東所樋口公英ト共ニ刊行ス、版木文庫ニ現存、公英ハ字俊卿、号東里、蘭嵎門ニテ、岩國藩儒（日本倫理彙編所収）

1

訓幼字義　自筆本　寫半二冊　（四—一〇）

一ハ刊本巻八學問カラ鬼神ニアタル分ニシテ、全篇ニワタリ墨筆改訂アリ、末ニ「享保十二年丁未歳四月十五日夕此一冊草本完（花押）」、裏表紙ニ「東涯詞草享保丁未七月収入」トアルハ、次ノ補訂本ノ本文コノ書ノ改訂ニ従フヲ見レバ補訂本ニ収ムノ意ナルベシ、今一ハ同體裁ニシテ、巻二道ニアタル所ナドアレド順序モナク缺クルモ多ク、刊

本ト文相違ス、同ジ折ノ反古ヲ集メ一冊トナシタルナルベシ、共ニ從來ノ稿ニ追加ノ條ナルベシ

2　訓幼字義　補訂本　寫大八巻八冊　（四一―二）

享保二年冬日附ノ序アリ、末ニ「此書八冊享保十二年丁未六月廿三日草藁完」、本文序共ニ東涯自ラノ墨、朱ノ修訂アリ、漢文ニハ訓點アリテ刊行時ノ底本ナリ

3　訓幼字義巻之三　寫大一冊　（四一―三）

墨附五十八丁、補訂本本文ノウツシナリ

4　訓幼字義　寫大八巻八冊　（四一―三）

本文ハ補訂本ニ從フ、外題序及ビ目録ハ蘭嵎筆ニ似タリ、補訂本ト朱以テ對校セルモ又蘭嵎カ

5　訓幼字義　東所手澤本　大八巻八冊　（四一―四）

伊藤氏學、享保二年冬日伊藤長胤序、寶暦九年秋八月樋口公英跋、寶暦己卯冬十一月新刊、慥慥齋藏、總目叙釋ニハ廣文堂發行トアリ、コノ本東所使用ニシテ校合アリ、末ニ「寶暦癸未夏五廿六日一校卒業同甲申三月八日二校就原本句豆卒業六月二日讀畢」、朱墨ノ書入アリ、外題下ニ「善韶」ノ印

八十四　古學指要（古學要旨）

○仁齋ノ古學派ノ主張ヲ敷衍シ説明セル論文集ナリ、多クハ正徳年間ノモノニシテ、正徳四年藕月叙ヲ作リタレド、ソノ後モ補訂書入アリテ、享保四年京都玉樹堂ヨリ刊行ス、初メ古學源論トシテ収ムル巻頭ノ一文ヲ古學要旨ト題シ、ソレヲ以ツテ一部ノ書名トナシタレド、後ニ今名ニアラタム（日本儒林叢書所収）

1　古學要旨　第一補訂本　寫大一冊　（四一―五）

四十五丁　本文自筆多シ、第一回朱、第二回青、第三回墨及ビ附箋ト補訂甚シ、所収十三篇、皆刊本ニ収メラレタリ

2　古學要旨　第二補訂本　寫大一冊　（四一―六）

三十六丁、所収十三篇　タヾシ第一補訂本ト一篇出入アリ東涯自ラ朱、青、墨ノ改訂アリ、表紙其ノ他ニ次ノ淨書ニ對スル註文ヲ記ス

3　古學指要　刊行底本　寫半二巻一冊　（四一―七）

二十行罫紙六十六丁、正徳四年日附ノ叙ヲ附ス、尙東涯朱筆改訂アレド全篇ニ訓點ヲ附ス、且目録二丁ハ後ニ附スル所ニシテ刊本ニ等シ、所収論文ノ順序ハ刊本ニ相違スレド順序ノ正スベキヲ指示ス、タヾシ訓道救弊ノ二文ハナシ、所々朱ニテ「上ノ分二十六丁アリ合三十五丁也、下二丁半入又新加四丁ホド　序目三丁」「上十一篇下十五篇合廿六篇也」ナドアルハ、版下淨書ノ注意ナルベシ

4　古學指要　東涯手澤本　大二巻二冊　（四一―八）

伊藤長胤著、正徳四年甲午藕月日自叙、享保己亥新鐫　平安玉樹堂發行、柱ニ慥慥齋集トアリ、東涯朱筆校訂アリ、外題下部ニ「胤」ノ印、上巻末ニ「享保辛亥壬子之交一遭會讀」、己亥ハ四年ナリ

5　古學指要　東所手澤本　大二巻一冊　（四一―九）

玉樹堂刊本　東涯手澤本ニ從ツテ校正シ、上欄墨書書入アリ、末ニ「寶暦甲戌夏五韶再讀卒」「同十年庚辰四月十三日就原本校正句讀畢」（朱）以下ニ明和五年、天明三、同四年會讀ノ由ヲ記ス、外題下「善韶」ノ印アリ

6 古學指要　東里手澤本　大二卷一冊　（一四—二〇）

玉樹堂刊本、巻頭ニ「弘美之印」

八十五　學問關鍵

○刊本序ニ云フ「欲初學者未諳句讀者、易曉學問大旨也、爲著學問關鍵一書、夫莫爲易々常談而不講究焉、言近而指遠、古道可庶幾」、和文ナリ、享保十五年八月大略ナリ刊行計畫中東涯歿シ、奥田三角元文二年コレヲ京都奎文館ヨリ出ス、版木文庫ニ現存ス、三角ハ東涯高弟、名士亨、字嘉甫、津藩儒（日本倫理彙編所収）

1 學問關鍵　東所手澤本　大一冊　（一四—二一）

三十二丁、末ニ「享保十五年庚戌東涯誌」ト刻ス、元文二年丁巳之春菅原（高辻）家長序、元文丁巳孟上巳日奧田士亨跋、元文二年丁巳夏四月日　京華書坊瀬尾源兵衞發行、柱「奎文館（瀬尾）藏」、コノ書東所使用本ニシテ「寳曆元再閲」「同十年庚辰四月十九日校正卒業」（朱）トアリ、外題下部「善韶」ノ印

八十六　鄒魯大旨

○自序ニ云フ「掇語孟二書中言及仁義禮智者次第相從義類相比首標四教以托之始推其端本干良心要其極功千知命分爲二巻名曰鄒魯大旨」、國字ヲ以テ享保十年ノ頃大略ナリ、同十三、四年ノ間補訂ス、十五年奥田三角跋シテ刊行ス、版木文庫ニ現存ス

1 鄒魯大旨　補訂本　寫大三冊　（一四—二二）

「右二冊託高槻松井元龍生謄寫、丁未（享保十二）十月晦日也」トアル二冊ハ、上冊ニ「上冊五十四張又別紙十四張有皆上入也下冊三十四張合百四張コノ外冊中ニ補紙十丁餘も在百二十枚計ニ可書カ」トアル如シ、別紙トハ一冊ヲナシテ現存シテ十五丁アリ、墨朱附箋ノ改訂多ク「戊申蕤月下澣再三校訂了」（十三年）「享保己酉六月廿六日再校了」（十四年）ナドアリ、各項ノ順序ハ刊本ニ相違シ、順序ヲ正スベク註記アリテ大體同ジクナレドモ、文章ハナホ刊本ニ相違ス、前掲ノ如ク次ノ浄書ノ注意アリ、コレニヨリ更ニ刊行底本ヲ作リシナルベシ

2 鄒魯大旨　輶齋手澤本　大二卷二冊　（一四—二三）

伊藤氏學　享保十年乙巳重九日自序、享保十五年庚戌孟陽達軒藤原高顯（勸修寺）後叙、享保庚戌重九日奥田士亨跋、平安奎文館發行、柱刻ニ慥慥齋藏、表紙ニ貼紙アリ「古義堂藏本天地函中美濃紙摺丹表紙之善本貳策於東京誰人江借與セシカ頻ニ探索ニ及ヘトモ不分明ニ付不得止此貳本爲代用假リニ入函候事書籍之借貸注意スベシ明治廿六年伊藤重光謹誌」、天地函ハ東所手澤校正本ヲ入レシ函ナリ

八十七　聖語述

○巻初ニ云フ「聖賢之語、言々是實、莫非救世明道之方、然其言浩大、初學之士、苦於不得其要、故今擧其明切者、以著性道教之大旨、倣韓嬰説詩例、首述其大意、末引聖語以結之、名曰聖語述」トアリ、享保六年ナリ、同十五年補修シタルモノ、自筆ハ慥慥齋集巻二十四ニアリ、弘化四年ニイタリ上田元沖錦林王府活字ヲ以ツテ刊行ス（田中敬活字開版美談—書物展望十二ノ八—参照、日本儒林叢書所収）

1 聖語述　東所手澤本　寫大一冊　（一三—二五）

全十二丁、東所校、末ニ「享保庚戌之春校訂十年前嘗草　右先筆」「寶曆甲申四月六日較讀卒業　東所韶」、甲申ハ明和元年ナリ

2　聖語述　東里筆本　寫大一冊　（一三―二六）

全十三丁、東所手澤本ノ寫、末ニ「天明七年丁未之夏四月五日謄寫始業五月廿二日照對句豆全業　伊藤弘美」、「弘美之印」、外題東所

八十八　經説

○經學論文十二篇ヲ寶永七年集メ巻一トシ、四篇ヲ正德二年集メ巻二トセルモノ、東所跋シテ云フ「經説之一書先子中年所著本爲一部之成書晩校刊古學指要又刊辨疑録干時此書中得意之文抽出改削以補揷二書焉故此書遂爲不完之物」云々、中四篇ハ辨疑録ニ、一篇ハ指要ニ、己丑筆記ト相似タル一篇モアリ

1　經説　東所手澤本　寫大二巻一冊　（一三―二七）

二十八丁、東所「己酉七月四日照對廿二日了」ス、明和庚寅之秋九月ニ自筆ノ跋ヲ附ス、外題東所、下部ニ「善韶」ノ印アリ

2　經説　竹里手澤東里校本　寫大二巻一冊　（一三―二八）

三十一丁、巻初「竹里圖書」ノ印アリ、東里後ニ東所手澤本ニヨリ校正書入ヲナセリ

八十九　天命或問

○享保丙午四月ノ後識ニ云フ「予向嘗荅或人問著天命或問一篇（寶永三年）其説未盡且未論究聖人言命之本旨今玆重校因附嘗所著論一篇（寶永元年天道福善禍淫論）于其後」（日本倫理彙編所収）

1　天命或問　東所手澤本　寫大一冊　（一三―二九）

二十一丁、末ニ「寶暦九年己卯冬十月上澣門人周敬忠士恭甫謹謄寫」、東所朱書校正アリ、「寶暦十四年三月七日訂正讀了善韶」、墨書入アリ、又「天明六年丙午五月重讀」、外題東所、下部ニ「善韶」ノ印

2　天命或問　東里筆本　寫大一冊　（一三―三〇）

二十一丁、東所手澤本ヨリノウツシ、末ニ「天明七年丁未之春三月廿四日謄寫始業夏五月廿三日照對句豆全業　伊藤弘美」、巻初ニ「弘美之印」

九十　復性辨

○復性ヲ論ゼシ文三篇ヲ収ム、寶永五年三月ノ日次アルハ大略稿ヲナセシ折ニシテ、享保十一年ノ校訂ヲ以テ完成ス、篠崎東海コレヲ古義堂ニ得テ享保十五年刊行ス、東海ハ名維章、字子文、東涯門（日本倫理彙編所収）

1　復性辨　第一本　寫中一冊　（一三―三一）

表紙共十二丁、自筆、墨、朱二回ノ自筆補訂アリ

2　復性辨　第二本　寫半一冊　（一三―三二）

表紙共十二丁、自筆、本文ハ第一本ノ補正ニ従ヒ更ニ墨、朱二回ノ補訂アリ、第一本ト共ニ年次ヲ示サズ

3　復性辨　享保十一年校本　寫大一冊　（一三―三三）

十四丁、奥田三角カト思ハル、筆、末ニ「寶永五年戊子春三月　平安伊藤長胤著」トアレド、本書ノ寫年次ニアラズ、大畧稿ヲ得タル時ナリ　表紙ニ東涯自ラ「復性辨三篇丙午（享保十一）九月廿一日再校」ト墨書アリテ内容又墨ニテ大イニ補訂アリ、寫モソレヲ去ル遠カラザ

ル時ナルベシ、補訂ニ従ヘバ刊本ニ等シキモノヲ得

4

復性辨　大一冊　（一三—三四）

十三丁、平安伊藤長胤著、享保己酉季冬之日東海平維章（篠崎氏）跋、享保十五年戌正月吉日東都日本橋通南三町目戸藏屋七郎兵衞藏版（西華堂）、タヾシ總目叙釋ニハ東都生白堂藏板トアリ、跋ニ「乙巳之歳予負笈於平安遂登古義堂、執謁東涯先生、因得其所著之復性辨、親承其説焉」云々ト見ユ

5

復性辨　大一冊　（一三—三五）

前書ニ同ジ、タヾシ版元ノ名ヲ缺ク後刷ナリ

九十一　古今學變

○最モ要ヲ得タル儒学史ニシテ早ク井上蘭台評シテ「殊ニ面白シ委細ニ書ヲサハキタルモノナリ」ト賞美セリト云フ（文會雜記）、享保三年ノ頃ニ稿ヲ起シ享保七年体ヲナスヲ得タリ、同廿年ニ校正ヲ加ヘタルコトアレド刊行ハ歿後寛延三年ニシテ、奥田三角蘭嵎ト共ニ事ニアタリシハ延享元年ノ跋ニ明カナリ、版木文庫ニ現存ス（日本倫理彙編所収）

1

古今學變　初藁　寫半一冊　（一四—二四）

全墨附二十八丁、自筆、表紙ニ「學變初藁収入」トアリ、二十四丁ハ學變ノ文ナレド、タヾニ條目ヲ示スノミニテ論案ヲトモナハザルモ多シ、計畫案トモ云フベキナリ、合綴サレシニ享保三年ノ文アレバソノ頃ノ起草ナルベシ、表紙ニ「壬寅四月廿七日」トアルハ第二校本作製ノ時ノ記ナリ

2

古今學變草稿三種　寫三冊　（一四—二四）

第二校本ノナル享保七年迄ノ稿ニシテ、刊本ノ序ニ似タレドモ更ニ長文ニシテ全篇ヲ簡略ニセル趣アリ、或ハ巻初カ、グベク作製セルモ、第二校本ニテ、一部ヲ序トシ他ハトラザリシモノナルカ、三種同内容

一、半紙形十二行古義堂用箋十四丁、自筆朱墨ノ改訂アリ

二、前ト同用紙十七丁、自筆、本文ハ前ノ改訂ニ從ヒ、更ニ朱墨ノ補訂アリ

三、美濃紙形白紙十三丁、筆者不明、東涯朱、墨改訂ナホ甚シ、表紙ニ「壬寅歳収」トアリ、壬寅ハ享保七年

3

古今學變　第二校本　寫大二巻二冊　（一四—二五）

自筆、墨、朱、附箋ノ改訂多シ、享保壬寅夏四月朔ト自序ニ加入シアレバソノ前後ニナルモノ、壬寅ハ七年ナリ、體裁ヤ、刊本ニ近ヅケドモナホ缺クルモノ多シ、表紙ニ「第二校本古今學變上下」「第三本五月六日ニ遣諸人分寫六月十六日ニ成就四十日斗ニ成」ナドアリ、刊行奥田三角跋ニ「享時侍左右寔蒙提命手自謄寫於今餘二十年矣」トアルハコノ時ナルベケレド第三本ハ文庫ニ存セズ

4

古今學變　享保二十年校本　寫大三巻三冊　（一四—二六）

筆者不明ナレド、同一人ノ手ニナル、東涯朱墨ノ校訂若干アリ、中巻末ニ「享保廿年乙卯人日装釘校正」ト東涯朱書ス、各冊末ニ「善韶之印」アリ、刊行ノ折ノ底本トナリシモノナリ

5

古今學變　東所手澤本　大三巻二冊　（一四—二七）

伊藤長胤著、享保壬寅夏四月朔自序、延享改元重陽後一日奥田士亨跋、寛延三庚午新刊　皇都書林相之町御池上ル町林權兵衞發行、柱ニ慥慥齋集トアリ、コノ書東所校正書入アリ、末ニ「寶曆戊寅冬十月就原本校正句讀全善韶」（朱）、又初メニ「天明四年甲辰閏正月廿一日會讀始三月廿一日卒業」トモアリ、書入ハ會讀ノ折ナリ、中下合綴

九十二　古今教法沿革圖

○儒學思想史ノ圖表、總目叙釋ニ云「此古今學變之擧大意者於辨宋學之異同有益於學者系晩年之作匆以簡捷草草看過」享保十九年ノ跋アリ文泉堂藏板ニテ刊行サレシハ享保二十年五月ナリ（小記）、ナホ小記ニハコノ書ヲ送リシ人々ノ名簿アリ、部數五十、天保十三年東峯再版ス

1　古今教法沿革圖　草稿本　寫折大一舗　（一四—二八）

極初ノ案ノ斷片ニシテ、未ダ體ヲ整ヘズ

2　古今教法沿革圖　享保二十年本　寫一巻　（一四—二九）

大學釋義ニ忠純トアル人ノ筆ニシテ、享保歳次甲寅復月良辰ノ跋アリ、東涯巻端ニ書シテ「享保乙卯」、乙卯二十年刊行時ノ底本ナルベシ

3　古今教法沿革圖　東所手澤本　折中一舗刊　（一四—三〇）

刊本ナレド版元ヲモ記サズ、外題東所

4　古今教法沿革圖　再版　折小一舗　（一四—三一）

東涯跋ノ次ニ「天保壬寅六月再版伊藤弘濟」、ウラニ古義堂藏板ト墨書

5　古今教法沿革圖　再版　折小一舗　（一四—三二）

前ニ同ジ

九十三　己丑筆記・庚寅日錄

○共ニ經學ニ關スル隨想片思ヲ集メシモノニシテ、己丑ハ寶永六年、筆記末ニ云「予客歳修理旧藁繕寫成冊作辨疑録四巻其後亦稍有劄記凢二十七則名曰己丑筆記寶永六年臈月日」、庚寅ハ享保十九年ニシテ、日録ハ正徳年間ヨリ、ソノ頃迄ノ同シク劄記ヲ集メタルモノナリ

1　己丑筆記・庚寅日錄　東所手澤本　寫大一冊　（三—三六）

筆記十四丁、日録二十八丁、計四十二丁、東所校シ且ツ書入アリ、筆記末ニ「乙酉六月十六日校始廿一日了」、日録末ニ「乙酉六月廿一日照對始七月三日了」又「明和三年丙戌八月十五日校讀卒業」（朱）尙安永七、寛政五、同十二年東所讀畢ノ記アリ、外題東所、下部ニ「善韶」ノ一印アリ

九十四　東涯漫筆　初年

○東涯自ラ編ス慥々齋集巻四上下ニ収メシ、儒學ノ諸事ニ關スル意見ヲアツメシモノ、得ルニ從ヒテ集メタレバ順序ナシ、後明和年間東所トリ出シテ浄書一部トナス、慥々齋集巻四末ニ、「元祿十四年辛巳秋之孟念有三日伊藤長胤書完」トアリ、十四年東涯三十二、後ニ又漫筆ト題スル書アレバ、東所コレヲ區別セントテ「初年」ノ文字ヲ附ス

1　東涯漫筆　初年　寫大三巻二冊　（一六—一）

巻一、二及ビ拾遺計三巻、庚寅（明和七年）之秋八月東所自筆序、末ニ「乙酉八月十七日照對始九月三日了」「明和三年丙戌六月廿八日校讀卒業」「同八年辛卯四月三日再讀句豆」（朱）トアルハ皆東所筆、東所本文校正ノ外ニ辨疑録ト重複セシ所及ビ四書五經ソレゾレノ出處ヲシルス、分類スルノ意アリシガ如シ

九十五　東涯漫筆

○東涯己丑筆記、庚寅日録ノ後ニ得タル經學ノ論ヲ漫筆ト題シテ慥々齋

集十四ニ収メタリ、ソノ余白ニ更ニ壬子襍記（享保十七年）野記（享保十九年）癸丑襍記（享保十八年）漫筆續録（享保二十年慥々齋集二十六）ヲ加ヘタルモノ一冊自筆ニテ存ス、後東所ハ東涯ノ意ニ從ヒソノ漫筆ノ各々ノ條ヲ四書五經老莊列雜等ニ分類配列シ、他書ト重複セルモノハコレヲノゾキ改メテ東涯漫筆ト題シ、寛政十二年序ヲ附ス、コトハ儒學シカモ「大抵闢宋儒之異同尤精細説日用常行之受用大切實剴到」ナルモノナリ、東所ノ編セシモノ甘雨亭叢書ニ収メラル

1　東涯漫筆　東所校本　寫大二冊　（一六―二）

校正外題東所、乾冊ニハ「乙酉五月十九日校了、五月廿一日校始廿五日了」坤冊ニハ「五月廿七日校始晦全」、「五月晦日校始六月六日了」（壬子筆記）「六月七日校始十一日了」（癸丑襍記）六月十二日始十五日全」（續集）ナド見ユ、最末ニ「明和三年丙戌之秋九月八日校訂全業善韶」「安永七年戊戌之冬十月廿四日再讀句豆畢」トアリ、乙酉ハ明和二年ナリ、他書トノ重複其他ノ註記ガ朱青ニテアリ、外題ノ下ニ朱ニテ「此本原本之照對也新寫本定本也」トアリ

2　東涯漫筆　校定本　寫半二冊　（一六―三）

制度通古義堂藏ト柱刻スル用紙ヲ用フ、寛政十二年庚申夏五月十三日ノ東所自筆序アリ、前書ニ云フ定本ニシテ更ニ整理シ重複等ヲノゾキタルモノ、上冊ニハ「庚申三月十八日校始」「庚申四月七日校了善韶」、下冊ハ「寛政十二年庚申四月廿六日校□全善韶　閏四月九日讀了　五月十九日又讀畢」トアリ、朱筆校正書入アリ「施政堂藏書記」等ノ印

九十六　應氏日鈔

○外題ニ辨疑録艸トセシ如ク、後辨疑録中ニ収メシ二十四條ノ草稿ナリ、寶永五年草

1　應氏日鈔　自筆本　寫半一冊　（一五―一）

表紙共全十六丁、朱筆補訂アリテ初メニ「寶永戊子之夏起草再校淨寫収入于弁疑録中云」、又表紙ニ「皆反古紙也癸巳之秋収之」トアリ、癸巳ハ享保三年ナリ

九十七　辨疑録

○經學ノ諸問題ヲ仁齋ノ説ニヨリ「叙舊聞參以新得」ニシタルモノ、碣銘ニイハユル、經義ヲ剖析スルコト蠶絲牛毛ト云ハル、所ナリ、寶永ノ末應氏日鈔ナドト題シテアル所ヲ合セ、逐年加訂シ小貫循涯事ニアタリ享保十九年刊行、元文二年再版、版木文庫ニ現存ス、循涯ハ名徽典一ニ致道、東涯高弟ノ京儒、（續々日本儒林叢書所収）

1　辨疑録　竹里校本　寫大二巻二冊缺　（一五―二）

三、四ノ二巻、四ハ竹里寫ニシテ三・四共ニ竹里ノ朱加筆アリ、加筆ハ本文ノ校正及ビ追加ナリ、次ノ第二稿ニ比スルニコノ本文ハ第一稿ニアタリ、應氏日鈔ニ云フ癸巳享保三年秋清書ノ折ノ姿ヲトドムルモノト云フベク、追加ハソノ後東涯得シ所ヲ寫シ加ヘタルナルベシ、刊本ニ比シ順序甚ダ相違シ、條項ニモ缺クル所アリ、巻三ニ「竹里圖書」巻四ニ「長準」ノ一印アリ

2　辨疑補遺　自筆本　寫半一冊　（一五―三）

表紙共墨附二十一丁、第一稿ナルノ後ニ得タルモノニシテ、辨疑録ニ加フベキヲ書キトドメシモノ、中大半ハ第二稿ニ加ヘラレタレド、入ラヌモアリ

3　辨疑録　第二稿　寫大三巻三冊缺　（一五―四）

「享保十八年癸丑辨疑録第二稿　長胤藏」トアル包袋中ニ入ル、巻四ヲ缺ク、筆者種々ナレド東涯朱墨附箋ノ補訂アリ、又各條項ニ番號アリテ刊本ノ順ノ如クナラビ、全文句讀訓點アリ、表紙ニハ「仁ノ第四條ハ書直シテ板下可被命候也これもアマリ直リ多シ見えかたく候也この分にては板下ニアヤマリ出來可申候也」ナド見ユ、刊本ノ目録及ビ壬子七月ノ記ヲ一葉加ヘアリ

4　辨疑錄刪餘　寫一束　（一五—五）

東涯ガ「辨疑録刪餘　壬子四月初入長胤」トセシ包袋ニ入リ、辨疑録ノ稿本ニアリテ刊本ノ際ノゾキシモノナリ、東所後コレヲ整理原本ノ元亨利貞ノ四巻ニ収メラレシモノヲ一束シテ四ツトス、一「元之冊削餘辛巳十一月扣　コノウチ二篇出シ釘本削餘ヘ入」二「二之巻削餘　内三條寫本ニ無處出置旧本ニ一條此中ニナキ削一條アリ」三「三之巻削餘」四「貞之巻削餘　辛巳十二月八日校了」、辛巳ハ寶暦十一年、釘本トハ次掲東所製スル所ノモノナリ、條々皆釘本ニ収メラル

5　辨疑錄刪餘　釘本　寫大一冊　（一五—六）

前掲ノ斷片其舊稿中刊本ノセザルモノヲ集メ、寫セシメテ東所コレヲ校セシモノナリ、八十七丁ト同附巻トシテ東所自ラ寫ス斷片ヲ貼附セシ十一丁計九十八丁ヨリナル、初メニ「●此號壬子歳自削者所謂芟其重複浴其膚淺者○此號唯在旧原本耳已不載刊本又不知削去要之亦削餘之類也△此號四條刊本ニアリ寶暦十一年辛巳蕙月據旧本校正句讀収干家云　善韶拜」、附巻ノ末ニハ「辛巳蕙月十一日東所謄」トアリ

6　辨　疑　錄　東涯手澤本　大四巻四冊　（一五—七）

伊藤長胤著、寶永戊子之歳蕙月ノ題辭、壬子七月誌、享保十八年秋七月朔小貫徽典跋、奥附ナシ、柱ニ慥慥齋集ト刻ス、外題下ニ「胤」ノ印アリ、表紙ニ東涯筆ノ内容見出シアレド、數人ノ手ニナル本文ノ校正及ビ書入アリ、東涯蘭嵎東所ノ手ヲモ混ズ、一末ニ東涯「甲寅五月念八校讀始」（享保十九年）、東所「寶暦丙子十二月十七日會讀畢韶」四末ニ「寶暦七年丁丑三月十二日善韶會讀畢」ト東所記ス

7　辨　疑　錄　東所校本　大四巻二冊　（一五—八）

前掲書ノ校正ニ從ツテ若干本文ヲ正シタル所アリ、序跋等同ジク奥附ハ「元文二年丁巳夏六月崇古堂林文進藏」トアリ、東所第二稿本・辨疑舊本・閑（マヽ）居筆録等ト本文ヲ校合シタルモノニシテ、末ニ「寶暦十二年壬午之春二月十八日始業三月十六日卒業善韶」

8　辨　疑　錄　東所手澤本　大四巻二冊　（一五—九）

崇古堂再版本、東所本文ノ校正及ビ書入アリ、一初メニ「辛巳八月十六日校訂始業」四末ニ「寶暦十二年壬午之春二月十七日據原本精訂卒業善韶」、其ノ他明和天明年間ノ會讀ノ日次ヲ記ス、外題下部「善韶」ノ印

9　辨　疑　錄　東里手澤本　大四巻二冊　（一五—一〇）

奥附「享保十九年春正月書肆京都室町通佛光寺下ル町栂井藤五郎發行」、コレ東涯手澤本ニ等シク初版本ナリ、ナホ同肆刊ニシテ年次ナク「書肆京都室町通佛光寺下ル町栂井藤五郎藏版」ト印ヲオセル後刷モアリ、コノ書東里手澤本ニシテ、東所本ノ校正ヲ寫ス外自ラノ書入多シ、又東皐カト思ハル、書入モアリ、末ニ「寛政三年辛亥十一月十三日再據原本精訂卒業」、巻頭「弘美之印」「廣成之印」アリ

九十八　間　居　筆　錄

○成立ノ次第ハ明和五年東所ノ序ニ明カナリ、云フ「享保庚戌之歳、先君子草間居筆録、其書雖未爲全書、然晩年之所著、最可玩味矣、（中

略）其原本分門、曰雜記上中下、曰字義後録上中下、曰讀史五論品士四科、曰經臆上中下、曰拾遺上下、九十二巻云、已屬稿後二三年、而校刻辨疑録、採此稿所屬、經説最闡明者、數十條、補入焉、題辭所謂代以新得者、是也、又分五論四科、附八論、別爲一部、故此書條欵不第、遂爲不完之稿、善韶（中略）前年爲托門生數輩、新繕寫一本、就原本校訂、辨疑録中既載者去之、文章斷截不完者亦除之、故稿本之條目次序、混淆不釐、今新編定次第、分爲上中下三巻、拾遺一巻」、享保庚戌ハ十五年、内容ハ悉ク儒學ノ上ノコトナリ、享和元年下野ノ人遠藤修藏等活字ヲモッテ開板ス、大田錦城コレニ序ス（田中敬　活字開版美談—書物展望百三十四號—參照、日本儒林叢書収）

1

間居筆録　自筆本　寫半十二冊　（一五一二）

雜記上、中、下ヲ収ムル甲、乙、丙冊ノ三、字義後録上、中、下ヲ収ムル丁戊己冊ノ三、讀史五論、品士四科、雜記附ヲ収ムル庚冊、経臆上、中、下ヲ収ムル辛壬癸三冊ト拾遺上、下、二冊ナリ、又次ノ各冊自ラノ記アリ、甲「享保庚戌五月十七日謄完」乙「享保庚戌五月廿七日謄完」丙「享保庚戌六月廿七日謄完」庚「享保十五年庚戌七月廿八日投筆」壬「享保庚戌七月六日謄畢」拾遺上「此冊享保十五年庚戌八月廿八日謄寫畢凢三十三丁」、東涯自ラノ朱或ハ墨ニヨル補修アルハ辨疑録ニ所収ノ折ノ加筆ナルベク、自ラ「弁」ト印セルモアリ、又東所辛巳即チ寶暦十一年辨疑録所収ノモノハ刊本ニ校シ、ナキモノハコレヲ浄書スベキヨシヲ記セシ附箋各冊ニアリ、又庚ニハ「甲申（明和元年臘月念五全校了収干書藏　善韶」ノ記アリ、チナミニ弁所収ハ八十六條ナリ、「字曰元藏」「別號東涯」「慥々齋」「胤」等ノ印アリ

2

間居筆録　附同刪餘　東所校本草稿　寫半五巻四冊　（一五一三）

上、中、下三巻ト拾遺一巻ヲ三冊ニ、刪餘別ニ一冊アリ、東所編、明和五年戊子之夏四月東所自筆ノ序、本文ハ門人數子ノ寫セルモノヲ集メ貼符ナドセシ個所モアリ、次第ハ前掲序文ニアキラカナリ、三冊目裏表紙ニ「明和丙戌四月廿日新寫全功」トアリ、丙戌ハ明和三年ナリ、東所自ラ朱筆ニテ自筆本ト校合ス、朱ニテ種々編輯ノ爲メノ註記アリ、紫筆以テ句讀ヲホドコス、三冊目末ニ「凢朱筆者先子所筆者紫筆小子所管見云、明和五年戊子五月朔校正句讀全卒業　善韶志」、ナホ上冊末ニ「安永庚子正月四日次第論定了十八日精訂全業」中冊ニ「庚子正月八日編定廿八日精訂全業」下冊ニ「安永庚子正月十二日編定了廿九日精訂全業」トアリ、コノ折ノ編定ハ墨ニテ註記セリ、刪餘ニハ「明和六年乙酉四月廿一日此冊校正了」「十二月廿二日讀了」等ノ文字見ユ、各冊外題下ニ「善韶」印

3

間居筆録　東所校本　寫大四巻二冊　（一五一三）

明和五年戊子之夏四月東所序、筆者明カナラザレド安永九年東所前掲草稿ヲ淨書セシメタルモノ、一冊ハ上中、他ハ下、拾遺ヲ収ム、一冊目末ニ「庚子四月十七日校始五月十四日卒業」二冊目末「安永九年庚子正月廿九日舊本編定全業五月十五日校始六月十七日校訂畢」「六月廿日全讀畢善韶」「天明四年甲辰十一月七日會讀畢」「寛政十二年庚申五月五日讀畢」

4

間居筆録　東里筆本　寫大四巻二冊　（一五一四）

東里自ラ東所本ヲ寫セシモノ、末ニ「天明八年戊申七月十四日謄寫句豆全業　弘美」

5

間居筆録　蘭溪筆本　寫半四巻二冊　（一五一五）

東里本ニヨッテ自ラウツセシモノ、初メニ「文久元年辛酉秋八月九日始」末ニ「文久元年辛酉十月廿五日謄寫句豆全業重遠」、重遠号蘭溪ハ東峯六男轜齋弟ナリ

6 間居筆録　寫大二巻一冊缺　（一五—一六）

上中ノ二巻ノミ

九十九　盍簪錄・盍簪餘錄

○東涯享保元年ヨリ歿ニイタル迄ノ随筆ニシテ、正編ヲワカツニ攷古、紀實、文學、禨載ノ四トス、讀書ニヨル考證見聞ニヨル世事等ヲ漢文ニテシタヽム、餘録ハ上下二巻ニシテ順序體裁トヽノハズ、全體ニツキ條項カサムト雖モ他本ト出入重複シテ未ダ體ヲナサズ

1 盍簪錄・盍簪餘錄　自筆本　寫大六巻四冊　（一六—一四）

盍簪録ハ四篇二冊餘録ハ上下二巻二冊ナリ、巻中ソノ條項ヲ得タル年次ヲ記スルマヽアリ、正編ハ享保元年丙申ヨリ癸卯八年ニイタル、八年ノ頃ニ折々ノモノヲ輯シテ一部トナセシモノト思ハル、悉ク自筆ニテ朱墨ニヨル文章ノ改訂多シ、餘録ハ末ニ「此二冊享保甲辰（九年）正月装釘」トアリ、正編ニツヾケントテ装セシモノニシテ、以下元文元年迄ノ日次モ認ム、コレニハ他筆ヲモ混ズ門下諸子ノ筆寫ナルベシ、又折ヽ註記補記アリ、末若干白紙ヲノコス

2 盍簪目錄　寫横中一冊　（一六—一五）

半紙四ツ折六丁、盍簪録ノ目録ナレド自筆本ノソレニモアラズ、所収項目ノ悉クハ自筆本ニフクマル

3 盍簪錄・盍簪餘錄　東所校本　寫大六巻四冊　（一六—一六）

東所ガ自筆本ニヨリ浄書セシメタルモノ、東所自ラ校合シ且ツ秉燭譚東涯漫筆同談叢等トノ重複ヲ註記ス一冊目「乙酉五月晦日校畢」二冊目「乙酉十一月十三月校畢」三冊目「乙酉十二月十七日校畢」四冊目「明和乙酉九月六日照對了十二月廿七日訂讀全業」、乙酉ハ二年、順序ヲ正シ加筆補記ス、更ニ再浄書ノ為ノ註記ヲ加ヘアルハ末ニ「寛政庚申五月廿日讀始七月晦日讀畢」、又一冊目末ニ「庚申十一月再校」二冊目末ニ「庚申十一月廿五日再校全業善韶」等アル時ノコトナラン、庚申ハ十二年、刊行ノ準備ナルベクモ實現ヲ見ザリキ、外題下部ニ「善韶」ノ印アリ

4 盍簪錄・盍簪餘錄　東里筆本　寫大六巻四冊　（一六—一七）

東里寫、恐ラクハ東所本ノ多ク書入ラレザル前ニヨル寫ナルベシ、末ニ「右盍簪録盍簪餘録六巻天明八年戊申之夏四月十八日謄寫始業六月十九日照對句豆全業　伊藤弘美」トアリ、諸書トノ重複ト若干ノ書入ヲ東所本ニヨリテ記セリ、外題東所、各巻頭ニ「弘美之印」

5 盍簪餘錄　蘭溪筆本　寫半二巻二冊　（一六—一八）

伊藤蘭溪ガ東里筆本ニヨリ謄寫セルモノ、末ニ「明治三年庚午正月六日謄寫卒業　伊藤重遠」トアリ

6 盍簪錄　寫中四巻一冊　（一六—一九）

九十數丁、東涯本ヨリノ寫ナルベケレドマヽ、各條ノ破リ取リテ缺ケタルモノアリ、「阿刀氏圖書印貳酉堂」「通明觀」ノ印アリ

7 盍簪錄・同餘錄　大六巻四冊　（一六—一〇）

東里寫、末ニ「右盍簪録同餘録六巻應河本子恭氏需就東涯先生之原本謄寫校正句讀卒業天明四年甲辰冬十一月初四　伊藤弘美」

百輶軒小錄

○冒頭自ラ云フ「予幼ニシテ先子ニ侍リ四方ノ士ノ來集ルニソノ國々ノ

山林丘陵草木鳥獸ノ奇異珍怪ナルヲモノガタリスルヲキ、覺ヘ書キシルシ予ガ世ニ及テキウルヿ予ガミツカライタリミルトコロ先後ヲワキマヘス書集メテ」トアレド、事考古史實ニ關スルコト多キハ東涯ノ嗜好ノシカルニヨルナルベシ、既ニ日本考古學研究史ノ第一頁ニアタルモノトシテ黒川眞道（考古學第一ノ九、十）清野謙次（歴史學研究九十八）ノ諸氏コレヲ推賞ス、片假名交リノ邦文、タヾシ漢文ノ盍簪録ト重複スル所十條アリ（三十輻等所収）

1 輶軒小録　東所校本　寫大一冊　（一六―一二）

墨附五十丁、筆者不明ナレド東所ノ校正アリ、末ニ「明和二年乙酉三月十五日卒業東所韶」、後ニ東所ノ朱墨書入アリ、外題東所、下ニ「善韶」ノ一印

2 輶軒小録　東里筆本　寫大一冊　（一六―一三）

四十九丁、東所本ニヨリ東里自ラ寫セシモノ、末ニ「天明八年戊申之夏四月廿二日謄寫校正全業　伊藤弘美」、外題東所、「弘美之印」

3 輶軒小録　輶齋本　寫大一冊　（一六―一三）

四十九丁、東里本ニヨル輶齋寫本、末ニ「弘化元甲辰年十二月念四日就干恭敬先生謄寫之本謹謄　伊藤重光」、巻初「東原」ノ印

百一 秉燭譚

○邦文ニテモノセシ見聞雜事ノ隨筆ニシテ、事ハ史ニ關スルコト多シ、漢文ノ盍簪録ト重複スルマヽアリ、全百九十一則、早ク己酉（享保十四年）ニ邦文ノ序ヲ附セリ、歿後寶暦十三年古義堂藏板ニテ京都文泉堂ヨリ刊行、木村鳳梧校訂ニアタリ甚精シ、序ハ東涯ノ和文ヲ漢譯セリ、譯者ハ筆者タル蘭嵎ナルベシ、版木文庫ニ現存ス、鳳梧ハ名元漸字源之進、後ニ紀藩ニ仕ヘシ高弟（日本隨筆大成収）

1 秉燭譚　自筆本　寫半五巻五冊　（一六―一四）

己酉年三月盡日序ハ邦文ナリ、コレニツキ閑散餘録ニ「假名ノ文ニ助字ヲ用ルノ法ヲ示シタルモノナリト聞ク」ト云フ、刊本漢文ニ改ム、全百九十則トアレド一則目録ヲ出シソコナヒテ百九十一則、順序文章刊本ニヒトシク刊本時ノ底本ナリ、序ナリシ頃ノ寫ナリ、末ニ東所「甲申閏十二月十八日校了韶」トセルハ明和元年ニシテ、東所刊本ト校合スルノ年ナリ

2 秉燭譚　改竄草稿　寫一束　（一六―一五）

全九枚、刊本ニ際シテ東涯自筆本ノ改訂ヲ要スベキヤト思ハレシ所ヲ諸氏ニ質シタルモノ、諸氏朱筆附箋等ニテ意見ヲ示ス、和幣木綿ノヿノ末ニハ「花公ヘ入御覧候所新校ノ通リ可然と被命候」「辛巳五月遣江戸同七月十七日來板下本直シ了善韶」ナドアリ

3 秉燭譚　東所手澤本　大五巻二冊　（一六―一六）

紹述先生著、享保乙酉伊藤長胤序、寶暦癸未三月伊藤善韶跋、寶暦癸未七月新刻京兆文泉堂發行、末ニ「明和二年乙酉正月十八日覆校全業」トアリ、東所コノ年校合又同人及ビ東峯ノ書入アリ、外題下ニ「善韶」ノ印

4 秉燭譚　東里手澤本　半五巻三冊　（一六―一七）

前書ニ同ジ、東里筆ニテ本文ノ校正アリ

5 秉燭譚　半五巻五冊　（一六―一八）

前書ニ同ジ刊本、タヾシ末ニ半丁アリテ「京兆書林林權兵衞吉邨吉左衞門田中市兵衞發行」トアル後刷ナリ、「敬亭藏書記」ノ印ト、蘭溪カト思ハル青筆書入アリ

百二　東涯譚叢

○慥々齋集巻十三下ニ収マルモノ、後東所トリ出シテ一部トス、東所ノ後語ニ云フ「此書唯録平日之常譚……後盍簪録秉燭譚自此書中抽出者間亦有之雖成書亦非可公于世者也」、雜事六十八條ヲ収ム

1　東涯譚叢　東所校本　寫大二巻一冊　（一六—一九）

四十四丁、明和庚寅之秋東所自筆後語アリ、校正及ビ秉燭譚盍簪録輶軒小録名物六帖等トノ重複ヲ註シタルハ東所ナリ、末ニ「明和二年乙酉三月廿五日校訂卒業」、外題東所、下ニ「初年」ト朱書ス

2　東涯譚叢　松平直諒筆本　寫大二巻一冊　（一六—二〇）

四十四丁、東所本ヨリノ寫ナリ、輶齋筆附箋一葉アリテ云フ「松平直諒寫本ノ内貳重ニ成不用ニ付當方江貰置仕立置望ノ者へ可讓　重光記」トアリ

百三　千金帚

○初年ノ漢文ノ隨筆ニシテ十六條ヲ収ム、後東涯譚叢ニ所収サレシモノマヽアリ、タヾシ千金帚ノ名ハ東涯初年自己ノ隨筆集ニアマネク用ヒントセシ所ニシテ、和文隨筆國事襍語ノ小口書ニモ同名ヲシルセリ

1　千金帚　自筆本　寫大一冊　（一六—二一）

全九丁、ハジメニ「京兆伊藤長胤著」トアリ、表紙ニ所収予定ノモノカ項目二十五條ヲカヽゲアリ、文字ハ元祿寶永年間ナリ

百四　國事襍語

○國書閲讀ノ折ニ興ヲモチ考證ヲ加ヘタルモノノ集ニシテ、後秉燭譚輶軒小録ニ収メラレシモノ多シ、中年ヨリノ試ミト見エ小口書ニ千金帚トアリ、東所後ニ紹述雜鈔中ニ加ヘタリ

1　國事襍語　自筆本　寫半一冊　（一六—二二）

全五十二丁、墨附二十二丁、得ルニ從ヒ書入レシモノト見エテ朱筆アリ、餘白アリ、白紙ヲヘダテ、書入タル等體トトノハズ

百五　曆法章蔀考

○曆法章蔀考トテ曆ニ一章一節一紀一元トアル事ノ説明ヲナセル草稿ニ、學問流別論、君臣ヲ論ジタル一文、文武孝謙二帝ノ年譜、皆未完成ナルヲ合セタルモノナリ、年譜ハ漢文他ハ和文ナリ、合釘一冊トセルハ東所ナリ、曆法章蔀考ハ木村鳳梧ノ疑問ニ答ヘシモノ

1　曆法章蔀考附釘草稿四種　自筆本　寫半一冊　（一六—二三）

全三十二丁、墨附二十六丁、曆法章蔀考ノ表紙ニ東涯書シテ「享保戊戌朔旦冬至之後因或人以江次第見尋解云（花押）」トアリ、戊戌ハ三年、他モソノ頃ノ筆カ、外題東所、同人印アリ

百六　備忘録

○讀書ノ折參考トナルベキモノヲ抄記セルモノニシテ、現存スル二冊ハ貞享末或ハ元祿初ノ筆ト思ハレ、事ハ史傳、小學ニ關スル多シ、以テ當時東涯ノ嗜好ヲ察スベシ

1　備忘録　自筆本　寫半二巻二冊　（一六—二四）

巻之一ハ史傳ニ關シ、引ク所ノ書ハ事文類聚續集、通鑑、東觀漢記、范大史集ソノ他正史類等ナリ、巻之二ハ小學關係熟語語義ニ關スルモ

ノ、五十音ニ配シテ貞享二三年頃ノ異字同訓考ニツヾケントノ試ミヲ
ナセドモ、殆ンド空白ナリ

百七　〔東涯見聞集〕

○元祿年中ノ出來事ヲ見聞ニ從ヒ書キ集メシモノ、公卿大名ノ死去各地ノ災害世事俗談ニワタル

1
〔東涯見聞集〕　自筆本　寫大一冊　（一六—三五）
二十行罫紙十一丁、二十六條アリ

百八　紀聞小牘

○東涯青年時ヨリノ閲讀時ノ抄記ナレドモ、一度他ニウツシ、浄書セルモノ多シ、中ニマ、部類ヲワカチ整理セルモノアリ、全三十冊、中一冊ニテ獨單一部ヲナスモノ須記詩選、東涯漫筆續録、佔畢漫鈔、宮殿門考、明詩絶奇、後人コノ五ヲノゾキ一ヨリ二十五迄背ニ番號ヲ附シタルアレバ二十五冊ヲコノ中ニ數ヘントシタルナルベケレド、東涯ハ小牘トシテ番號ヲ追ヒタリ

1
紀聞小牘　自筆本　寫大二十九冊（缺）　（一八—一）
多クハ自筆ナレドシカラザルアリ、各冊内容次ノ如シ

第一局　題簽東所補ニテ「零碎　襍事　譬喩　字解　虚字　助字」トアレド、内容零碎ニアタル題ノツケガタキモノニツヾキ、要用字林、古今事實部、古今確言、譬喩類林、字解訓詁部、麗藻綺語奇字奇語附、虚字助辭句法部ニワカル

第二局　題簽脱落、内ハ麗藻綺語奇字奇語幷附、譬喩類林、虚字助字句法、釋字活套ニワカル、釋字活套トハ語義上ノ參考ヲ集ム

第三局　題簽「襍事」、巻頭孔子家語鈔ニハ「戊辰仲夏十九日」トアルハ元祿五年ナリ、末ニ「小牘丙冊單巻　時元祿甲戌之六月十四日也、故紙堆中歳月深　幾回把筆費呻唫　四凝三到任情適　日午閑庭樹色森　慥菴道人長胤題」

第四局　題簽「文材　語原」トアリ、内題ハ「文構鉅材」トアリ

第五局　題簽ニ「虚字　字解」トアリ、中ハ「助辭虚字活瀍」「釋字名稱活套」ニ分カル、末ニ「題紀聞小牘第五冊後、二酉藏雖繁　三餘業亦足　亂抽時抄書　不覺昏與旭　皇龢元祿七年歳旅甲戌洛濱逸史東涯散人伊藤長胤漫題」、又「元祿辛未之冬東涯逸民命縃匠打裝　四巻同時造成」

第六局　「詞章雜事」ト題ス、ハジメ文中子中説ノ末ニ「庚午仲夏東涯閲」ト、以下閲讀書ノ末ニソノ年月ヲ記シ考按ヲ加ヘタル多シ、マタ別人ノ手モ混ゼリ、末ニ「秇林涉獵件毛隷先後無次隨得書　元祿戊寅無初初六小牘第六局功完野人東涯」

第七局　「襍類」ト題ス、内ハ雜類活套トアリ、他筆ヲ混ズ、末ニ「此巻享保五年庚子二月寫完」

第八局　「經説　雜附」ト題ス、他筆ヲ混ジ自ラ所懷其ノ他ヲ書キ加フ、末ニ蘭嵎筆詩緝ノ一條アリテ「乙卯臈月長堅購而得之亦珍書也大義説與先子之見符故録之」、乙夘ハ享保二十年ナリ早クハ元祿丁丑（十年）ナドノ日付見ユ

第九局　「訓詁名物志」ト題シ、ハジメ丙子春トアルハ元祿九年、末ニモ「元祿九載歳旅丙子月正裝釘藤長胤藏書」トアリ、又末ニ引用書目アリテ、「右一冊佔畢之次解字法言涉干小學者參差登載不第甲乙不排題目尤無統紀如此者倘有數冊彙爲一書或成白帖彙苑様書以其末務且無間而不敢也後世子弟輩

或不失世業輯爲一書則不費日子頓致暴富因表其引書目干右旹元祿癸未之歳九月望　平安伊藤長胤原藏記」トアリ

第十局　「須記詩選」末ニ「元祿九禩龍集丙子大簇裝釘藤長胤藏書」トアリ、元祿九年頃ヨリ興アリト思ハルル詩ヲ得ルニ從ヒ記セシモノ、オソキハ壬子享保十七年ノ年次見ユ

第十一局　「熟字襍誌」ト題ス、末ニ「元祿丙子（八年）八月廿七日裝釘伊藤長胤藏書」トアリ、ソノ頃ヨリ諸書ヨリ熟字ヲ抄記シ初メ元祿辛巳（十四年）頃ヲ以テコノ冊ヲ終ル

第十二局　題簽ニ「助字虛字考十二策重光書」ト輶齋補セシモノナリ、通志堂ヲ模セシ用紙、末ニ「元祿十年丁丑八月十二日裝釘時適講語孟字義及會讀左氏傳」トアリ、初メニモ、「助語虛字乙散見干第一第二第五局今已寫抄竟巻更創第十二巻續書元祿十年丁丑八月十二日京師伊藤某源藏拜」トアリ、訓蒙用字格ノ資料トナリシモノナルベシ

第十三局　「釋詁隨筆」ト內題ス、ハジメニ「乙酉（寶永二年）臈月朔日」トアリ、末ニ「丁亥三月廿九日」（寶永四年）ト書ス、ソノ間ニ抄書セシ名詞トソノ出所ニシテ、名物六帖ノ資料トナリシモノナリ

第十四局　「釋詁録」、丁亥三月二十九日ヨリ庚寅中元後五日ニイタル間ニナル、十三局ト同種ノモノナリ、末ニ「日本寶永四年歳在丁亥春二月念五日　伊藤長胤裝釘」

第十五局　「釋詁録第三冊」トアリ、「庚寅八月日起筆」トアリ、完備セズ、右ト同種ノ內容、末ニ「寶永七年庚寅八月中澣裝釘伊藤長胤書」

第十六局　「佔僤漫鈔」、末ニ「享保五年庚子夏四月東涯裝釘」トアリ、興多キ條ノ諸書ヨリノ抄記ナリ、他筆ヲモ混ズ、東所紹述雜鈔三ニ加ヘシハ第廿八冊ヲモ合セ一冊トセリ

第十七局　「五侯鯖」ト自ラ題ス、題ノ如ク釋詁録ニ入ルベキモノ佔僤漫鈔ニ入ルベキモノ自ラ製セシ唐三省改名別稱圖等ヲ合セ綴ヅ、末ニ「正德改元十一月念一日長胤類釘」トアリ

第十八冊　「詞林碎錦」ト題シ、內題ハ「名公柬牘套語精選詞林碎錦」トアリ、書簡文ヨリノ抄記アリ

第十九冊　「官殿門考」、支那古來ノ宮殿門臺堂閣等ノ名ヲ出所ト合セカヽゲシモノ、中ニ「寶永丁亥十月初二日」ナドト抄記ノ日付アレバソノ頃ノ抄出ナリ、紹述雜鈔六ニ收メラル

第二十冊　「瑣綴隨記」、中ハ瑣綴録トアリ、元祿十伍年壬午四月朔起筆シテ全ク方向ヲ定メザル抄記ナリ

第廿一冊　「瑣綴新記」、「享保甲辰歳訂」ト末ニアリ、前本ニツヾク雜抄記ナリ

第廿二冊　「瑣綴續記」、末ニ「享保十年乙巳穐八月日長胤裝釘」トアリ、前ニツヾクガ、最モ多キヲシムルハ諧聲品字箋抄（六帖收者除之）ナリ

第廿三冊　「瑣綴外記」、又前本ニツヾク、他筆ヲ混ズ

第廿四冊　「瑣綴別記」、ハジメ「古今確言」ト題シテ甲申之歳、諺等ヲ集メントセシガ、後、雜抄記トナル

第廿五冊　「明詩絶奇」、明人作七絶ノ愛スベキモノヲ集メタルモノ、紹述雜鈔廿一ニ收ム

第廿六冊　「雜鈔」、末ニ「癸巳之秋釘」トアリ、全巻唐書ノ抄記ナリ、癸巳ハ正德三年ナリ

第廿八冊　「佔僤漫鈔」、悉ク他筆ニシテ、中絶ス、巻十六冊ノ續ニシテ共ニ紹述雜鈔三ニ加ヘラル（二七）

第廿九冊　外題「紀聞小牘　巻二拾九冊」トアルハ東所筆、釋詁録ノ類ニシテ墨附僅ニ八丁ニシテオハル（二八）

第三十冊　外題「紀聞小牘　巻三十冊　癸未冬善韶補入」トアリ、佔

僤漫鈔ノ部ニ屬スベキモノ、門人ノ筆殆ドナリ、中頃ニ「明和壬辰五月十三日善韶讀完」トアリ、末ニ「享和三年癸亥四月十一日再重讀畢　韶」トアリ、ケダシ末半ハ日支關係ノ文書類ノウツシナリ（二九）

2

記聞小牘　第一局　寫大一冊　（一八一二）

百四丁、東涯自筆本ヨリ第一冊ヲ悉ク寫セシモノ、「眷求齋」ノ印アリ

百九　東涯集

○東涯吟稿ト題シ元祿元年中ノ詩ヲ集メシモノト東涯筆記ト題シ貞享五年（元祿元年）ニナリシ思想的随筆ト紀談二條ヲ合セタルモノ、タヾシ紀談二條ヲノコシテ他ハ慥々齋集ニ収メラル

1

東涯集　自筆本　寫半一冊　（一七一一）

表紙共全二十一丁、後人外題ニ「東涯集　詩、筆記、紀談」ト書ス、朱或ハ墨ヲ以テ自ラ補正シアリ、慥々齋集ハソノ補正ニ從ヘバ所収時ノ加筆ナルベシ

百十　慥々齋集

○東涯自ラ逐年編輯セシ文集ナリ、貞享二年ノ初ヨリ歿年ニイタル、初メ三冊迄ハ詩ヲモ合セ集メタレド元祿五年以後ノ作ハ別ニ慥庵詩草ヲ作リテ収ム、中ニ聖語述東涯漫筆ノ如ク一冊一部ヲナスモノモアリ、東所語ル所ニヨレバ享保十二年、弟竹里有馬侯ノ請ニヨリ、コノ文集ヨリ抜キテ東涯選集ヲ作リ、後七年享保十九年安原貞平ノ乞ニヨリ東涯自ラ文詩ヲ選ビテ授ケシコトアリ、歿後東所紹述先生文集ヲ作ルヤ、本書ヲ基ニシテ殆ドソノ全部ヲ収ム、若干ノ片語ハ删除トシテコレヲノコセリ、文集ハ文詩共ニ體ニヨッテ分類ス、本書ノ逐年タルハ又興多シ、東涯ノ文ハ「源藏さりとては熟し候當時の文人」（新井白石）「伊藤源藏者頗似二知文者一」（冢田大峯）ナドノ評アリ、又拙堂文話ニ「仁齋之文多不レ成レ語、然有二氣魄光燄一、使二讀者不一レ倦、東匡之文少レ疵、然氣燄不レ及」ナドトモ見ユ

1

慥々齋集　自筆本　寫大廿八巻廿七冊　（一七一二）

多クハ自筆ナレド後年ハ門人ノ手寫ヲモ混ズ、各冊次ノ如シ

一　半紙本、初メ咋非稿ト題シ今名ニアラタム、文ハ貞享二年送道香上人序ヲ最初トシ、貞享三四年ノ作ヲオサメ、詩ハ題シテ丁卯（貞享四年）詩稿ト云フ、初メニ貞享四年丁卯五月廿九日ノ自序アリ、末ニ又云フ「丁卯仲夏予既輯舊文曰咋非稿至此復更掇仲夏以後至季冬之文以續之焉且附雜録若干條詩賛若干什於其末云時戊辰夾鍾念六日也」

二　半紙本　戊辰文稿（目次末ニ「元祿二年己巳洛陽伊藤長胤自輯」トアリ）戊辰吟稿ヲ合セシモノ、後ニ加ヘシ外題ニハ「前編二戊辰藁」、戊辰ハ元祿元年ナリ、東所ノ記ニ「此巻文集之類精訂卒業庚辰六月七日」トアリ

三　半紙本　東涯文藁ト内題シ附スルニ元祿二年吟稿庚午吟稿辛未吟稿ヲ以テス、目次末ニ「元祿甲戌之春仲念六日」トセルハ編セシ年次、作ハ元祿二——五年間ニカヽル、後ニ加ヘラレシ外題ニハ「三上下　前編三四東涯藁」トアリ

四　半紙本　東涯漫筆二巻ト續集（元祿丁丑十年ニ初マル）トヲ一冊トス、東所ノ所謂初年ト題セシ漫筆ナリ、末ニ「元祿十四年辛巳秋之孟念有三日伊藤長胤書完」トアリ、外題ニハ「四上下　前編五六東涯漫筆上下」トアリ

五之六　大本、コノ冊ヨリ慥慥齋集ト内外題トモアリ、五、六ヲ合綴、次編一、二トス、元祿六年ヨリ九年迄ノ文ヲ収ム、詩ハ慥庵詩

艸ニ収メテ以下見エズ、東所附箋アリ「此巻精訂卒業庚辰七月廿九日乙酉正月入庫」ナドアルハ文集編述ノ折ノ事ナリ、庚辰ハ寶暦十年、乙酉ハ明和二年ナリ

七之八　次編三、四ニアタル巻七、八ヲ一冊トス、七ハ元祿九年十年ノ作、マヽソノ先年ノヲモフクム、八ハ經義ニアテラレ七年ヨリ十年迄ノ作ヲ収ム、末ニ東所「己卯十二月十三日刊本校了東所」トス、己卯ハ寶暦九年ナリ

九之十　次編五六ニアタル、九ハ經義、前編ニツヾキ十年ヨリ寶永元年ニイタル、十ハ元祿十一年ヨリ十四年迄ノ文ナリ

十一之二　次編七八ト外題ニアレド内容目次共ニ十一ノミ、十二ヲワカタズ、「右自元祿庚辰至寶永己丑八月」トアリ、附箋アリ「此冊中ノ畢リニ詩作五首アリ詩集中へ可入也」、又目次ノ上ニ青筆三角ノ印アリテ初メ東涯筆ニテ「甲寅冬清書可用此分」トアリ、享保十九年ニ抄記セルモノナリ

十三上　「次編九」ニアツ、目録ノ末ニ「乙未仲冬日書」トアリ、正徳五年ナリ、前書ニツヾイテ正徳五年迄ノ文ヲ収ム

十三中　刊謬正俗一部ヲナス、元祿庚午之歳春二月自叙、ホトンド刊本ニヒトシ、朱又ハ墨ヲ以ツテ大補正ヲホドコセル所二三アリ

十三下　東涯譚業二巻一部ヲ収ム、タヾシ内題ハ慥庵日鈔トアリ

十四上　巻號ヲ記サザレドモ十四上ニアツベキハ東涯漫筆ナリ、見返シニ自筆ノ目録アリテ「慥々齋集七冊刊謬正俗一冊東涯談業一冊東涯漫筆二冊」トシテ等シク書名上ニ○印ヲ附シアレバナリ、東所コレヲ獨立セシメ一書トナス（ソノ條參照）

十四下　「新藁」ト題ス、正徳年間ノ文ヲ集ム、末ニ「正徳三年癸巳之年九月下澣類釘長胤藏書」

十五　又「新藁」トアリ、ツヾイテ正徳四五年間ノ文ナリ、他筆ヲモ混ズ

十六　又「新藁」トアリ、初メニ「正徳甲午冬寫完」トアリ、正徳年間ノ文ヲ集メシナリ、竹里介亭ナドノ手ヲモ混ズ

十七　又「新藁」、目次ノ末ニ「丙申季秋十日完」トアリ、丙申ハ享保元年ナリ正徳五年トコノ年トノ文ヲ収ム、他筆ヲ混ズ、末ニ東所「寶暦庚辰端月廿八日刊本校正卒　善韶」

十八　「新藁」、享保初二三年ノ文ヲ主トシテ収ム、末ニ東所「寶暦己卯復月刊本校正全　善韶」、多クハ他筆

十九　「新藁」、目次ノ下ニ「自享保三年戊戌至六年辛丑十二月凢二十一篇　目次以外ハ皆他筆、「己卯十二月十九日校了韶」ト末ニアリ

二十　「新藁」、目次ノ次ニ「右自享保庚子春至甲辰九月凢六十二篇」、ホトンド門人筆

二十一　「新藁」、目次ノ末ニ「自享保辛丑至甲辰十月凢四十七編」、殆ド門人筆ナリ

二十二　「新藁」、目次末ニ「右五十八篇自享保十年乙巳四月至十三年臈月」、末ニ「己酉年七月」トアルハ書寫了ノ時ナルベシ

二十三　外題ナシ、享保十四年ヨリ同十六年迄ノ文ヲ収ム、他筆多シ、末ニ東所「庚辰六月十八日　善韶精訂畢」

二十四　聖語述、末ニ東涯自書「享保庚戌之春河合生江左生松井生謄寫十年前嘗草未淨書今玆校訂淨寫」トアリ、河合ハ川合周佐、江左ハ江左三英、松井ハ松井文碩カ、皆ソノ頃寄宿ノ門人ナリ、庚戌ハ十五年ナリ

二十五　三奇一覧（門人寫）ト勢游志ノ享保庚戌野田彌兵衞ノ刊本トヲ合綴ス

二十六　「東涯漫筆續録」ト題アリテ、慥々齋集トコトハリアラザルモ十四上ノ漫筆ニツヾクモノナレバ本集ノ一トシテコノ位置ヲシムベク思ハル、末ニ「乙卯四月裝釘東涯」トアリ、乙卯ハ享保二十年

廿七　ハジメニ「享保癸丑歳」、他筆多シ享保十八年ヨリ元文元年迄ノ

文ヲ収ム

廿八　外題東所、元文元年ノ數文ヲ収ムルノミナリ

百十一　慥庵詩草

○慥々齋集ト共ニ東涯自ラ年頃編セシ自製詩集ナリ、初メハ詩モ慥々齋集ニ合セ記セシモ元祿五年以後ノモノハ詩草ナル名ヲ以テ獨立セリ、ソノ爲詩草第一巻目ヲ二集トスレド缺本ニアラズ、恐ラクハ慥々齋集ヨリ獨立セシメ第一集ヲ作ル豫定ノモトニ題セシナルベシ、東所紹述先生文集ヲ作リシ時ノ基トナリシ事ハ集ト同ジ、東涯ノ詩ニツキテノ評ハ、友野霞舟ノ錦天山房詩話上巻等ニミユ

1　慥庵詩艸　自筆本　寫大七冊　（一七―三）

多ク自筆ナレド、後年ニイタレバ他筆ヲモ混ズ、第一、二ハ二集三集トアレド、第三ハ改メテ第三冊トシ、以後東涯自ラノ小口書ニモコノ順ニテ七ニイタル

第一　通志堂經解ヲ模セシ原稿用紙ヲ用ヒ二冊ヲ合綴セシモノ、全部ヲ通ジテ元祿五年ヨリ正徳元年ニイタル作ヲ収ム、初メニ丙子（元祿九年）四月ノ辯語アリ、末ニ自ラ「右自壬申至此六百零七首辛夘七夕書」「正徳辛夘之夏」、東所末ニ「寶曆辛巳蕤月廿日善韶校畢」

第二　内題ニ「三集」トアリ、外題ハ「第二集」トアラタメアリ、正徳元年七月ヨリ享保三年十月迄アリ、末ニ「此壹冊凢三百五首中有銘賛等」、第一ト同用紙、末ニ「丁丑元祿十年八月十二日裝釘」トシルス

第三　「第三冊」ト外題、末ニ「右享保辛丑年寫完慥庵主人」トアリ、他筆多シ、辛丑ハ六年ナリ、東所末ニ「寶曆壬午正月廿七日善韶校了」

第四　外題「慥齋詩草第四冊」中ハ「慥庵詩集第四冊」、ハジメニ「享保壬寅（七年）歳以後作」トアリテ末ニ「乙巳十一月廿八日」、乙巳ハ享保十年ナリ

第五　外題「慥ゝ齋詩艸第五冊」内題ハ「慥齋詩艸五集」、乙巳（十年）十一月ノ作ニ始マリ末ニ「庚戌（享保十五年）六月完」トアリ、他筆ヲ混ズ

第六　外題「慥ゝ齋詩艸第六冊」内ハ「同六集」トアリ、始メニ「自享保庚戌至乙卯」トアリ、乙卯ハ享保二十年ナリ、他筆多シ

第七　外題「慥ゝ齋詩艸第七」内題「慥齋詩艸七集」、享保二十年ノ作ヨリ「元文紀元丙辰六月八日」ノ作迄ヲ収ム

2　慥庵詩草　二集　寫大一冊　（一七―四）

墨附百三十九丁、自筆本ノ第一巻ノ寫シナリ、辯語ニアタル部分ハ叙トシテ東涯自ラ加ヘタリ

百十二　慥々齋集刪餘

○東所東涯ノ集ヲ編ムニアタルヤ、慥々齋集慥庵詩草ヲモトニス、時ニ「余竊謂刻集公干世者、不論文章之巧與拙、有羽翼聖訓、發揮義理者、固儒者之文之先務也、遂不遺片隻、刊刻全集」トセシガ、東涯自ラ削ルベシト註記アリシモノハ、ソノ意ニ從ヒテノゾケリ、ソレヲ集メタルモノ本書ナリ、全十八篇、上下ノモノ一ツアレバ十九篇トモ數ヘラル、目録ノ次ニ「右刪餘十九篇十八篇者先人之所自刪大學釋問一篇者未完之文且與六議疑問大抵相同故篇入干玆、皆非傳干世之文、姑校正以存笥底云、旹寶曆庚辰之秋九月十二日　伊藤善韶謹識」、慥菴詩稿刪餘ヲモ合綴ス

1　慥々齋集刪餘　寫大一冊　（一七―五）

全五十二丁、東所筆ノ部分多シ、中詩四丁、文ノ末ニ東所「辛巳九月十日讀畢」トス

百十三　慥々齋詩集逸

○慥庵詩草中ニ記載ナキ東涯ノ詩ヲ東所集メタルモノ、文集ヲ製セシ折ニアツメ、更ニ追加セシモノナリ、後滄海遺珠ニ合サル

1

慥々齋詩集逸　寫大一册　（一七一六）

表紙共五丁、附箋三枚アリ、東所筆ニシテ、始メニ「寶暦丁丑釘随得謄之」トアリ、附箋ノ一ニハ此分詩集原本ニ無之別ニ淨書相了　壬午二月廿六日」

百十四　慥々齋集選目録　附　東涯文集目録

○享保丁未ニ竹里慥々齋集ヨリ選シテ東涯文集十巻ヲ作リシ時（ソノ時ノ序文集巻四ニアリ）ト、同甲寅之歳安原省處文集十巻及ビ慥庵詩艸中ヨリ詩ヲ抄出シタル折自選セシモノノ目録ナリ、集及詩艸ニモソレニ抄出スベキモノニ東涯自ラ印ヲ加ヘアリ、明和六年己丑上巳後一日東所序ヲ加ヘテソノ次第ヲ明ニシアレバ、原本ノ印ニヨリ東所編セシモノナルベシ

1

慥々齋集目録　丁未　寫一束　（一七一九）

「古義堂」ト柱刻アル用紙ニ文章名ヲ切張リセシモノ十枚ニ表紙ノ如ク「慥慥齋文集」ト柱刻アル一帋ヲ用フ、各巻ノ目次ハ竹里筆ニシテ、丁未ノ文集ノ目録ナルコト明カナリ、ソレヲ包ミシ紙ニ東涯自ラ「拙集丁未目録」ト記セリ

2

慥々齋集選目録　東所手澤本　寫半二册　（一七一七）

丁未ト外題下ニアル一册及ビ東所自筆ノ序ヲ附セシ甲寅一册ヨリナル、本文筆者不明、外題東所ナリ、タヾシ東所ノ朱筆校正全巻ニアリ、末ニ「戊子五月廿二日校了」、戊子ハ明和五年ナリ、後他ノ著述ニ入リ又、ソノ時實際ノ選ニ加ハラザリシナドノ註アリ

3

慥々齋集選目録　東里筆本　寫半一册缺　（一七一八）

東里筆ニシテ全二十七丁、丁未全部ト甲寅ノ文集巻九ノ中途迄アリ

4

東涯文集目録　一册　（一七一〇）

東涯自筆三丁、若キ頃ノ手ニシテ、論ニハジマリ題跋ニ終ル、早クカカル計画アリタリト見ユ

5

〔慥庵詩艸自選目録〕　寫横中一册　（一七一一）

五枚、東所筆校アリ、「壬午五月精校了」ト末ニアリ、壬午ハ寶暦十二年、東涯自ラ詩艸ニ印ヲ加ヘシヲ抜出セシモノ、東所本甲寅ノ慥庵詩艸ノ目録ト同一ナリ

6

東涯先生文集目録　寫大一册　（一七一三）

全十丁、後人ノ書入シ外題ニハ紹述先生文集トアレバ、内容ハ慥々齋集選目録甲寅之文集ノ目次ナリ、筆者不明ナレド東所ノ校正書入アリテ、他ノ著述ニ入ルモノハコレヲ註ス、表紙ニ東所朱書「庚辰陽月初五校正了　東所韶」、庚辰ハ寶暦十年ナリ

百十五　滄　海　遺　珠

○東所ノ事業ハ東涯ノ遺著ノ整理刊行ニアリシト云フベク、ソノ整理及

ビ刊行ノ末何レニモ屬セズ又刊行整理ノ諸本ニモレタルモノヲ集メタルモノ、諸ノ原稿ノ見返シ、空所ニ記セシ思ヒ付キ文案等及ビ紹述文集ニモレタル詩文ヲ主ニ収ム

1

滄海遺珠　寫大二冊　（一七―三）

大部ガ東所筆ニシテ、若干他筆及ビ東里ノ筆アレド全部東所ノ校正アリ、一ハ諸原稿ヨリノ抄記、一ハ詩文集ノ逸、慥々齋詩集逸モ悉ク収メラル

百十六　紹述先生文集・同詩集

○刊本跋ニ云フ「其（東涯）所自輯、名以慥々齋集、隨得登謄、爲巻舊凡三十五、今分以類、爲文二十巻、詩十巻云……歳丙子與一二之同志、頻〻校正、陸續上梓、今茲辛巳之夏六月竣工」トアリ、又目次ノ次ニ「家塾既印刻者或將別刻者皆省之但存目録原本文字間有可疑者今不敢質正」トアリ、丙子ハ寶暦六年、辛巳ハ寶暦十一年ナリ、タヾシコノ計畫ハ東涯歿後早クヨリ東所ヲ助ケ蘭嵎中心トナリ、豊後ノ武田時憲、幸松義方コレヲ助力シ計畫サレ、先ヅ序ヲ花山院常雅ニ乞フ、常雅寛延二年コレヲ與ヘタリ、寶暦初年同人等追〻業ヲス、メシガ如クナレド中絶セシカ、アラタニ東所、松波酊齋、直井南洲、櫻井東亭、宮崎筠圃、福井楓亭、敬齋兄弟、丹波成美、山田敬典（靜齋）等ノ助力ヲ得テ完成セシモノナリ、ソノ内木村鳳梧等東涯ノ諸門弟ノ助力モ感嘆ヲ以テ見ルベキモノアリ、寶暦八年三月巻十迄、寶暦九年二十迄、十一年三十巻ヲ以テ終ル、版元平安文泉堂ナリ、古義堂藏板、版木文庫ニ現存ス、東所目録ニ別ニ冊ヲナストシテ本編ニ加ヘラレザルモノヲ編シテ附録一巻ヲ寶暦十年ニ製ス

1

紹述先生文集巻之十　初案草稿　寫大二冊　（三〇―一）

内題ノ下ニ、男伊藤善韶弟伊藤長堅、門人豊府武田時憲豊府幸松義方同校トセリ、オサムル所辨及ビ解類二十一篇ニシテ各冊筆者違ヘドモ、同ジク朱筆ニテ訓點ヲ附シ、下ニハ幸松義方ノ校正案ヲ附箋シテアリ、タヾシ刊本コノ種ハ巻之八ニオサマル所一二文章ノ出入アリ、コレ蘭嵎計畫セシ折ノ初案草稿ナルベシ

2

紹述先生文集目錄　草案　寫中一冊　（三〇―二）

表紙共五十七丁、文章詩共ニ各巻ニ配シ順序ヲ定メシ時ノ案ニシテ、本文東所ノ筆ヲモマ、混ズ、以下訂正ハ悉ク東所ノ手ニナリ、刊本ト等シキ組織ナリ

3

紹述先生文集　記志類　寫大一冊　（三〇―三）

「　先生文集　古義堂藏」ト柱刻アル文集底本ト同用紙及ビ表紙ヲ用ヒアレドコノ書古義堂ノ舊藏ニアラズ、昭和十八年頃梁田蛻巖家ノ遺書中ヨリ出デシモノナリ、タヾシ文集編成中ニ寫サレシモノニ相違ナシ、蛻巖家モ亦コノ編ニ關係アリシヤ未ダ證ヲ得ズ、全百四丁、筆者ハ多數ニシテ刊本ニ比スニ記志類ノ殆ンド全部ト他二三篇ヲ収ム、タヾシ重複モアリテ計五十九篇、順序ハ刊本ニ似ズ整正ナラズ、タヾシ底本作成以前ノモノナリ

4

紹述先生文集　底本　寫大三十一巻二十一冊　（三〇―四）

「　先生文集　古義堂藏」ト柱刻アル用紙ヲ用ヒテ筆者諸門弟ナルベク各冊訓點加ヘラル、ソノ他種々ノ註記校正ナドヲ經テ刊本底本ノ姿ヲトレリ、各冊ニ諸人ノ校正ノアトアリ、東所ノ努力察スベク註記校正註ノアト全巻ニ見ユ

首巻目録ノ部ニシテ東所自ラ草案本ノ訂正ニ從ヒ浄書セルモノ、初メニ花山院常雅ノ序ヲ寫ス、別筆ノ補正及ビ東所ノ註記校正若干アリ、末ニ「板本板下本中浄書本三品取マセテ一校了」ナドト記セリ文集ハ全二十巻十冊アリ

一、序、刊本巻一二ノ分ヲ収ム、本文ハ多クノ手ヲ混ズ特ニ贈江左三英還大津序ノ如キハ三英自ラ書キ送リシモノ、又贈原田生還豊州序モ原田東岳自ラ書キ送ルト見ラル、且ツ又本書朱筆ハ以下ニ見ユル木村鳳梧ナルベシ、末ニ「辛未三月廿三日校了」

二、刊本巻三、四ノ分ヲ収ム

三、記、巻五、六ノ分、見返シニ東所筆ニテ「此一本木村生へ託點并校正寶暦甲戌藏」「乙亥校　丙子七月校合一過了」(朱)甲戌ハ四年、丙子ハ六年、木村生ハ東涯ノ高弟木村鳳梧ナリ、附箋所々ニアリ鳳梧ナルベシ

四、論辨解、巻七、八ノ分、見返シニ東所筆「此冊木村生所訓點寶暦丙子冬」「丁丑正月十五日會校畢」ナドアリ、丁丑ハ寶暦七年ナリ前ニ同ジク附箋アリ

五、説、巻九、十ノ分、初メニ「此冊亦木村氏託點並校正」「乙亥校」トアリ、乙亥ハ寶暦五年ナリ

六、書引考言銘箴賛、巻十一、十二ノ分、東所初メニ「陽月朔校畢」トアリ

七、墓碑銘類、巻十三、十四ノ分、初メニ「閏十一月八日韶點畢」、十一月ノ閏ハ寶暦六年ナリ

八、題跋、巻十五、十六ノ分、前ヨリ續キ木村鳳梧カト思ハルル朱筆校正アリ

九、策問講義制義、巻十七、十八ニアタル、巻首ニ「寶暦丙子七月五日善韶訓點」トアリ

十、傳志考筆記雜著、巻十九、二十ニアタル

詩集全十巻十冊

「紹述先生文集　古義堂藏」ト柱アル用紙、本文ハ全部同一人ノ筆ニシテ、全部ニ東所ノ校正附箋アリ、又別筆ノ朱筆及ビ附箋アリ、編纂上ノ注意モ見ユ、別筆ハ朱筆一巻末ニ「己卯三月十八日校讐一過了光興」トアレバ松波酊齋ナリ、十冊目末ニ東所「辛巳八月十六日校合全了」トセリ

5

紹述先生文集　東所以下歴代手澤本　大三十巻十五冊　(三〇―五)

善韶（東所）校、寛延二年歳次己巳秋日右大臣藤原（花山院）常雅序、同常雅譔元文二年歳次丁巳夏六月望日紹述先生伊藤君碣銘、寶暦十一年辛巳六月穀且子善韶謹跋、巻十ノ末ニ「寶暦八年戊寅春三月刊至此」、巻二十ノ末ニ「寶暦九年己卯秋八月刊至此　平安書林間之町御池上町文泉堂林權兵衞發行」、巻三十末ニ「寶暦辛巳之秋七月全刊　平安文泉堂發板」、古義堂藏板、柱紹述先生文集文巻一ヨリ巻二十、十冊、詩巻二十一ヨリ三十迄五冊ナリ、外題ニハタダシ文集詩集ト区別アリ、外題下ニ「善韶」ノ印アリ、ナホ文集詩集ノ巻始末ニ「寶暦八年戊寅四月二十九日始會讀」以下數回會讀ノ年次ヲ記ス、又文集末ニ「同（寶暦）十年庚辰之秋九月十一日據原本校正卒業」詩末ニ「寶暦十二年壬午二月二十四日據原本校正卒業」、ソノ折ノ校合ソノ他會讀ノ折ノ書入多シ、東峯輶齋等ソノ後追加スベキ文ヲ認メシ附箋アリ

6

紹述先生文集附録　東所筆本　寫大一冊　(三〇―六)

全四十八丁、東所寫、目録ノ末ニ「右三十二篇廿九篇者文集載目録而不載文者終三篇者集不収刊本目次亦不載共輯爲一巻亦稍有出入者各加注其本行墨書者原本所載之文也旁注朱書者據成書校者也因題傳于家云寶暦庚辰之秋九月十二日　伊藤善韶謹誌」、タヾシ全文ノノルモノ十九篇、他ハ題ノミ掲ゲテソノ部分白紙ニテヤム、末ニ「辛巳九月五日讀了」(東所)、外題下ニ「善韶」ノ印

7

紹述先生文集附録　東里筆本　寫大一冊　(三〇―七)

全三十五丁、東里寫、末ニ「寛政五年癸丑三月廿四日謄寫全業　伊藤弘美」トアリ、東所ノ編ニヨリ製セシモノナレド、東所寫セザル文ヲ

モ収メ計二十六編アリ

8

紹述先生文集目錄　大一冊　（三〇—八）

目録及序碣銘ノ部分ヲ一冊トセシモノ、東所ノ子弘充東岸少年時、東所本ニ從ヒテノ書入アリ、裏表紙ニ「弘充」ト書ス

9

紹述先生詩集　東峯手澤本　大十巻一冊　（三〇—九）

平安文泉堂發行本、五冊ヲ一冊ニ合綴ス、薄葉刷ナリ、東峯ノ書入若干アリ、巻頭ニ「古義堂」ノ印アリ、又見返シニ作詩ノ参考トシテ詩題ニヨル索引ヲ作成シ附ス

10

紹述先生詩集　輶齋手澤本　大十巻五冊　（三〇—一〇）

文泉堂刊本ノ後刷ナリ、輶齋朱、墨ノ書入アリ

百十七　東涯關係聯句集

○東涯ガ一座シ又ハ獨吟シ自ラ書寫セシ類ノ聯句ヲ一括シテ假ニ名ヅク

1

東涯關係聯句集　寫四束　（三〇—一一）

一、聯句（發句「南枝梅未放」ニハジマル百韻、末ニ元祿己巳之孟春承日東厓道人漫録」所々訂正アリ、自作自筆ナルベシ）

二、元祿七年甲戌十一月七日八日聯句（百韻、末ニ長胤トアリ、自作自筆ナリ）

三、五字城百句（「始元祿乙亥孟夏念八」トアリ、末ニ「終五月五日」「浩齋謹書元祿八年乙亥五月七日」トアリ、連衆ハ東涯ハジメ清介、半甫、傳亮、孫六、益德、彥介、庄藏、英貞、成繼ノ十人）

四、享保六年辛丑四月廿一日漢和聯句（百韻、末ニ「右紹述先生眞蹟享和癸亥善韶審定」トアリ、ソノ寫シナリ、連衆東涯、清濱、昌億、昌迪、長準、重經、長堅、昌輔ナリ）

五、享保十二年九月十六日杉吉輔氏宛在樓ニ於ケル漢和聯句（百韻、東涯筆、連衆伊藤長胤、杉清濱、里村昌迪、宇野昌輔、木村之漸、奥田士亨、井上信清、圖司忠貞、伊藤長堅、里村昌榮、渡邊正則、里村昌作ナリ）

六、同（前記ノ寫シナリ）

七、聯句（百韻、東涯自筆自作ナルベシ　發句「冷青々夜風」）

八、聯句（百韻、東涯自筆自作ナルベシ　發句「松棚偶弄月」）

九、聯句（〃　〃　〃「楊就松陰月」）

十、同（〃　〃　〃「楓紅千嶂雨」）

十一、同（〃　〃　〃「新荷浮小葉」）

十二、漢和聯句（懷紙二枚目ノ表迄、發句「待秋唯待菊」、東涯若キ折ノ書ナルベシ）

十三、聯句（東涯ノ自筆自作ナリト思ハルレド百韻完備セズ、三枚）

十四、聯句（十二句ノミノ斷片、長準、英、堅、先生トアリ、先生ハ東涯ニシテ、長英梅宇、長準竹里、長堅蘭嵎四兄弟ノモノナルベシ、筆者ハ何人ニヤ不明）

百十八　古學先生行狀

○仁齋行狀ニテ完成セルモノハ古學先生文集ノ巻首ニカカゲタリ、仁齋歿後直ニ草シ、寶永四年北村可昌ノ碣銘ト共ニ刊行サレシガ、更ニ改訂、文集ニ見ルガ如キモノトナリシナリ

1

〔古學先生行狀草稿〕　寫半一冊　（三〇—一三）

二草稿ヲ合綴ス、一ハ反古ヲ用ヒテ墨附六丁、極初ノ稿ナリ、二ハ七丁ニシテ末ニ「寶永二年乙酉秋七月六日不肖男長胤」トアリ、ソノ頃ノ稿ニシテ、共ニ補正改訂シゲシ、同冊ニ又林宗孝墓碣草稿モ見エタ

リ、共ニ自筆

2 古學先生伊藤君行狀草稿　寫大一冊　（三〇―一三）

墨附八丁、筆者未詳、東涯ノ補筆アリ、末ニ「寶永三年丙戌五月日校正（花押）」トアリ、外題ハ東涯ノ筆ナリ補ニヨリ寶永四年刊本ノ本文ヲ得

3 古學先生行狀草本　寫一巻　（三八―一）

末ニ「先府君行狀一通謹自謄寫并嘗所書克己復禮大字一幅草書一軸藏之于二尊院書庫庶幾後世子孫欲稽祖德者永々得辨觀焉寶永二年乙酉秋七月長胤拜稽題」トアリ、又一紙ヲ附シタリ、コノ文ノ修正文ト見ユ、寺ニオサムル所、古學先生文集巻首ニアル所ノ行狀ノ草稿ナリ、外題東所、「戊戌夏装潢善韶藏」

4 古學先生碣銘行狀　大一冊　（三〇―一四）

全三十丁、外見返シ一丁、「寶永四年龍集丁亥季秋穀日書房林文會堂藏版」トアリ、北村可昌ノ古學先生伊藤君碣銘、東涯ノ先府君古學先生行狀、及ビ古學先生伊藤君碣銘行狀附録トシテ、時ノ門人ノ吊文詩及ビ安東省庵村上冬嶺荻生徂徠ヨリ仁齋ニ送リシ文ヲ掲グ、寶永丁亥孟冬望日京師書房林義端九成ノ跋アリ、東涯可昌ノ文ニ句讀訓點ヲ正シ、自ラノ文ハ甚ダ改訂シテ古學先生文集ノ時ノ底本トシ、コレガ淨書ノ指示アリ、末ニ「正徳丙申將附刻本集時校定一過」ト書ス、丙申ハ享保元年ナリ、東所末ニ「明和五年戊子五月二日善韶拜讀了」

百十九　岷山君碣

○仁齋高弟中江岷山ノ墓碣ノ打本ニシテ、享保十一年東涯ノ譔蘭嵎ノ書ナリ、岷山ハ名一貫、字平八、墓碑ハ大阪一心寺ニアリ

1 岷山君碣　一帖　（三〇―一五）

外題蘭嵎ナルベシ、末ニ「右中江岷山子之碣銘者先君子之所撰而蘭嵎季父之書也當時榻一本旨収干家頃日予手自粘表製帖子取批溥於此因記歳月其尾云　寶曆甲戌七月朔日　伊藤善韶再拜誌」トアリ

百二十　三奇一覽

○東涯ノ序ニ云フ「是年春仲與二三子遊丹秋中遊江六月遊静原留止數日各窮一方之勝槩觴與有韻勒爲一巻名曰三奇一覽以寓他日之追尋云享保辛丑日南至」、辛丑ハ六年ナリ、原文慥々齋集巻二十五ニアリ、又自筆淨書セルヲモ文庫ニ収ム、後寶曆三年紹述先生文集トハ別ニ刊行ノ豫定ナリシモハタサズ、弘化四年輶齋錦林府活字ヲ以ツテ出刊ス

1 三奇一覽　三角校本　寫大一冊　（三〇―一六）

紹述先生文集ト柱刻アル紹述先生詩集ノ底本ト同一用紙ニテ十二丁、奥田三角朱筆モテ校正ヲ加ヘ、ソノ他編纂ニツキテモ種々意見ヲ加フ、初メニ「校正仕少々存寄切カエ申候トカク勢遊誌ト一體ヨロシカルベクト奉存候尙トクト御考被成勢遊誌トモ御見合被成宜思召候ハ、板下ニカリ《マヽ》候樣ニ可被仰付候奥田亨」トアリ、詩集ト同時ニ寫シタレド單獨刊行ヲ計畫、勢遊志ノ編者三角ニハカリシト見ユ

2 三奇一覽　寶曆底本　寫大一冊　（三〇―一七）

十六行ノ罫紙全十七丁、三角ノ校正ニ從ヒ刊行ノ爲ニ淨書セシモノナリ、見返シ三角、序ハ東所筆ト思ハル、タヾシ三角校本ニアリシ「遊竹生嶼記」ハノゾケリ、見返シニ寶曆癸酉年刊、竹生嶼圖記附、萬巻堂藏ナド見ユレド、ツイニ刊行サレザリシト思ハル、タヾシ東所朱筆

ノ版下ヲ成ス爲ノ注意書キアリ

3 三奇一覽 東所手澤本 寫大一冊 （三〇—一八）

全九丁、末ニ東所「寶暦辛巳歳托堀内守本生新淨寫八月較正句讀全」、詩集ニノル所ノ詩ナド註記アリ、外題下「善韶」ノ印、刊本ニ比シ末ノ詩五首ナシ

4 三奇一覽 東里筆本 寫大一冊 （三〇—一九）

全九丁、末ニ「天明七年丁未之夏四月四日謄寫始業五月廿二日照對句豆全業 伊藤弘美」トアリ、巻首「弘美之印」、東所本ニヨル寫

5 三奇一覽 輶齋手澤本 大一冊 （三〇—二〇）

全十四丁、末ニ「錦林王府活字印記」、ソノ次第ハ「嘉永紀元戊申陽月種豆拙者醫元冲（上田）」序並ビニ弘化四年十一月朔日丁丑玄孫伊藤（重光）謹識ノ跋ニアリ、聖護院ノ醫官タリシ元冲ノ努力ニヨルナルベシ、輶齋（重光）自名ノ下ニ印ヲスヘ、又誤植ヲ校正シ句讀ヲホドコセリ、古義堂ノ印巻首ニアリ、柱ニ慥慥齋遺書、底本ハ寶暦底本ニヨリ東所本ヲ參考トス

6 三奇一覽 大一冊 （三〇—二一）

輶齋本ニ同ジク錦林王府活字本ナリ重光署名ノ下ニ印ナシ

7 三奇一覽 大一冊 （三〇—二二）

同右

8 三奇一覽 大一冊 （三〇—二三）

同右

百二十一 勢遊志

○享保十五年四月東涯伊勢ニ遊ブ折ノ漢文紀行ニソノ折詠ゼシ諸家ノ鸚鵡石ノ詩ヲ附ス、奥田三角編シテ刊行ス、刊本ニハ宗川法橋書クソノ口繪アリ、末ニ「余請師遊郷之次師友所作詩篇梓傳同好他篇未經修正者姑闕之板在盧橘堂 庚戌仲夏士亨誌」、盧橘堂ハ京都書肆野田彌兵衞ナリ

1 勢遊志 東所手澤本 大一冊 （三〇—二四）

口繪二丁、本文十一丁、柱勢遊志、京都書肆野田彌兵衞藏版、見返シニ享保庚戌年刊、コノ書外題下ニ「善韶」ノ一印アリ、末ニ「寶曆辛巳秋九月朔 善韶句讀」トアリ

2 勢遊志 東皐手澤本 大一冊 （三〇—二五）

同ジク野田彌兵衞版ノアトズリ、外題下弘明ノ印アリ、父東所ノ本ニナラヒ句讀シテ、末ニ「文化乙丑秋七月念五夕 弘明句讀卒業」

3 勢遊志 大一冊 （三〇—二六）

版本ナレドモ末一丁缺ニシテ、何人カシラズ稚ナキ落書アリ

百二十二 示學生私說

○享保歳在甲寅五月ノ日付ニテ東涯ガ古義堂ノ新入塾者ニ示ス祝辭、文ハ文集巻之二十ニ収ム、印刷シテ新入生ニ送ラントセシカ校正刷存ス

1 示學生私祝 草稿 寫一巻 （三〇—二七）

草稿二通ヲ一巻トス、一ハ大キク淨書セント試ミシモノ、後半乱筆、

意ニ滿タザリシナリ、二ハソレト同文ニ東涯朱及墨ヲ以テ訂正シアリ且ツ訓點ヲ附ス

2 示學生私祝 折中一帖 (三〇—二八)

前原稿ノ訂正ニ從フ、本文ヲ板行ニスルモノ、朱ヲ以ツテ校正アリ、前ニ「惣體文字フトクイヤシク候キレイニサラヘ□候」トアルハ東涯自ラナリ

百二十三 江上花月帖

○享保六年辛丑穐日 東涯書セシ所ノ江上花月歌ノ墨本ナリ、詩ハ詩集巻之一ニアリ

1 江上花月帖 折一帖 (三〇—二九)

外題韜齋ニシテ下ニ「六有齋」ノ印アリ

百二十四 仙苑十詠

○仙苑トハ仙洞御所ノ御苑ナルベシ、ソノ十景ヲヨム十絶ノ各ニ前書アリ

1 仙苑十詠 寫半一冊 (三〇—三〇)

全五丁、東涯自筆巻物ヨリノ寫ニシテ、末ニ東所云フ「右ハ先詩と相見え巻物奥田蘭汀書入有之候享和四年甲子正月永井好義氏持參被貺所持之人ハ土岐侯之家中之由此集ハ此方ニ見え不申候故寫本申候永井生ハ芝田元方より參候由被申候」トアリ

百二十五 紹述先生遺稿

○東涯歿後、東所ソノ未定稿ノ諸著述ノ自筆稿本ノ中十部十四冊ヲ同装釘トシテ編セシモノ、所収各編ニツキテハ後ニ述ブ

1 紹述先生遺稿 自筆本 寫半十部十四冊 (一九—一)

所収次ノ如シ題簽東所

巻之一 先游傳、全四十一丁、前出先識傳ヲ増補改題セルモノニシテ、ナホ収所人員ニモ文章ニモ墨朱ノ加筆多シ、序ハ享保九年甲辰七月トシ更ニ十二年丁未ト改メ更ニ朱モテ享保十四年己酉トス、増補ノ現姿ホボコノ頃ニナリシト知ルベシ（日本儒林叢書所収、先識傳ノ條參照）

巻之二・三 古義鈔翼上下、二冊、仁齋ノ論語古義孟子古義中ヨリ問題アルモノヲ抜出シテ假名マジリ文ニテ詳解セルモノ、後東所コレニ追加シテ四書抄翼ヲ作ル、所収條項二十論語ノ方多シ、上末ニ「天明乙巳八月十八日淨寫校讀全善韶」トアルハ、東所本書ヲ用ヒテ副本ヲ製セシ折ノコトナリ

巻之四 五經要領 讀詩、全四十一丁、和文ニテ認メシ詩經入門トモ云フベキモノナリ、末ニ東所「戊午八月再讀韶」トアリ

巻之五 古官、古義堂ト柱刻アル用紙全二十四丁、墨附十七丁、支那古代ノ官名ヲアゲ、ソノ出典ヲシルセルモノニ後ノ官職略稱ヲ附セリ

巻之六—十一 操觚字訣、六冊、後年東所増補完成セルモノノ基ナリ、東所凡例ニ云フ「先子初年ニ異字同訓考ヲ輯ム、タヾ古文ノ同訓アル句ヲ載ス、晩ニ同訓雜志ヲ輯ム、亦同、ソノ後操觚字訣ヲ草ス、同訓ノ義ヲ解シテ、古語ヲ引ズ、三書未定ノ稿ニシテ體統ヲナ

サズ」トアルモノナリ、巻八末ニ東所「此巻全淨書卒戊寅十一月八日善韶」、巻之十附箋シテ「戊寅十一月十三日夜淨書了」トアリ、別本ヲ作リシ折ノコトナリ

巻之十二　同訓褋志、モト二冊ヲ合綴シテ全百七丁、前掲東所云フ所ノモノナリ、末ニ東所「己卯正月淨書畢　韶」「辛酉八月再校全業」トアルモ別本ヲ作リ操觚字訣ヲ増補セシ折ノコトナリ

巻之十三　五音五位口訣、譯語十例、附四聲圏發、五音十五丁、訓譯十例十五丁、圏發二十七丁、白紙二十四丁、計八十一丁、五音ト十例ハ前掲東所筆本ノ原本ナリ、圏發ハ四聲ノ違ニヨリテ意義ノ相違スル文字ヲアゲテソノ性質ヲ説明セシモノ、四聲彙辨ト同軌ノモノナリ

巻之十四　東涯詩話、全四十三丁、古來ノ詩ヲ上ゲテソレニ關スル記事ヲノス、掲ゲタル詩ノ略セルモノヲ東所後ニ補ヒアリ

百二十六　紹述雜鈔

○東涯ノ未定稿未刊ノ書ヲ東所寫サシメテ一叢書トセルモノ、享和三年癸亥四月十九日ニ序セリ、遺稿全集トモ云フベシ、所収各編ハ既ニ前掲セリ

1

紹述雜鈔　寫半二十七部三十冊　（一九—二）

施政堂藏ト柱刻アル東所用箋ヲ以テス、筆者同筆ナレド不明、東所享和年間ニ校訂アリ、各冊ニソノ年次ヲ主ニ朱ニテ記ス、所収次ノ如シ

一、先游傳、「享和元年五月八日校讀畢善韶」「二年壬戌再校六月廿八日全功」

二、讀詩要領、「辛酉七月廿五日校讀了壬戌七月九日韶對了」

三、佔俾漫鈔、「享和三年閏正月十六日校讀畢同二月廿五日照對卒業」

四、集語鈔、末ニ「享和辛酉十一月廿二日校讀壬戌七月十九日照對了」

五、古官、末ニ「享和辛酉十月廿二日校讀了壬戌七月廿二日照對畢」

六、宮殿門考、末ニ「壬戌八月九日照對卒業」

七、宮室名號、末ニ「校了」

八、閲史隨抄、コノ書東所ノ本缺ケタルヲ以テ後人ノ補セシモノト思ハル、輶齋ノ弟蘭溪筆カ古義堂ト柱刻アル用紙

九、國事褋語、末ニ「享和癸亥閏正月八日校讀畢同二月廿三日照對了」

十、考古雜編、末ニ「辛酉十一月朔校讀畢壬戌八月廿五日昭對完」

十一、倭韓通信雜誌、末ニ「辛酉十一月七日校讀畢」「壬戌九月二日照對卒業」

十二、朝鮮雜誌、末ニ「辛酉十一月十日校讀畢」「壬辰九月七日照對畢」

十三、鷄林軍紀上中下三冊、上末「辛酉十二月八日校讀畢」「壬戌九月十五日照對畢」中末「十二月十日校讀畢」「壬戌九月廿三日照對畢」下末「享和元年辛酉十二月廿二日校讀了」「二年壬戌十月三日照對全業」

十四、朝鮮國諺文字母、東所補訂本ニヨル、末ニ「享和元年十一月廿八日校讀畢」「二年十月廿五日照對畢」

十五、文體辨畧、末ニ「享和癸亥閏正月十八日校讀畢」「二月十九日照對畢」

十六、雜雋手録、末ニ「享和癸亥閏正月廿二日校讀畢」「同年二月廿七日照對卒業」

十七、肆言類雋、末ニ「享和二年壬戌五月二日校讀畢」「同年十月十七日照對畢」

十八、東牘套語、末ニ「享和三年癸亥閏正月廿四日校讀畢」「同年二月望日照對畢」

十九、左氏熟語、末ニ「享和辛酉十一月廿六日校讀畢」「同壬戌十一月二日照對卒業」

廿、須記詩選、末ニ「享和二年壬戌五月十四日校讀畢」「十一月廿二日照對了」
廿一、明詩絶奇、末ニ「辛酉五月十日校讀畢」「壬戌十一月廿八日照對畢」
廿二、東涯詩話、末ニ「辛酉十一月十二日校讀畢」「壬戌十二月二日照對了」
廿三、東涯譚叢、末ニ「享和元年辛酉十一月廿日校讀畢」「二年壬戌十二月十六日照對卒業」
廿四、姓林全書二冊、上末「壬戌五月十九日校讀畢」「癸亥正月七日照對畢」下末「享和二年壬戌五月廿二日校讀畢是日夏至與瀨尾敎文生對談至此卷全業云」「三年癸亥正月十九日照對畢」
廿五、五音五位口訣、末ニ「享和元年辛酉五月十六日校畢善韶」「同三年癸亥正月廿三日照對畢」
廿六、避諱書、末ニ「享和三年癸亥閏正月廿五日校讀全業」「同年二月晦日照對畢」
廿七、異名考、末ニ「享和元年辛酉五月十四日校讀畢善韶」「三年癸亥正月廿七日照對全業」

百二十七　自　筆　雜　記

○一部ノ體ヲナサザル抄録聞書類ヲ玆ニオサム

1　**襍　詞**　寫半一冊　（一六—二六）

全五十六丁、墨附三十九丁、末ニ「甲辰年裝釘」トアリ、甲辰ハ享保九年、字謎、酒令ノ對句、古諺、佛書中ノ妙言佳句等ヲ集メタルモノ

2　**小　記**　寫横中一冊　（一六—二七）

奎文館ト柱刻ノ罫紙四十八丁、操觚字訣ヤ四聲彙辨名物六帖ノ中ニ入ルベキ抄記ヤ下書キアリ、其他小文ノ草稿ヤ詩句ノ抄モアリ、乙卯五月古今敎法沿革圖刊刻ノ折贈與セシ向ノ控ヘアリ、享保二十年ノ記ナリ

3　**〔史　書　抄　記〕**　寫小一冊　（一六—二八）

全四十四丁、十四行罫紙ヲ用ヒ白紙十丁、東涯年少時歴史研究盛ンナル折ノ抄記ナリ、巻中「右五代史鈔以丙寅孟夏廿六日始以十月十六日終」ノ文字アリ、丙寅ハ元祿三年ナリ

4　**瑣　語　遺　記**　寫半一冊　（一六—二九）

全四十四丁、前部十三丁ハ門人筆ノ中ニ東涯自ラノ手ヲモ混ジタル大學定本釋義ニシテ、ソノ後ニハソノ後年ノ讀書ノ抄記ナリ、康熙字典其他ヨリ俗語ヲ抄記スルナドアリ、中ニ享保十七年ノ日次アリ

5　**舊　襍　鈔**　寫大一冊　（一六—三〇）

全三十八丁、春秋天子之事（輝珍論）學蔀通辨（貞享丁卯臘月念八）居業録（胡居仁著、貞享戊辰正月十三日）伊洛淵源録（淵源録会始于丁卯仲冬念六日終干戊辰仲秋初二日）輟畊録（戊辰仲秋十日）趙時春「送楊景周擢廣東按察副使序」等ノ寫シ及ビ抄記ヲ収ム、末ニ「癸卯釘」トアリ

6　**襍　草　合　釘**　寫半三冊　（一六—三一）

一ハ自ラ襍草合釘ト題シテ種々自ラ寫シ又ハ書セシ文書類ノ片々ヲ綴リシモノ、二モ名ナケレド同性質也、三ハ表紙ニ「東涯先生雜書散亂セルヲ取集拾貳枚一ト綴トス大正四年八月顧也」トアルモノナリ

7　**〔簡牘用語抄〕**　寫横中一冊　（一六—三二）

十四丁、書簡ノ用語ヲ集メシモノ、東牘套語トハ又別箇ノモノナリ

8

〔抄　録〕　寫横四冊　（一六—三三）

一ハ横百十八丁、早ク難語佳句ナドヲ抄セシモノノ餘白ニ晩年又抄記聞書ヲオサメタルモノ、諸書ノ成書ノ材ヲセナシモノノ寫シ多シ、一ハ小冊十丁、極初ノ手ニシテ詩文語句等種々アリ、三モ小冊十丁詩句ノ抄記、四ハ小冊、文字一丁、他ハ幼キ筆ニテ畫ヲ描ケリ、

9

〔難語答問案〕　寫大一冊　（一六—三四）

墨附八丁、何ノ別モナク難語ヲ上ゲテソノ解ト出處ヲ示シアリ、恐ラクハ何人カノ疑問ニ答ヘントスル案ナルベシ

百二十八　經翼辨藪

○享保十九年刊スル經學文衡ノ原型ナリ、元祿九年東涯經學上參考トナルベキ唐土ノ人ノ論文十篇ヲ収メ、諸友ニ乞ヒテ寫シ一冊トナセルモノ、十篇中三篇歐陽脩易童子問、馬端臨詩序不可廢論、李翺復性書ハ明以前ノ人ノ作ナレバ文衡ニ収ラズ、他モ順序相違アリ

1

經翼辨藪　寫大一冊　（一六—三七）

全八十三丁、目録ノ末ニ「皇和元祿九年丙子臘月東涯精舍寫」トアリ、裏見返シニ「此冊八十三張元祿丁丑三月廿五日裝釘　時適從家府同可昌良弼遊丹之龜山而歸　此卷比年請諸友分寫　首備書十七葉邦憲六丁景暉六丁懷愼四丁章貞四丁自寫三丁義正三丁成美廿一丁義正二丁義凱八丁善八十丁」トアリ、東涯校正書入アリ、又東所ノ校正モアリ、附箋シテ云フ「此一卷精校卒業庚辰十一月〇三篇ハ他日原本校正書可収也」トアリ

百二十九　經學文衡

○經翼辨藪ヨリ發展シテ十七篇ヲ収メ、大極易詩書春秋ノ各論ニ配セルモノ、享保十九年奎文館ヨリ三冊トシテ刊サル、文末東涯ノ考案ヲ附シタリ

1

經學文衡　東涯手澤本　大三卷三冊　（一六—三五）

伊藤長胤輯、享保甲寅二月伊藤長衡序、享保十九甲寅歳夏五月平安書坊奎文館瀨尾源兵衞發行、柱ニ「廣氏藏書」トアリ、東涯表紙ニ朱書上「大極易」中「詩書」下「春秋」、本文校正モ若干アリ

2

經學文衡　東所手澤本　大三卷一冊　（一六—三六）

前掲ノ刊本ヲ合綴セシモノ、東所校正及ビ書入アリ、末ニ「寶曆十年庚辰十一月十四日校訂卒業善韶」（朱）、「天明四年甲辰三月廿六日全讀始五月六日畢」

百三十　印篆備用

○明ノ王常ノ集古印譜秋間戲銕ノ書ヨリ篆書巧妙ナルモノヲ抄記セルモノ、末ニ東涯自ラ書ス千字文篆書ヲ附ス以テ印篆ノ用ニタクハヘタルナリ

1

印篆備用　自筆本　寫半一冊　（一六—三八）

三十丁中ニ「右集古印譜太原王常延年編有六卷明人」トカ「予往歳借穐間戲銕揮其篆書之巧妙者書之屬者又借得戲銕其末有續二卷雲間羅公權所彙因揮其中之巧奇者渡附于末焉元祿二年閏正月十三日東涯書」千

字文ノ末ニ「戊辰孟夏伊藤長胤拜書」ト、戊辰ハ元祿元年ナリ

2　印篆備用　蘭嵎筆本　寫半一冊　（一六—三九）

前書ヲ蘭嵎寫シテ東所ニ與ヘシモノ　末ニ「長堅寫與韶姪」トアリ、外題下ニ「善韶」ノ印、又末ニ「明和丁亥七月八日」ト東所記ス、丁亥ハ四年ナリ

百三十一　同文備考抄

○東涯末ニ「元祿己卯之歳同文備考壹套八本新渡一覧抄其偏旁奇字云時十一月十八日東涯野人書」トアリ

1　同文備考抄　自筆本　寫半一冊　（一六—四〇）

九丁、墨附七丁、東涯ノ後語ニツイデ、東所識語アリ「右先君子手書也鄕者拾得此冊於敗紙中殊欣慰今也裝釘爲巻囘書一言末簡以藏于家云延享四年歳次丁卯孟夏下絃日平安東所藤善韶忠藏氏書于雅似軒中」

百三十二　翰墨流芳集

○享保ニ入ツテヨリ東涯見シ所ノ書及ビ書贊類ノ記スベキモノヲ控集メタルモノ、所見ノ日附所持者ヲ記セリ、又感想ヲ加ヘタルモアリ、唐土ノ作多シ

1　翰墨流芳集　自筆本　寫半二冊　（一六—四一）

外題東涯、末巻ニハ白紙多ク一丁東所筆アリ

百三十三　應氏衆妙方

○仁齋ノ集メ置キシ藥方——後「藥方之古紙」トシテ東涯一袋ニ収ム—等ヲ寫シ、又自ラ聞ク所ヲモ合セ集メテ、諸病家庭藥ノ方ヲ編セシモノ、東所更ニ仁齋筆ニシテ本書ニ洩レタルヲ合セ記セリ、應氏ハ伊藤氏ノ修ナリ

1　應氏衆妙方　自筆本　寫半一冊　（一六—四二）

全四十丁、東涯自ラ聞キ集メシモノニハ享保辛丑（六）壬寅（享保七）己酉（享保十四）ナドノ年号見ユ、末ニ假ニ「藥方控」ト題セシ仁齋自筆本中東涯ノ収メザリシヲ東所寫シテ「古學先生自書アリ寶曆甲申二月十七日録于此　善韶」トアリ

百三十四　朝野通載

○東涯ガ得ルニ從ヒテ朝野ノ詩歌發句等ヲ集メシモノ、殊ニ和歌發句多シ、時代ハ主トシテ室町中頃ヨリ當代ニ至ル、又別ニ「文字」トシテ漢文ノ主トシテ詔書金石文書簡ヲ集メタルモノアリ、東所ハ新編一冊ヲ作リコレニ補セリ

1　朝野通載　自筆本　寫半八冊　（三一—一）

上冊ハ自筆ニシテ内題末ニ「膾炙志　畢　丁酉八月初寫了」トアリ丁酉ハ享保二年ナリ、中冊ハ自筆ニテ「享保九年甲辰十月書寫畢工」トアリ、下冊モ同自筆ニテ「享保十年乙巳六月日裝釘」トス、續集上、同下ハ若干ノ書入ヲノゾキ他筆、特ニ外題ニ「和詞」トアルモ他筆、越中守頼家名所哥合天喜元年、源順馬名合、易然集、水無瀬殿御法樂御會寛文二年、法皇新御殿御會始延寶五年ヲ合綴ニセルモノ、末ニ「先人夙好和詞囘門人故舊多寫藏和歌右五種雖古今不倫恐其散逸釘一冊藏之于家云　㫖享保元年丙申仲穐下澣京兆伊藤長胤拜書」、朝野通載ト東涯ナラヌ手ニテ外題認メシモノ前半他筆後半自筆ナリ、東所追加ハ題ノ下ニ新編トアリ、中ニ東所以外ノ手モアリ、巻首ニ云フ「先子嘗

輯當世朝野和歌若詩作巻予亦録一時見聞者續業而附其後不拘年世随得即謄以収干家云寶暦壬申清祀月十有八日善韶書」

2 朝野通載 文字 寫大二冊 (一六—四三)

甲乙、上下ニ別ル、外題東涯、二十行罫紙ヲ用フ、主トシテ詩文書簡、漢文漢詩ナレドモマ、和歌ソノ他ヲモ混ジ、自ラ寫セルモアリ他ノ寫セシモ混ズ、又外來ノモノヲ附貼セルモアリ、思フニ初メ、後ニ朝野通載トシテ獨立セシムル意ナクシテ時文雋英當世詩林ニ洩レタルモノヲ集メタリシガ後ニ通載出來雋英詩林ノツヾケラル、ト共ニ、書簡詔書金石文等ヲ主トシテコ、ニ集メシモノナラン

3 〔朝野通載抄〕 梅宇筆本 寫大一冊 (一六—四四)

三十二丁、裏打アリ、末ニ「右甲寅七月願之通上京被仰付逗留之内東涯先生机邊にある間書を見または夜〳〵はなしに侍坐しける時のはなし共書あつめ置なり享保甲寅八月十七日梅宇氏」トアリ、聞書トハ朝野通載ニシテ、ソノ興多キヲ抄記セルモノナリ

4 朝野通載 東所手澤本 寫半七冊 (三三—二)

東所二三子ニ寫サセ副本ヲ作リシモノ、東涯自筆本ニヨリ全部ヲ寫シアレド巻ノ分ケ方ハ相違セリ、東所校正アリ、中冊末ニ「癸酉閏正月廿五日校了」癸酉ハ享和元年ナリ、下冊「辛酉十月校讀全業」「癸亥閏正月照對了」續集上「享和元年四月新寫校讀畢 善韶」「同三年二月六日照對卒業」

百三十五 詩文録

○東涯初年詩文ノ見ルベキモノヲ集メシモノニシテ、吉岳氏文叢ト同時ト推察サル、貞享元祿初年ノ編ナリ、後ニ当世詩林ヲ編スルヤ、多ク本書ニ集メシヲ加ヘタリ

1 詩文録 自筆本 寫半一冊 (三三—三)

二十八丁

百三十六 當世詩林

○東涯青年時ヨリ、當代ニ聞コエシ詩及文ヲ集メントシ、初メ吉岳氏文叢、詩文録ト稱シ集メタレド、後詩ハ當世詩林ト題ス、初メニ元祿五年同八年ノ作アリテ、次ニ更ニサカノボルアレバ、八年頃ヨリ編シソメタルカ、正編ナリテ次イデ續編ヲナシ、更ニ編ヲ重ヌベク集メ居リシモ業ヲハタサズシテ歿ス、東所業ヲツイデ遺編一冊ヲ加フ

1 當世詩林 寫半三冊 (三三—四)

正編ハ上、中、下三巻一冊、體整フ、全ク東涯筆、初メニ「日東平安伊藤長胤原藏輯校」、末ニ「日東元祿十年丁丑孟夏上澣」トアリ、末ニ詩林作者姓名爵里アリ三十五家、多クハ仁齋周圍ノ人ナリ、續編多クハ東涯筆、東都ノ人々ノ詩作モヤ、多シ、遺編ハ初メニ「伊藤善韶纂輯」トアリ、末ニ「享和三年癸亥三月九日就原本照對了」トアルモ又東所ナリ、蒐集範圍漸ク廣シ

2 〔當世詩林遺編初稿〕 寫半一冊 (三三—五)

制度通ト柱刻アル用紙ヲ用ヒテ二十四丁、順序ナド殆ド同ジケレド、完本ニ比シ所収詩作大イニ少ナシ、次ノ浄書ノ爲ノ注意東所筆ニテアリ、完本コレニ從フ

3 當世詩林遺編所收詩稿 二袋 (四八—三)

モト東所一東シテ存セシ紙片、續編所収ノモノ若干ヲ合セテ今一括ス

一、平山林弘堪、名媛百聯（陰山東門筆、末ニ東涯書ス「右陰山氏扇頭所書其字漢細有趣半面書之紹不可及也予喜其博古且善鎔鑄入詩託氏寫之云享保乙卯之歳東厓書」）一冊
二、道本「東渡舟中作」沈茗園「奉和石河公原韻」
三、道本詩二紙（東涯筆、「道本詩二紙内　甲辰」トシ、一ノ末ニ「右崎陽聖壽山見住道本和尚作」トアリ）
四、村上冬嶺翁詩（伊藤蘭嵎筆「聞虫聲」「冬夜懷亡友」二詩）
五、水口周庵之詩（自筆、「碓氷早春」「望淺間嶽」ノ詩、東涯類似ノ手ニテ「右水口周庵之詩自筆事板倉氏在信州」トアリ）
六、室直清詩和歌（東涯朱ニテ「享保十三年」ト記ス）
七、松崎多祐氏古詩（自筆カ、東涯筆外題）
八、南海、徂徠詩（東涯巻端ニ書シテ「乙巳年、祇園氏、荻生氏」）
九、木下菊譚詩
十、祇園南海（「寄憶越中南思聰環翠園兼和其韵四首」）
十一、梁田（蛻嵒）詩二帋
十二、蛻巖光謙唱和
十三、梁田蛻巖二首
十四、桂山義樹、梁蛻岩詩
十五、梁邦美（蛻巖）四首
十六、長澤不怨齋詩（東涯記ス「已酉之春自明石生來」）
十七、長澤不怨齋詩　一帖
十八、院御製・勘解由小路韶光詩
十九、桃溪「輓雋所翁」（東涯書ス「雋所輓詩　桃溪作也」）
二十、「早春詣大佛奉悼一品大王」（東涯書ス、「大町正淳作」）
二十一、前田市進氏詩（外題東涯筆、「在備中松山」）
二十二、櫟谷兼通「奉和東厓伊君雪中見寄韻」（自筆）
二十三、「賦圓光精舍海棠花」（東涯記ス、「乙巳年藤江氏等」）
二十四、西教眞際「謝東厓先生見訪」等
二十五、養齋「八月十四日東光寺席上漫次東厓先生示韻」（自筆、養齋ハ森下賢問ナリ）
二十六、山田麟嶼「秋信」（自筆）
二十七、菅正朝（麟嶼）詩（自筆）
二十八、蘭畹「秋信」（自筆）
二十九、同「題子陵釣臺圖」（自筆）
三十、那須惟修詩（自筆）
三十一、東所筆包紙（「此分當世詩林續編新寫畢校正了収藏癸酉二月十九日也善韶」ト記ス）
三十二、仲祺詩「扶桑茶花」（東涯書ス「清僧仲祺詩」）
三十三、梁田蛻巖「陌上桑」（自筆）
三十四、人見竹洞「和秋峯韻」
三十五、中秋默堂翫月之詩（村上冬嶺以下作）

百三十七　時英詩雋

○時英文雋ニ對シ當世詩林ヨリ抄出シテ斯ク題シ一編著ヲ作ラントセシモノ、元祿二年三年ノ作ヲ巻一ニ集メ、三年作ヲ巻二ニ集メントシタレドモ中絶シタルカ、巻二ハ少部ヲ殘スノミナリ、當世詩林ノ作製ヲ去ル遠カラザル頃ナルベシ

1

時英詩雋　自筆本　寫半二巻一冊　（三―六）

二十行罫紙ヲ用ヒ全十丁、巻二ハ一丁ノミ

百三十八　吉岳氏文叢

○東涯初年寓目ニテ存スベキ文ヲ集メタルモノ、中ニ唐土（鶴林玉露、

王維ノ文）ノ作アレド、多クハ當代ノ人、古義堂關係者ノ作ニシテ、自作ヲモトドム、中ニ張斐高泉等來朝者ノ文多シ、貞享二年ヨリ元祿二年頃迄ノ作アリ、ソノ頃ノ編ナルベシ、コノ傾向進ンデ時英文雋ノ編トナル、文雋ト重複スルモノマ、アリ

1

吉岳氏文叢　自筆本　寫半一冊　（三三―七）

墨附九十八丁、外題ハ後年ノ筆ニシテ表紙ニ「長胤藏」トアリ、貞享元祿ノ間ニ書集メシモノナルベシ

百三十九　時　英　文　雋

○東涯初年ノ頃ヨリ集メタル當代人ノ文集ナリ、吉岳氏文叢ノ試ヲ發展サセタルモノ、三冊アリ後年コレヲ補スベク資料ヲ集メツ、アツテ歿ス、東所業ヲツギテ續編ヲナス、巻一ノ所々ニ戊辰己巳寫ノ年記見ユレバ元祿元二年頃始メタルナルベシ

1

時　英　文　雋　寫半四冊　（三三―八）

一ハ、外題時英文雋トノミ、本文東涯寫、末ニ東所筆ニテ「明和戊子七月六日讀畢」「享和壬戌十月九日再讀畢」（朱）トアリ、源光圀孔子頌ノ末ニ「己巳二月借于松岡玄達」、安東守約ノ高橋紹運公碑銘ノ末ニ「己巳閏正借于吉田興行寫」、佛國高泉ノ再通黄檗獨湛和尙書ノ末ニ「戊辰自前田松宇借之」トアリ

二ハ、「時英文雋二」ト題ス、殆ド自筆、一ニ續ケテ編セシモノ、元祿三、四年ノ文ヲ收ス

續編上下二冊、施政堂藏トセル用紙ヲ用フ、「伊藤善韶纂輯」トアリ、上末ニ「享和三年癸亥三月十九日照對卒業」、下末ニ「享和元年辛酉四月朔日新寫校讀全業韶」「同三年癸亥三月廿八日照對全業善韶」（朱）トアリ

2

時英文雋所收草稿類　十四冊一袋　（四八―四）

文雋編ノ材料トナリシ文稿二十三点ヲ今一括ス、次ノ如シ

一、貝原篤信「復書處士坂本英彥」（外題東涯「貝原氏書柬」）

二、柳川順剛「答安東省庵書」（東涯外題、自筆歟）

三、室直清「送綾部進平歸杵築序」「讀綾部氏家庭指南」（二枚）（兩帋共ニ東涯外題ヲ書シテ「自豊州來」トアリ、綾部絅齋ヨリ送リシモノナリ）

四、同「清操堂記」（古義堂ト柱刻アル罫紙ニ寫ス）

五、室直清「新井源公碑」、黒田直邦「正献先生林君碑銘」（合綴）

六、林整宇「小餘綾石記」、新井君美「小餘綾石記」（東涯外題）

七、新井君美「高子觀遊記序及本文」

八、物茂卿「樂々堂記」、太宰純「奉送大坂處守源公之任序」、同「文種詩」、河口光遠「送山源允之京師」（合綴、但シ下二ハ詩ナリ）

九、物茂卿「送于季子序」（外題東涯「丁未年桂川來」トアリ）

十、同「答安澹泊書并問答一條」（外題東涯、附シテ「享保丁未歲自青木文藏氏寫来」トアル、青木昆陽寫ナリ）

十一、太宰純「赤穗四十六士論」、松宮俊仍「續四十六士論」、林信充「漏刻說序」、（合綴、外題東涯、「乙卯之春淸水慶庵氏ヨリ來不被及返弁之由」）

十二、服元喬「棲仙亭記」（外題東涯）

十三、雨森東五郎「贈青柳元春書」（自筆、外題東涯「雨森氏贈青柳元春書寶永中也青柳對州醫生」）

十四、梁田蛻巖「題即心念佛義後」（東涯外題）

十五、梁田蛻巖「上靈空尊宿書」（東涯外題）

十六、田中丘隅「文命東隄碑」（外題東涯「享保丙午年篠崎氏ゟ到來」）

十七、鳥山宗成「朋友論」（外題東涯「鳥山生詩文　戊申」）

十八、泰麟「寓紫山喝浪禅師書」
十九、小河成章「與吐山玄伯書」(外題東涯「貞享年中事」ト、朱ヲ以ツテ改メアルモ同筆、自筆ナルベシ)
二十、荒川秀「漢高祖論」(自筆)
二十一、道香、「彭城氏東閣先生書」(自筆)
二十二、桂川秀廉「放鷩説」(自筆)
二十三、山田正朝「出身表」(自筆)

百四十　隨得雜文

○時英文雋二ト同装釘ヲ以テ作ラレシ所ヲ見レバ、同ジ頃ニ寫セシモノニシテ、時英文雋中ニ収マルニフサハシカラザルモノヲ別ニ一冊トセシモノナラン

1　隨得雜文　自筆本　寫半一冊　(三一—九)

全三十丁、義堂ノ空華集粋ハ中バニ及ビ、安南朝鮮ヨリ來タル國書、鮮人申叔舟ノ文ナドアリ

百四十一　制義錄

○制義ヲ諸生ニ作ラシムル事ハ古義堂ニ於ケル仁齋教育ノ一方法ニシテ、ソノ方ハ仁齋ノ私試制義會式ニ明カナリ、ソノ制義ノ文ヲ、各自自筆ノマヽヲ東涯編シタルモノ、元祿七年ヨリ同十一年迄ノ作文ヲ収ム

1　制義錄　寫大四冊　(三一—一)

一冊ハ初メニ「元祿七年甲戌八月伊藤維楨撰」ノ私試制義會式ヲ東涯筆ニテ掲ゲ、同七年八月ヨリ各自ノ制義ヲ合集ス、目録東涯筆

二冊ハ内題「古義書院私試經義乙亥新藁　伊藤長胤輯」トアリ、八年二月ヨリ七月迄ノヲ収ム、「考巻作者姓名」アリテ諸門人ノ畧姓名本貫ヲ記ス、目次ニ「秋九月望日輯完」
三冊ハ二ト同内題ニテ、同年八月ヨリ十二月ニ至ル、目次末ニ「丙子夏収完」トアリ
四冊ハ元祿九年二月ヨリ同十一年迄ノ作文ヲ収ム

百四十二　校刊書

1　改正東萊博議　大十二巻四冊　(二四—一)

(宋)呂祖謙、(明)黄之寀校、孫執升評、伊藤東涯重訂、瞿景淳序、呂祖謙自序、壬申春日陶珽序、元祿庚辰(十三)之春伊藤長胤原藏跋、京師書林八幡町通間之町角高橋權兵衞刊、朱書入若干アリ

2　論語集解標記　大十巻二冊　(二四—二)

(魏)何晏、清原宣條閲、伊藤東厓考訂、巖垣龍溪標記、安永七年冬十一月清原宣條序、享保壬子之歳伊藤長胤序、天明三年癸卯五月大坂心齋橋筋安堂寺町大野木市兵衞　江戸日本橋通一丁目須原屋茂兵衞　京都柳馬場四條下町京都同店、東涯序ハ紹述先生文集巻之四ニアル論語集解序ヲ東所書シテ版下ニセルモノ、文集ノ序ハ青木生ノ著ニ對シテノ序ナリ、何故ニ玆ニ加ヘシヤ又東涯考訂ノイカナリシヤ不明ナルモ、龍溪ハ東涯門ナリ、東所モ關係セルコトナレバ東涯考訂トシテコヽニ加フ

3　鹽鐵論　大十二巻六冊　(二四—三)

(漢)桓寬、(明)張之象註、伊藤東涯校訂、寶永四年丁亥秋日德山主人(毛利元次)序、嘉靖癸丑閏三月朔旦張之象序、寶永戊子三月日

伊藤長胤跋、寶永五年戊子臘月朔旦京東洞院通夷川上町林九兵衛繡梓

4　**藝林伐山故事**　大四巻二冊　（二四―四）

（明）黄克興、楊慎編、呉遷閲、正徳五年歳在乙未陽月之吉伊藤長胤叙、萬暦丙午孟春吉旦楊芳重刊小引、萬暦丙午仲春吉旦楊逢時跋、建陽龍峰熊珊梓本ノ和刻、正徳六丙申歳京師書肆文泉堂、弘章軒、積善堂同刻、從来ノ書籍目録類東涯ノ校刊ナリトス、シバラクコヽニ加フ、小口書東涯筆

5　**藝林伐山故事**　大四巻二冊　（二四―五）

前書ニ同ジ

6　**西京雜記**　大六巻一冊　（二四―六）

（晉）葛洪集、（明）程榮校、伊藤東涯再校訓點、黄省曾序、已巳（元祿二年）蕑月之吉伊藤長胤跋、元祿第三庚午年仲春穀旦　唐本屋又兵衛梓、題簽下部ニ東涯筆ニテ「庚午再以攝州本較」トアリ、上欄書入以外ニ東涯筆ノ校正アリ、末ニ「庚午之夏、予遊南攝、客館無事、因閲主人西山氏藏書、其所藏、漢魏叢書中、所收西京雜記、校旧臘所梓者、文字甚正正、爲手施丹鉛、校其多寡異同如右　孟夏仲旬東匡題」

7　**文章歐冶**　大一冊　（二四―七）

（元）陳繹曾、東涯校、序、嘉靖壬子仲夏下澣尹春年序、至順三年七月陳繹曾序、元祿改元戊辰伊藤長胤跋、元祿元戊辰歳黄鐘梓　洛陽書林唐本屋又兵衛　永原屋孫兵衛、東涯書入アリ、又東所末ニ「寶暦甲戌年善韶讀了」「同甲申春再讀」

第二類　日記・書簡

一　日記類

1　**伊藤氏家乘**　寫横七冊　（六一―一）

東涯晩年自ラ製セシ自己中心ノ年譜ニシテ、父仁齋ヲ始メ古義堂ノ内外、公私ニワタリ關係セル人々ノ動静及ビ公私ノ世事ヲモ合セ記シタリ、七冊ノ内譯次ノ如シ

一、伊藤氏家乘（外題）帳簿様ノ半紙二ツ折横綴、共表紙ニシテ五十九丁、東涯ノ生誕寛文十年四月廿八日ニ起筆シ、元祿十六年二月ニ終ル、末ニ東所「明和五年戊子二月十八日善韶讀畢功」

二、東涯家乘之二（内題）横中本、九十丁、元祿十六年三月ヨリ寶永七年末マデ

三、日乘（外題）横帳綴半紙四ツ折、共表紙三十四丁、御即位御祝儀献上覺一丁若干アリテ寶永八年（正徳元年）ヨリ正徳六年（享保元年）六月マデ、表紙ニ「寶永辛卯之蔵」トモ記セリ

四、日乘（外題）横中本、共表紙百十一丁、表紙ニ「享保元年七月ゟ六年迄臘月三十日迄」「丙申七月ゟ」ト内容ヲ記セリ

五、家乘（外題）横綴中本、共表紙六十六丁、外題ノ右及下部ニ「享保七年ゟ十二年迄」「享保壬寅正月日以來」ト見ユ、七年正月ヨリ十二年六月迄ナリ

六、日乘（外題）横綴中本、共表紙八十丁、表紙ニ「享保十二年ゟ十六年迄」「享保丁未七月ゟ」トアル如ク、十二年七月ヨリ十六年十二月迄ナリ

七、家乘（外題）横中本、共表紙五十三丁、表紙ニ「享保十七年正月」

「壬子癸丑甲寅乙夘丙辰」トアリ、十七年正月ヨリ二十一年即チ元文元年六月二十二日迄アリ

全部自筆ナレド未定稿ニシテ記事ノ日次前後スルモノ多シ

2 **元祿二年己巳日錄** 寫半一冊 （六一—一二）

共表紙六十七丁、表紙ニ「東匡子書」トアリ、自筆、同年中ノ細密ナル日記ナリ、末ニ東所「明和五年戊子二月朔善韶讀完」

3 **元祿三年庚午日錄** 寫半一冊 （六一—一三）

共表紙六十丁、自筆墨附五十七丁、元祿三年中ノ日記、表紙ニ東所「寶曆壬午韶讀畢」

4 **〔元祿九年日錄〕** 寫半一冊 （六一—一四）

自筆、「芥河家藏」ト柱刻アル毎半葉九行罫紙十四丁、表紙ナク墨附十二丁、五月朔日ヨリ十月四日マデノ日記、第一丁表端ニ東所「元祿九年丙子」ト記セリ

5 **丹行錄** 寫横中一冊 （六一—一五）

自筆、半紙四ツ折横綴、共表紙二十四丁、享保六年二月十三日京ヲ立チ丹波ニ遊ビ所々ニ講書ス、同廿八日迄ノ旅中覺ニシテ、得タル所ノ詩ナドモ記ス、三奇一覧ニ収マル所コレナリ

6 **〔初度含翠堂行〕** 寫半一冊 （六一—一六）

自筆、共表紙七丁、墨附六丁、享保十二年五月九日京ヲ立チ、攝州平野ノ含翠堂ニ講説セル折ノ記ニシテ、和文ノ紀行文ヲナセドモ十一日八尾ニ遊ブ所ニテ終レリ

7 **遊勢襍記** 寫横中一冊 （六一—一七）

半紙四ツ折帳簿様ニセシモノ、全六十六丁、墨附三十九丁、享保十四年四月五日京ヲ立チ伊勢ニ講説シ、同五月六日歸洛迄ノ旅中諸事控ニシテ、同行ノ門人霖寰安原貞平ノ筆ト思ハル、コノ時ニナリシ詩ヲ集メシモノニ勢遊志一冊アリ、表紙ニ「庚戌四月」トアリ

8 **入攝誌** 寫中一冊 （六一—一八）

共表紙十九丁、表紙ニ「享保十八年五月再遊攝州平野誌」トアリ、同年五月廿六日京ヲ立チ六月八日歸宅迄ノ旅中覺ニシテ、同行ノ門人東岳原田直邦筆ト思ハル、再度ノ含翠堂行ニシテ、文集十九ニ収マル摂遊志ノ旅ナリ

9 **大坂行日記名簿** 寫中一冊 （六一—一九）

共表紙十七丁、墨附七丁、享保十八年平野行ニ面會セシ人々ノ名簿ナリ、前掲ト共ニ原田東岳筆ナリト思ハル

10 **〔辛卯勢遊志稿〕** 一通 （六一—二〇）

自筆、辛卯即正德元年三月廿九日ニ京ヲ立チ伊勢ニ遊ビ四月九日歸宅迄ノ紀行ノ草稿ナリ、「元藏家書」ノ印アリ

11 **庚戌勢遊志日程** 一通 （六一—二一）

自筆、享保十四年伊勢旅行ノ略記ナリ

二 門人錄類

1 **初見帳** 横寫中一冊 （六一—二二）

寶永三年ヨリ享保二十一年ニイタル東涯堂主タリシ間ノ門人録ニシテ、多クハ自筆ナリ、美濃四ツ折ニセシ、帳綴ニシテ、丁数次ノ如シ

寶永三年（四丁）四（六丁）五（九丁半）六（八丁半）七（七丁半）八（正德元）（六丁）二（八丁）三（十一丁）四（八丁）五（八丁半）六（享保元）（八丁半）二（八丁）三（八丁）四（十二丁半）五（十六丁中二丁白）六（九丁）七（七丁半）八（九丁）九（八丁半）十（八丁半）十一（七丁半）十二（十丁）十三（十丁）十四（十丁半）十五（十一丁）十六（十二丁）十七（十二丁）十八（九丁半）十九（十一丁）二十（十五丁）廿一（七丁）、末表紙共白紙三丁アリ

2　諸方宿所志　寫横中一冊　（六一—三）

美濃四ツ折横綴ニシテ、雜多ノ用紙ニシテ附箋多ケレド、多クハ東涯筆ナリ、友人門下ノ宿所ヲ記シトドメシモノナリ

3　四癡錄　寫半一冊　（六一—四）

共表紙三十九丁、表紙東涯筆外題下ニ「丁未ゟ庚戌」トアリテ享保十二年ヨリ同十五年ニ至ル、門人諸友ノ書籍カリ出ノ帳簿ナリ、係アリシトオボシク、同筆ノ所多ク、又東涯自ラ、カリ主自ラ書セシ所モアルガ如シ

三　書　簡　類

1　〔東涯書簡集〕　一巻　（三七—一）

所収二十五通、宛名次ノ如シ

本多佐五左衞門（三月十三日）蜂須賀一學（四月十一日、別紙）芥川元泰（正月十七日）竹内常即（六月廿七日）津田宗介（七月十二日）才藏（蘭嵎）・木村源之進（四月十二日）重藏（梅宇）（仲秋初四日）才藏（五月五日）伊藤才藏（五月十一日）才藏（閏月十六日）同（七月初六）同（九月三日）伊藤才藏（五月十一日）同（五月廿日）才藏（六月）〔同カ〕同（六月廿四日）同（三月初六日）〔同〕〔同カ〕〔同カ〕同（三月盡日）同（五月廿四日）〔同カ〕同（六月十一日）

2　紹述先生書牘　一束　（三七—二）

輶齋題シテ一束トセルモノ、所収宛名次ノ如シ才藏（蘭嵎）（八月十八日）淺田文庵（案文）中島六郎右衞門外三名（正月五日）不明三通、書簡反古及包紙十七通

3　東涯書翰　一幅　（三七—三）

才藏即蘭嵎宛五月十一日ノ狀ナリ、文中ヨリ元文元年ト推定サル

4　五先生書牘　一幅　（三七—四）

東涯ハジメ五兄弟ノ書狀ヲ一幅ニ製セシモノ、收メル所次ノ如シ

東涯、才藏宛（五月十六日）梅宇、伊藤才藏宛（六月十四日）介亭、伊藤忠藏宛（七月廿八日）竹里、伊藤忠藏宛（正月三日）蘭嵎、伊藤忠藏宛（四月十五日）才藏ハ蘭嵎、忠藏ハ東所ナリ

5　五藏書簡集　二巻　（三七—五）

福山伊藤家傳來ノモノヲ明治三十六年顧也ガ裱褙セシモノ

一巻ハ全巻東涯狀デ十三通悉ク破損シテ全體ヲ存スルモノナシ、但シ顧也ハ梅宇宛ト記セリ、終ニ一通正德四年仁齋著述藏板ノコトニツキ奉行ニ出ス願ヒノ案文ヲ附ス

他一巻所收次ノ如シ

梅宇、座間久米之進（初秋十二日）切戸八彌（十二月廿八日）東涯（卯月廿一日）東涯（三月二日）

介亭、東所（八月二日、附スルニ某人筆介亭先生座右銘）

竹里、伊藤大佐（十一月廿日）伊藤修佐（十月十四日）

蘭嵎、梅宇、（十月廿一日）伊藤大佐（七月十二日）伊藤大佐、伊藤圖

南(十一月九廿日、東所介亭連名) 伊藤大佐(十月廿一日、東所介亭連名)

6 東涯先生來簡集 十袋 (五九―二)

所収次ノ如シ

第一袋

一、明石彦兵衞(六月十五日) 二、赤羽主税(十月十四日)
三、芥川元泰(六月五日) 四、同 (十二月十三日)
五、朝倉景暉(三月十一日) 六、雨森芳洲(九月六日)
七、同 (六月十九日) 八、綾部絅齋(十二月四日)
九、荒川景元(五月三日) 一〇、有馬涼及(十月廿九日)

第二袋

一一、淺井三左衞門(八月廿八日) 一二、生島恒齋(極月廿八日)
一三、井口喜太夫等(八月廿日) 一四、石山師香(十二月十九日)
一五、伊藤彌右衞門(包紙ノミ) 一六、岩田武兵衞(五月八日)
一七、鵜殿大隅(七月十三日) 一八―二一、緒方宗哲 四通(二月九日、卯月十九日、二月十四日、八月十四日)
二二、奥田三角(七月八日) 二三、小野周防守(四月廿六日)
二四、大島伴六(六月九日) 二五、小倉宣季(七月三日)

第三袋

二六、香川修庵(臘月廿七日) 二七、同 (四月廿七日)
二八、蔭山東門(二月五日) 二九―三〇、勘ヶ由小路光潔(一通、霜月十九日) 三一、同 韶光(臘月中澣)
三二、―三四、風早家長三通(四月廿九日、六月四日、六月朔日)
三五、―四一、香月牛山七通(甲寅中春朔日、七月廿三日、正月七日、正月十一日、七月廿五日、五月朔日、七月下弦日)

第四袋

四二、勝田左次兵衞(八月廿八日) 四三、桂川貞助(東涯宛ハ推定)
四四、加藤堅貞(正月廿三日) 四五、川口友之丞(七月廿日)
四六、唐金梅所(十一月晦日) 四七、木嶋彌太夫(三月十日)
四八、喜多村 (七月十二日) 四九、北村篤所(十二月十七日)
五〇、木村松軒(八月廿日) 五一、桑原前中納言(重陽)
五二、同 (九月十五日) 五三、黒石安右衞門等(八月十九日)
五四、源太夫 五五、存軒(中山榮親)
五六、戸能登守(戸田忠眞、二月十五日) 五七、小武友梅(極月朔日)
五八、小堀仁右衞門(十二月八日) 五九、小見山涼甫(正月廿六日)
六〇、小鷹狩晩山(二月廿七日) 六一、齋木專助(十一月六日)

第五袋

六二、澤田三郎兵衞(四月廿五日) 六三、嶋本權兵衞(臘月廿一日)
六四、坊城俊將(二月念七日) 六五、進藤主税等(十二月十五日)
六六―六七、杉吉甫(十二月十六日 三月七日) 六八―七〇、瀬崎勘介 三通(十一月廿七日、正月八日、五月廿七日)
七一、瀬崎彌一郎(正月七日) 七二、薗田三神主(正月十七日)

第六袋

七三、高木五郎左衞門(正月十一日) 七四、高塚幸正(癸丑二月十日)
七五、竹田某(正月十一日) 七六、伊達外記(處宗、六月十八日)
七七、谷左中(十二月念八日) 七八、爲 (卯月けふ)
七九、道香(後二月廿七日) 八〇、藤順甫(坊城俊將、二月七日)
八一、―八五、東野散人 五通(孟夏四日、九月廿一日、季春廿日、四十一日、三月五日) 八六―八七、得生院(臘月十三日 三月望)

第七袋

八八、戸田三左衞門(八月七日) 八九―九二、富小路貞維(廿二日、六月十六日、四月十六日、九月一日、包紙)
九三―九七、衣笠散人(十月九日、仲秋上澣、仲秋四日、五月廿七日、

臘中澣）　九八、戸村治兵衛（十月十九日）
九九、豊岡左衛門權佐（九月十一日）一〇〇—一〇二、永井飛彈守直期　三通
（正月廿二日、正月廿三日、正月十六日）

第八袋

一〇三、永田省吾（十二月十七日）　一〇四—一一四、中御門宣顯 十一通（九月十五日、二月五日、二月六日、霜月十四日、九月廿二日、霜月晦日、十一月廿六日、後九月望、二月既望、十二月初八、已酉秋七月五日）　一一五、八條隆英（三月十六日）
一一六、原　芸　庵（八月十七日）　一一七、平松時春（六月十九日）
一一八—一一九、風齋　二通（十一月念五日、七月七日）
一二〇、坊城俊將（七月八日）　一二一、星田道月（六月）
一二二、本阿彌六郎左衛門（八月二日）　一二三—一二四、本多武兵衛（亥十二月廿九日、九月四日）　一二五、長尾尙賢（五月廿日）

第九袋

一二六、前　田　某（二月十五日）　一二七、松崎左近太（九月晦日）
一二八—一二九、松下見櫟二通（三月六日、八月十一日）
一三〇、松室式部（四月十八日）　一三一、御炊左太夫（九月）
一三二、三村助左衛門等（乙卯正月五日）一三三、御田傳左ヱ門（十二月三日）
一三四—一三七、村上冬嶺四通（閏十九日、九日宛名ナキ一通東涯トミナス）
一三八、屋代文左衛門（寅九月廿八日）　一三九、矢田陪長門守（六月十二日）

第十袋

一四〇—一四二、山田麟嶼三通（正月十五日、九月八日、正月廿日）
一四三、養福寺請取（元祿十七年正月十一日）
一四四、吉田太右衛門（包紙）　一四五、盧　傳　次　郎（乙卯）
一四六、彭　城　鼎　一四七、渡邊左門（十一月十八日）
一四八、比宮様關東御下向の時の配分目録（享保辛亥藹月）
一四九—一五三、指出人不明四通（三月十八日、五月七日、七月二日、一五

二八「原藏生へ御陳」トアリテ東涯寫）
（別置）富小路貞維卿尺牘（十二月三日、三七—六）

第三類　手澤本

一　和書

1　本朝書籍目錄　横中二巻一冊　（六九—一）

清原業忠、寛文十一年歳在辛亥正月吉辰　長尾平兵衛刊行、目録二十六丁外録廿丁、巻首ニ「東涯精舍」ノ印アリ

2　倭名類聚鈔　大廿巻五冊　（六九—九）

源順、那波道圓校、順序、道圓凡例、元和三年丁巳冬十一月日羅浮散人（林羅山）題、寛文七丁未歳仲秋日　村上勘兵衛刊行、朱筆ニテ東涯所々ニ本文ノ校正ト若干ノ書入アリ

3　拾　芥　抄　大三巻六冊　（六九—一一）

洞院公賢編、洞院實熙補、明暦丙申暮春吉旦　村上勘兵衛刊行、末ニ東涯墨書「甲申正月買」（花押）、甲申ハ寶永元年、表紙ニ内容ノ見出シヲ朱書スル外墨朱ノ書入アリ

4　武教小學　寫大一冊　（七一—八）

山鹿素行、門人藤忠之（布施源兵衛）校正、藤可慶（千田治太夫）句讀、明暦丙申八月門弟子等謹序題、モト表紙共十五丁本文十三丁、モト表紙ニ東涯外題シ且ツ書ス「元祿十年二月八日附井上久敬寫　東涯藏」、タダシ句讀ナシ

5 **五常名義 五倫名義**　寫大一冊　（七一―三）

室鳩巣、全十八丁、五常ノハジメ「癸卯秋九月奉教撰進至冬十一月又命跋其末」トアリ、跋ニ「享保癸卯仲冬望日臣室直清謹跋」トアリテ八丁、五倫ハ「癸卯冬十月奉教撰進至十一月又命跋其末」トアリ、「享保癸卯仲冬既望臣室直清謹跋」、東涯外題シ又末ニ朱ニテ「此本自豊後杵築松平市正侯家人綾部安正進平氏到來請鳥飼圭純翁淨書藏于家云享保十五年庚戌秋長胤裝釘（印）」トアリ、首巻「古義堂」ノ一印

6 **元亨釋書**　古活字本　大三十巻十冊　（七一―三）

虎關師錬、刊記ハ「元和三丁巳曆孟秋上旬　洛陽二條通鶴屋町壽閑開板」、外題各冊毎ニ東涯書シ又内容見出シヲモ表紙ニ附記ス

7 **日本史略**　巻四十九　寫大一冊　（七二―四）

本文墨附三丁、光仁天皇ノ條ナリ、原表紙モ東涯筆ニテ、見ノ字義ヲトケリ、史略ハ安東省庵著ノソレナルベシ

8 **日本王代一覽**　大七巻七冊　（七二―六）

林鵞峯、慶安五年壬辰五月吉日自跋、寛文三年秋七月心耕隱客刊行ノ辭、寛文三曆癸卯孟春日書林村上勘兵衞刊行、上欄東涯筆ニテ「攝家院號初」「皇后院號始」等ノ見出シアリ、題簽下ニ宮、殿、凰、微、燕、雀、高トオクリシハ東涯ナリ

9 **善隣國寶記**　大三巻二冊　（七二―七）

周鳳瑞溪、文正龍集丙戌八月十日自序、丁酉（明曆三年）之春三月上澣塞馬閑人ノ跋、日韓日支ノ通交ニ關心ヲ持チシ東涯ノ書入アリ

10 **桑韓塤篪集**　附列朝韓使來聘考　大十巻五冊　（七二―八）

瀬尾用拙齋編、享保庚子花朝前田時棟（東溪）序、享保五年庚子夏五月穀旦瀬尾源兵衞藏版、タダシ見返シニハ享保已亥（四年）トアリ、享保四年來朝々鮮使節ノ文事ニ關スルコトヲオサム、巻之十ハ韓客筆語ト題シ附録、又同補遺モアリ、東涯外題、マヽ朱筆校正アリ、用拙齋即書林源兵衞ニシテ仁齋門

11 **〔外交書簡集〕**　寫大一冊　（七二―九）

墨附五十九丁、筆者數人、足利末ヨリ徳川中葉迄ノ諸外國トノ修交文書ヲ集ム、東涯朱筆書入アリ

12 **大日本國帝王年代記**　大三巻一冊　（七二―一〇）

圓智、吉田光由集、東涯朱筆書入アルノミナラズ、寛文十二年ヨリ元文元年ニイタル東涯ノ増補記事、以下文化元年ニイタル東所、更ニ同三年東岸四年東皐ノ追記アリ、東所ノ書入モアリ、今上皇帝ノ條ニ延寶ノ刻アレバソノ頃ノ刊ナルベシ

13 **豐大閤奏狀**　附消息寫　寫二通函　（七四―九）

奏狀ハ四月三日九州陣ノ勝利ヲ菊亭右大臣等ヲ通ジテ奏セシ祐筆書、東涯附紙ニ云フ「右豐太閤奏狀一通予素藏之時天正十五年丁亥二月豐公將擊島津氏遣蜂須賀阿波守家政等諸將略定兩隣諸州此其捷音疏也四月使丹波少將秀勝攻岩石城城在豐前筑前之界」、消息ハ包紙ニ東涯書シテ「天正中太閤ゟ高麗陣中消息」、巻紙ニ寫シ二通ヲ合シ一トス、前ハ「織田丹後守殿家來所持之寫」トアリ、十二月十七日秀吉ヨリ關白殿（秀次）宛、二ハ「藤江平助丈寫送此本紙ハ脇坂家之家人所持也」トアリ、六月七日前田玄以ヨリ伏見殿以下諸卿ニオクリシモノ、函蓋ニ東涯筆ニテ「豐大閤奏狀」裏ニ「伊藤長胤藏」

14 **北條相州證文**　寫一通函　別置　（七四―三）

讓与　和泉國輕部鄉北方木田井ロ物部里地頭職事（嘉曆貳年丁卯六月

五日藤原清高）ニ同八月三日相模守（北條守時）修理大夫（北條維貞）ノ記アリ、末ニ東涯附紙シテ「嘉曆二年北條相模守證文　泉州享保中木村生惠」、箱書東所蓋裏ニ「寛政九年丁巳八月表褙施政堂藏」

15　古　事　記　大三卷一冊　（七二—一四）

太安萬侶等、和銅五年正月廿八日安萬侶序、寛永廿一甲申歲孟夏吉辰洛陽書林前川茂右衞門開板、上卷ニ朱ニテ書入アルハ東涯少年時ノモノトオボシ

16　先代舊事本紀　大十卷一冊　（七二—一五）

寛永廿一甲申歲孟夏吉辰　洛陽書林前川茂右衞門開板、筆モテ本文ヲ校シ、「宿禰號始」「此以下五段與上文相複當刪」ナドセシハ東涯ナリ

17　日　本　書　紀　大三十卷八冊　（七二—一六）

舍人親王等、慶長十五庚戌仲夏念八洛汭野子三白後語、慶長已亥姑洗吉辰清原國賢識語アリ、「以勅本板行」ト刻ス、寛文九己酉年正月吉辰武村市兵衞昌常村上勘兵衞元信山本平左衞門常知八尾甚四郎友春（刊）、朱又ハ墨ヲ以テ東涯ノ書入アリ、表紙ニソノ冊所收歷代ノ帝號ヲ記セシモ東涯ナリ

18　續　日　本　紀　大四十卷二十冊函　（七五—一）

菅野眞道等、明曆丁酉秋日立野春節後語、東涯朱墨ノ書入アリ、表紙ニ各冊充當年代ヲ朱書ス、箱ノ下部ニ享保十八年癸丑夏五造伊藤長胤藏」、箱ノ外題ハ蘭嵎ニ似タリ、ソノ裏ニ東涯本書ノ中ノ歷代ノ名ト「四十卷紀九九十五年」ト書シタリ

19　日本文德天皇實錄　大十卷五冊　（七二—一七）

藤原基經等、元慶二年十二月十三日藤原基經序、寛文九年已酉仲春日村上平樂寺刊行、朱ヲ以テ東涯ノ書入所々ニアリ

20　日本三代實錄　寫大五十卷合十冊函　（七六—一）

藤原時平等、延喜元年八月二日藤原時平大藏善行序、寛文十三年春三月晦日松下見林跋、烏丸通下立賣下ル町野田庄右衞門開板、各冊表紙ニ収ム天皇及年號ヲ記セルハ東涯ナリ、表紙ノ替外題ハ蘭嵎ノ筆ニ似タリ、朱ヲ以テ校シ書入アルハ東涯ナリ、箱底裏ニ東涯筆「享保十六年辛亥歲二月置　古義堂伊藤氏藏」

21　朝　野　群　載　寫大二十一卷七冊缺　（七二—一八）

三善爲康編、永久之曆丙申之年自序、近世寫、三十卷ノ中、十、十四、十八、十九、廿三、廿四、廿五、廿九、三十缺、外題東涯筆、所々朱書入アリ、「古義堂」ノ印

22　百　練　抄　寫大五卷四冊缺　（七二—一九）

卷四、五、六七、八ノ四卷
四、奥書ニ「嘉元二年三月九日書寫校合了」
五、〃ニ「嘉元二年三月一日以大理定房卿本書寫校合早　金澤文庫」
六七、〃ニ「嘉元二年二月卅日以大理定房卿之本書寫校合了　金澤文庫」
八、〃ニ「嘉元二年四月廿六日以大理定房之本書寫校合畢又以權右中辨宣房朝臣之本見合訖　金澤文庫」

嘉元二年奥アル金澤文庫本ヨリノ轉寫ニシテ、東涯朱筆以テ校合セリ

23　平　家　物　語　古活字本　大十二卷十二冊　（七二—二二）

24　九　州　記　大十八卷附總目十九冊　（七二—二三）

双邊十二行片假名交リ文、慶長中刊ト思ハル、朱墨筆ノ東涯書入アリ

筑陰大竹山人春龍、肥水舍虚子校正、元祿歲舍癸酉仲夏日肥陽龍田山主舍虚叟子旭序、元祿十三歲次庚辰正月吉辰　帝都田中庄兵衞寺尾勘右衞門浪花淺野彌兵衞壽梓、各冊表紙ニ「共十九冊」ト墨書セルハ東涯、東所末ニ「庚申十月十八日讀畢東所」ト墨書、庚申ハ寛政十二年ナリ

25　（天正八年庚辰八月二日新門跡大坂退散之次第）　寫大一冊　（七二—二五）

太田和泉守重通、初メコノ題アリ、以下雜賀根來衆ノコトナド見ユ、末ニ「慶長十四己酉正月吉日太田和泉守牛一（花押）八十歲」トアリ、濃州軍記ノ末ニ「古文書中有太田氏自筆記其尾ニ云」トシテコノ記アレバ自筆本ヨリノ轉寫ナルベシ、一字朱以テ東涯校セリ

26　大閤御言葉　寫大一冊　（七二—二六）

秀吉ノ下セシ掟命令書ノ寫ナリ、末ニ東涯書シテ「右一冊森家作州國除時京師商人買器物之次得之予購之干林九成已過三十年矣享保八年癸卯十月五日伊藤長胤書」

27　濃州軍記　寫大三卷三冊　（七二—二八）

太田和泉守重通、廣瀨某寫、一冊目卷一ハ内題「關ヶ原一乱志卷一宮川氏聞書」末ニ「是者太田和泉守源重通被記本也他見不可有可秘信爲鴻寶已元爲四冊以紙員多今又爲七冊他見可憚者也」卷二ハ關原記末ニ「右本者太田和泉守源重通記也他見在憚可秘信可爲鴻寶書也其後土岐氏宮川氏神戶氏松井氏等之諸說書加已」末ニ東涯文中人物ノ略歷ヲ記ス、二冊目（卷二ニツヾク）末ニ「右一帖者太田和泉守源重通軍隙被記直書也尤可爲鴻寶他見有憚可秘者也」、三冊目（關原記卷三）末ニ「此壹冊者太田和泉守源重通之所記也其外諸氏聞書今用捨信爲鴻寶他見有恐可密藏者也元祿五壬申天八月望日書寫功滿畢」「右三卷寶永四丁亥歲九月三日書寫畢」「享保丁未年廣瀨生謄」（東涯筆）東涯末ニ太田牛一ノ事ヲ附記ス

28　正德元辛卯朝鮮人來聘之次第　寫半一冊　（七二—三五）

墨付四十二丁、末ニ享保四年度來聘ノ記事若干ヲ附ス、東涯二三朱以テ誤字ヲ正シアリ

29　朝鮮人來聘御料理献立　寫半一冊　（七二—三六）

墨附三十八丁、正德元年辛卯九月饗應ノモノニシテ、東涯外題、東所末ニ「甲申十月十七日看詔」、甲申ハ明和九年

30　繪島記　寫半一冊　（七二—三七）

墨附二十一丁、外題シテ「繪島記正德三年甲午之歲之事」トセルハ東涯、包紙一枚アリ「世事新聞寶永甲午内に江島事并琉球人魚ノ書付有之」トモ東涯書セバ、コノ年ノ寫トシルベシ、本文モ東涯ニ似タレド俄ニ定メガタシ

31　江戶品川源氏坊天一改行一卷　寫中一冊　（七二—三九）

墨附六丁、表紙ニ「享保十四年己酉四月ノ事」ト墨書セシハ東涯ナリ

32　康熙封琉球國王勅・琉球表文・福建布政司咨・琉球國王咨　寫各一通　（七四—一一）

原姿ヲトドメテ模造ス、袋ニ記シテ「正德五年乙未秋九月寫完長胤家藏」

一ハ康熙二十八年十月十日ノモノ、漢文及ビ滿文ニテシルセリ、朱筆ニテ東涯註記アリ又包ニ「此一翰ハ康熙帝より中山王へ諭言之寫ニ而御座候此諭書を黄色之薄キ絹ニ包くりぬきの木筒に入其上を黄色の木綿を以包申候右筒仕立様ハ惣様金箔にてみかき龍を黑繪具ニ而かき其上を漆を以テ薄ク塗申候」、

二ハ康熙肆拾柒年拾月ノモノ、中山王尙貞ノ上表、末ニ東涯註記アリ、但シ封ハ尙益トアリ
三ハ康熙肆拾玖年陸月初八月ノモノ、東涯朱書入アリ
四ハ康熙肆拾捌年拾壹月ノモノ

33
歷名土代　寫橫中五冊　（七三―一一）

近世初期寫、永享ヨリ慶長ニイタル間四位五位叙位ノ名簿ニシテ奥ニ云フ「歷名土代古今悉紛失也適淸三位家本自寶德三年雖有之永正三以來無之其內又多不足廣橋黄門本又予近來如形注置之本彼是取集近日抄出之連〻尙可書加之三位已上者相見公卿補任之間令略之天文六仲夏下旬書付出草本三條亜相實澄卿（三條西實枝）被所望之條於燈下寫之者也永祿二年二月十六日特進都督郎藤」、東涯末ニ「享保十七年壬子夏六月日伊藤長胤購」

34
諸家知譜拙紀　大三卷一冊　（七三―二七）

土橋定代、貞享第二晩冬望日自跋、干時貞享三丙寅九日辰日洛陽書肆平野屋佐兵衞開判、末ニ東涯朱書「享保戊申九月置　長胤」、戊申ハ十三年ナリ、四條家（四條、山科、西大路、鷲尾、油小路、櫛笥、園池、八條）ノ系譜ノ如キハ朱ヲ以テ大イニ書入增補スル所アリ

35
鎌倉將軍家譜　大一冊　（七七―一）
京都將軍家譜　大二冊　（七七―二）
織田信長譜　大一冊　（七七―三）
豐臣秀吉譜　大三冊　（七七―四）

林羅山、各部末ニ羅山跋アリ、寶永四丁亥歲孟春吉旦洛陽二條通觀音町平野屋佐兵衞版、東涯各冊表紙ニ「九七冊」トアリ、マ、書入アリ、豊臣秀吉朝鮮ノ役ノ個所等殊ニ甚シ

36
秀吉公ヨリ加藤主斗頭淸正感狀　寫半一冊　（七三―二九）

墨附三十一丁、東涯校合ト書入アリ、末ニ「此一冊木村重經氏得之干堀河市店因託藤山傳治生謄寫藏之　淸正記中亦有此書狀而不全載云享保十五年冬日伊藤長胤書之」（朱）

37
南海割據志　寫大一冊　（七三―三〇）

墨附十二丁ニシテ東涯筆、長曾我部元親ノ傳ナリ、同ジク彼ノ筆ニテ補正アレバ、或ハ彼ノ著カト思ハルレド俄ニ定メ難シ、因テ此条ニ加フ

38
御　年　譜　（東照大君年譜）　寫大五卷一冊　（七三―三一）

林道春、正保三年四月十七日德川義直序（道春作）、墨附七十七丁、東涯及ビ東所ノ書入アリ、外題東涯

39
松平の御次第　寫中一冊　（七三―三三）

墨附十七丁、內題下ニ「三河物語並ニ諸書拔書」トアリ、三河物語等ニヨリテ製シタル德川氏系譜、東涯若干書入ヲナス

40
天竺渡天海陸物語　寫半一冊　（七七―一二）

墨附十六丁、末ニ「大坂上塩町宗心」ト墨書セルハ舊所持主ナリ、舊包紙ニ東涯書シテ「天竺德兵衞渡海之書付、乙卯歲鳥飼氏被惠」トアリ、韜齋包紙ニハ「天竺德兵衞物語重光収」ト書ス

41
大日本彊域圖　寫折大一帖　（七九―九）

東涯裏ニ「元祿年中傳寫　享保十五年歲次庚戌蕤月穀旦褫褙伊藤長胤藏」、外題又東涯ナリ

42

海陸行程記　寫横中一冊　（七八―四）

墨附三十四丁、伊藤東涯寫、但シ若干他筆ヲ混ズ、京、大坂江戸ヲ中心トシテ各藩鎮ヘノ里程ヲ記ス、末ニ「元祿二年己巳孟夏十三日寫畢」、朱筆ヲ以テ國替ニヨル藩侯ノ移動ヲモシルス

43

無人嶋國記　附地圖二葉　寫中一冊　（七八―一九）

墨附十六丁、延寶三年乙卯ノ年嶋谷市左衛門中尾庄左衛門ガ官ヘ上申セシ八丈島南方ノ島ノ記ナリ、東涯自ラ寫シ、末ニ「貞享三祀孟夏上弦伊藤長胤謹寫（印）」（輶軒小録無人島之事ノ條參照）

44

奥州松島圖　寫折小一舗　（七九―三）

東涯青年時ノ寫ニシテ、包紙モ又彼ノ筆ナリ

45

自京至大坂水路圖　寫一巻　（七九―二八）

東涯外題、書名下ニ秦氏本トアリ、畫中所々附箋シテ説明アリ、畫ト同筆ナリ

46

山城國八郡圖　寫折一舗　（七九―三一）

包紙ニ東涯書名ト八郡名ヲ記シ、裏ニ「享保十七年壬子孟夏傳寫了此圖自愛宕圓覺精舍來託國府生學達緒方生徳之進書並寫字」、又「かどおたぎ宇治きいくぜにおと國やつゝきさうらくこれそ八郡　東涯胤書」ナドトモアリ

47

京都掌記　寫横小一冊　（七八―一六）

墨附十六丁、末ニ東涯書ス「享保十年乙巳歳自鳥飼圭純翁寫來」、當時京都ノ役人及ビ役儀ニ必要ナル諸事ノ略記ナリ、外題東涯

48

泉州志　大六巻四冊　（七七―三三）

石橋（新右衛門）直之、元祿庚辰（十三年）三月甲寅松下西峯序、元祿庚辰孟春仲浣自序、契沖跋、東涯三、四、五、六、合綴ニアタリテ外題下ニ郡名ヲ墨以テ書ス

49

伏見故塁圖　寫折一葉　（七九―四三）

文祿三年豊臣秀吉築之伏見城ノ圖ナリ、袋ニ東涯外題ヲ記シ、裏ニ「享保丙午鳥飼圭純叟惠長胤藏」

50

朝鮮八道圖　寫折大一舗　（七九―七〇）

端ニ「享保四年己亥梅宇主人伊藤長英摹寫」トアリ、彩色シテ道及ビ地名ヲ書入レシモノ、ヤ、詳細ナリ、包紙ニ東涯外題シ、同ジ裏ニ「享保中福山來　長胤藏」

51

朝鮮壞墜之圖　寫折小一舗　（七九―七一）

東涯自ラノ寫ニシテ、自下部ニ「貞享三年丙寅十一月伊藤長胤據羅念庵廣輿圖記製」

52

朝鮮國繪圖　寫折一舗　（七九―七三）

用紙文字ヨリ見テ朝鮮製ノ如シ、東涯手ニシテ「此圖自對州青柳元春來」トセリ、以上三ヲ入ル、袋ニ東涯記ス「朝鮮國八道圖凢三通各一舗」「享保庚戌陽月長胤収藏」、庚戌ハ五年

53

明朝兩京十三省圖　折大一舗　（七九―七四）

「癸未仲秋日南京季名臺選録梓行」トアリ、明刊ナレド何ノ癸未カ未ダ明ナラズ、内題「九州分野輿圖古今人物事跡」トアリ、又兩京十三省圖考トシテ十三省ノ概説ヲ附ス、コノ名ハ東涯包紙ニシルス所、又

「寶永庚寅（七年）伊藤長胤藏」トモアリ、地圖裏ニ東涯又シルシ「寶永二年乙酉八月日柳久冨贈寄」漢籍ノ部ニ入ルベキモ、地圖類ト一括シテ、コ、ニ加フ

54

圖　詠　寫二折一袋　（七九—七八）

包紙ニ東涯圖詠ト題ス、一ハ御庭圖ニシテ朱筆ニテ東涯ノ註記アリ、二ハソノ註記中メボシキヲ抄記セルモノ但シ一臺アリ悠然臺ト云フ、「伏見桃嵐山櫻ミユル」トアレバ京地ノ庭トオボシ、二ハ東涯ノ筆ニアラズ

55

令　義　解　大十巻四冊　（七七—三〇）

清原夏野等撰、慶安三祀（庚寅）蓬生巷林鵠序、天長十年十二月十五日夏野上表、同序、刊年書肆名缺、東涯本文ヲ校シ、種々ノ書入アリ、末ニ「寶永元年甲申仲秋伊藤長胤藏」「寛政十二年庚申六月二日會讀全業善韶」

56

〔幕府公文書控〕　寫一巻　（七四—四）

初メニ東涯「此一巻享保十五年庚戌之七月日鳥飼圭純叟來惠伊藤長胤藏」トアリ、ソノ頃ノ幕府ヨリ出シタル諸下令ノ書狀寫ナリ

57

首書　職　原　鈔　大二巻二冊　（七七—四〇）

北畠親房、慶長十三年清原秀賢跋、寛文二（壬寅）暦孟春吉日板行、東涯朱筆書入アリ、且ツ上末ニ「元祿四年四月初七日初於淺井時光宅會讀」

58

〔勘解由小路家神主〕　寫半一冊　（七七—五七）

墨附二丁、東涯筆、大町敦素ノ神主ヲモ附ス

59

高志氏所藏古證文寫　寫大一冊　（七七—五九）

墨附七丁、皆田地ニ關スル證文ニシテ、文治元年、建久三年、安貞二年建長二年、文永五年、弘長元年ノ六通、末ニ東涯「泉州堺津住人高志氏家有古文書數十通其先或出或處世居其郷傳守古牒其弟義平嘗從予學焉　享保辛亥歳遊泉南造其家寫四五通而還云　東厓長胤書」、外題東涯

60

國　監　試　文　書　寫五通　（七四—一六）

東涯包紙ニ書ス「元文元年菅原秀才家長朝臣獻策六月八日也其時之策問策對並欵狀并に前案數通在此中」トアレド、中ハ享保七年十二月九日ノモノ、問ハ菅原資長對ハ同冬長ニシテ策問、策對、評定、課試ヲ乞フノ文ト欵狀之草案ノ寫シナリ、草案ハ東涯ノ寫ナリ

61

本朝釋奠之圖　寫一巻函　（七四—一七）

伊藤東涯圖寫、東所註記入、外題函書東所、末ニ「此圖先君子嘗摹寫以傳于家不知原本自何處借來予頃日以江家次第題方面班列儀注之大略以裝潢珍襲唯第八圖九圖與次第不合俟他日之考索　寶暦甲申之歳善韶識」

62

伊　勢　暦　折一帖　（八二—一）

享保十九年ノモノ、外題東涯筆ニテ「享保十九甲寅暦」トアリ

63

新增愚按口訣　横三巻一冊　（八一—一一）

一名（新版増補）醫方口訣集、長澤道壽（柳庵）編集、中山三柳新增、寛文十二壬子春三柳序、見返シニ「伊藤長胤藏」トミユ

64

大　和　本　草　附録共　半十六巻十冊　（八一—一四）

貝原篤信（益軒）編、寶永戊子四月廿七日　寉原韜序、寶永戊子芒種日自序　正德五（乙未）歳正月吉祥日　京師書林永田調兵衛藏版、東涯表紙ニ朱筆以テ内容ノ見出シヲ記ス、題簽下部ニ「胤」ノ黒印ヲオセリ

65 **藥籠本草**　半三巻六冊　（八一―一六）

香月牛山、香月景山・綾部東庵參訂、歳在戊申秋七月之晦日趙淞陽序、享保戊申歳孟春日伊藤長胤序、享保丁未歳晩龝日自序、享保己酉之秋土岐昌英後叙、附録萬里神交（牛山ト道本及ビ趙淞陽トノ交歡ノ文詩、享保己酉歳秋八月望藤間庵序）、享保十九年寅孟春吉日京六角通御幸町西江入所書肆柳枝軒茨城多左衞門刊、東涯ニ送ラレシ特製本ナルガ如シ

66 **一本堂藥選**　附録共　大三巻三冊　（八一―一八）

香川修徳（修庵）、享保庚戌冬至日伊藤長胤序、享保己酉正月穀日自序、享保甲寅中秋月夕自跋、見返シニ「享保辛亥新刊　平安文泉堂發行」トアリ、享保十六年ニ上ヲ出シ十九年跋ノ時ヲ以テ刊終了セシナラン、東涯序ニ東所朱以テ二ケ所校シアリ

67 **和漢泉譜**　寫横中一冊　（八四―一三）

墨附三十丁、古錢ノ名ト寛文十一年迄ノ年次ヲ記シタル略説ヲ附セリ、末一丁墨筆、其他ニモマヽ朱筆ニテ東涯書入アリ

末ニ「此本田中生勝舎所藏嘗貺予久不還生云不須還也爲續書一二條以藏之云　享保十年乙巳十月初五長胤書」

67 **正字千文**（正書千文）　大二巻二冊　（八四―二四）

新興蒙所法帖ニシテ、男興光顒模勒刊、享保庚戌（十五年）十月堀南湖序、享保辛亥歳陽月伊藤東胤跋、「弘美之印」東里東峯使用セシモノ

69 **兩國譯通**　大二巻一冊　（八四―六四）

〔稲生若水〕、上二十二丁、下十七丁、中國俗語ノ左右ニ和訓ト唐音ヲ附シ集メシモノ、初メニ「長胤」「原藏氏」ノ二印アリ、梅宇ノ見聞談叢ニ若水ニコノ著アリト見ユ

70 **勅撰集外歌仙**　近代　寫大一冊　（八六―一七）

全八丁、寛文五年二月下旬　交野内匠頭寫本ノ轉寫本ニシテ、作者名ノ下ニ東涯朱ニテ註ヲ加ヘアリ、末ニ又東涯記ス「右本紙在山科十禅寺丙申（享保六）六月借之于得生院主公慶傳寫」、外題下ニ胤ノ印アリ

71 **新續歌仙**（三十六人具草）　半一冊　（八六―一九）

頓阿編、正元ふたつの年仲春五日序、序五丁、本文三十六丁、裏表紙見返シニ「先人嘗耽倭歌時々玩詠古名作幼時在舅玄祥所見三十六人具草者玄祥歿子弱失其書遍訪和歌者流藏書家而不得亦或併其名而不知也暮年得坊刻新續歌仙者仍三十六人具草書坊改題欲易售耳後又一友人家得好寫本校序文蓋歌僧頓阿之選也𡈽寶永庚寅伊藤長胤書」、序ノ内題ヲ三十六人具草ト改メ朱筆校合セリ、表紙見返シニハ所収三十六人ノ名ヲ記ス又東涯ナリ

72 **新撰六帖題和歌**　大六巻一冊　（八六―一七）

藤原家良等、萬治三庚子年仲春吉旦中野五郎左衞門刊行、題簽ニ「新撰六帖　全冊」トセシハ東涯ナリ

73 **大納言師兼千首和詞**　寫大一冊　（九〇―一六）

藤原師兼、全八十四丁、元祿頃ノ寫ナレドヤヽ相違多キ異本トノ校合アリ、外題ハ東涯筆

74 **土御門院百首・順德院百首・宗高親王三百首**　寫大一冊　（八六―一九）

墨附五十四丁、外題東涯、「胤」ノ黒印アリ、本文ニハ校合アリ

75 **一人三臣百首**（一人三臣和歌）　寫大一冊　（八九―一）

靈元天皇、中院通茂、清水谷實業、武者小路實陰、墨附三十七丁、表紙裏ニ「伊藤長胤藏」、外題東涯筆、「胤」ノ黒印アリ

76 中院三代和歌　寫大一册　（八九―二）

中院通村、同通純、同通茂ノ詠ヲコノ順ニ集ム、外題東涯筆ナレド殆ンド剝脱ス、仁齋日記天和二年十一月十四日、「茂介方へ……中院三代之詠歌たのみ申候」同十二月二十日「……中院三代之詠歌之集返弁いたし候」トソノ折ノ寫シナルベシ、墨附四十六丁

77 賀屛風十二月繪色紙和哥寫　寫一巻　（八九―三）

外題下ニ東涯「本紙持明院殿」「享保中長胤寫藏」トアリ、又巻初ニ書シテ「此色紙凉雲院殿八十賀之時屛風色紙也六枚屛風一雙にて下者十二月之繪を書上に此色紙形有筆は持明院殿一筆之由凉雲院殿は勘解由黄門韶光卿之伯母也光廣卿之御息女云ゝ」トアリ

78 元祿五年內裏和歌御會始　寫半一册　（九〇―八）

墨附八丁、東涯寫

79 正德二年正月十三日仙院御會始　寫半一册　（九〇―九）

墨附十九丁、作者名ノ上ニ朱ニテ書入アルハ東涯ナリ

80 享保辛丑壬寅御會和謌寫　寫大一册　（八九―四）

墨附十二丁、東涯外題

81 法皇詩歌御會三席　寫大一册　（八九―五）

墨附三十一丁、享保五年法皇七夕七首和歌御會、享保五年法皇七夕御會之詩、享保五年八月十五夜法皇詩哥御會、享保五年法皇重陽詩御會（アトニテ合綴セルカ）ヲ収ム、巻頭「長胤之印」「元藏」ノ二印アリ、外題東涯筆

82 享保七年院和歌御會始　寫半一册　（九〇―一〇）

墨附七丁、外題東涯筆

83 和　謌　叢　四袋　（九〇―一一）

二十一綴ノ堂上和歌會ノ和歌ノ寫シヲ享保十九年ニ一束シテ東涯名ヅケシモノ

一、元祿五年十三夜等（內ニ仁齋筆モアリ）　二、元祿十四年二月九日初卯　三、修學寺法皇御所御幸之節下鴨ニて　四、享保六年法皇公宴和歌御會始及ビ享保六年正月廿四日公宴和歌御會始　五、禁裏享保十年五月九日御當座（東涯外題）　六、享保十三年八月廿五日賀茂社細殿御當座御會（東涯末ニ「右法皇樣修學寺へ御成之節被爲成候時之御詩哥也長茂卿ゟ寫來ル」）　七、享保十七年御會始（外題東涯）　八、享保十七年院御會始（外題東涯）　九、享保十八年正月廿四日御會始和歌一〇、享保十八年七月一日御當座　一一、享保十九年正月廿四日公宴和歌御會始及ビ享保十九年正月廿六日東宮和歌御會始　一二、享保十九年二月十一日公宴御當座始　一三、享保十九年二月廿二日水無瀨宮御法樂　一四、享保十九年二月廿四日御月次和哥（外題東涯）一五、享保十九年二月廿五日聖廟御法樂和歌　一六、甲寅二月廿八日陽明和歌御會始　一七、公宴御會始　一八、八月十五夜　一九、歌海（東涯筆、東涯編トモ云フベク青年時ノ見聞ニ從ヒテ集メ記シタルモノナリ）二〇、南都八景等、（後水尾院御影御製、延寶五年正月十九日禁裏御會始、延寶三年禁中御會始、延寶七年未八月十三日禁裏御會、延寶八年二月十三日新院御會始、延寶七年八月十三夜禁裏御會、內侍所御法樂、末ニ東涯云フ「右八景并御會始之寫數通先人多自伊藤基之五郎右衞傳基之出入雅章通茂諸公之門常収和歌亦信從先人云　享保丙申之歳七月日伊藤長胤書」）　二一、寶永八年院之御會初

84　十　一　韻　小一冊　（九一―三）

里村紹巴、正保二年杉田勘兵尉刊行ト同版ナリ、朱又ハ墨ニテ書入アルハ東涯青年時ノ筆ト思ハル

85　文安二年六月廿五日法樂和漢之寫　寫横大一冊　（八九―九）

周恕・忠行・業忠・忠種・宗賢・親種・康富・康顯・清蔭・周紹ノ作、末ニ「右外記中原康顯筆　元啓寫」トアリ、更ニ東涯朱ニテ「本紙杉吉甫氏所藏　享保戊申託森下生寫　長胤」ト記ス

86　土　佐　日　記　大一冊　（八九―一九）

紀貫之、三十丁、寛永二十歳孟春吉辰二條通觀音町風月宗智刊行、末ニ東涯「享保十一年丙午冬長胤堀河買」ト書ス

87　聚　分　韻　畧　小一冊　（九三―四）

虎關師錬、百四十五丁、慶安三庚寅暦六月吉旦刊、末ニ東涯朱書「元祿戊寅之秋長胤」、「徳ヾ齋」ノ印アリ、外題ニ「聚分畧《マヽ》韻　全」トセルモ東涯ナリ

88　蕉　堅　稾　五山版　大一冊　（九〇―二二）

中津絶海、慧鳳編、永樂元年倉龍癸未十一月既望僧録司左善世道衍序、大明永樂元年癸未臘月天竺如蘭跋、六十丁、巻首東涯若干書入アリ

89　武州東叡山新建瑠璃殿記　大一冊　（九三―四）

元祿十二年己卯夏六月當山第五世前天臺座主一品公辨親王撰、八丁、初メニ「守玄堂藏版」ノ印アリ、東涯初メニ「伊藤長胤藏書」トシ末ニ「寶永庚寅閏八月賜長胤」トアリ、公辨親王ヨリ賜フ所ナリ

90　梅　花　百　詠　大一冊　（九〇―三三）

玉山主人（相良玉山）、正徳五年乙未中元後五日高忒序、正徳五年乙未之龝伊藤長胤序、康熙甲午歳仲春望後二日王登瀛序　正徳乙未下元之日瀬尾維賢跋、正徳乙未冬新鐫　京師書坊奎文舘主人瀬尾源兵衞新刊、献呈本ナルベシ

91　奉謝昌平坂講會文　寫大一冊　（九三―五）

林鳳岡、享保三戊戌月日ニナルモノ、四丁、東涯外題

92　飡　霞　舘　稿　寫大一冊　（九三―七）

前田時棟、墨附十六丁、表紙ニ東涯書ス「正徳乙未之歳進藤氏頼ニ付奎文閣ヘ申遣書寫到來也備中松山在城石川宗十郎殿内前田市之進氏作」、外題東涯

93　惺窩先生文集　附倭哥集　大十八巻十冊　（九三―八）

藤原惺窩、冷泉爲景編、冷泉爲經補、慶安四暦辛夘九月十一日御製序、系譜略、行狀、是尙窩記、惺齋記、享保二年龍集丁酉端午之日藤原爲經重修跋、文集ノ末ニ東涯記ス「享保二年丁酉之歳秋九月廿七日冷泉黄門爲經卿惠賜伊藤長胤」、外題下ニ十干ニテ順序ヲ示セルモ東涯ナリ

94　小河立所遺稾　二袋一帖　（四八―一）

皆自筆、東涯集メ存セシ所ナリ、谷觀樂篇立所先生稾殘ニ從ツテ配列ス一、與多田強恕　二、孟子指歸國字解序　三、送小原惟濬歸丹州序（延寶戊午冬十月）　四、石鎮文記　五、萬物皆備於我論、從善如登從惡如崩論　六、士論　七、學説上　八、學説下　九、讀太極圖　一〇、有子孝第一章義　一一、曾子三者一章義　一二、道之以政一章義　一三、小河紹貞柩　一四、井上君季堅甫墓碑　一五、新刻慈慧大師二

十六條式跋　一六、學規　一七―三〇、筆記　三一、祭智者大師文　三二、大悲閣落成　三三―三六、書簡四通（皆進齋歿ノ樣子ヲ報ゼシモノ）三七、東涯書包紙（「元祿丙子年六月十七日逝小河立所遺藁」ト記ス）三八、遺墨法帖　一折

95　**懷　風　藻**　大一冊　（九二―二〇）

天平勝寶三年序、山重顯後語、天和四甲子歲正月良辰銅駝坊書肆長尾平兵衞刊行、四十八丁、末ニ「寶永元年春三月望日伊藤長胤閱」、卷頭「長胤之印」アリ、上欄等若干書入アリ

96　**文華秀麗集**　寫大一冊　（九二―二一）

藤原冬嗣等編、仲雄王序、末ニ「享保十二年丁未借朴所藤相公所藏本謄寫校訂字間訛闕竢重校正　長胤書」、外題東涯、全三十丁

97　**懷舊淚詩謌卷**　寫横中一冊　（九二―二三）

山本通春編、十一丁、惠藤一雄序、貞享三華朝十日源（山本）通春跋、貞享二年二月十日歿ノ金森範明ノ追悼詩哥、仁齋、東涯ハジメ古義堂門ノ人々ノ作多シ、東涯表紙ニ「山本通春□（一字破損）行字喜内山本春正翁次男也此壹卷著爲金森君」、外題モ東涯

98　**廬阜雅集詩**　寫半一冊　（九二―二五）

元祿癸酉之歲伊藤長胤序、元祿六年八月十三日京都廬山寺ニ於ケル公辨親王雅會ノ詩集、墨附六丁、外題東涯、且ツ作家ヲ朱ニテ註記スルモ彼ナリ

99　**搏桑名賢詩集**　大五卷三冊　（九〇―三四）

林九成編、寶永甲申歲初秋之朔自序、寶永甲申孟秋月文會堂林九成梓、各冊初メニ「長胤之印」ノ印アリ、九成ハ仁齋ノ門、集中古義堂關係者ノ作多シ

100　**韓客唱和**　寫大一冊　（九二―三二）

朝枝玖珂（世美）〔自筆〕、享保四年秋来朝朝鮮諸學士トノ唱和ヲ集ム、玖珂ハ東涯門自ラ書シテ師ニ送リシナルベシ　末ニ東涯「右防州吉川家人朝枝源次郎与朝鮮學士申青泉筆語也」トアリ、墨附十九丁

101　**寄省吾大兄書**　寫大一冊　（九二―二九）

鈴木宗質自筆、享保戊申仲穐日、東涯朱筆削正アリ

102　**〔宇都宮文藏並ニ僧隆道文〕**　寫折大一帖　（九二―四八）

各自筆、宇都宮ハ「智譬則巧也」ノ一文、末ニ東涯「宇都宮文藏之文戊戌九月廿六日甃干痘有才亦可悼也」、隆道ハ「僧而學文論」「隱元禪師禁莨菪解」二文、東涯朱筆削正アリ

二　漢　籍

1　**易學啓蒙補要解**　大六卷二冊　（四四―一）

（朝鮮）李朝世祖編、淳熙丙午莫春既望雲臺眞逸（朱熹）原序、成化二年丙戌二月上澣崔恒跋、和刻、東涯所々訓譯ヲ改メ、註ニツキ自説ヲ上欄ニ附ス、東所又使用シ「寶曆癸未七月廿七日善韶讀畢」トアリ

2　**詩經正文**　寫大八卷二冊　（四四―四）

東涯寫、末ニ云フ「胤幼受業家塾、念書既畢、常苦無記性、課業多廢、家君命予曰、誦書不如寫書、宋高宗嘗親寫九經、其帖尙存、予緣此、欲書五經、先寫毛詩一本、未畢、頃啓敝簏、其字未失、但脫末四板、計其時日、既十餘年前矣、因續寫四葉、以全一經云爾、時元祿五

歳壬申秋八月初九日京兆布衣東涯道人伊藤長胤原藏謹識」、元祿五年東涯二十三才、本書大部ノ寫ハ十才頃ノ筆ナリ、東匡道人ノ記「東涯」「長胤之印」ノ印アリ

3

詩經說約　大廿八巻十四冊　(九五―三)

(清) 顧夢麟、楊彝參訂、崇禎壬午冬十月望自序、呉門張叔籟梓ノ本ニヨル和刻、寛文己酉孟冬望日芳野屋權兵衞刊、外題東涯、末ニ又書ス「予自元祿甲戌八月初二日講毛詩至今玆丙子至後一日卒業因賦一律云欲問皇風偶講詩自斯幸免而墻𧩊成周文物二南化尼父述冊四始次興觀群怨隨讀會鳥獸艸木記名知須揮昔日訓庭意却恥期〻乏解頤　是日東涯主人題」、甲戌ハ七年、丙子ハ九年ナリ、但シ詩集ニハ癸酉八月二日ノ作トアリ

4

文公家禮　(家禮儀節)　大八巻四冊　(九四―九)

(宋) 朱熹編、(明) 丘濬輯、成化甲午春二月甲子丘濬序、種秀堂藏版、金閶舒瀛溪梓行ノ本ニヨル和刻、第一冊目表紙ニ「甲申二月七日始讀」トアルハ東涯ニテ、寶永元年ナリ、同末ニ「寶曆甲戌年韶讀畢」トセルハ東所ニシテ、甲戌ハ四年ナリ、東涯本文及ビ訓ヲ校訂シ註記若干アリ、外題東涯ノ筆

5

春秋經傳集解　大卅巻十五冊　(九八―一)

(晉) 杜預注、序後序アリ、寛永八年堀杏庵跋本ノ後刷ナルベシ、東涯東所使用本ニシテ、首冊ハ東所ノ補セシ所、同冊末ニ云フ「此書先子嘗加圈點且添以明人圈點文例區別全書藏于家矣當時遊門一生求借得以是正藏本借得首巻歸家不日生家火家什一𦾔烏有此書亦系灾福井氏前年據先人書正全書首局亦全存焉因頃購首局就福井生全書以謄寫校成全𡘯云　寛延辛未夏四月善韶拜書」、終冊ノ末ニ東涯書ス、「右杜預左傳集解三十巻自元祿五年壬申之冬始業至明年癸酉臘月廿四日卒切九青筆者據明戴文光冏得標釋叙事議論辭令辭命四品及附傳是也九朱筆者批圈側抹皆以予管見日本國京兆後學藤原長胤謹書」、又書ス「正德二年壬辰二月拾九日又讀完長胤」「享保九年甲辰十一月十四日又全畢」、東所ハ書ス「寶曆六年丙子閏十一月十二日會讀畢　善韶」「天明二年壬寅六月廿七日會讀畢」「寛政九年丁巳閏七月廿七日會讀全業」

6

左傳鬼簿捷考　大一冊　(九四―一〇)

元祿五年首夏上浣　文苑堂定武板行、題簽下部ニ東涯ノ印アリ、又上欄ニ左氏標釋ニ見ユル所ヲ書入シテ、末ニ自ラ朱筆ニテ「右見左氏標釋」トス

7

春秋　(春秋素文)　寫大一冊缺　(九四―一三)

墨附三十四丁、前掲詩經正文ト同ジク東涯幼年時ノ寫ト思ハル

8

五經正文　中十一冊　(一〇一―一)

易二冊、書二冊、詩二冊、禮四冊、春秋一冊、元祿八乙亥年林鐘吉日村上平樂寺寿梓、上欄ニ東涯ノ書入多シ、禮記ノ表紙ニ内容ノ見出シヲ朱書セルハ介亭筆カト思ハル、詩經目錄ノ所ニハ東所ノ書入アリ、「古義堂」ノ印アリ

9

五經集註　大百十二巻五十八冊函　(一〇三―一)

易 (宋程頤・朱熹) 廿巻十冊、書 (宋蔡沉) 十巻十冊、詩 (宋朱熹) 十五巻八冊、禮 (宋陳澔) 二十巻二十冊、春秋 (宋高閌) 三十七巻十冊、寛文三癸卯年正月吉辰烏丸通下立売下町野田庄右衞門板行、全巻ヲ通ジテ東涯ノ書入アリ、但シ書ノ中五冊詩ノ中二冊計七冊ハ東所ノ補セシモノナリ、各冊ニ讀書講義ノ日附ヲ付シ東涯ニ於テハ早クハ元祿七年ヨリ遲クハ享保十九年ニ至ル、東所又コレヲ用ヒ寶曆ヨリ寛政迄數度ナリ、題簽下部ニ「東涯之印」、或ハ「善韶之印」アリ

10　五經大全　大百六卷七十冊缺函　（一〇四―一）

易十九卷十三冊（一冊缺）、詩十卷八冊（六冊缺）、禮三十卷二十冊、書十卷首卷共十一冊、春秋三十七卷十八冊、計七冊缺、萬曆乙巳（三十三年）仲春書林閩芝城建邑余氏梓、何人カノ書入アル間ニマ、東涯書入アリ、表紙ニハ東所東峯ノ筆ヲモ認ム

11　五經困學　大九十卷二十四冊　（一〇五―一）

（明）曹學佺、詩經剖疑廿四卷　書傳會裏十卷　周易可說七卷　易經通論十二卷　春秋義略二卷　春秋傳删十卷　禮記明訓二十七卷　崇禎庚辰歲閏月之望自序、函ニ東涯書シテ、「初聞松永耆儒家有曹月川五經困學稍若水諸老甚詫其有卓異之見於先人近者詢其姻族則在已不悉客歲書肆忽尒持來則全篇朱筆爛然是其本耶爲購置之　享保十七年壬子端月伊藤長胤誌」

12　十貳經　中十七冊函　（一〇七―一）

（清）秦鏷訂正、易（王弼）、詩（鄭氏）、書（孔氏）、周禮（賈氏）、禮記（孔氏）、春秋（杜氏）、大學（朱氏）、中庸（朱氏）、論語（何氏）　孟子（趙氏）　小學（朱氏）、孝經（玄宗）、東涯筆ニテ内容見出シテ附セシモノアリ、又函蓋裏面ノ所收目又東涯ナリ、函底部ニ「元祿癸酉八月既望東涯子」

13　十三經註疏　大百三十七冊缺函　（一〇八―一・一〇九―一・一一〇―一）

明刊、易六冊、書十冊、詩二十二冊、周禮十四冊、儀禮十四冊、禮記二十四冊、左傳十七冊（初三冊缺）、公羊十冊、穀梁五冊　論語四冊　孝經一冊、爾雅四冊、孟子六冊、外題ノ多クハ小河立所ノ手ト見ユ、易、禮記、左傳、公羊傳、穀梁傳、論語、孟子等ハ東涯ノ書入見ユ、又易禮記ノ缺ノ補寫ニハ東所ノ手ニナルモノアリ、周禮ノ校合ハ奥田三角ニ似タリ、其他朱點圈點ノ多クハ東涯ナルベシ

14　中庸集略　大二卷一冊　（一一一―二）

（宋）石墪編、朱熹校、嘉靖二十五年丙午六月上澣　金光轍跋、正保丁亥歲大呂田原仁左衞門新刊、若干東涯ノ書入アリ

15　論語集解　大十卷五冊　（一一一―一二）

（魏）何晏、五冊目末ニ「今玆一書夫子之遺言而漢朝諸儒所註解也寔是五經之輨轄六藝之喉衿也天下爲民生者豈不仰其德矣哉　明應龍集己未仲穐良日　西周平　武道敬重刊」、此ノ書ハ明應八年ニ正平版單跋本ヲ覆刻セシモノ、外題「六藝喉衿」トセルハ天龍寺ノ策彥周良筆、永正年中ノ清原宣賢ノ識語ト共ニ清原家ノ點ヲ寫シアリ、末ニ「享保十六年辛亥八月伊藤長胤藏書」ト書ス

16　論語或問　大二十卷四冊　（一一一―三）

（宋）朱熹、弘治七年五月五日張元禎序、慶安三年田原仁左衞門刊行、東涯全部ニワタリ本文ヲ校正シアリ

17　孟子或問　大十四卷一冊　（一一一―五）

（宋）朱熹、萬曆二年甲戌七月趙璹跋、正保丁亥歲大呂　富倉太兵衞（入木）刊、全部ニ東涯ノ校正アリ

18　四書集註　中十九卷五冊　（一〇一―二）

（宋）朱熹、新町通丸太町上ル春日町田中文内新刊、東涯幼少年時ノ使用本ニシテ表紙ニ内容見出シ内部ニ書入モアリ、又東所ノ書入ヲモ見ル、伊藤ノ印アリ、五經ト共ニ同函セシ箱底ニ「享保九年甲辰夏造東匡氏」

19
官板四書大全　大三十六巻二十一冊缺　(一三―一)

(明)胡廣等奉勅編、徐九一太史訂正、金閶五雲居藏版ニヨリ鵜飼石庵訓點ヲ附シテ和刻セルモノ、時ニ慶安四年歳次辛卯夏四月ナリ、孟子ノ部三、四ノ巻二巻一冊ヲ缺ク、東涯生涯仁齋ノ講ヲ或ハ會讀講義ニ用ヒタル由ヲ日次ト共ニ各冊前後ニ記入シアリ、後東所本書上欄ノ書入ヲ輯シテ四書集註標釋ヲ編ス

20
正字通　大十二巻三十二冊函　(一六―一)

(清)廖文英、康煕歳次乙丑　呉源起序、康煕九年歳次庚戌孟秋朔日自序、外題東涯筆、又中ニ所々朱點ヲ加ヘ又字劃ニツキテ柱ニ見出シテ朱書セルモ彼ナリ、箱底部ニ「正字通卅二冊一函元祿己卯五月東涯」トアリ、己卯ハ十二年ナリ

21
發音錄　寫大一冊　(一九―三)

(明)張位、觀德亭藏ト柱刻アル半葉九行罫紙十七丁ト無罫二丁、十七丁ノ末ニ東涯「享保十一年丙午九月日託明石生弟謄寫」、無罫二葉ハ「字同音異舊不傍發諸字」ニテ「己巳夏四月十七日齋藤典信書」トアリ、東涯音ト訓トノ書入多シ、外題モ東涯ナルベシ

22
史記評林　大百三十巻五十冊函　(一三―一)

(明)凌稚隆編、王世貞序、萬曆丙子年季冬月朔日茅坤序、萬曆丁丑歳仲秋月徐中行序、種德堂熊氏増補繡梓行ノ和刻、寛永十三丙子年九月上旬洛陽三条寺町本能寺前八尾助左衛門尉開板、伊藤歴代ノ使用本ニシテ、仁齋、介亭、等ノ筆ト思ハルル校正アレドモ確實ナルハ「胤曰」トシテ少年時ノ東涯書入アルト、末ニ「壬子五月十八日會讀了韶(東所)」ナドセシ東所ト、表紙ニ内容見出シヲ書セシ東峯トナリ、ヨリテコノ所ニ加フ、壬子ハ寛政四年ナリ

23
南史　大八十巻十六冊函　(一七―一)

(唐)李延壽、大德丙午立夏序、嘉靖年間ノ補刻、箱底部ニ「享保十一年丙午二月長胤置」トアリ、ナレド書入ハ東涯ト思ハレズ、外題又別人

24
資治通鑑　附資治通鑑釋文辨誤巻首巻一巻辨誤十二巻　大二百九十四六十五冊函　(一〇―一)

(宋)司馬光、(宋)胡三省音註、(明)陳仁錫評閲、天啓五年乙丑中秋日仁陳錫序、旃蒙作噩冬十有一月乙酉日長至胡三省序、辨誤ハ胡三省著、陳仁錫校、丁亥春二月辛亥自序、三部ノ刻本ノトリアハセ晉紀ノ部三冊(百一―百十二)ハ補寫、東涯外題、補寫ノ部ソノ他ニ東所外題アリ、東涯ノ書入ママアリ

25
通鑑綱目總目　寫大一冊　(一三―一)

全十一丁、伊藤東涯寫、少年時ノ筆ト思ハル、自家藏本ヲ數函ニ分チテ收メシ時ノ覺エナリ

26
資治通鑑綱目全書　大百七冊函　(一三―二)

前編二十五巻首一巻十冊(宋金履祥)、正編五十九巻首一巻七十冊(宋朱熹)、續資治通鑑綱目二十七巻二十七冊(明商輅等)、東涯本文ノ校正アリ、正編末ニ「元祿十二年己卯閏九月十三日　京兆伊藤長胤點完」、「寶曆七年丁丑八月廿三日　善韶讀完」ト東所モ記ス、續ノ初メニ東涯書シテ「己卯閏九月十八日始點」トス、其他同様ノ記ママ巻末ニアリ、箱底部ニ「東堀川下立賣上町伊藏源藏」

27
通鑑集要　大十巻八冊　(一三―一)

(明)諸燮輯、(清)錢受益重較、牛斗星參閲、宋鳳翔序、外題東涯

28 通　志　略　半三十二巻二十四冊函　（一三五―一）

（宋）鄭樵、（明）陳宗夔校　嘉靖□戌□仲冬望日刻序、箱底部ニ「享保十五庚戌夏伊藤長胤置」トスルハ蓋題ト共ニ東涯筆ナラズ

29 國　語　大廿一巻四冊　（一三四―四）

（呉）韋昭解、（宋）宋庠補音、（明）穆文熙編、石昌校、韋昭序、宋庠序、和刻、東涯書入若干アリテ末ニ「元祿十六年癸未秋八月卅日富小路藤公宅會讀畢」（東涯）、「寶暦五年乙亥秋九月廿五日八條藤公宅會讀畢」（東所）トアリ

30 皇明通紀統宗　大十三巻六冊　（一三四―九）

（明）陳建、袁黄補、内題ニ「新鍥李卓吾先生増補批點皇明正續合併通紀統宗」、嘉靖歳在乙夘夏之吉陳建序、東涯筆外題ニシテ初メニ「己夘三月十八日始讀」（東涯朱）「寶暦戊亥臈月廿七日韶始讀」（東所）末ニ「寶暦九年已夘閏七月善韶讀畢」、東所朱書入所々ニアリ

31 大清康熙帝遺詔・新帝登極詔　大一冊　（一三四―一〇）

岡島冠山句讀、十六丁、享保八癸卯秋九月御書物所江戸日本橋南門畔出雲寺和泉掾、同通油町街門畔　版木屋甚四郎壽梓、東涯書入アリ

32 伊洛淵源錄新增　續録共　大二十巻三冊　（一三四―一三）

（宋）朱熹、弘治丙辰閏三月庚申　黄仲昭序、楊廉序、續ニハ成化庚子春正月吉旦謝鐸序、弘治丙辰秋七月望後三日同人跋、慶安貳暦仲春刊、タヾシ刊年アル續録六巻一冊ハ補ヒシモノナリ、前二冊ニハ東涯ノ書入多シ、末ニ青筆ニテ東所寫ス「淵源録會始干享保五年庚子秋九月終干辛丑夏五月二十三日」トアルハ東涯ノ記ノ寫ナリ、又「寶暦六年丙子八月朔善韶讀畢　同十三年癸未七月八日會讀卒業」トセルハ東所自ラナリ、東涯ノ書入ヲ東所寫シオギナヒシ三冊目初メニ「先子所點校淵源録。予未知之前。失續録六巻。久嗟惜之。丙子之歳始讀此書。時命摺闕巻以補之。自以朱筆句讀。去年與塾子會讀。有土井守典者。就坊間購古本。取觀之。福田希德字倘善氏就先子之本。改正全本者也。因借之。寫之以青筆。亦足観其典刑矣。於是乎予喜可知也。爲録其由爾　明和元年秋七月□日　伊藤善韶書」

33 大清雍正七年時憲曆　大一冊　（一三四―一五）

袋ニ東涯書ス「大清雍正七年己酉八年庚戌兩年時憲曆本朝享保十四十五年也　此兩本自薩州傳遍詢僧正見眎可重緘還　長胤誌」、現存七年ノミ

34 三輔黄圖・雍錄　寫大十六巻三冊　（一三六―四）

（明）呉琯校、雍ハ（宋）程大昌、明呉琯校、外題東涯筆ナリ

35 古今遊名山記　大十七巻總録一巻廿冊函　（一三九―一）

（明）何鏜編、呉炳校正、嘉靖四十二年歳次癸亥季秋吉旦黄佐序、嘉靖甲子歳五月望日呉炳序、王世貞序、嘉靖四十四載何鏜後序、外題及表紙ノ内容見出ハ東涯筆ナリ

36 日　本　考　寫大一冊　（一三四―一七）

（明）何喬遠、墨附二十九丁、末ニ云フ「名山藏明何喬遠所輯自國初至嘉靖立紀傳志甚備王享紀乃歴史夷狄傳也似取來王來享之義其内有日本考紀事甚悉因謄寫以藏于家云本書在東叡山向者親王命予句豆之次得周覧全書云　享保甲寅之歳陽月伊藤長胤誌」

37 日本風土記抄　寫大一冊　（一三四―一八）

明侯繼高ノ全浙兵制ノ附録日本風土記ノ抄出ナリ、初メ兵制ノ目録ヲ

揭ゲ以下ニ抄記ヲ附ス、全四十六丁、末ニ元祿癸酉之仲夏初四ノ東涯後語ヲ二丁ニ亙リ加ヘテ後削去シアリ、外題東涯筆

38　**海東諸國記**　寫大一冊　（三四—一九）

（朝鮮）申叔舟、成化七年辛卯季冬自序、墨附百三丁、東涯筆寫ト思ハル、部分多ク、末ニ「日東元祿二年己巳上巳日　洛陽伊藤長胤原藏謹校」「原藏氏」ノ印アリ

39　**經國大典**　寫大六卷三冊　（三四—二）

（朝鮮）崔恒等編、成化五年己丑九月下澣徐居正序、「萬曆三十一年三月　日新刊」ノ本ノ東涯ノ寫シナリ、末ニ「日東元祿三年庚午季秋重陽日　京兆伊藤長胤原藏寫」

40　**大典續錄**　寫大二卷一冊　（三四—三）

（朝鮮）李克增等編、弘治五年壬子十月下澣權健序、卷一、二ノミ前書ニ續キテ東涯ノ寫ナリ

41　**故唐律疏議**　附釋文　寫大三十卷十二冊函　（四五—一）

（唐）長孫無忌等奉勅撰、泰定四年秋七月既望柳贇序、泰定二年乙丑秋七月下弦日劉有慶序、釋文ハ王元亮、東涯上部ニ朱書ニテ校合セリ

42　**大明律**　大二十八卷五冊缺　（三四—三）

（明）太祖、洪武三十年五月御製序、萬曆十三年九月初二日舒化等ノ重修問刑條例題稿、刊記ハ「萬曆貳拾壹年柒月　日」ト末ニアリ、一冊缺、東涯表紙ニ「全六冊　内脱第二冊自一至三吏律全」、殆ンド全編句讀訓點ヲホドコシアルハ東涯ナリ

43　**鼎鐫六科奏准御製新頒分類註釋刑臺法律**　中十八卷附錄共八冊　（三七—三）

（清）沈應文校正、蕭近高註釋、曹干汴參攷、潭陽秇林熊氏種徳堂繡梓、吏戸、禮、兵、刑、工ノ律ニ行移名例附卷、圖式首卷ト洗寃錄ヲ附ス、東涯外題本文ニモ若干朱書入アリ

44　**訂補古今治平略**　中三十五卷十四冊　（四六—一）

（明）朱健、朱徽參・章士斐訂、熊人霖序、康熈甲辰仲夏嚴沆序、卓觀堂藏板、外題東涯筆

45　**新註無寃錄**　大二卷四冊　（三四—二六）

（明）王與、（朝鮮）崔致雲等註、至大改元長至日王與序、洪武十七年歲閼逢困敦羊角山叟序、正統三年十一月柳義孫序、庚申春正月崔致雲跋、和刻、東涯外題ニ筆ス

46　**東萊先生音註唐鑑**　大廿四卷四冊　（三六—一五）

（宋）范祖禹、（宋）呂祖謙註、范序、弘治十年六月朔旦白昂重刊序、弘治十年六月既望呂鏜重刊序、「右唐鑑二十四卷開板　寛文九己酉歲五月朔日書林小松太郎兵衛　唐本屋清兵衛」、末ニ東涯朱ニテ「寶永戊子（五年）七月五日古學書院會讀改点完」「享保十一年丙午六月八日重讀了」、東所墨ニテ「寶曆八年戊寅蕤月十九日花山侍中兼濟卿宅會讀畢善詔」、東涯ノ本文校正ト書入アリ

47　**新刊未軒林先生類纂古今名家史綱疑辯**　寫大四卷五冊　（三四—二七）

（明）林有望編、斉遇批閲、劉朵參校、萬曆元年癸酉秋吉日鄭一元序、萬曆元年秋季既望金陵饒氏錦溪繡梓刊本ノ寫ナリ、一冊目末ニ東涯書ス「此書元祿中東來藏在竹内親王書庫申請于東睿一品親王謄寫藏于家書手美濃關人廣瀬諒材云　享保十二年丁未四月日長胤誌（印）」、自ラ校合セリ

48 五代史序論　寫大二巻一冊　（一三六—六）

（宋）歐陽修、全三十五丁、末ニ「天和二年龍集壬戌季冬下旬洛下伊藤長胤謹書」、又朱筆書入アリ、外題東所

49 歴代紀年考　（鑑要紀年首巻）　寫大一冊　（一三六—八）

（明）袁黄緝、陳仁錫訂、墨附六十六丁、若干東涯ノ校訂アリ、巻首ニ墨書「伊藤長胤藏書」

50 譯唐鑑　寫半四巻一冊　（一三六—九）

小河成章譯、貞享三年春ヨリ夏ニ至ル譯文、三十九丁、巻首ニ「唐鑑譯文一之三四伊藤長胤家藏」トアリ

51 孔聖家語圖　（孔子家語）　半十一巻五冊　（一四八—一）

（明）呉嘉謨集校、補寫二冊巻二ヨリ五ニ至ル、補寫ノ末ニ東所書シテ「明和丁亥之歳命弘美補寫春二月廿九日始業夏五月初四日全功」、東涯ノ本文朱筆校アリテ末ニ「始乎元祿元年五月十九日終乎十月廿四日」トセルモ東涯ナリ

52 説苑　大廿巻十冊　（一四八—五）

（漢）劉向、（明）程榮校、嘉靖丁未八月朔何良俊序、曾鞏序、寛文八戊申孟春吉旦武村三郎兵衛刊行、東涯使用本ニシテ、末ニ附箋「右説苑二十巻丙寅五月廿六日卒業伊藤長胤書」、丙寅ハ貞享三年ナリ、「伊藤長胤之印」アリ

53 新纂門目五臣音註揚子法言　大十巻三冊　（一四八—六）

（漢）揚雄、（晋）李軌（唐）柳宗元（宋）宋咸（宋）呉祕（宋）司馬光註、景祐三年二月宋咸序、景祐四年十月十六日同表、元豐四年十一月己丑司馬光序、萬治貳年春三月立野春節跋、中野小左衛門刊行、上欄ニ東涯ノ書入シゲク末ニ「右揚子十巻文字甚聱牙強擬古作而不及者且其所論多卑近説然繪章琢句組織餖飣實作文取材之淵藪也仍一劉覽漫施丹鉛其註家之不明瑩者附臆説于上幀云庚午姑洗東涯誠」、庚午ハ元祿三年ナリ

54 太極圖説　大一冊　（一四八—九）

（宋）朱熹、寛文四歳甲辰初冬開刊　村上平樂寺、上欄書入ハ「太極圖説管見」ナリ、末ニ「寶永元年甲申九月初二日開講　仁齋先生因少司馬藤公貞維請　月　日完」、「元藏家書」ノ印

55 通書　大二巻一冊　（一四八—一〇）

（宋）周惇頤、（宋）朱熹解、淳熙丁未九月甲辰朱熹序、寛文六年孟春吉旦鈴木太兵衛新刊、後通書管見トシテ一書トナリシ東涯ノ書入アリ

56 二程全書　大六十五巻十六冊　（一四九—一）

（宋）程顥・程頤、朱熹編、康紹宗重編、彭綱校正、弘治戊午冬十月朔重刊序、弘治戊午秋八月上丁日陳宣後序、河南知府平陽陳宣刊行、東涯青朱ニテ校シアリ

57 近思録集解　大十四巻四冊　（一四八—一三）

（宋）朱熹・呂祖謙編、（宋）葉采集解、呉勉學校、淳祐戊申長至日葉采序、同十二年正月日同上表、朱熹跋、淳熙三年四月四日呂祖謙跋、徒維涒灘貞享五戊申年姑洗月焉逢敦祥日石渠堂重校梓、江戸日本橋青物町八幡屋重兵衛改版、東涯校正及書入アリ、又「始乎元祿辛未四年季春念日無序講」ヨリ以後六回ニ亘ル讀書ノ日付ヲ記ス、東所又講讀數回ノ記アリ、題簽下部「長胤之印」

58　**夷齋十辨**　寫半一冊　（一四八―一六）

（明）王直、墨附十四丁、「貞享歲甲子仲冬五[illegible]伊藤長胤書」ト末ニアリ、甲子ハ元年、荊川稗編巻七十二ヨリ東涯自ラ抄出スル所ナリ

59　**晦菴先生語録類要**　古活字本　大十八巻四冊　（一四八―一七）

（宋）葉士龍編、嘉凞戊戌仲秋朱安序、淳祐甲辰季春下澣王遂序、成化庚寅秋九月吉旦韓儼後序、「儒士汪道全書古歙黃文敬刊」本ニヨル古活字刊本、正保三歲極月日二條鶴屋町田原仁左衞門刊行、東涯校正及書入アリ、末ニ「右朱先生語録類要會始貞享二年八月廿六日終三年九月初六日洛陽伊藤長胤句讀」

60　**大學衍義**　大四十三巻八冊　（一五〇―一）

（宋）眞德秀、弘治十五年五月朔邵寶重刻序、自序、上表　東涯書入多シ「伊藤」「長胤」ノ二印アリ、七冊目末ニ「貞享三年丙寅歲伊藤長胤校正句讀」、八冊目末ニ東所「寶曆五年乙亥歲花山黃門藤公宅會讀完善韶」

61　**大學衍義補**　大百五十四巻廿九冊缺　（一五〇―三）

（明）丘濬、成化二十三年十一月十八日上表　一冊（六十一―六十六）補寫東所記アリ、一冊（七十二―七十七）缺、二冊目末ニ「元祿戊寅十月廿一日長胤點完」、七冊目「己卯閏九月十六日」、八冊目「己卯陽月廿一日畢」、十冊目「癸辰九月廿六日讀了」、十三冊目末ニ「家藏之衍義補舊脱一本今玆補其脱以爲全璧云始二巻者介亭叙父之甞所書也末四巻者頃日託井上貞固氏所筆也寶曆丙子中元後一日善韶 題」、十八冊目「壬午閏八月廿一日長胤讀□」、十九冊目「元祿壬午十月廿一日長胤點」東涯東所ノ外題及ビ表紙ニ内容見出シモアリ、「尙書世家」ノ印アリ、函ニ「大學衍義補全函元祿十年丁丑二月慥々齋長胤藏」トアリ

62　**理學類編**　大八巻二冊　（一四八―一八）

（明）張九韶、嘉靖壬寅春二月吉旦勿齋重鋟序、㝡當序、至正丙午冬十有二月庚申編輯大意、萬治二年己亥八月吉旦柳馬場通二條下ル町吉野屋權兵衞板行、東涯書入、「藤長胤印」「原藏氏」ノ二印アリ

63　**新刊憲臺釐正性理大全**　大七十巻二十冊　（一三三―一）

（明）胡廣等奉勅撰、永樂十三年十月初一日序、永樂十三年九月十五日胡廣等進書表、外題悉ク東涯筆ニシテ墨、朱、青ノ書入アリ、箱底ニ「貞享四年戊辰正月上浣吉岡翼藏」トアリ

64　**傳習録**　附陽明先生詠学詩　大三巻附一巻合三冊　（一四八―一九）

（明）徐愛編、附明楊嘉猷編、萬曆壬寅春閏二月焦竑刻序、徐愛序、楊嘉猷重刻小引、張可大重刻跋、萬曆壬寅仲夏白源深重刻跋、許有聲重刻跋、和刻、東涯使用書入本ニシテ外題モ東涯、末ニ「肇于丙寅仲夏廿六日竣干丙寅仲冬十六日」

65　**困知記**　正續三編共　大六巻三冊　（一四八―二〇）

（明）羅欽順、嘉靖癸巳秋八月壬申黃芳序、嘉靖七年歲次戊子十有一月己亥朔日南至自序、續編末ニ　嘉靖甲午季秋望日陳察後序、萬治元戊戌曆極月吉日野田彌次右衞門開板、三編一冊寫、墨附九十八丁、末ニ「困知記刻本坊間唯有正續二集凢五巻寛文中先人偶得唐本三續託小河省宇老人謄寫藏于家省宇二子成章成材在先人之間爲上足俯仰既垂五十年爲書其由云　享保癸丑年星夕後一日伊藤長胤敬誌」、東涯ノ書入所々ニアリ

66　**聖諭廣訓萬言諭**　半一巻二冊　（一四八―二二）

（清）聖祖、雍正二年序、全巻句讀アリテ末ニ朱書「享保丙午十一月

菅俊仍氏自長崎東歸過訪見惠長胤句讀」

67 胡氏知言　寫大六巻附一巻一冊　（一四八—二三）

（宋）胡宏、墨附百十四丁、張栻序、見返シニヨレバ宗文書堂刊行本ノ寫シナリ、末ニ東涯記ス「享保七年壬寅裝釘　古義書院藏書　分寫姓名修業　奥州　國井氏、景鳳　作州　明石氏、世美　防州　朝枝氏、吉（士）享　勢州　奥田氏」トアリ、朱校正ノ中ニ東涯東所ノ筆アリ、東所朱記ス「寛政壬子之閏二月廿九日善韶讀畢　□如此者先子所改加ヿ者韶所管窺」

68 類經圖翼　寫大一冊　（一三三—八）

墨附表紙共五丁、張介賓ノ同書巻三ヨリ周身骨度圖ト周身骨度名目ヲ抄記セルモノ、末ニ「貞享二年歳乙丑孟冬初六伊藤長胤謹書」

69 古今法書苑　巻四—八　寫大五巻三冊　（一五四—一）

（明）王世貞編、王乾昌校、朱ニテ東涯、黒ニテ東所ノ校正アリ、筆寫數手、東涯幼年時ノ手ヲモ混ズルガ如シ、仁齋日記天和二年九月廿九日ノ條「一北村伊兵衛ゟ法書苑三冊返進」トアルハ本書ナルベシ

70 草書兩端切要　半四巻首巻一巻三冊　（一五四—七）

汪世卿、董思誠閲、方大有校、元祿丁丑春二月上澣　寺井養拙跋、華洛二條書肆武村新兵衞梓行、汪文錦梓行ノ本ノ和刻、「長胤之印」「弘明」ノ印アリ、東涯東皐ノ使用本ナリ

71 泉　志　半十五巻二冊　（一三三—一）

（宋）洪遵、（明）胡震亨・毛晋同訂、一色東溪點校、徐仲和刻序、紹興十有九年秋七月晦日自序、萬暦癸卯短至日徐象梅跋、元祿十年丁丑正月之吉　京東洞院通夷川上町林九兵衞梓、出版校正用ノ本カト思ハル訂正アリ、題簽下部ニ「上（下）冊一之八（九之十五）」ト墨書セルハ東涯ナリ

72 祕傳花鏡　寫大六巻四冊　（一五四—一七）

（清）陳淏子、康煕戊辰立春後三日丁澎序、康煕戊辰花朝張國泰叙、筆者不明ナレド東涯ニ似タレバソノ門下ノ筆ナルベク、第三冊目表紙裏ニ東涯書入アリ

73 臨鍾大傅古千文　寫一巻　（三〇九—一）

（魏）鍾繇書、（晋）王獻之摹、張彥遠題、寶永歳旅戊子季秋中澣墨癡（林）道榮跋、此本ヲ鳥飼圭純寫シテ東涯ニ贈リシモノ、「享保丁未歳仲春廿七日　京兆長胤」ノソノ由ノ記アリ、文ハ文集十五ニオサマル

74 瘞鶴銘　寫一巻　（三〇九—三）

（梁）華陽眞逸撰、臨摹、末ニ東涯　享保甲寅陽月日ニ歐陽公集古録ニ見ユル眞逸ハ顧况カトノ説ヲ掲ゲ、識後ヲ加ヘ更ニ享保乙卯ノ年ニ弇州山人稿ニ見ユルコレニ關スル一文ヲ抄記ス

75 二王帖　折大四帖函　（六七—一）

（晋）王羲之・王獻之書、初三帖ハ墨本ニシテ外題ハ東涯筆、各冊外題下部ニ「長胤之印」アリ、末一帖ハ東所寫、明和丁亥十月七日釋了ト釋文ヲ附シタリ、前三帖ノ脱帖アリ、末ニ記ス「庚子八月新渡二王帖照對新本三帖三帖中無一二末附評釋一帖釋文之外有評待重而全謄姑就此釋加圈記出處耳〇評釋跋丙寅歳元夕假守許開題」

76 鶖群帖　折大一帖　（三一〇—六）

（晋）王獻之書、裏ニ「享保九年甲辰十月日秋興堂主遺留長胤藏」

77 **叙古千文** 折大一帖 (六七—一四)

(宋)胡寅、姜立綱書、淳凞己亥八月戊戌朱熹跋、和搨、末ニ東涯書ス「享保五年庚子元旦烏丸街書肆玉樹堂惠　慥〻齋書」、外題下部ニ「長胤之印」

78 **朱文公書癩可詩** 一幅 (三一〇—一二)

(宋)朱熹書、松崎蘭谷摹搨、外題東涯筆、裏ニ「享保丁未年松崎祐之氏摹搨見寄長胤」トアリ

79 **朱文公石刻寫** 一巻 (三一〇—一三)

(宋)朱熹書、鳥飼圭純臨摹、東涯附箋アリテ「朱文公石刻寫　某人藏眞筆圭純翁謄摸」トス、前掲癩可詩ノ寫シナリ

80 **會郡樓** 大一冊 (六七—一八)

(宋)米芾書、北湖主人臨、寶永丙戌年十一月冬至日北湖主人跋、寶永四丁亥年三月吉旦、御書物屋出雲寺和泉掾開板、漢搨ヲ得テ梓ニ附ス由跋ニアリ、首メニ東涯書ス「寶永丁亥端午前二日因高教國見寄伊藤長胤」

81 **序和堂三大字雙鉤** 寫一枚 (三一〇—一七)

(宋)張即之書、鳥飼圭純作、包紙東涯書ニシテ「此三大字眞筆藏在六角勝仙院現住住眞院晃珍僧許借因請鳥飼圭純叟双鉤郭塡以供佗日之展覧云　享保丙辰正月下澣　長胤書藏」

82 **醉翁亭記** 玉堂仙 折大一帖 (三一〇—一八)

(宋)蘇軾書、和搨、外題東涯筆、下部ニ「長胤之印」アリ、末ニ「享保肆年歳在己亥晩夏伊藤長胤裝潢」

83 **赤壁賦** 大一冊 (六七—二五)

(元)趙孟頫書、書林梅村玉池堂、植村媒教軒ノ版、末ニ「寶永年間収」トアル下三字ハ東里、外題下部ニ「長胤之印」アリ

84 **雙鉤祝枝山草書** 寫一巻 (三一〇—二〇)

(明)祝允明書、木村伯倫臨摹、東所外題中ニ東涯ノ附箋ヲツクルニ「雙鉤祝枝山草書芙蓉池作」、末ニ東涯記ス「此帖癸卯之冬予觀之干高森氏之家因得借之託木邨生伯倫重摹恨不得觀本紙波磔處或失其眞旹享保九年甲辰正月十日長胤誌」

85 **臨文衡山桃花源記** 寫一巻 (三一〇—二四)

(明)文徵明書、所収ハ裝釘前ノ包紙ニ東所ノ記アリテ貼附スルニ「臨文衡山桃花源記同西苑雅集序　同天馬賦　癸未二月裝韶藏」トアリ、又東涯ノ「桃花源記文衡山」トセル外題アリ、癸未ハ寶曆十三年ナリ

86 **玉烟堂董帖** 折大四帖帙 (六七—四〇)

(明)董其昌書、帙外題東所、各帖外題ニ「董玄宰法書第一—四」トセルハ東涯ナリ

87 **張瑞圖書雙鉤** 寫二枚 (三一〇—二六)

(明)張瑞圖書ノ双鉤、二枚共七絶ヲ書ス、包紙東涯書ニテ「享保庚子中元日」トアリ、庚子ハ五年ナリ

88 **臺嶽帖** 折大一帖 (六七—四四)

裏ニ東涯記「予幼時濱田文四郎老丈惠贈文四郎字整夫伊勢之土豪先子所答安東省庵子書中有其名矣嘗學干省庵往來之抑以篤學之人也予幼時隨先子往文四郎宅在柳馬場押小路東邊架上有此帖予幼而愛玩文四郎爲

命書肆以縹紙搨一本贈予回顧已三十年矣此帖刻本在干柳馬場書肆芳野屋氏云峕寶永七年庚寅八月初十日　伊藤長胤跋」

89 〔臨言恭書七絶〕　一幅　（二一〇—三〇）

裏ニ東涯「元祿十六年癸未三月有馬子篤氏見贈伊藤長胤」トアリ

90 豐樂亭記　折大一帖　（二一六—一）

（宋）欧陽修書、末ニ「此帖不失古意最可寶玩　享保丁酉孟夏東厓生題」

91 趙文敏法帖　折大二帖　（二一六—二）

（元）趙孟頫書、享保丁未春梅處散人跋、「柳枝書樓玩賞」ノ印アリ、一帖末ニ「響栞齋法帖凡五冊晋唐宋元明各乙帖此帖自元人帖中抄出各帖巻首有五嶽眞形新鷺字前所印者是也」、又「享保戊申冬十二月伊藤長胤購置梅處祐之姓松崎氏仕于丹州篠山侯掌文學之任夙播令譽惠善艸隷稱松崎多助云」、他ノ帖ニモ購置年月ト松崎氏ノ事ホヾ同ジク記シアリ

92 眞草千字文　闕中本　附字府　一帖　（二一七—一）

（北魏）智永書、字附トハ書法百例歌、五車抜錦ノ書法ノ部等ヲ集メタルモノ、末ニ「享保辛丑之歳冬日東厓購」トアリ、コノ書ト趙子昂七觀、秋興八首ヲ一箱ニ収ム、箱裏ニ「享保十三年戊申冬十月日慥ゝ齋主人」ト東涯記アリ

93 元十一家帖　折大一帖　（二一〇—三四）

外題下ニ「長胤之印」アリ、末ニ元人十一家帖姓名アリテ、享保庚戌王正東涯胤書シテソノ跋トシ、更ニ停雲舘帖ト辛亥之春比セシ事ヲ記ス、次イデ弇州山人藁文部ノ一文ヲ引キ「文氏停雲館帖十跋毎帖各有跋此其第七帖跋頃者就全集謄寫坊間亦有停雲全帖竢重購置之以完其功時享保乙卯閏三月長胤書」

94 淮南鴻烈解　大二十一巻六冊　（一五九—三）

（漢）劉安、（漢）高誘註、（明）茅坤批評、洛下逋客石齋鵜（鵜飼氏）子直訓點、高誘序、王宗沐重刊序、陸時雍序、寺町書林前川權兵衛印行、僅ニ東涯墨朱ノ書入アリ、東所モ一ケ所アリ

95 白虎通德論　大四巻二冊　（一五九—五）

（漢）班固、（明）郎壁金訂定、石齋鵜（鵜飼氏）信之訓點、張楷序、嚴度序、嘉靖改元冷宗元序、王弇州讀白虎通、天啓丙寅春仲郎壁金題辭、寛文壬寅夏上澣（刊）、末ニ東涯記シテ「享保壬寅長胤購」

96 癸辛雜識　前後續別集共　大六巻四冊　（一五九—七）

（宋）周密、（明）毛晉訂、周密序、汲古閣本、東涯書入アリ

97 五雜組　半十六巻十六冊　（一五九—九）

（明）謝肇淛、李維楨序、寛文改元辛丑仲冬刊、東涯書入アリ

98 徐氏筆精　大八巻四冊　（一五九—一〇）

（明）徐𤊹、（明）邵捷春訂定、（明）黄居中編次、崇禎四年歳在重光協洽一陽月中澣黄居中序、崇禎壬申歳冬月邵捷春序、外題東涯、又書入アリ、末ニ「享保甲辰之冬長胤購」

99 鶴林玉露　大十八巻六冊　（一六一—一）

（宋）羅大經、萬曆甲申一陽月下浣之吉　黄貞升重梓序、自序、寛文二壬寅仲秋日中野市右衞門梓行、東涯書入アリ

100 草木子　寫大二巻二冊　（一六一—二）

（明）葉子奇、洪武十一年歳次戊午冬十一月二十又七日自序、正徳丙子夏四月既望黄衷序、末ニ「享保壬寅年長胤一條鏡石街買」トアリ、東涯書入若于アリ

101 青藤山人路史　寫大二巻二冊　（一六二―三）

（明）徐渭、外題東涯筆、末ニ又彼ノ記アリ「享保十一年丙午託藝州井上生謄寫此書本在有馬存庵家先子嘗借觀後不知其書所在近聞菊亭相公家有之拜借盖亦自先人所伝云」、書入若干存ス

102 焦氏筆乘　大六巻二冊　（一六二―五）

（明）焦竑、（明）李登校、自序、柱刻ニ「繼志齋」トアリ、外題東涯筆ニシテ、東涯書入マタアリ

103 天工開物　寫大三巻三冊　（一六二―九）

（明）宋應星、自序、外題東涯筆、東涯東所ノ書入アリ

104 學範　大二巻一冊　（一六二―一〇）

（明）趙撝謙、正統丙辰三月朔旦朱徽序、明暦二丙申載春濃仲旬上村次郎右衛門開板、外題東涯筆、書入アリ

105 琅邪代醉編　大四十巻十二冊函　（一五二―一）

（明）張鼎思、（明）陳性學校、萬暦二十五年丁酉皐月上澣之吉陳性學序、萬暦丁酉三月立夏日張鼎思跋、外題東涯、箱ニハ「享保十一年丙午八月上澣」、書入モアリ

106 群書拾唾　大十二巻三冊　（一六六―九）

（明）張九韶編、（明）汪道昆増訂、呉昭明校、李登重刻序、自紀、錢法重刊後跋、承應元年壬辰十一月日崑山館道可處士刊行、末ニ東涯記ス「享保十一年丙午春長胤購」

107 新編排韻增廣事類氏族大全　五山版　大十巻八冊　（一六六―一〇）

末ニ「明徳癸酉八月開板圓成」トアリ、表紙ニ「氏族排韻」及ビ十干ニテ順序ヲ記シタルハ東涯ナリ

108 故事必讀成語考　半二巻二冊

（明）丘瓊山、（明）盧元昌補、中島浮山訓點、天和辛酉季冬之月下澣荒川天散序、天和壬戌六月上浣中島義方（浮山）跋、洛陽下長者町水谷重信梓、各冊末ニ「長胤藏」ト朱書、少年時ノ東涯書入アリ

109 古今萬姓統譜　附歴代帝王姓系統譜 氏族博攷　大百三十一巻附二十巻二十九冊函　（一七三―一）

（明）凌迪知編、凌述知・呉京校、萬暦己卯秋八月自序、萬暦己卯孟夏朔日王世貞序、王穉登序、（帝王）萬暦己卯秋八月穀旦自序、（氏族）呉京叙、金闓徐參微發兌、所々東涯朱筆書入アリ、箱ニ「享保十四年己酉十月置伊藤長胤」ト書ス

110 圓機活法　半三十八巻首一巻三十九冊函　（一七四―一）

詩　（明）王世貞校正（但シ實際關係ナシト云フ）、楊淙參閲、唐謙繡梓、萬暦年　吉旦　李衡序、菊池耕齋訓點、明暦丙申日南至耕齋菊池東匀跋、寛文十三癸丑歳孟夏吉辰　洛陽寺町通本能寺前八尾甚四郎友春梓行

韻　（明）王世貞增校、唐謙繡梓、延寶癸丑孟冬吉辰書林雒陽西御門前積徳堂重梓、「伊藤龜麿藏」「龜丸藏」ナド幼キ文字ニテアリ、箱底ニ「伊藤長胤藏」トアリ、東涯幼年時ノ購入ノモノニシテ、代々使用シテ落書ナドアリ、他ニ「藤姓」「雒水軒藏書」ナドノ印アリ、龜丸ハ東涯ノ幼名ナリ

111

居家必用事類全集　中十集十冊　（一六六—三）

（明）洪方泉校、嘉靖三十九年夏五月田汝厳序、東涯筆外題

112

南村輟畊録　大三十巻四冊　（一五四—三）

（明）陶宗儀、至正丙午夏六月孫作序、成化十年歳舎甲午夏丑之望錢溥序、外題東涯筆

113

増補首書老子鬳齋口義　大二巻二冊　（一七五—一）

（宋）林希逸、徳倉昌堅増補、延寶二年甲寅秋七月徳倉昌堅跋、二條通玉屋町上村次郎右衞門重刊、題簽下部ニ「長胤之印」アリ

114

列子鬳齋口義　大二巻四冊　（一七五—三）

（宋）林希逸、萬治貳年己亥五月吉日刊、題簽下部ニ「長胤之印」アリ、上欄ニ墨朱ノ東涯書入アリ

115

新鍥南華眞経三註大全　半二十一巻六冊　（一七五—四）

（明）陳懿典輯、史繼階叙、萬曆癸巳（二十一年）歳冬月自新齋余紹崖梓、東涯表紙ニ内容見出シヲ墨書シ、書入モアリ

116

莊子鬳齋口義　大十巻十冊　（一七五—六）

（宋）林希逸、景定辛酉季夏望日林同序、林希逸發題、寛永六年十一月吉辰　二条通観音町風月宗知刊行、巻末新添莊子十論、朱青筆ハ東涯校正、末ニ記シテ云フ「寶永六年己丑六月十八日長胤校完」ソノ他ノ人ノ書入モアリ

117

辟疆園杜詩註解　大十五巻五冊　（一七七—三）

（明）顧宸、七言之部ハ李贇元閎、黄家舒評、五言之部ハ李壯・畢忠吉評、康凞癸卯初春李壯序、（七言）順治辛丑清和月李贇元序、康凞歳次癸卯燈節前一日畢忠吉叙、元祿六載癸酉如月穀旦洛陽堀河書堂唐本屋又兵衞梓、題簽東涯筆、書入アリ

118

南豐先生元豐類藁　大五十一巻八冊　（一七九—一）

（宋）曾鞏、羅倫序、年譜序、同後序、宋元豊八年三月朔日王震序、成化六年庚寅歳冬十月望日王一夔序、隆慶元年丁卯歳八月穀旦曾佩粹言序　大徳甲辰良月丁思敬後序、趙琬跋、「査溪裔孫才道行思彦校刊」ト巻頭ニアリ、東涯外題ニシテ書入アリ、「内府藏書」ノ印アリ

119

晦庵先生朱文公文集　大百二十一巻目録共四十二冊　（一八二—一）

（宋）朱熹、嘉靖壬辰九月既望蘇信重刻序、成化十九年歳在癸卯二月之朔黄仲昭跋、東涯書入アリ、各冊讀了ノ日ヲ記ス、箱底ニ「元祿八年乙亥冬十月造朱子文集大全四十策洛陽伊藤長胤」

120

陸象山先生集要　大八巻八冊　（一七七—八）

（宋）陸九淵、（明）聶良杞編、閔師孔・官藎臣校、正徳辛巳七月朔王守仁序、嘉靖四十年辛酉五月吉王宗沐序、萬曆丁酉季冬吉旦楊起元序、萬曆戊戌七月既望朱錦後序、和刻　東涯書入、外題モ彼ノ筆、末ニ「右象山集要會以貞享三年丙寅九月廿一日始事四年丁卯五月十一日竣功」

121

陸放翁文集抜萃　（劍南詩藁）　寫大一冊　（一八一—三）

墨附三十八丁、「長祿四庚辰年十二月廿三日抄畢　眞牧書窓下」トアリ、高太史凫藻集序ノ寫二丁アリテ、後ハ嘉定十三年十二月既望ノ跋マデ劍南詩藁ナリ、東涯ノ後記ニ云「一日書舗人齎到此冊意者當時五岳禅衲就陸放翁高太史集抄謄按其紀年云長祿四年壬辰即寛正元年也距今二百七十有二年嗚呼舊矣尒後遭幾番亂離完全不逸且當時人讀書之勤亦可

歎也因購而藏之干家云旹享保十六年辛亥重九日伊藤長胤書」

122 名公妙選陸放翁詩集　大十八巻二冊　（一八一—四）

（宋）陸游、前ハ羅椅編、後ハ劉辰翁編、大德辛丑立夏日陸慤序、承應二癸巳歳極月吉日瀧庄三郎刊、東涯書入アリ

123 白雲詩集　大四巻一冊　（一七七—一三）

（元）英寛存、至元壬辰菊節　牟巘序、趙孟頫叙、胡長孺序、寛文五年乙巳九月吉辰、藤田氏六兵衞刊行、東涯書入若干アリ

124 遵巖先生文集　大四十一巻八冊　（一七九—三）

（明）王愼中、洪朝選序、隆慶伍年歳辛未秋八月之吉邵廉序、表紙ニ内容見出シヲ青書セルハ東涯ナリ

125 震川先生文集　大二十巻六冊　（一八一—七）

（明）歸有光、蔣以忠閱、道傳編、萬曆甲戌八月上幹蔣以忠序、外題東涯筆、書入僅ニアリ

126 增註唐賢絶句三體詩法　大三巻三冊　（一八六—一）

（宋）周弼、（元）圓至天隱註、裴庾增註、至大二年重陽日裴庾序、虛叟方回序、和刻寛永板ナルベシ、東涯若干書入アリ

127 宋文歸　大二十巻十冊　（一七九—六）

（明）鍾惺選評、楊彝閱、柱刻「集賢堂」、外題東涯ニシテ、各冊所収ノ人名ヲ記ス

128 校正重刊官板宋朝文鑑　大百五十巻目録共三十二冊函　（一九三—一）

（宋）呂祖謙編、自序　弘治甲子七月丙辰胡拱辰序、弘治甲子秋七月望胡韶序、天順八年歳次甲申冬十二月之吉商輅序、文林閣刊、目録上ノ末ニ「寶永己丑三月日伊藤長胤」トアリ　外題東涯筆ナルベシ、箱ニ「寶曆辛巳十一月製善韶」

129 文章軌範百家評林註釋　正續共　大十四巻四冊　（一八六—四）

（宋）謝枋得、（明）鄒守益編、李廷機評訓、萬曆新春孟秋月穀旦熊沖宇發行本ノ和刻、萬治二年孟春良辰刊、東涯東所使用本ニシテ、殊ニ東涯書入甚シ、元祿六年ヨリ初メ四回ニ亘リ、東所ハ三回ニ亘リ、會讀等ノ日次ヲ記ス

130 瀛奎律髓　大四十九巻六冊　（一九三—一）

（元）方回編、至元癸未良月旦日自序、成化三年龍集丁亥六月下澣皆春居士跋、成化紀元十有一年蒼龍乙未三月上澣　方有慶跋、「成化三年仲春吉日紫陽書院刊行」ノ書ノ和刻ニシテ、寛文拾一年辛亥正月吉日村上平樂寺板行、東涯書入ト表紙ニ内容見出シヲ書ケリ

131 皇元風雅　前後集　五山版　半十二巻二冊　（一七九—七）

（元）傅習・孫存吾編、虞集校、前ハ至元二年歳在丙子八月辛巳虞集題辭、後ハ至元二年丙子三月晦日謝升孫序、元ノ古杭勤德書堂刊本ノ覆刊本、吉野朝頃ノ刊ナルベシ、外題東涯筆、「無績」等ノ印アリ

132 唐詩正聲　半二十二巻四冊　（一八六—一四）

（明）高棅編、（明）呉中珩校、嘉靖三年春三月十日胡纘序、成化辛丑秋八月初七日黄鎬序、高棅序、享保第十四己酉年孟春之吉　皇都書坊　島本權兵衞　安田万助　林權兵衞　瀬尾源兵衞發行、題簽下部ニ丸ニ「胤」ノ印アリテ、表紙ニ内容見出シ東涯筆アリ、蘭嵎書入モ一所アリ

133 唐詩選註　半七巻二冊　（一八六—一五）

134
弄石庵唐詩名花集　大四巻二冊　(一七九—八)
(明)李攀龍編、蔣一葵箋釋、萬曆癸巳仲秋哉生日李攀龍序、萬曆癸巳王正呉亮箋釋序、周鉉序、萬曆癸巳春王正月哉生蔣一葵跋、外題東涯筆、仁齋ラシキ文字モ見エタリ

135
唐僧詩選　半二巻二冊　(一七九—九)
(明)楊肇祉校集、黄鳴喬序、享保丁酉仲夏伊藤長胤序、楊肇祉跋、東涯序ハ介亭ノ版下ナリ、一所東涯筆ノ訂正アリ、外題東所筆

136
兩晋南北合纂　大四十巻二十冊函　(一九五—一)
白庵如水編、元祿三年歳次庚午小春聖制日高泉序、元祿龍飛庚午三年小春既望盧元彬跋、元祿四年辛未正月之吉　京東洞院通夷川上町林九兵衞壽梓、巻頭ニ「䰠魯正派」「東涯」ノ二印アリ

137
唐宋八大家文鈔　大百六十四巻三十冊函　(一九六—一)
(明)錢岱編、姚宗儀校、李維楨序、萬曆歳在戊申冬十一月朔錢希言序、萬曆癸丑八月錢謙益序、東涯少年時ヨリノ書入多クアリ、箱ニ「天和中置享保戊申製櫥古義堂」、仁齋日記天和二年十二月廿一日ニ「兩晋南北合纂二帙借リ申候」

138
皇明文範　大六十八巻目録二巻四十二冊函　(一九九—一)
(明)茅坤批評、茅著重訂、歳在辛未仲秋之望茅著跋、萬曆己卯仲春茅坤總叙、韓文十六巻三冊、柳文十二巻二冊、歐文卅二巻五冊、五代史鈔廿巻三冊、王文十六巻四冊、曾文十巻二冊、老蘇文十巻一冊、大蘇文廿八巻六冊、小蘇文廿巻四冊、東涯書入アリ表紙ノ内容見出シモ東涯ナリ、末ニ「天明甲辰九月八日善韶讀畢一トセルハ東所ナリ

(明)張時徹編、萬曆三年歳在乙亥杪秋重陽日皇甫汸序、皇明隆慶己巳夏六月張時徹序、東涯元祿十三年ヨリ十四年ニイタリ句讀畢ノ記、各冊ニアリ、最末冊ニ「元祿辛巳十月二日長胤點完」、彼ノ自製年譜ヲ見ルニ元祿十二年ノ條「是歳之冬皇明文範新渡……買得之價艮五枚」トアルハコレナリ

139
續皇明詩選　大二巻一冊　(一九〇—三)
(明)李贄編、白東奎識アリ、正德乙未歳夷則京堀川伏見屋藤右衞門大坂高麗橋伏見屋藤次郎ガ太清康熈年間餘杭ノ青藜閣ノ刊本ニヨル和刻、東涯書入アリ、又「字源藏」ノ一印アリ

140
新鐫國朝名儒文選百家評林　(國朝文選)　大十二巻六冊　(一七九—一二)
(明)沈一貫選、(明)徐宗夔閱　唐延仁校梓、松著山人序、乙酉(順治二年)季秋　世德堂刊、東涯書入アリ

141
宋四名家詩　大七冊　(一七九—一三)
(清)周之鱗・柴升編、康熈三十有二年長至日柴望序、弘訓堂藏板、東涯外題シテ「宋四名家詩鈔」、「長胤之印」各冊巻初ニアリ

142
試牘小題文庶三集　中四冊　(一七九—一四)
(清)陸毅評定、呉樞・顧琪參評、康熈二十九年臘月望後四日陸毅自序、康熈庚午新編、金閶寶翰樓梓、東涯外題筆

143
文章辨體　外篇共　大四十巻十二冊函　(三〇三—一)
(明)呉訥編、鍾原校、天順八年秋九月既望彭時序、外題東涯筆、箱ニ「寶永甲申年置享保戊申製厨古義堂」

144
新鐫寫帖　寫大一冊　(三〇三—三)
蔣守誠編輯、王相參訂、墨附三十丁、末ニ東所ノ記アリ云フ「此書先

子弱齢之時所手寫不知何人借去而散失丙戌之冬花山藤公與制義録共購得而賜予再爲予家之藏本實公之力也明年丁亥之冬善韶拜識」、末ニ「長胤」「又源藏」ノ印アリ

145　**詩餘圖譜**　寫半三巻一冊　（三〇三―一六）

（明）張綖編、伊藤東涯寫、墨附八十八丁、末ニ「寶永戊子之春寫」トアリ、戊子ハ五年ナリ

146　**歴代小史**　大百五巻二十四冊函　（三〇四―一）

萬曆癸未秋九月望日李栻序（補寫）、各冊「謝在杭藏書印」、朱筆書入アリ、巻首東涯識語アリ、

「題歴代小史首

此本有謝肇淛名欵曰謝在杭圖書印中有一條簽貼記閩中謝氏事恐亦其手筆在杭著五雜組文海披沙等書膾灸士林明季聞人也予所識一搢紳家二十一史亦有此印徐氏筆精中詳謝方伯儲書之富五雜組亦記晩年得二十一史吾思子孫衰替失其世守典籍散落播于東方可慨也夫爲書其由告諸後葉云旹享保十九年甲寅夏至日　伊藤長胤東厓書」

三　舊藏書畫文書

1　**青翁禎卿兩先生竹石圖**　墨本　一幅　（五七―一）

（明）馮起震・馮司理畫、諸家ノ賛多キ竹石ノ墨本、裏面末端ニ東涯記ス「享保癸丑年中元日長堅購寄」、外題東涯筆ニテ「馮起震號青翁子司理楨卿本呉興天聖寺辟間管夫人遺蹟」

2　**文宣王像臨呉道玄筆**　紙本着色　一幅　（五七―二）

東涯畫面右側ニ附箋シテ「文宣王像臨呉道玄筆　享保中書史宅間氏寫贈　長胤藏」、外題ハ東所「寛政庚戌之春表褙伊藤善韶藏」ト附記ス

3　**廣南貢象圖**并**賛**　摺物　一幅　（五七―三）

晋鄙景純ノ贊アリ、末ニ「享保十三年戊申六月廣南庢貢其象己酉四月廿六日入京師因貎其狀幷贊刊布」、外題東涯

4　**勅建金山江天寺勝境**　摺物　一幅　（五七―四）

外題東涯「金山勝境」

5　**羅應和題畫梅**　紙本　一幅函　（五〇―三）

畫者未詳、題千葉梅ノ羅應和ノ贊アリ、裏面末端附箋アリ、「明羅應和字冲父題畫梅　長胤珍藏」、外題東所

6　**王人鑑題畫梅**　紙本　一幅函　（五〇―四）

畫者未詳、前者ニ同ジ憍角梅ニ題スル王人鑑ノ詩賛アリ、裏面末端附箋東涯筆「明王人鑑字德操題畫梅　長胤珍藏」、東所外題、以上二幅ハ一函ニ収メアリ、東所箱書アリ正德年中東涯展墓ノ歸路茶店ニ休ミテ得タル所ニシテ、コトハ盍簪録ニ詳カナリ

7　**聖像圖**并**賛**　紙本着色　一幅　（五〇―五）

狩野休山畫「休山筆(印「狩野」)」、「享保丙午歳五月長胤薫沐拜題」トシテ明胡纘宗ノ賛ヲ書ス、外題ニ「大正十一年孟春裱褙古義堂」トアリ

8　**松　日　圖**　紙本着色　一幅　（五〇―六）

狩野即譽筆（「藤原」ノ印）、裏面ニ「正德三年癸巳之歳宕峰照陰堂主人惠寄伊藤長胤藏」

9　**鵜　鳥　圖**　紙本着色　一幅　（五〇―七）

上部ニ東涯鵜ニ就キテノ説ヲ書入アリ、外題東涯、「鵜鳥圖　友梅翁惠

己酉三月」、小武友梅ノ送リシ所ナリ、又同圖ヲ模寫セル一幅モ別ニ存ス、ソレニハ説ノ次ニ「享保十四年己酉夏四月」ト日付ヲ記セリ

10　**荀陳德座圖**　一巻　（五〇—八）

陳寔圖ヲ模セシモノナリ、書ハ「効陳寔之体縮往七十五歳圖」トアリ、次ニ同畫ノ下繪アリ、東涯「德座圖下繪宇都宮氏文章相賴」トアリ、舊本跋ヲモ寫シ、末ニ東涯ガ杉吉甫藏原本ニオクリシ跋ヲ東所書セリ、ソノ跋ハ「享保丁酉之歳」ニナル、末ニ東所記ス「右先人胡伯量聚星圖賛眞蹟之跋當時摸寫其眞本以収于家今玆寶暦辛巳之秋裝潢因詳併録云善韶筆」

11　**竹　鶴　圖**　絹本着色　一幅函　（五一—一）

法眼古川叟（狩野常信）筆、外題東涯、箱書ニ「正德元年辛卯刑部卿藤公遺留　伊藤長胤藏」

12　**松　　鶴**　絹本着色　一幅函　（五一—二）

法印古川叟筆（「養朴」）（狩野常信）、箱書東涯「享保己酉新修講堂久我源公惠賜　伊藤長胤藏」

13　**杜　若　圖**　絹本着色　一幅函　（五一—三）

狩野探信筆、「忠淵」、箱書東涯「享保廿年乙卯九月奥田宜休翁遺留」

14　**宋直龍圖閣游師雄神道碑**　墨本　一幅　（五六—二）

（宋）張舜民撰、（宋）邵䚟書、京兆安民・安敏・姚文・安延年模刻、外題東涯「享保十四年己酉長胤表背珍藏」ト附記ス

15　**朝鮮柳西厓復佐々木大膳書**　一幅　（四九—一）

萬暦十二年十二月　禮曹判書柳成龍、日本國京城住京極江岐雲三州太字佐々木大膳太夫源公宛ノ書簡、裏ニ東涯書ス「此書本在江州長福寺々僧送之宕峰大善練拏竟歸于予柳成龍號西崖豊大閤伐韓入郛時爲其國幸臣官議政武備志所謂柳所寵即是甞著懲毖録二局此書先壬辰之役十年所其體殆如中國待蕃臣禮嗚呼不自務其德而妄自尊大干辭令之間宜其及也䀿享保六年辛丑夏五月伊藤長胤題」

16　**伏見兵部卿宮貞建親王御詠詞**　一幅　（四九—二）

伏見宮貞建親王書、東涯包紙ニ記シテ「二尊院古學墓所御參詣之時御詠也」、大正十二年伊藤顧也表褙ス「きえにしはむかし語りに成ぬれといまもふりせぬ名はのこりける」、前詞アル別紙ヲモ附シタリ

17　**古　歌　三　首**　一巻　（四九—三）

末ニ「右古歌三首筆者　廣幡前右大将豊忠卿　庭田宰相中将重孝卿　久世宰相通夏卿　享保九年甲辰初春長胤表褙」

18　**搢紳贈賜詩章**　一巻　（四九—四）

縉紳諸公ノ東涯蘭嵎ニ賜ヒシ自筆詩稿ノ集ナリ、外題東涯筆、収ムル所次ノ如シ

八條公書「嗣響東涯子宮恨之盛藻伏乞定敲推享保庚子夏日藤原隆英稿」「芍藥花一窩具東涯先生机上并詩請郢正享保辛丑之夏日藤原隆英書」「草花三種贈東涯子　隆英草稿」「次韻謝東厓携詩來賀予新任」

中山公（榮親）書「雨中飲大觀楼賡東涯先生之韻　存庵艸」

小川防城公書「伊藤才藏父諭余東涯先生宮恨之詩且以次韻予強顔於玆既汚玉韵正　侍中左司郎藤原俊將書」「同家兄達軒集古義書院請東厓先生講周易賦近體一首以寄贈要和　藤俊將」「次韻東涯先生九月十三夜同子筆賞月之作權中納言藤俊將」

勸修寺公書「賀東涯先生被築新居兼示蘭嵎先生權大納言迪長」「大觀

樓即事賡東涯先生韻　達軒顯稿」

菊亭公詮公書「見示東涯鴻儒新正次韵慇懃深情不堪感謝謾呈再和　正德二年孟春羽林藤公詮稿」

誠季公（菊亭）書「蕪詞一篇呈東涯先生座右誤賜高和維幸　侍從藤原誠季艸」

中御門公書「次韻宮恨詩　宣顯稿」

勸修寺公筆「賡蘭嵎氏芳韻兼謝東涯先生見訪　權中納言高顯」

中御門公書「次韻東涯先生鏡中花作　宣顯稿」

小倉公書「謝東涯先生并小序　己酉冬羽林中郎將藤宣季具草」

隆英公書「梅花一枝贈東涯子　羽林藤原隆英書」

（勸進寺公書）「謝諸賢來訪別墅　藤迪畏艸」

花山藤公書「宮恨次韻東涯　允文題」

菊亭藤公（公詮）書「次　東涯宮恨韻」

公詮公書「東涯題伊勢國鸚鵡石詩恭奉太上皇　宣以其詩書御屏仍呈詩賀之」

所々ニ東涯ノ包紙ノ書ヲ殘シアリ、見出シハ東所書ナリ

19　正德辛卯韓使贈答詩卷臨本　一卷　（四九―五）

末ニ東涯記ス「正德辛夘之冬自江戸上野寫來」、又卷首ニ作者ニ付キテ記ス一葉ヲ附シタリ

20　普陀山潮音禪師書摸寫　一卷　（五四―一）

東涯卷端ニ「普陀山潮音禅師書　筑前醫員小野生傳示託森下生模　乙未十月日」、乙未ハ正德五年ナリ

21　南極賛寫　一枚　（五五―一）

明ノ屠隆ノモノ、双鉤、東涯外題シテ「辛亥」ト、享保十六年ナリ

22　韓客筆語　一卷　（四九―六）

成夢良・申維翰書、東涯編、享保十五年庚戌重陽前日東涯引及ビ跋アリ、享保四年韓使福山ニ泊ス時ニ梅宇儒職ニアリテ應對筆談、ソノ韓側二氏ノ筆蹟ヲ一卷トセシモノ、和詩及ビ對問ノ文ナリ、仁齋ノ書ヲ乞フ一條モアリ

23　詩稿類　（古義堂舊藏）ノ中　（四八―五）

一、那波古峯（自筆）「湛然居奉次韻仁齋先生漫興」七絶二首（「元祿戊寅夷則念六日」）

二、同　「次韻東涯逸人湛然秋夜漫興」七律

三、北村篤所（自筆）「哭冨小路藤公呈東涯丈」七律（「辛卯夏五」）

四、僧湛然（自筆）「野詩一章寄贈伊藤長胤大儒博一粲」七律附（星田道月ノ東涯宛書状）

五、松崎蘭谷（自筆）「山陰歲抄作」五律（「謹呈東涯先生」トアリ）

六、明石景鳳（自筆）「山行」七絶（東涯書ス「山行詩丙午二月廿一日拙宅來參東匡」）

七、僧覺沅（自筆）「長胤先生一日過吾山有佳什不獲緘口謾攀韻末云」七絶（東涯端ニ書ス「正德六年丙申妙光寺見住　建仁寺堆雲軒6兼帶也」）

八、橘泉堂主人常玉（自筆）「元日平旦有雪」七律（「己酉」ト東涯年次ヲ書ス）

九、清人董宜叶詩（東涯外題シテ「享保丙午」）

一〇、愚極偈（東涯寫「右書在干小堀子」ト註ス）

一一、輪王寺宮公辨親王（自筆）「次韻伊藤原藏見寄」　七絶（ツ、ミ紙ニ「輪王寺宮公辨親王之御筆」ト東涯記ス）

一二、伏見宮貞建親王（自筆）「賡梅雨連夜吟」　七絶（東涯末端ニ「享保十九年兵部卿宮睿製賜和伊藤長胤」）

一三、坊城俊將（〃）「庚戌冬日太上皇賜白綿於伊藤長胤詩以賀之」七律

一四、同　　（〃）「次東厓先生甘露之韻」七律

一五、勘解油小路韶光（自筆）「和東厓促予序先集詩韻」

一六、王英・聶大年七絶二首（東涯寫、端ニ「右本紙江州永原北村園右衞門家藏之甲辰之歳九月自木村氏寫來」）

一七、費之達「里言寄懷希翁老先生年臺并正」七律（東涯寫、末ニ「右本紙在蘭化齋費之達知定明人故録」）

一八、緒方木鐘「除夕」五律「人日偶作」七律（東涯寫）

一九、妙法院堯延親王「辛卯除日立春」五律（東涯寫）

二〇、道本　七絶（東涯寫）

二一、「張子房贊」等（東涯寫ニテ他ニ諸葛孔明贊・呂倘贊・李愬淮雪アリ、タヾシ東涯作カトノウタガヒアレド紹述先生文集ニハ見エズ、東厓文集目録ニコノ一群ノ題見エタリ）

24 文　稿　類（古義堂旧藏）ノ中 （四八―六）

一、安東省庵（自筆）「送謙堂序」（東涯端ニ「右安東省庵子之筆并原道閬翁恵予」）

二、和智東郊「送銃將赤城子泛海逐閩舶序」「送田子高奉孺人游上國序」（外題東涯「長州膝君實之文丁未歳來」トアリ）

三、桂川元廉「與韓使申青泉簡」（東涯外題）一冊

四、冝行周鱗文（東涯寫）

25 和歌連俳稿類　ノ中 （四八―九）

一、末吉徳安和歌二枚（東涯書シテ「攝州平野耆老末吉徳安翁作今年七十七享保二十年乙夘歳自土橋氏寫來」）

二、慧通 和歌二首（東涯書ス「享保癸卯年」）

三、東三條の左大臣和歌一首（東涯寫、古今集巻一ノ「鶯のかさにぬふてう」ノ詠）

四、享保帝御製（東涯寫、享保丙辰ノ年上野ノ准后二笛ヲ送ラレシ折ノ御製ナリト註記アリ）

26 桑原長義書簡　一巻 （三一―四）

桑原長義、奥田三角宛ノ三通ナリ、末ニ三角記ス「右菅黄門長義卿書三通癸未夏龍溪大人檢出曰此院宣也急命匠装潢珍襲焉嗟大人貽厥盡心亦可思也菅公時爲靈元上皇議奏亨方授侍從適長朝臣念書於今殆五十年矣不堪感愴之至甲午中元日曝書之次謹跋其尾云奥田士亨拜書時歳七十二」東涯初メニ「享保十六年辛亥之春先年自江戸白牛洞ト云名藥ヲ院中ヘ被献候付白牛ノ―考被仰付三月十八日御考出ノ文又被遣下候也桑原菅公ゟ傳宣來　長胤」

27 枝山石刻　一枚 （六六―一）

東涯端ニ書ス「枝山石刻案飛青霞享保丙辰春松坂丹羽氏摹勒上石」

28 董玄宰五絶石刻　一巻 （六六―三）

東涯朱書シテ「享保甲寅勢州蛸路邑堀口氏搨」

29 處世雜事記　ノ中

○享保十一年丙午尾州ゟ堀出金書付寫　一枚 （三〇七―一―四）

春日井郡小田井庄清洲本町山王社内ヨリ出土ノ大判中判切金ノ寫、東涯外題筆

○銀　座　事　一冊 （三〇七―一―五）

外題東涯筆「正徳四年五月十五日京ヘ申來被封庫」ト合セ記セリ

五月十三日新金鑄造ヲトメ荻原重秀一味ヲ罰セシ折ノ申渡シナリ

○點灸紙尺　一箇　(一〇七—一—一一)
東涯包紙ニ書セシモノ一　東所包紙ニ書セシモノ一　東里包紙ニ書セシモノ二ヲ一ツニ東ネタリ、ソノ紙包ハ東涯文字ニテ「點灸紙尺并説」「享保辛丑之歳改定」トアリ

○新鑄金銀之公移　一枚　(二〇七—一—一七)
東涯記シテ「正徳四年甲午十二月十三日到家」

30 宗教關係書付類 ノ中

○渡唐天神事　一枚　(二〇七—二—一)
天文廿年前建長寺ノ笑雲清三ノ文、外題東涯筆ニテ「杉原宗節ゟ書來」ト附記セリ

○備後ゟ來古文書　一通　(二〇七—二—三)
東涯端書シテ「長英寄」ト題ス、　長英即チ弟梅宇ノ寫シ送越スモノニシテ、弘安二年七月ノ定補阿彌陀峯事ト建保三年七月ノ下深津郡執行職之事ノ二通ニ梅宇説明ヲ加フ

○淺草寺鐘銘并序　一通　(二〇七—二—五)
元祿五年宣存撰、包紙ニ東涯筆「淺屮鐘銘」

○享保十一年東福寺開帳文書　一束　(二〇七—二—七)
「享保十一年二月十一日ヨリ東福寺開帳目録之外少々覺」寫一冊ト刷物五枚、ソノ一ニ「享保十一年丙午二月中旬ゟ開示三月卅日畢凢五十日元祿丁丑歳にも開示三十年ふり也」ナド東涯記

○榛名山御廳宣　寫一枚　(二〇七—二—一〇)
建久元年十二月七日ノモノ、東涯筆外題

○周屑監寺ノ補任狀　寫一枚　(二〇七—二—一一)
正徳三年十一月天龍寺ノモノ東涯寫

○孝謙帝時法隆寺献物帳之寫　一通　(二〇七—二—一三)
天平勝寶八年ノモノ、末ニ東涯年代ノ考證ヲ加ヘ端ニ「平野ゟ借之長胤」トアリ

31 考古資料 ノ中

○和州法隆寺什物唐金飯筒銘　一枚　(二〇七—三—一)
東涯外題筆

○〔鹿嶋正等寺藏驛路鈴圖〕　一枚　(二〇七—三—四)
端ニ東涯記「丙辰五月三日圭純叟寫惠」、　圭純ハ鳥飼氏、丙辰ハ元文元年

○〔鐵　磬　圖〕　一枚　(二〇七—三—六)
端ニ「寶永五年戊子三月一日京兆尹松平紀侯家文學之士松崎氏持參也　鐵磬之うつし也　伊藤長胤藏之」

32 災害記事類 ノ中

○享保十一年三月四日佐賀火事　一通　(二〇七—四—四)
東涯外題「丙午歳佐賀火」

○享保十二年十一月十日江戸大火　一通　(二〇七—四—五)
同　「享保丁未歳」

○享保十五年六月廿日京都大火　二通　(二〇七—四—六)
同　「庚戌火災之書付」及「胤」ノ印

○元祿十四年六月廿日京都落雷　二冊　(二〇七—四—一〇)
東涯朱書人

○享保八年八月八、九日奥州筋大風雨　一通　(二〇七—四—一三)
東涯端ニ「癸卯歳享保八年」

○享保十三年八月廿九日江戸出水　二通　(二〇七—四—一三)
東涯外題「戊申江戸大水之書付」

33 巷談雜說記錄 ノ中

○野村增右衞門仕置の事　一枚　(二〇七—五—一)

寳永七年五月晦日桑名藩ノコト、東涯寫

○宗禪寺馬場仇討ノ事　一通　（三〇七—五—三）

正徳五年十一月四日ノコト、東涯端ニ「乙未之年丙申之歳」ト記セリ

○定家眞跡歌傳受之書の事　（三〇七—五—一七）

東涯端ニ記ス「享保十二年丁未之覺書」

34

系譜集ノ中

○近代皇胤圖譜　一帖　（三〇七—八—一）

後陽成天皇以來ノ皇室ノ系譜ニシテ正徳年間ノ記迄アリ、包紙東涯筆「皇胤系譜後陽成帝以來」

○連綿親王宣下略系圖　一鋪　（三〇七—八—二）

崇光院ヨリ中御門天皇ノ間ノモノ、更ニ東所自筆モテ追加後櫻町天皇迄ニイタル、裏面ニ「享保十二年丁未仲春自五百藏氏傳來寫藏氏甚秘不許妄傳再三懇請見示云　長胤託安原生寫」、筆者ハ安原貞平ナリ、東所又「寳暦十四年正月廿日善韶補書」、包紙東所外題

○攝家譜　一鋪　（三〇七—八—三）

鎌足ヨリ寳永年間ニイタル、東涯書入二ケ所アリ、包紙ノ裏ニ「享保甲辰九月　長胤」

○當代玉牒考　一枚　（三〇七—八—五）

初メニ東涯書ス「享保十年乙巳歳九月改正」

35

異域人文誌類ノ中

○大清建國考　一枚　（三〇九—九—一）

清建國ノ資料ヲ東涯自ラ寫セシモノ

○朝鮮國諺文　一鋪　（三〇七—九—二）

東涯自ラ寫セシ諺文表、裏面ニ「正徳四年甲午伊藤長胤從秦種寛氏借謄本對州雨森氏所傳」、包紙モ東涯筆ニテ「朝鮮國諺文並明官小圖、點炙紙尺收此中正徳乙未歳家藏」ト三行ニアリ、他二品ハ別ニ移ス由ノ東所箋同封

○琉球傳　一通　（三〇七—九—四）

東涯端ニ記ス「出邵經邦弘簡録　自堀氏來　甲辰（云々）」トアリ、甲辰ハ享保九年

36

外交資料ノ中

○朝鮮來聘記　一冊　（三〇七—一〇—一）

東涯寫、四丁、年代順ニ使者ノ氏名ヲ記ス

○前田玄以書簡寫　一通　（三〇七—一〇—三）

名護屋ヨリ堂上諸卿ニ送リシモノ、東涯記ス「藤井平介丈寫送此本紙ハ脇坂家之家人所持也」

○〔享保四年韓使次第〕　横一冊　（三〇七—一〇—六）

墨附十七丁、「已亥韓使名次」以下圖書贈物接待ノ次第ナド、東涯書入モアリ

○〔圭齋送日本僧此山詩〕寫　一枚　（三〇七—一〇—八）

東涯寫ニシテ「此眞筆在于小堀子之宅正徳癸巳之夏寫」、癸巳ハ正徳三年

○明洪武三年中書省咨日本國寫　一冊　（三〇七—一〇—九）

外題東涯筆

○萬福寺與福州黄柏（檗）往復書簡二通寫　一通　（三〇七—一〇—一〇）

大清雍正五年二月ト大日本享保十二年トノ二狀、東涯外題

○琉球國王尚泰久封國勅寫　一通　（三〇七—一〇—一五）

明ノ景泰六年七月二十日附ノ実物大ト思ハル、寫、東涯外題

○琉球國王尚益書簡二通之寫　一通　（三〇七—一〇—一六）

共ニ寳永七年幕府ノ執政達ニ送リシモノ、東涯外題

○安南國路引ノ寫　一枚　（三〇七―一〇―二五）
永祚拾陸年ノモノ、東涯寫、末ニ「右路引乙通得之阿波美濃部貞衡林庵蓋安南國路引也　元祿丁丑仲秋十日長胤寫」
○眞臘國入貢之書付　一通　（三〇七―一〇―二六）
東涯端ニ「享保丁丑年」ト書セリ
○袋　（三〇七―一〇―二七）
以上等ヲ入レシ袋ニシテ「朝鮮安南國咨文憑由雜收」「享保三年戊戌臘月日」ト東涯筆ニテアリ
○享保丙午年阿蘭人書付　一通　（三〇七―一〇―二八）
丙午即享保十一年ノ阿蘭陀献上ノ馬鳥獣ノ覺ナリ、東涯外題
○〔玉海抄〕　一枚　（三〇七―一〇―二九）
異國供物ノコトノ狀ノ抄記ニシテ東涯書ス「玉海之内　廣瀨生寫來壬寅端午」トアリ、廣瀨生トハ號一峯ナル門人ナリ

37 詔勅類寫 ノ中

○贈將軍宣命（寶永七年八月廿三日綱重）　一通　（三〇七―一一―五）
贈正一位位記ト贈大相國宣命ヲ合セ記ス、ハシニ東涯「庚寅」トシルス
○享保二十年乙卯十一月三日御即位宣命　一枚　（三〇七―一一―七）
東涯筆外題
○大塔宮令旨　一通　（三〇七―一一―一五）
東涯端ニ書シテ「元弘三年大塔宮令旨　西十五國募兵檄文也本帋在播州大山寺　享保十九年甲寅十月鳥居小路大藏卿法眼6書寫傳來長胤藏」
○公辨親王准三宮勅　一枚　（三〇七―一一―一八）
東涯筆外題、寶永四年ナリ
○靑蓮院尊祐法親王俗體ノ時親王宣下勅書　一枚　（三〇七―一一―一九）
寶永七年　東涯筆外題
○輪王寺宮一品公寛親王准三后宣下勅書寫　一枚　（三〇七―一一―二）
享保十六年　東涯筆外題
○東大寺俗別當官牒寫　一枚　（三〇七―一一―三）
昌泰二年、東涯朱書シテ「享保十三年丁未四月廿八日平野藤詔光卿借之　長胤」
○近衞前攝政家熙公准后宣下勅　享保十年乙巳十二月　一通　（三〇七―一一―二五）
東涯筆端書
○櫛笥内府隆賀公任槐宣旨　一枚　（三〇七―一一―二五）
享保八年、東涯筆外題
○葉忠父母附贈勅書　一帖　（三〇七―一一―二七）
明ノ正德十六年八月十八日ノモノ、東涯筆外題

38 上表類寫 ノ中

○元祿二年復辟表　一通　（三〇七―一二―一）
東涯筆外題
○朔旦冬至賀表　一通　（三〇七―一二―三）
享保三年戊戌ノ年ノモノ、東涯筆外題

39 改元記錄類 ノ中

○寶永改元記録　一冊　（三〇七―一三―二）
末ニ東涯「甲申三月十三日改元日寶永（花押）」

40 武家公文書類寫 ノ中

○元龜天正武家公文等　一通　（三〇七―一四―一）
信長秀吉時代京都上京へ下セレ公文ノ寫、末ニ「右ハ上京十三町壹年替ニ廻リ持ニ仕候此度十三町寄會封切拜見仕候寄會所ハ本法寺前本要寺ニ而何茂寄會致拜見候　寶永七年庚寅四月廿八日寫」、東涯

端ニ「鳥飼氏恵」、鳥飼圭純ナリ

○秀吉陣中ノ定　一枚　（三〇七―一四―二）

東涯寫

○武家諸法度　（三〇七―一四―三）

元和三年七月廿五日ノモノ、端ニ東涯書ス「常憲院様御代諸法（以下缺）」

41

堂上武家文書類寫　ノ中

○享保御即位諸國献上之覺　一通　（三〇七―一五―二）

享保二十年櫻町天皇ノ御即位、東涯筆外題

○享保七年壬寅三月廿七日法皇御幸九條前關白殿第書付之寫　一通　（三〇七―一五―四）

東涯筆外題

○立太子次第　横一冊　（三〇七―一五―一〇）

全十五丁、享保十三年六月十一日ノモノ、東涯表紙ニ朱書アリ

○〔御入内賀儀献上物控〕　半一冊　（三〇七―一五―一三）

元禄十年、九丁、末ニ東涯コノ爲ノ東使上洛次第ヨリ同年七月ニ及ブ世上ノ記事ヲ書入アリ

○將軍宣下式　一冊　（三〇七―一五―一九）

寶永六年五月朔日家宣ノ折ナリ、外題ニソノ由書入レシハ東涯

○將軍宣下之節御規式之次第　一冊　（三〇七―一五―二〇）

東涯端ニ「享保元年丙申」ト書入レアリ、吉宗ノ折

○靈元院様御崩御香奠之覺　一通　（三〇七―一五―二三）

享保十七年ノコト、東涯筆外題

○享保十六亥御所御麻疹御祝儀　一通　（三〇七―一五―二八）

靈元法皇麻疹御全快ノ祝トシテ享保十六年正月幕府ヨリ献上セシモノ、覺、東涯筆外題

○元禄辛未孔堂迁座行列　一通　（三〇七―一五―三三）

元禄四年二月六日（徳川實紀ニハ二月七日トアリ）將軍大成殿ヘノ行列ナリ、東涯筆外題

○丙午小金原御鹿狩之諸記録　二冊　（三〇七―一五―四一）

享保十六年三月廿七日將軍家ノコト、東涯筆外題

○〔家千代様御七夜之記録〕　三通　（三〇七―一五―四二）

一ハ東涯外題シテ、「寶永丁亥之歳家千代様御誕生之刻御加増幷御祝義之覺」トアリ、二ハ「家千代様御七夜御祝儀」、三ハ題ナケレドソノ折ノ詳報ナリ

○就松姫様御婚禮諸大名ゟ献上　半一冊　（三〇七―一五―四三）

寶永五年十一月十八日ノコト、東涯初メニ「常憲院様御時代賀州ヘ御入輿也」、末ニ「鳥飼圭純叟書贈」

○有章院様御婚禮ノ折献上物覺　横一冊　（三〇七―一五―四四）

將軍家繼靈元皇女吉子内親王ヲ迎ヘシ折ナリ、東涯始メニ記ス「正徳六年之春有章院様御婚禮言納之時節也　上使阿部豐後守殿」

○比宮様御婚儀書付　中一冊　（三〇七―一五―四五）

全二十丁、東涯筆外題、享保十六年辛亥冬伏見宮邦永親王御息女將軍家重ニ嫁セシ折ノモノナリトノ意ヲ東涯記ス

○享保十三年戊申年日光御社參寫品々　三通一冊　（三〇七―一五―四七）

一ハ享保十二年七月八日ニ於ケル準備ソノ人員掛ノ覺、二ハ享保十三年戊申日光御社參之節供奉之面々江被下候次第一冊、三ハ日光御供人數幷馬數、四ハ日光山御社參行列次第ニテ、「享保十三年戊申四月十七日御當日十三日江戸御發駕廿一日御歸城」トアリ、袋ノ題ハ東涯筆

○〔享保十六年日光御迁宮之覺〕　一通　（三〇七―一五―四八）

同十月ヨリ十二月ニイタルコノ事ニ關セシ日光准后公寛法親王ノ御動靜ヲ記セシモノ、紙端ニ「日光御迁宮ノヿ」トセシハ東涯筆

○京都ヘ御祝儀之上使　横一冊　（三〇七―一五―五〇）

東涯寫、貞享四年ヨリ享保十年迄幕府ノ京ヘ來タル使者ノ氏名目的年次ヲ記セシモノ

42　博物資料 ノ中

○〔象之記録〕　寫一束　（三〇七―一六―一）
東涯袋ニ記シテ「享保十四年己酉之歳廣南ゟ象來書付とも」トアリ、ソノ折ノ廣南ゟ來象之書付一通、象之御哥寫二枚、象入京ノ書付一通ヲ合セタルモノ

43　棟札及祠堂 ノ中

○〔享保十四年東涯製伊藤家棟札ノ案〕　寫一枚　（三〇七―一八―三）

44　文雅斷片 ノ中

○後崇光院震《マヽ》筆之寫　寫一枚　（三〇七―二〇―一）
八幡御夢想ノ和歌ノ御返シ、東涯端ニ「享保六年辛丑十月九日伏見兵部大王家冨野左近見寫贈本紙後崇光院宸翰　長胤藏」

○樵父贊ノ寫　寫一枚　（三〇七―二〇―三）
破損アリ、東涯端ニ書ス「石刻高槻永井侯家人小篠順元所藏下有樵父圖　〔鳥〕飼氏摸寫　時享保十一年丙午六月日也」

○周麟景徐書寫　寫一枚　（三〇七―二〇―四）
末ニ東涯「右ハ鞍馬寺月性院重物ニ有」、破損アリ

○道風肖像　寫一枚　（三〇七―二〇―一四）
包紙ニ「本紙在九條殿家尤古筆丙午鳥飼氏寫」ト東涯筆

○本源二字扁　寫一枚　（三〇七―二〇―一六）
外題ハ「勝定院義持公筆之寫」ト附ス、裏面ニモ亦「享保戊申星夕……」ノ長キ東涯識語アリ

○補陀閣額寫　寫一舗　（三〇―二〇―二〇）
双鉤　東涯裏ニ「此額在泉涌寺唐玄宗宸筆と云山崎與右衛門一興書贈　山崎氏永井信州之退士也　時正徳三年月日」

○「避塵深處」　寫一舗　（三〇七―二〇―二一）
双鉤　裏面ニ「董玄宰板額自山本作右衛東溪氏借託木村生摸　享保八年癸卯　長胤藏」

○避塵深處四大字扁寫　寫一舗　（三〇七―二〇―二三）
双鉤、前ニ同ジ、タヾシコレニハ「今在猪飼氏龍安寺別莊託木村重經生郭塡享保戊申歳　長胤收藏」トアリ、以上三點同ジ袋ニ入ル
東涯筆外題

○〔唐人詩三首〕　寫一枚　（三〇七―二〇―三〇）
徵明・穀祥・王宛ノ三人一首ヅツ、端ニ東涯記ス「此巻物乙巳五月西氏ゟ來首ニ山陰修禊四大字許初筆次ニ繪あり　徵明筆其後に此三首之詩あり」

○〔道　歌〕　寫一枚　（三〇七―二〇―三一）
東涯寫

第四類　書　畫・草　稿

一　書　畫

1　水哉閣大字 一幅　（五六―三）

「長胤之印」「原藏氏」「家世詩書」ノ三印アリ、東所外題シテ「享保五年庚子夏六月上浣揭　安永六年丁酉秋七月中浣裱褙收藏　善韶」
水哉ハ東涯自室ニ附シタル軒號ナリ、額ヲハヅシテ東所ノ装セシモノ

2　三奇一覽帖 一帖函　（六四―一）

稿本ニ同ジモノヲ淨書セシモノ、外題ハ後人

3　**鸜鵒石圖詩**　二幅　（三七—七）

東涯詩、山本宗川畵、箱書東所、一ハ東所「鸜鵒石詩　紹述先生書古義堂藏」トスルモノ「享保十五年庚戌九月伊藤長胤頓首拜題」トアリ、他ハ「鸜鵒石圖　山本宗川畵　天明乙巳歳」トスルモノ、「法眼宗川寫」トアリ、又裏面ニ宗川ノ東所宛狀一通ヲ貼付ス

4　**先君子遺墨**　東所二大字　一幅　（三七—八）

箱書及外題東所筆「安永戊戌之夏表褙男善韶謹藏」、又裏ニ「右先筆東所二大字不知本爲誰書予幼時裒集遺筆偶得此一紙時季父蘭嵎在側顧予曰汝其以之爲別號冀似乃父之德業先意亦恐爲汝矣予謹而諸之屈指於今殆四十年今玆戊戌之歳表背以珍襲之因録其由云　伊藤善韶拜書」

5　**「與友話舊」**　七律　一幅　（三七—九）

「庚戌重九東涯書舊作」、外題東所「先君子遺墨與友話舊　七言律詩　甲寅年表背　善韶藏」

6　**孤坐清賞**　一巻函　（三七—一〇）

東涯書　蘭嵎題字、畵者不明、明ノ高太史季迪ノ梅花六首ヲ書セシ由ノ跋ハ「享保辛丑春日東匡生書」トシルセリ、附スルニ仁齋詩集ニ失スル梅ノ詩ヲカヽグ、更ニ甲辰之冬徐氏筆精ヲ見テ附記アリ

7　**葉少蘊錄**　一巻函　（三七—一一—一）

末ニ「享保壬子歳仲秋東匡胤書」トアリ、外題「葉少蘊録　虚無篇」ト東涯手書ス、以上二巻同函　箱書東峯

8　**先考座右銘**　附筆記五則　一巻函　（三七—一一—二）

筆記末ニ「享保丁未歳陽月日」トアリ、箱書東所「辛亥歳裝」トアリ

9　**中秋賞月七律一首**　一幅　（三七—一二）

題シテ「庚戌中龝南樓翫月呈諸君子」ノ詩、外題東峯「文政丁亥秋弘濟珍藏」

10　**辨疑錄中一條**　一幅　（三七—一三）

同書巻四ノ三十三裏ノ一條、外題東所「施政堂藏」

11　**勗諸學子詩三首**　一幅　（三七—一四）

勗諸學子一首、勗童生二首、末ニ「歳庚戌夏日東涯胤書」、外題輶齋「慶應丁卯重九裝褙重光藏」

12　**黄鶴樓詩一聯**　一幅　（三七—一五）

外題東所、崔顥ノ詩ヨリ二句ヲトリシモノ

13　**九月十三夜詩**　一幅　（三七—一六）

「霽寰藤公賜和九月十三日鄙詩再和奉……」ト題セル一詩、外題東所「癸丑裝　善韶藏」トアリ

14　**德載字希厚說**　一幅　（三七—一七）

「享保甲寅夏日東涯胤書」トアリ、德載ハ千種氏父陳庵伊勢三重郡濱田庄ノ人、元中院家ノ千種ノ族、德載弟德純、其墓銘ハ東所ノ撰ト云フ、端ニ「明治三十四年十一月見惠輶齋先生明治四十三年褙表　伊藤良正」

15　**紹述先生一行**　中立而不倚　一幅　（三七—一八）

輶齋書シテ「明治廿三年十一月重光珍藏」

16　「南樓玩月」　五律　一幅　（三七—一九）
東峯外題「天保戊戌古義堂」

17　漁父圖　（三七—二〇）
〔後素庵常甫〕畫、寶永二年歳在乙酉秭七月既望ニ東涯ガ仁齋ノ漁父ノ詩ヲ贊シ、ソノ所以ヲモ合セ記ス、畫者モ贊ヲ乞ハレシ仁齋モ既ニナシトノ意ナリ、外題東所「漁火圖田付翁畫先人書」

18　黄鳥圖　一幅　（三七—二一）
畫者記名ナシ、享保丁未歳東涯贊、外題東所「乙酉冬裱背」、丁未ハ享保十二年、乙酉ハ明和二年

19　「時雨」　七絶　一幅　（三七—二二）
「東匡時庚寅十一月十八日」トアリ、庚寅ハ寶永七年ナリ

20　東匡先生四姓實名家一行　一幅　（三七—二三）
「東涯」「長胤」「時還讀我書」ノ三印アレド、印共ニ僞物ナリ

21　紹述先生篤信好學一行物　一幅　（三七—二四）

22　古學先生讀經詩　一幅　（三七—二五）
「辛丑冬日　長胤書」、辛丑ハ享保六年、外題東所「先君子遺筆和璧之詩　己未歳装　施政堂藏」

23　淡路島石讃　一幅　（三七—二六）
「小假山號淡路島」ト註セシ七絶ノ東涯詩箋ト「次先子韵題小石假山」トアル東所ノ詩箋ヲ貼ル、裏面ニ東所ノ包帋モアリ

24　紹述先生鶴亭正山吉田蘭嵎先生張交　一幅　（（三八—二）
東涯「山行」ノ七絶詩箋、鶴亭扇面彩色蘭ノ畫、吉田（士修、東光）山水、正山風竹、蘭嵎七律扇面（癸亥夏日トアリ）、顧也外題「明治四十五年六月再表褙」

25　東涯梅宇介亭竹里蘭嵎五先生自作之詩　一幅　（三八—三）
東涯「晩至野宮」五律、梅宇「乙丑歳旦偶作」七律、介亭「夏聞鶯不用題字」五絶、竹里「除夜」七絶、蘭嵎「詠虞美人草作」五絶、外題「文政庚寅冬新装弘濟珍　古義堂」

26　紹述先生遺筆　一巻函　（三八—四）
東所製スル大巻ナリ、所収次ノ如シ
座右銘、辨疑録中一條、梅雨連夜（七絶、享保甲寅）、梅雨連夜偶賦一絶―（享保甲寅）、送陽舜禅師刊行祖録還參州（七絶）、秋夜長（古詩）書窻梅（七絶、丙午）奥田壽父氏官干勢州寄此以代柬（二詩）、自嵯峩歸即賦（七律、享保乙卯）、寄松祝賀五百藏静翁七袠（七絶、享保壬子）、生野立庵醫宗遠自豊州見寄一律要和穴中不克速謝謹此酬答（享保己酉）、長井醫伯席上卒賦（七絶）、養竹翁七袠壽（七絶、享保乙卯）、新秋書懐（七絶、享保壬子）、清音亭（七律）、午睡（七絶）、牛瀧紅楓（七律）、賀山村直考君袠壽且謹呈俚言一章題龜遊緑荷（七絶、享保甲寅）、今玆五月廿二日怡松君五袠初度辰開宴招客詩以奉祝（七絶、享保乙卯）、奉和光祿清公高韻（七絶）、七夕寄應兵部大王教（七絶、享保甲寅）、寄題大觀樓（五律、享保甲寅）、鈴木太仲氏上予先人瀧賦一律見要次韻和呈、五絶二首、古唐研銘（享保十七年）、同仗信翁憩干某氏園亭（七律、享保甲寅）、晩遊兵部大王莊恭賦（七律、享保丁未）、小倉金吾藤公辱賜高作一章見命屬和陽春之調

―（七律）、豊公故壘桃花（七絶）、賦花契遐年壽奥田宜休翁六袠（享保乙巳）、庚戌中穐南樓翫月呈諸君子（五律）、春盡（七絶）、高森安立丈壽乃翁六袠初度見求賀詞爲呈一絶（享保壬寅）、遊鹿苑寺（七律、享保癸丑）、賦竹不改色（七絶、辛丑）、文房四詠（壬子）、〔宇玉石〕（五律、享保癸丑）、題恒山石（七律）、桐木火籠（享保壬子）、山本契丈見訪賦詩見示卒和酬謝（七絶、享保甲寅）、井上翁七袠壽（七律）、〔八板桔栟文鎮ノ銘ヲ乞ハレシ折〕（享保癸丑）、〔山野邊弘軒生ヲ送ルノ七律詩〕（享保癸丑）、難波橋上眺望（五律）、〔奥田翁六袠ノ賀詩〕（七絶）、芳賀丈席上偶賦（七絶、享保庚子）、仲弟長英自備州寄新年作次韻卻寄（七律、甲寅）壬寅春日詣啓上人岡崎幽居嗣高韻謝呈（五律）、那須生自肥之球麻來學干弊塾因贈（七律、癸丑秋日）、〔大町敦素古稀ノ賀七律〕、杉孤庵翁自但州來雪夜携美酒一榼見訪（五律）、鏡中花（題不記、文集二十六所収七律）、宕山高僧年〻辱贈嫩蕨戯作一絶以謝之、自隱老禪還住舊寓庭有孤松蔥翠如昔（七絶）、賦山行（七絶、丙午）、虞美人草（七律）、〔大森仗信ノ盆松ニヨセル一律〕（乙巳之歳）、失鶴（七律）、邊月隨弓影（七律、戊申）、早行（五律、乙巳）、雉賛（癸卯）、蘭畹氏寄眎夢中所得詩要和（七絶、壬寅）、遊岡崎禪院即席（七絶、享保壬寅）、諸友偶集弊宅賦得題夜泊漫作（七絶、乙巳）、中書大王園觀紅葉應教謹呈一絶（乙卯）、過故特進朴所藤公舊業（七律、丙辰）題散馬圖（五絶）、初夏郊行（七絶）、末ニ「寶暦六年丙子復月」ノ東所ノ後語アリ、函箱ハ東所「安永己亥秋八月造函　善韶」

27 **先君子遺筆**　一幅　（三八―五）

「好事不出門惡事行千里」ノ一行、東所筆外題

28 **紹述先生一行物**　爲善降之百祥　一幅　（三八―六）

29 **先君遺墨**　仁者樂山　一幅　（三八―七）

東所外題「寛政己酉裝善韶」「弘明珍藏」トモ別筆アリ、弘明ハ東所ノ男、号東皐ナリ

30 **東涯先生墨梅畫賛**　一幅　（三八―八）

慥〻齋録トセシ賛アリ、外題東所「乙巳表背」

31 **客座私祝**　一巻函　（三八―九）

「享保辛丑之歳臈月日」トアリ

32 **高太史梅花六律**　一巻　（三八―一〇）

「享保辛丑春日」トアリ、孤坐清賞ノ前半ト同ジモノヲ寫セシナリ、外題東所「先君子遺筆高太史梅花六律　乙卯裝善韶」

33 **先考詩巻**　一巻　（三八―一一）

東所製セシ東涯書ノ詩箋ノ集ナリ、所収次ノ如シ

秋郊閑望、送景尹東遊、題山水圖、梅影、病餘戯爲、題梅畫、冬夜賞月（下欠）、辛丑三月拜觀上皇内御園、遊松崎呈圭齋主人、豊公古壘桃花、次諸友見和、次適堂師見寄韻、〔池田元信母六袠賀詩〕、草、題小裁眉石、謁亞相朴所藤公惠奉伸新除之賀、松洲翁宅會集次敦素丈韻、題不明（前缺）、奉輓特進朴所藤公、題蒸子楊柳圖、生野道庵醫宗自豊之中津遠寄一律――、生駒丹州丈自阿州來寓干京師示予一研――、小澤生書來惠見寄佳什一闋以韻以謝、琴棊書畫四詠、次長準新正韻、安井生頃將寧親泉州――、題高力士扶醉李圖、自隱老禪今茲齡登八秩見眎歳首作次韻謝呈

34 **紹述先生遺筆**　一巻　（三八―一二）

末ニ「享和元年辛酉之歳手裝　善韶」トアリ、詩四首ヲ書セシモノナリ

35 **先君子東涯先生之遺筆**　一巻　（三八―一三）

諸種ノ反古様ノモノヲ集メテ一巻トセシモノナリ、所収次ノ如シ
歴代天皇御名、三體詩中ノ杜常華清宮ノ一詩、畫（家屋人物）、〔口、目、手、足〕、李白ノ詩一句（長安一片）、朴所藤公之書（「七月廿二日カ平野へ参時拙作之和句也」ト東涯書入）、歴代天皇御名（十代迄）、春初小集詩、習字手本斷片、漢字部首索引、畫、伊呂波片假名、漢窯器ノ圖、五絶一詩、伊呂波片假名、畫、朗詠、畫、献立、私試策問（享保戊戌之歳二月朔日）、幅ノ畫、高山流水ノ畫、末ニ東所「右先子手書也謹泣而藏之寛延庚午九月裝　善韶」トアリ

36 **紹述先生雜草**　垂裕園八景詩　（三八―一四）

唐金梅所ノ爲ニ作リシ垂裕園八景詩ノ書反古

37 **同游萩寺記**　一巻　（三八―一五）

寫シナリ、タヾシ「長胤印」「原藏」ノ二印アルハ後人ノサカシラナリ

38 **先子題壁詩墨本**　一幅　（三八―一六）

仁齋ノ作ヲ東涯書セシモノナリ、末ニ「右先子題壁詩東涯伯氏所書者頃書舗二酉齋臨摹將雕刻示予嗚呼　音容日遠摹倣亦逼眞宛然在目感愴益深因爲謹記刻成歳月云　寛保三年癸亥閏四月十六日伊藤長衡謹書」トアリ

39 **東涯蘭嵎書帖**　一帖　（三八―一七）

前半東涯ニシテ中程ニ「右東厓伯子書」トシテ蘭嵎ツヾケタリ、末ニ蘭嵎ノ二印アリ、尙「伊藤善韶藏」トアレバ東所用ヒシ所ナリ

40 **〔三十六詩仙詩巻〕**　一巻　（三八―一八）

石川丈山選ブ三十六詩人ニツキ東涯別ニ各家ノ詩ヲ選ビ自ラ書セシモノ、末ニ「已酉夏日」ノ跋アリ、ナホ東所附シテ「右先子手書也裝潢爲巻以藏于家因記歳月云　寛保癸亥初夏不肖男善韶拜」ト巻頭ニ蘭嵎書ス「手澤尙新」

41 **先君子詩巻**　一巻　（三八―一九）

東所製、「丙午春手裝」トアリ、収ムル東涯ノ自作詩次ノ如シ
無絃琴（辛丑）、宮鶯、草、湖夕（壬寅）、櫟谷老人雪中訪蘭畹氏有詩以韻寄之、草、題唐宮鬭草圖、續大旨上人詩、座上題瓶裏梅、題牡丹畫、同、豐公故壘桃花、次諸友見和

42 **紹述先生筆**　（三八―二〇）

「逝者如斯」云々ノ一行、顧也ノ外題「大正十三年四月　古義堂」

43 **紹述先生一行物**　學如不及　一幅　（三八―二一）

44 **〔筆喩其ノ他〕**　一巻　（三八―二二）

筆喩ノ他ニ題名ナキ文三條ヲ書セシモノ、最後ノ文ノ末ニ「享保甲寅三月日」トアリ

45 **紹述先生遺墨逐年**　三巻　（三八―二三）

東所編スル所、東涯自筆類ヲ年代順ニ配列セシモノ、
一ハ「自延寶庚申至元祿乙亥凡十六年内二年不傳十五紙」トアリ、所収次ノ如シ

古鹽官柳天寵書藺相如贊ノ寫（延寳八年庚申夏五月上幹伊藤長胤謹臨天寵書）、　徐昌貽書劉敬叔孫通贊ノ寫（延寳八年五月九日伊藤龜丸）、復譯文「贈相士序　呂伯恭」（天和三載癸亥應《マヽ》鍾念一日謹復本文畢誤ノ朱筆訂正アリ）、　漢高祖斬丁公論（貞享甲子仲秋十九蓂　伊藤長胤識）、　送道香上人序（貞享乙丑歳仲春初六日伊藤長胤頓首拜書）、　送村上生歸後肥劦序（貞享歳在丙寅夏五月十八日伊藤長胤頓首謹識、墨、青筆ノ削正アリ）、　送渡邊元安歸覲日陽序（貞享丁卯之歳孟夏十九日伊藤長胤譔）、　跋十菊詠（貞享戊辰之歳季秋初七伊藤長胤書）、　贈鹽田子實遊東都序（元祿己巳之歳無射中澣洛陽伊藤長胤謹譔）、　授幼文規自叙（元祿庚午二月洛陽伊藤長胤序）、　訪靈上人（詩三首、元祿辛未之夏東涯散人漫書）、　駒井的庵墓碑（元祿五年歳次壬申仲夏之月洛陽伊藤長胤謹譔）豆山挽詞引（癸酉十月廿一日）、　私試策問（元祿七年甲戌之夏四月廿一日伊藤長胤拜、仁齋ノ青朱ノ削正アリ）、早春書懷（甲戌之歳孟春初七東厓道人書）、　題古義堂前白櫻幷序（元祿八年乙亥東涯散人書寄諸君子）

二八「自元祿丙子至正德乙未凢廿年内四年未檢出見在十八紙」、所收次ノ如シ

長岡先生堂前紅梅（元祿丙子中春廿五日平安伊藤長胤題）、　奉贈兵部少輔冨小路藤公被旨赴東武（元祿九年丙子四月廿一日京兆伊藤長胤謹書）、　詠蟬（戊寅六月九日慥齋題）　雲林山人龔廷賢贊明賜進士第兵部觀政何出光所撰（元祿庚辰之夏伊藤長胤録）、因稻若水子懇爲大阪人井狩善五郎書（辛巳二月十二日東厓題）、〔冨士石贊〕（元祿壬午之歳長至日伊藤長胤書）、文題ナシ（初メニ「癸未仲冬廿一日夕瀨尾安積兩生來話」云々トアリ）、〔仁齋作女郎花詩〕（寳永二年乙酉七月廿四日伊藤長胤謹書）、　德山名勝卷叙（寳永三年丙戌四月伊藤長胤謹序）、　童子問跋（寳永四年丁亥重陽日林景范文進、東涯ノ代作ナリ）、　篳篥龍聽丸記（寳永四年丁亥冬十一月十八日伊藤長胤拜記）、　戊子三月五日自伏見易舟到大坂（詩）　贈郇上養純丈蒙召赴東武（寳永庚寅秋閏八月伊藤長胤拜）、　五律（正德辛卯之歳東厓書）、夜泊遇雨（壬辰之初冬東厓書）、座右銘（癸巳中元日東厓識）、　賦得薰風自南來（甲子夏日東涯生書）、五律（未ニ「乙未秋日與衡弟遊吉田高尙軒時燈師寓焉慥庵道人」）

三八「自享保丙申至元文丙辰凢廿一年廿三紙」トアリ、所收次ノ如シ

贈山中僧（丙申之穐東厓）、　積翠園看花（享保丁酉之歳長胤拜書）、雪荷弓記（享保三年戊戌二月伊藤長胤書）、　己亥八月十六夜緒方翁宅翫月前夜月不佳（東厓草）、　和州高取宰林老春間過訪次贈書仍賦一律以呈（享保庚子之秋伊藤長胤書）、　木鐘老丈席上奉次高韻（辛丑五月十九日長胤草）、　杉氏宛在樓（享保七年壬寅仲穐日東厓胤書）、　癸卯正月應兵部卿宮教賦（長胤草）、　雜説（甲辰四月草　東厓）、　奉謝羽林藤公賜園卉一篇幷高詩（甲辰仲夏長胤拜書）、　〔小西元柳ノ父ノ輓詞〕（享保乙巳三月東厓胤書）、　同賦新鴈（東厓胤書、丙午八月朔日淺井貞輔氏宅會草）明胡纘宗〔聖像〕贊（享保丁未歳正月長胤拜題）、〔假松ノ圖ニ題スル詩〕（享保戊申之春長胤題）、　〔生野立庵ノ詩ニ和スル一律〕（己酉晩秋）、　園城寺絶頂（庚戌之春長胤録先人詩）、　庚戌九月十三夜敝廬同賞月（享保十五年長至日伊藤長胤書）、　古學先生題壁詩（辛亥長胤書）、　贈武田元章生還豊府（享保壬子季秋東厓書）、寄題江左氏大觀亭（癸丑歳東厓艸）、　跋文衡山斷簡（享保甲寅春）、自隱老禅歸舊寓見招席上以奉高韻（享保乙卯九月日東涯胤拜書）、　跋先子遺墨（享保乙卯九月日長胤頓首）、〔大石氏畵竹ノ贊〕（元文改元丙辰夏六月長胤書）

末ニ「明和第五戊子夏五讀了考定　寛政甲寅秋八月裝潢全　善韶」トアリ

46　貞淑儒人墓碑草稿　九枚　（三八—二四）

「貞淑孺人緒方氏之墓」トセシモノ七枚ト上部ノ篆書一枚、側面裏面

ニアタル碑文ノ部一枚トナリ、碑文ニハ「三月十九日小字ノ分石工仁右衞門にて長胤書之」ト朱書セリ、貞淑孺人緒方氏嘉那ハ東涯生母也

47　酒　誥　二枚　（三八—二五）

一ハ酒誥ノ二字ノミ、他ハ圓中ニコノ二字ヲ書キ小字二行アリ、裏面ニ「山田政祇ゟ懇來甲寅三月」「福島氏ゟ申來酒誥二字□□如此」トアリ

48　古學先生墓碑草稿　十一枚　（三八—二六）

墓石見取リ一枚、碑文草稿五枚、篆額五枚、東涯ノ手ナラザルヲモ混ズルガ如クナレド便宜一括ス、タヾシ現在ノ墓碑ト相違セリ、初案ナルベシ

49　伊藤氏女順靜墓碑草稿　六枚　（三八—二七）

正面ノ文字ノ草稿ナリ、別ニ包紙一枚東涯ノ書反古ナリ

50　禮儀廉恥大字　一枚　（三八—二八）

模寫カト思ハルレド、シバラクマ、ニオク

51　〔東涯先生書集〕　一束　（三九—一）

仁齋「遊誓願寺眞如庵翫紅梅留題」（寶永七年庚寅之春伊藤長胤書以寄庵主義觀上人）

仁齋「重陽後菊始開」詩

（明）　孟熙霏雪銘中ノ一文

赤壁賦

大史公像賛（享保庚戌之春長胤書）

致齋菅子誠先人垂五十年矣教化一方老而不倦頃聞訃音爰以一章（享保丁未歳仲春）

〔小河省宇ノ爲ノ記ノ跋〕（享保十二年丁未夏日）

北村文人稽古多年向者接韓使詞翰敏妙事聞于内上皇賜藥劑及物若干褒其篤學因賦賀詞一章以述士林之榮云（正德三年七月）

登明遠樓七律

仁齋女郎花ノ七絶、勘解由小路韶光詩

52　「稽古堂」額　一面　（三六—一）

署シテ「享保十六年辛亥上巳日、平安伊藤長胤書 [伊藤長胤] [東涯]（全部彫刻）」、稽古堂ハ梅宇ノ福山ニオケル講堂

53　〔紹述先生書小品集〕　（三九—二）

古人ノ詩句ヲ書セシモノ　二十枚（滿文ノ柱刻アル罫紙ヲ用フ）

同　十九枚（白紙）

「長安一片月」　一枚

其他　十二枚（自作他作ノ詩文ナリ）

54　東涯先生石刻類　（三八—二九）

裝幀セラレザルモノヲ一括ス

江上花月帖　四枚

大字一行物（温良恭儉讓）一枚（末缺）

法泉寺碑

祝糸龜跋

辨疑録中一條　一枚

55　〔題高雄石研〕　一幅　（三八—三〇）

「壬午之歳　伊藤長胤書」、壬午ハ元祿十五年ナリ

56　**東涯伊藤先生五律眞蹟**　一幅

「讃陽平田某圖家園景勝介豆山子遠求予詩因賦」ノ五律、「癸酉之歳」トアリ、癸酉ハ元祿六年ナリ、函書「甲辰新春聽雨居士觀」

（三八—三二）

57　**奥州壺碑之圖**　一幅

書シテ「奥州壺碑之圖　正德癸巳之夏伊藤氏寫藏」、拓本ヨリ東涯自ラ寫セシモノナルベシ、外題又東涯筆

（五六—四）

58　**甕牖前頭詩**　一幅

趙子昂ノ書、端ニ「享保八年癸卯三月長胤臨」、裏面ニ東所「壬辰夏五朔」トシテ鶴林玉露ノ一文ヲ引キテ考證ス

（三七—二七）

59　**道風書卷**　一卷

末ニ「此一卷先子嘗摹寫表背以藏焉頃日展而觀之不知何人之書　花山前右府公精本朝之書法因請其鑑定公曰此是道風書々法與尋常之物稍異禮矣或云眞筆今在九條公之家因題其尾云明和丁亥十月善韶書」、包紙ニ顧也誌アリ「道風本書御所東山御文庫ニアリ最貴重之御物タル由」

（三七—二八）

60　**褚河南枯樹賦**　一帖

東涯臨、末ニ「天和參禩重陽日洛汭　伊藤長胤摹」、又朱ニテ「右以劉越石古今文致考定貞享三年七月廿一日」、「風月主人」ノ印ヲ用ヒアルナド珍ラシ

（三〇九—三）

61　**臨智永草字千文**　一帖

東涯臨、末ニ「右臨智永千文旧刻具眞草二體今唯臨草書一體耳旹享保辛丑八月下澣胤東厓記」、辛丑ハ六年

（三〇九—四）

62　**臨李北海葉有道碑**　一卷

東涯臨、享保壬寅二月中澣ノ跋ト甲寅冬ノ附記アリ、壬寅ハ七年

（三〇九—五）

63　**文衡山古詩十九首**　一卷

東涯臨、末ニ「右眞蹟蘭畹氏之所藏借觀數日間中戲臨云享保癸卯之歳秋日東厓胤書」、又甲辰之夏ノ附記一条アリ、癸卯ハ八年

（三〇九—六）

64　**元明詞墨**　一卷

初メニ「元明詞墨」ト題シテ「享保丁未夏日東厓生書」トアリ、コノ年享保十二年ニ一卷ト製セシナリ、所収

○子昂　響搨峴臺（響琴齋法帖中載癸卯八月東厓摹）

○「明僧來復見心眞筆之寫　丁未春圭純（鳥飼氏）翁摸傳」

○一律（末ニ「右一律本紙下有山水人馬圖谷太郎兵衞所藏生島春鄕生寓同里借來見眎云文衡山書鳥飼圭純翁摸贈云旹享保丙午二月初三東厓書」）

○七絶（末ニ「右信州飯田醫人松井正軒所藏傳云文待詔筆丁未年」）

○董其昌畫贊

○陸師道四紙（「右四紙蘭化齋所藏畫軸丙午年寫　共十四帋皆圭純氏摸贈」）

外題及ビ註東涯ナレバコ、ニ加フ

（三〇九—七）

65　**宋徽宗宸筆杜詩一首**　一卷

東涯臨、享保十四年己酉晩秋日ノ跋アリ

（三〇九—八）

66　**文衡山金山君山二律臨書**　一卷

東涯臨、享保十五年ノ跋アリ、書肆文臺屋携來畫ノ末ニアル詩ニシテ

（三〇九—九）

文衡山作ナリト云フ由ミユ、包紙輶齋

67　欹器圖　一巻

周代ノ器ト云フ欹器ノ圖トソレノ記及ビ詩ヲ合セ一巻トセシモノノ寫ニシテ、享保歳在庚戌中元日ノ東涯跋アリ　全文彼ノ寫ナリ

68　雁山靈勝詩　一巻　(三〇九―一一)

東涯臨、末ニ「右雁山詩二十二首第二首之次有圖書匣倶不著名意者明季人之所輯也大抵鴈蕩地偏東陲靡聞千古自宋都臨安其名始著蕩者湖泊之名以山上有蕩故名省曰鴈山但王獻之謝靈運載七言四句詩是可疑也明後人之偽作　享保庚戌九月東匡生摹石本藏于家云」

69　王文成公贈僧了庵序臨書　一巻　(三〇九―一二)

東涯臨、享保十六年跋アリ、四十餘年前ノ寫ナリト云フ

70　西苑圖詠　文待詔詩十首　一巻　(三〇九―一三)

東涯臨、末ニ云フ「予嘗觀文衡山西苑十詠眞筆首有西苑圖詠四大字王穀祥所書筆意超然眞可寶傳也恨爲好事者所割裂唯有七首第八首題亦逸其半圖亦無有因摸而藏之近得坊刻石本首脱四大字第八首題亦削去末妄加衡山名款盖欺人以完璧豈非予所觀本傳轉而然乎檢張士瀹國朝文纂全載十律因倣衡山諸帖筆意續寫以完之豈止優孟之學孫叔敖已哉第昭諸子孫云尒　享保歳在乙卯六月　長胤書」

71　東涯先生書寫　一袋　(三九―三)

一、五絶一首(「右先筆庚申五月眞筆自入江丈來臨書収云男善韶拜録」)
二、「仁齋詩」(享保丁未仲春日「寛延庚午仲春因干河合氏託踏印仍摹寫藏于家云　善韶拜録」)
三、「早春自西山歸」(乙卯春日、寛政癸丑九月ノ東所寫シナリ)
四、熊斐畫芭蕉贊(戊辰七月廿二日東里寫)
五、文一章(寶永甲申之春、東峯寫)
六、東涯先生臨書(文一章　享保壬寅歳「右古屋敷熊倉より來見ル寫置重光」)
七、先子遺墨筆記(幅仕立ノモノ、享保乙巳年仲秋トアリ、輶齋寫「久次米子江遺之寫」)
八、東涯先生眞跡寫(享保癸卯歳孟夏、輶齋寫「六條殿ニテ見ル申年正月」)
九、「江州ニ遊ブ折ノ詩」(享保六年八月、輶齋寫　二枚)
十、紹述先生禮義廉恥摹本(輶齋寫)
十一、「香川丈宅次自隱老師即叓韻」(癸丑四月十一日、輶齋寫「本帋木村雲州江贈ル」)
十二、「與友話舊」(丁未仲冬朔、輶齋寫「本帋木村雲州江贈ル」)
十三、「茅齋閒讀書」(輶齋寫「本帋木村雲州江贈ル」)
十四、南條暮雨(享保丙午陽月、輶齋寫「慶應丁卯夏日西園寺藤公ニ而拜見幸前肥後守所持重光臨書」)
十五、「壽艮山藤先生六袠」(享保三年戊戌三月、輶齋寫)
十六、同(「文久二年壬戌八月晦日熊倉市大夫より見ル重光寫置」)
十七、「正徳甲午年小貫致道入手仁齋遺筆へ題スル詩」(輶齋寫)
十八、「黒川良醫ヘノ次韻」(享保庚子重九日、「右鷹司公より見せニ參ルうつし」、輶齋ナリ)
十九、五律(輶齋寫)
二十、七絶(輶齋寫、「十里黄雲白日曛」ニハジマル)
二十一、東涯先生詩稿(輶齋寫「安政丁巳十二月十九日木下禮順江贈ル寫」)
二十二、七絶(輶齋寫「八月穫黍霜野空」ニハジマル)

二十三、浪遊・大堰川二詩（寶永庚寅之秋、顧也寫）
二十四、「題子在川上圖」七絶（寶永己丑、轆齋寫「明治十八年十月十三日佐渡新町山本桂審定乞來眞筆臨書　重光」）

72

東涯書反古　百十七枚　（四―一）

二　草　稿

1

譯　林　大一冊　（三―一）

自筆、毎半葉十行ノ罫紙ヲ用フ、墨附二十三丁、中十丁譯文ニシテ「君子喩於義　陸文安公」以下十五文、年次ハ寶永年間十三ト享保十五年二トナリ、十三丁ハ鄒魯大旨ノ草稿カト思ハル、「徳〻齋」ノ一印アリ、早ク東涯ノ用ヒシ所ナリ

2

戊申譯林　半一冊　（三―二）

自筆「文房清玩　活套」ト柱刻アル半面九行ノ罫紙ヲ用フ、「此一丁半宮室名號補入事」ト東所記セシモノ、門人ノ問ニ答ヘシ草稿二丁半、以下「此所ヨリ譯文十二丁新寫并校讀全業庚寅」ト東所附箋アリ、コレ戊申譯林ニシテ戊申ハ享保十三年ナリ、尙八丁墨附アリ、戊申己酉ノ年ノ詩稿ヤ書狀答ヘノ案ナドアリ

3

課試譯叢　半一冊　（三―三）

自筆、墨附三十三丁、可兒玄好、北村成章、前田毅、仁齋等ノ譯文ヲ東涯復譯セシモノニシテ朱訂正アリテ、顚倒訛錯等ノ數ヲ加ヘアリ、貞享二、三年間ノ日次ヲ認ム、「藤長胤印」「原藏氏」ノ二印アリ

4

旧　譯　文　横中一冊　（三―四）

自筆、半紙四分ノ一横綴ナリ、墨附二十六丁、復譯ニシテ巻首「唐代宗紀胡氏評」ノ末ニ「丙寅季春念五日」ト日次アリ、丙寅ハ貞享三年ニシテコノ頃ノモノナルベシ、自ラ朱筆ニテ衍、脱、謬ヲ記セリ

5

復唐鑑譯　半三冊　（三―五）

自筆、朱ニテ自ラ訂シ中ニハ仁齋ノ青筆訂正モアリ、第一冊目ハ巻一ヨリ巻四半ニイタル、表紙ニ「乙丑之歳復唐鑑譯　伊藤長胤」、巻一ノ末ニ「丙寅春閏三月十有四日」、第二冊目ハ巻四ノ半ヨリ五ノ半迄、第三冊目ハ巻六迄アリ、五ノ末ニ「戊辰八月十一日」トアリ、貞享二、三年ヨリ元祿元年ニイタルモノナリ

6

東涯譯文叢　三袋　（三―六）

復譯九枚、譯文帖三冊トヲ一束トス、復譯ハ天和貞享ヨリ元祿ニイタル十八文、譯文ハ十九文ニシテ元祿寶永年間ノモノナリ

復譯　一、復明王伯安立志説（天和三年癸亥黄鍾《マヽ》一日）
二、進士策問（韓文公）、沈顔擇日論（天和三年季秋十一日）、進士策問、洛陽耆英會序、會約（涑水司馬先生、癸亥九月念一日）、答尉遲生書、代仲兄會表兄弟序（黄勉齋、天和三年癸亥冬十月朔）、題未詳（癸亥十月一日）
三、論相（杜牧之、天和三年孟冬十一）
四、書曹孟德傳（東坡、天和癸亥冬十二月朔日、眞瀬善長譯ノ復）
五、呉世家總論（貞享初元甲子夏五月廿日、木村立譯ノ復）、復唐史記魏徴論化民（貞享初元夏五月廿九日）、子思辭褒（貞享初元五月晦、宮原精譯ノ復）

六、靈壁張氏園亭記（二枚、貞享改元季夏晦日）
七、復譯大學衍義論人心道心條（貞享乙丑之歳八月初七）
八、懷竹説（歸有光、辛未臘八）
九、題未詳一文
十、（一冊）全二十丁、墨附五丁、傳習録及ビ大學或問六ヶ條譯文アリ
十一、（一冊）全十一丁所収次ノ如シ、蓄材用（蕪子瞻、戊寅十一月廿八日）、倡勇敢策　節文（大蕪、元祿戊寅臘月八日）應試策　冒頭（東坡、戊寅十一月八日）、大學衍義補一條（丘文莊公、元祿甲戌之歳夏閏五月廿三日）國馬説（唐李翺、甲戌六月十八日）、凌虚臺記（大蕪、二枚）、觀瀾軒記（解縉、元祿辛未閏八月廿三日）・孔子論（王錫爵、元祿辛未四年仲秋二十八日）、與守國器書（朱文公、寶永三年丙戌春三月廿八日）
十二、（一冊）訳文反古　四枚

7

東涯屬稿　横中三冊　（三一―七）

自筆詩文ノ草稿帖ナリ、一ハ甲辰屬藁　至日釘（享保九）、二ハ「享保乙巳屬藁　十一月晦丙午在此中」（十年、十一年）、三ハ「享保己酉年書　屬藁」（十四年）ノ三冊

8

享保九年甲辰歳秋間雜草　横中一冊　（三一―八）

享保九年秋ノ詩文ノ下書キ帖ナリ

9

〔東涯筆錄〕　十二冊　（三一―九）

前掲ニ同ジク詩文ノ下書キノ帖ニシテ十一冊ハ横中本　一冊ハ縦中本ナリ、各題アリ「享保丁未筆録」（十二年）「享保戊申筆録」（十三年）「享保己酉筆録」（十四年）「享保庚戌筆録」（十五年）「享保辛亥筆録」（十六年）「享保壬子筆録」（十七年）「享保癸丑筆録」三冊（十八年、但シ一ハ外題ナシ）「享保甲寅筆録」（十九年）「享保乙卯筆録」（二十年）「享保丙辰筆録」（二十一年即元文元年）ノ十二冊ナリ

10

〔東涯雜稿〕　五十冊　（三一―一〇）

詩文稿ノ草稿ニシテ詩文ハ元祿中葉ヨリ享保年間ニ及ベリ、「雜事私記」「大舊稿」「近作雜藁」「丑寅雜藁」「己丑目前文章雜藁」「東涯瑣記」「東涯文草」「壬辰起草」「慥庵起草」等種々題シアレドモ、今東涯雜稿ノ名ヲ以ッテ一括ス

11

〔東涯殘稿〕　五冊　（三一―一一）

主ニ東涯ノ文ノ草稿ニシテ散亂シ殘レルモノヲ五冊ニ集メテ假ニ題ス

12

拙文藁　二篇　一巻　（三八―一二）

歷代帝王世統譜略序ト儒名觧ノ二文、末ニ「元祿庚午季春」ト又「右佛國高泉禅師批評」トアリ　朱筆削正アリテ末ニ「右二篇辭達理正精成作也」ト評アリ

13

紹述先生文稿　一巻　（三八―一三）

所収次ノ如シ
禮論上・下、制度通序、萱野三平傳、藥籠本草序、環翠堂記、論語集解序、鵜殿隅州碑、各篇朱筆訂正アリ

14

紹述先生雜草　一巻　（三八―一四）

外題東峯ナレバ東峯収メシモノナルベシ、所収次ノ如シ
童子問外題、管仲、佔僤餘言、先聖孔子像贊、明文精選目次、語孟字

義跋、同、東涯叢話二枚、送永寅㕛言二枚、東厓漫筆、史論奇鈔序、大學章句序辨三枚、醫學鉤玄後序、易童子問三條、〔詠史〕、嗣林九成遊鴨河小樓韻、春秋正朔辨、他一枚

15　**刊論語古義序草稿**　一巻　（三八—三五）

朱削正シゲシ

16　**私擬策對**　一巻　（三八—三六）

「貞享戊辰七月之朔」

17　**東涯文稿類第一**　文集所収ノ分　二十四袋　（三九—四）

各紙片ナル草稿ヲ、刊本目録ノ順ニカ、グレバ次ノ如シ、コトハラザル限リ自筆

（巻之一）　一、贈渡邊希憲寧親日州序　二、贈浮屠道可師還東都序　三、送渡邊元安序　四、送山下自白歸懸河序　五、送木村信甫歸秋田序　六、送木村信甫歸秋田序　七、送宮原宗精歸肥後序　八、送渡邊正庵歸國序　九、送可兒玄好歸豊後序　一〇、贈松久生卒業歸攝序　一一、贈長澤粹庵寧親松江序　一二、贈長澤粹庵寧親松江序　一三、贈江田謙齋之土州序　一四、送江田文藏序

（巻之二）　一五、贈栗山元孝歸長府序　一六、贈芥河元泰適東武序　一七、贈芥河元泰適東武序　一八、贈澤村生歸江州序　一九、贈河西養省還信之諏訪序　二〇、贈野村生帰薩州序　二一、贈芳賀生東帰序　二二、送青澗牧子還肥後序　二三、送牧邸官還肥後序　二四、送牧邸官還肥後序　二五、送青澗牧子還肥後序　二六、贈晁德濟歸國序　二七、贈久保田生還南紀序　二八、送石塚立所序　二九、贈那須德進還肥陽序　三〇、贈鳳梧氏東行序　三一、贈原田生還豊州序　三二、同（原田東岳筆）

（巻之三）　三三、文章歐冶後序　三四、同　三五、助辭考序　三六、玉屛詩選序　三七、櫻花二百詠序　三八、櫻花二百詠序　三九、蕉窓餘吟序　四〇、大學衍義序　四一、直方祠十境詩叙　四二、德山名勝巻叙　四三、童子問序　四四、垂裕軒家訓序　四五、新刊用字格叙　四六、彥山景勝詩集序　四七、杜詩叢評序　四八、新校本草綱目序　四九、訂正本草綱目序　五〇、新校本草綱目序　五一、史論奇鈔序　五二、史論奇鈔序　五三、醫學鉤玄後序　五四、名物六帖序　五五、叙四字經　五六、中庸發揮序　五七、中庸發揮叙　五八、論語古義序　五九、孟子古義序　六〇、霞池省庵手柬叙　六一、霞池省庵手簡後序

（巻之四）　六二、正字通序　六三、藍島皷吹序　六四、近思録説畧序　六五、近思録説畧序　六六、坦庵先生遺稿序　六七、鵜殿氏族譜序　六八、新刊花鏡序　六九、同　七〇、兩關唱和集序　七一、熙朝文苑叙　七二、鄒魯大旨序　七三、唐譯便覧序　七四、同　七五、明詩選序　七六、本朝七十二候圖詠叙　七七、歴朝諫林序　七八、甘露叙　七九、甘露叙　八〇、詩經名物辨解序　八一、論語便蒙序　八二、一本堂藥筌序　八三、論語集解序　八四、論語集解序　八五、新刊論語集解序　八六、藥籠本草序　八七、藥籠本草序　八八、叙琴臺稿　八九、江州志序　九〇、江州志序　九一、唐官鈔序　九二、壽長澤粹菴子七袠序　九三、松鶴篇序　九四、祝壽小序　九五、祝壽小序　九六、壽川合元恕翁六袠序

（巻之五）　九七、清風軒記　九八、書樓記　九九、書樓記　一〇〇、曲肱軒記　一〇一、積翠園記　一〇二、德山畫舫記　一〇三、十州研記　一〇四、惟適園記　一〇五、鄴尾研記　一〇六、八幡行紀

（巻之六）　一〇七、廣業書院記　一〇八、廣業書院記　一〇九、渡邊翁愛梅記　一一〇、渡邊翁愛梅記　一一一、新修宅記　一一二、環山樓記（環翠樓記）　一一三、丹州延年池記　一一四、丹州延年池記　一一五、養命池記（丹州延年池記）　一一六、射和家城氏所藏端研記

一一七、參州菅公廟記　一一八、參州幡頭縣菅公廟記　一一九、遊竹生島記　一二〇、遊竹生嶼記　一二一、涵虛亭記　一二二、小餘綾石記　一二三、小餘綾石記　一二四、小餘綾石記　一二五、小餘綾石記　一二六、講學堂記　一二七、講學堂記　一二八、日涉園記　一二九、日涉園記　一三〇、木鐘窩記　一三一、木鐘窩記　一三二、松研記　一三三、松研記　一三四、松研記　一三五、馬蝗絆茶甌記　一三六、馬蝗絆茶甌記　一三七、明遠樓記　一三八、並河翁園亭記　一三九、觀瀾亭記　一四〇、觀瀾亭記　一四一、含翠堂記　一四二、清音亭記　一四三、記生田生扇事　一四四、同

（卷之七）　一四五、今樂由古樂論　一四六、今樂猶古樂論　一四七、舜不告而娶論　一四八、人之異於禽獸者幾希論　一四九、春秋諸侯卒葬論　一五〇、三傑佐漢孰優論　一五一、周世宗論　一五二、周世宗論

（卷之八）　一五三、大禹謨辨　一五四、大禹謨辨　一五五、同　一五六、大禹謨辨證　一五七、道統辨　一五八、道統論　一五九、春秋正朔辨　一六〇、小大學辨　一六一、大小學辨（小大學辨）　一六二、義利辨　一六三、義利辨　一六四、揚子雲始末辨　一六五、正心持敬異同辨　一六六、是非解　一六七、性道教解　一六八、詖淫邪遁解　一六九、巧言乱德解　一七〇、論語二解

（卷之九）　一七一、定軒説　一七二、鵜説　一七三、同　一七四、同　一七五、宥坐説　一七六、元汲説　一七七、寡欲説　一七八、師原字玄博説　一七九、節字説　一八〇、希庸説　一八一、希庸説　一八二、令典説　一八三、彬字元質説　一八四、盆松説

（卷之十）　一八五、讀孟子説　一八六、靖軒説　一八七、達齋説　一八八、周于利者凶年不能殺説　一八九、恒説（恒字説）　一九〇、莫忘説　一九一、景蔚説　一九二、德純字粹夫説　一九三　廷贊字良佐説　一九四、信成説　一九五、惟岳字峻卿説　一九六、致君説　一九七、伯仲字説　一九八、禘説　一九九、禘説　二〇〇、名子侄説　二〇一、依齋説　二〇二、德弘字信伯説　二〇三、奇童説　二〇四、奇童説　二〇五、點灸尺説

（卷之十一）　二〇六、與木村信甫書　二〇七、復仙臺醫員鈴木道竹書　二〇八、答仙臺醫員鈴木道竹書　二〇九、奉答光祿藤公書　二一〇、答篠崎醫宗書　二一一、答菉臺拜埼書　二一二、復劉雲鼎書　二一三、畬高松氏書　二一四、復道香師書　二一五、答菅致齋書　二一六、與渡邊希憲書　二一七、畬岩田林鳳書　二一八、謝伊良子叟書　二一九、與復軒　二二〇、復盧通事書

（卷之十二）　二二一、贈弟長準赴筑幕言　二二二、贈石元質言　二二三、贈木村元春言　二二四、硯銘代家君　二二五、備中新見鎮城鐘銘　二二六、石燈檠銘　二二七、石燈檠銘　二二八、南溟硯銘　二二九、印色池銘　二三〇、大公贊（太公望贊）　二三一、扁鵲贊　二三二、小野朝臣像贊（道風朝臣像贊）　二三三、張子房贊　二三四、五靈圖贊　二三五、五靈圖贊　二三六、五靈圖贊

（卷之十三）　二三七、正庵先生渡邊君墓碑銘　二三八、淨泉院鳥居侯墓碑銘　二三九、同　二四〇、淨泉院鳥居侯墓碑銘　二四一、原芸庵墓碑銘　二四二、松光孺人黒柳氏墓碑銘　二四三、松光孺人黒柳氏墓碑銘　二四四、同　二四五、矢野君墓碑銘　二四六、矢野君墓碑銘　二四七、渡邊元安碑銘　二四八　道可先生貝君墓碑銘　二四九、持軒先生五井君墓碑銘　二五〇、持軒先生五井君墓碑銘　二五一、持軒先生五井君墓碑銘　二五二、岡部先生高伯墓碣銘　二五三、三友軒都筑君墓碑銘　二五四、小林童子碑銘　二五五、檀上處士墓碑銘　二五六、井上元俊墓碑銘　二五七、伊藤木庵先生墓碑銘　二五八、鳥山見庵墓碑銘　二五九、鳥山見庵墓碑銘　二六〇、田中源内墓碑銘　二六一、今津恭菴翁墓碑銘　二六二、伊良子翁墓碑銘　二六三、鶴溪子墓碑銘　二六四、山田麟嶼學博墓碣銘　二六五、同　二六六、同　二六七、井

原道悦墓碑　二六八、龍田善達墓碑　二六九、南川小碑　（卷之十四）二七〇、稻生恒軒君墓誌銘　二七一、恒軒先生稻生君墓誌銘　二七二、稻生君嬪河瀨氏墓誌銘　二七三、稻生君嬪河瀨氏墓誌銘　二七四、小林順性翁墓表　二七五、小林順性翁墓表　二七六、小鷹狩晩山居士墓誌銘　二七七、小鷹狩晩山居士墓誌銘　二七八、岷山先生中江翁墓誌銘　二七九、岷山先生中江翁墓誌銘　二八〇、立所先生小河君墓誌并墓表　二八一、龍見院鳥居侯墓誌　二八二、龍見院殿墓記　二八三、守從靈社西鄕君墓誌　二八四、同　二八五、本莊道聰墓誌　二八六、童覺源墓銘　二八七、卓山先生清水隆閑墓銘　二八八、田原南良翁墓銘　二八九、壺井鶴翁墓銘　二九〇、文節先生墓表　二九一、安原仲武甫墓表　二九二、宇都宮生碑陰銘　二九三、書文英先生碑陰

（卷之十五）二九四、跋祝枝山樂志論　二九五、清明上河圖跋　二九六、清明上河圖跋　二九七、書篆體異同歌後　二九八、龍溪源侯行狀跋　二九九、書楷法千字文後　三〇〇、書唐梅所詩稿後　三〇一、跋先子遺筆送水野侯序　三〇二、跋先子遺筆送水野侯序　三〇三、書阿林帖後　三〇四、書先子遺筆後　三〇五、題原田丈手卷後　三〇六、跋宋高廟蘭亭序　三〇七、跋子昂海賦　三〇八、題先子遺墨　三〇九、書魯論要語後　三一〇、題梅花百詠　三一一、先子扇頭詩跋　三一二、童子問跋

（卷之十六）三一三、將軍鹿苑源公感狀跋　三一四、跋董玄宰書　三一五、跋明王仲山詩　三一六、跋韓人朴大根求畫小柬　三一七、玉川歌帖跋　三一八、書三條右府碑文後　三一九、書三條右相碑刻後　三二〇、謹奉題輪王一品大王贈菅公子歸京詩後　三二一、題東坡眞蹟後赤壁賦後　三二二、題東坡眞蹟後赤壁賦後　三二三、跋唐明州刺史鄭審則喋　三二四、跋唐明州刺史鄭審則喋　三二五、蛭子像記跋　三二六、書東萊先生博議後　三二七、題二十四孝圖詩　三二八、書先子遺筆後

三二九、書朱文公石刻後

（卷之十七）三三〇、私試策問九　三三一、私擬策對四

（卷之十八）三三二、洒掃應對章講義　三三三、學而時習一節義　三三四、王亦曰仁一句義　三三五、吾十有五一章義　三三六、可使制挺一句義　三三七、我善養吾二句義　三三八、巧言令色一章義　三三九、同　三四〇、以天下與二句義　三四一、參乎吾道一節義　三四二、人之患在全章義　三四三、君子博學全章義　三四四、孔子之謂一節義　三四五、篤信好學二句義　三四六、天下之善二句義　三四七、子在川上全章義　三四八、有天爵者全章義　三四九、先進之於全章義　三五〇、好善優於一句義　三五一、非禮勿言一句義　三五二、吾黨有直全章義　三五三、盡信書一節（盡信書則一句義）　三五四、君子上達全章義　三五五、舜其大知全章義　三五六、三代直道全章（斯民三代全章義）　三五七、齊景公有全章義　三五八、君子創業義　三五九、天何言哉義　三六〇、德之流行義　三六一、鳥獸不可一節義　三六二、古之君子義　三六三、勞心者治全章義　三六四、蘧伯玉使全章義　三六五、博學而篤全章義　三六六、君子遠庖義

（卷之十九）三六七、德本院日州刺史水野侯傳　三六八、德本院日州刺史水野侯傳　三六九、德本院日州刺史水野侯傳　三七〇、德本院日州刺史水野侯傳　三七一、同　三七二、同　三七三、萱野三平傳　三七四、綾部道弘傳　三七五、綾部道弘傳　三七六、攝遊志　三七七、攝遊志　三七八、攝遊志（論語二解合綴）　三七九、同（原田東岳筆）　三八〇、名變志　三八一、志狐祠　三八二、文原　三八三、原教　三八四、忌日議　三八五、藏書庫上梁文　三八六、藏書庫上梁文　三八七、昇仙石歌　三八八、昇仙石歌　三八九、讀武備志　三九〇、讀算法八乘冪式　三九一、讀文林雌黄　三九二、劄記四

（卷之二十）三九三、釋問　三九四、大學疑問　三九五、大學釋問　三九六、示學生私祝　三九七、嚴陵陶潛　三九八、擬漢高帝徵魯兩生

詔　三九九、擬漢高帝徵魯兩生詔

18 東涯文稿類第二　文集以外成書所収ノ分　十三(袋、冊)(三九―五)

所収次ノ如シ
(經史論苑)一、續智仁勇解　二、古今言性異同　三、性情古今
異同　四、元亨利貞説　五、仁義禮智説上　六、同　中
七、同　下　八、續大學辨
(經史博論)九、目録　一〇、禮論　上下　一一、克已復禮論
一二、同(他筆)　一三、狄梁公論　一四、性善論　中　一五、
鬼神論　上
(讀易私説)一六、用九用六説
(大極十論)一七、中正仁義辨
(辨　疑　録)一八、讀孟子
(釋　親　考)一九、輩行説
(訓幼字義)二〇、「仁」ノ條一通　二一、斷片ニテ虫侵甚シキモ
ノ一束
(性道教書)二二、漢文ノモノ一枚　二三、和文ノモノ十三枚
(盍　簪　録)二四、一通十條(ソノ文ノ出來シ年次記載アリ)
(名物六帖)二五、四枚
(古今學變)二六、二七、二八、二九、三〇、三一、六通一束(一通
別筆)
(古學指要)三二、古學原論(古學要旨ト題ス)　三三、同(第三
本自筆訂正)三四、同(第四本)　三五、同(自筆訂正)　三六、
同(他筆)　三七、訓道(他筆「是ハ古學原論書畢テ前ハ書きりに
してこの文ゟハ次の紙のはしより別に書はしむへし」ナド東涯朱筆ア
リ　刊行底本トミユ)　三八、心性情才辨(自筆訂正)　三九、
生之謂性辨　四〇、體用論
(三奇一覧)四一、江遊志　四二、同

19 東涯文稿類第三　成書未所収ノ分　三袋　(四一―二)

収ムル所次ノ如シ
(序)一、附方類聚序　二、江州志序(他筆)　三、和田八詠序
四、乙亥私試録叙　五、送西谷立軒遊東京序　六、元發字序(庚午
六月)七、大學釋義序　八、和山居九詠序(寶永庚寅臈月)九、
草書要略序(寶永)　一〇、古學文集後序(享保二年)　一一、送
吉田太右衛門序(享保甲寅)　一二、〔仁齋七褒雅宴詞序〕
(記)一三、〔淨明院寺號ノ記〕(寶永三年八月代作)　一四、〔同松林
山山號ノ記〕(寶永四年九月代作)　一五、〔丹州舟井豪猪ノ記〕　一
六、雙岡觀花記(貞享四年)　一七、〔廣學塾記〕　一八、同
(論)一九、孔孟言治不同論　二〇、君道　二一、光武政歸臺閣論
(甲戌閏月)　二二、權論(寶永)
(辨)二三、周正辨
(解)二四、羞悪解(已□四月十七日)
(説)二五、誠意説　二六、才説(癸酉孟夏)　二七、生知安行説(享
保庚子)　二八、續明用説　二九、君子不器説　三〇、太極圖解辨
説(元祿八年)　三一、爲君難説(享保壬子)　三二、雜説三條
恭敬説(和文、訓幼字義ノ恭敬ノ條ニ似ル)三四、佩蘭齋説　三
五、讀唐史諸王傳
(書)三六、〔與小河弘齋書〕　三七、上右少辨藤公書　三八、奉安東
省庵書　三九、〔與關木齋書〕　四〇―四六、宛名明記ナキモノ七通
(引)四七、韓客筆語引(他筆)
(贈言)四八、〔贈勝田丈言〕(享保乙巳)
(銘)四九、鏡銘　五〇、〔古瓦研銘〕
(賛)五一、師子贊　五二、先聖孔子像贊(貞享四年)　五三、〔孔子

贊」（享保六年「越後伊藤元春氏懇即書遣」トアリ）

（墓誌銘）　五四、貞淑孺人緒方氏墓銘　五五、妙玄院太夫人細川氏之墓誌　五六、壽貞孺人伊藤氏之墓銘　五七、進齋先生墓碑　五八、白峯本多圓海墓銘　五九、同　六〇、同（蘭嵎筆）　六一、小川順安齋墓碑銘（蘭嵎加筆）　六二、大醫法印廣濟院益庵先生岡部公墓碑　六三、同　六四、貞逸先生墓碑（寶永三、他筆）　六五、壽玄孺人里村氏墓碑　六六、同　六七、健室先生喜多川君墓　六八—七二、不明五片

（題跋）　七三、古學先生行狀跋（二尊院ニ収メシ折ノモノ）　七四、高大史梅花六律臨寫ノ跋　七五、證治準縄跋（二枚東里云フ「安永癸巳秋八月廿五日自山中常誠持參ノ原本長尾文策所収集漏斯文　弘美」）

（策問等）　七六、策問　七七、策對　七八、吾黨直躬一章　七九、學而時習義

（傳）　八〇、平信行傳　八一、祭母靈文（野宮定基ノ代筆）

（其他）　八二、野説等（他筆）　八三、百疑　八四、戒逸欲　八五、兒戲喩　八六、〔食稻ノ考證〕　八七、丙辰六月廿二日奥平侯謁見之時書付上候草案　八八、客座私祝（東所寫「丙辰九月中村要藏ヘ參眞筆之寫也」）

20

東涯文稿類第四　所収並ビニ題名未詳ノ分　百三十通四袋　（四一—三）

21

會津ヘ返答　三通　一袋　（四一—四）

二通ハ同文ニシテ一ハ片假名他筆ニシテ訂正アリ　東涯端ニ朱書シテ「壬寅九月廿四日源七別便頼申候」トス、二ハ平假名ナリ、今一ツハ別ニテコレモ端ニ東涯朱書「會津ヘ壬寅九月（以下不明）」トアリ、仁齋ノ神道觀ニ關スルコトアリ

22

松崎氏ヘ返書　附一通　一袋　（四一—五）

高祖祭否之事、神主周尺ノ事、忌日有故延引之事ノ三條ニ對スル答ナリ、端ニ朱筆「庚子之歲」トアリ、別ニ同様ノ一紙アリ合ス

23

東涯詩稿類第一　詩集所収ノ分　四袋　（四一—六）

多ク自筆ニシテ詩集編纂ノ折カト思ハレル他筆モアリ

（巻一所収）　一—二〇（二十枚）（巻二）　二一、二二（二枚）（巻三）　二三—三七（十五枚）（巻四）　三八、三九（二枚）（巻五）　四〇—四四（五枚）（巻六）　四五—七〇（二十六枚）（巻七）　七一—七八（八枚）（巻八）　七九、八〇（二枚）（巻九）　八一—八八（八枚）（巻十）　八九—一〇七（十九枚）　全集作成時ノ資料　一〇八—一一八（十一枚）（東所包紙ニ「此分刊本ヘ校了壬午二月東所」トアリ　壬午ハ寶暦十二年、前年全刊後得シヲ刊本ニ校了セシノ意ナリ）

24

東涯詩稿類第二　三奇一覧所収ノ分　一袋　（四一—七）

一—六（六枚）

25

東涯詩稿類第三　詩集未収ノ分　一袋　（四一—八）

一—三五（三十五枚）但シ詩集所収詩ノ初案ナドモアルヤモ計ラレズ

26

年　首　事　横中一冊　（三一—三）

和文漢文ノ年賀狀等ノ文例、タダシ東涯享保十六年ヨリ元文元年マデ實際年々ニ出シタルモノノ控ナリ

第五類　遺　　品

1　所　用　印　二十顆函　（六一―三）

一、　　　　印文「東匡精舎」
二、自　刻〃「伊藤」「長胤之印」（十七才ノモノナリト）
三、自　刻〃「聖仁之徒」「障百川東之廻狂瀾既倒」（丁卯孟秋トアリ、丁卯ハ貞享四年ナリ時ニ十八才）
四、自　刻〃「長胤」「原藏氏」（「甲子冬上弦刻干口陽」「伊□（藤カ）長胤自刻之」、甲子ハ貞享元年）
五、蘭谷刻〃「東涯精舎」「慥々齋」（「乙亥春」、乙亥ハ元祿八年）
六、同　　〃「伊藤長胤」「東涯」
七、同　　印文「長胤之印」（「乙亥正月請蘭谷師刻之」トアリ、乙亥ハ元祿八年）
八、伊藤蘭嵎刻〃「家世詩書」（享保五年蘭嵎作ト傳フ）
九、同　　〃「元藏」「長胤之印」（同）
十、同　　〃「蘭佩」
十一、同　〃「時還讀我書」（東所ノ註ニ「享保七壬寅印概所収松井文碩摹長堅刻」）
十二、同　〃「伊藤」「別號東匡」
十三、同　〃「玩易清課」
十四、同　〃「長胤之印」「字曰元藏」
十五、木村鳳梧刻〃「元藏」「長胤之印」
十六、鼓城雲鼎刻〃「妙處端不朽」
十七、彭城雲鼎刻印文「長胤」
十八、同　〃「東涯」
十九、　　〃「胤」
二十、　　〃「長胤」「樞」

2　紹述先生手澤之研　一面函　（三九―四）

箱書東所　表ニ「紹述先生手澤之研　古義堂」裏ニ「寶曆壬午端月製匣　善韶」、四隅丸ク長方形、縦五寸一分横三寸五分五厘高サ九分、石裏ニ「作州高田石　村上作」トアリ

3　淡　路　島　一個函　（三九―五）

東涯愛用翫ノ石ナリ、箱ノ表ニ「朝夕にみれはこそあれすみの江のきしにむかへる淡路島やま」トアリ

4　使用紙袋類　三袋　（四一―九）

表書等ヲ示セバ次ノ如シ

第一袋、自作詩文包紙　二十一枚（輶齋包紙共）表ニ各次ノ如クアリ

一、「東涯屬藁享保壬子仲冬藏」　二、「慥齋文艸　寶永戊子八月六日収」　三、「慥々齋舊藁」　四、「慥〻齋文艸　寶永戊子八月収」　五、「拙稿襍収　享保乙卯夏日」　六、「雜文　自稿　東涯　壬申之秋収」　七、「東匡襍草　享保辛丑正月収藏」　八、「屬藁癸丑（花押）」　九、「東崖舊稿」　一〇、「東涯文藁　享保己亥二月十二日収」　一一、「東涯雜藁大旧藁　庚寅五月七日収」　一二、「慥〻齋新藁　癸巳之十月廿二日収」　一三、「拙藁　丁酉之秋収」　一四、「慥庵雜藁　元祿九年四月八日収」　一五、「東匡拙艸　寅卯」　一六、「享保甲寅冬日　東匡文藁」　「經學諸論論語ニ解攝遊志等此入」　一七、「亂藁正德甲午六月末日収」　一八、「慥〻齋起草　一束　甲午端午前一日」　一九、「拙文草藁　丁未季夏収」　二〇、「拙筆　筆記　竪物未

印　乙巳年」　二一、「紹述先生書紙嚢表題類　重光収」

第二袋、　他人詩文及諸物包紙類　三十二枚

二二、「王維詩日本刀歌日東曲等入」二三、「土州縹紙　五帖」二四、「萩州別紙二通」二五、「才蔵　卯正月ゟ二月（欠）」　二六、「享保戊申夏日光御行列」　二七、「柳馬場東入四條北側西尾用達也山田與左衛門傳來」　二八、「古學先生扇頭句筆跡」　二九、「乙巳四月五日弊宅小集也」　三〇、「壬子六月賀州家中賀藤元助氏自大坂用事之由にて來巳」　三一、「群書拾唾　青表三冊古事記旧事紀大冊二冊あり」　三二、「當代公移消息之底」　三三、「人間詩文」　三四、「大むきの粉七月四日」　三五、「先考小紫石壓書記」　三六、「享保乙酉小野氏惠」　三七、「書中玄字多……」（以上二八本ノ帙ノ如シ）　三八、「童子問全」　三九、「篠崎生惠　長胤家藏」　四〇、「此書寶永中八尾正守將歿寄贈先子以充遺物先子病中裝帙以藏正守稱彌平次丹州貝原人　先子之故人也　己酉季春長胤書」（以上三八本ノ表紙ナリ）　四一、「印籠享保丙午七月中浣江戸官醫山田宗圓丈惠云　正徳中敎賜之由」　四二、「赤人圖　油小路隆貞大納……と相見可申候」　四三、「大江匡衡詩并文」　四四、「清人沈玉田文一冊　長崎素軒文一冊　丙午年來」　四五、「古學先生伊藤君行狀」　四六、「和歌愚詠先君子自筆　並有肖像　丙午六月収」　四七、「千世能紙并色紙詩箋少いとう忠藏もらひ申候取収申候」　四八、「衍義補落冊寫掛」　四九、「交遊文字一束」　五〇、「因州大黄紙　一卷」　五一、「明遠楼詩艸藁　壬子冬日長胤」　五二、「黄峯書」　五三、「足研貼藥　鳥飼氏ゟ傳にて養壽院ゟ來甲寅六月」

第三袋、　袋類　十八

五四、（東涯宛狀ヲ用ヒテ表記ナキモノ）　五五、「慥庵文藁　制義在此中　庚寅之秋日藏」　五六、「慥々齋文字起艸　正徳壬辰六月廿九日（花押）」　五七、「詩文襍藁　享保甲寅東涯収」　五八、「書了之分」　五九、「拙藁襍納　享保癸卯春日」　六〇、「親舊故消息　永可収拾　戊申秋日」　六一、「了丑閏月十七日製　慥齋」　六二、「拙藁丁酉収」　六三、「東涯文稿若干巻　辛未秋」　六四、「石刻脱簡　癸巳之夏東匡藏書」　六五、「東涯文藁癸酉大簇」　六六、「東匡屬藁享保乙卯冬収」　六七、「慥齋新藁　乙未仲夏」　六八、「舊詩巻襍収正徳二年壬辰正月廿二日(花押)」　六九、「大學定本　旧本三通在此中　正徳甲午初夏収入」　七〇、「文字會寶之寫　三巻」　七一、「慥々齋亂藁　寶永甲申之歳八月十九日収」

5

東涯斷片　（四一—一〇）

以上イヅレニモ屬シ難キ書片ヲ種類ニヨリ一束シテコ、ニ収ム

一—一七、　書籍題簽・箱類附簽類　十七枚

一八—二八、　帳簿斷片　十一枚

二九、　歌カルタ　東涯筆　一枚

三〇—三四、　東涯文字アル紙片類　五枚

三五、　探題用包　（中ニ東涯ノ文字モアリ）　一包

丙　東所書誌略

第一類　著述・編纂

一　詩　解

○詩經ノ註釋書ニシテ早ク寶暦末年ニ計畫シテ寛政十年迄稿ヲ改ムルコト四回、生涯ヲカケシ東所ノ主著ナリ、蘭嵎ナドト共ニ仁齋東涯ノ學ノ範圍ヲ擴張セシ努力ハ認ムベシ、早クハ毛詩解ト題シ後改ム

1

詩　解　草案　寫横中一冊　（二六—一）

自筆全十三丁、美濃四ツ大、「辛巳（寶暦十一年）十二月十七日起屮」ト初メニアリ、詩ニ就キテ得ル所アレバ記シテ、解作成ノ便ニ資セシモノ、詩解七篇目録、庚辰（寶暦十）十一月二日定ナドトモ見ユ

2

詩　解　初稿　寫半十五冊　（二六—二）

自筆、各巻ニ書寫ノ日次アリ次ノ如シ

首巻（釋例）乙卯（寛政七）三月十四日草始、戊午（寛政十）七月廿九日淨書畢

一巻　庚午（安永九）之冬十一月長至日起草、辛亥（寛政三）正月廿四夕淨校了

二巻（虫浸アリテ不明）

三巻　辛亥十一月八日草畢、癸丑（寛政五）二月廿五日淨書畢

四巻　寛政癸丑四月五日淨書了

五巻　寛政四年壬子六月廿九日草全詔、同五年癸丑五月十三日淨書全

六巻　壬子十月廿九日草全、甲寅（寛政六）二月廿七日正了（朱）、同五月廿二日淨書了

七巻　甲寅四月十五日校了

八巻　癸丑十月四日全草、甲寅六月廿二日校了、同年十月九日淨書了

九巻　寛政甲寅二月廿四日草全詔、同年閏十一月廿七日校了（朱）

十巻　甲寅六月四日草全、乙卯正月晦日校了（朱）、二月十九日淨書了

十一巻　甲寅十一月十四日草全、乙卯二月廿九日校了（朱）、同三月十五日淨書了

十二巻　乙卯二月廿七日大雅草稿全業東所詔、三月十二日一校了（朱）、四月十二日淨書了

十三巻　乙卯五月九日草全、同六月廿六日校讀了（朱）、七月十一日淨書了

十四巻　寛政七年乙卯六月十八日草稿全業、又七月中元之日校讀改正了（朱）、同月廿六日淨書了

安永九年起草寛政七年ニ完成シ、朱筆モテ校正ス、寛政三年ヨリ十年ニワタリ、ナルニ従ヒ校了スルニ従ヒ淨書シ第二稿ヲ作リシモノナリ、書名ヲ初メ毛詩解、本稿中途ヨリ今ノ名トシ、巻數モ十四巻ヲ十八巻ニ改メタリ

3

詩　解　第二稿　寫半二冊　（二六—三）

自筆、釋例ト巻一トノミニテ缺クル所アレドモ第二稿ハ全巻ニワタリテ作成セザリシナリ、釋例ハ「寛政十年戊午秋八月」、更ニ朱ニテ校正ヲ加ヘ末ニ「十月四日再淨寫校了」トアリ、巻之一外題上ニ「初淨校了」トアリ、朱ノ訂正アリテ末ニ「壬子九月淨書」（朱）トアリ、コレ三稿ヲ作ルノ日次ナリ、釋例ハ初稿トノ間ナホ稿アルヤモハカラレズ

4　詩解　第三稿　寫半十八巻十八冊　（二六—四）

自筆、ナホ自筆ノ朱筆訂正アリ各巻ノ記ニハ
一巻　壬子（寛政四）九月淨書、乙卯（寛政七）五月再寫
七巻　寛政五年夏至日淨書至此詔
九巻　甲寅（寛政六）五月夏至日此巻全
十二巻　甲寅十二月十六日全寫
十六巻　乙卯（寛政七）四月十二日淨書全、六月六日句讀了（朱）
十八巻　寛政七年乙卯七月二十六日淨寫全業、十年戊午六月廿一日校讀畢（朱）、十二年庚申十月廿二日又校讀畢（朱）
一巻ハ三稿ナルコト明カナレド他ハ明ニ二稿ナルモノモアリ、シバラク三稿ト名ヅク、一巻末ニ「享和三年癸亥春三月八日釋例講始」ト見ユ

5　詩解　淨書本　寫大十八巻六冊　（二六—五）

「詩解」「古義堂藏」ト柱刻セル用紙ニ書ス、本文ハ三稿ノ訂正ニ従フ

6　詩解　東皐筆本　寫半十八巻九冊　（二六—六）

古義堂ト柱刻アル毎半葉九行罫紙ヲ用フ、筆者東皐淨書本ヨリノ轉寫ナルベシ、末ニ「文化乙丑之十月八日淨書全業弘明」又「文化乙丑之冬十二月廿四日了（花押）」トアルハ讀了ノ日次ナルベシ、乙丑ハ文化二年ナリ

二　詩解韵章圖

○詩解ノ各詩ノ韻律ヲ圖示セルモノニシテ、詩解ノ附屬ヲナスモノ

1　詩解韵章圖　大二冊　（二六—七）

東涯校井戸冕重訂ノ詩經正文、「寛保元年辛酉三月吉辰堀川書舗　松梅軒藏」ノ刊本ニ自筆ニテ韻章ヲ記シ上部ニ註記セシモノ、全部朱筆、上末ニ「丁巳（寛政九）十一月廿三日卒業詔」、下末ニ「寛政十一年己未十月十七日卒業善詔」トアリ、外題ハ附箋シテ東所筆、「善詔之印」アリ

三　詩解名物

○前ニ同ジク詩解ノ附録ニシテ、詩經中ノ本草ヲ編別ニ出シテ和名ヲ附シタルモノ、寛政十二年ナル所

1　詩解名物　草稿本　寫横中一冊　（二六—八）

自筆、半紙四ツ折大十四丁、末ニ「寛政十二年庚申閏四月廿日全業」「閏四月廿五日品物圖考校合朱書了」、奇効油ノ袋ニ入レ「庚申夏詔」トアリ

2　詩解名物　淨書本　寫横中一冊　（二六—九）

自筆、全十八丁、末ニ「寛政庚申五月廿八日淨寫全業東所詔」、墨朱ノ加筆アリ

3　詩解名物　東皐筆本　寫半一冊　（二六—一〇）

伊藤東皐寫、十九丁、末ニ「文化元年甲子之歳弘明寫」

4　詩解名物　寫横中一冊　（二六—一一）

淨書本ニヨル寫、十九丁、朱ニテ文字ノ誤リヲ正シアリ、東岸少年時ノ筆カト思ハル

四　春秋諸侯世代略圖

○序ニ云「毎讀左氏、凡外之諸侯稱公者、除魯之外、流讀之次、不記即位之年、遂失爲何公、故今據史年表作此圖、凡數起年數、本魯公即位、外之諸侯、唯書即位之年、相配數者、以知魯某公之第幾年、當某國某公第幾年、以此考之」（下略）

1　**春秋諸侯世代略圖**　自筆本　寫一帖　（三六—二）

末ニ「明和元年甲申九月伊藤善韶製」、又云「丁亥（明和四）五月廿日三才圖會文史第三二十國年表校正」

2　**春秋諸侯世代略圖**　東皐筆本　寫一帖　（三六—三）

伊藤東皐寫、末ニ「文化三丙寅五月廿日　弘明寫」

3　**春秋諸侯世代略圖**　寫一帖　（三六—四）

末ニ「天保四年癸巳五月」トアリ、序文ハ東所自筆本ヲスキ寫シニセシモノ、如シ

五　書經三百有六旬有六日蔡注ノ解

○書經ノ右ニ關スル蔡沉ノ注ヲ天文學上カラ説明セシモノ、假名混リ

1　**書經三百有六旬有六日蔡注ノ解**　寫半一冊　（三六—五）

自筆、全四丁墨附三丁、末ニ「安永甲午五月廿二日」トシ、所々朱ノ訂正アリ、甲午ハ三年ナリ

六　中庸發揮抄翼

○中庸發揮ノ假名マジリノ説明書ニシテ、寶暦九年己卯秋七月十日ノ序ニ云フ「予今茲講發揮之次、據先子之標釋録以國字、以附二書抄翼之後、非所以敢示大方、所以示童蒙也」

1　**中庸發揮抄翼**　自筆本　寫半一冊　（三七—一）

全三十八丁、「古義堂藏」ト柱刻アル毎半葉九行罫紙ヲ用フ、末ニ「明和六年己丑冬十月廿八日校正淨書全業」、朱ノ訂正アリテ「享和元年辛酉五月十八日校正畢」

2　**中庸發揮抄翼**　東里筆本　寫半一冊　（三七—二）

全三十五丁、前ニ同ジキ用紙、東里ノ寫本ニシテ末ニ「「天明九年己酉之春正月十八日謄寫始業廿三日夜句讀訂正全業伊藤弘美」、前書ノ寫ニシテ外題東所筆、「弘美之印」アリ

七　古　義　抄　翼

○論語古義孟子古義ノ假名混リ文ノ説明書、天明丙午之冬十二月初ノ自序ニヨレバ、東涯晩年國字ヲ以ツテ古義抄翼ナルモノヲ作ル意アリ、稿數章ヲ殘ス、東所寶暦明和ノ間二書ヲ講スルノ際コレニヨリ、集註標註ソノ他ノ遺書ニヨリ、兼テ管窺ヲ加ヘ編シタルモノト云フ、論語三冊四巻孟子二冊三巻ナリ

1　**古　義　抄　翼**　自筆本　寫大七巻五冊　（三七—三）

朱ノ訂正マ、アリ各冊ノ識記ハ次ノ如シ

一　寛政十二年庚申十二月五日校始

二　明和乙酉五月九日上論草稿完、天明乙巳五月十五日淨書畢是日夏至距起草凡二十有一年云

三　明和戊子正月廿三日下論草稿完、天明乙巳八月五日淨書畢

五　寶暦十三年癸未三月十四日草稿完、天明六年丙午十二月十九日改

正畢二十有二日淨書全業云、享和元年三月十五日校讀畢（朱）
補正ハ校讀ノ折ナルベシ

2　**古義抄翼**　東里筆本　寫半七巻五冊　（二七一四）

東里寫本ニシテ「古義堂藏」ト柱刻アル毎半葉九行ノ罫紙ヲ用フ、末ニ「天明八年戊申之冬十一月八日謄寫始業同九年己酉之春正月十八日全業云伊藤弘美」、外題東所筆、「弘美之印」アリ

3　**古義抄翼**　寫大一冊缺　（二七一五）

「古義堂藏」ノ柱刻毎半葉九行罫紙ヲ用ヒ、五十丁ニシテ第一冊目ノ末ニ迄モイタラズ

八　操觚字訣

○凡例ノ初メニ云フ「先子初年ニ、異字同訓考ヲ輯ム、夕、古文ノ同訓アル句ヲ載ス、晩ニ同訓雑志ヲ輯ム、亦同、ソノ後操觚字訣ヲ草ス、同訓ノ義ヲ解シテ、古語ヲ引ズ、三書未定ノ稿ニシテ、體統ヲナサス、又諸抄録中、間文字ノ義ニ及フモノアリ、韶悉裒集増補シテ、以テ此書ヲ著ス、初ニ古語ヲ引キ、次ニ同訓ノ義ヲ注ス、一ニ用字格ニ倣ト云、先子所輯ノ古語及注解、十居二三、ソノ先解中、亦増損併省シテ、以體製ヲ斉フス、皆奉承遺意、不敢用拙見云」、ナレド現ニ紹述遺書中ニ存スル東涯本字訣ニ比スルニ東所誠ニツトメタリト云フベク、篇法、助辞、語辞、虚字、雑字、實字ニワカレ、ナホ遺編補編續編アリ、十五巻ニシテ更ニ収メラレザリシ部分アルガ如シ、序ハ寶暦十三年癸未之冬十一月十三日ニシテ、享和年間ニイタッテ現姿ヲ得、東所終生ノ業ナリト知ルベシ

1　**操觚字訣**　第一淨書本　寫半四編十冊　（二八一一）

「古義堂藏」ト柱刻アル毎半葉九行罫紙ヲ用ヒテ自筆、寶暦十三年癸未之冬十一月十三日ノ自序アリ、タヾシ朱訂正、各冊識記次ノ如シ

一冊目　明和元年甲申冬成書九年壬辰秋八月校訂全業（朱）
三冊目　安永三年甲午冬成編十一月廿七日校訂全業（朱）
四冊目　安永四年乙未二月十六夜草全
五冊目　安永四年乙未六月廿三日全業（朱）
六冊目　安永四年乙未十月十六日全業（朱）、享和元年辛酉五月十五日校畢（朱）
七冊目　安永四年乙未閏十二月廿四日全業（朱）、享和元年辛酉六月二日再校（朱）
八冊目　安永五年丙申四月廿八日全部畢功（朱）、享和元年辛酉六月廿日校讀畢（朱）
十冊目　四編上下明和己丑五月八日全業（朱）、寛政十二年庚申四月廿五日校讀了

一冊（初編上）篇法　助辭、二三冊（初編中下）語辭、四五冊（次編上下）虚字上下、六七八冊（三編上中下）雑字、九十（四編上下）實字上下　ニワカル、各冊題簽下部ニ「善韶」ノ印アリ

2　**操觚字訣**　第二淨書本　寫半七編十五冊　（二八一二）

「制度通古義堂藏」及ビ「施政堂藏」トノ柱刻アル用紙ニ東所自筆、序ハ「寶暦十三年癸未之冬十一月十三日」トアルマヽナリ　初編（篇法・助辭・語辭）三冊、末ニ「寛政十一年己未夏五月校正新寫卒業」、次編（虚字）二冊、上末ニ「享和元年辛酉九月廿九日校正卒業」、下末ニ「享和元年辛酉十月廿三日校正卒業」、三編（雑字）三冊、上末「辛酉十一月十二日校正畢」、中末「享和元年辛酉十二月十二日校正畢」、下末ニ「享和二年壬戌正月十七日全校畢」、四編（實字）二冊、上末ニ「享和改元辛酉二月七日校正完」、下末「享和元年辛酉三月四日校訂全東所」、遺編二冊、補編二冊、補編末ニ「享和二年壬戌二月廿日校訂全業善韶」續編一冊末ニ「壬戌四月十八日校正全善韶」ト初編ノ他ハ朱

筆ニテアリ、自筆ノ朱校定アリ

3　操觚字訣　遺編、補編、續編豫定表　寫大一冊　（三八―三）

表紙共十丁、東所自筆ナレド、殆ド文字ナク豫定ダケノモノナリ

4　操觚字訣　續編草稿　寫半一冊　（三八―四）

全二十四丁、自筆、草稿ヲ貼附シテ順序ヲタテタリ、表紙ニ「辛酉七月十七日起草　壬戌四月十八日新寫校正了」トアリ

5　操觚字訣　五編草稿　寫小二巻二冊　（三八―五）

置字助辭様ノモノ、研究ニシテ、以上ノ草稿類ニハ見エザルガ如シ、東所自筆表紙ニ「此二巻享和辛酉七月改正了　東所」

6　操觚字訣　半四編十冊　（三八―六）

伊藤東涯創草、同東所纂、重野安繹閲、村山徳淳校、明治十二年九月閲者序、同二月一日校者凡例、明治十一年十二月三日版權免許、木藤金四郎出版、北畠茂兵衞發兌、四編迄ノ出刊ナリ

7　字訣補　小一冊　（三八―七）

全五丁、東所筆

8　操觚字訣草稿斷片　半一冊　（三八―八）

「古義堂藏」ト柱刻アル毎半葉九行ノ罫紙九枚、見、恐、誠、踏ノ條アリ

九　四書集註音義考

四書集註ヨリ音義ノ記シアルモノヲ抄出シ、四聲彙辨ト校セシモノ、未ダ稿ヲナスニイタラズ

1　四書集註音義考　寫中一冊　（三七―六）

自筆、表紙共二十六丁、末ニ「寶暦壬午陽月廿三日抄謄完業東所」、壬午ハ十二年ナリ、初メニ「寶暦十四年甲申三月廿一日與彙弁校正始業五月八日卒業　〇（朱）此印ノ分ノ文字彙弁ニ無シ」ト見エタリ

十　四聲彙辨

〇寶暦十二年東所ノ序ニ云フ「四聲之轉音、唯見以爲詩家之式、而不知經史之用、於學聖賢之道者、雖固小事、亦學者之所當知也、先子欲集經傳中之圈發爲解、名四聲彙辨、又欲據張位發音録爲解、皆有其志而不成書、予欲續終其書也久矣、庚辰之歳起草、音義一從字典、又先子遺草之存者、皆比類插入、間附以管窺、今年書成、分巻以平上去入、凡五巻」、寛政十一年校正完備ス

1　四聲彙辨削餘　寫小一冊　（三七―七）

全三十六丁墨附三十三丁、自筆、末ニ「甲申六月十一日草全東所」トアリ、甲申ハ明和元年ナリ、又表紙ニハ「辛巳壬午甲申補ス」トモアリ、草稿中ヨリ成書ニ入レザリシ分ナルベケレド、現存稿本ニハ既ニ存セザレバソレ以前ト知ルベシ

2　四聲彙辨　自筆本　寫半五巻三冊　（三七―八）

末ニ「寶暦十二年壬午三月四日淨書始業閏四月二十三日卒業」、「同年七月二十二日校訂了」（朱）、「同十四年甲申六月集注音釋校十三字補入、十六日全業、是月二日改元明和号令未下猶用旧号云」トアリ、朱及ビ附箋ニヨル増補訂正アリ

3 四聲彙辨　寫半三巻二冊缺　（三七—九）
巻三、四　一冊ヲ缺ク、東所自筆本訂正ニヨル寫シ、文字ヤ、似タリ

4 四聲彙辨目錄　寫半一冊　（三七—一〇）
十一丁、古義堂罫紙ノ裏ヲ用ヒタリ、次ノ寛政十一年校本ニ目録ヲ附シタル時ノ稿カ、自筆

5 四聲彙辨　寛政十一年校正本　寫半五巻三冊　（三七—一一）
筆者未詳ナレド東所ノ校ナリ、一冊目末ニ「己未十一月廿六日」（朱）、最末ニ「寛政十一年己未十二月廿五日校正全業韶」トアリ、「施政堂藏書記」ノ印各冊巻頭ニアリ

十一　助字考小解

○東涯著助字考ニ口訣ナキニヨリ、用字格ノ如キ假名交リノ説明ヲ加ヘタルモノナリ、安永五年丙申十一月二十七日ノ序ニソノ所以詳カナリ

1 助字考小解　草稿本　大二巻一冊　（三九—一）
寛延四辛未歳春吉日　皇都書林、瀨尾源兵衞、梅村彌右衞門、山岡勘右衞門刊助字考二冊ヲ合綴セシヲ本文トシ、校訂加筆シ上欄ニ口訣ヲ東所自筆モテ附シタリ、ナホ例ヲ加ヘシモノ及ビ補輯モアリ、初メニ序三丁ヲ加フ、外題ハ「訂補助字考小解」、巻首ニハ「助字考證巻之上　東涯先生原輯　男韶補解」トアリ

2 助字考小解　第一淨書本　寫半二巻二冊　（三九—二）
「古義堂藏」ト柱刻アル用紙、草稿ニ從ヒ本文又ハ書入ヲ淨書整理セシモノナリ、朱ノ校正アリ、末ニ「寛政十二年庚申二月九日校訂全東所」

3 助字考小解　第二淨書本　寫大二巻二冊　（三九—三）
前書ニヨリ更ニ精撰セルモノニシテ、柱ニ「助字考小解」ト書シ、マ、紙ヲハリテ改メタルモアリ、刊行底本トシテ製セシモノナリ、末ニ「寛政十二年庚申三月寫全」トアリ、又包紙別ニアリ「寛政十二年庚申三月十日全業可授剖厥氏善韶」

4 助字考小解　東皐筆本　寫大二巻一冊　（三九—四）
全六十六丁、東所男東皐ノ寫ニシテ第一淨書本ニヨル、「弘明之印」アリ

十二　校正字様

○校正ニ際シテ誤リヤスキ字ヲ並記シソノ區別ヲ記ス、壬午寶暦十二年ノ製ナルベシ

1 校正字様　寫横小一冊　（三九—五）
半紙六分之一大ノ廣文堂トアル毎半葉十二行罫紙ヲ用フ、全三十丁、内題ノ下ニ「壬午」トアリ、自筆

十三　先游志草稿

○東所が父東涯ノ交友諸家ノ略傳ヲ作ラントセシモノ、極晩年ノ試ミナルベク殆ド氏名ヲカ、ゲシノミニ終レリ、ケダシ東涯ノ先游傳ニ學ビシモノナリ

1 先游志草稿　寫半一冊　（三九—六）

自筆、表紙共十三丁、小貫慎吾以下四十二家ノ氏名ナリ、中ニ号本貫ヲ書加ヘシ若干アリ

十四　鬼　録

○知人ノ忌日戒名等ヲ記セシモノ、乙卯寛政七年ヨリ文化六年迄年代順ニ見ユ

1　鬼　録　寫横小一冊　（三九―七）

自筆、美濃六ツ折大、全十六丁墨附八丁

十五　古　學　十　論

○古學ノ立場ニ於ケル儒學ノ論十章附二章ヲ集メシモノ、天明七年丁未三月二日ノ自序アリ

1　古　學　十　論　自筆本　寫半一冊　（三九―八）

三十一丁、寫ノ日次ハ序ノナリシ時ナルベケレド、朱筆校正削正多クアリ、更ニ末ニ「寛政十二年庚申十二月四日校讀畢詔」トアル時ニハ一段色濃キ朱筆ニテ削正サレアリ

2　古　學　十　論　東里筆本　寫半一冊　（三九―九）

二十七丁、東里ノ寫本ニシテ「寛政二年庚戌十月十一日謄寫全業伊藤弘美」トアリ、大略校正削正ニ従フモノ、如シ、従ツテ前書校正削正ノ多クハ筆寫直後ト知ラル

十六　本　實　雜　論

○東所天明七年十一月、三河擧母藩内藤侯ニ招カレ學ヲ講ゼシ折、問題トナリシ「敦本」「務實」ノ二事ヲ、求メニヨリ和文ヲ以テ論ゼシモノ、「天明八年戊申十一月十一日記畢」ト末ニアリ、初メニ漢文ヲモツテ著述ノ所以ヲ記ス

1　本　實　雜　論　自筆本　寫半一冊　（三九―一〇）

十九丁、後記ノ天明八年ニ近キ寫ナルベシ、朱筆補正若干アリ

十七　天　文　雜　記

○中國天文學ノ初歩的智識ヲ集メシモノナリ

1　天　文　雜　記　寫半一冊　（三九―一一）

自筆、十五丁、附一紙アリ

十八　樂　考

○日本傳來ノ雅樂ニツキ温良恭倹譲五巻ニワケ、樂名、舞、律、器、譜奏ノ六部ニワカツテ畧述セシモノ、續トシテ和樂ノコトニワタレド簡畧ニ過グ、全體トシテ未完ト云フベシ

1　樂　考　改修本　寫大五巻一冊　（三九―一二）

全六十八丁、前名「本朝音樂考」トアルヲ今名ニ改メアリ、東所墨筆ノ補正可成リニアレド、ナホ未完ナリ

十九　默　識　錄

○書道ニ關スル心得ニシテ、自己ノ見解アリ又法書苑等ヨリノ抄記モアリ

1　默　識　錄　草稿本　寫小一冊　（二九一三）

十五丁墨附八丁、自筆、外題ノ傍ニ「淨書了」トアリ

2　默　識　錄　淨書本　寫中一冊　（二九一四）

毎半葉八行罫紙十一丁、前書ノ自ラセシ淨書ナリ

二十　間　窓　一　適

○茶事ニ關スル諸書ヨリノ集記ナリ

1　間　窓　一　適　寫小二卷二冊　（二九一五）

自筆、上ハ半紙四ツ折大ノ横綴リ、下ハ極小形ノ反古裏ヲ用ヒタリ、ヤ、後年ノ筆ト見ユ

二十一　會席道具付ケ

○自己ノ出席シタル會席料理次第ヲ記シタリ、甲寅寛政六年ニ始マリ庚申寛政十二年迄アリ

1　會席道具付ケ　寫横小一冊　（二九一六）

自筆、美濃判六ツ切大ノ横綴二十六丁、反古ノ裏ヲ用ヒタリ

二十二　古義堂遺書目錄

○仁齋東涯ノ著述ニシテ古義堂ニ殘ル所ノモノノ目録、明和五年戊子之夏改定ス、コノ折一袋ヲ作リ「附入同目録舊本一冊　先世舊印摸本一冊　校正手記數簽」ヲ同封シタルヨシ「古義書院長伊藤善韶謹収」ト裏ニ書セシ包ニ記セリ、但シ校正手記ハ今ナシ

1　古義堂遺書目錄　寫三冊　（二九一七）

次ノ三冊ヲ一袋ニス

一、古義堂遺書新目録草稿附季父及予著撰函目録　一冊

半紙四ツ折大横綴五十八丁、函別ニ遺書ノアルヲ記シ、又藏板本ノ目録ヲモ附シタリ、表紙ニ「明和五年戊子四月十七日造」トアリ、東所自筆ナリ

二、古義堂遺書目録　旧本　一冊

林塾藏ト柱刻ノ毎半葉十行罫紙中本形ヲ用ヒテ二十六丁、東所筆ニシテ「寶暦戊寅春二月　善韶造」トアリ、中ニハカナリノ註記アリテ自ラノ校正セシ又ハ讀了セシ日次ヲモ記ス

三〔古義堂藏板目録〕一冊

半紙四ツ折大横綴十丁、東所筆ニテ板賃定、紙數ナドヲ記シタリ

二十三　古義堂遺書總目叙釋

○仁齋東涯ノ著述ヲ出刊未刊ニカヽハラズ掲ゲテ、中ニ所々漢文モテ略註ヲ加ヘタルモノ、末ニ仁齋東涯ノ略年譜ヲ附ス、明和六年己丑之夏五月十二日ノ自序アリ、安永三年京都文泉堂ヨリ出刊ス

1　古義堂遺書總目叙釋　自筆本　寫大一冊　（二九一八）

「古義堂藏」ト柱刻アル用紙二十四丁、全巻ニワタリ朱筆補正アリ

2　古義堂遺書總目叙釋　校正本　寫大一冊　（二九一九）

共表紙全二十四丁、朱筆以テ東所ノ削正補筆甚シク、末ニ「壬辰四月廿四日校了」（安永元年）トアリ、コノ校正ヲ以ツテ刊行ノ底本トセシモノナリ

3 古義堂遺書總目叙釋　東所手澤本　大一冊　(三九—二〇)

明和六年己丑夏五月十二日自序、序三丁本文十七丁、安永甲午新刊京兆文泉堂發行、東所ノ朱校正書入若干アリ、多クハ藏板ノ古義堂本トナリシヲ正シタリ

4 古義堂遺書總目叙釋　輶齋手澤本　半一冊　(三九—二一)

前ニ同キヲ半紙本ニ切リシモノニシテ見返シヲ附ス、東所ノ書入ニ従ヒテ輶齋校正ス

二十四　東所紀譚

○寶暦七年ヨリ諸氏ニ聞ク所ノ諸事ノ記憶ニトドムベキヲヒカヘ置キ、極晩年迄ニオヨビシモノ、仁齋東涯ノ軼事文雅風流世相奇事珍事ナド各方面ニワタレリ、各年次ノ大體ト話手ヲ記シアリ

1 東所紀譚　寫横中一冊　(三九—二二)

自筆、美濃判四ツ折大、五十四丁

二十五　隨得隨筆

○經、史、子、集、訓誡、雜ノ六部ニ分チテ、得ルニ従ヒテ記シタル漢文ノ隨筆ナリ

1 隨得隨筆　寫半一冊　(三九—二三)

自筆、十六丁、淨書セシモノナルベシ「寶暦戊寅八朔始業」トアリ、戊寅ハ八年ナリ、ソノ時ノ淨書後ニ書加ヘシモノハ壬午（寶暦十二）癸未（十三）ナドノ年次ヲソノ條ノ末ニ書加ヘアリ

二十六　東所集

○東所ノ自製逐年ノ文集ナリ

1 東所集　寫大十一巻十一冊　(三九—二四)

早クハ自筆ナレド後ハ門人輩ノ手モ多ク混ジタリ、殆ド東所自ラノ校正訂正アリ

一冊目　目次末ニ「自延享四年丁卯至寶暦十年庚辰凡十四年六十篇」トアリ、文首ニ「戊寅(寶暦八)二月淨寫」トアリ、ソノ頃ヨリ淨寫シ十年迄ノヲ収メタルナリ、末ニ「享和元年十二月大盡日讀畢」、朱筆訂正アリ

二冊目　目次末ニ「自寶暦十年庚辰至明和三年丙戌凡七年五十三篇己丑之秋加改竄」(明和六年)、文首ニ「辛巳二月」(寶暦十一年)ト淨寫始ノ年月アリ

三冊目　南遊志、明和元年ノ作、近松顯忠ノ筆ト思ハル

四冊目　目次末ニ「自明和三年丙戌至七年庚寅凡五年三十八篇」

五冊目　明和七年ヨリ安永九年ノ作ヲ収ム

六冊目　天明元年ヨリ同五年迄ノ作ヲ収ム

七冊目　但行日録、天明二年ノ作ナリ

八冊目　參行手録、天明六年ノ作ナリ

九冊目　目次末ニ「寛政八年丙辰六月書完」トアリ、寛政三年ヨリ

十冊目　寛政六年ヨリ同十一年迄ノヲ収ム

十一冊目　寛政十一年ヨリ文化元年迄ノヲ収ム

二十七　東所詩草

○東所逐年ノ詩集ナリ

1
東所詩草　寫大五巻五冊　(三九—三五)

自筆モアレド門人達ノ寫モ多シ、殆ド全巻ニワタリ自筆ノ朱訂正アリ、各年干支ヲ冠シテ詩稿ト題シ集メアリ
一冊目　舊詩稿（自乙丑至壬申凡八年、寶暦戊寅春謄）ヨリ癸酉詩稿（寶暦三）ヲ經テ己卯詩稿（寶暦九）ニ至ル、末ニ「已上二百二十五首自癸酉至己卯凡七年」、又朱ニテ「寶暦壬午七月改竄」
二冊目　末ニ「自庚辰至丁亥凡八年一百六十七首　明和己丑十一月加改正」「戊子正月淨寫」トアリ、寶暦十年ヨリ明和四年ニ至ル間ノ作ナリ
三冊目　戊子詩稿ヨリ辛丑詩稿ニ至ル、明和五年ヨリ天明元年迄ナリ
四冊目　壬寅詩稿ヨリ庚申詩稿マデ、天明二年ヨリ寛政十二年ニ至ル、末ニ「寛政十二年庚申十二月二十四日抄全」トアリ
五冊目　辛酉稿（享和元）ヨリ甲子稿（文化元）迄ナリ

二十八　東所先生集初編

○明和八年冬、東所集同詩草ニヨリ類聚シテ東里ノ編セシモノ、一二八詩ヲ三四五ハ文ヲ以ツテ類ヲ分テリ、明和辛卯之冬ニ東所序ヲ附ス

1
東所先生集初編　寫半五巻五冊　(三九—三六)

東里寫、序ハ東所ノ自筆ナリ、題簽下ニ「弘美之印」各冊ニアリ

二十九　東所關係聯句集

○東所ノ連中タリ又ハ筆寫セル聯句類ヲ一括ス

1
東所關係聯句集　十四通　一袋　(三八—九)

一　漢和聯句　東所筆（寛政六年閏十一月廿一夕　十二月十六夕、善韶、元禎、教延ノ三人）
二　同　東所筆
三　漢和聯句　東所筆（寛政七年乙卯八月十一日、善韶、昌逸、元禎教延、春暉等）
四　漢和聯句　東所筆（寛政七年十一月七日、善韶、昌逸、元禎、教延、春暉等）
五　聯句（庚申冬、墨池、士賞、東所、魯齋等）
六　漢和聯句　東所筆（享和三年癸亥十月十九日、善韶、教文等）
七　同　（末缺）
八　同　東所筆（享和三年十一月四日、廿一日於拙亭滿吟、善韶、教文、晃源等）
九　漢和聯句　東所筆（享和三年癸亥十一月廿九日、十二月三日滿、善韶、天長等）
十　和漢聯句（享和三年十一月、十四夕滿、教文、東所、好義）
十一　漢和聯句　東所筆（獨吟）
十二　五字城（教延、善韶等）
十三　漢和聯句（東所、教延等）
十四　同　東所筆（獨吟）

三十　伊藤點五經

○禮記末ニ、寛保元年酉三月元板トアレバ、蘭嵎時代ニ出デシモノナレド完備セシハ東所時代ナリト思ハル、爰ニ東所編著ノ中ニ加フ、本文ハ集註ニヨルモノ、如シ

1
伊藤點五經　大十一冊　(二四—九)

易經正文二冊　末ニ「古義堂正本」トアリテ「文化甲戌年初夏　平安

文林堂發行」トアリ、後刷ナルベシ
詩經正文二冊 末ニ「古義堂正本」トアリ
書經正文二冊 「施政堂藏板」ノ印アリテ、「寛政癸丑新刊京兆文林堂發行」トアリ
春秋正文一冊 「古義堂正本」トアリ
禮記正文四冊 「古義堂正本」トアリ、末ニ「寛保元年酉三月元板文化十四年丑十二月再板 平安書林丁子屋庄兵衞 中川藤四郎 同伊三郎」トアリ古義堂正本トアルハ舊クシテ、施政堂ノ印アルハ東所時ノモノナルベシ

三十一 詩經世本古義小引

○明ノ何楷ノ詩經世本古義十四巻迄ノ何氏ノ小引ヲ抄出セシモノナリ

1 **詩經世本古義小引** 寫大一冊 (三〇―一)

十七丁、朱筆東所校正アリ

三十二 古義點四書

○四書ノ白文ニ仁齋ノ兩古義及ビ中庸發揮大學定本ノ訓ヲ附シ、各書ノ序ヲモ加ヘシモノ、寛政五年癸丑春二月東所跋ス、同年京都文錦堂ヨリ出刊サル

1 **古義點四書** 稿本 半二冊 (二四―一〇)

較洪武正韻四書正文（提學道前官陞及發行）二冊ニ、東所訓點ヲ書入レシモノニシテ不要ノ所ハ削リアリ、大學末ニ「戊戌三月十四日始翌日點全」、中庸末ニ「三月廿四日點畢」、論語末ニ「四月廿日點畢東所」、上孟末ニ「戊戌六月八日點畢 韶」、下孟末ニ「戊戌四月廿三日點始 秋七月八日點全 韶」トアリ、大學ノ如ク章ノ順序ノ相違アルモノハ朱筆以テ指示シアリ、タヾシ訓ハ刊本ニヤ、相違セリ、大學ノ末ニ刊行時ト思ハルル附箋一葉註記アリ

2 **古義點論語** 校正刷 半一冊 (二四―一一)

上論下論ノ數丁ヅヽアリテ東所筆校正アリ、末ニ「子二月十八日校了」、子ハ壬子、寛政四年ナリ

3 **古義點四書** 大五冊 (二四―一二)

寛政五年癸丑春二月東所跋、寛政癸丑新刊京兆文錦堂發行、入木ニテ、「大坂稱觥堂發行」トアリ、又末ニ「京二條通リ石田忠兵衞」トアレバ石田ノ後刷ナリ、輶齋幼年時カト思ハルル書入アリ

4 **古義點四書** 大二冊缺 (二四―一三)

中庸大學ノ一冊ト下孟ノミ、前書ノ末ニ東所跋アリテ、寛政癸丑新刊京兆文錦堂發行トノミアリ

三十三 發音錄抄

○東涯未完ノ書發音録ヲ抄記セルモノ（四聲彙辨ノ條參照）

1 **發音錄抄** 寫小一冊 (三〇―三)

自筆、三十二丁、東涯先生原述、男善韶增補トアレド補ハ殆ンドナシ、末ニ同ジク東涯ノ字詁襍集及ビ小記ヨリノ抄出アリ

三十四 譯林 附 譯原

○古義堂ニ於ケル教育上ノ一特色タリシ初期ノ譯文ヲ集メシモノニシ

テ、名ハ東涯自ラノ譯文集ニ名ヅケシニヨル、明和七年庚寅之春三月東所序アリ、譯原ハソノ譯林中ニ譯出サレタル本文ヲ集メシモノ

1

譯　林　寫半五巻五冊　（三〇―三）

木火土金水ノ五巻、筆者ハ數人ナレド、東所自ラ校正ヲ加フ、各冊収ムル所次ノ如シ
木、古學先生譯五代史論二十八篇、末ニ朱筆「庚寅七月四日灯下」（明和七）「享和元年辛酉八月二日就寫本五代史序註昭對卒業善詔」
火、古學先生譯雜文十六編、末ニ朱「庚寅中元」「辛酉昭對」
土、小河立所譯唐鑑六十九編、末ニ朱「庚寅閏六月十七日」「享和辛酉七月廿二日照對原文卒業」
金、古學先生門人譯雜文二十七編、末ニ朱「庚寅七月廿五日全功」
水、紹述先生譯雜文五十三篇、末ニ「重複三篇除了丁巳冬」（朱）「享和元年辛酉八月廿八日原文照對全業善詔」（朱）
明和七年篇シ、享和元年原文ニ對照シタルモノト知ルベシ、各題簽下「善詔」ノ印アリ

2

譯　原　寫半三冊　（三〇―四）

上ハ巻二ニ相當セルモノ、末ニ「辛酉八月十日校讀了」（朱）、中ハ巻四下ハ巻五ニソレ〳〵アタリ、下末ニ「享和辛酉八月廿八日譯林照對卒業」、「施政堂藏」ノ柱刻アル用紙、題簽下部「善詔之印」アリ

三十五　隷　字　圖

○三才圖會ノ人事部ヨリ抄記

1

隷　字　圖　寫中一冊　（三〇―五）

毎半葉五行罫紙二十一葉、東所寫、但シ最後ノ十行ハ東里幼年時ノ筆ナリ、末ニ「明和丙戌十一月自三才圖會人事部抄出東所詔」、丙戌ハ三年

三十六　食　禁　小　録

○農業全書、大和本草、萬寶鄙事記、救民妙藥集、養生訓等ノ諸書ヨリ食合セノ記事ヲ集メシモノ

1

食　禁　小　録　寫横中一冊　（三〇―六）

自筆、半紙四ツ折大二十二丁、中、萬寶鄙事記ハ東里ノ筆ニテ、末ニ「明和己丑二月中旬東里寫」ナドアリ

三十七　壽　域　方

○諸家ヨリ傳聞ノ藥法ノ集ナリ

1

壽　域　方　寫半一冊　（三〇―七）

東所筆、「上孟白文」ト柱刻アル毎半葉八行罫紙ヲ用ヒテ十八丁、タヾシ墨附四丁ノミ

三十八　二　王　帖　釋　文

○明和丁亥十月七日釋セシモノナリ

1

二王帖釋文　寫半一冊　（三〇―八）

全十七丁、東所釋、東里寫、末ニ「明和丁亥冬十月九日伊藤弘美謹寫」、丁亥ハ四年ナリ、朱墨ノ校正書入アリ、末ニ「庚子八月新渡二王帖照對新本三帖三帖中無一二末附評釋一帖廿八丁釋文之外有評得重而全騰姑

就此釋加圏記書處耳○評釋跋丙寅歳元夕假守許開題」ト東所記セリ

三十九　停雲館法帖釋文

○孫過庭撰ノソレヲ釋キ訓點ヲ附シタルモノ

1　停雲館法帖釋文　寫半一冊　（三〇―九）

自筆、半紙二ツ折四枚

四十　書畫小錄

○東所ガ書畫ヲ見シ折ノ控ナリ

1　書畫小錄　寫半一冊　（三〇―一〇）

自筆、四十丁墨附十九丁

四十一　遺筆審定錄

○仁齋東涯ノ遺筆ヲ鑑定セシ折ノ控ナリ

1　遺筆審定錄　寫半一冊　（三〇―一一）

全十七丁、東所筆、「明和乙酉造」ト初メニアリ、乙酉ハ二年ナリ

四十二　集帖姓名帖數

○集帖ノ目録ナリ、天明甲辰之夏五月ノ序ニ云フ「曁明之時學士之家各刻其家而藏者文氏有停雲董氏有戯鴻汗牛充棟不暇枚擧也編閲諸帖出彼入此互相仍習者比ゝ而然矣予好之深勒集帖之名姓帖數爲一書」

1　集帖姓名帖數　寫横中二巻二冊　（三〇―一二）

自筆

四十三　續草訣百韻

○草書ヲ寫シテ、傍ニ楷書ヲ附スルモノマヽアリ

1　續草訣百韻　寫小一冊　（三〇―一三）

東所筆、二十四丁

四十四　和漢書畫

○書畫有名人ノ略傳系譜ヲ集メントシタリ、未完

1　和漢書畫　寫小一冊　（三〇―一四）

東所筆、他筆ヲモ混ズ、全三十八丁墨附九丁

四十五　意先錄

○書道関係ノ雜記ナリ

1　意先錄　寫半一冊　（三〇―一五）

東所筆、全三十一丁墨附二十四丁

四十六　綱目鈔錄

○資治通鑑綱目ノ抄出ナリ用語ニ關スルモノ多シ

1　綱目鈔錄　寫半一冊　（三〇一一六）

三十六丁、末ニ「寶曆十年庚辰十一月十二日善韶」トアリ、注意スベキハ朱點ヲ加ヘアリ、東所筆

四十七　書籍目錄

○見ルニ從ヒテ注意スベキ書名ヲ記シタリ、珍ラシキモノハ略註ヲ加ヘ所有者ヲ記ス、蒹葭堂、福井崇蘭館、花山院愛德卿等ノ交友藏書家ノ名見ユ

1　書籍目錄　寫橫中三冊　（三〇一一七）

半紙四ツ折大ニシテ上ハ唐本、下ハ和本、中ハ和漢ヲ混ズ、殆ド自筆ナリ

四十八　古學先生文集抄

○講義ソノ他讀過ノ折ノ抄出ナリ

1　古學先生文集抄　寫半一冊　（三〇一一八）

東所抄寫、毎半葉十行ノ罫紙ヲ用フ、十一丁末ニ「寶曆癸未五月三日抄四月廿八日本書讀畢所考檢字書用字典」トアリ、周易傳義ノ一葉附ス、「寶曆十三年癸未正月廿三日講始」「癸未五月十八日講畢」トアリ

四十九　見聞精騎

○東所ノ初期讀書抄録ニ名附ケタル所ナレド、後年ノモノハコレヲ分類シテ整理シタリ

1　見聞精騎　前編　寫中二冊缺　（二九一二七）

二、四ノ二冊ニシテ「舊抄十冊ノ二(四)」トアリ、二ハ聯珠詩格以下六部ノ書ヨリ、四ハ温公通鑑却掃篇ヨリノ由ヲ表紙ニ記ス、四ノ末ニ朱書「鈔録類　享和二年壬戌九月五日全讀畢東所」

2　見聞精騎　寫大五巻五冊　（二九一二八）

東涯ノ紀聞小牘ノ如ク分類シタル抄記類ナリ

一　確言・事實ニシテ、寶曆戊寅（八年）釘トアリ、明和初年迄ノモノアリ

二　譬喩・雋語ニシテ、末ニ「己丑（明和六）六月廿七日」トアリ

三　訓詁・虚字ヲ集メ明和初年迄ノモノアリ、末ニ「享和元年辛酉八月十六日一閲畢」トアリ

四　辨正・雜事

五　分類ナクシテ皇明通紀以下八部ノ書ヨリノ抄ナリ、巻末ニ「寶曆壬午臈月初旬此巻抄全東所韶」、末ニアル郷談正音抄ノ末ニ丙戌（明和三年）ノ記アレバ、コノ部分ハ後ノ合綴ナリ

五十　講說雜攷

○講義用ノ手控ナリ

1　講說雜攷　寫三冊　（三〇一一九）

一ハ孟子、二ハ詩經書經論語古義、三ハ詩經ノ講義ナリ、「壬午（寶曆十二）九月十三日講釋」ナドノ文字見エタリ

五十一　名字別號稿

○名ヤ字ニ用ヒル文字ヲ集メソノ出典ヲ考證セリ、實在ノ人々ニツキテノモノモアリ

1 名字別號稿　寫中一冊　（三〇—二〇）

自筆、全二十七丁墨附二十二丁、ソノ間ニママ別ノ雜筆モアルガ如シ

五十二　聯句草

○聯句ノ作法ヤ實例ヲ覺書セシモノ

1 聯句草　寫横小一冊　（三〇—二一）

半紙六ツ切、大二十丁墨附十二丁、東所筆

五十三　五字城

○東涯トソノ周圍ニ作ラレシ聯句ヲ東所集メシモノナリ、ソノ原物ノ多クハ「東涯關係聯句集」ト題シテ別ニ一括存ス

1 五字城　寫横中一冊　（三〇—二二）

四十九丁、筆者未詳ナレド校正訓點ノ朱筆ハ東所ナリ、東所編ト知ルベシ

五十四　萬葉集拔書

○東所萬葉拾穗抄ヨリ解題ノ若干ト、數十首トヲ抄記セシモノ

1 萬葉集拔書　寫中一冊　（三〇—二三）

十五丁、東所自筆

五十五　制義名次

○東所門ノ制義ノ題ト各題ニ於ケル筆者ノ名ヲ記セリ、「辛巳限六朔」トアレバ寶暦十一年ナリシモ、作ノ現否ハ不明ナリ

1 制義名次　寫横中一冊　（三〇—二四）

半紙四ツ折十丁墨附七丁、十一題アリ、辛巳ヨリ癸未ニイタル三年間ノ限ノ日次ヲ記セリ、或ハ豫定ノミナリシカ

五十六　印淵集

○東所ガ編セシ印譜ニシテ、交友諸家ヲ中心トシテ集メシモノ、後集別集續集同附巻ニイタル

1 印淵集　小五冊　（三〇—二五）

延享二年乙丑春三月蘭嵎序、延享二年歲在乙丑春三月初八日自序、花山院常雅、八條隆榮、宮崎筠圃、松波酊齋等ノ知人ノ印ヲアツム、後集跋ニ六冊トアリ一冊缺カ

2 印淵後集　小五冊　（三〇—二六）

乙丑中元後三日自跋、僧魯山　篠崎東海、瀨尾維賢　同維德　陶山南濤　尙古館印刻ノモノ、介亭、蘭嵎、自己ノモノナドヲ收ム

3 印淵別集　小三冊　（三〇—二七）

題簽下部「弘美」ノ印アレド内ノ説明ハ東所筆ナリ、中山榮親勢州津ノ人々、宮李蹊篆刻ノモノ、自己ノモノ等ヲ収ム、末ニ「文化乙丑之歳十月三日弘明再拜」

4　**印淵續集**　小四冊附巻一冊　（三〇—二八）

延享丁卯十二月四日介亭序、延享丁卯臘月松波酊齋（藤光興）序、延享丁卯歳秋七月中元日闘南瀕序、延享丁卯之秋樋口東里序、延享丁卯龝石川白圭序、延享四歳次丁卯東所跋、延享戊辰春二月長井蘭坪跋、入江石亭、僧鶴亭　大雅堂等ノ印アリ、末一冊ハ印則（明ノ顔叔著）ヲ寫シ、連珠印譜中ノ十二刀法ヲモ加ヘ、ソノ實例ヲカ、ゲタリ、附巻ハ貼付シタルモノ多ク自己ノ印モ多シ

五十七　三省齋雜帖

○考古及書畫摺物等ノハリマゼ帖ナリ

1　**三省齋雜帖**　折二帖缺函　（三一—一）

一帖缺ク、一ハ鑑瓦ト外題下部ニアリテ鏡、瓦ヲ主トシテノ拓本ナリ、二ハ書畫ニシテ摺物モアリ、中ニ蘭嵎ノ書畫モアリ

五十八　自筆雜記

○雜記ヲ一括シテコヽニ加フ

1　**舊雜録**　寫半一冊　（三〇—二九）

毎半葉十行罫紙ヲ用ヒ二十六丁、全クノ雜記ナレド中ニ顔叔ノ印則、介亭東涯作ノ開口ナドヲノス、人ニ寫サセシ所モアリ

2　**雜釘**　寫半一冊　（三〇—三〇）

種々ノ用紙六十三丁、自筆ナラザルモアリ、吹遂法、唐倫金玉抄抜書、香之記（延享丁卯冬十一月十四日執筆朝四皷ロ七皷丁藤善韶筆）單馬口訣（慶長十九年七月廿九日三宅角齋市川多兵衛ニ與ヘシモノ、寫）、烟火方（長井仲安氏傳）、刊本算書ヲ合綴セシモノナリ

3　**雜鈔**　寫半一冊　（三〇—三一）

毎半葉十行罫紙四十一丁、藤貞幹ノ錢譜、韓氏墨本打法（明和己丑之七月朔記東所韶）、貝原益軒萬寶鄙事記ノ抄記（己丑春日トアリ）ヲ収ム、別筆ヲ混ズ

4　**雜考**　寫半一冊　（三〇—三二）

毎半葉十行罫紙二十九丁、別筆ヲ混ズ、抄出モアリ、讀書上ノ必要ニテ自ラ装スルモアリ、書經三百有六旬有六日蔡注ノ解（安永甲午五月二十二日、別ニ自筆存ス）、詩經大全ノ抄、草木漢名、歐陽氏譜圖、易ノ卦ノ表、字彙字數、孔子世系考、大學章次異同圖、三聲譜（壬午夏五）ナドアリ

5　**詩料**　寫二冊　（三〇—三三）

一ハ　半紙本三十三丁、罫紙モアリ白紙モアリ、一ハ小本毎半葉五行罫紙ニシテ十丁中ニハサミアリ、詩作ノ參考トナルベキ字句ヲ抄記ス、末ニ雜言古銘トテ、墓誌ノ銘ヲ集メタルモアリ

6　**〔東所雜記〕**　寫五冊　（三〇—三四）

題名ナキ雜記五冊ヲ集メテ假ニ題ス、操觚字訣ノ資料ヤ平家物語ノ抄記ナドアリ

第二類　日記・書簡

一　日記類

1　**東所家乘**　寫横中十四冊函　（六一―三三）

自製ノ詳密ナル年譜ニシテ晩年自ラ製セシモノ、但シ最晩年ハ日限ノミニテ記事ナキ所多シ、未完トシルベシ、體ハ東涯ノ家乘ニナラヘリ

一、享保十五年八月廿四日生ヨリ寶暦十三年七月迄
二、寶暦十三年八月ヨリ明和元年十月迄
三、明和元年十月ヨリ明和三年七月マデ
四、明和三年七月ヨリ明和五年六月マデ
五、明和五年六月ヨリ明和七年八月マデ
六、明和七年九月ヨリ安永二年二月マデ
七、安永二年三月ヨリ安永四年八月マデ
八、安永四年九月ヨリ安永六年九月マデ
九、安永六年十月ヨリ安永八年五月マデ
十、安永八年六月ヨリ安永十年三月マデ
十一、天明元年四月ヨリ天明四年十二月マデ
十二、天明五年ヨリ寛政六年マデ
十三、寛政七年ヨリ寛政十二年マデ
十四、享和元年ヨリ文化元年五月マデ

以上ノ如ク記載アリ

2　**參行日錄**　寫横大一冊　（六一―三四）

半紙二ツ横綴全十四丁、表ニ「天明七年丁未十月」トアリ、同月廿七日出京三河擧母藩ニ聘サレユキシ折ノ前後ヲ含メテノ雜記ニシテ、門人ノ手ナルベシ、他筆多シ、東里、東所ノ手ヲモ混ズ、日程大略ニ所持品金錢出納道中諸入用覺ヤ道中ノ入門者等ヲ記セリ

3　**參行手錄**　寫横中一冊　（六一―三五）

半紙四ツ折大横綴全二十丁墨附十六丁、前述三河ヘ行キシ折ノ東所自筆ノ日記ナリ、十月廿七日ニ始マリ十一月十五日歸京ノ日迄アリ

4　**戊申手錄**　寫横中一冊　（六一―三六）

半紙四ツ折横帳綴全三十丁墨附二十五丁、戊申即チ天明八年正月晦日ノ火事ニヨリ古義堂燒亡、ソノ後内藤侯ノ助力等ニヨリ復興ニイタル諸事控

5　**寛政三年攝行雜錄**　合綴攝行錄　寫横大一冊　（六一―三七）

雜錄ハ半紙横二ツ折九丁、攝行録ハ半紙四ツ折横綴六丁、寛政三年七月大坂在城擧母藩主内藤學文ヘ講義ニユキシ折ノ攝行録ハ東所自筆日記、雜錄ハ諸事控ナリ

6　**寛政四年攝行錄**　寫横中一冊　（六一―三八）

半紙四ツ折大十丁、壬子即チ寛政四年正月廿六日京ヲ立チ大坂在城ノ内藤侯ニ講義ニ赴キシ折ノ自筆日記ナリ、二月八日歸宅三月ニモ又大坂ヘ下ル、十三日發廿日歸宅ソノ間ノ記モ合セアリ

7　**寛政八年攝行雜錄**　寫横大一冊　（六一―三九）

半紙二ツ折大六丁、寛政八年二月十四日京ヲ立チ廿一日歸宅ニテ越後長岡牧野侯大坂城代ニテコヽニ講義ニ行キシ折ノ日記ナリ、自筆、初對面ノ人々ノ名ヤ詩稿ナドモアリ

8 **町内用事記録** 寫横中一冊 （六一—四〇）

半紙四ツ折横帳綴四十九丁、寶暦十一年頃ヨリ安永九年頃ノ町内ノ公事ソノ他諸雑用ノ控

9 **荆婦留守中雑日記** 寫中一冊 （六一—四一）

全七丁、虫侵甚シクヨメガタケレド、妻井口氏紀州ヘ帰リシ間ノ日記ノ如シ

二 門人録類

1 **初見帳** 寫横中一冊 （六一—四二）

美濃四ツ折横綴全七十二丁、中ニ白紙十二丁、東脩ノツヽミ紙ノ裏ナドヲ用ヒタリ、天明八年戊申四月ニハジマリ、享和四年五月十日ニ終ル、東所自筆ノ門人及ビ初見ノ人名帳ナリ

2 **初見帳** 寫横大一冊 （六一—四三）

半紙二ツ折横綴ニシテ全九丁、東里ノ筆ナリ、末二丁半東所補、表ニハ「天明八年戊申四月廿一日造　初見帳　古義堂」、巻頭ニ「東所先生初見帳　家舊有先生手書初見帳天明戊申歳燬干災因追録之自寛保延享年中至天明八年戊申歳」

3 **〔諸家宿所録〕** 寫横中一冊 （六一—四四）

美濃四ツ折横帳綴全四十丁墨附三十一丁、書簡其ノ他ノ反古ヲ用ヒ交友知人門弟達ノ宿所ヲ東所自ラ記セシモノ

三 書簡類

1 **東所書簡集** 二袋 （四三—一）

所収　宛名次ノ如シ

第一袋

一—二二、東里（七月廿一日、三月廿一日、二月廿八日、二月十九日、十月十七日、十二月初六、七月廿七日、二月朔日、八月三日、三月廿五日、正月廿六日、四月十日、四月八日、三月十八日、十六日、三月十六日、七月廿二日、二月十五日、九月七日、廿二日、三月十四日、日次ナシ）

第二袋

二三—二四、伊藤貞藏（九月十一日、五月十二日）

二五、伊藤文佐

二六、上田重兵衞（十月廿八日東里筆）

二七、奥田玄僊（六月廿五日）

二八、おかる（卯七月九日）

二九、おかす（天明二年寅十一月十日）

三〇、仙石内藏允等（正月）

三一、仙石内藏允等（六月廿五日）

三二、檜林宗博（十二月廿一日）

三三、福井終吉等（文化甲子五月十五日）

三四、堀内立藏等（寛政己酉冬十月）

三五—三九、宛名ナシ

2 **東所來簡集** 十八袋 （五九—四）

所収次ノ如シ

第一袋

一、朝倉玄蕃（臈月廿五日）

二—四、綾小路俊資（八月廿六

日、霜月十七日、日次ナシ）　五―一二三、井口紀太夫（陽月十七
日、十一月廿六日、六月三日、七月十一日、閏月念一日、十二月
十五日、三月廿一日、七月九日、七月朔日、七月十一日、七月朔
日、十月十日、七月廿一日、八月十五日、九月十七日、十月二十
八日、八月十三日、追副、日次ナシ）

第二袋

二四―二六、井口喜太夫（弥月念四、七月十二日、附井口氏先章）
二七、二八、上田元長（二月四日、臘月七日）
二九―三一、岡本甲斐守（正月廿四日、四月十一日、十二月十一日）
三二、荻野豊樂允（十二月廿五日）三三、奥田清十郎（九月廿四日）
三四、三五、奥田直行（臘月十九日、七月十三日）
三六、大島逸記（正月十七日）　三七、大原重成（七月九日）
三八―四三、大森杖信（孟春廿五日、二月八日、五月十八日、六月
十六日、初秋十三日、正月十六日）

第三袋

四四―四七、香川修庵（臘月初八、臘月七日、廿一日、三月十六日）
四八、香川主膳（臘月廿七日）　四九、梯傳（三月廿日）
五〇―七二、勘解由小路資善（七月廿一日、臘月廿四日、季夏十五
日、八月十二日、四月廿七日、七月廿八日、閏七月廿五日、後七
月十四日、林鐘念六、十一月晦、五月廿四日、九月七日、五月十
日、七月廿九日、十二月十八日、三月廿八日、八月廿九日、仲
春念六日、極月廿七日、陽月十八日、仲秋初八日、十月九日、十
一月廿日）　　　　　　七三、花山院愛德（日次ナシ）

第四袋

七四―七八、龜山太仲（二月十八日、五月十七日、四月十六日、三
月九日、二月九日）　　七九―八一、川合政戸（二月十八
日、卯月廿七日、八月十日）　八二、河合理右衞門（九月朔日）
八三、菊池角藏（三月廿五日）　八四、衣笠山人（福井小車）（六
月四日）　　八五、木村源之進（六月廿六日）
八六、教安寺（八月十七日）　八七、久保世賢（戊申十一月八日）
八八―九一、熊倉惠助（十二月、十一月廿四日、十二月十日、七月
七日）　　九二、久米武兵衞等（四月七日）
九三、九四、小林儀右衞門（十月廿三日、連名六月四日）

第五袋

九五、齋藤大雅（乙卯年蕅月念三日）
九六、齋藤百輔（癸亥十月十二日）
九七、櫻井俊藏（六月廿一日）　九八、櫻井良藏（正月六日）
九九、佐々木寄笻（二月廿日）　一〇〇、一〇一、佐野山陰（三月
廿八日、七月二十三日）　一〇二、一〇三　資同（仲春二十
二日、仲春五日）　一〇四―一〇六、遮那院亮應（十
二月廿一日、正月廿二日、五月二日共追啓）
一〇七、守本（疑問一通）
一〇八、士迪（日次ナシ）　一〇九、菅鼎臣（日次ナシ）
一一〇　崇以（八月四日）　一一一、一一二、清田謙藏（十二
月十四日、六月望）　一一三、瀬尾元三郎（二月廿七日）
一一四、一一五、瀬尾文（二月十二日、六月二日）
一一六、一一七、仙石内藏允（十二月十二日、十二月廿五日）
一一八、宗順（正月廿六日）　一一九、一二〇、成實（四月十三
日、七月十一日）　　一二一、千年（日次ナシ）

第六袋

一二二―一二五、武田士友（三月十二日附三葉）
一二六、田中市兵衞（寛政九年七月五日）
一二七、橘善藏（九月廿七日）　一二八、辻周助（十一月初三）
一二九、とみ（やよひ十一日）　一三〇、一三一、冨小路貞直（日

次ナシ）
一三二―一三五、永井覺之進（六月廿一日、四月五日、八月六日、日次ナシ附一通）
一三六、中井善太（十月四日）　一三七、中村彥六（四月十三日）
一三八、一三九、直井純藏（九月十日、二月廿五日）
一四〇、野呂休逸（八月廿三日）一四一、南涯（日次ナシ）

第七袋

一四二、長谷勝左衞門（辰正月朔日）
一四三、長谷部無角（卯月廿二日）
一四四、八條隆輔（九月十九日）一四五、林伊兵衞（七月廿日）
一四六―一四八、速水宗達（卯月廿日、十一月廿七日、十一月廿五日）
一四九―一五一、速水千晴（三日、廿五日、三十日）
一五二、原田清藏（孟夏二日）
一五三―一五五、東園基仲（十二月九日　他二通　日次ナシ）

第八袋

一五六―一五八、樋口太一郎（十二月十一日、正月十五日、十二月五日）
一五九、福井需（初夏十日）
一六〇―一六六、福井楓亭（九月朔日、正月十五日、正月十二日、十二月三日、正月廿一日、臘月廿二日、十二月廿八日）
一六七、福島主膳等（正月十五日）
一六八、一六九　細合半齋（二月廿九日、十一月廿三日）

第九袋

一七〇、前波相模守等（九月十二日）
一七一―一七九　松波酊齋（閏月十二日、六月廿一日、五月十一日十二月十三日、七月十七日、七月十七日、十二月十一日、六月十四日附女文字、十二月廿七日）
一八〇―一八三、宮崎筠圃（六月望日、望日、八月十七日、七月朔）
一八四、宮田五郎助（九月六日）一八五、最里公濟（七月十二日）

第十袋

一八六、一八七、安原右文（正月五日、正月十一日）
一八八、山口直淳（十一月望日）一八九、山科宗安（日次ナシ）
一九〇、山野部友意（正月廿三日）一九一―一九三、山本惣右衞門（二月九日、四月廿一日、二月十五日）
一九四、一九五、吉田近義（九月十二日、二月七日）
一九六―一九八、鷲尾家（七月廿五日、七月廿六日、七月廿九日）

第十一・十二・十三・十四袋

一九九―二四八、庵原普恕（正月六日、正月十四日、五月六日、二月廿五日、十一月三日、五月十二日、十一月十七日、二月七日、四月七日、七月七日、五月十六日、二月廿一日、八月十一日、卯月廿二日、九月十三日、八月十五日、仲秋六日、七月十八日、正月八日正月十六日、十一月十九日、二月十四日、臘月廿日、正月六日、三月廿日、正月六日、正月十日、七月十二日、五月四日、九月十四日四月三日、正月廿二日、七月廿七日、三月朔日、十月三日、正月十五日、十二月廿七日、二月十四日、八月九日、八月廿一日、六月十一日、正月十七日、五月廿八日、一月九日、八月七日、三月廿六日正月廿五日、五月十二日、十一月十四日、神無月十二日）
二四九、庵原新九郎（正月三日）

第十五・十六・十七袋

二五〇―二六六、內藤學文（七月五日、二月五日、四月十三日、辛亥五月十日、五月十四日、八月十一日、八月四日、十二月朔日、正月廿二日、十二月十七日、十二月朔日、正月廿一日、正月十一日、閏六月朔日、正月十一日、正月十一日、正月四日、中九通東里ト連名宛名）
二六七―二七三、內藤重三郎（後十一月廿日、六月五日、四月十三日、十月廿八日、七月三日、五月廿九日、九月十三日）

第十八袋
二七四―二八〇、差出人不明七通
二八一―二八五　東所宛覺書類五通
二八六―野村與二兵衛（六月八日）

第三類　手澤本

（東所ノ手澤舊藏書畫甚ダ多シ、書名簡単ナル識語ヲ書キ加ヘ藏印アル等ノ如キハコレヲ一般書目ニ譲リテ、書寫及ビ注意スベキ書入本等ニ限リテ玆ニノス）

一　和書

1　**秘府略**　八百六十四　八百六十八　寫大二冊　（六九―三）

滋野貞主等編、東所寫、後語アリ「昔者王朝之隆時東宮學士因幡介貞主卿與諸儒臣輩同譔秘府畧一千巻未及刊行而罹丙丁之厄煨薦之餘僅々存両策而巳予嘗聞有此書窃欲覧之不得焉頃日借得華山藤右僕射公藏本適閑謄寫其書雖非治道之具然本朝之古文物之盛備知有若斯書云干時寶暦五年歳次乙亥維夏伊藤善韶書於古義堂中」、現存シテ複製ノ出デシモノ、原本通リニ字配リナドセシ寫本ナリ

2　**慶安年中京師圖**　寫折中一帖　（七九―三四）

東所寫ニテ端ニ「原本刊板明和甲申自近藤孟彪氏借寫十月十九日也東所」トアリ、原本ハ慶安五年辰正月山本五兵衛開板ナリ、外題東里

3　**嵯峨下道圖**　寫折小一帖　（七九―四三）

東所寫、自宅ヨリ伊藤家墓所アル二尊院ニ行ク路筋ナリ

4　**比叡山延暦寺地圖**　寫一舗　（七九―五三）

東所寫ニテ、袋ニ「東所家藏　比叡山延暦寺地圖一舗　寶暦甲申二日自福井氏借自謄」、甲申ハ明和元年ナリ

5　**大津地圖**　寫折一帖　（七九―五四）

東所寫、表紙ニ「大津地圖　自野村氏借寫　東所」

6　**南都地圖**　寫一葉　（七九―六〇）

東所寫、東所ノ記ニ「南都地圖　此圖藤仲倫惇所著春日祭禮圖初所載其書凡二巻　寛保二年壬戌年五月自叙有坊間曰春日大宮若宮御祭禮圖不題發兌書肆名欤古恐刊板在南京云　明和甲申十月自圖寫東所」

7　**〔和歌山地圖〕**　寫折大一舗　（七九―六三）

東所寫、「甲申之夏六月四日伊藤善韶寫藏」、又東里筆ニテ「此圖禁他見」トモアリ

8　**敬輔書譜**　大附録共三巻四冊　（八四―一七）

高田敬輔畫、門人子弟書附、谷日溪編、享和三年癸亥五月十九日東所序、享和癸亥春月松本愚山序等四序、二跋アリ、湖東養浩亭壽静堂藏板、文化元年甲子季秋平安書林京二条通御幸町西江入林宗兵衛刊

9　**大雅堂畫譜**　折大一帖函　（八五―一）

池大雅、享和三年十一月已未村瀬栲亭題辭、癸亥之秋八月伊藤東所跋、享和三年癸亥冬至後一日皆川淇園跋、大雅ヨリノ贈呈本ナルベク、木箱ニ入レタリ

10　**古琴要略**　寫横一冊　（八四―三六）

東所寫、墨附十六丁

11　於古途傳　寫大一冊　(八四—五〇)

十二丁、「右諸家點圖一巻以南都東大寺戒壇院藏本貞享四年五月十三日寫之予再寫元祿十三庚辰年三月朔旦」ト奥書アル書ヲ東所寫セシモノ、「此予青年日借一本堂所謄寫離今蓋五十有餘年也　寛政戊午夏五裝釘収藏東所藏」ト識ス

12　假名遣大概　寫横一冊　(八四—五一)

墨附十八丁、東所寫、末ニ「寶暦六年正月借福智權兵衞生謄不知撰者姓名　東所」

13　みつはたち　半一冊　(八九—一三)

安永八年亥正月　木田萬翁序、己亥之秋伊藤東所跋、大坂書肆日本橋北第二街村上九兵衞梓、三十六丁、鶴立舍羅江六十ノ賀集

二　漢　籍

1　孝經註疏　大九巻三冊　(九六—一二)

(宋)邢昺、寛政二年庚戌夏六月伊藤善韶序、寛政二年庚戌六月再板、京都書林　西堀川通佛光寺下ル町唐本屋吉左衞門(玉樹堂)刊、十三經中ヨリ抽キテ刻セシガ天明ノ大火ニ燒ケテ再刻セシモノ、東所使用本ニテ題簽下ニ「善韶之印」アリ、末ニ「享和元年辛酉十一月十二日一條政所□□□講畢　善韶」

2　蘇氏印略　寫大二巻二冊　(一五四—一四)

(明)蘇宣篆撰、褚獻良・馬德澍校、萬暦丁巳春日序、以下五序、丁巳立夏自序、題贊アリテ褚獻良以下二跋アリ、「寶暦癸未六月東所題」ノ後語アリテ、少年ノ頃片尚誼ニ借リテ寫セシ由ヲ記セリ

三　舊藏書畫文書

1　畫　虎　一幅函　(五一—五)

狩野榮信畫、東所贊、「先作已未冬善韶」、箱書東所「畫虎東都畫員狩野榮川院孫榮信筆　京兆小尹菅沼下野君見惠善韶藏」

2　壽龍之圖　一幅　(五七—五)

牧野忠精畫、「寛政已未年朔洲牧精畫」トアリ、越後長岡城主、東所七十賀ノ折ニ送リシナリ

3　海國精華　折一帖　(五〇—一〇)

東所七十ノ賀ニ門人奥田直行ノ大坂諸名家ノ書畫ヲ収メテ一帖トセシモノナリ、題辭中井竹山、寛政已未春三月奥田直行序、五十二葉アリテ寛政十一年春三月直行ノ跋アリ

4　閑院宮美仁親王和歌　一幅　(五七—六)

「つく杖の道あるみちのよゝのあとにのりをもこへぬきみが春秋　美仁」トアリ、慶壽詞藻ニアレバ東所七十ノ賀ノ折送ラレシモノナリ、外題東峯

5　鷹司關白政熙公和歌　一幅　(五七—七)

「めくみおもふ老らくの壽を千代とかそへん七十の春　政熙」、前ニ同ジク七十ノ賀ニ贈ラレシモノ、外題東峯

6　拓本摺物　ノ中

○南圓堂前銅燈臺銘石刻　二枚　（六六―六五）
東所　後語アリ

7　處世雜事記　ノ中

○烏帽子模品　一箇　（三〇七―一―八）
包紙東所記ス、「延徳年中之制某國農家傳得前年自高橋若州氏借寫　東所藏」

8　系譜集　ノ中

○後藤略系圖　寫横一冊　（三〇七―八―一〇）
東所寫、末ニ「安永四年乙未十二月八日從三崎氏傳寫東所韶」、後藤玄乘ノ三崎内匠ニサシ出セシ系譜ノ寫シ、同ジモノヲ東里ノ寫セシト合綴セリ

9　文雅斷片　ノ中

○華製笙之圖　寫一枚　（三〇七―二〇―一三）
東所寫、「戊戌三月自三崎生借寫本相國寺中院所收云」

第四類　書　畫・草　稿

一　書　畫

1　常隆畫聖像　一幅　（四三―二）
常隆畫、東所ノ贊アリ「明胡纘宗贊　伊藤善韶頓首拜題」トシテ「教在六經云々」ノ贊ヲ書ス、外題東所筆

2　千年草寫生　一幅　（四三―三）
畫者未詳、「寛政十一年已未之秋九月朔伊藤善韶拜識」トセル長文ノ贊アリ、外題東所筆、「已未冬裝　施政堂藏」

3　鍾馗畫　一幅　（四三―四）
畫者未詳、「癸亥六月七十四叟東所韶」トセシ東所ノ贊アリ

4　「和　璧」　一幅　（四三―五）
「和璧非眞寶」ニ始マル仁齋「讀經」ノ五言絶句ヲ書セシモノ、「寛政已酉善韶書」、已酉ハ元年ナリ、外題梅塘「和璧東所先生　明治三十七年再褾」

5　「至　聖」　一幅　（四三―六）
「至聖先師孔子」ト書ス、「伊藤善韶再拜敬書」、外題「至聖　戊申正月七日授之伊藤東所先生」トアリ

6　東所先生之毫　一幅　（四三―七）
「影落青天外」ニハジマル五言絶句、「善韶書」トアリ、外ニ張紙アリ「東所先生之毫寛政七年乙卯六月佐原平衛門子細工而褾褙弘亨珍藏」
又「明治三十七年再褾梅塘」トアリ

7　修成先生遺筆　一幅　（四三―八）
「先立其大者」「善韶」トアル一行、外題ニ「修成先生遺筆　先立其大者　文化二年乙丑褾褙　伊藤弘充藏」

8　伊藤善韶筆　一幅　（四三―九）
「先詩仲弟某筮仕始赴福山春來屢有書問」トシテ東涯ノ「輦下新年十

日晴」ニ始マル七絶ニテ、「寛政庚申三月善韶書」トアリ、外題ハ「伊藤竹葉先生ヨリ至來京都伊藤善韶筆　定恒」トアリ

9

文衡山茶賦自畫贊摹本　一幅　（四三—一〇）

明文徴明ノ畵ト贊ヲ摹セシモノ、外ニ「丁巳冬手裝東所藏」トアリ

10

修成先生書　一巻　（四三—一一）

初メニ東峯ノ「手澤如新」トセシ題字アリ、以下戒牌、「庚戌之冬應妙法王教」ノ五律、庚寅夏五ノ二詩ノ三紙ヲ一巻トス、末ニ「干時弘化二年七月二日家嚴所賜修成先生之書不肖手表以珍藏云　伊藤重光拜」

11

手習手本　八冊　（四三—一二）

一、「貳本目」トアリ　二、「春夜宴桃李園序」ヲ晩年ノ手ニテ書ス　三、「京町づくし」ナリ、「庚申十一月」トアリ、寛政十二年ナリ　四、「國名づくし」　五、六、七、詩句ヲ書ス　八、俗牘

12

唐詩畫帖　小一冊　（三九—二九）

墨附十三丁、畫十三

13

唐詩帖　小一冊　（三九—三〇）

墨附二十四丁、末ニ「明和丁亥之秋八月東所書」トアリ

14

唐詩帖　小一冊　（三九—三一）

墨附十四丁、「唐絶數首東所筆　時明和丁亥六月十一日也」

15

恭奉追悼內藤公　墨本　折一帖　（三九—三二）

末ニ「右東所先生追悼吾先公古詩一章　先公資性恭謹向道重學其所志也在欲使厚崇古學重師尊祖百司皆正清民庶皆治安其省身之甚也至命義行曰汝隨予若影之隨形出入起居須臾無離予傍予少有過失汝即救正之義行亦盡言不諱而下敢罰嗚呼行實之美筆端何盡見此詩者可知其萬一云臣澁谷義行再拜謹誌」トアリ、本文ハ勿論東所筆ナリ

16

東所先生書　其一　七袋　（四三—一三）

幅ニモ製セズシテ在ルモノヲ一括ス、所収次ノ如シ

一、「同不宥正異不論物」　二、「強恕而行」　三、七絶「春眠不覺曉—」　四、「窓出一室間」　五、「和而不同」　六、「細水添花—」　七、「古義堂」　八、「秀蘭窓」　九、「弘章館」　一〇、「其身正—」　一一、「雲近蓬萊常五色」　一二、「水哉閣」　一三、同　一四、「莊士中夜—」　一五、「幽事供雲臥」　一六、「簡而垂傲」　一七、七絶「春晩落花—」　一八、「不下帯而道存」　一九、「志以道寧」　二〇、「君子處無逸」　二一、「原」　二二、「天山」　二三、「言必先信行必中正」（癸亥六月）　二四、「雪殘鳷鵲亦多時」　二五、「窓含西嶺千秋雪」（七十四叟）　二六、「在易俟命」　二七、「道不遠人」（癸亥之夏五）　二八、七絶「千里楓林烟雨深—」　二九、「言忠信—」　三〇、七絶「東風二月滿林塘—」（戊午歳）　三一、「賞靜憐雲竹」　三二、「虚室有餘閑」　三三、蘓東坡詩「白水滿時—」　三四、「精義入神」　三五、「存心於愛物」（癸亥十二月）　三六、「壽」（七十叟）　三七、「山色上樓雨」　三八、「温故知新」　三九、「道以唐虞準—」　四〇、「門對寒流—」　四一、七絶「茅門不鎖漏春光—」（庚戌之春）　四二、「松暗水涓ゝ—」　四三、「古義堂」　四四、「同不宥正—」　四五、「大道直如髪—」　四六、「徳以施恵」（七十四叟）　四七、「秋風不相待—」　四八「山館長寂々—」　四九、祖考詩「今日復明日—」　五〇、「千山鳥花絶—」　五一、壽字説　五二、王介甫元日ノ詩　五三、篆書五絶　五四、杜牧蕭清宮ノ詩ト論語學而ノ初章（辛夘之秋）　五五、獬狻猊贊　五六、唐詩五首（寶曆甲申）　五七、富月堂倜角畵ノ贊、東涯詩（甲寅夏）　五八、歐陽公贈學者ノ詩（戊子十一月）　五九、「壽」（七十叟）　六〇「清暉楼」

六一、「祖述」　六二、「不遠改」（明和丁亥）　六三、先作「智仁勇—」（寛政三）　六四、先作「秋夜閑室」ノ詩　六五、先作「野記」（寛政乙夘）　六六、「松暗水涓〻—」（丙辰春）　六七、唐詩二首（乙夘春初）
六八、（上部缺）一行物

17 東所先生書　其二　一袋　（四三—一四）

右ニ同ジ
一、「安事一室」　二、「竹深留客處—」　三、「晴川歴〻漢陽樹—」
四、「樂道相關—」　五、「日月低蓁樹—」　六、五絶「隣松無見影—」
七、「地角移來方刀間—」　八、「山色上楼多」　九、「蓬門今始爲君開」
一〇、「蟒蝀様—」　一一、「今日復明日—」（仁齋五絶）　一二、辨疑録中一條（二枚）　一三、「孝弟忠信仁義禮智」十枚（東所毎年正月ニ書セシモノノ如ク寛政二、三、四、九、十一、十二、享和元、文化元、年次ナシノ十枚ナリ）　一四、「六月林間猶帯雪—」　一五、扇面ノ古學先生詩七絶　一六、扇面「春水滿四澤—」　一七、扇面ノ獅子賛（壬戌歳）

18 東所先生書　其三　大三包　（四四—一）

一、七絶「題仁和寺僧房」　二、七絶「夏夜河邊翫月」　三、同「等持院翫楓」　四、同「題安宅丈上詩仙堂」　五、同「漁父圖」　六、同「冬夜作」　七、同「春初小集」　八、同「豊公故壘桃花」　九、同「春江漁父」
一〇、同「舊宮人」　一一、同「初夏郊行」　一二、同「秋夜晩歩」
（以上十二ニ附紙一枚　東里筆ニテ「右初六首古學先生詩　後六首東涯先生詩　寛政三辛亥正月下旬　先生書賜右次第も先生所定屏風仕立之節次第又春秋之様子吟味か」トアリ）
一三、七絶「山中—」　一四、「開壽城」　一五、「洛陽無處—」　一六、「道以唐虞準—」　一七、「暁隨天仗入—」　一八、「東壁圖書—」　一九、「畫壁餘鴻雁」　二〇、「桃花—」　二一、「渭水晴光—」　二二、「雲霞山海—」　二三、「白髪—」　二四、「博學—」　二五、「宮中下見南山書—」　二六、「無知人事—」　二七、「雲峰四起—」　二八、「氣蒸雲夢深—」　二九、「池開天漢—」　三〇、「□（破損）樹無陰—」　三一、「雨雲赤〻—」　三二、「寶馬—」　三三、「騎驢—」　三四、「□（破損）忠信—」　三五、「博學而—」　三六、「四時—」　三七、「百原園」　三八、先詩二首　三九、江上花月歌　四〇、同　四一、同　四二、同　四三、「不信人間—」　四四、「寶馬琢錦—」　四五、「陌所—」　四六、「朱門人去—」　四七、「無人間月—」　四八、「姓名—」　四九、辨疑録中ノ一條（寛政癸酉）

19 東所先生詩箋類　四十五枚　二袋　（四三—一五）

20 臨本停雲館西苑詩　一帖　（三〇九—一四）

明ノ文徴明ノ書ニテ東所臨、末ニ「右文氏停雲館法帖第十二巻所載盖衡山得意之筆也予家所藏與詩帖尺牘書法甚同自中島秀山氏借觀數日再臨書以藏巾笥云起業寶暦十四年甲申五月廿九日終功六月八日東所韶題」

21 大觀帖・懷素帖　一冊　（三〇九—一五）

全九丁、東所抄出臨摹、表紙ニ「大觀帖　原本久我源公　懷素帖　原本自五智山來」トアリ、懷素帖ノ部ノ末ニ「戯鴻堂第七載乙未八月十七日臨校了　東所藏」

22 李北海雲麾将軍碑　一巻　（三〇九—一六）

東所臨、末ニ「明和戊子四月廿三日臨了」、戊子ハ五年ナリ

23 〔臨文徴明書　月滿長安雪〕　一巻　（四三—一六）

東所摹、末ニ「安永乙未之秋九月廿六日善韶摹　原本三輪彥太郎氏所

藏云自宮文獻來觀」トアリ

24 〔臨李邕薛稷書〕 一巻 (四三—一七)

東所摹、李邕書ノ末ニハ「右絳帖第十一所載乙酉八月摹校正了東所」ト 薛稷ノ末ニハ「唐薛稷書潘駙馬帖中所載 明和乙酉之秋八月三日東所摹」トアリ

25 〔東所法帖手寫類〕 十九枚 一袋 (四三—一八)

26 〔東所先生書反古〕 十四枚 一袋 (四三—一九)

二 草稿

1 東所屬稿 寫横九冊 (二九—三三)

自筆、年々ニ分ケシ詩文ノ草稿ノ帖ニシテ、甲辰(天明四年)丁未(同七)己酉(寛政元)辛亥(同三)癸丑(同五)丁巳(同九)二冊、ノ各年ニ屬スルモノト、年次ナキ一ハ參行手録及ビ本實雜論ノ草稿ニシテ今一ツハ僅カノ斷片ナリ

2 修成先生南行志 一巻 (四三—二〇)

自筆、明和元年十月廿四日京ヲ立チ同二十六日帰ル迄ノ大和紀行ナリ、末ニ「此遊三日之間輿中有所思輙筆歸後觀之蕪詞拙悪不足觀而實境之所發不忍廢棄就改潤淨寫以収干巾笥云明和元年甲申陽月二十九日也東所」、外題東峯

3 攝行志 一巻 (四三—二一)

自筆、寛政三年辛亥八月十六日ノ記ニシテ、同年大坂城代タリシ内藤學文ノ招キニヨリテ城ニ入リ學ヲ講ゼシ折ノ記ナリ

4 東所先生文稿類 十一袋 (四三—二二)

(序) 一、叙慶壽詞藻 二、秉燭譚叙 三、再刻孝經註疏序 四、同 五、叙筠圃遺稿 六、嘯園稿序 七、叙詩歌巻首 八、東涯漫筆序 九、叙蟾蜍寄咏 一〇、同 一一、同 一二、論語解評序 一三、蕪沈内翰良方序 一四、贈永井元直卒業還越序 一五、贈堂姪弘亨還備之福山序 一六、同 一七、奉送内藤侯任滿赴東都序 一八、同 一九、贈井上在躬適東都序 二〇、贈樋口文禮氏還防之巖國序 二一、名良炳説贈其還福山 二二、同 二三、贈志度元宅還南部言 二四、贈仙石子誠子言

(記) 二五、雙清樓記 二六、同 二七、重修宅記 二八、同 二九、同 三〇、同 三一、同 三二、崇化舘記 三三、古義草堂記 三四、明農軒記 三五、勉亭記 三六、長生堂記 三七、長生院記 (上ニ同ジ) 三八、玲瓏井記 三九、同 四〇、大畜堂記 四一、同 四二、總翠園記 四三、瑞鳥樓記

(解) 四四、續智仁勇解

(説) 四五、宥坐説 四六、同 四七、公謙字士益説 四八、勝興字説 四九、時敏字脩來説 五〇、名堂姪孫説 五一、名從姪孫説 (上ニ同ジ)

(書) 五二、謝奥田士迪書 五三、答秋鹿文伯書 五四、復久保幸助書 五五、再答永井玄圭書

(墓誌銘) 五六、可貞孺人佐野氏墓誌 五七、内藤勇信公頌德碑銘 五八、同 五九、高野榮軒先生碣銘(他筆) 六〇、同(他筆) 六一、同(他筆) 六二、附高野先生行狀略 六三、香川申齋墓銘 六四、千種陳庵墓銘 六五、同 六六、同 六七、三崎方舟翁墓銘 六八、伊藤彰常君碣銘 六九、山口西里君碣銘 七〇、堀江觀瀾君

碣銘　七一、同　七二、同（東里筆）　七三、瀬尾呈有墓誌銘　七
四、同（他筆）　七五、藤好南阜君墓誌銘　七六、同（他筆）　七七、
石崎長發墓誌　七八、安原龍淵府君墓銘　七九、書堂兄霞臺碑陰
八〇、櫻井定恭墓銘　八一、越後長岡宰山本君墓碑銘　八二、同
（他筆）　八三、從二位前參議藤原朝臣隆輔卿碑銘　八四、故正六
位下長門守源朝臣光顯之碣銘　八五、藤原公祠碑銘并序　八六、同
（他筆）八七、同（他筆）
（傳）　八八、堂弟惟章小傳
（題跋）　八九、先子遺墨跋　九〇、題中川松亭子遺像　九一、愼行先
生遺筆跋　九二、同　九三、制度通跋初稿　九四、同第二稿　九五、
同（他筆）　九六、同（他筆）　九七、同　九八、跋池無名書帖　九九、
古學先生及三先生遺筆跋　一〇〇、題鐵樹圖　一〇一、同　一〇二、
題先人座右銘後贈吉川有典還播　一〇三、跋古學先生眞筆二記三則
後　一〇四、同　一〇五、題先人紹述先生眞筆座右銘後奉餞長岡拾遺
公東歸　一〇六、同　一〇七、題跋竹陰畫譜　一〇八、同　一〇九、
跋傷寒論通斷一一〇、題千年草圖　一一一、跋先子遺筆　一一二、跋
先子遺墨　一一三、題文林堂　一一四、跋論孟白文後　一一五、同
一一六、跋山田翁歌卷　一一七、書總翠扁額背　一一八、跋賢后妃圖
一一九、跋季父遺墨　一二〇、題猩々畫　一二一、題唐子西圖　一
二二、題畫　一二三、題陶元亮撫無經聖圖
（銘贊）　一二四、中島氏小祠石華表銘　一二五、同　一二六、江州大
溝原田氏祠堂銘　一二七、江州日野大宮碑陰銘　一二八、亡勤銘
一二九、竹燈檠銘　一三〇、直井南州贊并序　一三一、失莫窒畫像
贊　一三二、〔源義家贊〕
（雜著）　一三三、續十箴　一三四、恭奉追悼內藤勇信公　一三五、垂
裕嘉言引　一三六、火後稀問字又偶閱請節集有戊申歲遇火詩感其同
支干因別其詞以記事　一三七―一四八、題未詳十二枚　一四九―一
五九、文稿反古十一枚

5

東所先生詩稿　附歌稿　三袋　（四三―二三）

（古詩）　一、歳晩蘭嵎先生遠惠元文類一部謹賦古體一首奉謝　二、長
生歌
（律詩）　三、山静如太古　四、蓮花　五、楓亭醫伯見眎早春作次高韻
以奉謝　六、和源黄門中秋高韻　七、正月廿六日弊宅會諸友分韻得五
微等
（五絶）　八、咏茶具六首　九、題畫　一〇、多文君夢中贈道士詩未得
其報故乞和諸君予亦次其韵（末欠、五律カ）　一一、〔養生秘決ノ詩〕
一二、茶甌茶壺　一三、題那智三層瀑布圖　一四、題松針圖　一五、
題山水圖　一六、一七、題未詳二首
（七絶）　一八、奉餞本願門主座下赴浪華　一九、次韵奉謝勘公新年見
寄　二〇、十月四日携妻子同諸子因福原生遊情延山席上卒賦等（同行
門人ノ詩詠ヲ附ス各自筆）　二一、自閑庵八勝　二二、寄題金龍峯自
閑庵八勝之一　二三、題金谷堂青蓮　二四、同　二五、賀入江石亭老
丈八十高壽　二六、十月十四日陪城涉成園遊席上卒賦　二七、悼須藤
近禮氏　二八、題鳳尾蕉圖　二九、恭奉賀前相公閤下六十盛壽　三
〇、次韵奉謝橘州詞兄見寄　三一、與諸君同辱木村醫宗招席上卒賦
三二、花柳爭期散　三三、賀伊藤一學氏六十一高壽　三四、奉謝閑院
大王辱賀賜余七秩壽　三五、四月八日奉謁紀侯謹賦拙詩一首奉呈左右
三六、奉和晃師見寄韵以謝　三七、寒閨冬來　三八、霞　三九、春懐
舊　四〇、古寺懷舊　四一、佐野丈摘庭菊數種見贈奇品特可賞時留不
在家詩以奉謝　四二、春日載陽　四三、壽竹契久　四四、題李太白像
四五、賀櫛橋翁六十壽　四六、秋懷舊　四七、奉悼松波酊齋翁之小祥
忌日　四八、寄題蒼龍梅　四九、題鯉魚圖　五〇、（壬子正月ヨリ二
月ニカヘル攝行志中ノ詩）　五一、己未元旦　五二、奉賀伊良子長州

丈六十一壽　五三、悼櫻井篤忠氏　五四、（文化甲子春伊藤弘亨ヲ送ルノ詩）五五、春懷舊　五六、秋夜雨寄弘美要和韻　五七、懷舊　五八、謹奉賀前殿下藤公尊萱八十高壽　五九、已酉歳首作　六〇、題放牛干桃林之野圖　六一、萬頃池　六二、題梅月圖　六三、冬日閑居　六四、詠菊　六五、中秋無月獨上雙清楼　六六、同　六七、詠鶯　六八、悼平塚休雅翁　六九、懷舊　七〇、恭奉賀桃花公關白任　七一、（「宍戸侯別墅園中—」ト題ス）　七二—七六、題未詳五枚　七七—八〇、東所歌稿四枚

6　東所著述類附箋手控類　二袋　（四三—二四）

第五類　物品

1　使用紙袋包紙類　一袋　（四三—二五）

表書等ヲ次ニ示ス

一、「校正未考書紙策入」　二、「古今教法沿革圖草稿一通リ 浄書一通リ　寶暦庚辰正月廿一日板下校正〇少ゝ異アリ板下ニテ先子直ニナヲスナルベシ善韶」　三、「先稿韶収明和甲申」　四、「仁齋日札極論讀近思録抄草本　寶暦甲申穀日孫善韶校正卒業」　五、「戊午十二月諸國并京師書狀入」　六、「先君遺稿」　七、「越後新潟五十嵐主善書」　八、「物外無意　古學先生遺筆之寫」　九、「當世記聞　施政堂」　一〇、「淳化法帖寫補辛丑三月」　一一、「讃州高松畫工已未五月吉益牧太郎惠寄」　一二、「文集重複刪餘」　一三、「蘭嵎先生之詩　韶集」　一四、「吉田關右衞門證文」　一五、「此四紙乙未歳自典禮被示請候而此方へ収置也東所藏」　一六、「交遊風雅甲寅乙夘　施政堂」一七、「先筆褋集戊寅收」　一八、　「大學釋義草本　安永七年戊戌八月板本照對卒業　詔」　一九、「□□恭君碣銘打本丙申十一月文彪惠寄」　二〇、「益寿糖」袋

2　東所斷片　一袋　（四三—二六）

一、栞（表面書　裏ニ五絶ヲ自書ス）
二—三、題簽八枚　（東所筆ニテ剝脱セシモノ）
四、名札一枚　（名ツケノ案、「寛政癸丑六月一條殿下様被仰候」トアリ）
五—八、人名簿四枚（東所筆）　九、仁齋東涯書目録（東所筆）

3　「雅似軒」額　一面　（三五—一）

東所筆

4　所用印　二十八顆　（六〇—九）

丁　東里以後歴代書誌略

東里

第一類　著述・編纂

一　東里集　寫半二巻二冊　（三二—一）

自筆、一ハ文章天明八年ヨリ文化十三年九月ニ至リ、一ハ詩草ニテ寛政十二年ヨリ文化十三年十二月ニ至ル作ヲ収ム

二　東里詩草　巻之二　寫半一冊　（三二—二）

自筆、安永三年ヨリ寛政十一年迄ノ作ヲ収ム、見返シニ「此草本存初巻　自明和七年庚寅至安永二年癸巳四年間之詩　天明八年戊申之災家燬初巻爲烏有今不復記其詩及文草一巻　自明和七年庚寅至天明七年丁未十八年間之草事　同天明八年戊申七月廿日伊藤弘美記」

三　歴代帝王御諱并丞相諱　寫半一冊　（三二—三）

自筆、イロハ順ニ配列ス

四　名字別號　寫小一冊　（三二—四）

自筆、天明三年、同名東所著トハ別ナリ

五　齋號集　寫横中一冊　（三二—五）

自筆、人ニ與ヘシ號ノ控ナリ

六　見聞規矩　寫半三冊　（三二—六）

自筆、衣食住ノ見聞ヲ記載セルモノ、寛政中葉ヨリ文化十四年歿前ニイタル、二冊目「文化六年己巳五月廿七日造」　三冊目「文化十年癸酉之春」ト表紙ニアリ

七　詩賦雜鈔　二　寫半一冊　（三二—七）

自筆、享和三年ヨリ文化十年マデ見聞セシ詩文ノ控、末ハ雜筆、表紙ニ「享和三年癸亥冬十月十九日造弘美」トアリ、外題ナキ一冊ヲ合綴ス

八　世事輯記　寫半二冊　（三二—八）

自筆、隨得ノ雜記ニシテ寛政中葉ヨリ歿年ニイタル、二ノ表紙ニハ「享和三年癸亥五月廿二日」トアリ

九　開口　寫半一冊　（三二—九）

朝廷祝儀ノ折ノ開口ヲ集ム、「文化二年乙丑二月十四日造」トアリ、中ニ伊藤介亭ノ作ヲ含ム

十　〔東里雜記〕　寫二冊　（三二—一〇）

自筆、一ハ横本ニテ花押集、古泉目次（寛政四年）、菊堂記、人物志等ノ抄、他ハ半紙本ニテ閲讀ノ書ノ抄記ナリ、コノ一冊ハ燒切レシ殘リ二十五丁ナリ、天明ノ大火ニ逢ヒシモノカ

十一　新作雜記　寫半一冊　（三二—一一）

自筆、家作ノ雜記ナリ、表紙ニ「文化六年己巳秋九月」トアリ

十二　時用簡牘　寫半一冊　（三二—一二）

自筆、末ニ東岡雅丈トアレバ東皐用ニ與ヘシモノナルベシ

十三〔藥法控〕寫半一冊　（三二—一三）

自筆

十四　山水題詩　寫半一冊　（三二—一四）

自筆、十行罫紙ヲ用フ、山水ニ題セシ和漢ノ詩ヲ集ム、表紙ニ「天明戊申九月廿五日造古義堂」トアリ

十五　續印淵集　小七冊　（三二—一五）

明和戊子之秋九月三日東所序、明和六年己丑春東里自跋、東所ノ印淵集ニツグモノナリ

十六　續印淵續集　小三冊　（三二—一六）

明和壬辰之歳暮春直井南洲序、明和己丑重陽日奥田直行序、明和己丑秋八月上澣近松顯忠序、前書ニツギテ東里ノ編ナリ

十七　印譜　小一冊　（三二—一七）

表紙ニ東里筆「享和三年癸亥八月八日」トアリ、東涯蘭嵎ノ印ヲ集ム、東里編ナルベシ

第二類　日記・書簡

一　日記類

1

東里家乘　寫半十六冊　（六一—四五）

一、家乘（「享和二年壬戌八月廿一日造弘美」ト表紙ニアリ）
二、家乘（「享和三年癸亥」）
三、家乘（「享和四年甲子爲文化元年」）
四、家春（「文化二年乙丑古義堂」）
五、家春（「文化三年丙寅古義堂」）
六、同（「文化四年丁卯」）
七、同（「文化五年戊辰」）
八、同（「文化六年己巳」）
九、同（「文化七年庚午」）
十、同（「文化八年辛未」）
十一、同（「文化九年壬申」）
十二、同（「文化十年癸酉」）
十三、同（「文化十一年甲戌」）
十四、同（「文化十二年乙亥」）
十五、同（「文化十三年丙子」）
十六、同（「文化十四年丁丑」別筆ニテ「至五月廿七日」トアリ記事モ十五日中途ヨリ以下ハ別筆ナリ）

2

但行錄　寫横小一冊　（六一—四六）

自筆、半紙八ツ折大九丁、表紙ニ「寛政四壬子七月十八日發京　八月

十四日歸京　行四日着還五日」トアリ、出石豊岡方面ニ遊ビシ折ノ金錢覺、出會ノ名簿、旅行用品餞別到來品等ノ控ナリ

3　**公儀町内用事書留**　寫半一冊　（六二―四七）

表紙ニ「享和三年癸亥十一月廿六日」トアリ、同年十一月廿一日ヨリ文化十二年九月迄ノ書留、末五丁ハ東峯ノ筆ニテ天保四年熊倉市太夫ニ答ヘシ伊藤家ノ記事ナリ

二　門人錄類

1　**初見帳**　寫横大一冊　（六二―四八）

半紙二ツ折横帳綴ニシテ九十九枚、前半東里筆ニテ初メ先世門人トシテ一枚、次ニ入門帳トシテ寛政七年二月五日ヨリ二十六枚、文化十三年迄、東所生存中ヨリ東里主タリシ間ナリ、文化十四年七月十七日ヨリ後半東峯筆ニテ天保十三年十一月マデ七十一枚、東峯時代ノ入門者帳ナリ、表紙ハ「初見帳古義堂」トアリ、東峯筆ナリ

2　**諸方宿所簿**　寫横中一冊　（六二―四九）

半紙四ツ折帳綴ニシテ全三十丁、東里筆ニテ寛政元年ヨリ同八年ニイタル、交友知己門人ノ宿所録ナリ、表ニ「寛政元年己酉暮春　諸方宿所簿　平安桃花第一坊古義堂」トアリ

3　**諸方宿所簿**　寫横中一冊　（六二―五〇）

前ニ同ジ装全九十九丁、東里筆、末十四丁ト三行東峯筆ナリ、寛政八年ヨリ文化十四年ニイタル交友ノ住所録ナリ、東峯筆ノ部ハ年日次ナシ、表紙ハ「寛政八年丙辰十月　諸方宿所簿」トアリ

三　書簡類

1　**恭敬先生手帖**　一袋　（四四―二）

所収宛名次ノ如シ

一―一三、東所（二月廿二日、七月廿九日、二月三十日、二月廿七日、三月望日、二月三日、三月十七日、二月廿一日、二月二日、正月廿八日、二月五日、二月望日、二月四日）

一四、彌惣次（十月十八日案文）一五、乙淡路守（正月元日案文）

一六、境逸兵衞（文化二年三月十八日案文）

一七、竹勘右ェ門（九月七日案文）一八、御願書草案（別筆　東里註シテ「甲子十二月紀州御屋敷へ出す」）

一九、二〇、御願書案紙（一ハ永井覺之進筆、備前守様御老職中ニ宛テシモノ、東所歿後古義堂ノ講義補助ニ覺之進ノ出張ノ許可ヲ得ルノ文ナリ、一ハ東里ヨリ永井宛ノ文書ノ草案ニシテ「小子へ被下候尊書之御案文」トアリ）二一、楢林宗伯（十月朔日）

2　**東里來簡集**　十八袋　（五九―一五）

所収次ノ如シ

第一袋

一―七、赤澤貞幹（人日、正月五日、正月五日、三月廿八日、二月廿日、正月八日、日次ナシ）　八、阿部左善等（三月五日）

九、綾小路俊資（四月廿二日）　一〇、猪岡甚之允（九月十一日）

一一、井口喜太夫（十月十三日）一二、一條實通（文化元年七月廿四日）　一三―一五、一條忠良（寛政六年六月朔日、寛政七年六月廿七日、寛政四年正月）

第二袋
一六―二二、一條忠良（日次不明七通）
二三、井筒屋六郎兵衛（正月十六日）
二四―二七、伊良子將監（九月五日、七月十一日、六月廿五日、七
月十二日）　二八、岩井恵記（三月卅日）
二九、上田伊豫守（仲冬二日）　三〇、上田□□（八月廿六日）
三一、上田元長（七月十一日）　三二、燕山（八月十三日）
三三、三四、岡本治部大輔（九月十四日、六月十九日）
三五、岡本掃部等（六月廿四日）三六、岡川源五右衛門（八月十五
日）

第三袋
三七―四二、奥田清十郎（十二月廿二日、四月十五日、正月七日、
七月六日、四月十三日、十二月念二）
四三―四八、奥田玄仙（七月、正月二日、蒻月十一日、正月十一
日、正月十日、六月廿一日）　四九、奥田直行（癸酉十一月晦）
五〇、大岡右中（九月十七日）　五一、五二、大原立庵二通（十月
廿七日、十一月十四日）　五三、小野善助（正月十九日）

第四袋
五四―六〇、勘解由小路資善（陽月十八日、十月廿四日、八月十二
日、九月廿三日、九月五日、八月十日、閏七月廿五日）
六一、梯本五左衛門等（七月廿四日）
六二―八一、勝島敬輔（四月廿日、十月廿九日、五月念五、二月念
五、正月五日、十月十五日、二月六日、三月廿八日、三月尽、二
月廿日、閏月十三日、三月十五日、十一月十三日、七月十八日、
十二月廿日、正月三日、正月五日、四月念八、二月念八、三月十
五日）　八二、上村式部（六月廿四日）

第五袋
八三、川勝專右衛門等（六月廿八日）
八四、河原崎貞藏（九月四日）　八五、幹（正月十二日）
八六、北小路大輔（八月廿九日）八七―九四、木村源太輔（八月十
日、蒻月念五、六月会日、蒻月六日、蒻月念日、六月十六日、
正月二日、蒻月廿日）　九五、熊倉惠助（八月廿二日）
九六、熊倉政吉（十月十六日）　九七、桑原元徵（夷則十一日）

第六袋
九八―一〇〇、小泉政晁（壬申二月、同福啓、午三月下旬）
一〇一、克孝（六月念三日）　一〇二、小島甫庵等（九月八日）
一〇三―一〇七、後藤左一郎（六月十三日、閏八月念五日、閏八月
十八日、三月五日、閏八月念六）
一〇八、後藤長兵衛（十月廿三日）一〇九、小林太宰少貳（二月廿五
日）　一一〇、近藤元隆（文化戊寅正月
五日）

第七袋
一一一、齋藤大雅（九月十八日）一一二―一一二二、櫻井俊輔（四月
朔日、冬至前一日、九月廿五日、正月廿六日、正月廿一日、臘月
廿一日、四月廿九日、臘月四日、九月三日、閏月廿七日、正月十
二日）　一二三、櫻井良藏（十一月三日）
一二四、佐野金平（十月八日）一二五、資同（二月三日）
一二六、尚賢（日次ナシ）　一二七、七里彥右衛門（七月十一
日）

第八袋
一二八、一二九、澁谷桂助（正月十五日、十月廿一日）
一三〇、持敬（七月九日）　一三一、周文吉（臘月十四日）
一三二、角倉爲次郎（九月十七日）一三三―一三九、瀨尾彌兵衛（蒻
月十一日、孟陬十七日、五月十七日、六月廿三日、端午前二日、

七月廿八日、孟夏念三日）　一四〇、瀬川君平（九月四日）
一四一―一四三、仙石内藏允（正月五日、六月十八日、七月廿八日）

第九袋

一四四―一四六、大魯（十一月二日、附二葉）
一四七、高階東逸（十月七日）　一四八―一五〇、高橋俊壽（十二月廿一日、十一月五日、十一月十一日）
一五一、高橋愿安（正月十五日）　一五二、竹内玄立（八月十五日）
一五三、武田三恕（三月十三日）　一五四、田嶋織部（三月五日）
一五五、丹波忠左衞門（十二月五日）
一五六、直淳(山口)(十二月朔日)　一五七、辻周助（八月十一日）
一五八、鼓修安（正月五日）　一五九、坪井臣（九月念三日）

第十袋

一六〇―一六一、登壽院法印（九月七日、十二月五日）
一六二、内藤學文（五月十四日）　一六三、中島織部（閏十一月二日）　一六四―一七〇、永井覺之進（九月十二日、九月八日、二月廿五日、正月七日、三月十八日、三月朔日、十二月十五日）　一七一、中嶋源次郎(八月廿一日)
一七二、永田越前大掾（後六月二日）

第十一袋

一七三―一七五、永田道輝（四月廿六日、正月七日、辛未正月八日）　一七六―一七七、中御門経定（十一月十七日、十一月六日）　一七八、中村元恒（孟春念日）
一七九―一八〇、中村作野右衞門（正月十日、九月廿日）
一八一、中村三郎（五月五日）　一八二、中村中書（正月念日）
一八三、中山忠頼（中春中五）　一八四、名倉文作（六月四日）
一八五、並河監物（正月四日）

第十二袋

一八六―二〇三、畑維龍（正月十三日、正月十一日、三月廿日、四月廿六日、神無月五日、四月廿七日、六月廿二日、三月廿日、四月廿九日、三月廿九日、霜月八日、卯月七日、六月十二日、十一月五日、十一月廿九日、八月廿六日、四月廿四日、日次ナシ）
二〇四、服部半七郎（六月廿日）　二〇五、林元益（九月廿三日）
二〇六―二一〇、速水宗達（七月十二日、六月十三日、七月十日、十二月十四日、十月三日）　二一一、速水千晴（十四日）

第十三袋

二一二、原要（日次ナシ）　二一三―二一四、原田太仲（正月七日、九月十一日）
二一五―二二二、樋口太一郎（正月十七日、附一葉、十二月五日、正月十五日、七月廿日、十二月十五日、正月十五日、別紙）　二二三、深尾有恒（十月廿五日）
二二四、福井小車（嚴助）（三月五日）
二二五―二二九、福井棣園（典藥少允）（端午念五、七月五日、初夏既望、十月十日、端月初九日）

第十四袋

二三〇―二三九、福井榕亭（終吉）（六月廿三日、杪冬三日、九月廿七日、小春念一日、三月十日、六月十一日、臘月十七日、六月廿三日、二月十九日、六月四日）　二四〇、福原半次等（正月六日）
二四一―二四三、古田春庵（正月三日、六月廿一日、十月二日）
二四四、藤井文園（八月朔日）　二四五、堀川美濃守（六月七日）
二四六、本間多宮（十一月廿二日）

第十五袋

二四七、牧内匠頭（十二月廿九日）
二四八、牧野正幸等（七月廿四日）
二四九、松岡八兵衞（正月五日）　二五〇、松波酊齋（八月二日）

二五一—二五二、圓山應挙（十月四日、十五日）
二五三—二五四、三崎大學屬（一月廿五日、臘月卅日）
二五五—二五七、三崎主禮（三月廿三日、十一月十三日、七月朔）
二五八、三角典藥少允（正月廿二日）
二五九—二六〇、三井元藏（霜月八日、壬月十六日）
二六一、三井勘右衞門（十二月五日）
二六二、三井元之助（七月十日）二六三、水口右近府生（日次ナシ）

第十六袋

二六四—二八〇、最里公濟（正月五日、二月八日、臘月廿四日、臘月廿七日、後十一月十九日、七月十三日、七月十二日、穀日、七月十三日、十八日、十二月十一日、正月八日、七月廿日、孟春念三、五月廿一日、十二月廿五日、正月十四日）

第十七袋

二八一、安田監物（正月十六日）二八二、吉田静介（五月十四日）
二八三—二九五、吉益周助（三月廿六日、三月廿四日、正月八日、六月十二日、正月六日、正月七日、正月十五日、正月廿七日、十二月廿二日、正月七日、七月十八日、十二月十五日、十一月廿三日）

第十八袋

二九六—三〇五、吉益周助（掃部）（七月廿六日、八月廿七日、正月十二日正月十二日、正月六日、八月十七日、六月廿三日、十二月廿四日、閏六月三日）
三〇六、石川禮親等（十二月廿六日）
三〇七、六條有言（十二月九日）三〇八、若林内膳（六月廿五日）
三〇九、三一〇、渡邊元義（正月元日、日次ナシ）
三一一、渡邊正義（正月十五日）三一二、渡邊立藏（正月三日）
三一三—三二〇、差出人不明八通

第四類　書畫・草稿

一　書　畫

1　布袋畫恭敬先生賛　一幅　（四四—四）

「己巳春日弘美」トセシ五絶、外題東峯筆「庚寅冬弘濟藏」

2　恭敬先生大字　一幅　（四四—五）

「作善降之百祥　戊辰歳書　弘美」、裏面ニ「文政二年仲夏當恭敬先生大祥忌以故表装之」トアリ

3　恭敬先生摹畫　一袋　（四四—六）

一、水石「山水」　二、翠嶺畫並賛「蘭」　三、芭蕉　畫賛「いかめしき音やあられのひの木かさ」　四、同　五、玉瀾「山水」　六、「勝山琢舟曉鳥圖摹本」（「文化二乙丑四月十九日弘美」）　七、呉春「山水」　八、文徵明「山水」　九、什堂　扇面　畫并賛　一〇、狩野常信　扇面　一一、狩野永納　扇面「花鳥」（文化戊辰十二月十九日摹）　一二、大雅堂畫式之寫

4　東里先生書畫　一袋　（四四—七）

一、「寫見羅浮色——」（五絶）　二、「棣蕚軒」　三、楊維楨菊傳　四、「海水波収春夜天——」（七絶）　五、練習山水畫（署名ナケレド東里ト推定）　六、春日畫所琢眼畫　東里賛（七絶）　七、「彈琴看遠嶺吟句訪隣家」　八、七ト同文　九、「清竹」　一〇、宴圓山芙蓉樓

（扇面二枚、甲戌之春ノ七言古）　一一、「花開紅樹亂鶯啼――」（七絶、扇面）　一二、鶴林玉露巻物之臨本　十四枚　一三、文徴明　茶賦　一四、「長門燈下涙――」（五絶、東里青年時ノ筆カ）　一五、手習帖斷片　一六、手習反古　二枚　一七、扇面（七絶錦帯花）

二　草　　稿

1　東里詩文稿　一袋　（四四―八）

一、宴圓山芙蓉樓（七言古）　二、枕（五律）・蓮花（七律）　三、古寺懷古（七絶）　四、題竹祝賀（五絶、丁丑五月）　五、仁齋食豆腐詩（七絶、末ニ云フ「予亦及老百難食實如斯詩」）　六、謹奉餞東本願寺大宗主瑤輿赴南攝別寺（五律）　七、山亭夏日（七絶、庚戌夏日）　八、送村田兄（七絶）　九、閑院大王園賜觀紅梅（七絶、辛未春日）　一〇、題山水圖（七絶、丁丑五月）　一一、題墨竹（七絶、丁丑春日）　一二、山亭夏日（七ニ同ジ）　一三、奉題五明様（七絶）　一四、詠松壽詞（七絶）　一五、寄題芭蕉堂（七絶、戊辰夏日）　一六、仁和寺賞花（七絶）　一七、送三井氏赴東武（七絶、壬申冬日）　一八、奉餞右丞相桃花公鶴輿東行（七律）一九、賀松尾祠官松室君新任相州刺史（七絶、丙子秋日）二〇、題畫梅（五絶）　二一、送伴兄（七絶）　二二、（七秩賀詩）（七絶）　二三、秋月入簾（七絶）　二四、賀邑田中龍君七十（七絶）　二五、寄題竹嶼蓮華會（七絶、乙亥之歳）　二十六、謝竹坡君惠嘉魚（七絶）二七、竹坡君自備後遠助本堂講習頃日將歸賦一詩奉別（七絶）　二八、題未詳詩稿　四枚　二九、源有家墓碑　三〇、菅沼定堅墓碑　三一、書牘（季秋念一日）　三十二、塾規（和文）

2　東里先生雜書　一巻　（四四―九）

東峯一巻ニ装セシモノ、文案七枚中ニ東峯ノ爲作リシ二枚、抄記類四枚、附スルニ蘆汀ノ講義（論語古義）六枚ト文案一枚、コレ東峯ノ爲ニ蘆汀ノ書セシモノナリ、手習帖斷片（上大人ニ初マル）、コレハ末ニ「右上大人東皐先生書弘濟記」トアルヲ加ヘタリ

第五類　物　　品

1　東里斷片　一袋　（四四―一〇）

一、寫字用罫紙　五十一枚
二、包紙類　十一枚
三、家ノ見取圖　九枚
四、東里ヲ宮掌大内人職ニ補任スルノ令狀
五、家規ノ案文（丑五月十一日弘美弘濟連名）
六、寫本反古　一枚

2　東　里　印　十顆　（六〇―一〇）

東　　皐

一　歴代國統之圖　寫折一帖　（三一―八）

自筆、中國ノ國統圖ニシテ、附スルニ歴代詩括、源平足利北條織田ノ族圖ヲ以テス

二　詩　　草　寫半二巻二冊　（三一―九）

自筆、寛政九年ヨリ文化六年迄ノ作ヲ収ム、一ノ初メニ「寛政九年丁

巳之歳ヨリ詩作始五言絶句時歳八歳」、二ノ表紙ニ「文化二乙丑之秋八月十四日」トアリ、二末ニ「日東平安堀水涯東古義堂中庸室弘明」

三　復　文　寫半三冊　（三一—二〇）

自筆、一ハ五代史論巻一、二ハ唐鑑巻一「文化二年乙丑之秋壬八月廿八日弘明」トアリ、三ハ「墓誌銘一篇　策問一篇　唐鑑」ト表紙ニアリ、「己巳之歳正月廿八日」トモアリ、中ニ見聞詳騎ト題スル抄出、詩題集（「享和二年壬戌之歳九月廿一日」ト表紙ニアリ）ト題スル各數丁挿入セリ

四　見聞雜録　寫横中一冊　（三一—二一）

自筆、讀書抄記ノ見聞雜録（「文化四年丁卯之歳仲冬七日」ト裏表紙ニアリ）見聞雜記及無題ノ三冊ヲ合綴ス

五　名字別訓　寫小一冊　（三一—二二）

自筆、文化四年編、劃順ニ配シテ名ニ用ヒル字ノ訓ヲ集メシモノ「文化四丁卯七月廿二日病中輯」

六　姓名銘　寫半一冊　（三一—二三）

自筆、名物六帖ト柱刻アル用紙ヲ用ヒテ名ニ用ヒル字ヲ訓別ニ集ム

七　襍集　寫小一冊　（三一—二四）

自筆、文化元年編、末ニ「文化元年甲子之歳伊藤弘明」トアリ

八　印譜　小一冊　（三一—二五）

末ニ「文化二年乙丑之春三月日東平安洛水濱　中庸室東皐明編輯」

○

1　千字文　寫半一冊　（三一—二六）

文化元年、蘭嵎ノ寫セシ篆千字文ヲ寫セシモノ、末ニ「文化甲子六月十五日弘明寫」トアリ

2　〔手習帖〕　折一帖　（三一—二七）

○

1　東皐君詩文草稿　二袋　（三一—二八）

一、遊加茂記　二通（享和三年季夏）、二、奠古學先生之祭事　三、秋日遊友人別莊詩序　附詩二枚　四、早春遊西山記（乙丑之春）五、遊伏陽記　六、與性昆上人書　七、送山口恕介氏歸故郷序（文化二年五月）　八、吾日三省吾身全章義（乙丑四月廿七日）　九、王何必曰利一句制義　一〇、清竹亭記　一一、天道福善殃淫論　一二、與恕介詞伯書　一三、漢高祖論（丙寅正月廿三日）　一四、孝弟爲仁之本一節制義　一五、送牧村氏歸故郷序　一六、大東文選序（文化三年）一七、君子必愼其獨也一節制義　一八、寄林詞兄書　一九、寄山崎滄浪詞兄書　二〇、論語不言誠論（文化三年仲冬）　二一、賀永田遷城詞兄病愈　二二、□俳歌巻跋　二三、中庸具至乎一章義　二四、法語之言能無從乎一句義（文化六年）　二十五、送海老澤太齡氏歸江府序（文化六年）　二六、騷客詩草　四枚（東岸ノ文字ヲモ混ズルカ、包紙ニ「文化三丙寅之歳八月十五夜始古義堂弘明百拜」トアリ、同人ノ詩集ナリ）　二七、多文君夢中贈道士詩未得其報故乞和諸君予亦因次其韵二通（七絶）　二八、送熊藏子赴武城（七絶、戊辰夏日）　二九、石原氏賦立春之詩見示因和其韵（七絶）　三〇、春曉（同）　三一、春日郊行　分韵（同）　三二、平野觀花（同）　三三、冬夜（五律）三四、冬夜送客（同）　三五、送香川君行東都　（同）三六、送山口

恕介氏歸故郷（七律）　三七、雨中至嵯峨卒賦（五律）　三八、池亭聞蛙（五絶）　三九、夏日江村（七絶）　四〇、江村秋晩（同）
多ク東里其ノ他ノ人ノ削正アリ

2　東皐斷片　附弘茂書　一袋　（四一—一）

一、書「業廣惟勤」（乙丑之春）
二、書「和弟弘充九日之韵」（五絶）
三、口上（四月廿四日、但シ東所代筆）
四、名及ビ花押ヲ書セシモノ（東所筆）二枚　（名ハ「寛政九年九月朔」トアリ）
五、絶句ノ韵ヲ示セル一紙（東所筆「此主良藏」トアリ）
六、使用習字帖　四帖（「恐者良藏樣遺書乎」トアリ、ソレニ從フ）
七、附　弘茂君書　一束
八、東皐宛書簡（東岸ト共ニ）永井覺之進　一通

○

1　東皐印　二顆　（六〇—一一）

東峯

第一類　著述・編纂

一　靖共先生熟語輯　寫横中一冊　（三一—三三）
自筆、主トシテ四書ヨリ二字三字ノ熟語ヲ抜キ出處ヲ明ニセシモノ、後半ハ大日本史目録略ナリ、外題輶齋

二　〔名字訓輯〕　寫半一冊　（三一—三四）
東峯・輶齋共編、各自筆、名ニ用ヒル字ノ訓トソノ漢籍ノ出處、又號ニ用ヒル文字ニツキ文字ノ出典ヲ記セシモノ、後半ハ輶齋筆ナリ

三　梅雨考　寫半一冊　（三一—三五）
自筆、漢籍ヨリ梅雨ニ關スル諸説ヲ集メ、附スルニ寶暦ヨリ慶應マデノ改元勘文アリ　コノ中慶應ノハ輶齋筆

四　算記　寫半一冊　（三一—三六）
自筆、算數干支等ニ關スル雜記ナリ

五　尺度考　寫半一冊　（三一—三七）
自筆、尺度ニ關スル資料ヲ集メタルモノ、末ニ「天保十一年庚子十一月仙洞御所登遐記」數丁アリ

六　策例　寫半一冊　（三一—三八）
自筆、算木筮竹ノ用ヒ方ヲシルス

七　靖共先生自刻印譜　寫大一冊　（三一—三九）
外題輶齋筆

八　遺筆精騎　寫半一冊　（三一—四〇）
自筆、先祖ノ遺筆ヲ見聞ニ從ツテ記ス、多クハ鑑定ヲ乞ハレシ折ノモノナリ

九　東峯集　寫大一冊　（三一—四一）
自筆、文政元年ヨリ同十一年迄ノ文集ナリ

十　東峯詩集　寫半一冊　（三—四二）

自筆、文政初年ヨリ天保末年ニ至ル詩集

十一　見聞精騎　寫半四冊　（三—四三）

自筆、春夏秋冬ニ分ツ、題シテ各「見聞精騎」「——詳騎」「——細騎」「——悉騎」トス、東所同名ノ書ニ等シク見聞ノ抄記ナリ

十二　鷹司關白政通公御用記　寫半一冊　（三—四四）

自筆、鷹司政通ヨリ天皇號ソノ他諮問ノ折ニ答ヘシ控ナリ、天保十一年十一月十九日ヨリ十二年ニ至ル、末數丁ハ弘化三年伊藤東岸　同ジク諡號相談ノ折ノ記ナリ

十三　靖共先生雜記　寫中二冊　（三—四五）

自筆、一ハ東涯ノ古今教法沿革圖、自著本朝聖教傳記（日本儒學略史）ヲ收メ、二ハ算法、華音ノ詩、御遺狀御寶藏入百箇條ノ寫シナリ、外題輶齋

十四　雜　記　第尹　寫横小一冊　（三—四六）

自筆、天保十一年東岸主、長岡牧野侯所司代トシテ入洛ノ折ソノ一行トノ應待関係ノ筆記ナリ

十五　扣　帳　寫横大一冊　（三—四七）

自筆、文雅ノ雜記

十六　〔東峯覺書〕　寫横中一冊　（三—四八）

墨附五丁、天保五年ヨリ天保十年マデノ雜記、學問風雅ノコト多シ

十七　警　牌　寫半一冊　（三—四九）

自筆、文政丁亥（十年）三月蘭嵎五十年忌ニ紀州ニ旅セシ際留守ニアタル谷行德ニ與ヘシ注意書、十丁

十八　〔節　儉　論〕　寫半一冊　（三—五〇）

東峯寫ニシテ古義堂ノ用紙ヲ用ヒテ二十二丁、何人ノ著カ不明ナレドシバラク玆ニ加フ、內容ハ節儉ヲ論ジテ世相ニ及ブ

十九　〔慧　星　論〕　寫半一冊　（三—五一）

東峯筆、古義堂ノ用紙七丁、天保十四年二月上旬申ノ方ニ慧星ラシキモノ見エタル折ノモノ、何人ノ著ナリヤ不明、シバラクコヽニ加フ

二十　〔喩　林　抄〕　寫半一冊　（三—五二）

東峯編、自筆、明ノ徐元太ノ喩林ノ抄記ナレド、採摭諸書ト目録ノミニテ、本文ハ造化門七丁ノミ、全二十三丁

二十一　傳記合集鄭氏略系　寫折一舖　（三—五三）

自筆、「天保十二年辛丑六月牧野侯江差上　西郷氏取次」トアリ

二十二　古義堂前白躑躅集詩帖　寫折一帖　（三—五四）

東峰編、堂前白躑躅ニヨス諸家自筆ノ詩歌ヲ一帖トセルモノ、辛卯即チ天保二年ノ編ナリ

二十三　古義堂前躑躅集詩　寫一巻　（三—五五）

東峯編、前ニ同ジクシテ天保丙申即チ七年ノモノナリ

二十四　古義堂前白躑躅集詩帖　寫折一帖　（三—五六）

東峯編、前ニ同ジクシテ年未詳、東岸筆、古學先生作ヲ巻頭ニ出セリ

二十五　双清樓詩會　寫一巻　（三三一―五七）

東峯編、自家ノ詩會ノ各自筆作ヲ一巻トス、題ハ「分杜少陵句分韻」、時ハ癸巳天保四年ナリ、外題輶齋

二十六　詩會集　寫一巻　（三三一―五八）

東峯編、東峯時代ノ古義堂ノ詩會ノ各自自筆詩稿ヲ一巻トセルモノ、外題輶齋、下部ニ「東峯先生」トシルス

第二類　日記・書簡

一　日記類

1　東峯先生家乘　寫半十二冊　（六一―五一）

一、家春（「文化十四年丁丑五月念八日」ト表紙ニアリ、同年五月廿八日ヨリ末迄）
二、家春二（「文化十五年戊寅乃文政紀元」ト表紙ニアリ、同年一ヶ年分）
三、家春三（「文政二年己卯」トアリ、同年元旦ヨリ三月晦日迄）
四、題ナシ（「文政三年庚辰正月十二日也重光追記」ト初丁ニアリ、同日ヨリ二月晦日迄）
五、家春五（「文政四年辛巳」ト表紙ニアリ、一ヶ年分）
六、家春六（「文政五年壬午」ト表紙ニアリ　元旦ヨリ二月十九日迄）
七、家春（「文政八乙酉」ト表紙ニアリ、元旦ヨリ五月五日迄）
八、家乘（「文政己丑」ト題簽アリ、文政十二年一ヶ年分）
九、家乘（「文政庚寅」トモ「即天保元年」トモ表紙ニアリ、一ヶ年分）
一〇、家乘（「天保辛卯」ト表紙ニアリ、天保二年元旦ヨリ十月三日迄）
一一、表紙ナシ（天保七年正月ヨリ五月迄ト十月十一月及ビ天保八年ノコトモ若干）
一二、同（年度未詳、四月廿日ヨリ六月三日マデアリ）

2　諸雑記　寫半一冊　（六一―五三）

自筆、表紙ニ「天保十三年十月十六日古義堂地面無役地ニ被成下町並懸リ物御免御銀被下之節」トアリ、ソノ折ノ記録ナリ

3　紀行雑錄　寫横小一冊　（六一―五五）

自筆、二十四行横小罫紙全二十七丁、廿一日ニ伏見ヲ發シ紀州和歌山ニ蘭嵎ノ墓ヲ展シ、翌月六日伏見着迄ノ日記トソノ時ノ雑記、文政十年三、四月ノ事ナルベシ

4　年中雑記　寫横大一冊　（六一―五六）

自筆、表紙ニ「文政九年丙戌正月改年中雑記　古義堂」トアリ、古義堂ニ於ケル年中行事ノ掟ヲシルス、末數葉ハ一、二年ノ正月餅ノ次第ヲ記ス、半紙二ツ折横綴二十八丁

5　〔雑記帖〕　寫半一冊　（六一―五七）

初メハ學問的ナ事ヲシルスモ末大半ハ金錢出納ナドニ用ヒアリ

6　牧野侯御用二十一史書付并上納通入　一袋　（三三一―五九）

二　門人録類

1　初見帳　寫半一冊　（六一—三三）

東峯・轍齋筆、全九十九丁、内十九丁東峯、外題ニ「初見帳天保十四癸卯ヨリ」トアルハ東峯筆ニテ、天保十四年ヨリ弘化二年六月マデ東峯、以下轍齋、但シ若干別筆アリテ慶應四年十二月ニテ終ル門人録ナリ

2　京都諸國人名所書　寫半一冊　（六一—五四）

自筆、三十四丁、交友知己ノ住所録

三　書簡類

1　東峯書簡集　一袋　（四四—一六）

所収宛名次ノ如シ

一、伊藤格佐（五月十四日）　二、伊藤順藏（八月十二日）
三、伊藤貞藏（三月廿七日）　四、稲垣太郎左衞門（閏七月十七日）
五、上田元沖（廿三日）　六、小野徳彌（九月三日）
七、大塚祐左衞門等（正月）　八、花山院様諸太夫中（三月五日）
九、長岡御用人中（正月三日）　一〇、平井安太郎（十一月廿四日）
一一、文泉堂（十二月十一日）　一二、眞喜かた（九月六日）
一三、馬淵渡等（三月四日）　一四、武藤藏（十二月廿日）
一五、同上　一六、山澄静安等（正月）
一七、山長（廿五日）　一八、與三郎（三月廿三日）
一九、六條様御役人中（正月廿一日）

二〇—二七、宛名不明　八通　　二八—四二、書簡反古十五葉

2　東峯來簡集　十四袋　（五九—六）

所収次ノ如シ

第一、二袋

一—一二、綾小路有長（三月朔日、六月五日、端午、九月十二日、四月十三日、二月廿一日、十二月十八日、六月廿二日、九月廿七日、正月廿日、四月十日、以下一通トシテ一括スルハ次ノ十七通ヲ収ム、十一月四日、十一月十四日、四月廿六日、十一月廿七日、七月十三日、十月廿三日、八月七日、五月八日、十一月廿貳日、六月廿一日、七月十二日、二月十四日、十一月十六日、十一月廿日、十月五日、十一月十四日、五月八日）

第三袋

一三、飼猪敬所（正月廿二日）　一四、入山嘉左衞門（二月八日）
一五—二五、上田元孝（十二月十七日、廿二日、臘月五日、十一月廿三日、十二月四日、正月廿四日、十月廿一日、四月十六日夜、臘月十日、臘月念四、孟春旬四）二六、越中介（正月十一日）
二七、奥田彰（七月四日）　二八—三〇、大塚祐左衞門（十二月十九日、十二月廿七日、十二月廿九日）

第四袋

三一—三四、勘解由小路光宙（六月六日、六月廿三日、十月十七日、日次不明）　三五、勘解由小路資善（六月廿五日）　三六—三七、龜山段之助（三月廿三日、六月十二日）　三八—四〇、龜山恰（閏正月廿二日、二日、八月二日）　四一—四六、龜山中（三月廿日、四月十三日、六月三日、五月二日三月廿八日、四月廿一日）
四七—五四、岸大路持敬（十二月廿七日、五月十七日、二月念八日

六月十四日、五月十日、仲春十二日、二月十日、季秋朔日）
五五、木村源太輔（十二月廿五日）
五六、小沼大圓（七月十八日）

第五袋
五七、五八、松陰（三月廿二日、林鐘初七）
五九―六二、白井元藏（四月二日、正月廿五日、六月廿四日、端午前一日）
六三―六四、角爲次郎（十月三日、三月十九日）
六五、角倉清藏（十一月十七日）
六六―七二、瀬尾彌兵衞（文）（八月五日、霜月廿五日、六月十日、陽月十日、季夏十有八日、三月既望、日次不明）
七三―七六、宗宸（二月廿九日、七月初九日、小春五日、臘十三日）

第六袋
七七、高根東四郎（四月八日）
七八、七九、多膳（八月廿五日、六月廿四日）
八〇―八一、辻出羽守（三月十七日、十二月十五日）
八二―八四、德大寺公純（十一月五日、二月一日、二月三日）
八五、中島祖右衞門（二月廿七日）
八六、仁井田模一郎（正月廿三日）
八七、二尊院（七月五日）

第七袋
八八―一〇八、八條隆祐（八月九日、六月十四日、八月十二日、八月十一日、九月十六日、七月四日、七月十日、八月廿五日、七月廿三日、十二月廿六日、七月十一日、二月十九日、九月六日、八月七日、八月廿一日、九月三日、十二月廿六日、八月二十日、八月廿四日、六月八日、日次不明）

第八袋
一〇九―一二四、速水弘道（六月三日、臘月廿八日、四月十二日、十日、正月十日、正月十二日、十六日、九月十一日、四月十四日、廿九日、極月廿九日、五月十五日、四月七日、十月十五日、五月八日、日次不明）

第九―十一袋
一二五―一二七、福井榕亭（代筆ヵ、閏月廿七日、十二月廿六日、五月十日）
一二八―一七五、福井棣園（四月晦日、極冬廿六日、霜月初九日、二月廿四日、十一月六日、中秋、九月廿四日、中秋前一日、二月初三日、十月廿二日、五月十日、九月十七日、極冬既望、三月十六日九月廿七日、正月廿九日、五月三日、十二月廿五日、正月廿二日、星夕、十二月廿六日、三月廿日、五月晦日、小除日、十七日、正月十七日、十二月七日、八月廿五日、三月初八日、四日、上元前一日、五月廿一日、十一月廿一日、八月廿九日、初夏初七日、二月廿一日、七月廿五日、四月初七、閏正月朔日、七月廿四日、小至、七月十三日、二月廿八日、九月初三日、正月十三日、二月初三、八月初三、十二月十二日）

第十二袋
一七六―一七九、三雲孝（七月十九日、十二月廿六日、十一月廿六日、十一月十二日）
一八〇、三崎善之進（二月七日）
一八一、一八二、最里公濟（季冬廿二日、五月廿一日）
一八三―一八九、山中常坦（七月廿日、正月十九日、正月廿七日、十二月十二日、正月十三日、三月廿三日、三月十九日）
一九〇―一九六、山本達所（六月初五、孟夏十又六、十一月二日、霜月初六日、十一月念三日、十二月十二日、七月十九日）

第十三袋
一九七―二〇二、山本市右衞門（二月朔日、五月廿七日、五月廿六日、七月二日、五月廿四日、五月廿一日）
二〇三、與三郎（念一）

第十四袋

二〇四—二一六、六條有言（八月廿五日、重陽、五月廿七日、八月廿三日、八月十七日、七月廿二日、七月十七日、八月二日、六月廿三日、七月廿五日、九月三日、八月八日、七月卅日）

二一七、二一八、六條有容（六月十八日、十月十九日）

第四類　書　畫・草　稿

一　書　畫

1　東峰先生書　一幅　（四四—一七）

「至大至剛」

2　叔畫侄表　一幅　（四四—一八）

東峯畫、東岸、輶齋贊、南畫風ノ畫ニ東岸七絶ヲ上ニ、輶齋ノ五律下部ニ書ス

3　馬　圖　摸臨　一幅　（四四—一九）

贊ハ東峯筆ニテ、「東涯先生讃　天保壬寅　弘濟書」トアリ、外題ハ輶齋筆「慶應丁卯端午前一日表褙」トアリ

4　公濟・碣銘　拓本　一帖　（四四—二〇）

大林潛龍撰、東峯筆ナリ、最里鶴洲ノ墓碣銘ニシテ文政四年九月ニ建テシモノ、拓本ナリ

5　温　習　帖　折二帖　（四四—二一）

一冊裏ニ「重光」トアリ、輶齋用ニ書與ヘシモノナリ

6　東峯先生書畫　一袋　（四四—二二）

一、「千紅萬紫—」（七絶）　二、「天空海潤—」（七絶）　三、「閑窓清賞」　四、「逢原齋」　五、「主忠信」　六、「克己復禮」　七、古學先生庭前白躑躅詩　八、「伐木丁々山更幽」　九、「日新館」　一〇、古學先生自詠「中庸の心を讀侍る」三通　一一、仁齋筆記一條　一二、陳江總之詩（「文政九年丙戌之各」）　一三、富士之圖並贊（「天保戊戌閏四月十一日夢芙蓉嶽翌日眞寫」）　一四、風景畫並贊　一五、仁齋先生筆記二條　一六、枇杷畫讃（畫ハ「天保癸巳秋平直（省齋）」畫、書ハ紹述先生七絶ヲ東峯讃ス）　一七、錦帶花　杜鵑花　三種二枚（「文化三年丙寅六月壽賀若書」トアリ、東峯幼時ノ書ナリ）　一八、畫住吉法眼贊兼好法師繪巻斷片寫（「天保十年六月九日」寫）　一九、古學先生讀經詩　二〇、同　二一、終南帖　一冊

二　草　稿

1　東峯先生詩歌稿　一袋　（四四—二三）

一—五、詠歌短冊　五枚（「元日」、「紅葉」、「庭梅」、「元日」、「冬のよ書物を見てふけし夜よみ侍る」）　六、七、詩短冊　二枚（「題白躑躅」、無題）　八、寄題四時櫻（五絶）　九、寄群鶴奉賀祖母桂心孺人之八十（多米吉トアレド代作ナルベシ）　一〇、題澤邊群鶴（七絶）　一一、三月盡（七絶）　一二、天保丙申首夏三日庭前白躑躅盛開同諸友分韻（七絶）　一三、柳陰牧笛　一四、元旦（「重光拜」トアレド東峯ノ文字ナリ、代作カ）　一五、「夜色沉々—」（七絶）　一六、中秋月　一七、題後背處女圖　一八、搗衣　一九、山房雪朝　二〇、「千紅萬紫、」（七絶）　二一、「洛陽無處—」（七絶）

2　**東峯先生文稿**　三袋　（四四—二四）

一―八、觀鄭彩眞蹟記　八種（最清書ニ「天保十二年辛丑六月牧野侯江差上實ハ西郷氏ヲ以内命」、三種ハ資料）　九、一〇、中野氏所植孤松名翠蓋説　二種（天保壬辰冬）　一一、一二、孳々二字之辯　二種（天保癸巳秋日）　一三―一五、垣内了齋君碣銘　三種（天保十二年辛丑二月）　一六、一七、花山院愛德碣銘　二通　一八、塾規（卯七月）　一九、〔山中虚中所畫釋尊之像之記〕（天保丁酉八月）　二〇、〔上山氏畫枇杷之圖記〕（天保丁酉秋）　二一、育鵬雛記（天保壬辰仲冬）　二二、二三、常平倉記　二種（天保十四年）　二四、閑窓清賞（天保甲辰）　二五、贈吉田氏序（天保癸卯十二月）　二六、書再板論語古義後（文政十二年秋）　二七、　好善優天下説（天保十四年）　二八、答日尾荊山書　二九、贈辨疑録辭（天保辛卯陽月）　三〇、同（内容違ヘリ）（〃　）　三一、贈古學先生眞蹟辭　三二、〔古學先生詠歌小巻跋〕（天保壬寅春）　三三、聖賢事蹟畫軸跋（天保乙未陽月）　三四、題東所先生墨跡（天保十二年）　三五、古學先生所著小紫石歷書記跋（弘化二年）　三六、故正六位下大炊少允源朝臣光敬墓碑（伊良子氏、天保十五年）　三七、〔壽書跋〕　三八、故正四位下行侍從藤原家正朝臣墓誌　三九、附同拓本　四〇、伊藤竹坡墓碣（天保二年）　四一、故准后文恭公墓誌銘　四二、附同拓本　四三、跋書畫帖後　四四、最里鶴洲墓碑銘　四五、香川東溪墓碑銘　四六、附同拓本（天保八年）　四七、〔山中宗寛夫妻傳〕　四八、鎌田氏藏古學先生書跋（天保辛卯仲冬）　四九、養壽泉記（天保十二年）　五〇、感閲神明於二典叙　五一、木下君斜几之記　二種（天保十五年）　五二、五三、〔題紹述先生屛風〕　二種（天保庚子九月）　五四、〔山本春草藏畫巻跋〕　五五、〔逢原號説〕　五六、宗德院墓碑　五七、古學先生書牘跋（天保戊戌冬）　五八、祠堂儀節　五九、題速水氏藏東涯先生書（天保十二年）　六〇、題西郷氏藏仁齋先生書（天保十三年）　六一、風月双清樓記

3　**東峯斷片**　一袋　（四四—三五）

一、二十四孝　寫十二枚
二、御觸書寫シ
三、「弘濟」ノ名書キ（文化元年甲子四月トアリ、東所筆ナリ）
四、拜借銀濟方相談之上申定之事
五、士分以下末々迄之服考
六、楓之押葉
七、添刪類　一束
八、落書寫
九、諸斷片　十七
一〇、袋（「雜肪品文政八、四月收東峯」トアリ）一

第五類　物品

1　**東峯印**　十七顆　（六〇—一三）

2　**邊旁牌**　一箱　（三九—六）

邊ト旁トヲカードニシテ記憶ニ便シタルモノナリ、内部帙ニ東峯書シテ「邊三百二十七牌　旁百四十五牌　東涯先生製　文政辛巳夏東峯自作」、箱ニモ「文政辛巳七月命匠造之弘濟藏」ナドト見エタリ

3　**古尺模品**　一箱　（三八—一）

四十四本ト附紙二枚、蓋裏ニ顔潛庵詩ヲ記シ「天保丙申古義堂藏」トセシハ東峯、且ツ各尺ニ東峯筆ニテ説明ヲ加ヘアリ

輶齋

第一類　著述・編纂

一　文選備忘録　寫小十二冊　（三三—一）
自筆編、文字ノ解ノ控

二　紹述先生詩語抄　寫半三冊　（三三—二）
自筆編、詩作ノ資料ニナルベキモノノ抄記

三　〔禮易詩備忘録〕　寫半一冊　（三三—三）
自筆編、抄記

四　〔五經備忘録〕　寫横中九冊　（三三—四）
自筆編、注意スベキ文字ノ抄記

五　〔輶齋先生熟語輯〕　寫横中一冊　（三三—五）
自筆編、四書ヨリ熟語ヲ拾ヒシモノ

六　錦繍淵海　寫横中三冊　（三三—六）
自筆編、對句ヲ集メシモノ、各冊ニ「安政紀元甲寅冬十二月十三日」「同十四日」「同十五日」ト末ニアリ

七　韻府便覽　寫半四冊　（三三—七）
自筆編、「韻府便覽」ト柱刻アル用紙ヲ用フ、編中途ニシテ廢セシモノト見ユ

八　雜語筆抄　寫半一冊　（三三—八）
自筆編、警句様ノモノヲ集メシモノ

九　復譯文　寫三枚一束　（三三—九）

十　訓詁字府　寫半一冊　（三三—一〇）
自筆編、二丁

十一　連文釋義貂續　附連文釋義　寫横中一冊半一冊　（三三—一一）
自筆編、連文釋義ハ清王言ノ輯註ニシテ輶齋寫、ソレニツキ二字ノ熟語ノ對ヲナセルヲ解セント試ミシモノ貂續ニシテ未完

十二　中外屬正名圖　寫折一帖　（三三—一二）
釋親考ノ宗族圖ヲ本文ニヨリ註ヲ加ヘシモノ、輶齋年少ノ寫カ、シバラクココニ加フ

十三　〔書畫録〕　寫半一冊　（三三—一三）
自筆編、輶齋見聞ニ從ヒ書留メシ斷片ヲ一括シテ假ニ名ヅク

十四　輶齋遺稿　中一冊　（三三—一四）
明治四十一年刊、伊藤顧也跋、一年忌ノ忍草トシテ、和歌、詩ノ一部ヲ刊セシモノ

十五　困齋文集　寫大一冊　（三三—一五）
自筆、嘉永ヨリ明治初年迄ノ文ヲ収ム

十六　輶齋詩稿　寫中一冊　（三三—一六）

自筆、内題「拙吟稿」「十四年一月廿九日」ナドアレバ明治ソノ頃迄ノ作ヲ集メシカ、末一文ハ明治廿八年一月十七日西園寺公望ニ呈スル書ヲカヽグ

十七　伊呂波大概　寫横中一冊　（三三―一七）

自筆編、「いろは」平假名ノ異體ヲ集メシモノ、幼少時ノ筆

十八　〔詩句抄錄〕　寫横小三十冊　（三三―一八）

自筆編、押韻別ニ詩句ノ用フベキヲ集メシモノ

十九　〔詩集抄記〕　寫三十二冊　（三三―一九）

自筆編、一、米庵詩集　二、近世詩林　三、小鼎集詩抄　四、五山堂詩話　五、楊誠齋詩抄　六、山陽集　七、采風集　八、律髓抄　九、草山集　一〇、詩林　一一、絶句類選　一二、黄葉夕陽村舍詩　一三、覆醬集抜抄　一四、宋三大家絶句抄　一五、晩唐百家絶句抜繍　一六、江戸繁昌記　一七、皇國州名歌　一八、橋本小四郎詩稿抜萃　一九、詩聖堂詩抜　二〇、眞山民詩集　二一、白雲集抜萃　二二、沈石田落花咏詩　二三、六如庵詩抄　二四、蜺巖集　二五、文政十七家　二六、松塘小稿　二七、鯆糟集　二八、清百家絶句　二九、海内才子詩　三〇、橋本蓉塘詩集第二稿本　三一、月洲遺稿　三二、高青邱詩醇

二十　蘭亭群賢詩　等　寫半一冊　（三三―二一）

他筆ヲモ混ズルガ如シ、別ニ王右軍十七帖釋文、聖教序法帖釋文、草訣百韻歌釋文、文徴明詩帖尺牘釋文ト表記アリ

二十一　確言隨記　寫半一冊　（三三―二二）

自筆編、漢語ノ故事、諺ヲ集メシモノ、墨附四丁

二十二　名物雜誌　寫半一冊　（三三―二三）

自筆編、東涯名物六帖ノ補ノ如キモノ、墨附五丁

二十三　事實譚叢　寫半一冊　（三三―二四）

自筆編、古今談柄トナルベキ奇事ヲ集ム、墨附三丁

二十四　讀法要領　寫半一冊　（三三―二五）

自筆編、讀書ノ爲ノ注意ヲ先人ノ著述中ヨリ集メシモノ、墨附四丁

二十五　辨正手錄　寫半一冊　（三三―二六）

自筆編、校合ニ役立ツベキヲ抄出セルモノ、墨附五丁

二十六　熟語備忘　寫半一冊　（三三―二七）

自筆編、熟語トソノ用例、墨附十一丁

二十七　見聞雜載　寫半一冊　（三三―二八）

自筆編、書ヤ詩文ヲ見聞ニ從ヒ控ヘシモノ

二十八　見聞雜記　寫半一冊　（三三―二九）

自筆編、前掲ト同性質ノモノ

二十九　鷄肋雜編　寫半一冊　（三三―三〇）

自筆編、詩文ヲ集ムル豫定ナリシガ如ク二文三丁ヲ記セシノミ

三十　儁語碎錦　寫半一冊　（三三―三一）

自筆編、詩文ニ用フベキ四字句ヲ集ム、墨附八丁

三十一　扶桑方言　寫半一冊　（三三—三二）
自筆編、表紙ニ「明治十七年六月輶齋主人輯」トアリ、薩摩秋田等十三ニ分ケテ諸地方ノ方言ヲ集メントセシガ如クナレド記載少シ

三十二　時俊雑詩　寫半一冊　（三三—三三）
自筆編、同時代ノ詩ヲ集ム、末ハ雑記ナリ、墨附三十二丁

三十三　時俊詩抄　寫大一冊　（三三—三四）
自筆編、同時代ノ人ノ詩和歌ヲ集メシモノ

三十四　譬喩類苑　寫半一冊　（三三—三五）
自筆編、内題「喩譬類林」、墨附一丁

三十五　句法小册　寫半一冊　（三三—三六）
自筆編、漢文句法ノ參考ニナルベキヲ集ムガ五丁ノミ、末ハ三浦千春美濃奇觀ノ抄記

三十六　助字用例集　寫大二冊　（三三—三七）
自筆編、助字ノ用例ヲ集メシモノ

三十七　楚璞　寫横中二冊　（三三—三八）
自筆編、難語ノ單語集ナリ、嘉永庚戌夏五種豆拙者上田元冲ノ題字アリ

三十八　藻鹽新集　寫半四十三冊　（三四—一）
自筆編、歌語ヲイロハ順ニシテ出典ヲ示セルモノ

三十九　藻塩新集　草稿　寫中三冊　（三四—二）
自筆編、「堀川翁著花のふゝき」ト外題スレド前書ノ資料ヲ「イロハ」別ニ抄記セシモノナリ、一、二、五止ノ三冊ノミ

四十　輶齋詠草　寫半十冊　（三三—三九）
自筆、「輶齋詠草」ト題スル六冊ト「愚詠稿」ト題スル四冊ト計十冊アリ、年號ヲ記スモノ明治三十七、八、九トアリ

四十一　〔後の月考〕　寫半一冊　（三三—四〇）
自筆編、九月十三夜月見ニ關スル諸説ヲ集ム

四十二　古歌綺句集　寫大一冊　（三三—四一）
自筆編

四十三　和歌綺語　寫大一冊　（三三—四二）
自筆編

四十四　〔歌集抄錄〕　寫半十一冊　（三三—四三）
自筆編　一、花のふゝき（一名麓の雪）（春の歌抄）　二、春のにしき（春の歌抄）　三、隨得歌集　四、雲錦集拔萃（「明治廿六年三月十一日」）　五、六帖詠草しのふ久佐拔萃（「明治廿六年三月八日」）　六、草庵和歌集　七、六帖詠草拾遺　八、筧の水　九、堀河院次郎百首雜二冊

四十五　自筆雜記

1　聽雨桂風　寫小一冊　（三三—四四）

自筆編、詩ノ佳句抄記

2　〔詩句抄記〕　寫半一冊横中三冊　(三三―四五)

自筆編、作詩上ノ參考トナル句ノ抄記ト說明

3　三　家　錄　寫横小一冊　(三三―四六)

自筆編、間違ヒヤスキ字ヲ並記辨別セシモノ、墨附五丁

4　雜　　　錄　寫小二冊　(三三―四七)

自筆編、和歌ニ關スル抄記多シ

5　世事雜記　寫横小一冊　(三三―四八)

自筆編、人事ニ關スルモノナリ

6　見聞雜誌　寫横小一冊　(三三―四九)

自筆編、墨附一丁

7　雜　　　誌　寫三冊　(三三―五〇)

自筆編、雜記帳ナリ

8　〔輶齋抄錄〕　二十六冊　(四五―一六)

文字、詩文ノ句、和歌等ノ抄記

9　襍事備忘　寫一帖　(三三―五一)

日常ノ心覺ヲハリツケシモノナリ

第二類　日記・書簡

一　日　記　類

1　祭　日　記　寫横中一冊　(六一―五八)

半紙四ツ折横帳綴、全二十丁墨附十六丁、表紙ニ「明治十二年改正(朱加筆　十七、十八年改十九年次)祭日記　伊藤重光誌」トアリ、先祖代々諸靈ノ略歷、歿年次、行年等ヲ記シ、命日ト年忌トヲ明カニセシモノ、後人ノ追加アリ

2　伊藤年中行事　寫半一冊　(六一―五九)

全四十八丁墨附二十八丁、明治ニ入リ東峯ノ定メシヲ時代ニフサハシク改正セシモノ

3　旅用必要　寫小一冊　(六一―六〇)

全二十五丁墨附八丁、表ニ「京都市上京區東堀通《マヽ》下立賣上四町目百九拾七番地伊藤孝彥隱居伊藤重光」トアリ、晩年ノモノナリ、旅行中ノ必要品ヲ書キトメシモノ、外ニ臨時集之部、染筆用意、近郊山野遊歩ナドノ記モアリ

4　町内用記　寫半一冊　(六一―六一)

全二十丁墨附十二丁、表ニ「明治四年辛未三月十日町内入籍願濟」トアリ、明治四年法令改正ニヨル入籍ノ口上書寫シ、町内割アテ諸費用、町内ノ控等ヲトドム

5 東游日誌　寫小一冊　（六二―六三）

墨附五十四丁、明治六年八月十日東京ニイタリ徳大寺邸ニアリ、七年六月二日迄ト同年九月廿四日ヨリ十一月十八日マデノ日記、コノ間ニ輶齋明治政府ニツトムル事ニナリタリト見ユ、ナホ九年十年ノコト若干アリ

6 東行日記　寫小二冊　一袋　（六二―六三）

「明治廿五年十月廿七日發十二月二日歸宅」ト表紙ニアリ、恩給ソノ他ノ手續トカツテ住セシ東京再見物ヲ兼ネテノ旅ナリ

二　門人錄類

1 初見人名錄　寫半一冊　（六二―六四）

自筆、全五十八丁墨附十七丁、明治廿八年ヨリ三十八年九月頃迄ノ入門者ナリ、中ニ琢彌ヘ入門ト云フモアリ

2 諸國并京都文通所書　寫半一冊　（六二―六五）

全二十丁墨附十丁、外題東峯、中ハ輶齋ナリ

三　書簡類

1 輶齋書簡集　一袋　（四五―一）

所収ノ宛名次ノ如シ

一―七、伊藤顧也（七月十九日、九月廿一日、四月四日、十月三日、七月五日、十二月十日、明治廿三年一月十五日）

八、伊藤揚藏（一月廿日）　九、一〇、名不明

一一、京都御政府（明治四年正月塾ニツキテノ願書控）

一二、同　（明治四年三月離東京ノ願書控）

一三、徳大寺實則（明治七年五月卅一日休暇願）

2 輶齋來簡集　十袋　（五九―七）

所収次ノ如シ

第一袋

一、赤尾（十一月廿八日）　二、飯島全八郎（十月十五日）

三―一二、石崎長久（明治十一年十二月十四日、三月廿六日、十一年十一月廿一日、十一年十一月廿九日、五月十一日、十一年五月廿一日、二月廿二日、十一年五月九日、四月一日、十二月一日、十二年一月、十一年十一月廿一日ヲ一束トス、十二月四日ノ葉書、十一月一日、八月廿五日、別紙三ヲ一束トス、十二月八日、十一年十一月三日、十一閏十一日、十二月十二日）

第二袋

一三、一四、石崎長裕（十二年三月二十二日、十月二十五日）

一五、上田元沖（七月廿八日）　一六―一九、椣垣幸之（十一月廿四日、一月廿三日、一月二十八日、十二月四日）

二〇、小川元信（正月五日）

第三袋

二一―二四、置塩藤四郎（明治十三年一月三日、同十年八月十二日戊寅五月初七、同十年八月三十一日）

二五―三四、奥田清十郎（弘化四年十月廿五日、正月十五日、十一月十七日、新正十五日、弘化四年十月十三日、四月十日、霜月廿三日、正月十一日、臘月十五日、寅七月八日）

第四袋

三五、三六、勘解油小路資生（五月廿三日、三月廿六日）

三七―五二、烏丸光政（二月十四日、九月廿七日、後七月廿三日、五月十三日、五月十三日、八月五日、六月三日、正月廿七日、九月十日、二月十三日、七月廿八日、十月廿八日、三月十二日、菊月廿五日、九月廿四日、霜月廿八日）

第五袋

五三、北小路俊良（日次ナシ）　五四、北川舜治（十四年一月七日）

五五、木村義長（明治三十五年四月三日葉書）

五六―六四、熊倉市太夫（八月十九日、八月十六日、九月十八日、八月廿三日、十月十九日、正月廿二日、九月二日、八月廿三日、臘月廿七日）　六五―六七、駒沢廉（二月十七日、慶應二年二月初八、九月十八日）

第六袋

六八、櫻井勉（四月五日）　六九、櫻井良藏（八月四日）

七〇、島津久明（明治三十九年一月一日）

七一―七三、隅野宰輔（七月八日、臘月廿七日、霜月廿日）

七四、七五、井蛙堂（二月七日、正廿六日）

七六、藺村宗太郎（丁未元日葉書）

七七、高橋兵庫頭（正月二日）　七八、鷹司輔熙（五月十八日）

第七袋

七九、八〇　竹下濱市（四月十七日、明治四十年一月元旦葉書）

八一―八四、土肥直康（七月廿一日、六月廿九日、日次ナシ、明治三十三年四月十八日）　八五―八九、徳大寺實則（十二月廿五日、六月廿三日、霜月念六、十二月廿六日、十一月五日）

九〇、中野信成（二月十五日）　九一、野口鰶治（明治三十六年九月三日葉書）　九二、信敏（十一月二日）

第八袋

九三―九五、八條隆聲（十二月十四日、十月廿一日、二月一日ト九月十日合）　九六、九七、八條隆祐（正月廿五日、正月廿九日）　九八―一〇九、福井貞憲（四月十五日、十二月廿三日、八月十一日八月廿九日、七月廿七日、十月廿三日、二月四日、正月十七日、六月十一日、十月廿一日、三月廿八日、廿日）　一一〇、一一一、福井棣園（九月初四日、六月廿一日）　一一二、松尾元信（三春初六）

一一三、山本帯刀（八月十六日）

第九袋

一一四―一三六、山本達所（八月十二日、秋盡前一、六月念六、初冬初五、五月九日、六月盡、十月十八日、六月念六、六月晦、八月十一日、四月朔日、後三月念五、二月廿六日、八月十三日、七月朔日、五月念一日、七月十二日、七月念八、二月十四日、十月念三、十一月四日、初夏十九日、二月十念日）

第十袋

一三七、柳原前光（二月廿六日）　一三八、行正（六月念五）

一三九、渡邊豹吉（極月十四日）一四〇、一四一　渡邊擇（安政紀元之年臘月廿五曉、季春初四日）

一四二―一五六、差出人不明

一五七、宮津藩（辛未四月）

3

伊藤先生宛書簡集　一袋　（五九―八）

単ニ伊藤先生トカ伊藤大先生ナドアリテ何人宛カ不明ノモノ、恐ラクハ東峯韜齋宛ナド多カルベク、コヽニ一袋シテ加フ

一―三、中島祖右衛門（六月廿六日、五月廿四日、四月十九日）

四、安田源八郎（七月十日）　五、木下清弘（四月廿三日）

六、七、石田右衛門（六月十一日、七月十二日）
八、山澄静安（六月廿一日）　九、宗運（十二月九日）
一〇、かしわや喜六（丑五月廿二日）

第四類　書畫・草稿

一　書　畫

1　重光先生大書　一幅　（四五―二）
「精義」ノ二字、外題梅塘

2　勸學記　一幅　（四五―三）
東涯辨疑録中ノ一條「學道者……」ヲ書ス、外題梅塘

3　溫而嚴　一幅　（四五―四）
「七十五翁輶齋」トアリ

4　觀海　一幅　（四五―五）
「七十五翁輶齋」トアリ

5　牘文草露　寫中五冊　（四五―六）
輶齋習字ノ爲ニ寫セシナルベシ

6　墨客必携　寫小一冊　（四五―七）

7　同　寫小一冊　（四五―八）
前ト同性質ノモノナリ

8　草書聯珠詩格　附唐詩参首　寫中一冊　（四五―九）
前ト同傾向ノモノナリ

9　臨東涯先生之書　寫半一冊　（四五―一〇）
詩選堂詩、末ニ「己酉夏東涯書」「明治十三年四月十七日臨書重光」トアリ

10　〔書帖寫〕　寫一帖　（四五―一一）
草法ヲ寫シナラヒシモノ

11　徳大寺藤公藏帖
豫樂院殿眞跡臨書　寫一巻　（四五―一二）
「四月廿九日」ト臨書セシ日次ヲ記ス

12　但俔蹁　一帖　（四五―一三）
唐詩ノ草體ヲ書セシモノ

13　輶齋書畫集　一包　（四五―一四）
一、「萬歳」（七十五翁輶齋書）　二、旅順陷落（七絶）　三、「はきさかは尾花か袖に…」（和歌）　四、同（明治三十九年九月一日）　五、同　六、〔一休道詠集〕（四枚）　七、〔二程子が母の事〕（一帖）　八、嶽陽樓記　九、〔和歌帖〕　一〇、「至誠如神」（輶齋カ、シバラクコヽニ加フ）　一一、謝人寄早梅（七絶）　一二、君子小人相反圖　一三、同　一四―一六、短冊三枚　一七、「録紹述先生閑居筆録一條」　一八、勝海舟詩臨書　一九、反古　一枚

二　草稿

1　**輶齋詩文稿**　一袋　（四五—一五）

一、故淮三后眞誠公墓誌銘　二、石崎長裕宛文案　三、詩稿　一枚
四—七、大短冊　四枚（一ハ題ノミ）

第五類　物品

1　**郵便切手集**　袋共　一袋　（四五—一七）

輶齋アツメシマヽニテ未整理ナリ

2　**つゝみ紙集**　二十三通　（四五—一八）

輶齋ノ筆蹟ヲトヾメシツヽミ紙ヲ一括ス

3　**輶齋斷片**　一袋　（四五—一九）

一、名字號（東峯筆）
二、重光勘　名字號
三、家ノ坪數
四、五十音圖
五、觀德亭記寫
六、六々上人福祿壽詩ノ寫
七、許汝璜詩寫シ
八、明治廿六年十一月十二日柳馬場御池柳池校ニ於珍書會ノ略目録ノ寫
九—一四、反古五枚一冊

4　**輶齋印**　十顆　（六〇—一三）

5　**筆立**　一臺　（三一九—七）

竹ニテ春夜宴桃李園序ヲ刻ス、末ニ「歳次庚辰六月下浣爲伊藤先生囑樵石鐵筆」トアリ

蘭溪

一　**〔清嘯軒詩抄〕**　寫半二冊　（四五—二〇）

伊藤蘭溪ノ號清嘯軒ヲカリテ名ヅク、一ハ「野調集一」トアリテ六丁、他ハ「叱正　重遠再拜」トアルモノヲ初メニ「慶應三年丁卯集」ナドト名ヅケシヲ合綴シテ墨附二十二丁アリ、作ノ再出スルモノモアリ、自筆

二　**詩集拔萃**　寫半二冊　（四五—二一）

一ハ紹述先生詩集ヲ分類シ、且ツ韻ヲモツテワカチタルモノ、コノ書ハ「送別部」ノミナリ、他ハ別ノ集ヨリノ抄記、自筆

三　**史記備忘**　寫半二冊　（四五—二二）

自筆編、史記註解ノ抄記ナリ

四　**〔史書拔萃〕**　寫半十一冊　（四五—二三）

自筆編、史記評林一冊、前漢書三冊、後漢書四冊（「明治三年庚午五月十二日丁丑正午半刻卒業伊藤重遠識」ト末ニアリ）、國語拔萃二冊、三國志一冊

五　隨得雜錄　寫横中一冊　（四五—二四）

表紙ニ「清嘯軒」トアリ、外題上部ニ「萬延元庚申壬三月十六日」トス、熟語、成語、詩句等ノ抄記

六　隨得手録　乾　寫横大一冊　（四五—二五）

前書ニ類ス

七　丙寅桂秋念三日古義堂席上詩　寫一巻　（四五—二六）

末ニ蘭溪ノ作アレバ彼ノ編ナルベシ、「秋郊晩歸」ノ題ナリ

○

1　蘭溪先生遺墨　四袋　（四五—二七）

一—一〇七、詩稿類　一〇八—一一九、詩作用抄記類　一二〇—一六〇、復文　一六一、一六二、雜抄記　二冊　一六三、書簡一通（順武ヨリ）

2　書　帖　三冊　（四五—二八）

蘭溪筆ニヤ、似タリ、誰人カ不明ナレド古義堂ノ人ノ手ナルベシ、シバラクコヽニ加フ

○

1　蘭　溪　印　一顆　（六〇—一四）

琢　彌・孝　彦

1　伊藤琢彌斷片　（四五—二九）

一、手習帖一冊　初メニ署名アリ、少年時ノ筆ナリ

二、三、祝勲八等大倉富三君之解隊（明治廿九年十二月）二通　自筆

1　伊藤孝彦交友録　一帖　（四五—三〇）

自筆

○

2　伊藤孝彦來簡集　一通　（四五—三一）

京伊藤家女子

一　溫正孺人手帖　一袋　（（五八—五）

一—一二、東所宛（十月四日、十月廿三日、十月十三日、十月十日、卯月十六日、二月六日、神無月十五日、十月二日、卯月十四日、卯月六日、卯月十八日、日次ナシ）　一三、おとみ宛　一四、附東所筆つヽみ紙「萱堂ノ書牘」トアリ、孺人加藤氏東涯室東所母ナリ

二　常女書四書　寫横中五冊　（五八—六）

書簡ソノ他ノ反古ヲ用ヒテ四書ヲ素讀ノ通リニ假名書ニシタルモノ、大學一冊、中庸一冊「末ニ中用しやうくをわるつね」トアリ、論語二冊、孟子一冊ナリ、つねハ東涯女寛保三年十二歳ニテ夭折ス

三　五　色　和　歌　寫横中一冊　（五八—七）

五色和歌、三夕和歌、八景和歌、以下女訓ノ言葉アリテ二十丁、筆者不明ナレド東涯女常ノ用ヒシ所カ、幼キ假名ヲ認ムルハ前書ニ似タリ、シバラクコヽニ加フ

四　**靜懿孺人書簡集**　二袋　（五八―八）

悉ク東所宛、孺人ハ井口氏、定《テイ》、東所初配ナリ

一、八月廿二日朝　二、十一日　三、九月十日　四、十七日　五、六、七、日付ナシ三通　八、九月九日　九、九月七日夕　一〇、九月十七日　一一、九月十五日　一二、八月廿七日　一三、最後ノ病床カラ送リシモノ九通ヲ一綴ニス、ソノ一ニ夫東所書ス「此静懿絶筆往日予偶在齋讀書病間戯裁此書齎弘美乞物追憶昔日不堪感愴悲慟之至」

五　**順貞孺人手帳**　一袋　（五八―九）

所収宛名日次次ノ如シ

「さき」ト署セシモノ、一―九、東所（二月十五日、文月廿九日、八月二日、むつき廿七日、二月三日、二月二日、二月十六日、三月十六日、三月十四日）　一〇、東里（日次ナシ）

「かす」ト署セシモノ、順貞孺人ノ「かす」ト稱セシ證、未ダ見出シ得ザレド、手蹟甚ダ同人ナルガ如シ　一一―二〇、東所（二月廿三日、同、二月廿一日、十六日、二月四日、二月晦日、廿八日、十五日、日次ナシ二通）

二一、おしつ（「はゝ」トアリ、おしつは輶齋室橋本氏、コレハ東峯室福井氏ノ狀ナルベキガコヽニ附ス）順貞孺人ハ大同氏ニシテ東所三配

六　**龜山おゆか樣狀**　一袋　（五八―一〇）

所収宛名日次次ノ如シ

「ゆか」署名ノモノ、一―一三、東所（文月十四日、卯月十一日、七月十一日、菊月十七日、文月十五日、正月二日、水無月九日、十二月廿七日、卯月三日、廿一日、十月十五日、十月十五日、彌生廿一日）

一四―二〇、宛名ナシ七通　　二一、おさき（東所三配正月廿一日）

二二、東里（おと月廿二日）

「ゆた」署名ノモノ、二三、東所　二四―二九、宛名ナシ六通

ゆかハ東所ノ女子、龜山恰ニ嫁ス、初名由多後床ニ改ム

七　**楢林おあつ狀**　一袋　（五八―一一―一）

東所宛　三通（一括）、あつ東所ノ女子、楢林宗博ニ嫁ス

八　**霞山孺人狀**　（一括）　（五八―一一―二）

東峯宛五通、母大同氏宛一通、いとう御兩人宛一通、孺人東所女、初メ多加、生嶋《キシマ》經彭ニ嫁ス、岩尾ト改名ス

九　**順常孺人被殘置書付一括**　一袋　（五八―一二）

一、六諭義おほへ（六諭衍義中難讀語ノ訓）　一冊
二、へんおほへ（漢字ノ篇ノオホヘニシテ末ハ諸事ノ控ナリ）　同
三、やまとふみの詞　同
四、名所のこゝろおほへ（住所ヤ人名ノ控ナリ）　同
五、おほへ（書名ナケレド親族ナドノヒカヘアリ）　二冊
六、うたのことむおほ衞　一冊
七、他八紙（和歌ヤ畧書ナド記シアリ）　一束
　外題輶齋筆、孺人ハ東峯室、福井氏榮ナリ

十　**石　崎　達　狀**　（一括）　（五八―一一―三）

いとう樣宛一通、北小路樣宛一通、伊藤孝彥宛一通、達ハ東峯長女ニテ石崎長久ニ嫁セシモノ

十一　北小路俱狀　（一括）　（五八―一一―四）

七通共ニ轄齋宛ナルベシ、俱ハ東峯二女、北小路俊良ニ嫁ス

十二　珠慶孺人書狀　一通　（五八―一三）

「七右衞門殿御かもし樣」即チ仁齋父了室ノ婦壽玄孺人宛、「かちん」チモラヒシ禮狀、包紙ニ「伊藤了慶樣之御むめ《マヽ》しゆけい樣ノ御筆跡了室ためニあね」トアリ、山田氏ニ適ク、榎本甚右衞門母ナリ

十三　妙春宜人遺筆　寫橫大一冊　（五八―一四）

「みそのおほへ」「しやうゆのほう」「すのほうの事」ナド家庭上ノ覺書七丁、一丁表ニ東涯筆「妙春宜人遺筆也、寶永乙酉曾孫長胤書」、宜人ハ仁齋祖父了慶繼室久保氏龜

十四　貞淑孺人遺筆　一通　（五八―一五）

「みつしくろたなかさりやう」ノコト、孺人ハ仁齋元配緒方氏嘉那、包紙東涯筆

十五　妙清孺人筆　一枚　（五八―一六）

「米」ノ一字、裏面ニ東涯記ス「亨保五年庚子夏五月念一日妙清孺人八十八歲筆」、孺人ハ仁齋繼室瀨崎氏母ニテ瀨崎豈哲妻加藤氏、便宜上コヽニ附ス

十六　論語讀書之覺書　寫橫大一冊　（五八―一七）

靜懿孺人筆、半紙半分大ニテ帳簿仕立表紙共全十八丁墨附十二丁、述而篇ノ中途ヨリ子罕篇ノ半マデノ素讀ノ平假名書、表紙ニ東里「此論語讀書之覺書靜懿孺人手書也予六七歲之時也先妣使予勵念書其恩如天不慨感愴之至標題則予六七歲時所書也後四十年餘文化三年丙辰廿五日弘美記」トス、標題トハ「論語古義」ト幼筆ニテアルモノ

戊　傍系諸家書誌略

進　齋　家

進　齋

1　進齋斷片　（四六―一五）

一　進齋先生書、包紙轄齋「乙酉辛亥　伊藤維則拜」トセシ策問ナリ

二　文章一條、末ニ「此一葉恐進齋先生遺筆　己巳冬弘美」トアリ

三―五　書簡三通、西道室宛藤新平、　源藏（東涯）宛新平、斷片一ナリ、進齋ハ字新助ト稱スレドコノ新平モ内容筆蹟ニヨリテ進齋ナルベシ、或ハ新平ト字セシ折モアルニヤ

2　進　齋　印　二顆　（六〇―二）

一「維則之印」「新輔氏」

二「君子生義」

介　亭

第一類　著　述・編　纂

一　古義字抄　寫半一冊　（一五―三三）

全三十四丁、末ニ「庚寅六月四日書寫了」、初メニ「介亭先生所著託高

聽主人繕寫文政己丑二月三日寫了即日校了」トアリ、庚寅即チ明和七年ノ作ナルベク、己丑即文政十二年寫ナリ、和文ヲ以ッテ古義學ノ大略ヲトケリ、文政己丑春二月三日谷行徳ノ跋アリ云フ「古字《ママ》抄一巻介亭先生所著也先生死而後藏之於先生之裔吉田重定之家也久矣遂失之徒存書名耳予嘗憫焉頃日得之於平井氏之書庫而見則嚴然先生所書也恐此書之遂就澌滅因寫一本藏於季父之文庫欲使先生欲教晩進之志得遂晩□（進カ）欲求道之志得本矣尓謂」、「古義堂」ノ印アリ

第二類　日記・書簡

1　**介亭書簡集**　二袋　（五六—二）

宛名日次次ノ如シ

第一袋

一、二、東涯（八月廿一日、某日正藏紀州ゟ歸京之時書狀ト東涯記セシモノ）　三—六、蘭嵎（正月十六日、正月廿三日、卯月廿五日、二月廿二日）　七、雨林良寂（正月五日）　八、山田杏安（七月二日）　九—三二、東所（卯月晦日、卯月十三日、五月十日、後十二月廿九日、六月廿八日、卯月七日、八月十九日、年月未詳大雅堂ノコト六月廿日、六月廿四日、十月九日、三月朔日、十月十八日、八月三日、七月十三日、七月十六日、閏十一月廿八日、九月廿二日、霜月廿九日、三月十一日、五月六日、七月四日、二月廿九日、十二月廿七日）　三三—三六、宛名不明四通

第二袋

三七—七六、東所（三月廿三日、五月廿一日、十月三日、正月廿八日、三月十一日、二月十九日、六月朔日、五月二日、十二月廿七日、十月十二日、七月廿六日、十二月十日、七月十日、正月三日、三月廿二日、十二月廿五日、十一月冬至之日、二月三日、正月三日、十二月廿九日、九月廿七日、二月三日、八月晦日、九月廿三日、十二月十七日、正月八日、八月十六日、十二月廿七日、十月十七日、霜月廿三日、十二月十日、七月十二日、卯月廿二日、正月廿二日、十二月廿四日、七月十四日、七月十一日、七月十四日、二月廿二日ノ追啓、四月廿三日ノ追啓）

第四類　書畫・草稿

1　**介亭先生書**　山茶詩　一幅　（四六—九）

「和松育老丈見寄韻　延享丙寅六月長衡書」ノ七絶、外題輶齋筆「平田職明遺留」裏ニ一箋ヲハリ「平田職明明治廿八年十一月廿一日午前一時胃癌心臓麻痺死去ニ付遺留品」

2　**長衡先生書**　一幅　（四六—一〇）

「和人見寄韻　延享丙寅八月中旬長衡書」トセシ前掲山茶詩ナリ、但シ一文字相違ス、外題梅塘「自重光先生惠□明治三十七年秋」

3　**介亭先生墨跡**　一幅　（四六—一一）

「元人謝宗可詠茶筅之詩　明和八年辛卯卯月八日介亭」トセシ七絶、外題ニ「辛卯之歳四月晦日表裝焉」トアリ

4　**介亭先生書**　水到舟浮　一幅　（四六—一二）

「水到舟浮花謝子結」ノ大字ナリ

5　**懷紙**　詠浦傳千鳥和歌　一枚　（四六—一三）

「月きよき汀もすめは千鳥なく浦つたひして今やきぬらむ」

6 介亭書集　三枚　（四六—一四）

一「文行忠信」一行
二「主忠信徙義」一行
三「恭寛信敏惠」（端ニ「謙節先生遺筆　癸亥夏五姪韶審定」）
四「誰把煙脂灑隴頭」ニハジマル七絶

○

1 介亭詩稿　一袋　（一五—三四—一）

一　歳初偶作（自筆「己丑正月八日」ソレニ「奉和家大人歳初偶作之高韻男惟章拜」ノ七絶アリ）二　訪隱者不遇（輶齋寫、七絶、末ニ「明治八年十月鹿兒嶌人川添峯直乞鑑定眞跡也仍臨之輶齋主人」）

2 介亭斷片　（一五—三四—三）

一、開口（御能ノ折ノモノ、自筆）
二、壽玄孺人百年忌まつりもの目録（自筆　明和九年）
三、抄記　二枚

第五類　物　品

1 介亭印　二顆　（六〇—一五）

一「伊藤」
二「伊藤」「長衡」

弘窩（惟章）

1 惟章遺稿　（四六—三一）

一、二、書簡、（蘭畹宛二通、一ハ兄ノ惟城ト連名ナリ）

梅宇家

梅宇

第一類　著述・編纂

一　古學先生講義國字解　自筆本　寫大一冊　（一五—一七）

共表紙二十七丁、「享保十七歳臘月初六日書福山府梅宇精舎伊藤長英拜」ノ後語、古學先生文集巻之四所収「無或乎王之不智一章講義」ノ國字解、後語ニ云フ「右一篇文字艱澁ナラズ國字解ヲ述フルニ及バネトモ兒曹ニ授置先人幼ヨリ此道ニ志篤ク勉勵シ給ヘルユヘ聲名外國マテモ施キ及ヒ其餘慶ニテ英カ如キ不肖ノ輩モ讀書師トナリ温飽ニ暮セル譯ヲ示サン爲ナリ大方ニ呈セント欲スル意ニアラス先人コノ一篇ヲ著シ給ヘル時三十六歳ニ成リ給ヘハ未全脱宋學時分ナレトモ文中ノ意味後來純全ノ古學ニ復セル胎胚暗ニアラハル其骨肉ニ屬セル輩碌々トシテ了一生與草木同朽先人在天ノ靈豈快カランヤ不可不勉勵戒慎也」

二　古學先生講義國字解　東峯筆本　寫大一冊　（一五—一八）

全四十一丁、「論語古義」ト柱刻アル用紙、末ニ「文政十年丁亥陽月初六日書伊藤弘濟再拜」、又朱書「文政丁亥陽月念六日校了同廿七日讀了」

三　**義經畧譜**　自筆本　寫半一冊　（一五―一九）

全十五丁、主ト義經ノ和文畧歴ナレド俗説ニヨル所多シ、末ニ「是梅宇先生遺筆　享和壬戌善韶審定」トアリ、東所ナリ

四　**本朝談叢前編**　自筆本　寫大一冊　（一五―二〇）

全三丁、見聞談叢ノ初案ニシテ漢文ニテモノサル、後改名シ和文トス、僅ニ五條

五　**見聞談叢**　自筆本　寫大六巻六冊函　（一五―二一）

元文三歳戊午八月二十有四日福山府應程仲則父ノ自序アリ、應程仲則ハ伊藤重藏ノ唐音ニヨル署名ナリ、巻二題簽本朝談叢トアリ又内題外題トモ舊名ヲ見聞ト改メタリ、前書ヲ和文ニカヘシモノ（本書ヲ底本トセル岩波文庫本ノ解題參照）

六　**見聞談叢**　輶齋筆本　寫半六巻六冊　（一五―二二）

前書ヲ輶齋手寫セルモノ、末ニ朱書「安政二乙卯就梅宇先生手書謄寫了蠹剝可惜重光（花押）」、「六有齋」ノ印題簽下ニアリ

七　**雪賦**并**序**　自筆本　寫大一冊　（一五―二三）

全六丁、元文二年正月二十二日大雪ノ作ナリ、外題梅塘、又末ニ「雪賦幷序梅宇先生　大正癸亥孟春五世孫伊藤顧譁識」

八　**庚申口頭吟録**　自筆本　寫小一冊　（一五―二三）

二十一丁、庚申即チ元文五年ノ詩稿、表紙ニ後人「詩稿　庚申梅宇先生」ト書セリ

九　**古學先生別集序稿**　三通一袋　（一五―二四）

一ハ梅宇作、自筆、元文庚申歳長英謹序、蘭嵎改竄ヲ加フ

二ハ蘭嵎筆、改正セシモノヲ浄書シ更ニ訂正ヲ加ヘアリ、東所又加フル所アリ、末ニ「寶暦甲申端月初八月　善韶改竄」

三ハ蘭嵎筆、改竄ノ折ノ草稿ナリ

別ニ包紙一枚東所筆ニテ「明和元年収重而不及校合此文初蘭嵎先生改正是年予改正浄書以附集了」

十　**韓客唱酬錄**　寫半一冊　（一五―二五）

十四丁、筆者未詳、伊藤梅塘補、梅宇享保四年入貢ノ朝鮮使中ノ書記成夢良學士申維翰ト福山ニテ筆談唱和セシ折ノ記ナリ、昭和十三年梅塘ソノ折ノ詩數首、宗家ニアリシヲ寫シ補ヘリ、家傳記ニ云フ「享保四己亥歳韓使來朝維纜於福山南海舳浦接其學士書記等于福禪精舍有唱和若干書記成夢良乞先人遺書依贈童子問一巻」トアリ

十一　**雉片股**　坤集　自筆本　寫小一冊　（一五―二六）

十七丁、主トシテ本朝雅俗雜事ノ隨筆ナリ

十二　**授蒙瑣記**　自筆本　寫小一冊　（一五―二七）

十二丁、講義ノタメニ用意セシモノカ、漢語ノ意ヲ日本ノ當時ノ語ニアテハメテ説明シアリ

十三　**自筆雜記**

1　**案頭雜記**　寫小一冊　（一五―二八）

二十五丁、讀書見聞中ニ得シ所又ハ思ヒ得タル所ノ学記ナリ

2　**遊海抄**　寫大一冊　（一五―二九）

十一丁、本朝ノコトノ讀書ノ折ノ抄記ガ主ナリ、見聞談叢中ノコトモ

見エタリ

3 雜　筋《マヽ》　本朝　寫大一冊　（一五—三〇）

三丁、前書ト同性質ノモノナリ

4 〔梅宇雜記〕　寫大一冊　（一五—三一）

二十三丁、大正十二年冬梅塘散亂ヲオソレテ梅宇筆ノモノヲ一冊ニ製ス、今見レバ梅宇ニアラザルモ混ズルガ如シ、梅宇筆ノ所ハ雜筆抄記ノ類ナリ

第二類　日記・書簡

1 梅宇書簡集　四袋　（五八—一）

所収宛名日次次ノ如シ

一—二二、東涯（正月十一日、正月五日、二月二日、二日初五、正月廿六日、六月朔日、三月二日、閏月二日、閏月朔日東涯端ニ「己卯了報書」、二月六日、四月初七日、五月廿二日、三月廿九日、二月十五日（缺アリ）、正月二日（缺アリ）、正月三日（缺アリ）、七日、十一月廿一日、（包紙東涯「享保年中於福山伊藤重藏ゟ韓客出合之書付消息出來ル」）、日附ノ缺クモノ三通、三月九日）

二三—二六、介亭（二月廿六日、三月朔日、二月十一日才藏ヘ共ニ、日次ナシ蘭嵎ヘ共）　二七—三二、蘭嵎（五月二日、十月二日、霜月二日、十二月二日、九月二日、十月廿四日）

三三、伊藤忠藏（七月廿七日）　三四、福島丹下（卯月廿三日）

三五、同（五月四日）　三六、小野公福島公（卯月廿五）

三七、原景彥　三八、雨森傳藏（包紙ノミ）

三九—五六、宛名不明十八通

2 伊藤梅宇定福寺義海上人ト往復書　一通　（四六—一）

伊藤蘭畹寫、梅宇ヨリ初マリ各二通ト、埜釋某トセシ一通ヲ附セリ、全部漢文ナリ

3 梅宇來簡集　一袋　（三一—一）

一、朝枝由之（享保戊戌十二月十三日）　二、不明（女筆ニテ「十藏とのへ」トアリ二枚）

第三類　手　澤　本

1 琉球官職位階之太抵　寫横大一冊　（二〇七—九—三）

横綴二丁、末ニ「右はお江戸從薩侯之邸出候由にて當地へ參候而有之寫取掛御目候定而先ニ御覽可被成奉存候薩邸にてハ秘シ申候樣ニ承候き　英」

第四類　書　畫・草　稿

1 伊藤家四代書　一幅　（四六—二）

初秋訪明王壽山師謾賦一律奉呈　梅宇、與矩軒書　輝祖、〔擧錯論〕懷祖（辛卯之季秋）、千歲友帖序　弘亨（文政癸未之歲）ヲ一幅ニセシモノ

2 伊藤梅宇先生之書　一幅　（四六—三）

乙卯至後訪明王仁山上人席上賦二律呈ト師賦一絶見眎和呈（附本韻）

ノ三詩三枚ヲ一幅トセルモノ、外題ニ「仁齋先生ノ二男福山之藩伊藤之祖伊藤梅宇先生之書」トアリ

3　梅宇先生讃狩野岑信画　一幅　（四六—四）

扇面ニ花鳥ノ畫アリ、一絶句ヲ書セリ

4　聖　像　画　賛　一幅　（四六—五）

「右中庸書中稱　夫子之語先君子用以爲夫子肖像讃　寛保改元當立夏日後學伊藤長英薫沐拜書」

5　米南宮瀟湘八景詩　一巻　（四六—六—一）

末ニ「右宋米芾字元章就李營丘所畫瀟湘八景圖所題詠頃就人借以藏因書井子懇書贈　歳癸亥仲春既望梅宇生英」トアリ

6　同　一巻　（四六—六—二）

前書ノ草稿ナリ、末ニ「梅宇先生書五世孫伊藤顧識」

7　八　居　詩　一巻　（四六—七）

外題東所筆ニテ「先君子八居詩梅宇仲父書」トアリ、東涯作詩ヲ梅宇書セシナリ、末ニ「己亥之冬　弟長英録」、末ニ朝鮮成夢良自筆ノ評アリ「諸篇皆澹雅有古意少加櫽括足爲詞林高手」、末ニ東所跋アリ云フ「仲父梅宇先生仕于備後福山阿部勢州侯爲記室之任享保四年已亥歳韓使來聘路泊鞆津鞆津屬阿部侯封國以故梅宇先生以筆翰與接伴時梅宇先生自録吾　先君子所賦八居之詩際韓士學士成夢良字汝弼號長嘯軒者但點評語在即汝弼眞蹟後梅宇先生以其本呈吾先君子此其眞本也今茲庚戌之歳裝潢爲巻録事収于家云」

8　梅　宇　先　生　書　一巻　（四六—八）

書ノ小品ヲ一通ニセシモノ、所収、「和讃南素鳳秀才夕詩韻」七律、「十一月十一日初雪」七絶、扇面（春眠不覚啼鳥云々ノ句）、七絶（昨夜江邊春水生ノ起句）、白樂天不如來飲酒詩五首之一、後水尾法皇題薦艸ノ和歌、他ノ一ハ東涯筆ノ五律ナリ

○

1　梅宇先生詩文稿　一袋　（一五—三）

一、與大和斎木小林礒村中山數子登深津邑長尾寺訪圓明師賦古體一篇、本府赤坂邑農家産白牛脚力軟弱不果往觀就傳聞想像賦古調一闋、乞晦省歸賦一律呈介亭蘭嵎二子請正　二、和齋木巴（缺）遊王子山韻三、用輝祖韻寄列卿江坂子二首　四、弟長準有新正之作伯氏辱賜和頃書來寄際予亦次其韻奉呈伯氏請正（歳癸丑二月念二日）　五、山居等二首　六、病愈朝　公奉迎大駕自東歸　七、（馬屋原玄益ノ神農祠ニ題スル古詩）　八、〔題竹〕（竹ノ畫アリ）　九、（東坡臚ヲ夷三郎ニ借ル戯畫ニ題ス）　一〇、寄松巒吉川醫宗書　一一、題一年桃　一二、寄愼庵・七夕　一三、（神農堂ノコト）（和文）　一四、寄並河詞伯（寫、東所末ニ「此本紙福井終吉所望に就贈申候書留置候」）　一五、梅宇介亭詩（筆者不明、共ニ元旦ノ七絶ナリ、「東涯先生抜萃中」ト註アリ）　一六、顧也包紙一枚

第五類　物　品

1　梅　宇　印　十顆　（六〇—四）

一「姓藤原氏伊藤名長英字重藏別號呆宇」「輝祖之印」「左礒太刻」トアリ

二「弄月」
三「長英之印」
四「日晡酟酒待月」
五「興酣」
六「呆宇」「十藏」
七「天地一飛鷗」
八「長」「英」
九「呆宇」
十「重藏」「長英」

霞臺

1 霞臺遺稿　一袋　（四六―一六）

一、雄飛堂隨筆（一冊全六丁、末缺）　二、北窓雜録（一冊、表紙共十一丁、抄記）　三、〔塾生ニ示ス辭〕（二枚、論語春秋左氏傳ノ講目ヲ示シテ、ソノ注意ヲ述ベシモノ「寛延庚午上元日」トアリ）　四、五、詩稿（寄懐蘭畹庚午之夏、寄懐鶴皐鈴木君）　六、七、抄記（一八「元文己未夏五念九日伊藤世陳鈔出畢」トアリ世陳ハ初名カ）　八―一七、書簡（八月八日伊藤修佐宛、日野八彌宛、某人宛副啓自ラノ墓ノコトヲ記セリ、孟陬十一日伊藤東所宛、八月十三日同、三月十四日同、二月廿七日同、大元同、五月十三日夜同、十月二十二日同）一八、一九、断片二（寶暦二年論語ノ講日ヲ記スト、鞆浦ニ於ケル韓使ト筆語ノ寫）

2 韓客送簡　一袋　（四六―一七）

寛延元年來朝ノ韓使備後鞆浦ニテ霞臺ニ送リシ詩ヲ一巻ニ編セシモノ、朴矩軒李海皐李濟庵柳醉雪ノ四人ノ詩ト海皐醉雪トノ筆談トナリ、各自筆

○

1 霞臺先生遺筆　一幅　（四六―一八）

竹ノ畫ニ七絶「辛未之春肖齋並題」トアリ、外題ハ「享和二年壬戌九月二日先生五十忌辰故以裱褙姪弘亨珍藏」

2 肖齋先生遺筆　一幅　（四六―一九）

東坡ノ詩句「採得百花成密後―」「戊辰之秋肖齋書」トアリ、外題良之（芦西）筆

蘭畹

1 蘭畹遺稿　一袋　（四六―二〇）

一、源義經一谷紀事（一冊「閏朔」）
二、詩稿（「明和二年戊子春日」）
三、四、書簡（七月十七日伊藤東所宛、十一月廿二日同宛）

○

1 彰常先生遺毫　一幅　（四六―二一）

「克己復禮」、梅塘外題

2 懐祖先生賛鶴林梅画　一幅　（四六―二二）

七絶ヲ賛シテ「己亥歳　懐祖題」トアリ

○

1 蘭畹印　一顆　（六〇―一五）

竹坡

1　竹坡遺稿　三袋　（四六—二三）

一—三、雜記三冊　四—一七、詩稿十四葉　一八—二三、文稿六葉　二四—六五、書簡四二通（東所宛五通、東里宛二十三通、東峯宛十通、伊藤殿三通、健藏宛一通）　六六—六九、書帖　四帖　七〇—七二、書三枚　七三、書反古　一枚　七四—七六、諸家詩哥寫　三枚

2　日唐官配當　寫横小一冊　（四六—二四）

全二十四丁、自筆、内題「本朝官位相當唐官配当一官管轄之圖」トアリ

○

1　弘亨先生遺筆　一幅　（四六—二五）

「賀大野氏壽母八袠文政七甲申春二月伊藤弘亨再拜」トセシ七絶

○

1　竹坡印　六顆　（六〇—一六）

弘訓

1　弘訓書斷片　二葉　（四六—二六）

蘆汀

1　蘆汀遺稿　二袋　（四六—二七）

一—四、〔四季書狀帖〕（四枚　帖ニ製スベクシテ未完成ノ斷片ナリ）五—一四、詩文稿綴（十葉）　一五、一六、〔鞆浦禅寺額ノ記〕（同文二通）　一七、一八、秋日雜詩十二首録其二（同詩二通）　一九、〔東所七十賀詩〕　二〇、〔文化十二年祠堂落成詩〕　二一、題翡翠園（五絶）二二、二三、季秋念八日同諸子賞雄山紅楓醉中分字爲韻各賦（同詩二通）二四—五八、書簡（東所宛四通、東里宛十四通、東峯宛十三通、楢林宗博宛一通、尊大人宛一通、高原源左衞門宛二通）

○

1　蘆汀印　一顆　（六〇—一八）

蘆岸

1　蘆岸遺稿　一袋　（四六—二八）

一、勢《マヽ》遊珍奇録（横一冊、漢文ノ戯文ナレド何人ノ作カ未詳）二、雜日録（横一冊「文政十三庚寅十月」「應柳認」トアリ、同年京都ヘ上リシ折ノ記ナリ）　三、習字帖（息銀藏良道、息揚藏良之ノ爲ニ書シモノナリ）　四—九、詩稿六葉　一〇—一三、書簡（東峯宛四通）

○

1　幽讓丸齋両先生祝石谷叔父古稀詩　一幅　（四六—二九）

癸巳仲春ニシテ良有芦岸ノ「松」七絶、元善長大ノ「梅」七絶ノ詩アリ、外題「良之」

○

1　蘆岸印　二顆　（六〇—一九）

長文

1　長文遺稿　一袋　（四六―三六）

一、書「流水不腐戸樞不蠹」　二、三、詩稿（二通、蘆汀ニ宛テ削正ヲ乞ヒシモノ）　四、五、書簡（大熊放齋宛、文佐様宛）

長大

1　長大遺稿　一袋　（四六―三六）

一―八、詩稿（八葉）　九―一三、書簡（東峯宛四通、宛名ナシ一通）

○

1　長大印　二顆　（六〇―一七）

蘆西

1　芦西遺稿　一袋　（四六―三六）

一―九、書簡（輶齋宛一通、梅塘宛八通）

梅塘

1　梅塘日記　寫四十一冊　（六五―一）

顧我ト題スルモノ明治十七年一月一日ヨリ明治三十四年迄十七冊
梅塘又ハ梅塘日誌ト題スルモノ明治三十五年ヨリ明治四十四年迄十冊
梅塘日簿　大正元年　一冊
家乘又ハ梅塘家乘ト題スルモノ　大正二年ヨリ五年マデ三冊
梅塘大正六、七年　一冊　　我顧家乘大正八、九年一冊
梅塘大正十、十一年　一冊　　顧我家乘大正十二、十三年一冊
我顧大正十四、十五、昭和二年一冊　　覺帳昭和三年一冊
我顧昭和三、四年　一冊　　日記昭和五年一冊
顧我昭和六、七年　二冊

○

1　梅塘遺稿　一袋　（四六―三〇）

一、書簡類語（半七葉、書簡用語ヲ類聚セントセシモノ）　二―四、感謝文等三通（梅塘警察署長時代ノモノ）　五、書一葉（「庚午初夏」トアリ）　六―八、書簡（琢彌宛二通、橋本ふさ子宛一通）

○

1　梅塘印　六顆　（六〇―三〇）

福山伊藤家女子　附來簡集等

一　竹坡配佐藤氏狀　一通　（四六―三〇）

堀おしん宛、おしんハ竹坡女同藩堀力之助ニ嫁ス

二　福山伊藤家來簡集　二袋　（六五―三）

霞臺宛
一、齋木文弼（癸酉八月既望）
蘭畹宛
二、齋木文弼（八月十七日）
鶴鳴（蘭畹別號カ）宛

三、齋木文弼（天明乙巳星夕前一日）
青藍（竹坡別號カ）宛
四、赤澤貞幹（安永九庚子仲夏日）
五、三好政載（安永庚子末夏）　六、東巷美（六月廿一日）
竹坡宛
七、菅茶山（十二月十七日）　八、半左ヱ門（六月）
長文宛
九、山岡次隆（六月十九日）
長大宛
一〇、之中（格佐ト共ニ宛ツ）　一一、柳原光愛（林鐘廿二日）
一二、福井棣園（格佐ト共ニ、正月廿八日）
一三、松陰（二月三日）
芦西宛
一四、内藤次郎右衛門　一五、一六、中嶋甚助（二月廿一日、七月四日）
梅塘宛
一七、高瀬武次郎（大正十二年十一月十九日葉書）
一八、磯永連（明治二十三年十一月七日葉書）
一九、中村元（四月五日葉書）　二〇、大塚松洲（三月十七日）
二一、平野宣齋（丁卯十月）
おとせ（芦西配中島氏）
二二、父ヨリ（四月十三日）　二三、二四、母ヨリ（廿六日、十二月けふ）　二五、姉ヨリ（二月廿日）
宛名差出人不明
二六、中島良（極月けふ）　二七、山口恕介（二月十一日）
二八、河合利太郎母（弥生けふ）二九―三一、差出人不明

3　福山伊藤家所傳文反古　一袋　（六五―三）

竹　里　家

竹　里

第一類　著述・編纂

一　竹里先生記録　寫半一冊　（一五―三五）

毎半葉九行罫紙ヲ用ヒ全七十一丁、墨附六十四丁、自筆、俗語ノ註、藥方、讀書抄記等全クノ雜記ナリ

二　〔李東郭詩文〕　寫大一冊　（一五―三六）

表紙共全十丁、朝鮮李東郭ノ甘白子硯詩序、詠冨嶽ト、介亭竹里ノ彼トノ應答詩ヲ一冊トス、介亭トノ應答ハ介亭筆他ハ竹里筆ナリ、辛卯即チ正徳元年ノコト

第二類　日記・書簡

1　竹里書簡集　四袋　（五八―三）

所収宛名次ノ如シ
一―四、東涯（三月二日、二月廿七日、六月十八日、不明「卯ノ三月二日平藏6」ト東涯記セシモノ）
五―八、宛名不明　九―三〇、蘭嵎（十月廿七日、五月十七日、十二月七日、十二月七日、四月十三日、八月十一日、

七月廿六日、九月十一日、四月廿七日、四月九日、三月七日、四月二日、十月廿六日、十一月五日、四月九日、八月廿六日、八月六日、八月廿五日、二月十八日、日次不明一通（東所共）八月十七日、七月廿五日（正藏、河合周佐共））

三一―七三、東所（七日、九月十一日、附蘭嵎書簡一通、三月五日、九月五日、八月十日、三月十三日、八月廿一日、六月廿五日、十一月二日、八月七日、六月十四日、十一月三日、七月十六日、三月廿九日、五月廿一日、八月十八日、四月十八日、五月廿日、三月廿日、二月三日、七日、八月廿三日、正月五日、閏月三日、元旦、正月三日、七日、八月廿三日、三月七日、五月十二日、臘月念一日、四月三日、正月七日、三月十三日、六月十日、十一月十四日、四月二日、正月七日、上巳後一日、正月三日、日次不明一通、包紙一枚）

第四類　書畫・草稿

1　七絶　賦春寒花較遲　一枚　（五一―三七）

○

1　竹里詩文稿　（五一―三七）

一、夏日書懷奉寄蘭嵎賢弟座右（古詩）　二、次某元日韻二首　三、祝壽編年序（東涯削正朱筆アリ）四、詠小松和歌ノ韻ヲ次グノ詩（辛亥之歳夏五月）

2　竹里斷片　三枚　（五一―三七）

漢及本朝舊制ニツキテノモノ一、左傳抜萃ト寗武子何註抄記一、翦勝野聞ヨリノ抄一条一、東里包紙ニ「此分東所先生審定濟此分寛政六甲子臘月十八日東所先生再審定濟」

第五類　物品

1　竹里印　三顆　（六〇―六）

一、「竹里圖書」「惟城藏書之信」

二、「平藏氏」

三、「學　齋」

惟城

1　惟城遺稿　一袋　（四六―三二）

一―三、書簡、（東所宛三通、一八弟惟章修藏ト連名ナリ）

○

1　惟城印　一顆　（六〇―七）

蘭嵎家

蘭嵎

第一類　著述・編纂

一　周易憲章　自筆本　寫中一冊缺　（三五―二）

全四十七丁、寛延改元冬十一月之望平安伊藤長堅トセシ序アリ、後ノ易憲章ノ早キ頃ノ稿ニシテ、補正シゲシ、經ノ初メヨリ「艮下艮上」迄ノ註ナリ、一度書名ヲ周易反正トシ再ビモトヘカヘセリ

二　易　憲　章　自筆本　寫大四巻四冊缺　（三五―三）

初一巻一冊缺、前書ノ補正ニ從ヒテ淨書セシモノノ如シ、更ニ補正ヲ加フルコト甚ダ務メタリ、彼ノ主著五經研究ノ中ノ一ナリ

三　書　反　正　自筆本　寫大七巻五冊缺　（三五―四）

八巻ヲ以ツテ完トスル巻二ヲ缺ク、享保二十年歳次乙卯春王正月ノ序、書經ノ註ナレド、序説ナキ所ヲハジメ刊本ニ比スニ相違ナホアリ

四　書　反　正　堯典　大一冊　（三五―五）

序説十四丁、本文目録四十九丁ナリ、柱ニ「書反正巻一」トアリ、板下蘭嵎自筆ナリ、刊記ハ「明和弐乙酉秋九月南紀書肆山本勘兵衛　平安書肆吉村吉左衞門　植村藤右衞門」トアリ

五　書　反　正　禹貢　大一冊　（三五―六）

序三丁、本文五十九丁、明和六年歳次己丑春王正月　平舊章序（伊藤承叙書）、柱ニ「書反正巻二」トアリ、前書ニ次ギシモノ、板下自筆ノ如シ

六　小　雅　稾　本　自筆本　寫大一冊　（三五―七）

全七十二丁、詩經古言ノ極初ノ稿本ナルベク數度ノ改訂補正アリ、「采薇五章々八句」ノ初メ迄アリ

七　詩　経　古　言　自筆本　寫大十三冊缺　（三五―八）

黄表紙十二子乾坤計十四冊中、子ニ當ル首巻ヲ缺ク、子丑寅卯ノ四冊ハ序言ト國風、辰巳午未四冊ハ小雅、辰ノ末ニ「此策戊辰（寛延元）七月八日起筆於紀府寓居念日終長堅識」、午ノ終ニ「四月念二日校閲完　堅」、未「甲戌（寶暦四）四月再校閲　乙亥（寶暦五）六月寫全」、寫全ハ更ニコノ書ヲ淨寫スルノ意ナリ、申酉戌亥四冊ハ大雅、申「癸酉（寶暦三）復月再閲　甲戌（寶暦四）四月重校」、酉「甲戌（寶暦四）四月望再校閲完」、戌「七月六日、甲戌五月再閲完」、亥「己巳（寛延三）十月晦終業　甲戌五月十一日閲完」、乾坤ハ頌、乾「丙寅（延享三）八月長堅寫于紀府寓舍、甲戌五月再校閲全、乙亥（寶暦五）九月寫全」、坤ハ「乙亥陽月十四日寫全校閲、甲戌五月廿七日全」、ソノ末ニ詩經集異序アリテ延享三年丙寅二月トアレド皆消セリ、延享寛延ノ頃淨寫シ寛延三年十月晦完成、寶暦三四年ノ間校閲シ、更ニ寶暦五年別ニ淨書本ヲ作レリト見ユ、五經註ノ一ニシテ最モ努メタルモノナリ

八　詩経古言總論　第二藁　寫大一冊　（三五―九）

全十九丁、自筆、前書ノ總論ナリ、中序三丁ニシテ「享保二十年歳次乙卯春王正月」トアリ、詩經古言巻一ノ部二丁アリ、總論ハ十四丁ナリ、全文ニワタリテ改修甚シ、表紙ニ「癸酉九月廿一日再書」トアルハ本書ニヨリテ更ニ淨書セリトノ意ナリ、癸酉寶暦三年ナリ

九　詩古言序説　自筆本　寫大一冊　（三五―一〇）

全二十一丁、巻一ノ部分六丁飛ビ〳〵ニアリ、序説ノ部ノ末ヲ缺ケリ、第二藁ト比較スルニ、コノ方稿ノ後クレタルモノニシテ、ソノ間尚草稿アルモノ、如シ、改修ナホ甚シ、表紙ニ記ス「自有此篇以來無此解使作者一覧開顔喜氣津々曰數千歳之後被洗寃矣拙解有改而書寫一番今贈藁本數帋與同志之人商確之必有一是非云牛日　長堅　善韶姪氏」ト、東所ニ送リ與ヘシモノナリ

十　春秋聖旨　自筆本　寫大三冊　（三五―一一）

春秋ノ註釋ニシテ巻數ノ記ナキハ未ダ定マラザリシナルベシ、例ニヨリテ改修甚シ、一冊目末ニ「庚午夏五寫全」、二冊目初メニ「二月初六始業」、三冊目初メニ「二月十八日淨寫始」、末ニ「庚午端月三日起筆八月十八日終」、庚午ハ寛延三年ニシテ本書淨書ノ時ナリ、二月ハ何年カ不明ナレド更ニ改修後淨書セシ折ノ記ト知ルベシ

十一　大學是正　自筆本　寫大一冊　（三五―一二）

全二十八丁、末ニ「禮記是正大學」トモアリ、大學ノ註釋書ニシテ、延享三年歳次丙寅冬十二月望日ノ序アリ、改定甚シ

十二　中庸古言　自筆本　寫半一冊　（三五―一三）

二十行罫紙ヲ用ヒテ全四十五丁、初メ十丁ハ別ノ雜記ナリ、初メ中庸本義ト題シ今ノ名ニ改ム、後ニ讀禮記ト題セシモノノ初稿ニシテ中庸ノ講釋ナリ、初メニ「丁卯端月五日初草」トアリ、丁卯ハ延享四年ナリ

十三　讀禮記　自筆第一本　寫大一冊　（三五―一四）

全四十一丁、前書ト同ジク中庸ノ註釋ニシテ前書トハ面目ヲ一新ス、ナホ「丙子十二月三日」ニ終ル大改修アリ、丙子ハ寶暦六年ナリ

十四　讀禮記　自筆第二本　寫大一冊　（三五―一五）

全六十四丁、前書ノ改修ニヨリテ淨書セシモノ、寶暦六年歳次丙子冬十二月ノ引アリ、更ニ補正甚シ

十五　衣錦藁　自筆本　寫中一冊　（三五―一六）

全二十三丁、「文錦堂」製ノ罫紙ヲ用フ、墨附八丁、初メニ「己巳年三月東睿法王來朝予在南紀奉教上都故人子弟求題　詠者多矣韶姪持此冊求寫之因書遣之後日有作陸續登載名以衣錦藁云」トアリ、己巳ハ寛延二年ナリ、ナホ末ニハ庚午寛延三年ノ作モアリ、ソノアタリ東所筆ナリ、「善韶」ノ印、題簽下部ニアリ

十六　三條右府碑　大一冊　（三五―一七）

墨本ニシテ十三丁、三條定方ノ墓碑銘ニシテ、蘭嵎作並ビニ書ナリ、タヾシ篆額ハ東涯ナリ、文ハ享保八年ニナリ、刊ハソノ子弟タル「高顯　賴胤　俊將　植房同損貲刊」トアリ、東涯ソノ跋ヲ作レリ時ニ享保十年歳次乙巳秋九月ナリ、ナホコノ書ハ東涯手澤本ニシテ「享保十一年丙子　尙書防城藤公家藏刻本　恵賜伊藤長胤」ト末ニアリ

十七　紹衣稿草本　寫眞版　中四巻二冊　（四二―一九）

嘗テ蘭嵎ノ子孫伊藤峯子氏所持大本二冊ヨリノ寫シ、蘭嵎自編詩文稿草本、巻一、二、三ヲ収ムル一冊ト巻四ノ一冊、蘭嵎自筆ノ分多シ、自序ハ延享四年丁卯九月ニシテ、兄東涯ノカツテノ教訓、草稿ヲ残スベシニヨリ編ストアリ、巻四ニハ寛延年間ノ作モアレバ、序ヲ草セシ後モ集メテ、コレヲ東所ニ附托シタルモノナリ

十八　紹衣稿　寫眞版　中六巻六冊　（四二―二〇）

前ニ同ジク伊藤峯子氏所持大本六冊ノ寫、東所編スル蘭嵎詩文集、寛政三年九月、東所自筆ノ序アリ、草本ヲ托サレテ日アリ、漸クコノ年更ニ増加シテ、編輯淨書スト云フ、文四巻詩二巻ナリ

十九　紹衣稿鈔　半二巻一冊　（三五―一八）

蘭嵎百五十年忌ノ折、内藤湖南ニ嘱シテ鈔出シ伊藤梅塘ノ出刊セシモノ、時ニ昭和二年ナリ、東所紹衣稿序三角作ノ碣銘ヲカヽゲ、巻上ハ文十四、下ハ詩四十四首ヲ収メ、末ニ湖南ノ跋アリ

二十明詩大観　前編　大四巻附首巻三冊　（二四—八）

伊藤蘭嵎編、藤江熊陽香川秀庵校、享保紀元蘭月日伊藤長胤序、正徳四年甲午孟夏之吉香川秀庵序、享保丁酉季春自序、享保丁酉年孟夏吉旦皇都吉村吉左衛門　同河南四郎右衛門　東都出雲寺和泉掾刊行、明詩彙選ヲ主トシ諸家ノ集ヲサグリテ編セシモノ、古詩五言律詩ノ部ヲ収メタリ

第二類　日記・書簡

1 **抱紮齋日乘**　寫横中一冊　（六一—二五）

美濃四ツ折大、全五十六丁、享保三年戊戌年一ヶ年間ノ日記ナリ

2 **抱紮齋己亥日乘**　寫半一冊　（六一—二六）

全十四丁、己亥即享保四年ノ元旦ヨリ八月六日迄ノ日記ナリ

3 **抱膝齋日簿**　寫半一冊　（六一—二七）

全六丁、庚子即チ享保五年元旦ヨリ五月四日迄ノ日記ナリ

4 **癸丑日簿**　寫半一冊　（六一—二八）

二十行罫紙ノ半紙四ツ折大、全四十八丁、癸丑即チ享保十八年ノ一ヶ年ノ日記ナリ

5 **六有軒丙辰日簿**　寫横中一冊　（六一—二九）

美濃四ツ折大、全二十一丁、丙辰即チ元文元年元旦ヨリ五月廿一日迄ノ日記、但シ記事ナキ日多シ

6 **入越誌**　寫中一冊　（六一—三〇）

全二十丁墨附十三丁、何ノ年カ姉トメ號敬信（越前福井本多武雅ニ嫁ス）ヲ送リテ竹里ト共ニ福井ニ遊ビシ折ノ記ナリ、三月廿三日出立四月七日ニオハル、ナホ福井ニアリ、享保六年武雅歿後ナルベシ

7 **伊藤才藏殿御扶持方之通**　寫横大一冊　（六一—三一）

美濃横二ツ折、表紙ニハ「享保十六年辛亥年七月」トアリ、蘭嵎紀州藩ニ仕ヘシ折ノ扶持ノ通ナリ、文字ハ別人ノ手ナレド「伊藤長堅之印」ヲオシアリ、七月ヨリ十一月迄ノ受取ナリ

8 **壬子癸丑金銀解支簿**　寫横中一冊　（六一—三二）

美濃四ツ折、全十六丁、享保十七、八年ノ自筆ノ會計帳ナリ

○

1 **蘭嵎書簡集**　十四袋　（四二—一）

所収宛名日次次ノ如シ

一—二二、東涯（三月十日、四月十六日、卯月廿九日、七月六日、卯月廿一日「丙辰四月廿三日達才藏書」ト東涯記アリ、七月六日、正月廿一日、七月十一日、二月望日、六月十八日、七月九日、六月十三日、六月初五「丙辰六月中才藏」トアリ東涯記、二月五日、三月廿七日（前缺）、三月十一日、三月十六日、正月十四日、七月六日（前缺）、正月廿三日、三月廿二日、六月廿一日）

二三—二八、介亭、東所連名（猪日、月正元日、猪日、牛日、十二月廿五日、羊日）

二九—三五七、東所（卯月十三日、五月廿五日東所記ニ「癸巳之歳」、八月三日、六月六日、三月十五日、十月十四日、卯月廿一日、九月六日、正月晦日、八月

五日、重陽、十二月廿一日、閏二月三日、四月廿八日、十一月廿五日、十一月七日、三月十二日、三月十一日、十月廿一日、臘月念四日、十月十四日、閏六月十日、卯月廿二日、陽月廿七日、二月廿九日、九月廿一日、八月五日、一月廿五日、五月十六日、十二月十三日、十二月十五日、十一月十七日、二月十九日、廿三日、七月二日、十二月廿五日、十二月十八日、八月十日、六月十八日、三月廿六日、二月十九日（副啓）、十二月十六日、十二月三日、五月八日、卯月廿八日、七月廿二日、七月十日、十二月九日、五月十七日、四月廿九日、元日、六月廿日、人日、四月廿四日、四月十八日、五月十三日、十一月十六日（別幅）、端午前夜、二月廿三日、九月十四日、五月十三日、二月廿一日、三月廿六日、六月三日、卯月十日、六月十八日、二月二十日、二月十七日、五日、八月二日、三月十三日、十二月十六日、三月十一日、十一月五日、十一月五日、元日、一月廿八日、馬日、十二月廿日、正月四日、九月十六日、九月十四日、十二日、閏月十四日、三月念日、八月十日、九月朔日、八月十九日、四月二日、八月九日、五月十四日、五月十日、三月十二日、五月廿三日、八月五日、二月九日、三月十二日、五月廿六日、七月八日、四月十六日、十一月八日、三月十一日、十月初五、五月十八日、四月朔日、六月四日、三月六日、七月朔日、七月九日、八月二日、六月七日、九月二日、陽月十七日、十月十六日、六月九日、二月十一日、六月廿四日、重九初更、正月廿一日、十一月十一日、九月廿六日、正月廿七日、正月廿八日、十二月廿六日、二月廿二日、七月三日、八月六日、十二月七日、二月七日、三月廿一日、卯月八日、二月十日、十二月十日、復月十六日、三月廿五日、二月廿一日、陽月廿六日、三月廿四日、九月十六日、十六日、五月廿八日、六月廿六日、四月廿日、陽月念五日、三月五日、卯月廿九日、六月廿七日、十二月廿四日、二望日、三月十五日、卯月二日、七月九日、二月十日、十月廿七日、十一月十一日、七月十二日、七夕、人日、八月廿八日、三月十三日、十月十六日、三月四日、二月廿六日、十二月十九日、九月七日、七月十日、九月十四日、八月廿二日、九月廿日、八月五日、八朔、八月晦、三月廿八日、中秋、九月廿八日、八月十日、八月十一日、陽月十四日、十月十六日、羊日、八月廿二日、八月四日、四月十五日、四月十九日、正月廿八日、四月六日、八月廿五日、十月十三日、九月廿二日、陽月朔日、六月廿一日、五月廿一日、十月九日、陽月十五日、十一月廿日、十二月九日、九月六日、卯月四日、二月十八日、六月二日、二月十一日、十月十一日、八月廿一日、六月十三日、七月四日、十一日（別陳）、六月十一日、三月五日、七月廿三日、八月八日、八月六日、八月十九日、八月廿一日、八月十一日、正月廿八日、十二月十八日、正月十二日、二月廿六日、八月十日、十月十二日、七月十三日、端午前夜、正月廿八日、六月廿七日、十月廿一日、八月十日、二月廿八日、九月六日、六月初七、五月十三日、五月廿三日、六月十九日、五月廿九日、二月朔日、二月廿四日、十月十八日、十二月七日、五月四日、五月十日、六月十六日、十月望日、二月晦、十月十四日、二月五日、三月晦、五月廿六日、二月廿四日、十一月三日、五月十五日、七月五日、十月十七日、元旦、四月十四日、不明三通、包紙一枚、四月廿九日、四月十日、四月十二日、七月十六日、三月廿九日、二月三日、二月十三日、四月廿五日、五月十九日、十一月三日、八月廿八日、八月十八日、十月廿五日、正月廿四日、十六日、閏月八日、十二月廿九日、復月五日、正月十四日、十二月廿二日、十一月八日、十二月十日、四月四日、十一月廿二日、復月廿八日、十二月十三日、十一月十六日、九月十七日、八月十日、十月十五日、閏七月六日、日次不明（以下前缺）、十二月十一日、五月廿三日、九月七日、三月念七日、上巳、正月廿九日、八月八日、正月廿九日、閏十二月廿七日、六月十三日、十一月廿三日、七月十二日、八月八日、三月十九日、四月十四日、八月十日、二月四日、十一月廿一日、十二月十四日、三月廿八日、八月七日、十一月二十五日、五月七日、四月二日、三月五日、七夕、四月廿二日、八月廿一日、十一月十七日、十一月二日、十二月十日、日次不明一通）
三五八、小西伊織（五月二日）
三五九、奥田清十郎（三角ナリ、四月廿日）
三六〇、勒負（二月二日）
三六一、蘭汀（奥田三角ナリ、立春前夜）
三六二、河合理右衞門（十二月廿日）
三六三、寺村相右衞門等（元文三年三月「就切支丹宗門御改一札之事」ノ案文）
三六四、同、
三六五、本多武兵衞（七月二日）
三六六、榊原源八郎、森熊太郎（九月十一日）
三六七—三七四、不明八通（多クハ東所宛ナルベシ）
三七五—三九八、宛名不明　副啓二十四通
三九九—四二七、後缺ニシテ宛名日次不明ノモノ二十九通（共ニソノ多クハ東所宛ナリト思ハル）

2　蘭嵎來簡集　一袋　（五九—三）

一、祇園南海（七月十一日）　二、存庵（中山榮親、二月初七）
三、長井元春　四、井口紀太夫（臘念三）
五、小倉宜季（後七月念四）　六、坊城俊將（七月四日）
七、同（五月二日）
八、和歌山橋町六郎右衞門甚右衞門（丑四月）
九、鳥居源之丞包帋　一〇、けいしん（姉トメ、正藏共ニ宛テ、）
一一、青木玄蕃充（三月二日、助次ノ力ニ關スル狀附紙三葉）

第三類　手澤本

1　名例律・賊盜律　寫大二冊　（七七—二八）

蘭嵎寫、墨附、名三十二丁、賊三十三丁ニシテ「抱鄰齋」ト柱刻アル用紙ヲ用フ、「長堅之印」「才藏」「六有齋藏書」ノ印アリ、末ニ東所ノ記「此書二巻予弱齡之年季父蘭嵎先生所賜今茲甲辰之春讀畢追想往時謹題其尾収干家云　善韶（印）」

2　尙古館印譜　大二冊　（八一—三）

片尙宜篆、一ハ延享乙丑春三月蘭嵎序、尙古館主人跋、他ハ元文庚申夏四月僧壽序、元明序、元文庚申夏五月伊藤元琰辯言、寛保龍集癸亥臘月百拙叙、延享改元歳次甲子秋八月元皓序、大典跋

3　新古今和歌集　大二十卷合二冊　（八六—三二）

藤原道具等編、蘭嵎外題ヲ書セリ、刊年記ノ所ナシ

○

1　詩說　寫大一冊　（九四—六）

（漢）申培、（明）程榮校、甲子（延享元）夏五月長堅（蘭嵎）寫、墨附廿八丁、末ニ「予草書反正也金縢大誥篇據申說爲解迨爲詩古言熟覧審視則知非申氏之舊書後世託申生倣小序以作焉者讀者其審諸延享二祀陽月廿四夜燈下誌　長堅」

2　新定三禮圖　大二十卷合二冊　（九六—五）

（宋）聶崇義、康熙丙辰（十五）納蘭成德序、通志堂藏板、外題蘭嵎筆「聶崇義三禮圖上（下）策」、末ニ「天明甲辰二月九日善韶讀畢」

3　五經蠡測　大六巻合一冊　（一〇〇—四）
（明）蔣悌生、冬十一月朔後四日閔文振序、通志堂藏板、「六有齋藏書」ノ印、外題蘭嵎筆

4　宋名臣言行錄　前後續別外集　大七十五巻二十冊　（一三二—二）
（宋）朱熹・李幼武、（明）張鰲山校正重刊、中國人ノ補寫跋モアレド蘭嵎ノ補ハ前集序ノ部分七丁續集巻八ノ末一丁、コレニハ「長堅寫旹年六十三」トアリ、外集圖像説一丁アリ、十八冊目末ニ「丙子（寶暦六年）重陽日句讀長堅」トアリ、後東所用ヒテ所々校合ヲ加ヘ書入アリ、末ニ「天明丙午（六年）五月八日　善韶讀了」、又巻初ニ蘭嵎書ス「此跋ハ漢人之手蹟と被存候與二序書改候は進候」、東所宛ナルベシ

5　餘冬序錄　大六十巻十三冊　（一六三—一）
（明）何孟春、黄齊賢・張汝賢・柴士申重刻、戊子冬閏月梅陽中旬交大雪畢辜節後之既望日郴江病夫序、補寫一冊ト若干アリ、巻初ニ「長堅收藏」「庚寅（明和七）歳晩賜韶」トアリ

6　世說新語　附補　大十二巻三冊　（一五四—一九）
（宋）劉義慶、（明）何良俊補、（明）張懋辰訂、王思任序、外題蘭嵎筆

7　歐陽文忠公全集　大百五十八巻三十八冊　（一八〇—一）
（宋）歐陽修、（元）周必大編、南宋慶元二年ニ全刻ナリシモノニシテ、六冊目末ニ金澤文庫舊藏ノ一印ヲ存ス、補寫蘭嵎ニシテ、八冊目「享保甲寅復月　伊藤長堅補寫」十五冊目末五葉、十六冊目十七冊目末ニ「乙卯八月長堅補寫」、十八冊目　廿一冊目末前後九葉、三十四冊目始十六葉、三十九冊目末一葉アリ、十八、十九冊目ハ合綴、末ニ「明和八年辛卯三月十七日讀了　東所」トアリ

8　元文類　大七十巻十六冊　（一九四—一）
（元）蘇天爵編、王守誠較訂、修德堂刊、東所ヘ蘭嵎ヨリ送リシモノニシテ、東所詩草寶暦三年ノ稿ニ左ノ一詩アリ、
歳晩　蘭嵎先生遠惠元文類一部謹賦古體一首奉謝　廿歳因君德研經惜三餘冬酣憐淒其年折感居諸奮外聞鋏馬亟中逐蠹魚身甘一瓢飲家有五車書昨夜燈花結飛鴻下吾廬兼有汗青贈心目開瞭如熟讀親古賢温習足起予子孫若雲仍寶傳德不虚

○

1　墨竹　一幅函　（五〇—九）
沈南蘋畫「南蘋字梅道人筆」ノ記アリ、裏面ニ「沈南蘋墨竹長崎人池尻生所寄今玆庚午善韶來紀將還出之以贈之蘭嵎書」、函書東所「寛延庚午之歳季父蘭嵎惠善韶珍藏」、庚午ハ三年ナリ

2　百合中画　一幅　（五一—四）
狩野直信畫、裏面「寛保癸亥秋叉季父賜予善韶珍藏」、叉東所ノ記アリ「狩野松榮祖民部少輔古法眼元信子永德父也天□（破）中死壽八十云」

3　度牒式　寫一枚　（二〇七—二—一三）
正和二年ノモノ、蘭嵎原ノ體裁ヲウツシ、末ニ「丁酉七月長堅寫藏」トアリ

4　元文改元記錄　寫一通　（二〇七—一三—三）
蘭嵎筆

第四類　書畫・草稿

一　書

1　唐賢諸詩帖　一帖　（四一―一）

末ニ「已上唐賢諸詩　蘭嵎書」トアル如ク唐詩ヲ用ヒシ手習帖ナリ、更ニ末ニ「寛保三年四月痘後手習終因記歳月云寛保三年癸亥閏四月十日　伊藤善韶謹書」（後ニ文ヲ削正セリ）トアレバ東所ニ與ヘシモノナルコト明カナリ、外題東所書

2　〔習字手本〕　十二帖　（四一―二）

蘭嵎ガ東所ノ爲ニ書與ヘシ手本ニシテ、全十四帖ノ中第四、第八ノ二帖ヲ欠ク、東所筆ニシテ番號ヲ記シアリ一ハ「堅録」「五月念三日」ナドノ文字アリ「東所上リ」ト記セリ、二ハ「戊午二月初八」「戊午二月十九日堅書」「右子日祝應兵部王教東匡先生作堅録」「長堅書爲善韶姪」ナドノ文字アリ、東所幼筆「上リ」所々ニ見ユ戊午ハ元文三年ナリ、三ハ「題冨士圖東匡先生作」ナドアリ「上リ」ノ文字見ユルコト同シ、五ハ俗牘ナリ、六ハ末ニ「長堅書」、七ハ末ニ「元文庚申春三月長堅書」、九ハ末ニ「唐人諸詩　長堅書」、十、十一、十二、十三、十四ハ記ナシ

3　蘭嵎先生書　二帖　（四一―三）

同裝釘ノ二帖ニシテ、一ノ末ニ「延享二年歳在乙丑冬十一月蘭嵎藤長堅筆于六有軒中」トアリ、ソノ外題ハ東所、今一ツハ東峯カ

4　秋興八律　一帖　（四一―四）

手習手本仕立ニセシモノニシテ、末缺、明記ナケレド蘭嵎筆ト思ハル

5　蘭嵎先生詩帖　大一冊　（四一―五）

全十三丁、九絶句ヲ書ス、外題輶齋筆「六有軒」トアリ

6　六有君子二記　一帖　（四一―六）

六有軒記（享保二十年乙卯陽月）ト君子記（明和乙酉八月）、末ニ「辛卯端月爲秋月生書蘭嵎」トアリ、「南葵文庫」ノ印アリ

7　蘭嵎先生赤壁賦　一巻函　（四一―七）

末ニ「癸亥四月初二　長堅書」、癸亥ハ寛保三年、箱書東峯

8　蘭嵎先生聯　無念爾祖　一幅　（四一―八）

外題顧也、「明治四十四年十一月背裱顧」

9　蘭嵎先生聯　雨後靜觀　一幅　（四一―九）

外題東里、顧也更ニ附シテ「上記恭敬弘美先生筆明治四十四年十一月背表　顧」

10　蘭嵎先生書　勉力大業　一幅　（四一―一〇）

「乙亥端月廿八日　伊藤長堅書贈」、乙亥ハ寶暦五年、外題東所「善韶藏」

11　紀劦八景　一巻　（四一―一一）

初メ蘭嵎筆ニテ蘭ノ畫アリテ、アト紀浦歸帆、紀湊落雁、藤白暮雪、形見浦夜雨、雜賀晴嵐、妹島夕陽、名草山晩鐘、吹上秋月ヲ題セル八絶ノ自作自筆ヲ収ム

12　伊藤蘭嵎先生書　一幅函　（四一―二七）

五絶

13　等原葡萄圖　蘭嵎贊　一幅　（四二―二）

等原書「行年六十九歳等原筆」トアリ、贊ハ七絶、外題東所

14　唐詩五律二種　一幅函　（四二―三）

「蘭嵎書」トアリ

15　蘭嵎先生筆　扇面　一幅　（四二―四）

富士之圖ニ「紹述夫子之詩　長堅録」トシテ東涯ノ五絶ヲ書セシモノ、「昭和二孟夏表褙古義堂」トハ顧也ノ筆ナリ

16　蘭嵎先生書　古學先生讀經詩　一幅　（四二―五）

末ニ「右先詩　長堅書」、外題東峯

17　蘭嵎季父先生遺筆　一幅　（四二―六）

「癸巳元日」ノ五絶二首ト「癸巳人日後三日家姪韶寄詩和酬」ノ七絶一首ヲ収ム、癸巳ハ安永二年、外題東所「施政堂藏庚申裝」

18　至聖先師孔子　一幅　（四二―七）

外題梅塘「大正十三年三月背裱」

19　蘭嵎先生書　巴陵洞庭　一幅　（四二―八）

「巴陵洞庭日本東」ニオコル二句ヲ書ス

20　蘭嵎先生書揚鐵崖菊傳　一幅　（四二―九）

細楷ニテ揚鐵崖ノ菊傳ト范至能菊譜序ヲ附セシモノ、末ニ「戊辰陽月蘭嵎堅書于紀府寓舎爲善韶」、外題東所「天明甲辰九月東所藏」、戊辰ハ寛延元年ナリ

21　扇面書帖　一帖　（四一―三）

全二十五葉中一葉素庵、他ハ悉ク蘭嵎ニテ各體ノ文字ヲ用ヒタリ、中年代明記アルモノ次ノ如シ「己巳仲夏蘭嵎道人長堅爲家姪某書」（寛延二）、「壬申六月朔日蘭嵎書」（寶暦二）、「伊藤長堅古言乙亥猪日燈下寫」（同五）「丁卯三月今日将發東都長堅書」（延享四）、「姪韶持扇索書筆歸去來賦□以□之寛保癸亥六月　季才」（三）、「長堅筆延享乙丑中元前三日也」（二）、「癸亥秋日」（寛保三）、「己巳八月書今日将赴南藩爲韶姪書蘭嵎」（寛延二）「己丑七月蘭嵎長堅筆」（明和六）

22　〔蘭嵎自作自書詩」　一巻　（四三―一〇）

十一葉、メクリ多クシテ破損アリ、所収次ノ如シ、「竹稱君子……」（破損甚シ）、次韻酬中井兄見寄（七絶）、七絶三首、未元日（七絶）、□浦風帆（七絶、破損甚シ）、七絶二首、應瀝文奎氏題（七絶）、中秋後一日奉陪花山中山二公高辻君宅賞月賦呈（七絶）、九月廿九日夜不寝枕上忽得一絶（五絶）、猪日燈下録寄（七絶四首）、次後藤氏韶寄藤江君（七律）、

23　〔法　帖　寫」　一巻　（四一―三）

推定スルニ蘭嵎幼年時ノ筆蹟ト思ハル、確ナラザルマ、ココニ加フ、所収次ノ如シ、

成綏公嘯賦（華亭莫維盛書）、劉伶酒徳頌（新都程康功書）、蘭亭記（虞九章更生）、孫興公蘭亭後序（關西許光祚）、陶潜歸去來辭（清臣張嘉遇）、五柳先生傳（鄭之惠書）、謝希逸月賦（秀州包衡書）、謝惠

連雪賦（張元徵書）、與陳伯之書（陳士衡）、蕭大圜言志書（葉華書）、顏延年三月三日曲水詩序（僧寂觀書）、鮑明遠舞鶴賦（太原王稺登書）、孔稚珪北山移文（嘉禾范明泰）、歐陽永叔縱囚論（西甌謝紹芳玉）、醉翁亭記（長水呉駿聲書）、蘇子瞻後赤壁賦（京兆全天叙書）、蘇軾大悲閣記（虎林明綱書）、喜雨亭記（古呉沙弘德書）、東坡恩堂記（釋如寄書）、秋聲賦（長水李培書）、歐陽公朋黨論（海上呉玄鑛君奇書）、秋陽賦

24

〔蘭嵎書畫集〕　一袋　（四一―二四）

一、一行「徳榮國華」端ニ「丙戌」トアリ明和三年ナリ　二、二行五絶　三、畫馬行　四、横「雅倡軒」　五、横「保定庵」「歳丁巳端月」、元文二年ナリ　六、七律「乙丑二月廿五日作」延享二年ナリ　七、「操」大字　細註アリ　八、請宮生寫竹詩以詠之（七絶）「癸亥嘉樂月」寛保三年ナリ　九、「獨立」　一〇、上東涯伯氏古体一首「享保乙卯三月」二十年ナリ　一一、一行「先立其大者」「戊辰陽月」寛延元年ナリ　一二、壬午元日辛巳歳晩作ノ七絶二首、享保十四五年ナリ　一三、緑蕚梅一朶奉献前内府藤公左右詩「乙丑二月」延享元年ナリ　一四、從軍行二首「壬寅二月」享保七年ナリ　一五、別安原子（七律）　一六、（有馬醫伯藏古硯ノ詩）「戊午端月」元文三年ナリ　一七、（清書）一枚端ニ「寶永乙酉二月十五日才藏清書先生病中直シナリ」トアリ、蘭嵎筆ナリ　一八、五絶　一九、正氣歌「寶永四年丁亥孟冬」　二〇、（王安石溝港ノ詩）　二一、讀長恨哥（七絶）　二二、丁卯正月在紀日偶作（七絶）註記アリ、丁卯ハ延享四年　二三、「丁明登詩」八分ナリ　二四、七律　二五、七絶（梅ノ圖ノ詩ナリ）　二六、題畫王鳳洲　二七、（胡青驄ノ詩）「乙未臈月」正徳五年ナリ　二八、堅瓠集ヨリ「十二月十二日夜三更」　二九、「精明在躬志氣如神」「先立其大者小者不能」（以下欠）ヲ二枚金泥ニテ書ス　三〇、畫（蓮花上ニ東涯「花之君子也」ト書ス）　三一、司馬温公槃水銘　三二、賡韻奉謝熊陽藤江子見寄二枚　三三、五言詩「乙卯正月」享保二十年ナリ　三四、木田錦溪墓碣銘拓本（破損アリ）

25

蘭嵎書反古　十四枚一袋　（四一―二五）

26

蘭嵎書寫　一袋　（四一―二六）

一、五絶、庚午夏日ノ書ナリ、輶齋寫、朱書モ輶齋「此二枚安政丙辰夏日贈石崎八郎　重光記」

二、甲子陽月與長井老醫及其子弟社友詣高雄觀紅樹作ノ七絶、輶齋寫シテ、「明治十三年四月臨重光」

三、霽寰藤公ノ爲ニ石假山ト獸鈕ヲヨミシ古詩「歳庚戌嘉平月」トアリ、輶齋寫シテ「右壹幅南隣　山田溝三鑑定見需最眞蹟也臨書藏于家　明治参拾六年六月重光」

四、邵堯夫詩、輶齋寫、末ニ「予近來得邵堯夫先生擊壤集喜稱之香川生見索筆字遂書而以贈云甲子八月伊藤長堅」

27

扇面書画帖　一帖　（五二―三二）

三十七枚ノ書畫扇面ヲ集メシモノ、中ニ蘭嵎二葉アリ、又末ニ東所「美濃養老瀑布水濺痕花山右元師公賜善韶誌」トセシ一面アレバ、東所時代ニ製セシモノナルベシ

28

蘭嵎先生書　一幅　（四一―二八）

自作本軒記ヲ書ス、コノ文ハ六有軒記ト題シ紹衣稿ニ収マル、末ニ「此記作於享保乙卯呈伯氏請正末朱書詞理兼優可追古作者九字還之癸亥復月淨書貼軒壁云」

二　草　稿

1　蘭嵎先生經注誤寫　一巻　（四三一一二）

蘭嵎著ノ、詩古言書反正易憲章等ノ反古ヲ集メテ一巻トセシモノ、外題ハ東所ノ文字ナリ

2　蘭嵎先生詩注草稿　三十六枚　（四三一一三）

詩古言ノ反古ナリ、包紙ニ題下「張交ニ可ナリ文化三年丙寅弘美藏」トアリ

3　蘭嵎先生経注反古　十二枚　（四三一一三）

詩經以外ノ經註ノ反古ナリ

4　蘭嵎先生遺筆　一枚　（四三一一四）

論語首二章國字解、裏ハ青山大炊頭ヨリ蘭嵎宛狀ナリ、包紙ニ東所云フ「詔幼時先生以國字解論吾首章習講書距今殆四十年教育之恩感懷之至謹藏之云　己亥八月十日也善詔」

5　蘭嵎文稿類　六冊（五袋）　（四三一一五）

（序）一、送徳濟晁子西歸序　二、贈翼庵重久子歸薩序（享保丙申秋日）三、〔送佐藤生序〕　四、圖書淵序　五、同（歳丁未二月）六、同（丙午重陽）七、古今學變序　八、棠隱詩選叙（甲午四月）九、明詩大觀序（享保丁酉季春月）　一〇、八詠樓詩集序（元文戊午復月）　一一、〔仲景全書解序〕（寛保三年四月）　一二、中庸古言序　一三、論語皇侃疏序（延享四年六月）　一四、詩經集異序（延享三年二月）　一五、詩書序　初稿（享保乙卯正月ノ書經序、書經序、乙卯正月ノ詩經序）　一六、第二稿書詩序　附金縢論（書經序、詩經序、詩經序、金縢論）　一七、詩書序　附金縢解題

（記）一八、〔遜志軒記〕　一九、同　二〇、〔賓蘭軒記〕　二一、玉照窩記（元文元年陽月）　二二、原田丈倘古室記　二三、原田生倘古室記　二四、倘古堂記　二五、六有軒記　二六、同　二七、同　二八、同（享保乙卯陽月）　二九、同　三〇、同　三一、〔阮咸捜花筒記〕

（説）三二、充心説

（書）三三、〔與蘆公書〕

（銘）三四、衣笥銘　三五、〔雄徳山神祠鐘銘〕

（贊）三六、武信州像贊

（墓誌銘）三七、中島直方墓誌銘（元文三年）三八、木田錦溪墓誌銘（元文二年）　三九、小林崇古墓誌銘（元文三年）四〇、〔常吉氏津誼女墓銘〕（寛保元年）四一、愼行先生碑銘（別筆、庚寅蔼月）

四二、〔長尾某碑銘〕　四三、土居東藏墓誌（乙卯）

（題　跋）四四、水野侯傳跋（享保甲辰九月）　四五、松本鎮主水野侯傳跋　四六、仁齋和歌愚草跋　四七、同　四八、〔仁齋題詩圖跋〕（元文庚申、東所寫）

（策問・策對）（正徳享保年間ニシテ、某トシルシタル策問策對論ノ類十通アリ、筆ハ蘭嵎ニ相違ナク、東涯筆ノ削正モアリ、シバラク蘭嵎作トシテ一括ス）　四九、舜不告娶論（甲午四月朔）　五〇、晋文公問守原於寺人勃鞮論（正徳二年壬辰五月念七日、東涯評「此論好」）　五一、今之樂由古之樂（正徳二年壬辰秋七月朔）五二、仁者無敵（正徳辛卯五月朔）　五三、温故而知（壬辰六月朔）　五四、君子食無（壬辰四月朔削正長胤）　五五、策（歳己亥二月）　五六、策（正徳二年六月）　五七、對（壬辰六月）　五八、對（八月初二）

(傳) 五九、改定伯夷傳　六〇、伯夷傳　六一、鷸傳　六二、同　六三、天女傳

(雜　著) 六四、春秋易序説三條附讀荀　六五、諍言　六六、記夢　六七——七七、題未詳十一

6　蘭嵎詩稿類　六袋　(四二—一六)

大略古詩類、五律類 (二袋)、七律 (二袋) 絶句 (二袋) ト配列シテ所収次ノ如シ

(第一袋) 一、抱膝齋詩集 (表紙ニ戊子詩集トセシ一枚四詩ヲノス)　二、別離　三、伏見送四兄赴久留鎮臨發有寄別伯氏詩用其韻足爲古體一首以贈 (癸卯初夏)　四、十四夜諸君見臨得樹字　五、(公辨親王ヨリ東涯二十七史ヲタマフ時ノ詩)　六、呈士粲兄　七、輓緒方謙光先生　八、〔霽寰黄門公ヨリ石假山ヲタマフ詩〕　九、一〇、一一、題未詳三枚　一二、畫虎行　一三、寄題江左大觀樓　一四、癸丑中秋漫作　一五、〔小石假山〕　一六、〔掛蘭亭〕　一七、(空公ヨリ木芍藥三株ヲ贈ラレテ) 一八、同　一九、(泉南新川翁ヨリ水仙ヲ寄セラレテ)　二〇、出塞曲　二一、邊地少年子　二二、代鴈鬼答詩　二三—二七、題未詳五枚　二八、少年行　二九、同　三〇、畫馬行

(第二袋) 三一、春初俣野生自平介氏所來極談三峯軒之勝娓々不絶欣慕之餘寄以詩兼述離羣之情等　三二、贈峰谷君宜三還郷　三三、登如意嶽之作　三四、辛亥中秋芥河國醫寓居集　三五、萩　三六、次伯氏秋潤之韻　三七、燕等十首 (庚寅暮春)　三八、同賦洛陽道　三九、春初奉次香川君見寄韻　四〇、子猷溪雪　四一、冬末偶咏等　四二、寄中井君　四三、和義平丈歳暮韵　四四、渡月初八夜偶成　四五、出郊等三首　四六、初冬會渡邊良雄丈宅賦　四七、冬日宜齋丈小集得江字　四八、寄中井秀才等三首　四九、賦得晨鐘雲外濕 (辛卯之初秋)　五〇、寄中井秀才　五一—五八、題未詳八枚

(第三袋) 五九、新春猪飼宅夜集賦得蕩子呈主人　六〇、丁酉新正偶作二首　六一、同　六二、夏日郊居　六三、奉和伯兄展先基還途中之作　六四、同　六五、木田稚秧等五首 (癸巳之冬)　六六、奉寄龍野熊陽藤江君　六七、以白磁燈架一坐献霽寰黄門公辱賜盛作賡韻奉謝　六八、庚寅除夕次東匡伯氏之韻二首　六九、金蓮寺拜東山上皇靈駕之過聊述短偈私擬輓詞　七〇、霖上人賦喜詩　七一、答敬齋詞宗雪中見懐　七二、答中井兄等二首　七三、詠水仙花　七四、寄桂川兄等二首　七五、贈並河某赴東睿山 (享保乙卯)　七六、同　七七、(瀬尾氏ニ和ス) 七八、甲辰正月詣伊勢宿奥田丈人宅丈人贈和歌一首用其字爲七韻詩以奉答草率走筆殊愧拙劣　七九、次蜂谷生韻再餞藤江俣野二兄　八〇、春月　八一、壽人躋囊 (甲午五月)　八二、奉贈觀濤家兄赴東都　八三、廢宅 (壬辰初病)　八四、中漫賦奉贈叔氏赴江戸　八五、九月十三夜　八六、次韻奉答香川詞伯見寄　八七、大堰川二首　八八、同一首　八九、次新宅小喜韻　九〇、秋日寄鸞濠□□　九一、〔佛桑花〕 九二、詠月影　九三、癸巳中秋々興堂作　九四、新秋夜坐等二首　九五、賡藤江子韻以酬　九六、詠矮脚鷄冠　九七、同　九八、夏月郊居　九九、遊寶幢寺之作

(第四袋) 一〇〇、賦得籠中孤鴛鴦　一〇一、送伊八歸豫州　一〇二、聞砧二首　一〇三、題畫扇贈鈴鹿丈　一〇四、秋夜偶作　一〇五、奉送準三后一品大王還東睿山　一〇六、次明呉原博盆石種矮松之詩　一〇七、丙申新正作二首　一〇八、題畫　一〇九、奉和某公歳首高韻　一一〇、和藤江兄過楠子之墓韻　一一一、丙申中秋鳳阿中納言藤公席上之作　一一二、次韻寄熊陽子　一一三、(新宮ニツキテ「瀬尾生有詩因歩其韻」)　一一四、(木芙蕖ノ詩二首)　一一五—一三七、題未詳二十三枚

(第五袋) 一三八、塞下五首次伯氏韻　一三九、題鵲圖二首　一四〇、寒夜等　一四一、小石假山、小山匡盧二首　一四二、唾、血二

首　一四三―一四八、題未詳六枚　一四九、春宵話舊　一五〇、苔、恨二首　一五一、郊居閒遂二首　一五二、十月廿五日觀琉球貢使過伏見　一五三、次韻伯彥賀茂君見詠廢宅燕（壬辰三月）　一五四、賦得月湧大江流　一五五、秋院新涼得夏字　一五六、點所老丈席上賦呈　一五七、從軍行　一五八、廿白子席上同賦　一五九、與諸友同詠余室前盆梅得浮字　一六〇、廢寺得寒字等四首　一六一、上巳從伯氏登豊公古疊有詩次其韻　一六二、綱代　一六三、訪戴圖梅月圖　一六四、常州安波八景中須賀晴嵐、霞浦風帆　一六五、老年　一六六、題畫等二首　一六七、送醫人奥山順哲赴南土　一六八、踏青　一六九、壬申元月之作

（第六袋）　一七〇、城山懷古二首　一七一、田家四時　一七二、畫梅、畫竹　一七三、東睿崇保準后小祥忌辰　一七四、竹影等四首　一七五、姪世德從福山鎮示其新正作次韻以㬎云　一七六、題獨樂園圖等二首　一七七、消愁　一七八、孟秋四詣膳所宿賀來君宅翼日遂觀鹿飛作　一七九、奉賀按察藤公六十　一八〇―二〇三、題未詳二十四枚、聯句二

7　蘭嵎斷片　一袋　（四三―一七）

一、寶曆八年寅九月廿一日不時年頭御禮（全十丁横綴、蘭嵎筆ニテ主トシテ紀州ノ寺社ノ名ヲ上ゲアリ）

二、本道御行列一通（蘭嵎筆、紀伊侯ノモノナルベシ）

三―三六、詩稿ノ斷片書狀ノ包紙等三十四枚

第五類　物　品

1　點　笏　（四三―一八）

蘭嵎筆

2　蘭　嵎　印　四顆　（六〇―八）

一「長堅」（寛延三庚午端月自刻）

二「天香書屋」（元圭刻）

三「存心道受物」（自刻）

四「男兒要　爲天下奇」（自刻）

亦　蘭

1　亦　蘭　遺　稿　一袋　（四六―三二）

一―五、詩稿五葉　六、書一枚　七、畫一枚　八―一〇、書簡（東所宛三通蘭嵎ノ死歿ノ際ノモノナリ）

海　嶠

一　南紀風雅集　大三巻三冊　（九二―四五）

伊藤海嶠編、文化癸酉七月古賀精里序、文化十年龍集癸酉立秋日川合春川序、文化十年癸酉九月穀旦書林若山阪本屋喜市以下五肆刊、紀伊藩諸家ノ詩詠ヲ集ム

○

1　海　嶠　遺　稿　三袋　（四六―三三）

一―四、詩稿四葉　五―八五、書簡（東所宛十四通、東里宛六十四通、東皐宛一通、楢林宗伯宛一通）

臨　皐

1　臨皐書簡集　三十六袋　（三二―二）

東里宛　　三十一通　　東峯宛　　百五十九通
輶齋宛　　五百十七通　　宛名明記ナキモノ　　四十八通

○

1　臨皐先生書集　一袋　（四四―一四）

一、「二片氷光…」（七絶）　二、木芙蓉之詩（七絶）　三、「明德惟馨」　四、「聰明叡知守之以愚」　五、「漱芳」　六、「聖人之道―」　七、「日長如少年」　八、「二片氷光―」（七絶）　九、「同　　」（同）

2　臨皐詩文稿　一袋　（四四―一五）

一、後園十題詩　二、東峯宛尺牘　三、春色滿皇洲（七律）四、龜井戸菅公廟頭憩茶店戲賦（七絶）　五、題墨梅（五絶）　六、夜聞落葉得疎字（七絶「壬午仲冬」）　七、草稿（一位老公ノ印ノ書ノ序ナリ、天保十一年庚子夏月）　八、芭蕉之圖

周　峰

1　周峯遺稿　一袋　（四六―三四）

一―三、文稿三通　四、書一葉（根來寺觀花馬上口舌ノ七絶）

東　岸　家

東　岸

一　左傳凡例　寫中一冊　（三二―二九）

自筆、墨附九丁

二　上都詩草　寫大一冊　（三二―三〇）

自筆、天保六年都ニ上リ祖先ノ神ヲ拜セシ折ノ旅中ノ吟詠ヲ收ム

三　尙齒會記　寫中一冊　（三二―三一）

自筆、末ニ「七十二翁伊藤弘充誌」トアリ、墨附四丁

四　家訓大畧　寫半一冊　（三二―三二）

自筆、末ニ「時嘉永五年壬子歲次春三月長岡儒臣伊藤弘充誌」トアリ、表紙ハ顧也ノ附セシ所、加藤仁平氏「伊藤仁齋の學問と敎育」中ニ飜刻サル

○

1　東岸書翰集　三十五袋　（五八―四）

東里宛　　二十三通　　東峯宛　　二百十二通
輶齋宛　　百四十五通　　谷安之助宛　　四通
お榮宛　　二通　　渡邊大進宛　　一通
檜林宰藏宛　　一通　　星野左五兵衞一通（東里代筆文案）
田島甚五兵衞等　　一通（同）　　安田多膳　　一通（同）
宛名不明（多クハ東峯輶齋宛ナルベシ）　　四十六通

○

1 東岸先生書集　一袋　（四四―一二）

一、「大道直如髪」　二、「至大至剛」　三、「晴川歴々漢陽樹」（弘化丙午）　四、「芳草萋々鸚鵡洲」　五、「永言故命自永多福」　六、「壽」（庚申之春七十翁　東岸充）　七、「壽」（萬延庚申之歳　七十叟伊藤東岸充）　八、團扇紙（「道本非難在我身」ニ始マル七絶、末ニ「右勸學書東涯先生手澤之團扇　聿恪居」トアリ）

2 東岸先生詩文稿　一袋　（四四―一三）

一、奉送竹坡先生歸備之福山（五律、丙寅六月）　二、同　三、送貞藏君歸郷（五絶）　四、寒江夜泊（七絶）　五、乙卯元旦偶筆（七言古）　六、（梅十首）（末ニ「右梅十首各用前日福井氏詩社之分韵　弘化二年乙巳臘月」）　七、悼楢林䳭宰藏（五言律）　八、歲旦（七絶）　九、偶成謾書（七絶）　一〇、元旦（七絶）　一一、秋氣有佳色（「丁亥之秋」）　一二、十菊詠（「丁亥陽月」）　一三、九日謹奉寄竹坡君（七絶）　一四、次順藏賢兄寄高韻等　一五、「梅」（七絶）　一六、辛酉末冬（六言律）　一七、（古義堂書院前白躑躅ノ詩）（「丙午之夏」）　一八、東里宛書牘（「閏月念九日」）　一九、贈芦汀還備之福山序（「辛未之歲」）　二〇、（辭官偶成）遁世偶成（安政三年丙辰之夏ノ七絶二句）

竹　宇

1 竹宇遺稿　二袋　（四六―三五）

一、二、書二通　三―一四、詩稿十二葉　一五―八一、書簡（輶齋宛九十七通　山本帯刀宛二通）

達　三　郎

1 書　簡　一通　（四六―三五―八二）

伊藤孝彦宛、明治四十年八月二十三日附葉書

弘

1 書　簡　一通　（四六―三五―八三）

伊藤孝彦宛、明治四十年八月二十二日日附葉書

己　伊藤家資料目録

一　系　譜　類

1　伊藤氏族圖　寫半一冊　（六一—六六）

東涯製、自筆、全六丁、竹里平藏ノ出生迄アリ、補記アレド詳カナラズ

2　家系略草　寫一巻　（六一—六七）

東涯製、自筆、東所補記、蘭嵎出生迄ナレド數次ノ補記アリテ詳カナリ、東所更ニ東涯ノ兄弟ノ家系及ビ自ラノ兄弟達ノコトヲ補記シテ天明年間ニ至ル記事見ユ

3　家世私記　寫大一冊　（六一—六八）

東涯製、自筆、東所補記、全三十三丁、墨附十七丁、伊藤代々及ビ關係者墓記ヲ集メ寫セシモノ

4　家世私記　寫半一冊　（六一—六九）

東所補編、東里東峯輶齋顧也補記、「施政堂」ト柱刻セル用紙全四十九丁、東涯製セシヲ寫シ、補セシモノヲ歴代追記シテ輶齋時代ニ至ル、輶齋ノ補記最モ甚シ

5　〔伊藤宗家系圖〕　寫一巻　（六一—七〇）

東峯製、自筆、輶齋補記、初メニ東涯家牒ノ序ヲノセ、系圖ヲクリヒログルコト甚ダ整備セリ

6　伊藤家系譜　寫眞版　横中一冊　（六一—七七）

京都伊藤家所藏巻子本ノ寫シ、輶齋製、孝彦補、各自筆、東峯製ヲ更ニ整ヘ、最モ詳細完備セル系譜、昭和八年九月一日ニ至ル（加藤仁平著伊藤仁齋の學問と教育所収）

7　應曆　寫眞版　横中一冊　（六一—七八）

京都伊藤家所藏半紙本一冊ノ寫シ、内題應氏私記、又廣記トアリ伊藤家略年譜、天正十四年ヨリ初マリ享和二年迄東所コレヲ書シ、以下歴代書キ加ヘテ昭和十一年ニイタレリ（加藤仁平前著ニ所収）

8　古義堂系圖　寫眞版　一帖　（六一—七九）

京都伊藤家所藏ヨリノ寫シ、一ハ伊藤家ノ系圖ニシテ、端ニ「寶曆十三年癸未月正元日善韶頓首再拜書天明五年乙巳八月十三日弘美頓首再拜寫」トアリ、一ハ分家緣家ノ諸家ノ略系圖ナリ

9　〔伊藤家諸記錄集〕　寫中三冊　（六一—七一）

輶齋製、自筆、

一ハ　家系關係、薄葉九十二丁、墨附七十五丁、所収次ノ如シ、〔伊藤宗家系圖〕備後福山伊藤系譜、家世私記、伊藤氏年中家例、親族鬼簿、明治四年辛未歳改年齡記、雜誌、伊藤氏舊婚媾畧系譜、親類書寫、古義堂遺書目録藏板賃丁數等附、〔補遺〕

二ハ　薄葉百六十丁、墨附百十八丁、由緒書ヲ初メ其他公ニ出セシ諸届ノ控ヲ集メシモノ

三ハ　薄葉九十七丁、墨附三十六丁、古義堂書畫軸目録、古義堂巻物目録、古義堂法帖目録、古義堂繪圖目録、古義堂書籍目録（いろは分）ヲ一冊ニ浄寫セシモノナリ

10　**親類書寫**　寫横小一冊　（六一—七二）

輶齋筆、全二十三丁、墨附十九丁、輶齋當時ニ於ケル親族、石崎、友田、安倍、上田、北小路、福井、生嶋、龜山、谷、吉田、楢林、紀州伊藤家等ノ由緒書ナリ

11　**〔伊藤宗家畧系譜〕**　寫一巻　（六一—七三）

梅塘筆、輶齋作系譜ニヨリ仁齋以前ヲ畧シ輶齋以後ヲ加ヘシ畧系圖ナリ、末ニ「昭和二年七月於古義堂伊藤顧也」トアリ

12　**家傳記**　寫半一冊　（六一—七四）

〔伊藤良炳〕筆、全二十一丁、表ニ「稽古堂藏」トアリ、福山伊藤家ノ梅宇ヨリ竹坡ニイタル歴代ノ務方ヲ中心トセル傳記ヲ詳記ス

13　**系圖**　寫半一冊　（六一—七五）

〔伊藤良炳〕筆、全十一丁、初メ宗家ノ東所子迄ノ系圖、次ニ福山伊藤家ノ良炳子迄ノモノヲ収ム

14　**系圖関係斷片**　十八枚　（六一—七六）

一、信行寺ノ墓記（梅塘寫）　二、信行寺墓碑寫
三、歴代歿年月日（梅塘筆）　四、忌日控
五、歴代夫人ノ調査控（梅塘筆）　六、五藏畧傳
七、福山伊藤家系圖（梅塘筆）　八、梅宇由緒書（享保三年十一月）
九、福山伊藤家近世系圖（梅塘筆）
一〇、介亭由緒書（享保九年、東涯筆）
一一、東京麻生曹溪寺伊藤竹里家過去帳寫
一二、紀伊伊藤家系圖（伊藤專藏明治四年製）
一三、長岡伊藤家系圖　一四、輶齋由緒書草稿（明治四年）
一五、丹波園部妙光寺瀬崎氏調査報告（嶋津禅明報）
一六、松山剛一、豊女諡號
一七、一八、伊藤家關係諸名士畧傳二枚
一九、中島熊次郎長女嫁スル親類書

10　**〔誕生日之控〕**　寫三枚　（六一—八〇）

一ハ仁齋トソノ兄弟五人ノ生日時刻ヲ記ス、二ハ東涯トソノ兄弟三人、三ハ東所トソノ兄弟四人ノ生日時刻ヲ書トドメシモノ、三ハ東所後年ノ筆、他ハ未詳

二　墓碣打本類

1　**古學先生墓碣打本**　一幅　（三五—一一）

北村篤所譔、東涯建、寶永三年　仁齋ノ墓碣、東所外題「天明己巳冬裱褙古義堂藏」

2　**貞淑孺人墓銘打本**　一幅　（三五—一二）

東涯譔、同筆、享保六年、仁齋元配緒方氏嘉那ノ墓銘、外題東所「丙申五月裱褙　古義堂藏」

3　**紹述先生墓碣打本**　一幅　（五六—一五）

花山院常雅譔、〔伊藤蘭嵎〕書、元文二年、外題東所「天明乙巳冬裱褙古義堂藏」

4　**溫正孺人墓碣打本**　一幅　（三五—一三）

東所譔、同筆、天明元年、東涯配加藤氏倉墓碣、谷行德外題「文政丙

戌行徳手表」

5
修成先生碣銘　一幅　（三五—一四）
綾小路俊資書、東里建、文化七年、東所碣銘、外題東峯「天保十年己亥装　弘濟拜」

6
順室孺人碑墨本　二枚　（三五—一五）
〔東所建〕、寛政九年、東所繼室新庄氏本ノ碑、天明元年歿ノ三男幾久三郎ヲモ合葬スル由見ユ

7
順貞孺人大同氏墓誌石摺　二枚　（三五—一六）
轊齋建、東所三配大同氏佐喜墓誌、端ニ朱書「安政四丁巳十二月建重光所書也　重光記」

8
恭敬先生墓碣打本　一幅　（三五—一七）
伊藤竹坡譔、勘解由小路資善書、文政二年、東峯建、外題東峯「文政己卯五月褾　弘濟藏」

9
靖共先生墓碣銘　一幅　（三五—一八）
勘解由小路資善譔、綾小路有長・八條隆祐書、嘉永元年、東峯墓銘、外題轊齋「嘉永己酉夏　重光藏」

10
靖共先生墓碣銘折《マヽ》本　三十四枚　（三五—一九）
折ハ打ノ誤カ、前記ニ同ジモノ十七組ナリ

11
竹里先生碣　一枚　（三五—二〇）
不明瞭故轊齋端ニ「修懿齋仁叟…」「寶曆丙子」「九月十一日」ト三行ニ記ス

12
竹里先生室　眞臺雍光大姉墓誌　四枚　（三五—二〇）
伊藤懷祖譔、伊藤惟城建、寶曆三年、包紙ニ轊齋記ス「在東武曹溪寺」

13
惟城君碣　一枚　（三五—二〇）
不明瞭故端ニ轊齋記ス「篤性智敬信士」「寶曆丙子（マヽ）」「十月四日」ト三行、惟城ハ竹里ノ子ナリ

14
蘭嵎先生墓碑墨本　六枚　（三五—二一）
奥田三角譔、亦蘭建、安永七年

15
海嶠君墓碣摺本　三枚　（三五—二二）
山本樂所譔、文政二年

16
東岸先生石碑形　一枚

三　肖像類

1
古學先生肖像　寫一幅　（三五—二七）
外題東所

2
紹述先生肖像　寫一幅　（三五—二八）
外題東所

3
修成先生肖像　寫一幅　（三五—二九）
外題東里

4　三先生肖像寫　寫三枚　（三五—二四）

以上三肖像ノ寫ナリ

四　先祖遺筆

1　了慶府君辞世詠詞　一幅函　（三五—二五）

伊藤了慶、仁齋祖父ニシテ伊藤家ニテ初メテ京ニ住セシ人ナリ、「いそちあまり柴の庵のすま居してうれしやいまそ宿をあけける　伊藤了慶」、東涯箱書

2　榎本空心居士遺筆　一幅　（三五—二六）

榎本直治、空心居士ハ伊藤了慶妻妙忍ノ父ナリ、十一月廿四日伊七郎右衞門即チ了慶宛ノ状、文中上様上洛云々トアルハ元和三年秀忠ノソレトスレバ元和二年ノ状ナルベシ、外題東所「丁巳秋表褙善韶藏」

五　目録類

1　伊藤家印譜類　十點一袋　（六三—一）

一、古義堂係印、中二冊、梅塘製、背ニ「大正五年孟春調」トアリ、「稽古堂」ト表紙ニ墨書、本家ヨリ傍系諸家ニワタル

二、家印概、小一冊、東所製、仁齋ヨリ東所マデ、東里ノ註記モアリ

三、〔古義堂印譜〕、小一冊、東所製、前ニホボ同ジケレド、仁齋東涯ノ數箇ニハ僞印トノ相違ヲ註記シ、又蘭嵎印ニハ蘭嵎自ラ印文ヲ説明セシ數箇アリ

四、先世舊印、横中一冊、東所製、東所時代ニ既ニ實物存セズシテ、遺書、遺墨等ニ殘ル仁齋東涯カツテ使用セシ印ヲ墨ニテ寫セシモノ

五、家藏印章、中一冊、東皐製、東所、東里ノ印ノミ、末ニ「文化二年乙丑之春三月旬三日　日東平安伊藤弘明編輯」ト記ス

六、〔家藏印譜〕、中一冊〔東岸〕製、仁齋ヨリ東里ニイタルマデヲ収ム

七、印譜、小一冊、輶齋製、東峯ノモノノミヲ収ム、末ニ「弘化二己年九月作　重光」ト記ス

八、印譜、横中一冊、梅塘製、福山伊藤家ノモノノミヲ収ム

九、〔扇面印譜〕、一面、仁齋東涯ノ代表的ナ數印ヲ捺スモノ

十、〔印譜扇〕、一面、仁齋カラ東所マデノ代表ノ印ヲ朱ニテ寫セシモノ

2　古義堂書籍目錄附欠本目錄　寫半二冊　（六三—二）

東峯製、自筆、輶齋補、二十四行罫紙百三丁、「文政八年乙酉秋弘濟」定メシ所、千字文順ノ本箱ニ収メタル目録ニシテ後輶齋追加シ訂正ス、外題「藏書目録」洋ケイ紙ニ輶齋シタ、メシ缺本目録アリ、合セ附ス

3　古義堂書籍目錄　以呂波分　寫半一冊　（六三—三）

東峯製、自筆、輶齋補、全九十九丁、初メ「弘濟謹定」末ニ「文政十年丁亥夏六月二十四日閲了弘濟」、前掲ニ収ムル書ノ以呂波分ナリ、藏ニ於ケル本箱ノ位置圖アリ、外題「藏書以呂波分」

4　掛物并書画目錄　寫半一冊　（六三—四）

東峯製、自筆、輶齋補、二十行罫紙四十七丁、古義堂書畫軸物目録（文政丙戌仲秋改定）、繪圖目録、古義堂法帖目録（文政丙戌初秋改

定）、古義堂巻物目録（文政丙戌初秋改定）、古義堂藏板目録并板賃（天保壬辰夏五）ヲ収ム

5　**古義堂書籍目録**　寫横小一冊　（六三―五）

二十八丁、横綴洋紙ノートニ以呂波分ノ目録ヲ寫シタルモノ、末缺

6　**古義堂遺書目錄**　寫半一冊　（六三―六）

梅塘筆、罫紙六丁、末ニ「本目録ハ林芳兵衛方ニ控ヘ居リタルヲ荒木正齋借覧シ尚復其寫ヲ借リテ更ニ寫取ル明治四十五年二月孟五日於古義堂　伊藤梅塘」、刷物ヨリノ轉寫ニシテ梅塘書入アリ

7　**家乘目錄**　寫横中一冊　（六三―七）

東所製、自筆、壽玄孺人・仁齋・東涯・蘭嵎ノ日記類ノ目録、全三丁、末ニ「明和五年戊子三月廿五日善韶拜讀卒業」トアリ

8　**〔施政堂家什目錄〕**　寫横大一冊　（六三―八）

東所筆、半紙二ツ折横綴、全十二丁、施政堂ノ出來シ折ノモノナルベク、茶道具巻物ソノ他置所ニヨリテ一括シテ示セリ

9　**〔伊藤家藏品目錄〕**　寫横大三冊　（六三―九）

東里・東皐筆、半紙二ツ折横帳綴、一ハ全十一丁「書籍器什」ト表紙ニアリ、以下三枚東皐筆カ、次四枚「弘充所藏」トシ、次三枚ハ「滿藏ヘ遺ス」トアリテ東里筆、遺産分ノ時ノ記カ、二ハ同體裁東里筆ニテ三十一丁、綴切レテ缺ク部分アリ、一ニ重複スル所モアリ、書法帖軸類藏板ノ目録ナリ、三ハ藏板及寫本類ニテ刷及ビ轉寫ヲ許スモノノ目録ナリ、全十六丁

六　吉凶記錄類

1　**古學先生七袠賀詩**　一袋　（四七―一）

東涯包紙（「元祿九年丙子四月廿二日」トアリ）

荒木重治、平井春益、那波古峯、井原道悦、三浦爲安、西川親長、平井春澤、柘植重達、並河知竹、山本通春、松岡玄達、惠藤一雄、（和歌）淺井國幹、井原道悦（和歌）並河良弼、平井春城、陰山東門、永井養佺、〔大井宗甫〕（書状）大井貞廣、豊田成美、大澤中涯、垣内義凱、高階教國、伊庭主政、渡島忠明、中村鶴洲、小見山涼甫、梅宇ノ詩歌ヲ集ム、古學先生七袠賀詩トセシ包紙（「重光収」トアリ）アリ

2　**紹述先生易簀雜記**　一袋　（四七―二）

包紙東里「元文元年丙辰七月十七日」トアリ、日乘并諸事書留一冊、用事書留帳一冊、紹述先生易簀雜記三冊（合綴シテ壹冊ニス）吊簿一冊、〔行列次第〕一冊、誌石案文二通、受取一通（源藏宛ナレド七月廿五日トアレバコノ時ノモノナルベシ）東涯先生葬列寫一巻（梅塘　大正九年寫ナリ）

3　**諸子奉挽東涯先生之詩**　九通　（四七―三）

度會末濟、江左三俊、同三英、吉田健、梅宇、安井屬玉、安原貞平、井上直元、大森杖信、包紙東所ニテ詩トアレド多クハ祭文ナリ

4　**惠慈孺人葬記**　一冊　（四七―四）

蘭嵎筆、仁齋ノ繼室瀬崎氏ニシテ寛保元年十一月十一日歿、一ハ葬記

二ハ弔喪帳ナリ、一ハ横大、一ハ半紙本

5 婚礼日次　半一冊　（六三―一〇）

東所筆、全二十二丁、表紙ニ「寳暦五年乙亥歳」トアリ、東所元配井口氏ヲムカヘシ折ノモノ

6 靜懿孺人葬送諸書付　一束　（四七―五）

包紙東所「明和丙戌六月」トアリ、亡妻井口氏喪記一冊、忌中見舞一冊、悔帳一冊、弔慰簿一冊、送葬人數書一冊、葬列順序書二通、祭文墓誌、〔石棺銘〕、悼亡妻詩各一通、葬儀次第ニ關スル記一冊三枚、石碑神主關係八枚、諸受取類六枚、萬買掛リ覺一冊、金銀出シ帳一冊

7 為雲死去諸書付　附茸子死去書付類　一束　（四七―六）

爲雲ハ東所ノ妾若林氏、明和七年五月十一日歿、茸子ハ東所長女、若林氏腹ニテ明和六年八月十五日歿、一束ト九枚アリ

8 弘茂凶事諸書付　一束　（四七―七）

包紙東所東里筆、明和八年辛卯臘月二十一日トアリ、日記一冊、棺蓋銘等三枚、請取類一束、弘茂ハ東所二男

9 溫正孺人送葬諸日錄雜收　一束　（四七―八）

包紙東所「丙申（安永五）正月」トアリ、溫正ハ東涯配加藤氏、大故諸雜記一冊、悔帳一冊、到來帳一冊、買物控帳一冊、葬列次第一枚、銅板打本一枚、請取五通、他（三月中ノ人名ヲ記セリ）一冊

10 順室孺人送葬諸雜記　一束　（四七―九）

包紙東里「安永六年丁酉二月」、孺人ハ東所繼室新庄氏、送葬諸雜記一冊、到來物控一冊、買物控帳一冊

11 幾久三郎凶事諸書付　一束　（四七―一〇）

包紙東里「天明元年辛丑六月九日」、東所三男弘義ナリ、書留并買物覺一冊、請取三通、銅板打本一枚

12 慶壽詞藻所收詩　一束　（四八―二）

覺政十二年東所七十賀ヲイハフノ詩歌文ニシテ後、慶壽詩藻ト名ヅケ冊ヲナス、ソレニツキテ上巻収ムルモノ三十三家三十六通、中巻十九家十九通、下巻百三十一家百三十一通、他ニ幅ニ製セシモノ若干別ニ存ス

13 東所先生七十賀筵諸雜記　一束　（六三―一一）

寛政十一年三月十五日ノコトニテ包袋一ツ、東所先生賀筵記一冊、到來帳二冊、壽筵人數等一冊、贈物帳一冊

14 古學先生百回祭追悼詩　一束　（四七―一一）

油小路隆前（和歌）、綾小路俊資、源重成、秦種信（和歌）吉田近義、永井好義、福原政正、名倉重光、香川懋昭、中原章達、吉田士脩、堀內玆、勝島惟恭、牧村光照二通、龍碕豫守、伊藤弘亨二通、伊藤弘明二通、伊藤弘充二通、伊藤良炳、淺井翅中、文化元年ノコトナリ、タヾシコレヲ一冊ノ成書ニナセルハ別出ス

15 修成先生易簀諸雜記　一束　（四七―一三）

包紙東里「文化元年甲子七月二十九日曉寅半刻」トアリ、東所先生大故記吊簿、金銀渡覺、修成先生雜記、修成先生石碑助力簿、修成先生易簀雜誌、葬列次第〔無題〕各一冊、遺言状（東里筆）一通、易簀記

文案二通、修成先生碑銘并序トソレニツキテノ意見書計五通

16 **挽東所先生詩文** 附年忌献詩文　一束　（四七―一三）

綾小路俊資、河原崎正幹二通、義行（和歌）永田知章、奥田直行（五十日）吉田士脩、伊藤弘明、同弘充（小祥忌）源重成　河原崎正幹、伊藤弘享、同弘明、同弘充（大祥忌）三崎彰、河原崎正幹、伊藤弘明同弘充（二十五年）瀬尾文二通、上田元孝

17 **弘明不幸雑記**　横一冊　（四七―一四）

表紙東里「文化七年庚午十一月十三日」トアリ、弘明ハ東所四男ナリ、全二十三丁

18 **恭敬先生易簀諸雑記**　一束　（四七―一五）

包紙東峯「文化十四年五月二十四日曉寅刻」トアリ、東里先生大故記、恭敬先生葬送行列記、列書草稿、雑記、諸家通名披露控帳、到來物控、雑費帳、呼出、葬後之雑記（中ニ小祥記雑記モアリ）、大祥忌日雑記、恭敬先生御石碑造立助成雑費覺各一冊、石碑打本六枚、恭敬先生卒去之時福井榕亭君謚勘考一枚、奉行所届文控一通、請取類一束

19 **挽東里東峯先生詩文**　一束　（四七―一六）

（東里）吉村憲、江左趙約、岸大路持敬、村田常道、和氣爲行、座間完道、最里幹（一年忌）、瀬尾文（十三、十七年忌）二通

（東峯）津田信恭、闢岡厚

20 **北堂婚儀**　一束　（六二―一二）

包紙轜齋ニテ、文政三年東峯配福井氏ノ入嫁ノ折ノ記ナリ、福井氏ヨリノ豫定表一冊、婚儀諸人用扣トシテ東峯筆一冊、タダシ扣ニハ文政四年寛丸誕生、五年同初節句、十年達誕生、十二年丑二郎出生等ノコトヲ合セアリ

21 **了慶府君二百年諸事扣**　横大一冊　（四七―一七）

東峯筆、「文政六年癸未七月二十九日正當」ト表紙ニアリ、了慶ハ初メテ京住ノ伊藤家ノ祖ナリ、全六丁

22 **寛理凶事雑記**　横大一冊　（四七―一八）

「文政八年乙酉三月十日申刻前」ト表紙ニアリ、寛理ハ東峯長男ナリ、全三十二丁

23 **瓊蘂凶変雑記**　横大一冊　（四七―一九）

東峯二男丑二郎ニシテ文政十三年九月十二日歿、全七丁

24 **桂心孺人七十賀詩巻**　一巻　（四七―二〇）

天保三年東所三配大同氏七十ヲ迎ヘシ賀壽ノ詩歌ヲ一巻トセリ、各自筆ナリ、四十家、畫ヤ句モ混リタリ

25 **古稀御賀筵雑記**　半一冊　（六二―一三）

東峯筆、天保三年四月十八日大同氏古稀賀筵ノ記録、全二十五丁

26 **尙吉凶事諸記**　横大一冊　（四七―二一）

表紙ニ「天保癸巳冬十月既望」トアリ、四年ナリ、東峯四男、全五丁

27 **紹述先生百回祭事集詩**　一束　（四七―二二）

天保六年ノコトニシテ、伊藤弘濟、同弘充、同良有、同元則、源晋、太室宗辰、瀬尾教文、上田元孝、今泉親愛、山口直淳、安田正直、久次米邦光、勝島伊三郎、近日庵維厚、平松正懿ノ人々ナリ、別ニ一冊

ニ製シテ存ス、百五十年祭ノ教圓ノ一詩ヲ合セ存ス

28 糇吉凶事雜記　横大一冊　（四七―二三）

東峯筆、東峯五男ニシテ天保十年三月五日歿、全七丁

29 北堂君八十賀筵雜記　横大一冊　（六三―一四）

東峯筆、大同氏八十ノ賀筵、天保十三年ノコトナリ、全十一丁

30 〔八十賀筵詩文〕　一束　（四七―二四）

前掲ノ折ノ賀詩歌ヲ一束ス、吉田和、武昌和、牧野忠雅、石田主信、綾小路有長、上田元孝、玄祐、輶齋（多米吉）伊藤弘貞、同弘允、

水居士、安田正直、上田元冲二通、上田知言、大同氏「壽」字三枚、附スルニ七十ノ時ノ壽字四枚ヲ合セ存ス

31 復徐授賞卷　一卷函　（四七―二五）

天保十三年臺命ニヨリ古義堂へ白銀十五枚ヲ賜リシ折ノ賀詩ヲ一卷トス、十七家ノ作アリ

32 達婚姻雜記　横大一冊　（六三―一五）

東峯長女達石崎長久ニ嫁セシ折ノ雜記、天保十四年ノコトナリ、全八丁

33 靖共先生易簀諸雜記　一束　（四七―二六）

靖共先生大故記、吊簿、列書、到來扣、弘化二乙巳八月十五日大故京都遠國爲人知人別調、諸拂之控帳各一冊、靖共先生伊藤君碣文（勘解由小路資善）、請取類一束

34 順貞孺人大故記　一束　（四七―二七）

包紙輶齋「弘化四年歳在丁未夏六月二日卒去越五日葬送」、東所三配大同氏ナリ、大故記一冊ト諸費用ノ控、二尊院金子請取書三通

35 古學先生百五十霜祭時献詩詠　一袋　（四七―二八）

嘉永七年ノコト、人々ハ來田監物、村井與四郎、江川半九郎、伊藤東岸、同弘貞、三崎克讓、志毛井發藏、益左京、三谷雀叟（句）、川喜多政明二首、腹卷尙則

36 操妹婚儀　横大一冊　（六三―一六）

輶齋筆、袋ニ「安政四年丁巳四月廿三日引越」トアリ、輶齋妹北小路俊良ニ嫁セシ折ノ記、全六十五丁

37 新婚諸錄　半一冊　（六三―一七）

輶齋筆、全三十七丁、輶齋「萬延元年庚申十二月五日」橋本氏ヲメトリシ折ノ記ナリ

38 蘭溪凶事記　横大一冊　（四七―二九）

輶齋筆、蘭溪ハ東峯六男、明治五年二月九日歿

39 晞雲葬用扣　横大一冊　（四七―三一）

表紙ニ「明治七年甲戌第二月九日」トアリ、晞雲ハ輶齋嫡男ナリ、全四丁

40 岫雲生死一件書類　一袋　（四七―三〇）

岫雲ハ輶齋次男、明治八年十一月廿一日生即刻死去ス、六通

41 順常孺人易簀諸雑記　一束　（四七―三二）

順常福井氏易簀記、順常孺人送葬諸費記、御見立帳、香典返シノ控各一冊、諸届控一束、請取類一束、京ニ埋葬ノ記事書簡一通、神主二枚、梅垣幸之書一通（不明ノ一冊輶齋筆ニテアリコヽニ附ス）、東峯配ノ福井氏明治二十一年十月十三日歿

42 琢彌新婚記　一束　（六三―一八）

明治廿七年七月大倉氏ヲムカヘシ折ノモノ、目録類（祝歌共）、照會書類、親類書類、式後ノ諸記録各一束、婚姻喜到來帳、婚姻用おほゑ各一冊、文榮衣類用具品書

43 〔春榮誕生雑記〕　横大一冊　（六三―一九）

輶齋筆、琢彌長女明治廿九年一月九日出生ノ折ノ記

44 伊藤琢彌凶事記　一束　（四七―三三）

輶齋筆、表紙ニ「明治參拾年四月十九日午後五時死」トアル記一冊ト諸請取一束

45 輶齋兇事雑記　一束　（四七―三四）

伊藤重光凶事記一冊、山帳二冊、悔帳一冊、会計控一冊、諸費控一冊、葬列次第一通、香典帳一冊、遺物控其他一冊、志配送控一冊、葬送次第一冊、悔状五十通、弔者名刺一束、建碑關係記録一束、一週記雑記二冊、三年忌關係文書一束、十年忌文書二通

46 古學先生贈位報告文案　一枚　（六三―二〇）

明治四十年十一月十日、仁齋正四位ヲオクラレシ折ノ孝彦報告文案ナリ

47 順淑孺人凶事雑記　一束　（四七―三五）

悔帳二冊、雑記録一束、一週年記一冊、三週年忌一冊、輶齋妻橋本氏ニシテ明治四十三年三月十二日歿

48 清貞凶事記　一束　（四七―三六）

梅塘妻磯永氏ニシテ大正二年二月七日歿、悔帳、到來控、清貞歿後落記各一冊、其他記録一束五枚、一週忌雑誌一冊、ナホ所屬不明ノ受取二通ヲ附ス

49 紹述先生贈位報告祭ニ係ル書　一函　（三九―一）

大正四年十一月二十八日ノコトニシテ、紹述先生御贈位案内先名簿、紹述先生贈位報告祭祠堂參拜方并ニ紀念品發送先誌、紹述先生贈從四位同十一月廿八日於祠堂報告祭執行之際雑記、同日支那學會第二回大會ノ展觀目録、同案内状及ビ案文、祭文ノ案三通、畧系圖一通、來簡及ビ玉串料包紙類一束

50 蘭嵎先生百五十年祭ニ關スル書類　一函　（三九―二）

奠物控、芳名録、紹衣稿、狩野直喜「伊藤蘭嵎の經學」抜刷各一冊、新聞切抜、來訪者名刺及ビソノ際ノ書簡類各一束

七　家政文書類

1 銀子之合日記　横大一冊　（六三―二一）

美濃判二折横綴全五丁、「元和六念正月三日」ト表紙ニアリ、了室筆カ

2　**萬覺帳**　半一冊　（六二—二二）

壽玄孺人筆、伊勢物語ノ寫本ノ裏ヲ用ヒテ全五十丁、墨附二十二丁、表紙ニ「寛永廿年正月吉日」トアリ、寛永十九年ヨリ寛文四年迄ノ家庭諸事ノ覺、孺入ハ仁齋母里村氏ナリ

3　**〔諸事覺帳〕**　大一冊

仁齋・東涯筆、全五十七丁、墨附三十三丁、延寶ヨリ享保ニイタル家政金錢出入ノ記ナリ

4　**古義堂書庫賣買証書**　一幅　（六二—二三）

元祿十一年二月六日附ニテひしや傳兵衞ヨリ仁齋宛ニ土藏一ヶ所賣渡スノ證ナリ

5　**到來帳斷片**　十三枚　（六二—二四）

東涯筆、年次不明ノ切々ニナリタルモノヲ集ム

6　**普請方覺帳**　横中一冊　（六二—二五）

美濃判四ツ折横綴、全四十九丁、表紙ニ「享保十四年己酉正月吉日」トアリ、コノ年新宅造營ノ折ノモノ、係トナリシ門人ノ手ナルベシ

7　**人足帳**　横中一冊　（六二—二六）

蘭嵎筆、裏表紙ニ「紀州伊藤才藏」トアリ、紀州京都間ノ人足ノ賃金帳

8　**手帳**　横大一冊　（六二—二七）

静懿孺人筆、半紙二ツ折横綴全九丁、「午ノ正月吉日」トアリ、東里表記ス、「寶暦十二年壬午なるべし静懿孺人手筆　文化十年癸酉二月弘美」、紀州ノ親元ヨリ來タリシ金ノ使途ヲ記ス、孺人ハ井口氏東所元配

9　**道中覺帳**　横大一冊　（六二—二八）

静懿孺人筆、半紙二ツ折横綴全六丁、表紙ニ「寶暦十三年未八月十九日」トアリ、東里記ス「静懿嬬人手筆　文化十年癸酉二月廿日弘美拜書」、同年紀州ヘ里歸リノ折ノ畧行程ト滞留中モラヒシ見舞、出來事ヲ記ス

10　**會計簿断片**　横大一冊　（六二—二九）

美濃二ツ折横綴二枚ト少シ、文字ニヨリ静懿孺人ノモノト想像サル

11　**寛政元年己酉祠堂講堂造營諸書付**　一束　（六二—三〇）

東所筆、重光誌包袋、祠堂造營録一冊、助成金到來簿一冊、奥田清十郎、安原有文、丹波新次郎、秋田方面ヨリノ到來目録各一通、見取圖十二枚

12　**東所會計關係控**　横十六冊　（六二—三一）

東所筆、庚戌歳手録（寛政二年、到來帳、買物、勘定ノ三部アリ）、辛亥歳手録（同三年、到來帳、買物、拂方、土用見舞來者）、雜記　癸丑（同五年、金錢出納、到來帳）、雜記　甲寅（同六年、金錢出納）、雜記　丙辰（同八年、金錢出納、到來帳）、雜記　丁巳（同九年、金錢出納、到來帳）、雜記　戊午（同十年、二冊主トシテ到來帳）、到來帳　己未（同十一年）、到來帳　辛酉（享和元年）、到來帳　壬戌（同二年）、買物帳　享和三年壬戌歳、到來帳　癸亥（享和三年）、癸亥甲子會計録、到來帳甲子（文化元）、鼎席除貢

13　**〔家事諸控〕**　横中一冊　（六二—三二）

東所筆、半紙四ツ折横綴全五十四丁、藥法、衣服ノ寸法、諸物價、家具類ニ關スルコト等家庭ニ必要ナル諸事ヲ控ヘシモノ

14 衣服寸法　横中一冊　（六二―三三）

東里筆、半紙四ツ折横綴全十二丁、表紙ニ「天明二年壬寅十二月十八日造」、紋、小袖、上下羽織、夜着ニイタル迄ノ寸法ヲ記ス

15 到來帳　横中二冊　（六二―三四）

東里筆、一ハ　半紙四ツ折横綴ニテ、文化元年甲子九月廿四日ト表紙ニアリテ同年暮迄ノモノ、二ハ「文化三年丙寅同四年丁卯同五年戊辰同六年己巳同七年庚午同八年辛未同九年壬申」ト表紙ニアリテ「到來簿」ト題ス、ソノ年間ノモノナリ、美濃八ツ切ノ横綴ナリ

16 〔藏書幅賣拂控〕　横大一冊　（六二―三五）

東里筆、半紙二ツ折全三十五丁、墨附三十一丁、初丁ハ別ナレド以下享和三年癸亥ヨリ文化十四年二月ニイタル間、仁齋以來ノ歷代及交友ノ書藏書類ヲウリシ代價買手ノ名ナド記シ、折々決算アリ

17 勢州津家中奥田清十郎古義堂助力金子請取帳　横大一冊　（六二―三六）

東里筆、半紙二ツ折横綴合四枚、文化五年迄記アリ

18 萬覺帳　横中一冊　（六二―三七）

美濃四ツ折横綴全十五丁、表紙ニ「丙午文化十三年四月吉日」「御菓子手本」トアリ菓子ノ製法ヲヒカヘタリ

19 〔輶齋會計簿〕　横大一冊　（六二―三八）

輶齋筆、半紙二ツ折横綴全二十三丁、華族平門人トシテ門人達ノ入金ヲシルシ、次ニ出入ヲワケテ月々ノ會計ヲシルス、盆迄ノモノニシテ明治初年ナルベシ

20 東京引越諸入用雜記　横小一冊　（六二―三九）

輶齋筆、半紙八ツ折型八丁、表紙ニ「明治七年五月廿一日西京出立廿五日東京着」トアリ、明治政府ヘ出仕ノ折ノモノナリ

21 旧宅火難之件　一束　（六二―四〇）

明治十二年十二月三十日隣家ヨリ出火、古義堂大半燒失セシ折東京ノ輶齋ニ宛テ、石崎長久、長裕父子、藤本重勤等ヨリ報ゼシ書簡十二通ヲ一束ス

22 東京伊藤建家之圖　一束　（六二―四一）

明治二十二年豫定セシガ延引ハタサヾリシモノ、見積リ書類四冊、見取圖八枚、工師豫算雜集五枚ヲ一束ス

23 東京ニ於ケル伊藤家屋敷ニ關スル証類　六通　（六二―四二）

明治十一年九月青山南二丁目ノ地所ヲ買ヒシ折、同地建物ヲ買ヒシ折、ソノ折ノ仮受取書、私有建物調書寫、地目變換届、二十二年十一月青山ノ家賣渡證

24 古義堂普請書付　一束　（六二―四三）

明治廿七年ノコトニシテ見積書類九冊、見取圖類二十四枚、其他一束

25 東藏西藏北隣借家其他諸所普請之記　一束　（六二―四四）

明治三十五年ノコトニシテ、明細書、見積書類二十一冊、大工等出入日簿一冊、警察許可書七枚、雜記一冊、請取書類一束

26 **小遺帳** 横大四冊 (六三―四五)

古新聞紙ヲ用ヒシモノ、輶齋手モ混ズルガ如ク、明治三十六年中ノモノナリ

27 **輶齋時代納税・寄附等請取類** 一束 (六三―四六)

28 **〔東涯時代奉行所沙汰ノ記〕** 横大一冊 (六三―四七)

何時カ未詳ナレド奉行所沙汰アリシ折ノ記ニシテ東涯筆多シ、見舞アリタル人々トソノ禮ニユキシ記カト思ハル

29 **御藏板算用書** 横大二冊 (六三―四八)

古義堂ノ藏板ヲアヅカリシ林權兵衞ノ算用書、一ハ元文五年正月ヨリ寛延二年五月マデノモノ、二ハ同年ヨリ寶曆三年九月迄ノモノナリ、包紙ニ東所「學庸孟(虫浸)算用書三冊寶曆甲戌正月算用皆濟ニテ請文別ニ有」、最末ノ一冊缺クトミユ

30 **古義堂藏板ニ關スル記錄** 一束 (六三―四九)

一、享保廿一年三月香川修庵東涯ヨリ本屋權兵衞宛、孟子古義・中庸發揮・大學定本ニ關ス

二、寶曆四年正月林權兵衞ヨリ東所宛、大學・中庸・孟子及ビ古學文集ニ關ス

三、安永三年九月林權兵衞ヨリ東所宛二通、藏板ノ板賃ノコトニテ、寛政三年再記アリ

四、安永三年九月同、論語古義其ノ他ニ就キテノ契約、寛政三年再記アリ

五、乙未(安永四年)十二月林權兵衞ヨリ東所宛、摺本ノ規則ニシテ寛政三年、文政五年ノ再認アリ

六、文政五年八月林權兵衞ヨリ東峯宛、藏板賃ノ定書

七、弘化三年正月林喜兵衞ヨリ輶齋宛、林喜發行所申付候節之證

八、文政五年九月林權兵衞ヨリ東峯宛、論語古義ニ關シテ

九、制度通ニ關シテ五通、寶曆六年二月林權兵衞等ヨリ吉田四郎右衞門宛、令義解トノ關係ニツキテノ交渉、寛政九年二月伊藤家吉田林ノ間ニ於ケル令義解ト差構ニツキテノ交渉三通、同三月同賣上ニツキテノ状、林、吉田等ヨリ伊藤家宛

十、釋親考ニ關シテ四通、明和三年七月西村市郎右衞門ヨリ東所宛、西村源六板木賣掛ニツキテノ詫状、明和五年七月林權兵衞ヨリ東所宛、板木買取賣上ノ斷、寛政八年十月同、文政五年八月林權兵衞ヨリ東峯宛、共ニ前斷ノ再認ノ状

十一、四書五經白文ニ關シテ八通、寛政六年二月中川藤四郎ヨリ東所宛ノ、書經正文出板ニツキテノモノトソノ案文(東所筆)、文化十三年閏八月中川ヨリ東里東峯宛、易經正文出版ノコト　文化十三年九月東里東峯ヨリ中川宛、易經正文出版ニツキ、トソノ案文(共ニ東里筆)、文政二年十月林伊兵衞等ヨリ福井丹波守宛、古義點四書白文板木賣上ノコト、福井榕亭ノ状及ビ榕亭ヨリ板木ヲユヅラレタル由ノ東峯記ヲ附ス、文政二年十一月中川藤四郎ヨリ東峯宛、四經正文出板ニツキテ、文政五年九月東峯ヨリ吉文字屋治兵衞宛、中川ヨリ吉文字屋ヘカハルコトノ許可状寫シ(東峯筆)

十二、大學釋義・勢遊志・歴代官制沿革・訓幼字義ニ關シテ三通、寶曆十年三月林權兵衞等ヨリ東所宛、訓幼字義出板ノコト、安永四年四月圓屋清兵衞ヨリ東所宛、大學釋義・勢遊志・歴代官制沿革板木買上ケ之證、天明四年四月同、上ノ四書ニツキテノ板賃定

十三、名物六帖ニ關シテ二通、安永七年三月瀬尾源兵衞ヨリ東所宛、人事箋ニツキ、寛政四年七月八文字屋仙二郎ヨリ東所宛、器材、人

品、人事箋（板行ノ分）ソノ他寫本ノ分ニツキテノコト

十四、刊謬正俗ニ關シテ二通、明和七年四月林權兵衞ヨリ東所宛、賣出シニツキテ、寛政七年極月林ヨリ東所宛、賣出シニツキテ、文政五午八月東峯宛、同家ノ再認アリ

十五、乗燭譚ニ關シテ二通、未（寶暦十三年）七月板木屋仁右衞門ヨリ東所宛、林權兵衞トノ取引ヲ示ス、同八月林權兵衞等ヨリ東所宛、發行ノコト

十六、辨疑録ニ關シテ、天保二年四月楠見文助ヨリ古義堂宛、タヾシ東峯筆ナリ、板木賣上ノコト

十七、通書管見ニ關シテ、寶暦十年四月林權兵衞等ヨリ東所宛、發行ニツキテ

十八、中庸標釋ニ關シテ、明和九年九月、林權兵衞ヨリ東所宛、板賃改メノコト

十九、唐官鈔ニ關シテ、戌（寶暦四年）正月林權兵衞ヨリ東所宛、金錢取引

二十、經學文衡・學問關鍵ニ關シテ、天明六年九月圓屋源兵衞ヨリ東所宛、板木賣上ケ

二十一、文章規範東涯書入ヲ用ヒシ詫、寛政十年三月植村藤右衞門ヨリ東里宛

二十二、預リノ板木救幣醫話ヲ返シタル請取、天保七年八月葎木内膳介ヨリ東峯宛

二十三、名物六帖中ノ親屬箋ニ關シテ、元文元年六月西村源六ヨリ安原貞平宛、類板ヲ出サザルコト

二十四、唐官鈔ニ關シテ、寶暦三年十二月林權兵衞ヨリ東所宛、發行板賃ノコト

二十五、童子問等九種ニツキテ、寶暦八年二月本屋權兵衞ヨリ東所宛、藏板確認

二十六、孟子古義等三種ニツキテ、明和元年九月林權兵衞ヨリ東所宛、賣弘メノ契約

二十七、論語古義改刻ニ關シテ、明和元年九月林權兵衞等三肆ヨリ東所宛

二十八、紹述先生文集ニ關シテ、明和五年七月林權兵衞ヨリ東所宛、發行ノ契約

31 伊藤家古証書類 一束 （六三―五〇）

一、東涯先生介亭先生江讓狀 一幅、享保五年三月家屋敷一ケ所ノ讓狀ナリ「元町内之在植村武三郎ヨリ得之 重光誌」トアリ

二、嵯峨休所證文案紙 一通、享保十三年三月六日附東涯名ニテ嵯峨井頭町ニ休所ヲ立テシコトニツキ御年寄御町中ヘノ斷リ、包紙東涯筆ニテ「享保戊申三月十九日筆者井上新五頼、木村生持參也」トアリ

三、伊藤正藏借宅證文之寫 一通、東涯筆「享保十三年五月四日金岡氏元藏宅へ持參也」トアリ

四、讓狀 一通、享保十三年十二月、梅宇ヨリ東堀川四町目ノ家屋敷ヲ東涯ニ讓ルノ狀

五、槌之助乳母よし請狀 二通、享保十五年十一月東涯宛、本人よし請人北國屋伊右衞門連名、コレヲ用ヒ東所寛政二年七月乳母しちヲヤトヒシ折ノ案文ヲ附箋ニテシルス、享保ノ折ノ同人ヨリ銀三枚ノ請取書アリ、包紙東涯筆

六、蘭嵎婢きよニ一子出生ノ時ノ證文 三通、延享二年ニシテ一子ヲ不通ニシ銀五枚ヲ出ス等ノ證文ナリ

七、讓リ狀 一通、寶暦十二年四月附東所、東里ニ死後所持ノ家屋敷ヲ讓ルノ狀

八、輶齋ヲ里子ニ出セシ折ノ一札 一通、天保二年十一月里親乳持請

人連名ニテ東峯宛ニ出セシモノ

九、小川下立賣下ル町借家賣拂之一札　一通、天保六年八月角丸屋利兵衞ガ買取リシニツキテノ年寄五人組ヨリ東峯宛ノ一札

十、乳母奉公請狀之事　一通、天保八年三月東峯宛、タヾシ東峯筆ナリ

十一、天保十三年町奉行賞狀ノ寫　一通、長年儒業相立テシ故ノ賞ナリ、輶齋寫

十二、奉公人請狀　一通、弘化二年六月奉公人新助ノ請狀、タヾシ東峯筆

十三、杉田壽庵寄宿證文　一通、弘化四年六月輶齋宛、本田彦三郎ノ請狀

十四、古義堂額裏面ノ文、昭和五年八月梅塘寫

十五、無役ニ關スル證文　二通、天保十五年長々儒業ツトメシ故無役ニシテ年金ヲアタヘラレシ折ノモノ、一ハ奉行所ヨリノ通達、一ハ町内年寄五人組惣代連署ノモノ

十六、覺　一枚、ワリ木炭ナドノ値段書ナレド、伊藤家先人ノモノトシテコ、ニ加フ

32　**帯刀願書返リ屆等案**　寫半一冊　（六三—五一）

東所、東里、東峯、輶齋筆、古義堂ノ人々及ビ諸門弟ノ奉行所ヘ帯刀ヲ願ヒ出デシ願書類ソノ他ソレニ關聯セシ諸事ノ控、「天明八年戊申十一月廿八日造　古義堂」ト表ニ東里記ス

33　**〔壽玄孺人會計簿〕**　寫横小一冊　（六三—五二）

半紙四ツ折大帳簿表紙共十丁墨附三丁、寛文十、十一年ノ間、おさわ即チ仁齋妹ヨリ預リ又ハ返セシ金ノ控、孺人ハ仁齋母ナリ

34　**帯刀之覺**　一袋　（六三—五三）

寄留門弟達ノ帯刀願ノ書類、控ナルベシ、享保二十一年度東涯ノ折四通ト、ソノ事ニ關スル狀二通、明和九年東所ノ折ノモノ三通、東涯包紙ニ「帯刀之覺　享保廿一年丙辰春　家内帯刀之事元祿辛未之歳願書上候樣ニ覺申候其後寶永乙酉之歳源藏代替申上候其後十一年ゟ又申上候也丙辰之歳申上候」ト記ス

八　物　品

1　**筆**　一箱　（二三—一）

2　**硯**　一面　（二九—三）

3　**筆**　二十六本　（三〇—一）

4　**拓本器具**　一揃　（三一—一）

5　**柱掛**　一箇　（三二—一）

6　**眼鏡**　七ツ（附破損セシモノ若干アリ）　（四〇—一）

7　**丁字枕ノ破損セシ一部**　（四〇—五）

8　**袋**　一ツ　（四〇—二）

9　**伊藤家関係寫眞集**　一東七十四枚　（四〇—三）

10　**小刀**　一　（四〇—四）

11　**印肉入**　三箇　（六〇—二二、二三、二四）

12 使用者不明印　二十六顆　（六〇—二）

13 雙清樓額　一面　（三三—一）

紫野太室書

14 古義堂額　一面　（三四—一）

文化元年三月三日、花山院愛徳書、裏面ニ東所記ス「古義堂　古學先生所命元文戊午歳季父蘭嵎先生篆書扁額以掲焉天明戊申之災額亦燬已酉歳堂成而未有扁額今玆甲子春　鷹司關白殿下政熙公命花山右大将愛徳卿書下賜本堂三月九日掲北壁詳記其由云伊藤善韶再拝敬書」

15 神祖賜林永喜金地扇面　一面　（二〇八—三）

「其族子文進傳送　長胤」トアリ

16 空箱　五箇　（三八—一）

各箱、蓋ナドニ次ノ文字アリ

一ハ　東涯筆ニテ「蘭亭記石摺一軸」「伊藤源藏」トアリ、二ハ　東所筆ニテ「先筆爲善降之百祥善韶藏」トアリ、三ハ　東峯筆ニテ「山水掛物一軸」「龜山恰号耕雲天保十年已亥九月死遺物弘済記」トアリ、四ハ　輶齋筆ニテ「鬼神も況や人においてをや」「明治十八年二月輶齋主人」トセシ短冊入、五ハ東峯筆ニテ「古義堂」トアルモノ

九　古義堂舊藏版木目録

1 大學定本　六枚　（三七—一）

2 中庸発揮　十四枚　（三七—二）

3 論語古義　八十九枚　（三七—三）

4 孟子古義　九十一枚　（三七—四）

5 童子問　三十四枚　（三七—五）

6 古學先生文集　五十六枚　（三七—六）

7 古學先生詩集　十八枚　（三七—七）

8 周易経翼通解　百八枚　（三七—八）

9 大學定本釋義附六義　十三枚　（三七—九）

10 刊謬正俗　附録共　十八枚　（三七—一〇）

11 唐官鈔　三十一枚　（三七—一一）

12 官制沿革圖補　十六枚　（三七—一二）

13 制度通　百三十枚　（三七—一三）

14 通書管見　六枚　（三七—一四）

15 訓幼字義　六十六枚　（三七—一五）

16 學問關鍵　八枚　（三七—一六）

17 鄒魯大旨　三十六枚　（三七—一七）

18 古今學變 三十七枚 (三三七—一八)

19 辨疑錄 六枚 (三三七—一九)

20 秉燭譚 三十枚 (三三七—二〇)

21 紹述先生詩文集 二百五十八枚 (三三七—二一)

22 勢遊志 六枚 (三三七—二二)

23 経學文衡 二十一枚 (三三七—二三)

24 古義堂遺書總目叙釋 九枚 (三三七—二四)

25 大學白文 三枚 (三三七—二五)

26 中庸白文 五枚 (三三七—二六)

27 上論白文 八枚 (三三七—二七)

28 下論白文 九枚 (三三七—二八)

29 孟子白文序 一枚 (三三七—二九)

30 上孟白文 二十一枚 (三三七—三〇)

31 下孟白文 七枚 (三三七—三一)

32 題字 七枚 (三三七—三二)

33 雜 十七枚 (三三七—三三)

---

34 仁齋書版木 一枚 (三三七—三四)

「德必有隣」ノ大字、端ニ「文化元年甲子三月十二日古學先生百回忌日干時摹勒上木孫善韶拜書」ト刻ス

35 東涯書版木 一枚 (三三七—三五)

「温良恭儉讓」ノ大字

古義堂文庫目録

下巻

古義堂文庫目錄 下卷

甲 和書目錄

群書一覽 和書部　小六卷六冊函　（六八―一）
尾崎雅嘉、享和二年、京都菱屋孫兵衛等刊、東所函書及小口書

本朝書籍目錄 横中一冊　（六九―一）
清原業忠、寛文十一年、長尾平兵衛刊、「東涯精舍」ノ印アリ

二酉洞（類書目録）半二卷二冊　（六九―二）
一色時棟、林九成校梓、元祿十二年序、京都高橋權兵衛刊、博古堂文會堂合刻書ノ後刷、卷初見返シニ「丙辰正月購河合嘉則藏」、東所書入本、タダシ序者松崎蘭谷ハ古義堂門入

秘府略 八百六十四　八百六十八　寫大二冊　（六九―三）
滋野貞主等編、寶曆五年、伊藤東所寫、寶曆五年歲次乙亥維夏ノ東所後語

漢語大和故事 半三卷三冊缺　（六九―四）
部遊燕編、元祿四年、京都上村平左衛門等刊、全五卷五冊ノ中、一、二欠

和漢故事叢 寫中一冊　（六九―五）
伊藤東皐寫、全九丁、半葉八行ノ罫紙ヲ用ヒ、故事ヲ蒙求様ニ四字ニシルシテソノ出所ヲ下部ニ示ス

甘谷志聞 寫半六卷三冊　（六九―六）
岡田新川、明治十四年、林安貞軒寫

和漢名數大全 小一冊　（六九―七）
上田元周重編、寶曆二年再刻、京都中野宗左衛門等刊、東所書入本、元祿八年刊ノ再刻、初メニ「古義堂」ノ印アリ

和漢名數大全 小一冊　（六九―八）
上田元周重編、享和三年再版、京都錢屋莊兵衛等刊、元祿八年刊、寶曆二年再刻ノ再版、末ニ「古義堂」ノ印アリ

倭名類聚鈔 大廿卷五冊　（六九―九）
源順、那波道圓校、寛文七年、村上勘兵衛刊、東涯書入本

舜水朱氏談綺 半三卷四冊　（六九―一〇）
安積澹泊編、寶永五年、京都茨城多左衛門刊、「古義堂」ノ印

拾芥抄 大三卷六冊　（六九―一一）
洞院公賢編、洞院實熙補、明曆二年、村上勘兵衛刊、東涯書入本

古今秘苑 寫中一冊　（六九―一二）
〔伊藤東皐〕寫、皐事、俗事ノ諸傳ヲ部類ワケシテ記セシモノ、墨附二十八丁

萬寳智恵之巻　寫半一冊　(六九―一三)
文化八年、伊藤東里寫、末ニ「文化八年辛未十月六日寫了弘美藏」、京都東六條上珠數屋町間之町角紙なへ屋茂兵衛刊ノ楠正成末弟、正五郎ノ傳書トツタフ俗書ノ寫、十六丁

俗說贅辨目錄　寫小一冊　(六九―一四)
伊藤弘明寫、井澤蟠龍軒著ノ贅辨ノ目錄ノ寫

大雜書　大一冊　(六九―一五)
寛文十三年刊

眞草二行節用集　大三巻一冊　(六九―一六)
正保三年、豐興堂刊

眞草二行節用集　大三巻一冊　(六九―一七)
寛文元年、京都野田庄右衛門刊

雜字類編　半七巻二冊　(六九―一八)
柴野栗山、柴野貞穀重修、辻言恭校、天明六年、江戸丹波屋甚四郎等刊、汎愛堂藏板、各冊初メニ「古義堂」(東峯使用ナリ)ノ印

梅村載筆　寫横中二冊　(六九―一九)
野間三竹、外題東所筆、東涯門人ト思ハルル數人寫、本書普通林羅山著ト云ヘド本書内題下ニ「野間三竹覺書」トアリ、内容流布本ト相違ス

徂徠先生可成談　半三巻一冊　(六九―二〇)
元文元年刊ノ後刷

○

七經孟子考文補遺　大二百巻三十二冊　(七〇―一)
山井崑崙輯、荻生北溪修、享保十六年、江戸須原屋新兵衛等刊、箱ニ蘭嵎カト思ハルル書名ヲ記セシ紙アレド破損シテ明カナラズ

周易古占法　大四巻二冊　(六九―二一)
海保漁村、天保十一年、傳經書屋藏板

抱腹談　半一冊　(六九―二二)
高松源芳孫、天保十一年、中川意信寫、末ニ「天保庚子仲夏高松源芳孫識」、「中山德輝所示中川意信之書」、「重遠記」、重遠ハ伊藤蘭溪、易論ヲ佐藤一齋トタタカワセシコトアリ

書經天文解　寫大一冊　(六九―二三)
田中大觀、猪飼敬所補、文政九年、谷行德寫、全六十四丁、外題東峯末ニ「干時文政丙戌秋九月四日始業同廿八日謄寫校正全業凡分註加補字者猪飼氏之所補也　加按字者林氏之所按也、無者田氏之自註也　桃花坊谷行德拜」、林氏ハ序者林世寧ナリ

詩經名物辨解　中七巻四冊　(六九―二四)
松岡玄達鑒定、江村如圭撰、享保十六年、京都唐本屋宇兵衛刊、東所書入本、各冊巻頭ニ「施政堂藏書記」ノ印、本書「享保庚戌九月伊藤長胤譔」ノ序アリ

毛詩品物圖攷　大七巻三冊　(六九―二五)
岡白洲、掲芳齋國雄畫、天明五年、京都北村四郎兵衛等刊

長思録　寫半一冊　（六九―二六）
福井軌（敬齋）、河井正秋校、畫六十六、墨附九十二丁、外題東峯、敬齋ハ東涯門

春秋左氏傳例事　小二巻一冊　（六九―二七）
源文卿（伯獻）、明和五年跋、京都出雲寺文治郎等刊

啓發録　半一冊　（六九―二八）
西塚思齋、安政二年序、中ニ仁齋ノ説ヲ引ク所アリ

大學或問　寫大三巻一冊　（六九―二九）
熊澤蕃山、寛政三年、中井延清寫、墨附九十四丁、刊本ヨリノ傳寫

學問源流　大一冊　（六九―三〇）
那波魯堂、寛政十一年、京都風月莊左衞門等刊

經學要字箋　半三巻三冊　（七一―一）
穗積以貫（能改齋）、享保十六年、大坂澁川清右衞門等刊、以貫ハ東涯門

愼思録　大六巻六冊　（七一―二）
貝原益軒、文化十二年、京都植村藤右衞門等刊、正德四年刊本ノ再版、勝嶋喜六郎藏版

適從録　半二巻二冊　（七一―三）
大高坂芝山、元祿十年、江戸和泉屋市兵衞刊、語孟字義ノ批判

草茅危言　大五巻五冊　（七一―四）
中井竹山、寛政元年序、東峯評言ヲ書入ル、「古義堂」ノ印アリ

藤樹先生精言（藤樹問答）大一冊　（七一―五）
橘明編、田村盈・島保武校、天保九年再版、江戸須原屋茂兵衞等刊

江氏書簡　寫大三巻一冊　（七一―六）
中江藤樹、墨附六十四丁、輶齋校正アリテ、外題又同人、下ニ「六有軒圖書」ト墨書

大人其不失赤子之心節　寫一帖　（七一―七）
元祿十三年、仁齋青筆補正、作者未詳ナレド、門人ノ制義ナルベシ

武敎小學　寫大一冊　（七一―八）
山鹿素行、布施源兵衞校正、千田治太夫句讀、明曆二年序、元祿十一年、井上久敬寫、東涯手澤本、識語表紙ニアリ

私擬對策　寫大一冊　（七一―九）
陰山東門、自筆、伊藤仁齋削正、墨附七丁、末ニ「已上一篇五事元祿四年三月廿二日陰山元質淳夫識」

四書折衷　寫大二巻二冊　（七一―一〇）
常翁、寳永五年序、語孟字義、大學定本、中庸發揮等仁齋ノ説ヲ批判ス

制義　寫大一冊　（七一―一一）
東所門ノ制義集、高橋宗恕、安藤知榮以下、爲富・光明・弘毅・克讓

ノ人々、制義ナラザルモ合綴シ、中ニ「天明五年歳次乙巳季秋朔」トセルアリ、東所朱削正ノ存スルモアリ

〔古學論〕　大寫一冊　（六九—三一）

古人ノ學古今ノ學ノ變替ヲ説ケルモノ

古學辨疑　大二巻二冊　（七一—一二）

富永滄浪、猪飼敬所校、天保五年、滄浪亭藏版、「古義堂」ノ印題簽ニアリ

古學辨疑再辨　寫半二巻二冊　（七一—一三）

駒澤廉、〔自筆〕、嘉永五年序

古學辨疑再辨叙跋　寫大一冊　（七一—一四）

駒澤廉、〔自筆〕、嘉永五年序、六丁、末ニ「請教　篠山駒澤廉稿」

語孟字義諺解附錄　寫大二巻一冊　（七一—一五）

東奥散人（山齋）、享保十七年跋、享保十七壬子歳仲冬上浣長子廣信叙、享保壬子臈月朔旦門人松岡興信子跋、跋ニ山齋ハ東涯門ナリト見ユ、天民遺言ノ批判書ナリ

四經大意　寫半一冊　（七一—一六）

惟恭、〔伊藤東皐〕寫、文化元年序、惟恭ハ東所門、序ニ「文化元年甲子春三月」、詩書易春秋ノ論

羽翼童子問　大一冊　（七一—一七）

伏屋義胤、寶暦六年、京都出雲寺和泉掾刊、伏屋氏與三右衞門ハ阿波ノ人、仁齋童子問ノ羽翼タラントノ題ナリ、延享三年自序

論孟略說　寫半一冊　（七一—一八）

閑所、文化四年、〔伊藤東皐〕寫、末ニ「文化四丁卯之夏五月廿六日病中寫」トセシハ東皐ナルベシ、古義ニヨリ集註ノウタガハシキヲ論ズ

徂徠先生學校話　寫大一冊　（七一—一九）

荻生徂徠、墨附九丁、外題東峯

神君敎牘　寫半一冊　（七一—二〇）

徳川家康、安政三年、伊藤輶齋寫、「盍簪録古義堂藏」トアル用紙ヲ用ヒ十七丁（表紙共中一丁白紙）、末ニ「安政丙辰夏五　就河村文吾藏本謄寫　六有齋主人」、自筆校正朱筆アリテ末ニ「校訂了」

光國卿家訓（明君家訓）　寫半二巻一冊　（七一—二一）

徳川光圀、正徳六年成、外題東峯

五常名義
五倫名義　寫大一冊　（七一—二二）

室鳩巣、享保八年跋、鳥飼圭純寫、全十八丁、東涯手澤本、享保十五年識語アリ、「古義堂」ノ一印、外題ハ東涯

六諭衍義大意　大一冊　（七一—二三）

室鳩巣、享保七年、京都出雲寺和泉掾等刊、題簽ニ官刻ト角書ス、「古義堂」「平氏文庫」ノ印アリ

道の志をり歌合　大三巻三冊　（七一—二四）

津阪東陽、天保六年、至樂窩藏梓

告志篇　寫大一冊　（七一—二五）
德川齊昭、天保四年成、東峯外題「齊昭公告志篇」

靖獻遺言　大八巻三冊　（七一—二六）
淺見絅齋編、元治元年補刻、京都三書堂刊、風月莊左衞門刊ノ補刻ナルベシ

中臣秡　小折一冊　（七一—二七）
墨書フリガナヲツケ、初メニ「松室近江介種信」、末ニ「松室堂秡」ト墨書

放生大會神幸行列次第　大一冊　（七一—二八）
寶永四年ノモノ

八幡放生會式文　一巻　（七四—一）
寶永六年八月ノ八幡放生會ノ次第

京都北野天滿宮九百五十年御忌奉加帳　大折一冊　（七四—二）
嘉永三年ノ忌ヲムカヘテ、同二年九月ニ出シタルモノ、神光坊アツカヒ

多武峰緣起　大一冊　（七一—二九）

多武峰緣起便蒙　大二巻二冊　（七一—三〇）
蓮光院光榮、寶永七年序、享保五年跋

御寶錄　中一冊　（七一—三一）
寛政四年序、京都文深堂等刊、廣福王府藏版、京都方廣寺寶物目錄

元亨釋書　古活字本　大三十巻十冊　（七一—三二）
虎關師錬、元和三年、京都壽閑開板、奥ニ「元和三丁巳曆孟秋上旬洛陽二條通鶴屋町壽閑開板」、東涯手澤本

方廣寺下馬札寫　寫折一帖　（七四—三）

宗門葛藤集（句雙葛藤鈔）　中七巻四冊　（七一—三三）
洞下不鐵、文政十三年補刻、大阪加賀屋善藏等刊、元祿五年原刻ノ補刻

聲明源流記　大一冊　（七一—三四）
凝然、享保四年己亥仲春既望談峰沙門蓮光院光榮刻スルノ跋アリ

弘法大師正傳　大三巻附錄一巻四冊　（七一—三五）
高演、天保四年跋、末ニ高演ノ天保五年ノ上表ヲ附ス

永平道元禪師道詠　寫半一冊　（七一—三六）
道元、末ニ「安政二乙卯歳季春松浦元貞寫之」、朱書ハ外題ト共ニ輶齋

護國新論　附崎陽茶話、邪教始末、　半一冊　（七一—三七）
概癡道人、輶齋手澤本、表紙ニ朱書「正覺寺所贈重光記」

○

紀元通略　小二巻一冊　（七二—一）
羽倉簡堂（用九）、天保五年刊、可也簡堂藏板、東峯書入本

倭王代一覽圖　小折一冊　（七三―一）

東所手澤本ニシテ書入增補アリ

和漢年契　大一冊　（七二―二）

高安蘆屋、寛政九年、大阪葛城長兵衞等刊、東所手澤、東峯輶齋書入本、上欄墨書ニテ年號ヲ見出シタルハ東峯、朱ニテ細字古義堂ノ事ヲ加ヘシハ輶齋、巻首「施政堂藏書記」

大日本史　寫半二冊缺　（七二―三）

徳川光圀編、目次ト引書ノ一冊ト、巻一ヨリ五迄ノ一冊ノミ

日本史略　巻四十九　寫大一冊缺　（七二―四）

伊藤東涯寫、光仁天皇ノ條三丁

日本外史　大廿二巻廿二冊　（七三―二）

頼山陽、嘉永元年、江戸須原屋茂兵衞等刊、輶齋書入本

國史略　大五巻五冊　（七二―五）

岩垣松苗編、岩垣言忠校、文政十年序、文政九年刊記、京都菱屋孫兵衞等刊、東峯輶齋書入本、各冊巻初「古義堂」ノ印

日本王代一覽　大七巻七冊　（七二―六）

林鵞峯、寛文三年、村上勘兵衞刊、東涯〔東皐〕等書入本

善隣國寶記　大三巻三冊　（七二―七）

周鳳瑞溪、明暦三年跋、東涯書入本

桑韓塤篪集　附列朝韓使來聘考　大九巻附録一巻五冊　（七二―八）

瀨尾用拙齋編、享保五年、京都奎文館刊、東涯書入本、見返シハ「皇和享保己亥」トアリ

〔外交書簡集〕　寫大一冊　（七二―九）

東涯書入本、足利末ヨリ徳川中頃ニイタル諸外國トノ修交文書集

大日本國帝王年代記　大三巻一冊　（七二―一〇）

圓智、吉田光由集、東涯東所東岸東皐書入追補

本朝年代卽鑑　小一冊　（七三―三）

中村玄三、享保十六年、京都文臺屋治郎兵衞刊、東所書入、後刷ニテ元文己未春三月河野漣窩序アリ

本朝年代卽鑑　小一冊　（七三―四）

中村玄三、享保十六年、京都文臺屋治郎兵衞刊、東所東里書入本、見返シニ東所「明和七庚寅之歳奥田子禮子惠」、又〔東岸〕ノ筆ニテ「文化元甲子之歳八月廿三日惠」、「東里」ノ印

增補新板國字《かなじ》早繰《はやくり》年代記《ねんだいき》　折一枚　（七三―五）

寛政七年再刻、京都錢屋新助等刊

文氏墓誌考實　寫大一冊　（七二―一一）

穂井田忠友、天保二年九月廿九日大和宇陀郡八瀧村出土銅器類ノ考證

燕澤碑考證　寫半一冊　（七二―一二）

奥州宮城郡燕澤村、弘安ノ碑ノ考證

〔虵田碑之考〕　寫大一冊　（七三―一三）

櫪村貫道寫、碑文ニツキテノ諸儒ノ考ヲ合セシモノ、末ニ「右以爲仁庵桑原子之藏書寫于皇都上長者街之居潤齋　櫪村貫道」

古文書集　寫廿八通　（七四―四）

一、あさ名瓦下童名壹たんか事（賀茂川邊ノコト、建長三年九月十九日）
二、東寺下文（丹波國大山庄ノコト、弘安三年十二月七日）
三、請諷誦事（乾元貳年七月十五日、タヾシ裏ニ古今集序ノ註アリ）
四、請諷誦事（嘉元二年六月二十三日、タダシ裏ニ古今集序ノ註アリ）
五、書狀（年號ナシ、タヾシ裏ニ古今集序ノ註アリ、五、三、四ノ順ニ比興雅ヲ註ス）
六、寶地殿券案文（徳治二年七月二十八日）
七、賣渡申家地之事（鞍馬寺坂本、文安五年十月十三日）
八、賣渡屋地在所鞍馬土在地泉辻の口（文安六年夘月四日）
九、うりわたすやまの事（すいかたうのおくの分、康應元年夘月廿日）
一〇、賣渡山壹所之事（山城國ヲタキノ郡静原郷天峯山、應永廿六年十二月十二日）
一一、鞍馬寺浄嚴房讓狀（應永三十二年十一月三日）
一二、賣渡申私領田地事（鳥羽手里、康正參年、夘月廿三日、寫ニシテウラニ「此下地壹段者文明十五年癸夘三月仁千代松買請早」トアリ）
一三、賣渡申上之岩神畠事（文明十九年五月十五日）
一四、西寺田門脇一段半本役并所得分注文案延徳三十廿六
一五、下司谷百姓備後うけ文延徳三十一日（十一月六日、西寺田ノ内ナリ）
一六、戒堂之南頬敷地之事（明應元年十一月廿七日）
一七、樋口百姓五郎左請文（東寺御影堂御佛事田、明應二年十一月廿七日）
一八、大政町北頭東ヨリ六段目百姓衞門三郎請文（明應九年八月卅日）
一九、西花苑田一反大東ノ縄本百姓徳音請文（明應九年八月卅日、以上二通ハ東里包紙シテ「明應古證文　文化年中購大政町ハ南都なるへし此は南都より出るなるべし」）
二〇、永代賣渡申田地之事（文龜三年正月十一日）
二一、うけこい申大宮之御地子事（永正六年十二月卅日）
二二、賣渡申竹原之事（鞍馬寺坂中、永正十八年四月三日）
二三、請申田地下作事（大永八年五月廿二日）
二四、地藏院門跡灌頂秘密之道具授狀（東寺寶輪院宗秀、天正二年九月十一日）
二五、永代寄進申御年貢米之事（寶輪院宛、天正二年十二月十八日）
二六、永代寄進申候田地年貢米之事（大宮大路、天正八年二月四日）
二七、慶長年中借家請狀（二條仁王門之町、慶長三年十月八日、包帋ニ東里「文化八年辛未七月十九日求」）
二八、秘鈔缺局注文（末ニ「本云成賢所望之秘鈔ノ缺局如此被注置也北院御室御自筆也」）

右二十八通ハ天保十二年東峯整理シ逆年数ヲ一々記ス紙ヲ附ス、大正元年顧也又整理ス

〔吉水文書寫〕　寫六通　（七四―八）

一、正平八年六月廿八日右中辨ヨリ吉水大夫僧都宛
二、元中元年十二月廿日左中将ヨリ吉水兵部郷宛
三、同　同　同　（吉野郡内二村ノコト）
四、元中七年九月廿九日左權中将ヨリ吉水尊壽丸宛
五、元中九年九月廿日左中将ヨリ西室尊壽丸宛
六、十二月三日右中辨ヨリ吉水大夫法師宛

北小路家文書　寫一函　（六五―四）

輔齋妹倶ノ嫁セシ近衛家諸大夫北小路舊藏文書類、天保十年、近衛家ノ充君、徳川宮内卿（齋疆）ニ嫁セシ時、東下セシ折ノモノソノ大部分ナリ

一、充君婚禮關係文書

近衛家ノ充姫、徳川宮内卿（家慶男齋疆）ヘ嫁セシ折ニ同家ノ諸大夫北小路山城介、蔭山将曹ト共ニ關東ヘ使セシ折ノ諸記類ナリ、時ニ天保十年十一月ヨリ十一年正月ニカケテナリ

○銭買上帳（十年十一月、坂戸新右ェ門カヽリ）
○銭買上帳（十一年正月、藤澤音次郎松谷勇藏カヽリ）
○駄賃帳（十年十一月、坂戸カヽリ）
○駄賃帳（天保十一年正月、藤澤松谷カヽリ）
○飛乗駄賃帳（天保十年十一月、坂戸カヽリ）
○御用飛脚通（十年十一月、日本ばし西川岸町三河屋佐次右ェ門）
○江府逗留中日記（十年十一月）
○路用金請取帳（十年十月）
○清水御婚禮ニ付關東御使下向歡入來并誌雜之留（十年十月ゟ）
○旅籠帳（十年十月、坂戸カヽリ）
○旅籠渡帳（十一年正月、藤澤松谷カヽリ）
○關東下向金銀出入覺（十年十月ゟ）
○關東下向用意物覺（十年十月）
○縮緬紗綾綿調進御仕上帳（十年十二月、日野屋市左衛門）
○清水表并御廣敷關係書状　五十三通

清水ヨリノ覺二、上原十兵衛十九（單獨名一ハ蔭山將曹宛、他ハ大河原平藏紅林勘解曲ト連記、山城介以外ノ人ト連名宛ノモノ三通アリ、尙附セシ記録六アリ計二十五）、小野四郎五郎十二（中ニハ村尾源右衛門ト連記、一ハ蔭山將曹ト共宛名ナリ）、村尾源右衛門一、廣町十三（宛名モ署記モ連名ノモノアリ）

○薩州關係手簡　十七通

猪飼央八（中一ツハ蔭山將曹宛）、伊集院中二、竪山武兵衛一、近藤隆左衛門七（蔭山將曹宛又井上逸作トノ連記モアリ）、富永玄意一

○奥女中書簡　八十二通

東御殿御右筆十六、花町二十三（連名モアリ山城介以外ノ人ヘノ宛モアリ）、關川九（連名モアリ）、堀川其ノ他三十四、

○諸御買物書上帳（子ノ正月、小村孫兵衛等）
○御用年番入用書上帳（子ノ正月、小林孫兵衛等）
○文政六未年二月教宮様御婚姻之節被進物書抜
○天保十己亥年十一月充君様御婚姻御使ニ付伏見宮御先格問合往復并清水御屋形誌掛合等備忘附高家衆
○北小路様御上京ニ付道中入用覺（十一年正月）
○充君御婚姻濟御書案文
○〔記名帳〕
○近衛様より御使之節手續書並御次第　二冊
○目録及覺書類二十八通
○献立及勘定書類二十七通
○北小路山城介文案類　四十二通
○目録添書　十一通
○高家書簡　二十八通

達書寫七、後藤因幡守二（一ハ中川宮内少輔宛）、齋藤長門守一、武田大膳大夫八、田中信濃守一（中川宮内少輔宛）、田村伊勢守一、深谷遠江守二、三嶋下野守一、山田日向守四、

○市谷關係書状　二十七通

天野藤十郎四（中ニ清水御用人中宛一）、澁谷三左衛門二、（蔭山將

曹ト連名）鈴木六兵衞十一、（中、蔭山將曹宛二）、津田太郎左衞門
一、市かや御右筆一、裏辻六（中連名二、將曹ト共ヘ一）仲園二
（將曹ト共）
○蔭山將曹狀　二十二通
○京都關係者書狀　二十一通
坂戸新右衞門二、佐竹織部正三、（中二通ハ中川讃岐守連名）、佐竹
甲斐守一、中川讃岐守二、中川宮内少輔七、村尾六
二、書附類一束　八通
一束ニサレ所収、長戸鍬吉一件書附四、東門大師號御願書案一、仙
臺掛合書附二、同家老返翰一、織部正宛年芳書簡一
三、公卿名寄　一冊　五丁、「慶應元年五月寫、源政恒」
四、和歌稿　一枚
五、九州方面地圖　三枚
六、御道中萬覺留　寫一冊
江戸下リノ折ノ道中覺ナリ上表紙ニ「竹垣姓」
七、諸家書簡　六十八通
位田勤右衞門一、市川彦之助五（田安家人、岡田李太夫、揖斐鐵次
郎、中澤彦左衞門ト共ニ）稻田八郎右衞門七（中、河内與左衞門ト
共ニ一、倉地新平ト共ニ二）岡本大助一、尾崎八右衞門一、龜倉忠
右衞門一（蔭山將曹内松尾幸助宛）倉次多門等一（堀田備中守家人）
最勝院一、坂本太郎一九（中西川儀右衞門ソノ他ト共ニ四、武田大
膳大夫家人）鹽田宗壽同宗眞一（附書付寫一）鈴木宗休一、田井友
衞四、田中良左衞門一、（林肥後守使者持參ノモノ）谷田作兵衞一、
利倉春佐一、鈴木貢一（他二人連名）名越彦太夫二、西川儀右衞門
二（一ハ師田治兵衞連名、武田大膳太夫家人）濱野村右衞門一、福
原縫殿四、佛願寺四、古澤宗伴一、宮原正衞一、御牧近江介二、師
口作兵衞二（武田大膳大夫家中）室田織之進二（一ハ和田繁藏ト連
名）凌雲院一、春庸馬のはなむけ歌一、署名ナキモノ八

豐大閤奏狀　附消息寫　寫二通函　（七四―九）

祐筆書ニテ、天正十五年四月三日島津トノ陣中ヨリ菊亭右大臣以下ニ
送リシモノ、消息寫ハ東涯包紙ニ「天正中太閤ゟ高麗陣中消息」トア
リ、十二月十七日關白殿（秀次）宛ト前田玄以ヨリ六月七日伏見殿以
下諸卿宛ノ二通ヲツナギシモノ、奏狀ニハ東涯考證一枚ヲ附ス

北條相州證文　寫一幅函　（七四―一三）

讓与和泉國輕部鄉北方木田井口物部里地頭職事（嘉曆貳年丁卯六月
五日　藤原清高）ニ同八月三日、相模守（北條守時）修理大夫（北
條繼貞）ノ證アルモノ、末ニ東涯筆附紙アリ、箱書ハ東所

足利將軍教旨　寫二通　（七四―一〇）

一ハ尊氏正月八日園城寺衆徒御中祈禱終了ヲヨミスルモノ、二ハ義持
美濃國大興寺ヲ祈願寺トスル應永卅年十二月廿四日ノモノ、共ニ寫シ
ニアラズンバ偽物ナルベシ

古事記　大三巻一冊　（七三―一四）

太安萬侶等、寛永廿一年、京都前川茂右衞門刊、東涯少年時ト思ハル
ル朱書書入アリ

先代舊事本紀　大十巻一冊　（七三―一五）

寛永廿一年、京都前川茂右衞門刊、東涯書入本

日本書紀　大卅巻八冊　（七三―一六）

舍人親王等、寛文九年、武村市兵衞等刊、東涯書入

續日本紀　大四十巻廿冊　（七五—一）
菅野直道等、明暦丁酉秋日立野春節後語、東涯書入本

日本文德天皇實錄　大十巻五冊　（七二—一七）
藤原基經等、寛文九年、村上平樂寺刊、東涯書入本

日本三代實錄　大五十巻十冊　（七六—一）
藤原時平等、寛文十三年松下見林跋、京都野田庄右衞門刊、東涯書入本

朝野群載　寫大廿一巻七冊缺　（七二—一八）
三好爲康編、「一—四」「五—六」「七—九」（十逸）「十一—十三」（十四逸）「十五—十七」（十八九逸）「廿—廿二」（廿三四五逸）「廿六—廿八」（廿九三十逸）、外題東涯筆

百練抄　寫大五巻四冊缺　（七二—一九）
巻四、五、六、七、八ノ五巻四冊、嘉元二年奥アル金澤文庫本ノ轉寫、東涯朱書入本

源頼朝公御代諸大名分限　寫大一冊　（七二—二〇）

平家物語　古活字本　大十二巻十二冊　（七二—二一）
双邊十二行　片假名本、慶長中刊、東涯書入本

承久記　古活字本　大二巻二冊　（七二—二二）
單邊十二行片假名本、奥ニ「右兵亂之記行于世年尙矣故本有廣略條有脱落今也集於多本以一校畢　于時元和四戊午曆孟夏中十日」

九州記　大十八巻附總目十九冊　（七二—二三）
大竹山人（春龍）、含虛子校、元祿十三年、京都田中庄兵衞等刊、東涯東所手澤本

土佐軍記　寫大三巻一冊　（七二—二四）

〔天正八年庚辰八月二日新門跡大坂退散之次第〕　寫大一冊　（七二—二五）
太田和泉守重通、末ニ「慶長十四己酉正月吉日太田和泉守牛一（花押）八十歳」トアル書ノ寫、東涯朱ニテ校

大閤御言葉　寫大一冊　（七二—二六）
秀吉ノ下セシ掟命令ノ寫、享保八年東涯識語

慶長五年庚子九月十五日關原御合戰御陣取之圖並備書　寫大一冊　（七二—二七）
〔伊藤東峯〕寫

濃州軍記　寫大三巻三冊　（七二—二八）
太田和泉守重通、享保十二年、廣瀨某寫、東涯書入本、外題蘭嵎ニ似タリ

關ケ原記　寫大一冊　（七二—二九）
末ニ「此一全安平次左近備用參番之日每書寫之誠亂筆後今推覽者也大江俊廣　于時享和三癸亥歲末秋」

難波戰記（攝州軍記）　共附圖　寫大七巻七冊　（七二—三〇）
萬年賴方、二階堂行憲、寛文十二年序、前揭濃州軍記ト同筆

武徳大成記　寫大三十巻十冊　（七三—三一）
阿部正武・林春常・人見友元・木下順庵等、貞享三年跋

松平崇宗開運録　寫大三巻一冊　（七三—三二）
顯譽祐天、安永四年、中村忠興寫、祐天ノ日記ヲ寫シツタヘタル奥書アリ

寸虫大望記（油井根元記）寫半五巻一冊　（七三—三三）
天和二壬戌年中致清序、月更軒兎睡跋、奥ニ「右墨付六十三丁　寶永七庚寅臘月廿四日寫之　貞行」

〔公私覺書寫〕　寫大一冊　（七三—三四）
寛永、慶安、寛文、延寶頃ノ幕府重要事件ノ記録集

正徳元辛卯朝鮮人來聘之次第　寫半一冊　（七三—三五）
享保四年度來朝ノ記事ヲモ附ス、東涯書入本

朝鮮人來聘御料理献立　寫半一冊　（七三—三六）
正徳元年度ノモノ、東涯外題、東所後記アリ

繪島記　寫半一冊　（七三—三七）
正徳三年寫、外題東涯、包紙一枚又東涯筆

朝鮮國ゟ罷歸ル能代者口上書覺　寫半一冊　（七三—三八）
享保十一年午四月十三日ノ口上書、墨附九丁

江戸品川源氏坊天一改行一巻　寫中一冊　（七三—三九）
所謂天一坊一件始末ニテ、「享保十四年己酉四月ノ事」ト表紙ニ書セシハ東涯

寛政五年癸丑ヲロシヤ一件　寫半一冊　（七三—四〇）
伊藤東里寫、幸大夫ノ折ノコト、墨附九丁

文化八辛未朝鮮聘小記　寫半一冊　（七三—四一）
文化八年、伊藤東里寫、墨附十六丁、末ニ「文化八年辛未十月二十三日寫」

九州大変書面写　寫半一冊　（七三—四二）
文政十一年、伊藤東岸寫、文政十一年九月北九州大風ノ書面、末ニ「因名倉子書寫」

御大禮御用掛御役人附　横小一冊　（七八—一）
天保八年、江戸森屋治兵衞刊、將軍宣下ノ折ノ役人附、「天保八丁酉年九月吉日御書物師出雲寺幸次郎板賣弘所江戸馬喰町二丁目森屋治兵衞」、東岸ノ書入アリ

嘉永癸丑異国船渡來圖　寫一舗　（七三—四三）
金澤ニ於ケル諸侯配備ノ圖

合衆國書翰　和解附　寫大一冊　（七三—四四）
嘉永六年度ノモノ

北亜墨利加合衆國之伯理璽天徳ミル・ラルトヒルモオレ書日本國帝殿下ニ呈ス書寫　寫大一冊　（七三—四五）
譯文ノ寫

風説萩の枝折　寫五巻一冊　（七二—四六）
夢外子、元治元年序、全十巻ノ中初メ五巻、蛤御門ノ變ニ關スル部分

明治八年九月上書　寫大一冊　（七二—四七）

薩藩横山正太郎上書　寫半一冊　（七二—四八）
庚午明治三年七月廿六日ノ上書、輶齋初ニ朱「薩藩横山正太郎上書重光記」

三韓世表　折一舗　（七三—六）
井上蘭臺（通熙）、寶暦十一年、江戸崇文堂前川六左衛門刊

増補元明史略　大四巻四冊　（七三—七）
後藤芝山（世鈞）編、藤原正臣増補、弘化三年、京都菱屋孫兵衛刊、後刷、東峯手澤本

康熙封琉球國王勅・琉球表文・福建布政司咨・琉球國王咨　寫各一通　（七四—一二）
正徳五年寫、東涯書入説明アリ、袋東涯筆

承應年中禁中御殿之圖　寫折中一舗　（七九—一）
永井信濃、永井日向、水野石見、五味備前、中坊美作、竹中左京等丁場ノ區別ヲ彩色ニテ示セリ

御所廻絵圖　寫折小一舗　（七九—三）
寶暦（丁巳）七年寫、東所袋ニ書ス「自田丸養貞老丈來　善韶藏」

當代省中圖　寫折中一舗　（七九—三）
明和元年、近松顯忠寫、袋東所筆

大内裏御圖　折中一舗　（七九—四）

新内裏圖　寫大一冊　（七九—五）
寛政御造營ノ折ノモノ、東所外題

大内裏圖　寫折大一舗　（七九—六）
外題東所

再刻内裏圖　折小一舗　（七九—七）
天保八年再刻、京都林喜兵衛刊、寶永五年戊子春刻ノ再版

大内裏全圖　寫一巻　（七九—八）
伊藤輶齋寫、末ニ朱書「此巻山木中務少録所藏也頃日寫以藏家云時嘉永戊午臘月念三　六有主人」、嘉永ニ戊午ナシ、戊午ハ安政五年

桑華蒙求　寫大三巻三冊　（七二—四九）
木下葵峯（公定）、寶永七年序、外題東峯筆

桑華蒙求　大三巻三冊　（七二—五〇）
木下葵峯（公定）、天保十五年跋、前掲書ノ要法寺木活字ニヨル刊行、末ニ「弘化元年十二月二日伊藤弘濟謹録」ト墨書、東峯手澤本

扶桑隱逸傳　大三巻合一冊　（七二—五一）
元政、寛文四年、京都村上氏刊、仁齋文章ニ青筆訂正ヲ加フ、東涯識

語、東所又明和二年讀過ノ記アリ

熈朝儒林姓名錄　小一冊　（七三―八）
永田東皐（永忠原）輯、明和六年、京都西村市郎右衞門等刊

先　哲　叢　談　大八巻四冊　（七三―九）
原念齋、文化十三年序、「古義堂」印

先哲叢談後編　大八巻四冊　（七三―一〇）
東條琴臺、文政十二年、大阪河内屋茂兵衞等刊、「古義堂」ノ印

歴　名　士　代　寫横中五冊　（七三―一一）
「永祿二年二月十六日特進都督郎藤」ノ後語及ビ「享保十七年壬子夏六月日伊藤長胤購」ノ識語アリ、永享ヨリ慶長ニイタル四位五位叙位ノ次第

大　臣　名　寫横中一冊　（七三―一二）
文化十三年、伊藤東峯寫、末ニ「干時文化十三年丙子十二月朔日謄也弘濟藏」、墨附二十九丁、東所本ノウツシ

大　臣　名　寫横大一冊　（七三―一三）
寛政四年寫、天保八年補、東所手澤東峯補寫本、墨附二十三丁、内東峯筆四丁、末ニ「此書自花山公借托小田生謄　寛政四年季之冬十一日也善韶藏」、朱書「天保八年丁酉五月自六條公借補入訂正弘濟」、四丁ノ外ニ朱ニテ全部ヲ校補ス

雲上明覽大全　小二巻二冊　（七三―一四）
天保八年序、弘化二年改正、京都竹原好兵衞刊、「古義堂」ノ印

雲　上　明　鑑　寫半一冊　（七三―一五）
伊藤東皐寫、光格天皇ノ御代文化初年ノ明鑑ヨリノ抄記、「古義堂藏」ノ柱刻アル罫紙ヲ用フ、墨附十三丁

〔補　　略〕　横寫中一冊　（七三―一六）
文久三年ノモノ

文化五年戊辰之歳補略　寫半一冊　（七三―一七）
文化五年、伊藤東皐寫、墨附十六丁、「古義堂藏」ト柱刻セシ半葉九行罫紙ヲ用ヒ、末ニ「箸雍執徐之歳秋八月十四日寫　平安洛水涯中庸室東皐明藏」

文化十四年補略　寫小一冊　（七三―一八）
文化十四年、伊藤良炳寫、末ニ「據七里種夏原本謄寫古義堂寓中中元之日卒業　應良炳文化十四丁丑年七月上浣」

新改　安永武鑑　小四巻四冊　（七三―一九）
安永六年、江戸須原茂兵衞刊

〔武　鑑　抄　記〕　寫半一冊　（七三―二〇）
〔伊藤東皐〕寫、「古義堂藏」ト柱刻アル半葉九行罫紙四丁、文化初ノモノ

三刻　袖中京都武鑑　折一舗　（七三―二一）
文政十年七月改、京都石田治兵衞刊

改刻　平安人物志　小一冊　（七三―二二）

弄翰子編、安永四年、京都林伊兵衛等刊

文政再版 平安人物志　小一冊　（七三—二三）

弄翰子編、文政五年、京都堺屋仁兵衛刊、「古義堂」ノ印

天保改刻 平安人物志　小一冊　（七三—二四）

弄翰子編、天保九年改刻、京都堺屋仁兵衛等刊、「古義堂」

畫本寳鑑　半六巻六冊　（七三—二五）

橘宗重、藤東軒補、長谷川某畫、貞享四年序

元明清書畫人名錄　半二巻二冊　（七三—二六）

彭城百川纂修、高孟彪（大島芙蓉）木孔恭（木村蒹葭堂）石希聰（臺麓）補訂、安永六年、大坂淺野彌兵衛等刊

諸家知譜拙紀　大三巻一冊　（七三—二七）

土橋定代、貞享三年、京都平野屋佐兵衛刊、東涯書入本

鎌倉將軍家譜　大一冊　（七七—一）

林羅山

京都將軍家譜　大二巻二冊　（七七—二）

林羅山

織田信長譜　大一冊　（七七—三）

林羅山

豐臣秀吉譜　大　三巻三冊　（七七—四）

林羅山、以上七冊共ニ寛永四年、京都平野屋佐兵衛刊、東涯書入本

崇廟祭名錄　寫大一冊　（七三—二八）

攝門、在心堂藏板ノ轉寫ニテ、増上寺ノ柳營關係者ノ過去帳ナリ、外題東峯筆、墨附三十三丁

秀吉公ヨリ加藤主斗頭清正感狀　寫半一冊　（七三—二九）

享保十五年、藤山傳治寫、東涯手澤本、奥ニ享保十五年冬日ノ識語アリ

南海割據志　寫大一冊　（七三—三〇）

〔伊藤東涯〕寫、

烈祖成績　寫大十巻十冊缺　（七七—五）

安積澹泊、享保十七年大井松隣序、同年自序

御年譜　（東照大君年譜）寫大五巻一冊　（七三—三一）

林道春、正保三年序、東涯東所書入本

東照記　寫大二冊缺　（七三—三二）

天地人ノ中地ノ巻缺、末ニ「九重瓢單辻子草廬蘭秀軒立入元碩 祐正」

松平の御次第　寫中一冊　（七三—三三）

東涯書入本、三河物語等ニヨリテ製シタル徳川氏系譜

〔吉田氏記事〕　寫半一冊　（七七—六）

河道主事嵯峨吉田了以翁碑銘、儒學教授兼兩河轉運使吉田子元行狀、舟中規約（素庵作）、安南國通交文書、富士川碑銘（黒木好祖撰）ヲ収

ム

〔吉田氏記事〕　寫半一冊　（七七―七）

内容前書ニ同シ

紹述先生碣銘　大一冊　（七七―八）

花山院常雅、元文二年秋九月門人度會未濟（南溟）跋、間之町御池上ル町林權兵衞刊

故西里先生行狀　寫半一冊　（七七―九）

潛龍山口貫左衞門（寛政十一年十一月二十三日歿、六十一）ノ行狀

榕亭福井先生及順君御方掩土法語　半寫一冊　（七七―一〇）

秀空、伊藤東峯寫、耕價堂藏ト柱刻アル半葉七行罫紙六丁、共ニ天保十五年ノ文

泰西輿地圖說　半十七巻六冊　（七七―一一）

朽木龍橋、寛政元年、江戸松本善兵衞刊

天竺渡天海陸物語　寫半一冊　（七七―一二）

東涯手澤本

松前箱館名前之船德永丸船頭久保義兵衞漂流記　寫半一冊　（七七―一三）

伊藤東里寫、コトハ寛政七年乙卯、墨附廿三丁、末ニ東里「日本享和二年壬戌七月六日寫畢　弘美」

久保義兵衞漂流記　寫半一冊　（七七―一四）

前掲書ニ同内容ナリ

大坂南安治川岡田屋源藏借家新助漂流記寫半一冊　（七七―一五）

文化八年、伊藤東里寫、コトハ文化六年己巳十月十六日出船同七年十二月二十二日歸朝、末ニ東里「文化八年辛未九月六日寫了　弘美藏」、墨附十七丁

改正日本輿地路程全圖　折大一帖　（七七―一六）

長久保赤水、安永八年、大阪浅野彌兵衞刊

西園寺望一郎君洋行途中記（歐羅巴紀游拔書）　寫半一冊　（七七―四八）

西園寺公望、伊藤輶齋寫、罫紙十九丁、墨附十三丁、後ニ歐羅巴紀遊拔書ト題シ、自筆本複製出デシモノト同ジ、自筆本ヨリノ寫ナルベシ、表紙ニ「第貳拾六號重光先生寫」

歐羅巴紀游拔書　複製本　中一冊　（七七―四九）

西園寺公望、小泉三申編、昭和七年刊、公望自筆本ノ複製一百部ノ第十二號ニシテ、三申ヨリ古義堂ニ呈セシモノ、公望少年時古義堂輶齋ニ學ビシコトアルノ因ニヨル

大日本彊域圖　寫折大一帖　（七九―九）

元祿年間寫、東涯手澤本、外題東涯

大日本細見道中圖鑒　折中一帖　（七九―一〇）

友鳴松旭畫並書、富士谷東遊子校正、大阪石川屋和助等刊

日本之圖　寫一葉　（七九―一一）

諸國知行高ヲ附記ス

改正大日本方角指掌全圖　折小一帖　（七九―一二）
大阪ヨリノ海上道ノリヲ附記ス

東海道分間繪圖　折小一帖　（七九―一三）
桑楊編、奥ニ別ノ吉文字屋市兵衛出刊品目ヲ附ス、東里寛政十一年ノ書入アリ

東藻會彙　小三巻一冊　（七八―二）
萩野復堂輯、同鳩谷増定、安永八年再版、江戸須原屋市兵衛刊、明和四年刊ノ再刻本、外題「増補地名箋」

名所方角鈔　小一冊　（七八―三）
宗祇、寛文六年、京都谷岡七左衛門刊

海陸行程記　寫横中一冊　（七八―四）
元祿二年、伊藤東涯寫

岐蘇路寢覺草（岐岨路之記）　寫横中一冊　（七八―五）
福王信近、丙寅（延享三）春序

仲仙道道中記　横小一冊　（七八―六）
美濃大井ききやう屋刊

諸國道中袖かゝみ（一新講社道中袖鑑）　横小一冊　（七八―七）
本多留平編、橿原義長書、水口龍之助鐫、明治九年、東京東生龜治郎刊、轎齋手澤本

大日本道中行程細見記　折中一帖　（七八―八）
文化元年再版、大坂吉文字屋市左衛門等刊、内題「大日本道中行程細見記大全」

諸國之名後改文字　寫半一冊　（七七―一七）
伊藤東皐寫、墨附六丁、古稱國後改郡鄕說、郡名後改文字ヲ附ス

郡名　寫横一冊　（七八―九）

東行別記　大一冊　（七七―一八）
松井可樂（河樂散人）、寶永二年、岡山中野孫左衛門刊、元祿十一年自跋

隨使錄　寫半一冊　（七七―一九）
菊池三溪評（自筆）、明治十五年十一月東京ヨリ伊勢神宮ニイタル勅使ニ從フノ文、何人ノ文ナルヤ不明、三溪朱筆削正スル所アリ、又讀後感ヲ記ス

高子觀遊記　寫大一冊　（七七―二七）
新井白石、享保五年序

享保御江戸繪圖　折小一舖　（七九―一四）
民竈菊雅書畫、享保十六年、江戸山口屋與兵衛刊、大概分三十間之積ノ圖、享保「十六辛亥天」月日ノ刊記中括弧内ハ入木ノ後刷

新撰江戸砂子（江府名跡志）　半六巻六冊　（七七―二〇）
菊岡沾涼、享保十七年、江戸万屋清兵衛刊

再刊改正廣益御江戸繪圖　折小一舗　（七九―一五）
天明六年、江戸奥村喜兵衞等再版刊、「毎月大改」トス

〔東京全圖〕　折小一舗　（七九―一六）
藤屋棟助原板、明治三年再版、東京糸屋庄兵衞刊

改正東京全圖　折小一舗　（七九―一七）
綱島龜吉、明治廿五年、東京著者刊

無人島圖記　附地圖二葉　寫中一冊　（七八―一九）
嶋谷市左衞門、中尾庄左衞門、貞享三年、伊藤長胤寫、延寶三年記ノウツシ、八丈島南方ノ嶋

相州箱根七溫泉繪圖　折小一舗　（七九―一八）
嘉永七年、底倉蔦屋平左衞門藏板、包紙ニ輶齋「明治六年九月翠蘭藤公賜」ト書ス

日光御山惣繪圖　折中一舗　（七九―一九）
日光植山弾平次正利刊

上毛春名神社略圖　折小一舗　（七九―二〇）
慶應四（明治元）年、青嶂畫

松島寫眞全圖　折小一舗　（七九―二一）
大槻磐溪ノ元治元年序アリ

奥州松島圖　寫折小一舗　（七九―二三）
伊藤東涯寫

新訂佐渡圖　佐渡形勢一覧表附　折中一舗　（七九―二三）
本莊了寛、明治廿七年、東京吉川半七刊、輶齋手澤、裏表紙ニ「明治廿七年八月佐渡新町山本桂被惠　伊藤重光誌」

佐渡一國山水之畫　折小一舗　（七九―二四）
文海畫、江戸江川仙太郎刻、天保十三年畫、小瀾堂藏梓、輶齋　包紙裏ニ「安政己未初冬朔　山本利策惠」

佐渡全州之圖（佐渡一國山水圖）　折小一舗　（七九―二五）
文海畫、明治六年再刻、佐渡相川三浦小平治賣弘、前圖ノ再刻ナリ

越後長岡之圖　寫折大一舗　（七九―二六）
東所ノ子東岸長岡牧野侯ニツカフ、元治元年歿光暉山榮涼寺ニ葬ル、圖中右端ニ伊藤ト見ユルハ彼ノ宅

冨士山眞圖　寫折大一舗　（七九―二七）
安永七年寫、東所手澤、袋ニ「安永戊戌年自高孺皮氏借寫善韶藏」

自京至大坂水路圖　寫一巻　（七九―二八）
東涯外題、書名下ニ「秦氏本」トアリ

川繪圖　折大一帖　（七九―二九）
荒木帆風作、淀川及ヒ沿岸ノ圖ニシテ淡彩アリテ詳密ナリ

享和二壬戌年七月朔日攝河州水損村々改正繪圖　折中一舗　（七九―三〇）

吉田作治郎圖、大坂龜屋喜兵衛刊、包袋裏ニ東所書ス「享和二年壬戌九月佐野兵庫氏惠　善韶藏」

山城國八郡圖　寫折中一舗　（七九—三一）

享保十七年、國府學達・緒方徳之進寫、東涯手澤本、包紙ニ識語アリ

山城國方角書圖　寫折小一帖　（七九—三二）

外題東所

平安城左右京職九條坊保圖　寫大一舗　（七九—八〇）

東涯製セシヲ後東所寫サセシモノ、「寳永元年甲申四月朔伊藤長胤製」、又「明和五年戊子之秋八月新寫以原本及拾芥抄校正全功其青筆者名勝志圖之異同也　善韶識」ト東所記ス

中古 **京師內外地圖**　寫折大一帖　（七九—三三）

谷嶌寫、內題ニ皇州緒餘撰部ト角書アリ、京都市史地圖編第三十八ノ圖ノ系統ノモノナレド、コレニハ寛正三年壬辰春太田飛驒守後改山田源資政寫之ヨリ傳來、山田身人部正教着圖並識、京都書生、慶長元丙申京師　山田身人部正英改寫之」ト傳來アリ、表紙ニ天保甲午初夏灌佛日谷嶌ガ先ノ日寫シテ今古義堂ノ文庫ニ収ムル由ノ識語アリ、彩色、「古義堂」ノ印

慶安年中京師圖　寫折中一舗　（七九—三四）

明和元年、伊藤東所寫、端ニ東所「原本刊板　明和甲申自近藤孟彪氏借寫十月十九日也　東所」、外題東里、「慶安五年辰正月山本五兵衛開之」ノ平安城東西南北町並之圖ノ寫

京　繪　圖　折中一帖　（七九—三五）

寳永六年、京都龜屋清兵衛刊

新撰増補 **京大繪圖**　折大一舗　（七九—三六）

林吉永、丹緑色彩、元祿九年林吉永板ノ京大繪圖ノ増補ニシテ、寳永年間ノモノナルベシ

増補再板 **京大繪圖**　折大二舗　（七九—三七）

林吉永、寛保元年、貞享三年板ノ増補再板、淡彩、東所書入

天明改正 **細見京繪圖**　折小一舗　（七九—三八）

君修作

京之水 **花洛往古圖**　折大一舗　（七九—三九）

寛政三年、京都小川多左衛門等刊

天保改正 **新增細見京繪圖大全**　折大一舗　（七九—四〇）

池田東籬亭考正、中村有楽齋画、京都竹原好兵衛刊、天保二年板ノ京町繪圖細見大成ニ從ヒテ作製セルモノ、彩色、裏ニ「嘉永甲寅年　伊藤」トアルハ　輶齋筆

新板改正 **京　繪　圖**　折小一舗　（七九—四一）

東嬰子、東所附箋及ビ朱筆ヲ以テ古京城ノ圖ヲ示ス

雍　州　府　志　大十巻十冊　（七七—二一）

黑川道祐、貞享元年序、貞享三年ノ刊ナリ

都　名　所　記　（山城名所記）　寫横小一冊　（七八—一〇）

山本泰順、〔伊藤東皐〕寫、目録ソノ他十四丁ノ抄出

嵯峨名所記　并西方名所記　寫橫小一册　（七八—一一）
野路井盛恭、文化十三年、〔伊藤東峯〕寫、全十六丁ノ抄出、末ニ「文化十三丙子壬八月西方順見　藤原弘濟」

京羽二重　巻三—六　橫小四巻一册　（七八—一二）
貞享二年、京都小嶋彌三右衞門等刊、儒書講說ノ條ニ「堀川下立うり下ル町伊藤元助」ト見ユ

京城勝覽　中一册　（七八—一三）
貝原益軒、享保六年、京都茨城多左衞門刊、寶永三年自序

京內まいり　橫小一册　（七八—一四）
守拙齋、寶曆五年序、京都菊屋長兵衞等刊

増補都年中參詣記　折小一帖　（七八—一五）
京都近江屋新兵衞刊

京都掌記　寫橫小一册　（七八—一六）
享保十年、鳥飼圭純寫、東涯手澤本

都のにきはひ（四條橋新造之記）　半一册　（七七—一三）
奥田正逵、奥田正中校、安政四年跋

平安鬱攸記　半一册　（七七—一四）
大典、浦世纘附註、天明八年序、東里手澤本、「弘美」「東里」ノ印

平安町名軒役數　寫半一册　（七七—一五）

「古義堂」ノ印、末ニ「旹文政戊子十一年晚冬念七日繕寫校正全業谷行德育夫」

伏見故壘圖　寫一葉　（七九—四二）
享保十一年、包紙東涯筆、ウラニ「享保丙午（十一）鳥飼圭純叟惠長胤藏」文祿三年秀吉所築伏見城之圖

嵯峨下道圖　寫折小一帖　（七九—四三）
伊藤東所寫、堀川ノ伊藤家ヨリソノ墓域アル二尊院迄ノ道中ヲ圖ス

天橋立細圖　折中一葉　（七九—四四）
龍椿畫、摺工タンイハ彫工イセモ、文政十三年序、宮津萬屋治兵衞刊、輶齋包紙ニ記シテ「慶應丙寅（二）四月十三日細野万助惠」

新撰大坂繪圖鑑（大坂圖鑑細目）　折中一舖　（七九—四五）
元祿二年、百川利兵衞刊

新板増補大坂之圖　折中一舖　（七九—四六）
天明七年、大坂播磨屋九兵衞等刊

改正攝津大阪圖（新正増補攝州大阪地圖細便覽）　折大一舖　（七九—四七）
粟屋可藤治畫、弘化二年、大阪石川屋和助刊

住吉社細見繪圖　折中一舖　（七九—四八）
竹原春朝齋、明和八年、大坂石原茂兵衞等刊

泉州志　大六巻四册　（七七—一二）
石橋直之、元祿十三年序、東涯手澤本

泉州堺妙國寺蘇鐵圖　一葉　（七九―四九）
外題輶齋

改正　堺繪圖綱目　（堺大繪圖改正綱目）　折大一舗　（七九―五〇）
河合幽閑守清畫、瀬田政成添削、享保二十年、大坂村上伊兵衞刊

近江國大繪圖　（近江國細見圖）　折大一舗　（七九―五一）
山下重政、山下重次・森孟忠校合、享保二年、大坂村上伊兵衞等刊、淡彩

あふみ八けいの哥并名所舊跡付リ道中しゆくつぎ　一葉　（七九―五二）

比叡山延暦寺地圖　寫折中一舗　（七九―五三）
寶暦甲申（明和元年）、伊藤東所寫、包紙ニ東所「寶暦甲申二月日自福井氏借自謄」

大津地圖　寫折小一舗　（七九―五四）
伊藤東所寫、表紙ニ「自野村氏借寫」、彩色

鸚鵡石圖并道ノ記　竹生島圖附　寫中二舗　（七九―五五）
伊勢ノ鸚鵡石ト近江ノ竹生島ノ圖、共ニ東涯コレノ記ヲ作レリ

播磨國大繪圖　（播磨國細見圖）　折大一舗　（七九―五六）
山下重政、谷村政行等校、寛延二年、大阪村上伊兵衞刊

御崎大明神眞景　一葉　（七九―五七）
松岳調圖、尾崎平藏刀、文久二年序、播摩國赤穗郡新濱浦ニアリ、輶齋端ニ「慶應丁卯（三）冬　三寶寺良淳惠」

但州湯嶋道中獨案内　横小一冊　（七八―一七）
寶暦十三年、大坂藤屋彌兵衞刊

須磨浦古跡記　半一冊　（七七―二六）

増補改正　河内細見圖　折大一舗　（七九―五八）
鳴井兵右衞門、高木容膝齋正恒畫、伊丹屋新七彫、大阪譽田屋伊右衞門刊、淡彩

大和めくりの記　中一冊　（七八―一八）
貝原益軒、享保六年、京都茨城方英刊、元祿九年益軒後書

大和國大繪圖　（大和國細見圖）　折大一舗　（七九―五九）
中村敢耳齋、榕山戈春堂校、高木幸助貞武畫、古川忠兵衞彫、安永五年、大坂河内屋喜兵衞等刊、享保二十乙卯年六月穀旦刊ノ安永五年改正刷

南都地圖　寫一葉　（七九―六〇）
明和元年、伊藤東所寫、明和甲申十月東所ノ記ニヨルニ、藤仲倫惇著春日祭禮圖所載ノモノヲ寫スト

和州　南都繪圖　（和州南都之圖）　折中一舗　（七九―六一）
安永七年、大坂柳原喜兵衞等刊

大和國梅濱圖　折小一舗　（七九―八一）
福田半香、尾山梅武板、端ニ「明治第三庚午二月廿五日南游西園寺竹

軒君内家來井上懿三同游　轄齋主人」

月瀬梅溪十六勝地眞景圖　折小一舗　（七九―六二）

岡本八谷、明治廿六年、岡本重五郎刊、裏表紙ニ「明治卅一年三月廿二日與大倉市郎左衞門子同行月瀬觀梅尾山ニ於テ小憩購之、轄齋誌」

〔和歌山地圖〕　寫折大一舗　（七九―六三）

明和元年、伊藤東所寫、詳細ナルモノ、東所ノ記ニ「甲申之夏六月四日　伊藤善詔寫藏」、東里附記シテ「此圖禁他見」

紀州吹上南根上リ松之圖　一葉　（七九―六四）

嚴島圖　折大一舗　（七九―六五）

神庫藏板

觀瀾亭之圖　寫大一舗　（七九―六六）

廣島ノ南ニアリシ小鷹狩晩山ノ別墅ノ圖、紹述先生文集卷六ニ觀瀾亭記アリ

阿波國之圖　寫折中一舗　（七九―六七）

改正長崎圖　折中一舗　（七九―六八）

八僊堂主人、延享二年、京都林治左衞門刊、東所記ニ「甲申春購東所藏」、甲申ハ明和元年

〔東洋之圖〕　寫折大一舗　（七九―六九）

北ハ韃靼南ハシヤハ東ハ日本西ハ西天笠迄ノ地域ノ大略ヲ示シ、日本ヨリノ里程各地ノ産物等ヲ附記ス、東所ハシニ「安永丙申（五）表背

善詔」

朝鮮八道圖　寫折大一舗　（七九―七〇）

享保四年、伊藤梅宇寫、東涯手澤本

朝鮮壤墜之圖　寫折小一舗　（七九―七一）

貞享三年、伊藤東涯寫

朝鮮國繪圖　寫折中一舗　（七九―七二）

東涯手澤本

朝鮮國八道圖　寫折大九舗　（七九―七三）

明和五年、藤蒙齋寫、東所手澤、袋ニ書ス「朝鮮國八道圖、九舗、八道惣圖、京畿道、忠清道、慶尙道、全羅道、黄海道、江原道、咸鏡道、平安道、此圖原本防州岩國人米原直介生所家藏、韓人所書寫眞物也、明和戊子之歲、就生借得託藤蒙齋新寫以珍收云　東所識（印「東所賞玩」）」

明朝兩京十三省圖（九州分野輿圖古今人物事跡）折大一舗　（七九―七四）

癸未仲秋日、南京、季名台選録刊、明版、裏ニ東涯書シテ「寶永二年乙酉八月日柳久富贈寄」

唐土歷代州郡沿革地圖　折大一帖　（七九―七五）

長久保赤水、江川美啓剞劂、天保六年訂正、大阪京屋浅二郎刊

招隱堂之圖　寫折大一舗　（七九―七六）

〔某亭之圖〕　寫折大一舗　（七九―七七）

富士ヲ遙ニノゾム城中ノ一小亭

圖　詠　寫中二折　一袋　（九一—七八）

袋ニ東涯圖詠ト題ス、一ハ庭園ノ圖ニテ朱筆以テ東涯註記シ且ツ亭、臺ソノ他ノ名ヲ附シアリ、一ハソノ地ノ名ヤメボシキ殿水、山ヲ抄記セルモノ、京地ノ庭園トオボシ

○

名例律・賊盗律　寫大二冊　（七七—二八）

伊藤蘭嵎寫、墨附三十二丁（名）三十三丁（賊）、東所識語アリ、「長堅之印」「才藏」等ノ印

關市令考　大一冊　（七七—二九）

神村正鄰、明和六年、京都吉田四郎右衞門刊

令義解　大十巻四冊　（七七—三〇）

清原夏野等撰、慶安三年後序、東涯東所書入本

〔地下務方大要〕　寫半一冊　（七七—三一）

外記方、官方、藏方等ノ任務ノ事ト當時ノソレニアタル人名ヲ記ス

武家諸法度　寫大一冊　（七七—三二）

本文末ニ「寶永七年庚寅四月十五日」

〔御制札・御書出万控〕　寫大一冊　（七七—三三）

地方請取之事以下八十三條ノ法令關係ノ寫

責而者草　活字本　中四編十二冊　（七八—三〇）

澁井徳章

柳營秘鑑　前後編　寫大二十二巻六冊　（七七—三四）

菊地彌門、末ニ「寛保改元七月初六購」

正名緒言　大二巻二冊　（七七—三五）

菱川秦嶺（賓）、嘉永二年再刻、江戸和泉屋善兵衞刊、秦嶺館藏、天明己酉（寛政元）年尾藤二洲序

〔本朝官制位階之圖〕　寫大一舗　（七七—三六）

東涯ノ唐明官制圖ニナラヒテ我カ朝ノ官位相當ヲ表ニセシモノナリ、梅字ノ文字ニ類似ス

官位相當表　寫一葉　（七七—三七）

伊藤輶齋寫、明治新政府ノ時ノモノ、末ニ「伊藤徳藏所持」

紀州御張紙寫　寫横小一冊　（七八—一二）

紀州家ノ道中ニ於ケル諸侍ノ心得條々

暇勤長鑑　寫折小一帖　（七八—一三）

享保七寅、八卯、九辰年ノ參覲交代諸侯ノ豫定トソノ献上物ノ記、末ニ「享保七寅　作者榮春」

禮節要録　寫大十一巻十冊　（七七—三八）

本書書入ヲ仁齋筆トス顧也附箋アレド、俄ニハ應ジガタシ

〔幕府公文書控〕　寫一巻　（七四—四）

東涯手澤本、ソノ頃ノ幕府ヨリ出シ書狀ノウツシノ集ナリ

未年御官物并諸色御入用金銀拂帳　寫大一冊　（七七—三九）
〔伊藤東岸〕寫、初メニ少將成御官物トアリ、東岸ノ藩侯牧野氏ノ少將成ナルベシ

石山寺交替式寫　寫軸一巻函　（七四—五）
藤原内麻呂等撰、天保四年、伊藤東峯寫、明治三十年國寶指定ノ延喜交替式ノ謄寫、函ニ「天保四年仲秋弘濟珍藏」

江家次第　大廿巻五冊函　（八〇—一）
大江匡房、承應二年林鵞跋、飛鳥井榮親、壺井義知等説ノ書入アリ「綾小路家藏書」ノ印、箱書「弘濟記旧本全十九本板面磨滅而摺字不清今玆天保甲午夏得縉紳之家所藏美本故易之云」

首書職原鈔　大二巻二冊　（七七—四〇）
北畠親房、寛文二年刊、東涯書入本

類聚雜要抄　寫四巻　（七四—六）
巻一奥ニ朱書「右以新院御本親長卿筆校合訖委細記末巻了　寛文第十二季冬十三夜　從二位源御判」、寛文十二年寫本ノ轉寫ニシテ一、三、四同筆、二補寫別筆、共ニ朱校合アリ

掌中職原擥要　横小一冊　（七八—三）
速水房常鈔出、文政九年改正、京都林權兵衛等刊、文化九年ノ再版

桃華蘂葉　寫大一冊　（七七—四一）
一條兼良、天文十三年奥書アル書ノウツシ、東所別本ヲ以テ校合ス、外題東所、墨附五十三丁

衣文童訓抄　寫半一冊　（七七—四二）
元祿十四年十月廿二日ノ寫本ノ轉寫

裝束圖式　半二巻一冊　（七七—四三）
元祿五年、京都富倉太兵衛刊

三條裝束鈔（宸翰裝束抄）　寫大一冊　（七七—四四）
伏見院、「金井藏」「櫻井家文庫」ノ印

内局柱礎抄　寫大一冊　（七七—四五）
東坊城和長、長義寫、明應十年、寛永五年、寶永六年ト寫シ傳ヘシモノノ轉寫ナリ

禁秘抄　大三巻一冊　（七七—四六）
順德天皇、慶安五年、京都谷岡七郎兵衛刊

禁秘裝束衣紋秘名集　寫半一冊　（七七—四七）
元祿十六年寫、花山院家傳書ニテ定誠公ノ本ヨリ寫セシモノ

官刻御改服忌令　折小一帖　（七八—二四）
元文元年、江戸出雲寺和泉掾刊、東所書入本

懷中服忌令　折小一舗　（七八—二五）

〔櫻町院御卽位圖〕　寫折大一舗　（七四—一三）
寶暦十四年、伊藤東所寫、東所記シテ「櫻町院享保二十年十一月三日御即位之圖　從五位上主殿允伴重威寫、寶暦十年十月廿一日重校、寶

暦十四年甲申二月、自小野筑州氏借寫　伊藤善韶藏」

登極儀物圖　寫一巻　（七四—一三）

「文安元年正月令書寫了、藤原光忠」ト奥書アル書ノ轉寫、外題東所、登極大典所用ノ物品圖解、彩色アリ

登極儀圖　折大一舗　（七四—一四）

即位ノ式典ノ儀物人物ノ配置圖、包紙東所筆

粟田御吉書案　寫半一冊　（七七—五〇）

伊藤東皐寫、五丁

〔禁裡年中行事〕　寫半一冊　（七七—五一）

享保四年、宗恒寫、江戸期ニ入ツテノ年中行事、東山天皇御即位、靈元天皇御讓位ノ折ノ調進物等ノ控ヲ合セ寫ス

御即位之記　寫半一冊　（七七—五二）

卜部兼倶、文明十一年兼倶奥書、宗祇ノ乞ニヨルト云フ、文明十三年ノ奥書アル書ヨリノ轉寫

皇太子御元服次第　寫横中一冊　（七七—五三）

〔享保十八年〕寫

輝良公關白詔御拜賀儀　寫半一冊　（七七—五四）

伊藤東里寫、寛政三年八月廿日ノコト

神器圖　寫一巻　（七四—一五）

中ハ堂上元服ノ折ノ圖ヲ主トス、貞享四年御即位南殿餝高御座圖、西園寺少將致季朝臣元服座席圖、禁裏南殿几帳、御手水ノ具、冠棚餝圖（西園寺致季朝臣ノ折）、三本立之圖、髮剪之圖、鞆之圖、神鏡臺之圖、結燈臺圖、裏ニハ或方ヨリ京都ヘ賴來野々宮中將殿ヨリ所調ノ几帳夏冬二基ト西園寺致季朝臣ノ元服次第ヲ記ス、外題ハ後人ノ筆

賢聖障子名臣冠服考證・清凉殿和歌御殿廻畫樣　寫大三巻一冊　（七七—五五）

柴野栗山（考證）、墨附三十五丁、東所附箋アリ「賢聖小圖巻物　一條右府公ニ在リ拜借一覽重而可合也　本文ハ殿下樣ニテ可借」、外題東所

喪儀之次第　寫半一冊　（七七—五六）

伊藤輶齋寫、神式喪儀ノ次第

〔勘解由小路家神主〕　寫半一冊　（七七—五七）

伊藤東涯寫、大町敦素ノ神主ヲモ附ス

井田圖說略　折中一舗　（七七—五八）

仁井田南陽、文政十一年序、江戸金華堂等刊

高志氏所藏古證文寫　寫大一冊　（七七—五九）

享保十六年寫、東涯手澤本

國監試文書　寫五通　（七四—一六）

東涯手澤、識語アリ

本朝釋奠之圖　寫一巻　（七四—一七）

伊藤東涯寫、同東所補、東所明和元年ノ識語アリ、外題及函書東所筆

聖堂之繪圖　乾　折中一舗　（七七―六〇）
元祿四年序

享保三歳戊戌閏十月金銀新令　寫半一冊　（七七―六一）

學　校　考　寫半一冊　（七七―六二）
福井敬齋、寛政二年ニナリシモノ

海防愚存抄　寫半一冊　（七七―六三）
徳川齊昭、伊藤輶齋寫、墨附七丁、「福山殿」宛

朝鮮國武器圖　寫大一冊　（七七―六四）

臥　榻　兵　話　大二巻二冊　（七七―六五）
積水陳人、文久二年序、京都林芳兵衞刊

刀　目　利　書　大一冊　（七七―六六）
寛永二年刊

〔銘　盡〕　寫一巻　（七七―六七）

刀劍目利書　寫折大一冊　（七七―六八）
松尾直清、自筆、慶長十六年寫、奥書「右一冊雖爲極意不殘依御執心今相傳畢候他見他言被成間敷者也仍如件　慶長拾六年正月吉日松尾五郎兵衞尉直清　八田重右衞門殿參」

〔刀劍名匠集〕　寫大一冊　（七七―六九）
前後缺、近世初期寫、爲我覺集ニヤヤ似タル書

爲　我　覺　集　寫半一冊　（七七―七〇）
近世初期寫、刀劍作人名ヲツクス

〔寶藏院流槍術傳書〕　寫一巻　（七七―七一）
胤榮門中村市右衞門尙政ノ家ニ代々ツタヘ來タレル傳書

〔千代田城間取之圖〕　寫折一舗　（七七―七二）
東里書シテ「此圖不許出門外堅禁他見」

地　利　巻　寫半五巻一冊　（七七―七三）
明曆元年寫、築城ノ傳授書

新　的　之　書　寫半一冊　（七七―七四）
石川政長、自筆、天和三年寫、石川政長ヨリ丹羽忠助ニアタヘシ傳授書

辻　的　之　書　寫半一冊　（七七―七五）
石川政長、自筆、天和三年寫、石川政長ヨリ丹羽忠助ニアタヘシ傳授書

古新高下之書　寫小一冊　（七七―七六）
居初二郎左衞門、自筆、正保二年寫、刀目利ノ書ナリ「右古眞高下書雖爲秘書不殘一點令相傳之訖　正保二乙酉歳九月吉祥日　居初二郎左衞門」

射學正宗國字解　半三巻三冊　（七七―七七）

三浦竹溪、平瀬長水訂補、享和二年、京都天王寺屋市郎兵衞刊

弓之想名㚑　寫一巻　（七七—七八）
太平弓、蛇形弓、羅形弓、相位弓、四足弓、陰陽弓、福藏弓、世半弓ノ名所其ノ他ノ説明書也

養氣射大意　半一冊　（七七—七九）
石崎長久、明治十六年刊

石崎反求先生傳　大一冊　（七七—八〇）
小野勝彬、明治廿八年、著者刊

○

周髀算經正解圖　折大一帖　（八一—一）
石井寛道、文化十年序

大略天學名目鈔　大一冊　（八一—二）
西川正休、享保十五年刊ノ天經或問ノ附録、書入多シ

天象管闚鈔　横小一冊　（八一—三）
長久保赤水、安永三年、大阪北田清左衞門等刊

授時曆經諺解　大六巻二冊　（八一—四）
龜谷和竹、正徳元年後序

天文成象　折一舗　（八一—五）
保井春海考、保井昔尹著、元祿十二年序

曆　折百五十帖　（八二—一）
元祿十五、十六、寶永二—八、正徳三、五、六、享保二—七、十二、十四、十七、十九、二十一、延享二—五、寛延二—五、寶曆三—十四明和二—十、安永三—八、天明九、寛政二—六、文化二、四—十五、文政二—十四、天保三—十六、弘化三—五、嘉永二—八、安政三—七萬延二、文久二—四、元治二、慶應二—四、明治二、三(以上伊勢曆)萬延二、文久二、元治二、同、慶應二（以上京都大經師ノ曆）明治廿四—廿六、廿九、三十、三十二（以上略本曆）明治三十三、同—三十六、卅八、卅九（以上種々ノ曆)、嘉永五、六、八（以上會津曆）東涯東所ノ書入アルモノ若干アリ

算法　寫横小一冊　（八一—四二）
末ニ速記法ノ記號ナドヲ書ケバ明治年間ノ寫

天度圖説**日東通曆**　大二巻一冊　（八一—六）
杉村長郡、享保十七年、京都梅村彌右衞門等刊、東所書入本

彗星考　寫大一冊　（八一—七）
文政八年、伊藤東峯等寫、文化八年アラハレシ彗星ニ就キテノ諸記録チウツス、末ニ「此書一巻福井君所藏　文政乙酉仲秋下浣彗星見於東南因寫以藏干家云　季秋十一日夜卒業　筆者弘濟及行德」（谷行德ナリ）

華彙釋名　寫小一冊　（八一—八）
東所外題、末ニ「明和九年壬辰秋八月三日抜萃卒業」トアリ

醫辯　半一冊　（八一—九）

泉希齋、文化四年、伊勢松阪柏屋兵助等刊、金窠齋塾板

醫法明鑑　古活字本　横中四巻八冊　(八一—一〇)
曲直瀬玄朔、天和寛永年間刊、表紙ニ仁齋ノ書入アリ

新增愚按口訣　(醫方口訣集)　横三巻一冊　(八一—一一)
長澤道壽編集、中山三柳新增、寛文十二年序、東涯手澤本

針道眞解集　寫大一冊　(八一—一二)
末ニ「元祿酉初冬上九日　祐正（立入元碩）(印)」トアリ、墨附四十六丁

醫家名數　寫半一冊　(八一—一三)
三善宗元（玄亨）、元文五年序

大和本草　附録共　半十六巻十冊　(八一—一四)
貝原篤信（益軒）編、正德五年、京都永田調兵衞刊、東涯手澤本

校訂本草藥名備考和訓鈔　大七巻七冊　(八一—一五)
丹波頼理輯、山澄延年（玳洲）校、天保二年、京都林喜兵衞等刊、文化四年刊ノ再刻本、「古義堂」ノ印

藥籠本草　半三巻六冊　(八一—一六)
香月牛山、香月景山・綾部東庵參訂、享保十九年、京都柳枝軒茨城多左衞門等刊、東涯序アリ、著者ヨリノ献呈本

食禁本草　寫半一冊　(八一—一七)
伊藤東里寫、萬用重寶巻、朝夕安堵袋、隨玄第五巻、(以上ノ末ニ「辛未十月八日寫了弘美」) 拾玉續智惠海、萬世秘事枕、世寶傳授囊ヨリノ抜萃ナリ、辛未ハ文化八年

一本堂藥選　附録共　大三巻三冊　(八一—一八)
香川修德（修庵）、享保十六年、京都文泉堂刊、東涯序アリ、著者ヨリノ献呈本ナルベシ

一本堂藥選續編　大一冊　(八一—一九)
香川修德（修庵）、元文三年序、東所手澤、末ニ「續編一部戊戌夏日自一本堂惠寄　東所藏」

玄之極意　大三巻二冊　(八一—二〇)
進藤玄之、仲元益校、文政十年、京都吉田四郎右衞門刊、痘ニツキテノ書

○

量地指南　前編　大三巻一冊　(八一—二一)
村井昌弘、享保十七年、京都野田藤八刊

桂御別業記　寫半一冊　(八一—二二)
伊藤輶齋抜萃寫、表ニ「原書上京塔之段毘沙門町西北角六角博通殿所有」「明治廿五年四月廿三日御庭拜觀後寫之」、全七丁

烟火方　寫半一冊　(八一—二三)
長井仲安傳、(伊藤東皐) 寫、墨附五丁

御蒸菓子圖　寫横一冊　(八一—二四)
裏表紙ニ「河南英苑堂」ト墨書

度量衡考　大二巻二冊　（八一—二五）
荻生徂來、平璋閲、享保十九年、江戸西村源六等刊

度量考起原　寫大一冊　（八一—二六）
田貞昭校輯、墨附二十八丁、一部分東峯寫、外題又東峯、末ニ「田貞昭字　號適齋江州草津人少字恒次郎後稱宇右衞門　晩以適齋爲通稱嘗遊于巖垣龍溪之門學書于永田観鵞云」
○

農業全書　附録共　半十一巻十一冊　（八一—二七）
宮崎安貞、附録一巻貝原樂軒、元祿十年、京都茨城多左衞門等刊

穂に穂　半一冊　（八一—二八）
川合忠藏、圓山應擧畫、天明六年、京都小川多左衞門等刊

菓子店名帖子　横一冊　（八一—二九）
京都ヲ主トセル菓子司商標貼込帳、外題東所

薩摩芋功能書　半一冊　（八一—三〇）
青木敦書（昆陽）、享保十九年、江戸暦問屋刊、「從御奉行所被仰付候板行」トアリ
○

古今和漢万寳全書　横小十三冊　（八三—一）
菊木嘉保、享保三年、京都菊屋七郎兵衞等刊、東所手澤本、十三末ニ「此一冊丙申六月讀了」

豐公遺寳圖畧　大二巻二冊　（八一—三一）
呉景文・岡本豊彦畫、天保三年序

徴子名譜　大一冊　（八一—三二）
小野釣編、寛延四（寶暦元）年序、柱刻「萬古齋珍藏」

尚古館印譜　初二編　大二冊　（八一—三三）
片尚宜編、寛保三年序、延享二年序、二編ニハ伊藤蘭嵎ノ序アリ

終南悟心印譜　中一冊　（八一—三四）

半日餘間　寫折一帖　（八一—三五）
源貞固ナル人ノ印譜ノ寫、初メニ運刀法十有二アリ

連珠集　中一冊　（八一—三六）
孫良弼・孫一麟序、印譜

古今公私印譜　半一冊　（八一—三七）
初メニ伊藤弘明、伊藤弘亨等ノ印譜アレバ彼等ノ中ニテ製セシモノカ

鄭弘佑印譜　寫半二冊　（八一—三八）
ソノ序ノ部分ヲ一冊、別ニ印ノ部ヲ一冊ニ寫ス、タヾシコノ中ニハ別ノ印モアリ、内題下「善詔之印」「忠藏」ノ二印アッテ、東所手澤

欵藪　寫半一冊　（八一—三九）
森川竹窓、伊藤輶斎寫、三十一丁、末ニ「就眘兄所蔵板本謄写　時嘉永庚戌仲夏望日困斎（「伊藤重光」「字徳蔵」ノ二印）」、古義堂ノ罫紙

ヲ用フ

印之語　横大一冊　(八一—四〇)
伊藤東里寫、墨附十二丁

印叢　一包　(八四—一)
印ノ寫シ、又實際押印セシモノ、ソノ用紙等三十七枚ヲ一包ニス、中ニ東所、東里、東峯ノ手ニナルモノアリ

一解珠　(望岳亭印譜)　小三冊　(八四—二)
爲爲山人、「古義堂」ノ印

印譜　小一冊　(八四—三)
初メニ「皇統文庫」ノ印アリ

仁齋東涯二先生印譜　小一冊　(八四—四)

印藪　小折一帖　(八四—五)
東所手澤本、題簽下ノ兎ノ印ハ東所少年時用ヒシ所

扇面印　一帖　(八四—七)
阿部良山鐫、文政元年刊

印譜　小一冊　(八四—八)
初メニ「霞樵」等大雅堂ノ數印アリ

印譜　小一冊　(八四—九)
「稻荷宮藏書記」ノ印ナドアリ

印譜　小一冊　(八四—一〇)
初メ「士蘭」ノ印アリ

印譜　小一冊　(八四—七三)
柳門人編、末ニ「伊藤長大」ノ印アリ

〔印譜〕　寫横一冊　(八一—四一)
墨附十一丁、唐土人ノ印ヲ墨ニテ寫シ讀ヲ附ス、東所手澤、末ニ「壬戌九月讀且釘収　韶題」、壬戌ハ享和二年

奇鈔百圓　半一冊　(八四—一一)
河村羽積、芳川維堅校、寛政元年、江戸山崎金兵衞等刊

新校正孔方圖鑑　半一冊　(八四—一二)
狩谷掖齋、文化十二年、大坂柏原屋清右衞門等刊、谷行德舊藏本

和漢泉譜　寫横中一冊　(八四—一三)
享保十年、東涯書入本

和漢古今泉貨鑑　半一冊缺　(八四—一四)
朽木龍橋、寛政二年、大阪柏原屋清右衞門等刊、巻十二カラ十四マデ背文錢ノ部ヲ合綴セルモノ

新增和漢書畫集覽　横小一冊　(八四—一五)
博覽軒、天保十年、清水樓所藏、古義堂藏スル書畫幅ノ筆者ニ附箋シアリ

繪本　寫小四冊　（八四—一六）
福井正國畫、六有軒ノ柱刻アル用紙ヲ用ヒ表紙ニ「伊藤重光」トアリ、輶齋手澤ト知ルベシ

敬輔畫譜　附録共　大三巻四冊　（八四—一七）
高田敬輔畫、文化元年、京都林宗兵衛刊、湖東　養浩亭・壽静堂藏版、享和三年癸亥五月十九日、伊藤東所ノ序アリ

〔和歌畫本〕　寫一冊　（八四—一八）
和歌ヲ題ニセシ繪三十二ヲアツメシ模寫

〔花鳥人物畫本〕　寫半三冊　（八四—一九）
模寫、「雒水軒藏書」ノ印アリ

大雅堂畫譜　折大一帖函　（八五—一）
池大雅、享和三年跋、發亥之秋八月（享和三年）東所跋アリ、大雅ヨリノ贈呈本ナリ

〔唐詩五絶法帖〕　寫折大一帖　（八四—二〇）
文政八年、道本書、末ニ「右唐詩五絶九首文政乙酉九月爲門人林氏某揮毫　東山道本」

草書淵海　大二冊　（八四—二二）
井出臥溪編、延寶三年序、「古義堂」ノ印、輶齋ノ書入アリ

本朝書法　折大一帖　（八五—二）
寛延二年跋、東所外題、題簽下部ニ「東所賞玩」ノ印

求法目錄　一巻　（八五—三）
所収　明州ノ牒（「寶曆壬午十月大坂木弘恭摺寄」ト東所書）、求法目録（臨摹）、鄭審則越州録跋（双鉤）、外題東所

空海詞筆　折大一帖　（八四—二三）
弘仁五年三月一日ノ上書墨本、外題東所

弘法大師與越州節度使書雙鉤　寫一巻　（七四—一八）
藤貞幹寫、外題東所、末ニ「僧空海與越州節度使書雙鉤元本前右府常雅公藏　明和三年丙戌夏六月雙鉤校正　平安藤貞幹」

清暉閣法帖　寫折大一帖　（八四—二三）
延享五年、趙陶齋書、末ニ「乙亥八月廿七日清暉閣主人」

雪山墨跡　寫一巻　（八五—四）
北島雪山、伊藤輶齋臨、巻端ニ「原本薩州大野義行所有同勤中宿直夜臨書　重光臨書」、題ハ秋聲賦

正字千文（正書千文）　大二巻二冊　（八四—二四）
新興蒙所書、新興光顯模勒、享保十六年跋、享保辛亥歳陽月東涯跋、「弘美之印」アリ、又弘美弘濟二人ノ使用セシモノ

鶴書樓法帖　大二冊　（八四—二五）
敬雄編、明和四年、京都西村市郎兵衞等刊、日本近世諸家ノ書ヲ集ム、仁齋東涯蘭嵎ノ書モアリ

飲中八仙歌 折大一帖 （八五―五）
中井文壽書、是々庵趙約摹勒、文化二年跋

頼山陽法帖臨書 寫一巻 （八五―六）
頼山陽書、伊藤輶齋臨書、「明治廿五年九月廿八日臨書　藤重光」

美堂四體 寫大一冊 （八五―七）
松木泊洲書

永字八法 寫折大一帖 （八五―八）
松木泊洲、明治三十年、初メニ「自先師小野泊蓬齋所傳之永字八法今於干此授干子也干時明治三十年十一月二十七日　松木泊洲」

御手本 寫大一冊 （八五―九）
女筆ノ手本

〔習字手本〕 寫小一帖 （八四―二六）

筆經（用筆十二畫賛） 大一冊 （八五―一〇）
武元登々庵、享和二年跋

法帖雙鉤 半一冊 （八四―二七）
嘉永六年、木邑正慶雙鉤、輶齋手澤本

入木道筆法 大一冊 （八五―一一）
花山院家理寫、輶齋手澤本、十三丁

墨場必携 寫大二巻一冊 （八五―一三）
市河米菴輯、山内晋・渡邊粇校、天保九年刊本ノ寫、内扉ニ「明治二十三年野田岳太郎筆記」

墨場必携 寫大二巻一冊 （八五―一三）
市河米菴輯、山内晋・渡邊粇校、天保九年刊本ノ寫、末ニ「明治廿五年十一月廿六日寫終」

五体便覽 横小一冊 （八四―二八）
井野審卿（勿齋居士）、齋藤拙堂閲、嘉永四年刊

古梅園墨譜 大一冊 （八四―二九）
松井元泰、享保元年、奈良古梅園松井和泉掾刊

古梅園墨談 大一冊 （八四―三〇）
松井元泰編、奈良松井和泉掾家刊

古梅園墨譜後編 序跋共　大四巻五冊 （八四―三一）
松井元泰、安永二年、京都柳枝軒等刊

文房圖賛 寫小一冊 （八四―三二）
〔伊藤東皐〕寫、墨附十八丁

樂譜 寫小折一冊 （八四―三三）
伊藤弘茂寫、弘茂ハ東所二男夭折ス、末ニ東所「此弘茂遺筆也」ト書ス

上世舞樂圖　寫大一冊　（八五―一四）
寶暦十二年、近松顯忠寫、寶德元年寫ヨリノ轉寫、末ニ「寶暦壬午之歳從高橋若州丈借托近江近松顯忠氏寫　東所藏」

懷中樂曲譜　寫小一冊　（八四―三四）
唐土ノ樂ニシテ唐音ヲ附シアリ、墨附二十三丁

八雲琴譜　大一冊　（八四―三五）
中山八雲（琴主）、安政五年序、京都林芳兵衞等刊

古琴要畧　寫横中一冊　（八四―三六）
伊藤東所寫

胡琴教錄　寫大二卷二冊　（八五―一五）
筑後守有安、群書一覽ニ解題スル本ト同一系ノ本ナリ、外題東所

樂書十三種　寫十三冊　（八四―三七）
日本古樂ノ調子及ビ樂符ニ關スルモノ、東所筆又ハ書入アルモノ多シ

智惠之板　寫折一帖　（八四―三八）

當流茶之湯流傳集　半六卷六冊　（八四―三九）
廣長軒元閑、元祿七年、京都和泉屋茂兵衞等刊

風爐灰圖　寫横中一冊　（八四―四〇）
東所外題、墨附十九丁、末ニ「大森重正所持」

茶旨畧　大一冊　（八四―四一）
速水宗達、速水彥達・速水宗曄・片岡信賢校訂、文化八年、京都石田治兵衞等刊、滌源居藏板

茶則　半一冊　（八四―四二）
速水宗達、速水宗曄校、安政五年序、滌源居藏板

茶家系畧　寫小一冊　（八四―四三）
伊藤輶齋寫、墨附十五丁

千家流茶湯秘書　寫半一冊　（八四―四四）

十炷香次第　寫中一冊　（八四―四五）
鳥飼圭純寫、東所筆ニテ末ニ「鳥飼圭純翁書、寬政戊午夏五　東所手釘」、戊午八十年

立花圖　寫一卷　（七四―一九）
松村呉春畫、各圖ニ呉春ノ印アリ、末ニ「右三十瓶立形者池坊口傳正本寫之　月溪」、全三十六圖

抛入花薄　前後編　半五卷五冊　（八四―四六）
千葉一流、明和四・八年、江戸西村源六等刊

隻岳樓投壺式　寫半一冊　（八四―四七）
隻岳樓主人、伊藤東峯寫、文化丙寅（三）秋八月ニナリシ書ノ寫、墨附五丁

○

桑氏筆話　寫大一冊　（八四—四八）

文章博士菅原家圏點圖　寫中一冊　（八四—四九）

文化十年、伊藤東峯寫、墨附十六丁、末ニ「文化十年癸酉之夏六月廿三日　藤原弘濟謹書」、「古義堂」ノ印

於古途傳　寫大一冊　（八四—五〇）

東所手澤、寛政十年後語アリ、東大寺戒壇院藏本ヲ貞享四年元祿十三年、更ニ東所青年時ト傳寫セシモノ

假名遣大概　寫横中一冊　（八四—五一）

寶暦六年、伊藤東所寫、墨附十八丁、末ニ「寶暦六年正月借福智權兵衞生謄不知撰者姓名　東所」

假名文字遣　横中一冊　（八四—五二）

行阿、京都菊屋七郎兵衞刊

類字假名遣　横中七巻一冊　（八四—五三）

荒木田盛徴、寛文六年、荒川宗長刊

以呂波聲母傳　寫半一冊　（八四—五四）

多田義俊、伊藤東峯寫、墨附九丁、上巻いろはノ部ノミノ寫

〔言靈説五十音解〕　横寫中一冊　（八四—五五）

〔難訓抄記〕　寫横小一冊　（八四—五六）

〔字書抄記〕　寫半一冊　（八四—五七）

劃引字書ヨリ文字ヲ抄出訓ヲ附セリ、明治十二年ノ小遣帳ノ表ヲ用フ

童訓學要抄　半二巻一冊　（八四—五八）

元祿八年、中村孫兵衞刊、東皐手澤本、「弘明」ノ印

習文錄　初・三編　半各二冊計四冊　（八四—五九）

文政元年、京都菱屋孫兵衞等刊

四聲字林集韻（增續字林集韻大全）　小一冊　（八四—六〇）

鎌田還齋編、文政十一年、江戸前川六左衞門等刊、「古義堂」ノ印

重鐫韻鏡庶中鈔（頭書韻鏡）　大三巻二冊　（八四—六一）

貞享四年刊本ノ後刷

新增韻鏡易解大全（韻鏡易解改正重刻）　大五巻五冊　（八四—六二）

盛典、享保三年、京都山口茂兵衞刊

磨光韻鏡　大二巻二冊　（八四—六三）

文雄、延享元年、京都山本長兵衞等刊

兩國譯通　大二巻一冊　（八四—六四）

〔稻生若水〕、東涯手澤、「長胤」「原藏氏」ノ二印アリ

唐音雅俗語類　半五巻二冊　（八四—六五）

岡島援之（冠山）、篠崎維章（東海）・松宮俊仍（觀山）校、享保十一年、京都出雲寺和泉掾刊

學語編　小二巻二冊
大典、京都丸屋善兵衛等刊、明和九年、京都脇坂仙二郎等刊本ノ後刷　（八四—六六）

漢字和訓　小八巻二冊
井澤長秀、享保三年、京都茨木多左衛門刊、「良藏」ノ印、即チ東皐手澤本　（八四—六七）

唐話纂要　半六巻二冊
岡島援之（冠山）、享保三年、京都出雲寺和泉掾刊　（八四—六八）

虛字**譯文須知**　半五巻五冊
松本愚山、文化五年、京都澤田吉左衛門等刊、「古義堂」ノ印　（八四—六九）

文法直截眞訣鈔　寫大一冊
穗積以貫、享保十三年成　（八四—七一）

文語解　半五巻五冊
大典、明和九年、京都出雲寺文次郎等刊、「古義堂」ノ印、東峯書入　（八四—七〇）

○

古來風躰抄　寫大二巻二冊
藤原俊成、元祿五・六年寫、仁齋手澤本　（八六—一）

詠歌大概・未來記・雨中吟　寫半一冊
藤原定家　（八六—二）

和歌深秘抄　寫中一冊　（八六—三）

和歌八重垣　小七巻七冊
有賀長伯、享保九年、京都山岡四郎兵衛刊、輶齋ト思ハルル書入アリ　（八七—一）

藻塩草　大廿巻十冊
宗碩、寛文九年刊本ノ後刷、表紙ニ朱筆モテ内容見出シヲ附セシハ仁齋　（八六—四）

類字名所和歌集（大名寄）　大七巻四冊
里村昌琢編、〔寛文八年〕刊、朱筆以テ各冊ニ外題セシハ仁齋　（八六—五）

明題和歌全集　中十二巻六冊缺
今川了俊、第二冊目夏部ヲ缺ク　（九〇—一）

新明題和歌集　半六巻三冊
〔寶永七年〕刊　（九〇—二）

古今類句　大三四巻三六冊
山本春正編、寛文六年、山本景正刊　（八八—一）

三十六人哥仙　寫半一冊　（八六—六）

勅選集外歌仙　近代　寫大一冊
享保元年寫、東涯書入本、「胤」ノ印アリ　（八六—七）

歌仙家集　大三冊缺　（八六—八）

正保四年、中野直也刊、順序甚ダ亂レテ合綴シアリ

新續歌仙（三十六人具草）　半一冊　（八六―九）
頓阿編、寳永七年東涯識語アリ、又序文ニ東涯朱筆校合アリ

「おもふりの」　寫半一冊　（八六―一〇）
類題歌集ノ夏部ナレド書名未詳、東峯作成藏書目ニ巻頭歌首句ヲトリテカク題ス

古今傳授切帋口傳　寫横中一冊　（八六―一一）
宗祇、正徳三年、卜部兼成寫

古今傳受之切紙　寫中一冊　（八六―一二）
宗祇、元祿十一年寫、包紙ニ「古今傳受之切紙壹冊　本紙故山城守俊祇筆ニ而則元祿拾一六月寫之」、全二十四丁、墨附二十一丁、俊祇ハ北小路氏、萬治三年十一月廿五日卒　五十二

古今相傳之次第　寫中一冊　（八六―一三）

三　六　歌　小七十一枚　（八七―二）
三十六歌仙ノ歌一首ツヽ、ノ上ノ句（一枚缺）下ノ句ヲ書キツケシ札

萬葉集拾穗抄　半六巻十冊缺　（九〇―三）
北村季吟、貞享四年序、巻一ヨリ巻六迄ナリ

古今和歌集　大廿巻二冊　（八六―一四）
紀貫之等編、天和三年、京都丸屋源兵衛等刊、東所手澤、第一冊目末ニ「寳暦甲申三月東所購置」

古今集聞書　序註　寫半一冊　（八六―一五）
文化三年、伊藤東里寫、嘉元三年沙門榮秀筆本ノ寫、「文化三年辛未十一月四日　伊藤弘美寫」

花山院前右大臣常雅公書　寫半一冊　（八六―一六）
花山院常雅書、古今集中ノ歌ノ抄記、外題東所

新撰六帖題和歌　大六巻一冊　（八六―一七）
藤原家良等、萬治三年、中野五郎左衞門刊、東涯外題

忠度卿百首和歌　寫半一冊　（八六―一八）
平忠度、享保十五年、松岡恕庵寫、「松岡氏圖書」「埴鈴翁」ノ二印、末ニ「享保十五庚戌三月念六日之夜書寫了」

土御門院百首・順德院百首・宗高親王三百首　寫大一冊　（八六―一九）
土御門院、順德院、宗高親王、外題東涯

仙洞着到百首・順德院百首御製・鎌倉中書王御歌　寫半一冊　（九〇―四）

山家集類題　小二巻一冊　（八七―三）
西行、松本柳齋編、文化十一年、京都風月庄左衞門等刊

新古今和歌集　大廿巻二冊　（八六―二〇）
藤原通具等編、寛政十一年、江戸須原屋善五郎等刊

新古今和歌集　大廿巻二冊缺　（八六―二一）
藤原通具等編、四冊ヲ二冊ニ合綴、外題蘭嵎筆カ

法印慶運集　寫半一冊　(九〇―五)

慶運、元禄八年、〔中川忠樹〕寫

大納言師兼千首和謌　寫大一冊　(九〇―六)

藤原師兼

一人三臣百首(一人三臣和歌)　寫大一冊　(八九―一)

靈元天皇、中院通茂、清水谷實業、武者小路實陰、東涯舊藏、外題東涯、「胤」ノ墨印

中院三代和歌　寫大一冊　(八九―二)

中院通村、通純、通茂、外題東涯筆、(仁齋日記天和二、十一、十四、同十二、二十ノ條參照)

賀屛風十二月繪色紙和哥寫　寫一巻　(八九―三)

東涯享保中持明院殿藏本ヲ寫シ藏セシモノ、コトハ凉雲院八十ノ賀ノ折ニシテ巻頭識語アリ

草山和歌集　寫半一冊　(九〇―七)

元政、安政六年、伊藤輶齋寫、三十四丁、末ニ「安政己未夏山本中務少録よりかりてうつす」

元祿五年内裏和歌御會始　寫半一冊　(九〇―八)

伊藤東涯寫

正德二年正月十三日仙院御會始　寫半一冊　(九〇―九)

東涯書入

享保辛丑壬寅御會和謌寫　寫大一冊　(八九―四)

東涯外題

法皇詩歌御會三席　寫大一冊　(八九―五)

享保五年ノコト、巻頭「長胤之印」「元藏」ノ二印

享保七年院和歌御會始　寫半一冊　(九〇―一〇)

東涯外題

和謌叢　四袋　(九〇―一一)

二十一綴ノ堂上和歌會ノ和歌寫ヲ享保十九年ニ一括シテ東涯自ラ名付シ所ナリ

修學院御幸始和歌寫　寫大一冊　(八九―六)

文政七年、伊藤東峯寫、末ニ「文政七年九月二十一日仙洞御所修学院御幸之節御歌寫」

壬子癸丑歳内院和謌御會　寫半一冊　(九〇―一二)

享保十七、十八年間ニ於ケル種々ノ御歌會ノ歌ヲ集ム

壽章　寫横中一冊　(八九―八)

伊藤東岸寫、末ニ「文政十亥年冬十一月廿二日寫之」、東岸ノ主牧野家ノ賀ノ折ノ詩歌集

寛政三年和歌公宴御會始并御當座始寫　寫半一冊　(九〇―一三)

伊藤東里寫、末ニ「二月廿三日寫　弘美藏」

北小路俊良懷紙集 寫小一帙 （八七―四）
北小路俊良、自筆、五十一枚、嘉永安政年間ノ作、俊良近衞家ノ諸太夫、東峯女倶女ノ夫ナリ

三十六人謌合 寫一巻 （八九―七）
人麿以下三十六人ノ歌數首ツヽヲ合セタルモノ、定家眞筆ヲ冷泉爲滿ヨリカリ慶長七年寫ス、左僕射ノ奥書アル書ノ轉寫

改正 **名所小鏡** 小一冊 （九一―一）
貞享二年、京都野田藤八刊、後刷、「施政堂藏書記」ノ印

產 衣 横小七巻三冊 （九一―二）
元祿十一年、大阪隅谷源右衞門等刊、後刷、「施政堂藏書記」ノ印

十 一 韻 小一冊 （九一―三）
里村紹巴、末一丁缺、正保二年版ト同版ナリ、東涯書入本

十 一 韻 小一冊 （九一―四）
里村紹巴、正保二年、杉田勘兵衞刊、仁齋書入本

十 一 韻 寫小一冊 （九一―五）
里村紹巴、仁齋青年時ノ筆ニ似タレドモ俄ニハ定メガタシ、墨附八十三丁

漢和三五韻 小二冊 （八七―五）
宇都宮由的、貞享三年、京都梅村彌右衞門等刊、「施政堂藏記」

匠 材 集 寫横小四巻一冊 （八七―六）
里村紹巴

文安二年六月廿五日法樂和漢之寫 寫横大一冊 （八九―九）
享保十三年、森下元啓寫、東涯手澤本

〔連歌作法書〕 寫横中一冊 （八九―一〇）
いろはノ部ノ言葉寄、賦物篇寄合等ノ部分アリ

菟 玖 波 集 寫横中十一巻一冊缺 （八九―一一）
二條良基編、江戸中葉寫、第一巻ヨリ十一巻迄ヲ収ム、「勘解由小路藏書」ノ印

改正 **付合小鏡** 小一冊 （九一―六）
延寶七年、京都野田藤八刊、後刷、「施政堂藏書記」ノ印

漢 和 聯 句 二枚 （八九―一二）
瀬尾敎延ヲ中心トセル寛政年間ノモノナリ

志をり萩（詞林綱目） 小一巻二冊 （八七―七）
中堀僖庵、天明四年再版、京都秋田屋平左衞門等刊、享保三年刊ノ再版

みつはたち 半一冊 （八九―一三）
安永八年、大坂村上九兵衞刊、鶴立舎羅江六十ノ賀句集、已亥之秋東所跋

梁塵愚案鈔　大二巻一冊　（八九―一四）

一條兼良、寛文八年、大坂書林小兵衛刊、書入多ケレド伊藤家ノ人ノ手ニアラズ

和漢朗詠國字抄（和漢朗詠集抄）　半八巻四冊　（八九―一五）

高井伴寛（蘭山）、享和三―文化四年、江戸花屋久次郎等刊、「古義堂」ノ印

和漢朗詠集　大二巻二冊　（八九―一六）

藤原公任編、寛永十三年、道也刊

舟べんけい　寫半一冊　（八九―一七）

謡本

伊勢物語　寫大一冊　（八九―一八）

室町末寫、嘉吉二年正徹寫本ヨリノ轉寫

土佐日記　大一冊　（八九―一九）

紀貫之、寛永二十年、京都風月宗智刊、東涯藏本

清少納言（枕草子）　古活字本　大一冊缺　（八九―二〇）

清少納言、十行慶長中刊、「集は」ヨリ「かきまさりするもの」ノ條迄ヲ収ム一冊ノミ

俊成卿九十賀記　寫大一冊　（八九―二一）

元祿五年寫、元祿五載秋七月下浣日尙書藤原某ノ奥書ハ仁齋ノ請ニヨリ書送ルノ意アリ、外題下「胤」ノ墨印アリ

高野日記　寫半一冊　（八九―二二）

頓阿

鉄槌增補　大五巻一冊　（八九―二三）

山岡元隣、貞享二年、京都永田長兵衛刊

徒然草　寫大二巻三冊　（八九―二四）

兼好、安政四年、伊藤輶齋補寫、上巻刊本一冊下巻二冊寫本ニシテ、末ニ「安政四年丁巳夏日寫了　六有」

時文摘紕　寫半一冊　（八九―二五）

村田春海、東峯外題

庭訓徃來抄　大二巻一冊　（八九―二六）

承應二年刊ノ後刷カ

鼇頭類語書翰初學抄　大三巻一冊　（八九―二七）

寛文九年、京都谷岡七左衞門刊

書狀案文　寫半一冊　（八九―二八）

〔伊藤東皐〕寫、全十四丁墨附十三丁

〔案文四季之部〕　寫横小一冊　（八九―二九）

うかれ小僧　半五巻五冊　（八九―三〇）

元祿七年、京都吉田三郎兵衞等刊、咄本

〔高山亭不崐選狂歌集〕　寫横中一冊　（八九―三二）
文化四年寫

史館茗話　大一冊　（九二―一）
林梅洞、寛文八年、京都林和泉掾刊

詩鏡　半三卷二冊　（九〇―一四）
上田稚明編、岡崎鵠亭補正、安永九年、京都植村藤右衞門等刊、東皐藏本、「弘明」「良藏」等ノ印

詩工錐鑿　小十三卷二冊　（九三―一）
岡崎鵠亭、岡崎盧門閲、文政元年再板、京都植村藤右衞門等刊、天明五年ノ刊ノ再刻、「平石藏書」「俊業」等ノ印

明詩礎　小二卷一冊　（九三―二）
田雲峰・原五嶽輯、元文四年、京都田原勘兵衞等刊、「牧之文庫」ノ印

刪補增字掌中詩韻牋　折小一冊　（九三―三）
青洲輯、君嶺訂正、君林改正、寛政二年、江戸須原茂兵衞等刊、安永六年初刻天明六年再刻ノ三刻

聚分韻畧　小一冊　（九三―四）
虎關師錬、慶安三年刊、東涯手澤本

聚分韻畧　中一冊　（九〇―一五）
虎關師錬、元祿四年、京都萬屋喜兵衞刊、題簽ニハ「手澤聚分韻畧」ト墨書ス

頭書聚分韻略　半二冊　（九〇―一六）
虎關師錬、苗村丈伯校、延寶四年、八尾勘兵衞刊、「施政堂藏書記」ノ印、外題東所

葛原詩話後篇　半四卷一冊　（九〇―一七）
慈周、文化元年、京都菱屋孫兵衞等刊

五山堂詩話　補遺共　小十五卷八冊　（九三―五）
菊池五山、文政七年、天保三年補遺、江戸山城屋佐兵衞等刊、文政七年ハ購板出刊、韜齋ノ書入本

翠雨軒詩話　卷一　半一冊　（九〇―一八）
山田翠雨、慶應二年序

古今詩雋　小七卷三冊　（九三―六）
戸崎淡園編、天明四年、江戸前川六左衞門等刊

古詩韻範　半五卷三冊　（九〇―一九）
武元登々庵、文化九年序、京都橘屋嘉助刊

菅家文草　大十二卷六冊　（九二―二）
菅原道眞、弘化三年、京都菱屋孫兵衞刊、元祿十三年中村篁溪跋本ノ後刷

永源寂室和尚語　五山版　半二卷一冊　（九〇―二〇）
永源寂室、性均編、永和丁巳冬節之前三日　釋沙門性均ノ刊記アリ

蕉堅稾　五山版　大一冊　（九〇―二一）
中津絶海、慧鳳編、大明永樂元年ノ序跋アリ、東涯書入本

艸山集　大三巻二冊缺　（九〇―二二）
元政、〔延寶二年〕刊、巻一、二、三ノミ

退隱唱和集　大一冊　（九二―三）
運敞、慈觀編、天和二年序

武州東叡山新建瑠璃殿記　大一冊　（九二―四）
公辨法親王、元祿十二年成、守玄堂藏版、東涯ノ親王ヨリ賜フ所

一日百詠　寫小一冊　（九三―七）
蘆桂洲、文化二年、伊藤東皐寫、元祿二年八月廿五日ニ作ル所ノモノナリ、末ニ「文化二年乙丑年弘明寫」、裏表紙見返シニ「弘充」トアリ、弟東岸ニ與ヘシナルベシ

一日百詠　寫小一冊　（九三―八）
蘆桂洲、伊藤東皐寫、前同、初メニ「弘明」ノ印

奉謝昌平坂講會文　寫大一冊　（九二―五）
林鳳岡、東涯外題

永言齋佐提玄詩文　寫横大一冊　（九二―六）
佐提玄、末缺

遯庵詩集　半六巻一冊　（九〇―二四）
宇都宮遯庵、野宮恕方編、正德三年、京都野田彌兵衛等刊、

梅花百詠　大一冊　（九〇―二三）
相良玉山、正德五年、京都奎文館（瀨尾源兵衛）刊、正德五年乙未之穐　伊藤東涯序アリ、献呈本ナルヘシ

飡霞館稿　寫大一冊　（九二―七）
前田時棟、正德五年寫、東涯手澤本

惺窩先生文集　附倭哥集　十八巻十冊　（九二―八）
藤原惺窩、冷泉爲經編補、享保二年刊、東涯ガ冷泉爲經ヨリ送ラレタル本

蜺巖集　大四巻一冊　（九〇―二五）
梁田蜺巖、梁田邦彌輯、寛保二年、赤石有馬屋左橘刊

紹述先生文集筆記　（九〇―二六）
文集中ノ難語ヲ註シタルモノ、朱筆ハ東岸ノ文字ノ如シ、十五丁

南郭先生文集抄　寫大一冊　（九二―九）
服部南郭、初編巻三五言律ノ部抄

薔薇館集　大五巻三冊　（九二―一〇）
芥川丹邱、芥川子泉輯、寶暦十二年、京都錢屋三郎兵衛等刊

猗蘭十詠　大一冊　（九二―一一）
實幢（獅窟主人）詩畫、安永六年、京都木瓜屋佐右衛門等刊

古學先生文集序　寫一巻　(九三―一二)
勘解由小路韶光、自筆、享保元年寫、先ニ東涯宛一書簡ヲ附ス

南山遺稿　大二巻二冊　(九三―一三)
永原南山、覺淨校、天明六年跋、玉樹堂刊

六如庵詩鈔　前篇　大六巻三冊　(九三―一四)
慈周、佐々木琴臺輯、澤田東江校、天明三年序、大阪河内屋八兵衛刊、輶齋弟蘭溪カト思ハルル書入アリ

六如庵詩鈔　後編　大六巻三冊　(九三―一五)
慈周、苗村子柔輯、寛政九年、京都唐本屋新右衛門等刊、同書入アリ

六如庵詩鈔　遺編　大三巻三冊　(九三―一六)
慈周、畑橘洲閲、文政六年、大阪河内屋八兵衛等刊、苗村子柔ノ松蹊遺草ヲ附録トス

滕酊齋先生詩集　大三巻三冊　(九三―一七)
松波酊齋、松波葆光輯、覓盛・福井軌校、寛政六年、京都林伊兵衛等刊、「古義堂」ノ印、酊齋ハ東涯門人

方廣寺災火記　寫半一冊　(九〇―二七)
永井好義、〔自筆〕、表紙ニ「寛政戊午歳」トアリ

大典常禪師伽陁　半一冊　(九〇―二八)
大典、周腆輯、文化三年、京都林伊兵衛等刊

黄葉夕陽村舎詩　後編　大八巻四冊　(九〇―二九)
菅茶山、文政六年、江戸須原屋茂兵衛等刊、「古義堂」ノ印

山陽遺稿　大十七巻八冊　(九〇―三〇)
頼山陽、天保十二年、京都菱屋孫兵衛等刊

小河立所遺藁　二袋一帖　(四八―一)
小河立所、自筆、伊藤東涯輯

立所先生藁残　寫半一冊　(九三―一八)
小河立所、谷觀樂編、富士野行豊校、天保三年寫、墨附四十二丁、「古義堂」ノ印、立所ハ仁齋ノ高弟

杞憂庵梔花百絶　大一冊　(九三―一九)
天章、慶應四年序、附華夷名義辨、讀釋敎正謬、護國扶宗室藏梓

北小路俊良詩稿　寫半二冊　(九〇―三一)
北小路俊良、伊藤輶齋自筆訂正、俊良ハ輶齋妹俱女ノ夫

懷風藻　大一冊　(九三―二〇)
天和四年、京都長尾平兵衛刊、東涯書入本

文華秀麗集　寫大一冊　(九三―二一)
藤原冬嗣等編、享保十二年寫、全三十丁、東涯使用本

本朝一人一首　大十巻三冊　(九三―二二)
林鵞峰輯、寛文五年跋、京都田中清左衛門刊

衆山歴覧詩　寫大二冊　（七四—二一）
上巻ハ北嶺勝蹟（西巖）嵯峨名蹟（古溪）離坤佳致（西巖）、下巻ハ東山壯觀（魯山）東南餘興（同）ヲ収メ双行ノ註ヲ各句ノ下ニ加フ、末ニ「丙亥夏六月京兆伊藤維楨」トシ、末丁ハ仁齋ノ文字ニ似セタリ、仁齋ハタシテカカルモノヲ寫セシコトアルヤ不明ナレバ、ココニ加フ、丙亥ト云フ干支ハナシ

懐舊涙詩謌巻　寫横中一冊　（九二—三三）
山本通春編、貞享三年跋、金森範明追悼詩歌、東涯書入

廬皐雅集詩　寫半一冊　（九二—三五）
元祿六年序、元祿六年八月十三日京都廬山寺ニ詩宴ノ集、東涯ノ序アリ、又作詩者名ヲ註記ス

元祿壬申試毫集　寫半一冊　（九二—二六）
元祿五年諸家歳旦試筆詩歌集

元祿癸酉試毫集　寫半一冊　（九二—二七）
元祿六年歳旦試筆ノ詩集

元祿甲戌歳旦詩錄　寫大一冊　（九二—二八）
元祿七年諸家歳旦試筆ノ詩歌集

乙亥歳旦詩錄　寫大一冊　（九二—二四）
元祿八年古義堂門始メ諸家歳旦ノ詩歌ヲアツメシモノ

搏桑名賢詩集　大五巻三冊　（九〇—三四）
林九成編、寶永元年、京都文會堂刊、東涯藏印、九成ハ古義堂門

德山雜吟　大一冊　（九二—三〇）
林九成輯、寶永七年跋、東涯初メ古義堂關係ノ人ノ作ヲ多ク収ム

韓客唱和　寫大一冊　（九二—三一）
朝枝玖珂、〔自筆〕、享保四年秋來朝ノ朝鮮人申青泉等ニオクリ唱和セシ詩文集、東涯ノ識語

防丘詩選　大一冊　（九二—三二）
井出夢澤輯、田中松洞校、享保六年、平安二酉齋刊

辛丑元旦詩集　大一冊　（九二—三三）
岡嶋冠山音讀、享保六年、江戸版木屋甚四郎刊、享保六年諸家歳旦ノ詩ヲ収メ、冠山唐音ヲ附ス

甲辰餘力吟　寫大一冊　（九二—三四）
渡邊誠齋編、自筆、享保九年序、享保九年甲辰ノ春誠齋ノ男十三、十一ノ二子ノ詠ニ諸氏和詩ヲアタフ、合附シテ一書トナセシモノ

寄省吾大兄書　寫大一冊　（九二—二九）
鈴木宗質、享保十三年、東涯朱筆削正アリ

萍交唱和錄　寫大二巻一冊　（九二—三五）
伊藤霞臺編、寛政十二年、伊藤良炳寫、延享五年福山伊藤家ノ霞臺ガ韓使トノ唱和、末ニ「寛政十二年庚申六月良炳施政堂寫寓□□謄□留之云　善韶収」、八丁

絃歌餘韻　正續共　大一冊　（九二―三六）
鈴木冠嵒・澤邊東皐輯、寶暦七年跋、津山形屋傳右衛門刊、東所藏、末ニ「丁丑春奥田生寄　韶」

日本名家詩選　小七巻一冊　（九三―九）
首藤水晶編、安永四年、江戸山崎金兵衛刊、仁齋東涯東所ノ作ヲモ収ム

日本咏物詩　半三巻三冊　（九〇―三六）
伊藤君嶺編、安永六年、江戸小林新兵衛等刊、「古義堂」ノ印

僻壊吟餘　大二巻二冊　（九〇―三五）
高谷龍洋編、安永八年、大坂播磨屋新兵衛等刊

龜石亭集序　大一冊　（九二―三七）
澤邊東皐、安永九年、四日市ノ澤三英、龜石ヲ得、月僊ニ圖セシメ、東皐ノ序ト共ニ印刻シ諸家ニ一詩一文ヲ乞フベククバリシモノ

皇都名勝詩集　小二巻一冊　（九三―一〇）
源世昭輯、寛政二年、京都林伊兵衛等刊、古義堂關係ノ人ノ作多シ

明孝賀集　大一冊　（九二―三九）
寛政三年跋、姫路本莊輔二刊、但州養父郡市場小島祐次郎母百歳ノ賀集、東所巻尾ニ一詩ヲヨス

施政堂詩稾　寫大一冊　（九二―四〇）
東岸以下、施政堂東所晩年門人ノ作ヲオサム

慶壽詩藻　草稿本　寫大三冊　（九二―三八）
永井好義、名倉重熙等編、東所七十ノ賀ノ詩文ノ集、時ハ寛政十二年

慶壽詩藻　淨書本　寫大三冊　（九二―四二）
永井好義・名倉重熙等編、寛政十二年、東所外題、前書ノ淨書

〔東峯時代古義堂詩集〕　寫大一冊　（九二―四三）
東峯、上田元孝、伊藤良有、瀬尾敎文、伊藤元善等ノ作ヲ収ム、文政ヨリ天保ニカケテノ年次ノモノ

古學先生百回忌日之詩文　寫半一冊　（九二―四一）
文化元年、〔伊藤東皐〕寫、墨附二十丁（伊藤家資料目録、六吉凶記録類、古学先生百回祭追悼詩参照）

孔明擇婦說　寫半一冊　（九二―四六）
天保元年出題ニ對シ古義堂内ノ伊藤長大、谷徳、吉田重和三人ノ作文ナリ

紹述先生百回忌祭文并詩文　寫半一冊　（九二―四四）
天保六年、墨附十二丁、初メニ東峯自筆ノ祭文ヲカカグ、外題東峯（伊藤家資料目録、六吉凶記録類、紹述先生百回祭事集詩参照）

三子問仁夫子答辭不同論　寫折一帖　（九二―四七）

〔宇都宮文藏並ニ僧隆道文〕　寫折一帖　（九二―四八）
宇都宮一、隆道二ノ三篇、各自筆、東涯削正朱筆及書入アリ

新選名家絶句 中二巻二冊 （九二―四九）

石川士高・山本中和輯、文久四年、名古屋永樂屋東四郎刊、「古義堂」ノ印

常光寺十景詩 寫大一冊 （九二―五〇）

美濃國關ノ甚中山常光寺十景ノ詩、心越禪師以下多ク緇流ノ作

三州西明寺六境詩 寫中一冊 （九二―五一）

三河國大寶山西明寺六境ノ詩、林榴岡木下竹軒等林家ノ人々ノ作多シ

昇仙石讃詞 寫大一冊 （九二―五二）

河崎延貞編、延貞所持ノ昇仙石ニ諸家ノ詩文ヲ乞ヒ編セルモノ寛文ヨリ元祿ニカケテノ作ナリ

騷客題林 寫半一冊 （九二―五三）

東岸手澤本、タダシ「伊藤長敦」ノ作ナドアレバ梅宇青年時ノ友人ノ作ヲ収メタルモノカ

詩 艸 拾五首 寫大一冊 （九二―五四）

晝錦詩草 寫半一冊 （九二―五五）

伊藤良有、元善二子古義堂ニアリテ天保二年歸國スル時知己ノ別辭ヲ集ム、全二十六丁

東武麴巷角觝紀事 寫半一冊 （九二―五六）

安原省處寫、江戸麴町ノ滑稽ナル角力ノ紀事ヲ支那白話ニシルセシモノ

詩 集 寫半一冊 （九二―五七）

寶永三、四年ノ作ナリ、古義堂門ノ人ノ作ナルベシ

日課詩稿 寫大一冊 （九二―五八）

小圭幽人、小圭幽人ハ源行正ト云フ、全六丁、輶齋註記アリ

〔田園早春集〕 寫大一冊 （九二―五九）

古義堂ノ人々富小路貞維、園田匡之、吉田渙、富永祖衡、長谷川德恒淺井定次、吉田懷德、東涯、源義和ノ早春田園ノ七絶ヲ集ム

古學先生門人譯雜文 （九二―六〇）

一、木假山記（蘇洵） 半井瑞亨 天和初元十一月十三日
二、伐樹記（歐陽永叔） 荒川秀 天和元年季冬初八
三、〔題ナシ〕 菅氏亨 天和二年仲春拾參日
四、論 志（朱伯賢） 小河成材 天和二年壬戌春三月初八
五、韓愈荊潭唱和詩序 橋本謙 天和二年春二月廿二日
六、〔題ナシ〕 眞瀬善良 天和二年夏四月初三日
七、〔同 〕 多田安成 天和壬戌夏六月中旬
八、蘇氏族譜引略詩（老蘇） 小河成材 天和二年七夕後一日
九、屈 原（小蘇） 多田安成 天和癸亥之歳仲夏初一日
十、進士策問（韓文公） 橋本謙 天和三年秋九月十有一日
十一、爲人求薦書（韓文公） 木村立 天和四年春二月既望
十二、送薛存義序（柳〻州） 渡邊就正 貞享元年三月初六
十三、（以下十五篇ヲ一巻ニナセリ）
子思辭褒（劉向説苑） 宮原精 貞享元年五月晦日
鐫楊雄先知篇 香取革 貞享元歲六月十日

威烈王命三晋為諸侯（胡致堂）伊藤長胤　貞享初元夏之季二十
朱伯賢論志　渡邊就正　貞享甲子六月廿九
私試策問（蘇軾）　木村立　貞享元年夏四月望日
試舘職策問（蘇子瞻）　木村立　天和三年冬十二月十一日
論曹參（謝鳴治）　木村立　貞享甲子夷則念日
酒德頌（劉伯倫）　香取革　貞享元歳七月晦
司馬光諫院題名記　渡邊就正　貞享甲子仲秋二十九
南行前集序（蘇眉山）　木村立　貞享始元剣月念日
范睢蔡澤傳贊（史記）〔伊藤長胤〕
跋紹興親征詔草（辛稼軒）伊藤長胤　貞享紀元甲子孟秋晦日
送杭州進士詩序（大蘇公）木村立　貞享初元秋盡日
答舒堯文昆
魏徵御臣論　伊藤長胤　貞享初元陽月
十四、韓文公重答李翊書　野口由
十五、〔題ナシ〕　貞叔　二月八日
十六、跋唐華陽頌
十七、忠武軍節度使武恭王公神道碑銘
十八、送薛存義序（柳州）等

小說譯語　寫半一冊　（九〇—三三）

平妖傳等ノ單語集

尺牘語式尺牘寫式　中三冊　（九〇—三三）

大典、安永二年、近江屋庄右衞門等刊、「古義堂」ノ印

乙　漢籍目錄

周易経傳　大廿四卷四冊　（九五—一）

（宋）程頤・（宋）朱熹、元符二年序、寛永和刻本ノ後刷、仁齋、梅宇書入本

易學啓蒙補要解　大六卷二冊　（九四—一）

（朝鮮）李朝世祖、成化二年跋、和刻、東涯東所書入本

新刻頭書書經集註　大六卷六冊　（九四—二）

（宋）蔡沉、享和元年、今村八兵衞刊、寛文四年刊ノ再版、東峯書入本、初メニ「天保十五年甲辰九月十五日古義堂講始弘濟」、「弘濟」「古義堂」ノ印アリ

王耕野先生讀書管見　寫大二卷一冊　（九四—三）

（元）王充耘、末ニ「後學成德校訂」

詩經正文　寫大八卷二冊　（九四—四）

元祿五年、伊藤東涯寫、元祿五年東涯識語末ニアリ

毛詩鄭箋（詩經古註）　大廿卷五冊　（九四—五）

（漢）毛亨傳、（漢）鄭玄箋、（明）金蟠校、井上蘭臺再校、延享四年、江戸淺倉久兵衞等刊

詩說　寫大一冊　（九四—六）

(漢)申培、(明)程榮校、延享元年、伊藤蘭嵎寫、延享二年蘭嵎ノ
識語アリ

詩經集註　半八巻八冊　(九五—二)
(宋)朱熹、和刻、詳密ナル書入ハ東峯筆ト思ハル

詩經說約　大廿八巻十四冊　(九五—三)
(清)顧夢麟、楊彝參訂、寛文九年、芳野屋權兵衞刊、呉門張叔籟梓
ノ本ニヨル和刻、東涯書入本

毛詩補傳　大卅巻十六冊　(九四—七)
仁井田好古、天保五年跋、京都勝村次右衞門等刊、紀藩樂古堂藏
版、「古義堂」ノ印

韓詩外傳　大十巻五冊　(九六—一)
(漢)韓嬰、太宰春臺考訂、寶曆九年、京都錢屋忠兵衞等刊、東所使
用本、末ニ「寶曆十年庚辰之冬十月廿二日讀全　東所詔」、東所ナラザ
ル人ノ一本トノ校合アリ

儀禮(儀禮鄭注)　大十七巻八冊　(九六—二)
(漢)鄭玄注、河野恕齋校、寶曆十三年、京都山本平左衞門等刊、輶
齋手澤本

大鄉射禮圖　寫大一冊　(九四—八)
伊藤輶齋寫、十八丁

儀禮章句　半十七巻六冊　(九六—三)
(清)呉廷華、方靈皋・李巨來鑒定、乾隆五十九年、金閶書業堂刊、
輶齋手澤本

檀弓(檀弓批點)　大二巻一冊　(九六—四)
(宋)謝枋得批點、萬曆四十四年序、和刻

新定三禮圖　大廿巻二冊　(九六—五)
(宋)聶崇義集註、康熙十五年序、通志堂藏板、外題蘭嵎筆、東所使
用本、「天明甲辰二月九日善詔讀畢」

儀禮圖　寫半一冊　(九六—六)
伊藤東峯寫、士冠禮、士昏禮ニワタリ六丁

新定儀禮圖(新定松氏儀禮圖)　寫二巻　(七四—二〇)
村松蘆溪、天保三年、七里種嘉寫、天明八年序アル刊本ヨリノ寫

儀禮經傳通解 續共　大六十六巻三十二冊續二十九巻二十冊　(九七—一)
(宋)朱熹、續(宋)黃幹、嘉定十六年旧序

文公家禮(家禮儀節)　大八巻四冊　(九四—九)
(宋)朱熹編、(明)丘濬輯、種秀堂藏版、金閶舒瀛溪梓行本ニヨル
和刻、東涯東所使用本

春秋經傳集解　大卅巻十五冊　(九八—一)
(晉)杜預注、寛永八年本ノ後刷、東涯東所使用本、首巻ハ東所ノ補

春秋經傳集解　大卅巻十五冊　(九九—一)
(晉)杜預注、寛永八年堀杏庵跋、東里ガ東涯書入本ヲ寫セシモノ、
末ニ「右杜預左傳集解三十巻自天明七年丁未六月十七日就東涯先生之

原本始業至臘月四日卒功　孫伊藤弘美謹書」、「弘美之印」各冊ニアリ、外題東所

春秋經傳集解（春秋左氏傳）　大卅巻十五冊　（九九—二）
（晋）杜預注、前ニ同シ版本ノ後刷、巻六末ニ「文化三丙寅之夏四月上浣合正卒　日東長安洛水濱伊藤弘明」、東皐ガ東涯本ニヨリ點ヲ加ヘ、後東峯使用シテ書入アリ

春秋左氏傳校本　大卅巻十五冊　（一〇〇—一）
（晋）杜預集解、（唐）陸氏音義、秦滄浪校、文化八年、江戸前川六左衞門等刊、滄浪居藏版、輶齋書入本、各冊表紙内容見出シハ東峯筆、「古義堂」ノ印

音註全文春秋括例始末左傳句讀直解（左傳）　大二十二冊缺　（九九—三）
（宋）林堯叟、松永昌易点、寛文元年、京都村上次郎右衞門刊、七十巻二十五冊ノ中、四、五、六冊目ヲ缺ク

春秋左傳註解辯誤　附古器圖　大二巻二冊　（九六—七）
（明）傅遜、延享三年、江戸前川六左衞門刊

左傳鬼簿捷考　大一冊　（九四—一〇）
元祿五年、文苑堂定武刊、東涯使用本

春　秋　大一冊　（九四—一一）
和刻、東里使用本、末ニ「明和三丙戌五月廿二日一會始　弘美」

春秋（春秋素文）　寫大一缺　（九四—一二）

〔伊藤東涯〕寫、墨附三十四丁、詩經正文ト同シク幼年時ノ筆

孝經（古文孝經正文）　大一冊　（九六—八）
（漢）孔安國傳、太宰春臺訓點、天明三年再版、江戸小林新兵衞刊、延享元年刊本ノ再刻

孝經（孝經正文）　大一冊　（九六—九）
佐野山陰校、天保五年、京都堺屋伊兵衞信成刊

孝　經　大　義　大一冊　（九六—一〇）
（宋）朱熹刊誤、（元）董鼎註、貞享五年、京都井筒屋六兵衞刊

孝　經　註　疏　大九巻三冊　（九六—一一）
（宋）邢昺、寛政二年再版、京都唐本屋吉左衞門（玉樹堂）刊、寛政二年伊藤東所ノ序アリ、「善韶之印」アリ

鰲頭孝　經　傍　訓　大一冊　（九六—一二）
三國幽眠、岡翼・田中良知校、天保七年序、一洗堂藏版

孝　經　發　揮　大一冊　（九六—一三）
津阪東陽、文政九年、有造館藏版、末ニ「弘化三丙午年年二月五日勢州津藩強齋奥田氏見惠　重光珍藏」

官板經　傳　釋　詞　大十巻三冊　（九六—一四）
（清）王引之、天保十三年、江戸出雲寺金吾刊

五　經　正　文　大六冊　（一〇〇—二）
安永八年、京都河南四郎兵衞等刊、明曆二年刊本ノ再版

五經正文　中十一冊　（一〇一―一）

元祿八年、京都村上平樂寺刊、東涯東所等使用本

五經　後藤點　大十一冊　（一〇〇―三）

後藤芝山音訓、後藤師岡・後藤師邵校、天保十年、江戸須原茂兵衛等刊、天明四年刊ノ四刻「古義堂」ノ印、輶齋書入本

五經蠡測　大六巻一冊　（一〇〇―四）

（明）蔣悌生、洪武三年序、通志堂藏板、外題　蘭嵎筆

五經集註　大百十二巻五十八冊函　（一〇二―一）

易（宋、程頤・朱熹）二十巻十冊、書（宋、蔡沉）十巻十冊　詩（宋、朱熹）十五巻八冊、禮（宋、陳澔）二十巻二十冊、春秋（宋、高閔）三十七巻十冊、寛文三年、京都野田庄右衛門刊、東涯東所使用本ニシテ全巻ニワタツテ東涯ノ書入アリ

五經集註　大百十二巻五十八冊函　（一〇三―一）

前書ト同版ニシテ寛文三年、京都野田庄右衛門刊、東里使用本、末ニ「右五經集註五十八巻自寛政元年己酉之春三月、就東涯先生之原本訂正始業至明年庚戌之夏四月九日竣功　平安伊藤弘美」、「安原氏藏書」「弘美之印」アリ

五經大全　大百六巻七十冊缺函　（一〇四―一）

易序共十九巻十三冊（一冊缺）詩十巻八冊（巻五ヨリ前缺）、禮序共二十巻二十冊、春秋序共三十七巻十八冊、計七冊缺、萬暦三十三年、閩芝城建邑余氏梓、東涯書入若干アリ、又東峯筆モミユ

五經困學　大九十巻二十四冊函　（一〇五―一）

（明）曹學佺、詩經剖疑廿四巻、書傳會衷十巻、周易可説七巻、易經通論十二巻、春秋義略二巻、春秋傳删十巻、禮記明訓二十七巻、崇禎十三年序、函ニ享保十七年ノ東涯記アリ

玉軸樓六經　小三十二冊函　（一〇六―一）

學庸章句一冊、論語集註二冊、孟子集註三冊、詩經集傳四冊、書經集傳四冊、易經本義二冊、春秋胡傳六冊、禮記集説十冊、輶齋ニ對スル舅福井榕亭ヨリノ遺物、書函ニ附箋「玉軸樓六經一部、唐硯銘巴江一面、右德藏様」「榕亭先生遺物、天保十五年正月十九日終」ト東峯附記

十貳經　中十七冊函　（一〇七―一）

（清）秦鏷訂正、東涯筆ニテ内容見出シヲ表紙ニ書クモノ數冊、又函蓋裏面ニ所収目ヲ書ス

十三經註疏　大百三十七冊缺　（一〇八―一、一〇九―一、一一〇―一）

明刊、易六冊、書十冊、詩二十二冊、周禮十四冊、儀禮十四冊、禮記二十四冊、左傳十七冊（初三冊缺）、公羊十冊、穀梁五冊、論語四冊、孝經一冊、爾雅四冊、孟子六冊、東涯手澤本

大學正義　大一冊　（一一一―一）

村田默齋、文政二年、醉古堂藏版、文政己卯秋七月穀旦伊藤弘濟ノ叙アリ

中庸集略　大二巻一冊　（一一一―二）

（宋）石𡼖編、（宋）朱熹校、正保四年、田原仁左衛門刊、東涯書入

本

論語集解　大十巻五冊　別置　（二二一三）

（魏）何晏、明應八年、西周平武道敬重刊、外題「六藝喉衿」トセルハ天龍寺ノ策彦周良筆、清家ノ點ヲ寫シアリ、東涯手澤本

論語或問　大廿巻四冊　（二二一三）

（宋）朱熹、慶安三年、田原仁左衛門刊、東涯書入本

論語講義困勉録　寫半七巻三冊　（二二一四）

（清）陸隴其・陸公鏐編

孟子或問　大十四巻一冊　（二二一五）

（宋）朱熹、正保四年、富倉太兵衛刊、東涯書入本

宋版監定摹刻四書白文（校正四書白文）　半五冊　（二二一六）

京都須磨勘兵衛刊、須原茂兵衛藏版本ノ後刷

監本四書　大十九巻六冊　（二二一七）

（宋）朱熹注、康熙三十年、闕屋弘毅堂刊、各冊ニ「仁齋」ノ印

四書集註　中十九巻五冊　（一〇一二）

（宋）朱熹、京都田中文内刊、東涯幼少時使用本、「伊藤」ノ印、東所ノ書入モアリ

大魁四書集註　大十八巻五冊缺　（二二一八）

（宋）朱熹、寛永八年、克勤齋余明台梓行本ニヨル和刻、如竹跋、梅字書入本、大學一冊ヲ缺ク

四書集註大全（周會魁校正古本大方四書大全）　大十八巻十九冊　（二三一一）

（明）胡廣等奉勅編、宣德二年後序、大學二、中庸三、論語七、孟子七冊、仁齋書入本

官板四書大全　大三十六巻二十一冊缺　（二三一一）

（明）胡廣等奉勅編、鵜飼石庵訓點校、慶安四年、徐九一太史訂正金閶五雲居藏版本ニヨル和刻、東涯使用書入本ニシテ、後東所本書ノ書入ヲ輯シテ「四書集註標釋」ヲ編ス、孟子ノ部二巻一冊ヲ缺ク

四書直解　大廿一巻五冊缺　（二二一九）

（明）張居正、顧宗孟批點、（清）王益朋・嚴曾榘閱、呉弘基・宋士臣校、康熙七年、武林西爽堂刊、孟子ノ分六巻一冊缺、見返シニ合訂四書鼎峙直解增定說約善本トアリ、上欄ニ楊彝・顧夢麟原輯、劉曰珩纂序、歸聖脉・蔡方炳增定、汪楫訂正ノ增定四書纂序說約ヲ附ス、外題蘭嵎

四書翼註　大八冊缺　（二二一〇）

（明）王觀濤、筱崎弼（小竹）校、嘉永元年、京都河内屋藤四郎等刊、巻八、九缺

四書圖考　大十三巻十二冊　（二四一一）

（清）杜炳、杜梓材校、道光九年序、初メニ「天保十三歳次壬寅夏新渡　弘濟藏書」トアリ、外題ハ東峯筆

御製律呂正義抄　寫一巻　（二二一一）

康熙中勅撰、伊藤東峯寫、上篇ヨリ二條ヲ抄記セシモノ、「天保七年丙申九月十二日卒業福井氏傳寫　弘濟」

埤　雅　大廿巻四冊　（二一五—一）
（宋）陸佃、顧棫校、張存ノ重刊序

輶軒使者絶代語釋別國方言（楊子方言）　大十三巻三冊　（二一五—二）
（漢）楊雄、（晉）郭璞解、（明）程榮校、平野屋佐兵衛刊

重刊許氏説文解字五音韻譜（説文）　大十二巻六冊　（二一五—三）
（漢）許慎、（宋）徐鉉校、寛文十年、夏川元朴跋刊

訓蒙字會　寫大三巻一冊　（九一—七九）
（朝鮮）崔世珍、朝鮮刊本（嘉靖六年四月自序アリ）ノ寫、末ニ「寶曆十二年壬午十二月　善詔讀畢」トアリ

正字玉篇　横中一巻三冊缺　（二一五—四）
前後缺、和刻

大廣益會玉篇　大卅巻七冊　（二一五—五）
（梁）顧野王、寛永八年刊

漢隷字源　大六冊　（二一五—六）
（宋）婁機、小宮山謙亭校、寶曆二年、江戸前川六左衛門刊

六書通　大十巻五冊　（二一五—七）
（清）閔齊伋、畢弘述篆、閔章・程昌煒校、康熙五十九年序、東峯書入本

六書通　中四巻四冊　（二一五—八）
（清）閔齊伋、安永四年、大阪柳原喜兵衛等刊

草書韻會　大五巻一冊　（二一五—九）
（金）張天錫集、慶安四年、秋田屋平左衛門刊、洪武二十九年刊本ノ和刻、外題東所

字　彙　半十四冊函　（二一六—一）
（明）梅鼎祚音釋、「鐫宣城梅誕生先生重訂、鹿角山房藏版」本ノ和刻、仁齋東涯東所東里東峯歷代使用藏印アリ、上欄篆文其ノ他書入アリ、外題「東涯」、箱底部ニ仁齋記

康熙字典　附總目檢字補遺備考　半四十二巻四十冊函　（二一七—一）
（清）康熙帝勅撰

正字通　大十二巻卅二冊函　（二一八—一）
（清）廖文英、康熙九年序、外題東涯筆、箱ノ底部ニモ東涯記アリ

隷　辨　大八巻八冊　（二一九—一）
（清）顧藹吉、乾隆八年重鋟序、「玉淵堂原本」、外題東所

隷　辨　大二巻二冊　（二一九—二）
（清）顧藹吉、鎌田環齋纂校、寛政四年、江戸須原屋茂兵衛等刊

增續會通韻府群玉　大三十八巻三十八冊　（二二〇—一）
（元）陰時夫輯、（元）陰中天註、（明）包瑜續編、延寶三年、京都八尾勘兵衛刊

發音録　寫大一冊　（一九―三）

（明）張位、享保十一年寫、東涯書入本

諧聲品字箋　大五十七巻二十冊　（三一―一）

（清）虞咸熙草創、（清）虞徳升著、虞嗣集補註、康煕二十六年序、東所手澤、末ニ「天明甲辰九月十八日善韶讀畢」ト朱書ス

廣金石韻府　大六巻六冊　（一九―四）

（清）林尚葵輯、李根較正、松下烏石校、天明六年、京都茨城多左衛門刊、瀬川清三郎刻ノ初版ヲ井上新七刀ニテ再版セシモノノ求板本

鼇頭海篇心鏡（玉堂釐正字義韻律海編心鏡）　大廿巻十三冊　（一九―五）

萬暦三十一年、南都博古堂刊

〔韻字早見表〕　三十枚　（一九―六）

史記評林　大百卌巻五十冊　（三二―一）

（明）凌稚隆編、寛永十三年、京都八尾助左衛門刊、東涯、東所、東峯ヲ初メ、〔介亭〕〔東岸〕或ハ仁齋カト思ハルル書入モ見エタリ

増訂史記評林　大百卌巻五十冊函　（三三―一）

（明）凌稚隆編、明治二年、江戸山城屋佐兵衛等刊、「鶴牧修來館藏版」、箱ニ「明治第三庚午晩春東園藤公所惠因命函永傳孫子云　韜齋主人誌」

漢書評林　大百巻五十冊函　（三四―一）

（明）凌稚隆編、京都俵屋清兵衛等刊、明暦四年跋本ノ後刷、「古義堂」ノ印、文首ニ「戊辰九月十二日讀始、玉田永建　前漢書」ナル附箋アリ

後漢書　大八十巻六十冊函　（三五―一）

（宋）范曄、（唐）章懐太子註、張梟校正、京都俵屋清兵衛刊、韜齋使用本、末ニ「安政五年戊午仲秋五日讀了　六有齋主人」、「古義堂」ノ印

三國志　大六十五巻四十冊　（三六―一）

（晋）陳壽、（宋）裴松之集註、（明）陳仁錫評、大坂澁川清右衛門等刊、寛文十年刊本ノ後刷、韜齋書入アリ

南史　大八十巻十六冊函　（三七―一）

（唐）李延壽、大徳十年序、嘉請年間補刻、箱底部ニ東涯「享保十一年丙午二月長胤置」

明史　大三百三十二巻百十二冊函　（三八―一）

（清）張廷玉等奉勅撰、江南省城狀元境致和堂書坊發兌、東所手澤本、箱底部ニ「寶曆九年己卯夏六月購　七月命工造函東所」

十七史　大三百六十冊　（三九―一）

崇禎元―十七年、汲古閣藏版、外題蘭嵎マ、書入アリ、五代史末ニ「文化元年甲子夏六月廿三日善韶全讀畢」

資治通鑑　附資治通鑑釋文辨誤 首巻一巻辨誤　大二百九十四巻十二巻六十五冊函　（三〇―一）

（宋）司馬光、（宋）胡三省音註、（明）陳仁錫評閲、「劉實之印」「字眞民」ノ印アル一群モフクメテ三種ヲトリ合ス、晋紀ノ部三冊（百一―一

百十二巻）ハ補寫、東涯外題、補寫ソノ他二三東所外題、東涯書入若干アリ

通鑑綱目總目　寫大一冊　（一三一—一）
伊藤東涯寫、十一丁

資治通鑑綱目全書　大百七冊函　（一三一—二）
（宋）金履祥等編、前編二十五巻首一巻十冊、正編五十九巻首末各一冊七十冊、續編二十七巻二十七冊、東涯東所使用書入本

通鑑集要　大十巻八冊　（一三三—一）
（明）諸燮輯、（清）錢受益重較、牛斗星參閲、外題東涯

宋元資治通鑑　大六十四巻十九冊缺　（一三三—一）
（明）王宗沭編、一冊（巻五四—五六）缺

朝鮮 懲毖録　大四巻四冊　（一三四—一）
（朝鮮）柳成龍、元祿八年、京都大和屋伊兵衞刊

通志序　寫大一冊　（一三四—二）
至治二年九月刊ノ通志ノ序ヲ寫セルモノ、墨附四丁

通志略　半三十二巻二十四冊函　（一三五—一）
（宋）鄭樵、（明）陳宗夔校、東涯手澤本

立齋先生標題解註釋文十八史畧　古活字本　大五巻二冊缺　（一三六—一）
（元）曾先之、（明）陳殷音釋、（明）王逢點校、元和中刊、仁齋使用書入本、梅宇幼年時又使用スル所、天地人三冊ノ中、天一冊缺、「維楨之印」「原佐氏」、「仁齋」ノ印アリ、外題仁齋筆

立齋先生標題解註音釋十八史略　大七巻七冊　（一三六—二）
（元）曽先之、（明）陳殷音釋、（明）王逢點校、萬治二年、京都三木氏親信刊、「正統辛酉孟夏書林全氏新刊」本ニヨル和刻、朱筆本文校訂ハ介亭ニ似、青筆又ハ墨ノ一部書入ハ輶齋ナリ

標記増補 十八史略　大七巻七冊　（一三四—三）
（元）曾先之、（明）陳殷音釋、（明）王逢點校、岩垣彦明校訂標記、岩垣松苗再板増補、天保九年序、京都出雲寺和泉掾刊、「古義堂」ノ印、蘭溪カト思ハルル書入アリ、「建陽縣丞南康何景春捐俸刊」ニヨル和刻

國語　大廿一巻四冊　（一三四—四）
（呉）韋昭解、（宋）宋庠補音、（明）穆文熙編、石星校、和刻、東涯東所使用ノ本

國語定本（春秋外傳國語定本）　大廿一巻六冊　（一三四—五）
（呉）韋昭解、（宋）宋庠補音、秦滄浪定本、文化六年、滄浪居藏版、「古義堂」ノ印、東峯及ビ〔蘭溪〕書入アリ

戰國策　畧註　大十巻十二冊　（一三四—六）
冢田虎（大峯）略註、享和三年序、環堵室藏版

陳太史選評戰國策文範（國策文範）　中六巻二冊　（一三四—七）
（宋）鮑彪注、（明）陳仁錫選評

貞觀政要　大十巻六冊　（一三六—三）

（唐）呉兢、戈直集論、承應二年、中野氏是誰刊

貞觀政要　大十巻十冊　（一三四―八）
（唐）呉兢、伊藤海喬・山本樂所校、文政六年、大阪敦賀屋九兵衛等刊、南紀學習館藏版、「古義堂」印、題簽下部ニ輶齋書入

皇明通紀統宗（新鍥李卓吾先生增補批點皇明正續合併通紀統宗）　大十三巻六冊　（一三四―九）
（明）陳建、袁黃補、東涯東所使用本

大清康熙帝遺詔・新帝登極詔　大一冊　（一三四―一〇）
岡嶋冠山句讀、享保八年、江戸出雲寺和泉掾等刊、東涯書入本

聖賢像贊　大三巻一冊缺　（一三四―一一）
巻四缺　末ニ「伊藤長衡藏書」トアレバ介亭少年時ノ手澤本

晏子春秋　大四巻二冊　（一三四―一二）
黄之寀校、江戸出雲寺萬次郎刊、元文元年植村藤三郎等刊ノ後刷

宋名臣言行錄　大七十五巻二十冊　（一三三―二）
（宋）朱熹・李幼武、（明）張鰲山校正重刊、前、後、續、別、外共、蘭嵎ノ補寫アリ、蘭嵎東所使用本、中國人ノ識語アリ、又蘭嵎ノ東所ニ對スル注意書モアリ

伊洛淵源錄新增　續録共　大二十巻三冊　（一三四―一三）
（宋）朱熹、慶安二年刊、東涯書入本、續ハ東所ガ東涯ノ書入ヲ寫シ補ヒシモノナリ

漢雋　大十巻十冊　（一三七―一）
（宋）林越編、（明）何鏜校、嘉靖四十年重刊序、「今出川藏書」ノ印アリ

廿一史約編　大八冊　（一三四―一四）
（清）鄭元慶、魚計亭藏板、東所手澤本、「忠藏」ノ印

大清雍正七年時憲暦　大一冊　（一三四―一五）
袋紙ニ東涯註記アリ

大清道光元年時憲書　大一冊　（一三四―一六）
東峯表紙ニ記ス「日本文政四年辛巳大清道光元年」

三輔黄圖・雍錄　寫大十六巻三冊　（一三六―四）
三八（明）呉琯校、雍ハ（宋）程大昌、（明）呉琯校、外題東涯筆

大明一統志　大九十巻十六冊函　（一三八―一）
（明）李賢等奉勅撰、劉漊松重梓、嘉靖ノ歸仁齋重刊本ニヨル重梓

鬼簿便覽　寫大二巻二冊　（一三八―二）
那波活所編、寛永十八年引、大明一統志ノ人名索引ナリ

古今遊名山記　大十七巻總録一巻廿冊函　（一三九―一）
（明）何鏜編、（明）呉炳校正、嘉靖四十四年序、外題東涯

日本考　寫大一冊　（一三四―一七）
（明）何喬遠、享保十九年寫、墨附二十九丁、名山藏王享紀ヨリ拔抄

スル所、享保甲寅之歳東涯後語アリ

日本風土記抄　寫大一冊　（一三四—一八）
（明）侯繼高、四十六丁、全浙兵制ノ目録ヲカ、ゲ、附ニ日本風土記ノ抄寫、東涯元祿癸酉之仲夏初四ノ後語ヲ附ス

海東諸國記　寫大一冊　（一三四—一九）
（朝鮮）申叔舟、元祿二年、伊藤東涯等寫

中山傳信錄　大六卷六冊　（一三四—二〇）
（清）徐葆光、康熙六十年、二友齋藏板

修攘通考　大六卷六冊　（一四〇—一）
（明）何鏜、萬曆七年跋

大唐六典　寫大卅卷八冊函　（一四一—一）
（唐）玄宗、（唐）李林甫注、東所書入多ク、末ニ寶曆己卯之年東所識語アリテ、椒丘藤公ノ遺留品ナリト見ユ

經國大典　寫大六卷三冊　（一三四—二一）
（朝鮮）崔恒等編、元祿三年、伊藤東涯寫、「萬曆三十一年三月日新刊」本ノ轉寫

大典續錄　寫大二卷一冊　（一三四—二二）
（朝鮮）李克增等編、伊藤東涯寫、一、二ノ二卷ノミ

文獻通考　大三百四十八卷百冊函　（一四三—一）
（宋）馬端臨、梅墅石渠閣藏板、東所使用本、「天明六年丙午五月九日讀始詔」、「寬政辛亥之夏四月二十四日　善詔全讀畢」ナドアリ、「歸口家藏物」ノ印

文獻通考鈔　正續　大三十九卷十九冊缺函　（一四三—二）
（宋）馬端臨、（明）王圻、（清）史以遇・史以甲鈔、維揚史衙藏板、箱ニ書ス「安永六年丁酉之歲東所藏」

大明會典　大三百二十八卷十二冊函　（一四四—一）
（明）弘治中勅撰、萬曆年中重修刊

故唐律疏議　附釋文　寫大三十卷十二冊函　（一四五—一）
（唐）長孫無忌等奉勅撰、（元）王元亮釋、東涯書入本

大明律　大二十八卷五冊缺　（一三四—二三）
（明）太祖、萬曆二十一年刊、東涯表紙ニ「全六冊　内脫第二冊自一至三吏律全」、又東涯ノ書入アリ

大清律輯註　附大清律例校正條欵、大清律續纂條例　大三十卷二十冊　（一三七—二）
（清）沈之奇、洪弘緒重訂、乾隆十一年、武林貢院前三餘院發兌、外題東所

鼎鐫六科奏准御製新頒分類註釋刑臺法律　中十八卷附録共八冊　（一三七—三）
（清）沈應文校正、蕭近高註釋、潭陽種德堂刊、外題東涯、内ニマ、東涯朱筆アリ

訂補古今治平畧　中三十五巻十四冊
（明）朱健、朱徽参、章士斐訂、卓觀堂藏板、外題東涯筆　（四六―一）

朱子社倉法　大一冊
（宋）朱熹、文化三年補刻、京都風月庄左衞門等刊、山崎闇齋ノ序　（三四―二四）

社倉附考　大一冊
（宋）朱熹、和刻　（三四―二五）

新註無寃録　大二巻四冊
（明）王與、（朝鮮）崔致運等註、和刻、東涯筆外題　（三四―二六）

東萊先生音註唐鑑　大廿四巻四冊
（宋）范祖禹、（宋）呂祖謙註、寛文九年、小林太郎兵衞等刊、東涯東所使用書入本　（三六―五）

讀史管見　半三十二巻三十二冊函
（宋）胡寅、（明）張溥閲、康熙十八年重修、徳先書坊發兌、東所外題　（四七―一）

新刊末軒林先生類纂古今名家史綱疑辯（史綱疑辯）　寫大四巻五冊
（明）林有望編、齊遇批閲、劉采参校、享保十二年、廣瀬諒材寫、萬曆元年秋季既望金陵饒氏錦溪繡梓本ノ寫、東涯校正書入本　（三四―二七）

五代史序論　寫大二巻一冊
（宋）歐陽修、天和二年、伊藤東涯寫、外題東所筆　（三六―六）

評史心見抄　寫大二冊
（明）郭大有、王以旂校正、殷鏊批點、林羅山遺物トシテ石川丈山ニ送リシ萬曆丁亥重刊本ヨリノ寫、首巻ト他ハ抄出ノ一冊　（三六―七）

歴代紀年考（鑑要紀年首巻）　寫大一冊
（明）袁黄緝、陳仁錫訂、全六十六丁、巻首ニ「伊藤長胤藏書」ト墨書　（三六―八）

譯唐鑑　寫半四巻一冊
小河成章譯、貞享三年春ヨリ夏ニイタル譯文、表紙ニ「伊藤長胤家藏」トアリ　（三六―九）

孔聖家語圖（孔子家語）　半十一巻五冊
（明）呉嘉謨集校、補寫二冊、巻二ヨリ五ニイタル補寫ノ末ニ東所「明和丁亥之歳命弘美補寫春二月二十九日始業夏五月初四全功」、東涯使用書入本　（四八―一）

標箋孔子家語　大十巻五冊
（魏）王肅注、太宰春臺増註、千葉芸閣訂、寛政元年、江戸小林新兵衞刊、「古義堂」、「東峯」ノ印　（四八―二）

纂圖互註荀子　大二十巻三冊
（周）荀況、（唐）楊倞註、仁齋、東涯書入本　（四八―三）

孔叢子　大三巻四冊
（漢）孔鮒、京都中川茂兵衞等刊、萬曆五年刊本ニヨル和刻　（四八―四）

説苑　大廿巻十冊　（一四八―五）
（漢）劉向、（明）程榮校、寛文八年、武村三郎兵衛刊、東涯使用本、
「伊藤長胤之印」ノ印

新纂門目五臣音註揚子法言　大十巻三冊　（一四八―六）
（漢）揚雄、（晋）李軌（唐）柳宗元（宋）宋咸（宋）呉祕（宋）司馬
光註、萬治三年跋、中野小左衛門刊、東涯書入本

帝範・臣軌　大四巻四冊　（一四八―七）
（唐）太宗、寛文八年野間三竹跋、林和泉掾刊

金鏡管見　大一冊　（一四八―八）
石川安貞、弘化三年、京都菱屋孫兵衛刊

太極圖説　大一冊　（一四八―九）
（宋）朱熹、寛文四年、村上平樂寺刊、東涯自ラ「太極圖説管見」ト
ナルベキ書入ヲホドコセリ、「元藏家書」ノ印

通書　大二巻一冊　（一四八―一〇）
（宋）周惇頤、（宋）朱熹解、寛文六年、鈴木太兵衛刊、東涯書入本、
コノ書入ヲ後一書トシテ通書管見ト云フ

二程全書　大六十五巻十六冊函　（一四九―一）
（宋）程顥・程頤、（宋）朱熹編、康紹宗重編、彭綱校正、弘治十一年
後序、陳宣刊、東涯書入本

程子則言　半寫六巻六冊　（一四八―一一）
（宋）程顥・程頤、伊藤仁齋編寫、二程全書ノ抄記ニシテ仁齋早キ頃
ノ抄寫ト思ハル

延平李先生師弟子答問　大二巻一冊　（一四八―一二）
（宋）朱熹編、周木校、和刻、外題東所筆

近思錄集解　大十四巻四冊　（一四八―一三）
（宋）朱熹・呂祖謙編、（宋）葉采集解、呉勉學校、貞享五年刊ノ江戸
八幡屋重兵衛改版、東涯東所使用書入本

近思別錄・近思續錄　十五巻四冊　（一四八―一四）
（宋）蔡模集編、寛文八年跋刊

小學句讀　大六巻四冊　（一四八―一五）
（明）陳選句讀、寛文十年、川崎治郎右衛門刊、梅宇書入本

夷齋十辨　寫半一冊　（一四八―一六）
（明）王直、貞享元年、伊藤東涯寫、荊川稗編巻七十二ヨリ抄出

晦菴先生語錄類要　古活字本　大十八巻四冊　（一四八―一七）
（宋）葉子龍編、正保三年、京都田原仁左衛門刊、東涯書入本

大學衍義　大四十三巻八冊　（一五〇―一）
（宋）眞徳秀、弘治十五年重刻序、東涯書入本「伊藤」「長胤」ノ印、
東所又使用

大學衍義補　大百五十四巻廿九冊缺　(一五〇—三)
(明)丘濬、東涯書入本、一冊(六十ヨリ六十六)補寫(東所記アリ)、一冊(七十二—七十七)缺、「尙書世家」ノ印

大學衍義補　大百三十八巻五十冊　(一五一—一)
(明)丘濬、寛政四年序、丹波篠山藏板、「立命館記」ノ印

理學類編　大八巻二冊　(一四八—一八)
(明)張九韶、萬治二年、京都吉野屋權兵衞刊、東涯書入本、「藤長胤印」「原藏氏」ノ二印アリ

新刊憲臺釐正性理大全　大七十巻二十冊　(一五三—一)
(明)胡廣等奉勅撰、永樂三十年序、東涯筆外題、書入アリ

傳習錄　附陽明先生詠學詩　大三巻三冊　(一四八—一九)
(明)徐愛等編、萬曆三十年序、和刻、東涯書入アリ

困知記　正續三編共　大六巻三冊　(一四八—二〇)
(明)羅欽順、萬治元年、野田彌次右衞門刊、三編ハ小河省宇ノ寫ニシテ東涯ソノ由ヲ追記ス、又東涯ノ書入アリ

聖諭廣訓萬言諭　半一巻二冊　(一四八—二一)
(清)聖祖、雍正二年序、東涯享保十一年ノ句讀アリ

胡氏知言　寫大六巻附一巻一冊　(一四八—二二)
(宋)胡宏、享保七年、國井修業・明石景鳳・朝枝世美・奥田吉亨《マヽ》寫、宗文書堂刊行本ヲ東涯門下ノ寫セシモノ、ソノ由東涯記アリ、東涯及ビ東所ノ校正アリ

黄石公素書　一巻　(一五三—一)
源義忠校、寛政七年刊

武經射學正宗　大三巻三冊　(一五三—二)
(明)高穎、荻生徂徠國讀、宇佐美灊水校、安永九年、江戸西村源六等刊、「葆光書記」ノ印

武経射學正宗指迷集　大五巻二冊　(一五三—三)
(明)高穎、荻生徂徠國讀、宇佐美灊水校、天明五年、江戸西村源六等刊、「葆光書記」

七書正義　大七巻十冊　(一五三—四)
關重秀、天保十三年、大阪秋田屋太右衞門等刊

馬経大全摘錄　寫半一冊　(一五三—五)

韓非子解詁　大首巻共二十二巻十冊　(一五三—六)
津田鳳卿述、山内鈍録、嘉永二年、金澤松浦善助等刊、文化十四年刊ノ求板本、蘭溪カト思ハルル書入アリ

萬病回春　横中八巻四冊　(一五三—七)
(明)龔廷賢、胡延訓等校、延寶二年、京都秋田屋平左衞門重版、寛政十一年己未之冬十月廿二日東所識語アリテ巻二、三十七丁裏ニ「元吉按曰」トアルハ仁齋ナルカ、ト云フ

類經圖翼　寫大一冊　(一五三—八)
(明)張介賓、貞享二年、伊藤東涯寫、抄記

天經或問　附天學名目鈔　大三巻二冊　(一五三—九)
(清)游藝、西川正休訓點、享保十五年、江戸小林新兵衞刊、潭水餘明汝正氏繡梓ノ和刻、名目鈔ハ點者ノ著ナリ

古今法書苑　寫大五巻三冊缺　(一五四—一)
(明)王世貞編、王乾昌校、巻四ヨリ八マデ、朱ニテ東涯、墨ニテ東所ノ校合アリ

玄抄類摘　大六巻五冊　(一五四—二)
(明)徐渭纂輯(清)陳汝元補註、寶暦五年、京都堺屋仁兵衞刊

欽定佩文齋書畫譜　半百巻首一巻六十四冊　(一五五—一)
(清)孫岳頒等奉勅撰、康熙四十七年、静永堂藏刊、東所函書

草書要領　大五巻二冊　(一五四—三)
(晉)王羲之書、(唐)虞世南等集、寛文四年、村上平樂寺刊

筆疇　附樵談　大一冊　(一五四—四)
天保七年、一方堂活版、筆疇ハ成化弘治ノ序跋アリ、樵談ハ正徳ノ序アリ、要法寺ノ活字ヲ用フ、東峯書入

草聖彙辯　大四巻四冊　(一五四—五)
(清)白芬彙編、蕭起元點定、朱宗文摹、張能鱗選考、順治九年序、嘉禾問業堂藏板

芥子園畫傳　大五巻五冊　(一五四—六)
(清)王蓍等編、三多齋發兌

草書両端切要　半四巻首巻一巻三冊　(一五四—七)
汪世卿、元祿十年跋、京都武村新兵衞刊、汪文錦梓行本ノ和刻、「長胤之印」「弘明」ノ印

歴代名書要論　寫半一冊　(一五四—八)

十竹齋画譜　大十六冊　(一五四—九)
(清)胡正言摹古

佩文齋書題類抄　大二巻二冊　(一五四—一〇)
上田種豆輯、岡本荘村閲、天保十四年、法自然居藏、四十五部ノ活字限定出版

唐詩畫譜　大八冊　(一五六—一)
(明)黄鳳池編、寛文十二年、江戸唐本屋太兵衞等刊、集雅齋清繪齋藏版本ノ和刻、五言唐詩畫譜、六言唐詩畫譜、七言唐詩畫譜、梅竹蘭菊四譜、木本花鳥譜、草本花詩譜、張白雲選名公扇譜、唐解元倣古今畫譜

〔草露貫珠目錄〕　寫中一冊　(一五四—一一)

歴朝人名(草露貫珠抄)　寫中一冊　(一五四—一二)
伊藤弘美寫、末ニ「右歴朝名人草露貫珠巻首所載者引用歴代能書姓名也　明和戊子夏六月命弘美謄寫校讀藏焉　東所識」

文房圖贊　寫小一冊　（一五四—三）
（宋）林洪、〔伊藤東皐〕寫

神禹碑文　一幅　（三一〇—三七）
正徳三年　細井廣澤臨摹、端ニ「正徳癸巳十一月朔旦廣澤井知愼九拜臨摹」

李斯嶧山碑　折大一帖　（六七—四五）
（秦）李斯、和搨、外題東所、巻末ニ東所ノ附記アリ、東所藏印

淳于長夏承碑　折大一帖　（三一〇—三八）
（後漢）蔡邕

蔡中郎夏承碑　折大一帖　（六七—四六）
（後漢）蔡邕、和搨、東所外題、藏印

趙徳本華嶽廟碑　折大一帖　（六七—四七）
（後周）趙文淵、和搨、東所外題、藏印

臨鍾大傅古千文　寫一巻　（二〇九—一）
（魏）鍾繇書、（晉）王獻之摹、鳥飼圭純模、享保丁未歲仲春東涯跋

瘞鶴銘　寫一巻　（二〇九—二）
（梁）華陽眞逸書、末ニ東涯ノ享保甲寅陽月日、享保乙卯ノ記アリ

王右軍東方朔畫贊　折大一帖　（三一〇—一）
（晉）王羲之書、和刻、東所外題、藏印

王右軍十七帖　沈芥舟本　折大一帖　（三一〇—二）
（晉）王羲之書

王右軍十七帖　大一冊　（三一〇—三）
（晉）王羲之書、前書ノ和搨、外題輶齋

二王帖　折大四帖函　（六七—一）
（晉）王羲之・王獻之書、初三帖東涯外題藏印、末一帖寫ニテ、東所安永九年ニ明和四年作ノ釋文ト共ニ補寫セシモノナリ

天朗帖　寫折大一帖　（六七—二）
（晉）王羲之書、双鉤ヲ作リ墨ニテ消シタルモノ

蘭亭石刻　趙松雪十三跋　一巻函　（三五—一）
（晉）王羲之書、末ニ「呉下沈幼文章田摹勒」

王右軍書道徳経　折大一帖　（三一〇—四）
（晉）王羲之書、外題東所

周國蘭亭帖　折大一帖　（三一〇—五）
（晉）王羲之書、和搨、外題東所、「東所賞玩」ノ印

鶩群帖　折大一帖　（三一〇—六）
（晉）王獻之書、裏ニ東涯識語アリ

唐太宗皇帝法帖（唐太宗屛風書）　折大一帖　（六七—三）
（唐）太宗書、外題東所

褚遂良同州聖教序　折大一帖　(六七—四)
(唐) 褚遂良、和搨、外題東所

福　清　帖　大一冊　(六七—五)
(唐) 李邕書、和搨

李北海雲麾將軍碑　折大一帖　(六七—六)
(唐) 李邕書、外題東所筆、補寫二丁末ニ「寶暦乙亥歳購善詔珍藏」

李北海娑羅樹碑　折大一帖　(三一〇—七)
(唐) 李邕書、和搨、東所外題、端ニ「明和甲申十月自東都搨寄」

李北海葉有道碑　折大一帖　(三一〇—八)
(唐) 李邕書、和搨、外題東所筆、「東所賞玩」ノ印

金丹四百字　折中一帖　(六七—七)
(唐) 李邕書、裏表紙ニ「安永丙申之秋高孺皮氏恵寄東所藏」和搨

李泰和麓山寺碑　折大一帖　(三一〇—九)
(唐) 李邕書、東所外題

歐陽率更皇甫誕碑　折大一帖　(六七—八)
(唐) 歐陽詢書、和搨、「東所賞玩」ノ印、東所外題

歐陽率更姚恭公化度寺二碑　折大一帖　(六七—九)
(唐) 歐陽詢書、和搨、東所外題、「東所賞玩」ノ印

歐陽率更醴泉銘　折大一帖　(六七—一〇)
(唐) 歐陽詢書、和搨、東所外題、「東所賞玩」ノ印

徐季海三藏塔碑　折大一帖　(六七—一一)
(唐) 徐浩書、和搨、東所外題

〔唐千福寺碑〕　折大一帖　(六七—一二)
(唐) 呉通微書、裏ニ「豊前國小倉城下東北山延命教寺第一代靈濟寄附之」

呉東海楚金禪師碑　折大一帖　(六七—一三)
(唐) 呉通微書、前書ニ同ジ、和搨、外題東所筆、「東所賞玩」ノ印

孫過庭書譜　元裕本　折大一帖函　(三一〇—一〇)
(唐) 孫過庭、明治三十五年、東京白塚喬太郎刊、日下鳴鶴跋ニ「其一爲東涯先生遺物倘傳伊藤氏」トアレド、文庫ニハ存セズ

萬安樹碑　双鉤　寫大一冊　(三一〇—一一)
(宋) 蔡襄書、末ニ「介亭先生珍藏宋四家蔡君謨書　寶暦壬午夏門人劉安生謹寫」、又「六有齋什」トアレバ輶齋ノ藏

敍古千文　折大一帖　(六七—一四)
(宋) 姜立綱書、末ニ東涯識語アリ、題簽下部「長胤之印」、和刻

朱文公書癲可詩　一幅　(三一〇—一三)
(宋) 朱熹書、松崎蘭谷摹搨、外題東涯、裏ニ同人識語アリ

朱文公石刻寫　一巻　（三一〇—一三）
（宋）朱熹書、鳥飼圭純臨摹、前掲癩可詩ノウツシナリ、附箋東涯筆ニテ「朱文公石刻寫某人藏眞筆圭純翁謄摸」

風雪帖　大一冊　（六七—一五）
（宋）朱熹書、江本元節臨、享保六年、毛利田崇文軒刊、鶴澤探山畫ノ朱文公像ヲ巻首ニ附ス

朱晦庵大書雙鉤　寫十七枚　（六七—一六）
（宋）朱熹書、伊藤輶齋作、包紙ニ輶齋書シテ「西園藤公ニテ拜見甘露寺公藏幅墨本也　朱晦庵大書雙鉤拾七葉　慶應丙寅六月五日西園寺殿ニテ重光双鉤」

白雲居米帖双鉤　寫大一冊　（六七—一七）
（宋）米芾書、伊藤輶齋作、末ニ「嘉永六年癸丑三月念三日　重光双鉤」、外題下ニ「六有齋」ノ印

米芾蓬萊帖臨書　寫一巻　（三一〇—一四）
（宋）米芾書、伊藤輶齋臨、表紙ニ「墨本柳原拾遺公所藏米芾蓬萊帖臨書　慶應丙寅五月廿四日輶齋主人」

［米芾帖］　折大一帖　（三一〇—一五）
（宋）米芾書、和搨

會郡樓　大一冊　（六七—一八）
（宋）米芾書、北胡主人臨、寶永四年、京都出雲寺和泉掾刊、東涯藏本

白雲居米帖双鉤　寫大一冊　（六七—一九）
（宋）米芾書、伊藤輶齋作、末ニ「嘉永六年癸丑秋日　六有主人」

宋米南宮天馬賦　折大一帖　（三一〇—一六）
（宋）米芾書、永樂甲辰中秋前五日ノ識語

東坡墨跡　寫七枚　（六七—二〇）
（宋）蘇軾書、輶齋包紙ニ書シテ「双鉤原帖正覺寺教圓手所臨　東坡墨跡双鉤六葉臨書壹葉　慶應丙寅夏五念一日、輶齋主人藏」

蘓長公大江東詞臨本　寫一巻　（六七—二一）
（宋）蘇軾書、末ニ釋文アリ、ソノ末及ビ裏ニ東所ノ記アリ、明和六年臨書ナリ

表忠觀影本　双鉤　寫大二冊　（六七—二二）
（宋）蘇軾書

澄清堂法帖　折中一帖　（六七—四八）
（宋）蘇軾書

序和堂三大字雙鉤　寫一枚　（三一〇—一七）
（宋）張即之書、鳥飼圭純作、包紙ニ享保丙辰（元文元年）東涯ノ記アリ

醉翁亭記　玉堂仙　折大一帖　（三一〇—一八）
（宋）蘇軾書、和搨、外題東涯筆、下部ニ「長胤之印」、享保四年識語アリ

晉王右軍用筆賦　折大一帖　（六七―二三）
（元）趙孟頫書、和搨、東皐外題

趙孟頫赤壁賦　寫折大二帖　（三一〇―一九）
（元）趙孟頫書、双鉤ヲ作リテ塗沫セシモノナリ

待漏院記　折大一帖　（六七―二四）
（元）趙孟頫書、和搨、外題東峯筆

赤壁賦　大一冊　（六七―二五）
（元）趙孟頫書、梅村玉池堂等刊、「長胤之印」

長吟帖　寫折中一帖　（六七―二六）
（元）趙孟頫書、伊藤輶齋臨、初メニ朱ニテ「安政丙辰晩春就墨本臨之　六有齋主人」

飲中八僊歌　折大一帖　（三一〇―三九）
（明）祝允明書、和搨

祝枝山予聞帖　折大一帖　（六七―二七）
（明）祝允明書、瀬尾維德臨、宮崎古涯跋アリ、元文四年、京都瀬尾源兵衛刊

雙鉤祝枝山草書　芙蓉池作　寫一巻　（三一〇―二〇）
（明）祝允明書、享保八年、木村伯倫臨、東涯手澤

文徵明法帖　双鉤　寫折大一帖　（三一〇―二一）
（明）文徵明書、外題下部ニ「伊藤重光」ノ印

西苑圖詠　寫一巻　（六七―二八）
（明）文徵明書、末ニ「媚輝館蔡職殷伯子珍藏」トアルモノノ寫、東涯臨摹本ノ原本カ

文徵明詩帖尺牘　大一冊　（六七―二九）
（明）文徵明書、延享四年、京都廣文堂藏板

四季讀書詩　大一冊　（六七―三〇）
（明）文徵明書、京都藤屋武兵衛刊

明妃曲　折大一帖　（六七―三一）
（明）文徵明書、和搨

文待詔詩帖尺牘　折大一帖　（三一〇―二二）
（明）文徵明書、末ニ弇州山人稿ニ見ユル一文ヲウツセリ

文待詔四體千字文　折大一帖　（六七―三二）
（明）文徵明書、東所手澤、「善韶之印」ノ印

玉蘭堂徵明書法　折大一帖　（六七―三三）
（明）文徵明書

文衡山春興十首　折大一帖　（六七―三四）
（明）文徵明書

文衡山大書七律一首　寫一巻　（六〇七—三五）
（明）文徴明書、元祿癸未之冬十月摹勒ノ本ヲ雙鉤ニシテ塗沫セシモノ、外題東所

文衡山書淸明上河圖題跋雙鉤　寫一巻　（三一〇—一三）
（明）文徴明書、外題東所

臨文衡山桃花源記　寫一巻　（三一〇—一四）
（明）文徴明書、収ムル所桃花源記、西園雅集記、馬賦、皆文衡山ノ書、東涯外題アリ、又裝ニアタリ東所ノ包紙ノ記ヲ貼ル「癸未二月裝韶藏」

董玄宰法書双鈎　寫一冊　（六〇七—三六）
（明）董其昌書、伊藤輶齋作、翰香館上石ノ白香山詩、末ニ「嘉永六年癸丑秋日　六有軒」

澹窓堂藏帖董玄宰眞蹟　折大一帖　（六〇七—三七）
（明）董其昌書、末ニ貼附セル箋ニ「嘉永七年四月初六日亭午　禁裏火延燒民家數千宇古義堂幸脱母家福井氏亦在燒中其祖楓亭之遺筆盡爲烏有因贈予家所藏一律詩福君比日袖來此帖被謝此是脱燼之帖云　重光識」

董玄宰金銅仙人帖　折大一帖　（六〇七—三八）
（明）董其昌書、嘉永二年、津藩有造館藏板

董文敏淸平帖　折大一帖　（六〇七—三九）
（明）董其昌書、津藩有造館藏板

玉烟堂董帖　折大四帖　（六〇七—四〇）
（明）董其昌書、帙外題東所筆、各帖ニ「董玄宰法帖第一—四」トセルハ東涯

畫錦堂帖　双鈎　寫大一冊　（三一〇—一五）
（明）董其昌書、巻頭ニ「韭齋藏印」トアリ

張瑞圖書雙鈎　寫二枚　（三一〇—一六）
（明）張瑞圖書、東涯包紙題「享保庚子中元日」、各紙七絶ヲ書ス

張二水法書　折大一帖　（六〇七—四一）
（明）張瑞圖書、和搨、安永甲午之秋伊藤東所跋、又「安永丁酉冬大坂人馬殿彌兵衛惠寄戊戌夏手裝韶」トモ記ス

草訣大全　附脱簡　折中二帖　（六〇七—四二）
大全ハ墨本、脱簡ハ東所製スル所、寶曆甲戌（四年）ノ後記アリ

明鄭彩書石刻　一幅　（三一〇—一七）
（明）鄭彩書、隱元ニ和セシ詩、外題ニハ「牧野備前守公御藏板」トアリ、越後長岡藩ナリ

寶賢堂集古法帖　第八・九　折大二帖　（三一〇—一八）
宋澎・劉瑀摹勒

靑丘風雅　一巻　（六〇七—四三）
朝鮮ノ法帖ニシテ、コノ書名ハ後人ノ定メシモノカ、李岡・僧慧勤、成石璘、朴礎、權近、無名氏、申檣等ノ筆蹟ヲ収ム

法書雜卷 一卷 （三一〇—二九）
外題東所、「三省齋珍藏」トモアリ、所收、河内國石河郡形浦山碑、紀廣純女吉繼墓誌、威奈大村墓誌銘（蒹葭堂藏）、多□永書牘、佐理筆「暮春同賦隔水花光合應敎一首」、最澄入唐牒、岳飛書「至寶」、鄭成功書牘　朱舜水宛（蒹葭堂藏）、「種好田良易以得穀——」ノ書、平高知書、石川丈山書簡及ビ詩

台嶽帖 折大一帖 （六七—四四）
寶永七年東涯記アリテ、濱田文四郎送ル所ナリト見ユ、和搨

〔臨言恭書七絶〕 一幅 （三一〇—三〇）
東涯手澤、識語

急就章 廿一枚 （三一〇—三一）
大通寺南谷ノ釋文ヲ附シタ和搨

九成宮醴泉銘 折大一帖 （三一四—一）
（唐）歐陽詢書、安永九年、雙玉樓刊

趙松雪觀音殿記 折大一帖 （三一四—二）
（元）趙孟頫書、有吉元禮刻、安永乙未之夏六月、伊藤東所跋

懷素自叙帖 折大一帖 （三一四—三）
（唐）懷素書、東所藏印

大唐三藏聖教序 折大一帖 （三一四—四）
（晉）王羲之書、以上四點一函（殿ノ印アリ）ニ收マル、タヾシ「宋搨聖教序」モ函書ニアレド見ヘズ、コノ書ヲ以テカフ、函書東峯筆

豐樂亭記 折大一帖 （三一六—一）
（宋）歐陽修書、東涯享保二年ノ記アリ

趙文敏法帖 折大二帖 （三一六—二）
（元）趙孟頫書、享保十二年跋、柳枝書樓刊、東涯ノ記二帖共ニアリ、以上二部三帖一函ニ收マル、函書東所筆

眞草千字文 關中本 附字府 折大一帖 （三一七—一）
（北魏）智永書、字府トハ書法百例歌、五車拔錦ノ書法ノ部等ヲ集メタルモノ、東涯手澤

趙子昂七觀 折大一帖 （三一七—二）
（元）趙孟頫書

秋興八首 折大一帖 （三一七—三）
（明）祝允明書、以上三帖一函（「徵」ノ印アリ）中ニ收マル、函書〔東涯〕

邢子愿千字文 折大一帖 （三一〇—三二）
（明）邢侗書

思無邪齋帖 折大一帖 （三一〇—三三）
（明）楊道賓書、崇禎九年、楊錫新元輔氏審定、郡人郭如珪鐫、外題〔東涯〕筆

元十一家帖　折大一帖　（三〇―三四）
東涯手澤本

響琴齋宋帖　折中一帖　（三〇―三五）
東所外題、以上四帖一函（「高」ノ印アリ）ニ収マル

書王定國所藏王晋卿畫煙江疊嶂圖　寫折大一帖　（三〇―三六）
末ニ「明治四十一年夏自石谷俗君贖贈伊藤梅塘顧」

超然樓印賞　巻八　寫小一冊　（八四―六）
陳錬集、盛宣梧校

蘓氏印畧　寫大二巻二冊　（一五四―一四）
（明）蘇宣篆撰、褚獻良等校、伊藤東所寫、寶暦十三年東所識語アリ、青年時ノ寫ナリト云フ

頼古堂印譜首載　寫半一冊　（一五四―一五）
（清）周亮工、寛政八年、竹内之玄寫、末ニ「丙辰之冬自畑圖書氏借托賀州竹内之玄謄　東所藏」

酒令　寫中一冊　（一五三―一〇）
表紙ニ東所筆ニテ「有濟謄寫」

泉志　半十五巻二冊　（一五三―一一）
（宋）洪遵、（明）胡震亨・毛晋同訂、一色東溪點校、元祿十年、京都林九兵衞刊、二冊ニ合綴ノ折、東涯上下冊及ビ所収巻ヲ題簽下ニ墨書ス

茶經　附水辨、茶譜、茶具、圖贊、外集　大三巻二冊　（一五三―一三）
（唐）陸羽、（明）鄭熜校、天保十五年、京都佐々木惣四郎等刊

秘傳花鏡　半六巻六冊　（一五四―一六）
（清）陳淏子、古呉周氏文光書坊發兌、「涓水達夫清氏書記」ノ印

秘傳花鏡　寫大六巻四冊　（一五四―一七）
（清）陳淏子、東涯門下ノ筆、三冊目表紙裏ニ東涯書入アリ

秘傳花鏡　半六巻六冊　（一五四―一八）
（清）陳淏子、平賀鳩溪校正、文政十二年補刻、京都林芳兵衞等刊

李時珍本草綱目鐫　寫大七巻二冊　（一五三―一三）

本草綱目　大五十二巻附圖一巻三十五冊函　（一五七―一）
（明）李時珍

紹興校定経史證類備急本草　寫大十九巻十冊　（一五三―一四）
文化九年、伊藤弘美寫、末ニ「右紹興校定經史證類備急本草十九巻文化八年辛未十一月十三日謄寫始業同九年壬申九月十一日全業　伊藤弘美」

紹興校定經史證類備急本草抄　寫大一冊　（一五三―一五）

二如亭群芳譜　大二十四冊函　（一五八―一）
（明）王象晋輯、（明）陳繼儒、（明）毛鳳苞校、沙村艸堂藏板、箱書東所

子華子 大二巻二冊
(晋) 程本、三浦瓶山訓點、延享五年、京都西村平八刊 (一五九—一)

呂氏春秋 大廿六巻五冊
(秦) 呂不韋、(漢) 高誘注、京都秋田屋平左衞門刊 (一五九—二)

淮南鴻烈解 大二十一巻六冊
(漢) 劉安、(漢) 高誘註、鵜飼石齋訓點、寛文四年、京都前川權兵衞刊、僅ニ東涯、東所ノ書入アリ (一五九—三)

郁離子 大二巻二冊
(明) 劉基、享保十七年、京都安田萬助刊、鄭能拙卿校刊本ニヨル和刻 (一五九—四)

白虎通德論 大四巻二冊
(漢) 班固、(明) 郎壁金訂定、鵜飼石齋訓點、寛文二年刊、末ニ東涯「享保壬寅長胤購」 (一五九—五)

今古注 大三巻一冊
(晋) 崔豹、(明) 唐琳校、寛延二年、京都山田三郎兵衞等刊 (一五九—六)

癸辛雜識 前・後・續・別集合 大六巻四冊
(宋) 周密、(明) 毛晋訂、汲古閣本、東涯書入本 (一五九—七)

丹鉛總錄 大二十七巻五冊
(明) 楊愼、梁佐校刊、嘉靖三十三年序 (一五九—八)

五雜組 半十六巻十六冊
(明) 謝肇淛、寛文元年刊、東涯書入本 (一五九—九)

徐氏筆精 大八巻四冊
(明) 徐𤊹、(明) 邵捷春訂定、(明) 黄居中編次、東涯手澤本 (一五九—一〇)

通雅 大首三巻共五十二巻二十四冊函
(明) 方以智、(清) 姚文燮校、浮山此藏軒藏板、箱蓋裏ニ「天保十三年壬寅十月十六日蒙 官命有復除優賞之慶外父兄福井榕亭棣園二先生賀以通雅全函及佳蘇魚十臆贈之因録中心貺之厚以示子々孫々云 癸卯初夏弘濟謹記」 (一六〇—一)

述學 内外篇補遺別録附録共 大六巻四冊帙
(清) 汪中、嘉慶二十年序、蘇州修綆山房發兌 (一五九—一一)

鶴林玉露 大十八巻六冊
(宋) 羅大經、寛文二年、中野市右衞門刊、東涯書入本 (一六一—一)

草木子 寫大二巻二冊
(明) 葉子奇、末ニ東涯記アリ「享保壬寅年長胤一條鏡石街買」 (一六一—二)

餘冬序錄 大六十巻十三冊函
(明) 何孟春、黄斉賢・張汝賢・柴士申重刻、補寫所々ニアリ、巻首ニ「長堅収藏」「庚寅歳晩賜留」、蘭嵎後ニ東所ニ與ヘシモノナリ (一六二—一)

青藤山人路史 寫大二巻二冊
(明) 徐渭、外題東涯筆、末ニ東涯記、書入アリ (一六二—三)

留青日札抄　寫半一冊　（一六一—四）
（明）田藝衡、全四丁末ニ「延寶八年庚申正月吉日誠修伊藤源吉家藏」トアリ、ソレヨリノ轉寫ナルベシ

名山藏　大四十冊函　（一六三—一）
（明）何喬遠編、崇禎十三年序、餘姚熊汝霖梓、外題東所筆

焦氏筆乘　大六巻二冊　（一六一—五）
（明）焦竑、（明）李登校、柱刻「纖志齋」、東涯筆外題　書入アリ

沈氏弋說　大六巻六冊　（一六一—六）
（明）沈長卿、蘭嵎外題筆

物理小識　半十二巻六冊帙　（一六一—七）
（明）方以智、康熙三年序、帙ニ東峰筆ニテ「文政壬午福井氏惠」

遵生八牋　大目一巻十九巻廿冊　（一六一—八）
（明）高濂、萬曆十九年序

天工開物　寫大三巻三冊　（一六一—九）
（明）宋應星、東涯校正、東所書入アリ

學範　大二巻一冊　（一六一—一〇）
（明）趙撝謙、明曆二年、上村次郎右衛門刊、東涯書入アリ

閱古隨筆　寫大二巻二冊　（一六一—一一）
（明）穆文熙、伊藤東峯寫、劉懷恕梓本ニヨル寫、末ニ「日本天保丙申秋伊藤弘濟謄寫」

束牘圖式　一袋　（一六一—一二）
書簡式（「右貞享初元三月二十一日　石河三左衛門傳黄檗ヨリノ傳ナリ」）圖式ト實物ノ封皮、賤名簽、本簡、謹具簽、小簡ノ賤名簽以上六枚ヲ収ム

諸子彙函　大目一巻二十六巻二十四冊函　（一六四—一）
（明）歸有光編、（明）文震孟參訂、東所外題筆

琅邪代醉編　大四十巻十二冊函　（一六五—一）
（明）張鼎思、（明）陳性學校、萬曆二十五年序、東涯書入本

菜根譚　半二巻二冊　（一六一—一三）
（明）洪自誠、汪乾初校、林蓀坡重校、文政八年、江戸西村宗七刊

標題徐狀元補注蒙求　大三巻一冊　（一六六—一）
（五代）李瀚、（宋）徐子光注、和刻、仁齋東涯書入、朱筆介亭幼年時ノ書入アリ、末ニ「寶曆五年乙亥臘月十五日善韶讀了」、外題東涯筆

箋註蒙求　大三巻三冊　（一六六—二）
（宋）徐子光注、岡白駒箋註、寛政四年、京都風月庄左衛門等刊、明和四年刊本ノ再刻、輶齋蘭溪書入本

新刻蒙求啓　中三巻三冊　（一六六—三）
服部維恭、寛政元年、京都植村藤右衛門等刊

補註蒙求國字解　半六巻六冊　（一六六—四）
田興甫註、松正楨删訂、寛政元年、京都出雲寺文治郎等刊

錦繡萬花谷　前後續集共　大百二十巻二十冊函　（一六七—一）
（明）秦汴思考證、淳熙十五年序、嘉靖十五年跋、箱蓋ニ「天保十五年甲辰四月福井榕亭先生遺物古義堂弘濟（花押）」

書叙指南　大廿巻四冊　（一六六—五）
（宋）任廣編、嘉靖六年序

皇朝類苑　古活字本　大七十八巻十五冊函　（一六八—一）
（宋）江少虞編、元和七年跋、後水尾天皇勅版、箱書東所

事文類聚　元版　大二百二十一巻二十冊函　（一六九—一）
（宋）祝穆編、（元）富大用補編、外集末ニ「右此全部朱批圏並標題借前住南禅梅屋香和尚之尊本於法嗣錬甫純首座而寫了矣盖此予全部者天文乙巳予入明國之日求此歸朝吁予殘齢今春乃七八日将西山頽自去秋八月資始今日天文癸丑暮春十一日功了矣釋壽光」、「崇蘭館藏」「施政堂藏書記」ノ印

事文類聚目次　寫大一冊　（一六六—六）
七丁、東所ノ註記若干アリ

玉海改元考　寫大一冊　（一六六—七）
（宋）王應麟編、玉海第十三改元ノ部分ノ抄記、表紙外題蘭嵎筆、又記ス「享保丙辰四月花山内府公惠賜長堅」

小學紺珠　小十巻四冊帙　（一六六—八）
（宋）王應麟編、鳳翽書堂藏板

群書拾唾　大十二巻三冊　（一六六—九）
（明）張九韶編、（明）汪道昆增訂、呉昭明校、承應元年、崑山館刊、東涯手澤本

新編排韻増廣事類氏族大全　五山版　大十巻八冊　（一六六—一〇）
明徳四年刊、巻末「明徳癸酉八月開板圓成」、東涯外題筆

故事必讀成語考　半二巻二冊　（一六六—一一）
（明）丘瓊山、（明）盧元昌補、中島浮山訓点、天和二年跋、京都水谷重信刊、浮山ハ序者荒川景元ト共ニ仁齋門、東涯藏本

新鍥類解官樣日記故事大全　半七巻三冊　（一六六—一二）
（明）張瑞圖校、鎌田環齋再校、天保四年、名古屋永樂屋東四郎等刊

千字文攷註　大二冊　（一六六—一三）
濱碕觀海、天保九年、京都天王寺屋市郎兵衛刊

唐類函　大巻首一巻二百巻八十冊函　（一七〇—一）
（明）兪安期編、（明）徐顯卿校訂、文盛堂藏版

荊川先生稗編　大首一巻百廿巻三十冊函　（一七一—一）
（明）唐順之編、左烝等校、萬暦九年序、「葉君錫藏書印」、「永井氏藏書」ノ印アリ

古今萬姓統譜　附氏族博攷歴代帝王姓系統譜　大百三十一巻附二十巻二十九冊函　（一七三―一）
（明）凌迪知編、凌述知・呉京校、萬暦七年序、金閶徐參微發兌、東涯書入本

五車韻瑞　附洪武正韻　大百六十六巻附一巻廿六冊函　（一七三―一）
（明）凌稚隆編、菊池耕齋訓點、萬治二年、八尾勘兵衞刊

圓機活法　半首一巻三十八巻三十九冊函　（一七四―一）
菊池耕齋訓點、詩學ハ寛文十三年、京都八尾甚四郎刊、韻學ハ延寳元年、京積徳堂重刊、詩學二十四巻韻學十四巻、東涯幼時ヨリノ藏本、箱底部ニ「伊藤長胤藏」蓋裏「共計肆拾冊」トアルハ仁齋筆

詩韻含英　小十八巻二冊　（一六六―一四）
（明）劉文蔚編、文化十三年、烏山侯藏版、「六條家藏書」「東峯」ナドノ印アリ、輶齋手澤書入本

詩韻輯要　小一冊　（一六六―一五）
（明）李攀龍原編、（明）陳繼儒重訂、京都梅村彌白刊、「古義堂」ノ印

詩韻珠璣　小五巻二冊　（一六六―一六）
（清）余照編、東條琴臺校、天保二年、大坂河内屋茂兵衞等刊

初學檢韻袖珍　小二巻一冊　（一六六―一七）
（清）錢辛楣鑒定、（清）姚文登編、姚炳章校、弘化三年、須静堂藏板
輶齋書入本

攷事撮要　大二巻一冊　（一六六―一八）
（朝鮮）魚叔權等編、萬暦四年、朝鮮版、末ニ「水標橋下北邊二第里門入河漢水家刻板買者尋來」、「六有齋藏書」（蘭嵎）ノ印、外題蘭嵎筆

古今秘苑　正続共　小二十八巻四冊　（一六六―一九）
墨磨主人編、十二桐樓藏板、「善詔之印」等、東所ノ藏印

古今秘苑正続集目録　寫半一冊　（一六六―二〇）
伊藤東皐寫

新刊古今類書纂要　大十二巻六冊　（一六六―二一）
（明）璩崑玉編、葉文懋校、寛文九年、山形屋刊

諸書源流　寫中一冊　（一六六―二二）
伊藤東涯寫、「仁齋」「維楨之印」ノ印、「伊藤長胤藏書」ト墨書セリ

居家必用事類全集　中十集十冊　（一六六―二三）
（明）洪方泉校、嘉靖三十九年序、東涯筆外題

世説新語　附同補　大十二巻三冊　（一五四―一九）
（宋）劉義慶、（明）何良俊補、（明）張懋辰訂、（明）王世貞刪定、（梁）劉峻注、蘭嵎外題筆

世説音釋　大十巻五冊　（一五四―二〇）
恩田蕙樓、礒谷正卿校、文化十三年、名古屋片野東四郎等刊

李卓吾批點世説新語補　大二十巻十冊　（一五四―二）
（宋）劉義慶、（明）何良俊補、張文柱校注、安永八年跋、京都林權兵衞等刊

南村輟耕録　大三十巻四冊　（一五四―三）
（明）陶宗儀、成化十年序、外題東涯筆

山海經　大十八巻三冊　（一五四―三）
（晋）郭璞、晋陵李文孝希禹鐫ノ本ニヨル和刻

増補首書 老子鬳齋口儀　大二巻二冊　（一七五―一）
（宋）林希逸、徳倉昌堅増補、延寶二年跋、京都上村次郎右衞門重刊、「長胤之印」題簽下部ニアリ、「藤原定静」ノ印

老子經通考　大二巻一冊　（一七五―二）
（明）陳元贇、寶永二年、京都富倉太兵衞刊

列子鬳齋口義　大二巻四冊　（一七五―三）
（宋）林希逸、萬治二年刊、東涯書入本

新鍥南華眞經三註大全　半二十一巻六冊　（一七五―四）
（明）陳懿典編、萬暦二十一年、余紹崖刊、東涯書入本

莊子因（補義莊子因）　大六巻六冊　（一七五―五）
（清）林雲銘評述、秦滄浪補、寛政九年序、大阪柳原積玉圃刊

莊子鬳齋口義　大十巻十冊　（一七五―六）
（宋）林希逸、寛永六年、京都風月宗知刊、巻末新添莊子十論、東涯書入本

有象列仙全傳　半九巻三冊　（一七五―七）
（明）王世貞、汪雲鵬校、慶安三年、京都藤田庄右衞門刊

太上感應篇　小一冊　（一七五―八）
（宋）理宗、文化五年、「文化五年戊辰三月紀州若山湯川氏印施」

一切經目録　大一冊　（一七五―九）
順治十六年序、「遵依北藏字號編次書……三藏聖教目録」、外題東所筆

飜譯名義集　大七巻七冊　（一七五―一〇）
（宋）法雲編、寛永五年跋刊

祖庭事苑　五山版　半八巻四冊　（一七五―一一）
（宋）睦庵善卿編、吉野朝刊、寶永四年無碍叟ノ識語墨書アリ

景德傳燈録　五山版　大四巻二冊缺　（一七五―一二）
（宋）道原編、九・十・十九・二十ノ四巻、十巻末ニ「貞和戊子重刊干城州東山天潤庵」、九末ニ「延祐丙辰重刊干湖州道場山禅幽之庵」トアリ、宋板ヲ重刊セシ元延祐刊本ノ覆刻

大慧普覺禪師書　大二巻四冊　（一七五―一三）
（宋）宗果大慧、黄文章重編、寛文九年、京都林傳左衞門尉刊、「東歴」ノ印

楚辭集註　大八巻二冊　(一七六—一)
(宋)朱熹集註、慶安四年、京都村上平樂寺刊、蘭嵎東所使用本

楚辭後語・楚辭辨證　大八巻一冊　(一七六—二)
(宋)朱熹、享保九年、京都文臺屋治郎兵衛等刊、蘭嵎東所使用本

楚辭燈　大四巻四冊　(一七六—三)
(清)林雲銘、(清)楊攀梅重訂、寛政十年、大坂池内八兵衛等刊

陶靖節集　大十巻二冊　(一七七—一)
(晉)陶潛、菊池耕齋訓、寛文四年、武村三郎兵衛刊、「天啓紀元二年浙江楊氏重梓」本ニヨル和刻、題簽東所筆

潘黄門集　大六巻一冊　(一七七—二)
(晉)潘岳、(明)呂兆禧校

辟疆園杜詩註解　大十五巻五冊　(一七七—三)
(明)顧宸、元祿六年、京都唐本屋又兵衛梓刊、題簽東涯筆、書入アリ

李嶠雜詠　寫中二巻一冊　(一七七—四)
(唐)李嶠、末ニ「寳曆癸未四月十五日東所讀畢」

韓文起　大十巻十冊　(一七七—五)
(清)林雲銘編、神野半洲校、秦滄浪補標、文政六年、名古屋永樂屋東四郎等刊、

白氏文集(白氏長慶集)　大七巻十冊函　(一七八—一)
(唐)白居易、「常雅之印」「華山藏書之印」「雒水軒藏書」ナドノ印アリ、末ニ「先子嘗購本朝活板之白集而藏焉花山右相公藏此本頃因台命彼是相換凢朱書者不知誰人之筆也墨書者公之手校也紫筆者予謄先人之舊本所筆者也時寳曆九在已卯之秋八月也善韶拜筆」、函ニ「寳曆九年仲穐與古義堂藏書易之」(函側ニ東所筆「右花山常雅公之書」)

南豐先生元豐類藁　大五十一巻八冊　(一七九—一)
(宋)曾鞏、隆慶元年序、補寫若干アリ、外題東涯筆、又書入アリ

歐陽文忠公全集　宋版　大百五十八巻三十八冊函　(一八〇—一)
(宋)歐陽修、(元)周必大編、南宋慶元二年全刻、享保末年蘭嵎補寫四冊ト若干アリ、六冊目末ニ金澤文庫ノ一印ヲ存ス

歐陽先生文粹・同遺粹　大三十巻五冊　(一七七—六)
(宋)歐陽脩、(明)郭雲鵬校、嘉靖二十六年、寳善堂刊、「延陵家藏」、東所ノ兎ノ印アリ

臨川文集　大百巻目録共十六冊　(一七七—七)
(宋)王安石、(明)李光祚校、石城王荊岑刊

增刊校正王狀元集註分類東坡先生詩(東坡集註)　大二十五巻二十五冊缺　(一八一—一)
(宋)蘇軾、劉辰翁批點、明曆二年、京都林和泉掾刊、首巻年録缺ノ由東所ノ附箋アリ

山谷詩集注　古活字本　大廿巻目録共十一冊　(一八一—二)
(宋)黄庭堅、(宋)任淵編、元和寛永年間刊(所謂第四種本)

晦庵先生朱文公文集　大百二十一巻目録共四十二冊函　（一八二—一）
（宋）朱熹、嘉靖十一年重刻序、東涯書入本、箱底部ニ「元祿八年乙亥冬十月造朱子文集大全四十策洛伊藤長胤」

陸象山先生集要　大八巻八冊　（一七七—八）
（宋）陸九淵、（明）聶良杞編、和刻、東涯書入本

陸放翁文集拔萃　寫大一冊　（一八二—三）
（宋）陸游、長祿四年寫、東涯手澤本、劔南詩藁ノ一部分ナリ

名公妙選陸放翁詩集　前後集共　大十八巻二冊　（一八二—四）
（宋）陸游、承應二年、瀧庄三郎刊、東涯書入アリ

増續陸放翁詩選　寫半紙一冊　（一八二—五）
（宋）陸游、羅椅・劉辰翁選、村瀬栲亭増訂、文化八年刊本ノ寫シ、「文政十三庚寅於稻香舍寫之」トアリ、「古義堂」ノ印

眞山民詩集　大一冊　（一七七—九）
（宋）眞山民、泉澤履齋校、天保四年、江戸山城屋佐兵衞刊、末ニ「辛酉夏得此冊於木村勝助之肆最可珍藏、翫古齋」（輶齋）

石湖詩　（田園雜興）　大一冊　（一七七—一〇）
（宋）范成大、〔文久三年〕跋、成趣園藏板

靜修先生文集　大十巻四冊　（一七七—一一）
（元）劉因、萬曆三十四年序、容城劉楊兩賢集ノ一部ナリ

白雲詩集　大四巻一冊　（一七七—一二）
（元）英實存、寛文五年、藤田六兵衞刊、東涯書入僅ニアリ

防州山口十境詩　寫半一冊　（一七七—一三）
（明）趙秩、正德六年、伊藤梅宇寫、附スニ豊太閤毛利輝元第臨行次第（天正十八年九月十八日）ヲ以テス、墨附二十丁、外題東涯ナリ、正德六年ノ梅宇後記アリ

遜志齋集　大二十四巻附録一巻十冊函　（一八三—一）
（明）方孝孺、范惟一編、唐堯臣校訂、萬曆四年重刊序、箱底部ニ「明和己丑之冬造函東所」

遵巖先生文集　大四十一巻八冊　（一七九—二）
（明）王愼中、隆慶五年序、表紙ニ内容見出シヲ青書セルハ東涯ナリ

唐荊川先生文集　大十七巻八冊　（一七七—一四）
（明）唐順之、萬曆元年、純白齋刊、「六有齋藏書」（蘭嵎）「閩中徐惟起藏書印」、外題蘭嵎

唐伯虎彙集　大六巻一冊　（一八二—六）
（明）唐寅、（明）沈思編、萬曆四十年序、翠竺山房余祥我刊

弇州山人四部稿選　大十五巻十一冊　（一七九—三）
（明）王世貞、沈一貫編、西湖劉烔刊、蘭嵎外題

震川先生文集　大廿巻六冊　（一八二—七）
（明）歸有光、（明）蔣以忠閱、道傳編、萬曆二年序、外題東涯筆、書

入僅ニアリ

思綺堂文集（註釋思綺堂四六文集） 半十巻十二冊帙 （一八二—八）
（清）章藻功、聚錦堂藏板

王漁洋詩鈔 大一冊 （一八二—九）
（清）王士禛、相馬元基編、弘化三年序、京大文字屋正助等刊、「古義堂」ノ印

有正味齋詩集 半二巻一冊缺 （一八二—一〇）
（清）呉錫麟、和刻、「古義堂」ノ印

小倉山房外集 小七巻四冊 （一八二—一一）
（清）袁枚、嘉慶十九年、呉郡山淵堂藏版

三魚堂文集抄出三則 各篇附論 寫大一冊 （一八二—一二）
（清）陸隴其、文久元年、駒澤撫松寫

陳碧城絶句 巻之一 寫小一冊 （一八二—一三）
（清）陳文述、櫻井成憲編

〔詩抄録〕 寫半一冊 （一八二—一四）
表ニ朱書「東岸」トアリ

文選正文 山子點 中十二巻首一巻十二冊 （一七六—四）
（梁）蕭統編、服部南郭句讀、片山兼山訓點、文政十一年、京都風月庄左衞門刊、天明四年刊本ノ再刻、「古義堂」ノ印

文選（文選六臣註） 大六十巻六十一冊 （一八四—一）
（梁）蕭統編、（唐）李善等註、寛文二年、京都林權兵衞刊

李杜全集 四十五巻十六冊函 （一八五—一）
（唐）李太白、杜甫、（明）許自昌校、大慶堂刊、分類補註李太白詩集千家註杜工部詩集トヲ合セ校刊セルモノ、箱底部ニ「此書火後購所享和元年辛酉八月造函施政堂藏」

增註唐賢絶句三体詩法 大三巻三冊 （一八六—一）
（宋）周弼編、（元）圓至天隱註、裴庾增註、和刻、東涯書入本

絶句三體詩法 大三巻三冊 （一八六—二）
（宋）周弼編、（元）圓至天隱註、裴庾增註、井筒屋六兵衞刊

三躰詩白文 小三巻一冊 （一八六—三）
（宋）周弼編、寛文十一年、中尾市良兵衞刊、「大雅」「忠藏」ノ印アリ、東所藏本

文苑英華選 中六十巻二十四冊 （一七九—四）
（清）宮夢仁編、光明正大之堂藏板、東所外題筆

唐文粹 大百巻目録一巻十五冊函 （一八七—一）
（宋）姚鉉編、崇禎三年序、末ニ「小出二山老丈者牧野矦之記室也嘗好古樂而工彈琴丈在京日予寄琴一張予素不能操頃以其所惠之物換此書然則此書寔丈之賚也於予佳惠陪他日因紀其事于巻端云寶暦甲戌冬善韶誌」、甲戌ハ四年、箱ニ「寶暦癸未二月造函」ト東所記ス

宋洪魏公進萬首唐人絶句　大四十巻目録四巻共十四冊函　（一八八―一）

（宋）洪邁編、（明）趙宦光校、（明）黄習遠補、萬暦三十五年序、東所箱底部ニ書ス、「寶暦乙亥二月購　善韶珍収」

韓柳文　大百巻十二冊函　（一八九―一）

（唐）韓愈、柳宗元、（明）莫如士校、嘉靖三十五年寧國郡重刊序、箱裏ニ蘭嵎記「享保十六年辛亥大津江左氏贈寄」、「六有齋藏書」、僅ニ書入アリ

范文正公集・范忠宣公集　大七十五巻十六冊　（一九〇―一）

（宋）范仲淹、范純仁、康熙四十六年范能濬後序、外題東所筆

嘉樂齋三蘇文範　半十八巻八冊　（一七九―五）

（宋）蘇洵、蘇軾、蘇轍、（明）楊愼編、（明）袁宏道閲、康熙二十四年、金閶十乘樓刊、東涯手澤本

宋文帰　大二十巻十冊　（一七九―六）

（明）鍾惺選評、楊彝閲、柱刻「集賢堂」、外題東涯筆

西山先生眞文忠公文章正宗　大二十四巻目録共二十六冊函　（一九一―一）

（宋）眞徳秀編、正徳十五年序、巻一補寫、箱蓋ニ「寶暦癸酉歳善韶購置」

校正重刊官板宋朝文鑑　大百五十巻目録共三十二冊函　（一九三―一）

（宋）呂祖謙編、文林閣刊、東涯東所手澤本

文章軌範百家評林註釋　正續共　大十四巻四冊　（一八六―四）

（宋）謝枋得、續（明）鄒守益編、李廷機評訓、萬治二年刊、萬暦新春孟秋月穀旦熊沖宇發行本ノ和刻、東涯東所使用書入本

文章軌範百家評林註釋　正續共　大十四巻四冊　（一八六―五）

（宋）謝枋得、續（明）鄒守益編、李廷機評訓、正徳五年、京都武村新兵衛等刊、萬治二年本ノ再版、コノ書東里使用本、東涯本ニ従ヒテ書入シ、末ニ「右軌範全書寛政二年庚戌之夏四月就東涯先生之原本訂正始業六月初六日全業、孫伊藤弘美」

錦繡段詳註　大三巻一冊　（一八六―六）

天隠龍澤編、宇都宮遯庵註、元祿十五年跋、野田彌兵衛等刊、初メニ「文化二年乙丑八月十四日夜平安伊藤弘明珍藏」トアリ、書入若干

精選唐宋千家聯珠詩格　横小二巻一冊　（一八六―七）

（宋）于濟・蔡正孫編、天保四年、京都出雲寺文治郎等刊

新刊唐宋千家聯珠詩格　横小二巻一冊　（一八六―八）

（宋）于濟・蔡正孫編、安政三年、江戸須原屋茂兵衛等刊

唐宋千家聯珠詩格　寫大一冊　（一八六―九）

（宋）于濟・蔡正孫編、原本ノ巻五迄ナリ

御選唐宋詩醇　寫小七冊缺　（一八六―一〇）

（清）高宗編、ソノ中陸游詩ト白居易詩ノ部分ノミノ寫

翰苑英華中州集　大十巻四冊　（一八六—一一）
（金）元好問編、延寶二年、田中理兵衞刊、「廣勤書堂繡梓」ノ和刻、外題仁齋筆

瀛奎律髓　大四十九巻十冊函　（一九三—一）
（元）方回編、寛文十一年、村上平樂寺刊、成化三年紫陽書院刊本ノ和刻、東涯書入本

元文類　大七十巻十六冊函　（一九四—一）
（元）蘇天爵編、玉守誠較訂、柱刻「修德堂」、箱蓋蘭嵎刻、寶曆三年東所ニ送リシモノナリ（東所詩草參照）

皇元風雅　前後集　五山版　半十二巻二冊　（一七九—七）
（元）傅習・孫存吾編、吉野朝頃刊、外題東涯筆

古文眞寶後集諺解大成　大廿巻八冊　（一七六—五）
林道春諺解、鵜飼石齋編、寛文三年、京都村上平樂寺刊

諸儒箋解古文眞寶後集　小十巻一冊　（一七六—六）
（元）黄堅編、林和泉刊

魁本大字諸儒箋解古文眞寶後集　大二巻二冊　（一七六—七）
（元）黄堅編、京都出雲寺和泉掾刊、「天明再刻大字改正」ト冠ス、「古義堂」「重光之印」ノ二印、輶齋書入

古文眞寶後集　寫大十巻二冊　（一七六—八）
（元）黄堅編

〔古文眞寶抄記〕　寫小一冊帙　（一七六—九）
伊藤輶齋寫、六有齋ト柱刻アル用紙ヲ用フ

文體明辨粹抄　大二巻一冊　（一八六—一二）
（明）徐師曾、寛文元年、京都吉文字屋次郎左衞門刊、外題ハ仁齋筆、仁齋東涯ノ書入アリ

古今詩刪　中三十四巻六冊帙　（一八六—一三）
（明）李攀龍編、（明）徐中行校、寛保三年、京都田原勘兵衞刊

唐詩正聲　半二十二巻四冊　（一八六—一四）
（明）高㮨編、（明）呉中珩校、享保十四年、京都瀨尾源兵衞等刊、東涯使用本

唐詩選註　半七巻二冊　（一八六—一五）
（明）李攀龍編、蔣一葵箋釋、外題東涯筆、仁齋ト思ハルル文字表紙ニアリ

唐詩選　中七巻一冊　（一八六—一六）
（明）李攀龍編、服部南郭校、江戸嵩山房刊、「六有齋」ノ印、輶齋手澤本

唐詩選掌故　中七巻二冊　（一八六—一七）
千葉芸閣集註、明和五年、江戸小林新兵衞等刊

弄石庵唐詩名花集　大四巻二冊　（一七九—八）
（明）楊肇祉校集、和刻、東涯東所手澤本

唐僧詩選　半二巻二册　（一七九—九）
白庵如水編、元祿四年、京都林九兵衞刊、「䴏魯正派」「東涯」ノ二印アリ

唐六名家集　大三十八巻八册　（一九〇—三）
呉門　寒松堂藏板、常健、韋應物、王建、鮑溶、姚合、韓偓ノ六家、「汲古閣正本」ト見ユ

古文品外錄　大二十四巻十册　（一七九—一〇）
（明）陳繼儒選評、董其昌等校、澹寧齋藏板

兩晋南北合纂　大四十巻二十册函　（一九五—一）
（明）錢岱編、姚宗儀校、萬曆四十一年序、東涯書入本

唐宋八大家文鈔　大百六十四巻三十册函　（一九六—一）
（明）茅坤批評、茅著重訂、萬曆十一年跋、東涯東所書入本

國朝文纂　大五十巻十四册函　（一九七—一）
（明）張士瀹纂、隆慶六年序

皇明文徵　大七十巻總目二册三十四册函　（一九八—一）
（明）何喬遠編、崇禎四年序、蘭嵎筆ノ内容細目表紙ニアリ

皇明文範　大六十八巻目二巻四十二册函　（一九九—一）
（明）張時徹編、萬曆三年序、東涯手澤本

皇明文則　半二十巻二十三册函　（二〇〇—一）

（明）愼蒙編、萬曆元年序、東涯カト思ハルル書入ワズカニアリ

續皇明詩選　大二巻一册　（一九〇—三）
（明）李贇編、正德五年、京都伏見屋藤右衞門等刊、清ノ康熙年間、餘杭ノ青藜閣ノ刊本ニヨル、東涯書入、「字源藏」ノ印アリ

新鐫國朝名儒文選百家評林　（國朝文選）　大十二巻六册　（一七九—一一）
（明）沈一貫編、（明）徐宗夔閱、唐廷仁校、順治二年、世德堂刊、東涯書入本

佩文齋古今詠物詩選　小七巻四册　（一九〇—四）
（清）康熙帝、朱彝尊刪定、文化八年、大阪河内屋太輔刊、附李巨山詠物詩、「古義堂」ノ印

百家詩話抄　（歷朝名家詩話）　小一册　（一九〇—五）
（清）王士禎、細合斗南抄、文化九年、大阪河内屋太助刊、附刻漁洋山人詩學答問書、「古義堂」ノ印

宋四名家詩　大七册　（一七九—一二）
（清）周之鱗・柴升編、康熙三十二年序、弘訓堂藏板、外題東涯筆、「長胤之印」各册ニアリ

三訂古文析義　初二編共　二十二巻十四册缺　（一七九—一三）
（清）林雲銘評註、初篇八迄二編一、二巻ヲ缺ク

皇清詩選　（皇清詩盛集初編）　大三十巻十六册函　（二〇一—一）
（清）孫鋐輯評、黄朱芾編校、康熙二十七年序

試牘小題文庶三集　中四冊　(一七九—四)
(清)陸毅評定、呉樞・顧琪参評、康熙二十九年、金閶寶翰樓刊、東涯外題

文章辨體　外篇共　大四十卷十二冊函　(三〇二—一)
(明)呉訥編、鍾原校、天順八年序、東涯手澤本

西湖十景　寫半一冊　(一九〇—六)
延寶五年寫、「延寶丁巳之秋」ト書寫年月ヲ記ス、高尙齋主人ノ小引アリ

新刻註釋千家詩啓蒙　半二卷一冊　(一九〇—七)
(明)譚友夏註、忠信堂(熊鹿臺)刊、上欄ハ精選名公聯偶

長恨歌傳　一冊　(一九〇—八)
附長恨歌、琵琶行、野馬臺詩、和刻、無訓

絶句類選　半二十一卷十冊　(三〇三—一)
津阪東陽編、足達有功・平松正愨校、文政七年序、輶齋書入

新鐫寫帖　寫大一冊　(三〇三—二)
蔣守誠編、王相校、伊藤東涯寫、墨附三十丁、明和四年東所識語

書啓合壁二集　小八卷四冊　(三〇三—三)
(清)王淵仲・張晋咸編、張師升・葉永成参訂、乾隆四十三年、山立堂藏板

五老集　大二卷一冊　(三〇三—四)
慶安三年、京都村上平樂寺刊

新鐫增補較正寅幾熊先生尺牘雙魚　(尺牘雙魚)　大九卷四冊　(三〇三—五)
(明)熊宣機編、承應三年刊

文心雕龍　大十卷二冊　(三〇三—六)
(梁)劉勰、岡白駒校正句讀、享保十六年、大阪敦賀屋九兵衞等刊、「清岡藏書記」「菅原長親」等ノ印

文章緣起　寫大一冊　(三〇三—七)
(梁)任昉、古義堂ノ用紙ニテ墨附七丁、東涯筆ニ似ル

詩人玉屑　大二十一卷三冊　(三〇三—八)
(宋)魏慶之、寛永十六年、京都田原仁左衞門刊、仁齋東涯書入本、外題仁齋筆

四六菁華　大二卷四冊帙　(三〇三—九)
(明)胡松編、嘉靖三十二年序、柱刻「陽谷書院」

文章一貫　大二卷一冊　(三〇三—一〇)
(明)高琦編、呉守素集、寛永二十一年、京都風月宗智刊、仁齋東涯書入本

隨園詩話　小十五卷十冊　(三〇三—一一)
(清)袁枚、乾隆五十七年刊

押韻十一例　活字本　大一冊　（三〇三—一二）
樂國生、天保三年跋

同　活字本　大一冊　（三〇三—一三）
同

陳檢討四六　半二十巻六冊　（三〇三—一四）
（清）陳維崧、程師恭註、陳明善校、乾隆三十五年、亦園藏版

增補虛字註釋備考　半一冊　（三〇三—一五）
（清）張文炳、嘉永四年、京都出雲寺文治郎等刊

詩餘圖譜　寫半三巻一冊　（三〇三—一六）
（明）張綖編、伊藤東涯寫

忠義水滸傳　大十巻二冊缺　（三〇三—一七）
（元）施耐菴、（明）羅貫中纂、岡島冠山訓點、享保十三年、京都林九兵衛刊

忠義水滸全傳　大二冊缺　（三〇三—一八）
（元）施耐菴、（明）羅貫中纂、九十五回カラ百七回迄

歷代小史　大百五巻二十四冊函　（三〇四—一）
謝在杭舊藏本ニシテ、享保十九年東涯ノ記語アリ

曆算全書　大七十四巻三十二冊函　（三〇五—一）
（清）梅文鼎、魏荔彤編、雍正元年刊、東所ノ內容見出シ表紙ニアリ

唐宋叢書　大三十二冊函　（三〇六—一）
（明）鍾人傑・張遂展編、經德堂藏板、東所內容見出シヲ附ス

百川學海目錄抄　寫橫大一冊　（三〇六—二）

丙　書畫目録

第一類　畫

青翁禎卿両先生竹石圖　墨本　一幅　（五七—一）
（明）馮起震・馮司理畫、享保十八年東涯記アリ

文宣王像臨呉道玄筆　一幅　（五七—二）
宅間氏寫、東涯ノ記アリ

廣南貢象圖并贊　摺物　一幅　（五七—三）
晋部景純ノ贊、享保十三年刊、外題東涯筆

文鱗雪景圖　一幅　（五七—一〇）
鹽川文鱗畫、「戊子（文政十一）仲春、文鱗」

壽龍之圖　一幅　（五七—五）
牧野忠精畫、「寛政己未年　朔洲牧精畫」、越後長岡城主、東所七十賀ノ折ノモノ

羣鶴孤松圖　一幅　（五七—一一）
狩野如川畫、「周信筆（如川之章）」、東峯外題筆

探雪水墨山水　一幅　（五七—一三）
狩野探雪畫、「探雪書（探雪之印）」、東所外題筆

勅建金山江天寺勝境　摺物　一幅　（五七—四）
外題東涯筆

輪王寺宮公辨親王御筆靈山圖　一幅函　（五〇—一）
親王ヨリ仁齋ニ賜ヒシヨシ東涯ノ記裏面ニアリ

青蓮院宮尊證親王御筆竹鷄圖　絹本着色　一幅函　（五〇—二）
並川惟忠ノ仁齋ニ送リシ由東涯ノ記裏面ニアリ

文衡山画山水　絹本　一幅函　（五〇—一一）
（明）文徵明書贊、東所箱書アリ

唐画美婦之圖　絹本　一幅函　（五〇—一二）
（明）胡靖畫、「臥盧胡靖」、箱書東里「鷹司前關白左大臣輔平公號後心空華院御遺物文化十年癸酉四月二十一日拜賜　伊藤弘美藏」

窪子鉉墨梅　絹本　一幅函　（五〇—一三）
窪子鉉畫、「長安白香禅室窪子鉉」、箱書東峯「天保十五年甲辰四月福井榕亭先生遺物今茲正月十九日卒古義堂」

盛子昭山水　一幅　（五〇—一四）
「文嘉之印」トセル詩ヲ附ス

伊孚九素画　一幅　（五〇—一五）

菊花木犀圖　一幅函　（五〇—一六）
周之冕畫、「庚子秋日汝南周子冕寫」

沈南蘋墨竹 一幅函 (五〇―九)
(清) 沈南蘋畫、「南蘋寫梅道人筆」、裏ニ蘭嵎記アリ、箱書ハ「寛延庚午之歳季父蘭嵎惠 善韶珍藏」

唐繪馬 一幅函 (五〇―一七)
(清) 鄭康畫、裏面ニ「享保五年庚子八月廿七日松谷子遺留物」

羅應和題畫梅 一幅函 (五〇―三)
(明) 羅應和題

王人鑑題畫梅 一幅 (五〇―四)
(明) 王人鑑題、二者ハ東涯舊藏

美人折梅花圖 絹本 一幅 (五〇―一八)
何韶祖畫、「折梅逢驛使寄與隴頭人、癸未秋日 何韶祖寫 (何韶祖印)」

鵜鳥圖 一幅 (五〇―七)
東涯賛「鵜鳥圖友梅翁惠 己酉三月」ト東涯筆

鵜鳥之圖 一幅 (五〇―一九)
「享保十四年己酉夏四月」東涯記ノ賛等ヲ何人カ寫シ加フ

聖像圖并**賛** 一幅 (五〇―五)
狩野休山畫、伊藤東涯賛

松日圖 一幅 (五〇―六)
狩野即譽畫、「狩野即譽筆 (藤原)」表面ニ東涯ノ記アリ

餘暇清興 一巻 (五〇―二〇)
原在正摸寫、始メニ東里「唐寅山水摹寫十二張 原在正摸寫 原本モ摸寫也福井氏所収又中立賣原在中ニモアリ 享和二年壬戌十月十三日弘美藏」、又末ニ文化十二年乙亥六月ノ東里記アリ

荀陳德座圖 一巻 (五〇―八)
陳寔畫ノ摸寫、東所ガ東涯ノ聚星圖賛ノ跋ヲ書加ヘ一巻トス、末ニ東所ソノ由ヲ跋ス

唐繪摸寫 十八枚 (五〇―二一)

〔雪景山水〕 一幅 (五〇―二二)
無落款、唐畫ノ摸圖ノ如シ

画虎 一幅函 (五〇―二三)
狩野氏信畫、「氏信昼之」、箱裏ニ附箋アリ「進上虎筆者狩野大學氏信己酉七月新宅營造 中川備後守定盛」、己酉ハ享保十四年東涯宅新修ノ祝

竹鶴圖 一幅函 (五一―一)
狩野常信畫、「法眼古川叟筆 (藤原)」、箱書東涯

松鶴 一幅函 (五一―二)
狩野常信畫、「法印古川叟筆 (養朴)」、箱書東涯

杜若繪 一幅函 (五一―三)
狩野探信畫、「探信筆 (忠淵)」、箱書東涯

画　　虎　一幅函　（五一—五）

狩野榮信畫、伊藤東所贊、「榮信筆（伊川）」、「先作已未冬善韶題」ノ贊、菅沼下野守送ル所

漁父披卷圖　一幅　（五一—六）

山口雪溪畫、外題東所、「天明丙午表褙　東所藏」トアリ

百　合　中　畫　一幅　（五一—四）

狩野直信畫、「（直信）」、裏ニ「寛保癸亥秋又季父賜予　善韶珍藏」

指　墨　竹　畫　一幅　（五一—七）

池大雅畫、外題東所「己卯席上所畫」

山　　　水　一幅　（五一—八）

清水天民畫、「天民寫（天民）（鑑）」、外題東所「戊午裝　東所」

冬景山水・夏景山水　二卷　（五一—九）

等碩畫、「（客庵）（等碩）」、外題東所筆「己亥裝　東所藏」

第五隆山水圖　一幅函　（五一—一〇）

野呂介石畫、裏面ニ東所「野呂休逸氏畫紀人壬子歳葛氏惠寄」、箱書モ東所

遊　　君　　圖　一幅　（五一—一一）

小龜東溪畫、「法宋人筆意　東溪載」、外題東所「讃州人小龜東溪書施政堂藏」

鼠　　之　　圖　一幅　（五一—一二）

鶴澤探索畫、松波酊齋贊、東所外題「甲寅（寛政六）裝　東所藏」

扇　面　墨　竹　一幅函　（五一—一三）

池大雅畫、舊目録ニ云フ「鷹司樂山公遺物」

桃花漁舟圖　一幅函　（五一—一四）

月僊畫、大典贊、「月僊（月僊）」「蕉中題（竺常之印）」

春　の　渡　一幅函　（五一—一五）

千種掃雲畫、箱書「大正三年晩秋題自畫掃雲（千顯男印）」

阿波鳴門之圖　一幅　（五一—一六）

月江畫、「月江佐忠寫（景圖園）」

蘭　　　　画　一幅　（五一—一七）

鶴亭畫、外題「鶴亭蘭畫　乾々齋」

蕪　村　摸　画　一幅　（五一—一八）

「六十七翁　蕪村書」「枕流漱石」ノ印

達　　磨　　像　一幅　（五一—一九）

田村月樵畫、「庚午（明治三）年晩夏　月樵道人（宗立之印）（月樵）」

鷗　　　　　一幅　（五一—二〇）

岡本豊彦畫、「豊彦（豊彦）」

月下梅 一幅 （五一—一一）

原在中畫、「六十初度日寫時文化己巳十二月原在中（原致遠印）（子重）」、外題東峯筆

鶯囀尙黄 一幅 （五一—一二）

千種掃雲畫、「己巳（明治二）早春 掃雲寫」

隻岳先生山水畫并贊 一幅 （五一—一三）

山水 一幅 （五一—一四）

「（石材）（竹居）」二印アル贊

大雅竹摸圖 一幅 （五二—一）

「擬九霞山樵」

水仙圖 一幅 （五二—二）

月峰畫、六如贊、「辰亮寫（辰）（亮）」「裒眉六如杜多題」

〔淺茅が原〕 一幅 （五二—三）

千種掃雲畫、「甲寅元旦試筆掃雲（掃雲）」

猫之圖 一幅 （五二—四）

千種掃雲畫、「壬子晩春 掃雲寫（掃雲）」

應山公布袋御自畫贊 一幅 （五二—五）

近衞信尋畫并贊

幽溪聽泉 一幅 （五二—六）

河合栗村畫、「栗村龍（河合龍印）（背山）」

草花三幅封 三幅 （五二—七）

菊地容齋畫、城戸千楯贊、箱書「文政十一戊子春表粃之 さかた藏（酒田正常）」

雪竹 一幅 （五二—八）

鹽川文麟畫、外題「鹽文麟 席上雪竹 六有軒」、韜齋所持ナリ

山水 一幅 （五二—九）

貫名海屋畫并贊、「海屋生（貫苞）（君茂）」

文鳳墨繪 一幅 （五二—一〇）

河合文鳳畫、「文鳳（文鳳）」、梅塘藏

朧月夜々眠鳥 一幅 （五二—一一）

「寛（寛印）」

〔水邊櫻〕 一幅 （五二—一二）

文林（藤波カ）畫、「文林寫（文林）（大德）」

蔬菓圖 一幅 （五二—一三）

野口幽谷畫、「幽谷生寫（續印）（幽谷）」、外題韜齋筆

松靈芝圖 一幅 （五二—一四）

野口幽谷畫、「甲戌（明治七）冬日寫 幽谷生（續印）（幽谷）」、外題

輶齋筆

雪中梅　一幅　（五三—一五）
梅老人畫、「俶趙之璧　梅老人邕」

隆正自画讃　一幅　（五三—一六）
大國隆正畫并讃、「隆正筆」、外ニ「大正元年秋裱褙　伊藤良正」

友松水墨圖　三幅　（五三—一七）
海北友松畫、屛風ヲハギシモノ、各圖ニ「友松」ノ印アリ、二ハ喬木一ニハ鳥ヲ畫ケリ

梅　一幅　（五三—一八）
古市金峨畫、「金峨（獻）」、外題梅塘筆「明治四十一年見惠藤井李之助書（備中吉備津社神官）」

鶴　一幅　（五三—一九）
南溟畫、「南溟（雲樵）」

万歳　一幅　（五三—二〇）
晩葉畫

山水　一幅　（五三—二一）
龍草廬賛、「磐石」「成□之印」トアリ、舊目録ニヨレバ「龜山恰遺物」

山水　一幅　（五三—二二）
秋雪畫并賛、「伊藤賢臺清屬秋雪冲（冲印）（秋雪）」、「梅塘顧藏」トアリ

鯉　一幅　（五三—二三）
錦泉畫、「錦泉俊（尙俊）（雲溪）」、「大正貳年夏表褙　伊藤良正」トアリ

鴝鵒宿柳圖　一幅　（五三—二四）
海北友松畫、「（友松）」、鴝鵒及ビ友松ノ註記ヲ書スハ輶齋筆

羅漢圖　一幅　（五三—二五）
雲泉畫、「昭和辛未冬於枕石舍　雲泉散人拜寫」

瀧之画　一幅　（五三—二六）
望月玉川畫、「望月玉川（玉川）」、外題東峯

大黑画　一幅　（五三—二七）
狩野凉岷畫、「凉岷守之畫」、外ニ「明治三十七年二月褙表梅塘」

〔花籠〕　一幅　（五三—二八）
重春塘畫、「庚午（明治三）蒲夏寫春塘重厚（重自厚印）（春塘）」「輶齋珍藏」トアリ

秋景嵐山　一幅　（五三—二九）
鹽川文麟畫、「文麟（文麟）」、「戊申（嘉永元）秋表裝」

山水　一幅　（五三—三〇）
谷行德畫、外ニ「山水畫　文政丙戌（九年）行德手表」トアリ

扇面書畫譜　一箱　百四十枚　（五三—三一）
詩和歌畫種々アリ　年號アルハ己丑即チ慶應元年ニシテ、裏面ニ筆畫

者ノ註記アルモノアリ、京堂上關係者ニ津、長岡藩士多シ

扇面書画帖　折大一帖　(五二—三三)

三十七枚、京阪一流人物ノモノヲモ混ズ、中ニ東所ノ文字ヲモ認ムレバソノ頃ノ製ナルベシ

燕子花圖　一幅函　(五〇—二四)

洞春福信畫、「洞春筆（福信）」

湖心亭圖　絹本　一巻　(五〇—二五)

大貳探元畫、「探元齋筆（探元之印）」、中山ノ程順ノ賛

梅　一巻　(五〇—二六)

土岐瑛昌畫、「濟美（瑛昌）（白華）」

竹洞画山水　一巻　(五〇—二七)

中林竹洞畫、「（成昌之印）（字伯明）」

方中画山水　一巻　(五〇—二八)

中村方中畫、「方中（方中印）（鳳沖）（温知堂）」

方中画花鳥　一巻　(五〇—二九)

中村方中畫、「方中（鳳沖）」

月下紅梅圖　一巻　(五〇—三〇)

秋朋信（景山）賛

美婦立像　絹本　一巻　(五〇—三一)

富士　絹本　一巻　(五〇—三二)

渡邊祥山畫、「（渡邊彥印）（祥山）」

釣　絹本　一巻　(五〇—三三)

千種掃雲畫、「掃雲寫（掃）（雲）」

南阿端山土釜之圖　二枚　(五三—一)

月江畫、襖ノメクリ

梅之圖　二枚　(五三—二)

吉田元陳畫、「法眼元陳書（元陳之印）」、襖ノ畫ヲハギシモノナリ

梅之圖　一枚　(五三—三)

曾我白如畫、屛風ノメクリ

山水　一枚　(五三—四)

樵雲清光外史畫、天保九年ノ年記アリ

芭蕉　一枚　(五三—五)

井上重信畫、「（井上）（重信）」

蓉塘画　八枚　(五三—六)

橋本蓉塘畫、一ハ歳朝節物　二ハ花鳥　三ハ牡丹籠　四ハ花石、他ハ反古ナリ

雪洞画　三枚　(五三—七)

飯嶋雪洞畫、一ハ山水、「癸亥仲夏雪洞寫（飯島敬印）」、二ハ山水「雪

洞」、三八石竹「雪洞寫」、轤齋包紙ニ「越後藩畫者」ト註シ、「山本勘右衞門被惠」

山水四種　四枚　（五三―八）
畑立峯畫

香雲書画　二枚　（五三―九）
書ニハ「乙丑歳暮春遊嵐山……香雲龍」

山水　一枚　（五三―一〇）
源雅修書

屏風襖画　八枚　（五三―一一）

鶴亭画　六枚　（五三―一二）
鶴亭畫、襖ノメクリ

山水　一枚　（五三―一三）
鶴澤探索畫、「法眼探索筆（守淵）」

聖像　一枚　（五三―一四）
鶴澤探龍畫、「法眼探龍守昭（藤原守昭）」

恵比須之圖　一枚　（五三―一五）
鶴澤探龍畫、「法眼探龍守昭」

龍　一枚　（五三―一六）
鶴澤探眞畫、「法眼探眞筆」

龍畫　一枚　（五三―一七）
岸連山畫、包紙ニ「重光収」トシテ「安政三年丙辰晩秋山本中務少録被惠」

猿曳之圖　一枚　（五三―一八）
鶴澤探眞（藤守善）畫、「庚申初春　法橋探眞筆」

玉の画　一枚　（五三―一九）
綾小路有長畫、「竹窓七十五翁試筆（有長之印）」

花鳥　一枚　（五三―二〇）
岸慶畫、「長門介岸慶（岸慶）（士善）」

花卉　二枚　（五三―二一）
一條忠香畫、「（藤原）（忠香）」

梅に鶯　一枚　（五三―二二）
狩野時信畫、「時信筆（狩野）」

富士・萩　二枚　（五三―二三）
羽田桂舟畫、「桂舟（賢）（桂舟）」、「桂舟（桂舟）」

椿　一枚　（五三―二四）
平田玉蘊畫、「戊辰夏日　玉蘊（玉蘊）」

菊　一枚　（五三―二五）
東光畫、「東光筆（士脩）」

花　卉　二枚　（五三―二六）

雙山書

洛北八景圖　八枚　（五三―二七）

隣谷夜雨　松崎夕照　村路晴嵐　平四落厂　遠岫歸樵　叡山暮雪　修學晩鐘　秋月（題ナシ）

大黑惠比須　三枚　（五三―二八）

田村月樵畫、一、大黑「明治卅一年一月一日一干一支之日月樵道人宗立作」、二、大黑「明治卅一年一月壬旦甲子之日　月樵道人宗立」、三、惠比須「月樵小人」トアリ、月樵ハ伊藤琢彌ノ師

蘭　一枚　（五三―二九）

韓天壽畫并贊、「丁未季冬日韓天壽書畫（韓大年）」

野口幽谷画　二枚　（五三―三〇）

野口幽谷畫、一ハ「甲戌七月寫於和樂堂中幽谷生（續印）（幽谷）」、二ハ「丁丑一月於和樂堂中臨寫全樂堂之圖　幽谷生」

雲樵山人画　四枚　（五三―三一）

池田雲樵畫、山水二枚ト梅、竹ノ四枚ナリ

蘭　一枚　（五三―三二）

小倉山人畫、「（小倉山人）（□堂）」

月前柳枝　一枚　（五三―三三）

三谷茂信（狩野永恕）畫

近世人画幅　其一　十枚　（五四―三四）

一、花鳥「七十三叟淇堂」二、山水「蘆江」三、蘭（石亭）四、山水「春谷齋筆」五、山水「白嶺」六、椿「存正試筆」七、壽老人「浮雲僧畫禪拜題」八、櫻（嬾華）九、雪達磨「伊教」十、雨景「源自常筆」

近世人画幅　其二　八枚　（五三―三五）

一、富士之圖「明治壬辰夏日、董之生畫并題」二、横行圖「董之醉墨」三、松ノ盆栽「丁酉秋日　櫻山老樵」四、梅・蘭・菊ノ畫「泰山寫意」五、竹「丁亥秋八月念九日　寫於燈下春潮散人元（片山元印）（春潮）」六、へうたんノ畫「博伊藤君清鑒　適堂并題」七、茶器「戊戌小春……　秋雪居士冲」八、不老長春之圖「時在己亥春日栗邨」（川合氏）

近世人画　其三　十枚　（五三―三六）

無署名ノモノヲ集ム

練習畫　五枚　（五三―三七）

野口幽谷画帖　大一冊　（五三―三八）

三十七枚

〔扇面書画帖〕　折一帖　（五三―三九）

伊藤轜齋輯、二十八枚

海國精華　折大一帖　（五〇―一〇）

伊藤東所七十賀ニ際シテ、大阪ノ奥田直行ノ送リシモノ

画小品集　折大一帖　（二〇八―一）

唐繪　馬譜　八枚（「子昂」ト署ス）
同〔觀月〕
同〔鞦韆〕
同〔山水〕
來禽畫〔山水〕
法橋元珍畫　二枚（扇面）
玉潾畫　竹　（同　）
河村琦鳳畫　猫　（同　）
土岐瑛昌畫　富士（同「濟美」ト署ス）
同　〔山水〕（「濟美」ト署ス）
狩野眞同永泰畫　日と波（扇面）
栗本翠庵畫　海邊（市川米菴賛　扇面）
重春塘畫　二枚
富岡銕齋畫　富士（扇面）
邦教畫
襄陵畫　三枚
老羊畫　七枚
梅溪畫〔花鳥〕
白郎畫　二枚
大村雲石畫　二枚
團扇畫　二枚
〔新春〕
〔菊〕
〔竹〕
〔竹〕
〔雨景〕
香蝶樓國貞畫　浮世六玉川ノ中「井出玉川」（刷物）
溪齋英泉畫　藤川宿（刷物）
文麟畫〔石竹〕
蓮成畫　早蕨（自畫賛）
川合栗村　短冊畫　二葉
秋琴　短冊畫（菊）二葉
應文　短冊畫（萩）一葉
松香　短冊畫（女郎花）一葉
玉邨　短冊畫（籬の紅葉）一葉
思孝堂主人　蘭（「己酉夏日」）
藤木雙山　竹

第二類　書

綾小路俊資卿七律一首　一幅　（五七―八）

外ニ「綾小路按察使前大納言俊資卿高韻七律一首　文政丙戌初春賜
文政丁亥初春表装　古義堂弘濟頓首九拜珍藏」

閑院宮美仁親王和歌　一幅　（五七―六）

東所七十賀歌、東峯外題筆

鷹司關白政熙公和歌　一幅　（五七―七）

東所七十賀歌、東峯外題筆

忠熙公御懷紙　一幅　（五七―九）

近衞忠熙書、詠寄國祝

明王世貞毫痕 一幅 (五六—六)
(明) 王世貞書、「萬曆丁亥仲冬吉旦」トアリ、箱書ハ「明王世貞毫痕 元祿五年壬申仲春藏之 古峯」、那波古峯舊藏

壺碑拓本 一幅 (五六—九)

宋直龍圖閣游師雄神道碑 一巻 (五六—二)
(宋) 張舜民撰、(宋) 邵䚦摸書、安民・安敏・姚文・安延年摸刻、享保十四年東涯記アリ

唐李陽氷篆三墳碑 二幅 (五六—七)
(唐) 李陽氷書、韓大年刻、東所記ニ「癸巳（安永二）歳韓大年刻寄臘月裱褙東所珍藏」

西山拙齋先生書牘 一幅 (五六—八)
西山拙齋、那須耕助宛、殘臈念六日出ノモノ、顧也外題

獨立禪師墨蹟 一幅函 (四九—七)
獨立書、「隣香」二文字

柳仲郢小傳 一幅函 (四九—八)
盧又新書、箱蓋裏ニ、鞧齋、山本行正（明治廿七年歿）遺留物ナル由ヲ記ス

碧綠詩 一幅函 (四九—九)
(明) 王鞬南書、箱書「王鞬南明季同伴十四人舟甄抵于日本遂住焉」又「享保丙午之歳從蘭化齋來」又「右軍裔王鞬南詩」

對潮樓七律 一幅函 (四九—一〇)
門田朴翁書

碩士仁齋 一幅函 (四九—一一)
瀬戸松風軒（清之助）書

朝鮮柳西厓復佐々木大膳書 一幅 (四九—一)
萬曆十二年十二月 柳成龍ノ佐々木大膳太夫ニ送ル書簡、裏ニ享保六年東涯ノ識語アリ

西園寺公書 一幅 (四九—一三)
西園寺公望書、「壬辰十一月録航海中舊作 博伊藤先生粲叱正」ノ七絶、壬辰ハ明治二十五年

石川翁書 一幅 (四九—一三)
石川和介書、伊藤格佐宛 十月廿九日付状

伏見兵部卿宮貞建親王御詠詞 一幅 (四九—二)
伏見宮貞建親王書、外題東涯筆、仁齋ノ墓前ニテノ詠歌

童子問一條 一幅 (四九—一四)
沈草亭書、外題東所筆

吉野詩 一幅 (四九—一五)
杉聽雨書、吉野十絶之一 梅塘書「見贈藤村英輔子明治丙申春裱褙」

〔省軒五絶〕一幅 (四九—一六)
龜谷省軒書

至聖文宣王　一幅　（四九―一七）

綾少路俊資書

松　詩　一幅　（四九―一八）

大窪詩佛書、「七十翁天民」ト署名

一條忠香卿詠　一幅　（四九―一九）

一條忠香書、「古義堂の白躑躅を折てみせけれはよめる」懐紙

〔書画寄書〕　一幅　（四九―二〇）

文化四年丁卯秋ノモノ、上田菊女書、譯士文江横文、泉南十三歳女栖鳳書　瓊浦松元仲寫ノ畫、慶仲寫ノ畫、紫陽衣笠守由圖、勝行畫、北蘭女ノ畫ヲ寄ス

京極式部卿宮家仁親王御筆　一幅　（四九―二一）

京極宮家仁親王書、和歌

〔書画寄書幅〕　一幅　（四九―二二）

戊寅己卯（文政元、二年）ノ間ノモノナリ、阿部縑洲、手塚鹿溪、三清、米山、晴峰、竹亮、亦癲、松窓、敬庵等ノ人々ノ作ヲ一幅ニ収ム

加賀守殿御茶之事　一幅　（四九―二三）

松源三郎書、源三郎ガ九兵衛宛ニ出セシ加賀中納言ノ茶湯ノ次第ヲ報ゼシモノ

伏原宣條卿書　一幅　（四九―二四）

伏原宣條書、五絶、「福井氏恵」ト目録ニハ見ユ

短册二枚　一幅　（四九―二五）

綾小路有長・小寺清先書

〔爲相卿和歌〕　一幅　（四九―二六）

和歌體ヲナサズ、タヾ「嘉元三年七月十日書始之同十八日書訖之」ト花押トアリ

〔芭蕉〕七絶　一幅　（四七―二七）

三島中洲書、「顧也藏」

林世越書　一幅　（四九―二八）

林世越書、五絶

袁襄字永之贈人詩　一幅　（四九―二九）

袁襄書

弘庵七絶　一幅　（四九―三〇）

藤森弘庵書

格言一則　一幅　（四九―三一）

王蘭谷書

觀鷲一行物　一巻　（四九―三二）

永田觀鷲書

廣澤翁書　一幅　（四九―三三）

細井廣澤書、東所ノ記ニ「前年東都栗林平兵衞氏惠己亥歳重装」

光悦蘭亭記　一巻　（四九―三四）
本阿彌光悦書、外題蘭嵎筆

古歌三首　一巻　（四九―三）
廣幡豊忠、庭田重孝、久世通夏書、末ニ東涯記アリ

搢紳贈賜詩章　一巻　（四九―四）
搢紳諸公ヨリ東涯　蘭嵎ニ送レル自筆ノ詩稿ヲ一巻トセルモノ、外題東涯筆

趙汝功書　一幅　（四九―三五）
（明）趙汝功書、七律

種豆眷兄七字　一幅　（四九―三六）
上田元冲書、外題輶齋

正徳辛卯韓使贈答詩巻臨本　一巻　（四九―五）
東涯ノ記アリ

韓客筆話　一巻　（四九―六）
成夢良、申維翰書、東涯編

花山院自寛公書　一巻函　（五四―二）
花山院定誠書、詩歌ノ寫「壬午（元祿十五年）秋書于吾樂閑居」

昌谷精溪書　一幅　（五四―三）
「見贈昌谷宇一郎子　明治二十九年裱褙」

贈伊藤警察署長序　一幅　（五四―四）
西薇山撰并序、梅塘ガ岡山縣和氣郡片上警察ヨリ明治廿九年轉任ノ折ノモノ

東涯先生二百年祭獻詠　一幅　（五四―五）
高瀬武次郎書、昭和十一年丙子十一月

嚴菊弟書　一幅　（五四―六）
梅塘ノ片上警察ヨリ轉任ノ時ノ詩

「壬戌秋日」七絶　一幅　（五四―七）
芹田静所書、輶齋記「姫路藩醫師芹田静所　山本中務小録ヨリ来」

昭和三年辰文學博士高瀬先生一月御前御進講并勅題等賦詩　一幅　（五四―八）
高瀬武次郎書、千種掃雲書

葵山書　一枚　（五四―九）

太室禪師書　十枚　（五四―一〇）
包紙輶齋記「大徳寺眞珠庵住僧」

紀維德書　三枚　（五四―一二）

普陀山潮音禪師書摸寫　一巻　（五四―一）
巻端ニ東涯ノ記アリ

奥田士方試筆　二枚　（五四―一三）

「癸亥新正試筆」

上田元冲書 二枚 (五四—一三)

「賀桂心孺人八秩啓」「閑吟十首之一」

久我殿一行 一枚 (五四—一四)

久我通久書

池田筑後守書 一枚 (五四—一五)

東所記「京都東御町奉行池田筑後守様御手跡」

松波酊齋書 六枚 (五四—一六)

花山院愛徳書 一綴 (五四—一七)

寛政元年中秋ノ作

花山院大納言愛徳卿書 一枚 (五四—一八)

包紙ニ東所記「寛政七年十月花山公賜 善韶藏 鷹司前殿下常盤井殿御樓之額之底本也」

花山院内府愛徳公書 一枚 (五四—一九)

包紙東里記「文化十一年甲戌十月廿七日下賜先月廿八日拜内府」

山脇道作書 一枚 (五四—二〇)

山脇東洋書、「七十齡」書

復堂書 三枚 (五四—二一)

〔鐵野復堂〕書

宮定滿書 一枚 (五四—二二)

「奉寄 懷東所先生」ノ一詩

南嶽壽 一枚 (五四—二三)

鷹司樂山書、包紙東峯記「鷹司准公樂山公八十御賀之時被下 弘濟」

花公之書 一枚 (五四—二四)

花山院常雅書、署名「九思閣主人」包紙ニ「明和戊子六月上旬書賜善韶藏」

大塚佑左衛門書 一枚 (五四—二五)

大塚信義書、仁齋先生筆記一條

百十一才翁書 一枚 (五四—二六)

鐵石齋吉久書、壽ノ一文字、附スルニ婦九十八才ノ賀ノ字ヲ以テス

近世人書 二十二枚 (五四—二七)

一、二、三、大塚松洲 四、田中南公 五、皆雲 六、雲庵 七、高宮斐 八、大島晋造 九、一〇、餘寅 一一、岐鳳 一二、一三、小僊 一四、一五、派月逸人 一六、默童 一七、存庵 一八、子龜 一九、宗親 二〇、二一、無署名 二二、櫪翁

韓國人書 十二枚 (五四—二八)

一、二、趙義淵 三、金洞 四、天香 五—八、李承九 九、崔廷德 一〇、韓錫瑯 一一、朴源根 一二、劉世南

詩歌貼交 一枚 （五四―二九）

書 帖 折四帖 （五四―三〇）

書画帖 一冊 （五四―三一）

縉紳墨跡 一束 （五三―四〇）

伊藤輶齋一括シテ題シ藏スル所

一、西郷南洲書七絶 二、山岡鐵舟書 三、中村栗園七絶 四、土方久元書 五―七、柳原前光 八―一〇、藤弘耿（周峰）一一―一四、源宣章梧陰書畵 一五―二五、土肥樵石書 二六、竹軒狂客書 二七、（清）高友三書 二八、二九、請木節庵書 三〇、應形甫書 三一―三四、不明無署名書 三五、小積王山

柴野碧海書 二枚 （五五―二）

觀鷺書 一枚 （五五―三）

永田觀鷺書

大雅堂書 一枚 （五五―四）

淨字寫 三枚 （五五―五）

池無名書

中澤雪城書 一枚 （五五―六）

「天保壬寅秋八月」

源有善書 一枚 （五五―七）

「鴨川春望」七絶 一枚 （五五―八）

十川六有一行物 一枚 （五五―九）

十川六有書

百一歳書 一枚 （五五―一〇）

東所記「但州養父市場 小島助次郎老母 寛政三年辛亥歳所書」

十三歳書 一枚 （五五―一一）

雲浦書

八歳手跡 一枚 （五五―一二）

鳳竹書、東所包紙「丙戌正月江戸恒河一樂ゟ來」

長三洲書 二枚 （五五―一三）

金紫峯書 二枚 （五五―一四）

金天壽書、東所記「安井四郎右衞門氏惠 甲戌年」、書者ハ寛政戊辰來朝ノ朝鮮寫字官

成嘯軒書 一枚 （五五―一五）

成夢良書、輶齋梅塘包紙ニ記ス「朝鮮人享保四年使節書記トシテ來朝ス」、「水哉閣」ノ三字、水哉閣ハ東涯ノ號

僧道光書 四枚 （五五―一六）

三雲仙嘯老人書 一枚 （五五―一七）

「天保丙申冬」

岡　暉　書　一　(五五一—一八)
岡熊岳書
行　恭　書　一枚　(五五一—一九)
松木泊洲齋書　二枚　(五五一—二〇)
宙溪陳人書　二枚　(五五一—二一)
唐詩二首　一枚　(五五一—二二)
青山農夫書
安東省庵書双鉤　二枚　(五五一—二三)
「竹窓聞雨」七絶　一枚　(五五一—二四)
山本達所書
「春盡遊嵐峽分得過字」七絶　一枚　(五五一—二五)
福井棣園書
福井棣園一行物　一枚　(五五一—二六)
福井棣園書
香川修庵書　一枚　(五五一—二七)
摹寫四種　十枚　(五五一—二八)
祝枝山摹本　一枚　(五五一—二九)
包紙輶齋書

董其昌摸寫　一束　(五五一—三〇)
詩二首、東里釋文一ヲソフ、「文化四丁卯四月廿六日」
金碑元碑之寫　一巻　(五五一—三一)
東所包紙「石華選華中載」
南極賛寫　一枚　(五五一—一)
屠隆題、双鉤、東涯外題
趙松雪摹本　八枚　(五五一—三二)
董其昌双鉤　一枚　(五五一—三三)
文衡山摹本　二枚　(五五一—三四)
手習狀斷片　三帖　(五五一—三五)
書小品集　折大一帖　(三〇八—一)
市川米菴「賜谷園雜興廿首之二」(扇面)
頼支峰「鶴聲」二字　(同)
近松顯忠「失鶴」　(同)
劉元高五絶　(同)
吉田士修七絶「洗竹」
梁田蛻巖五絶(「蛻翁」)
山口直淳五絶「奉和東皐詞伯見寄韵」
最里幹七絶
大村雲石七絶
瀬尾文七律「奉次東䜣君南鴨避書高韻」

內藤湖南「廣陵鴻雪回縁」
松洲七絶
陳傳書
八幡山式部卿古歌一首
古　歌　　二枚
朗　詠
扇　面
定　匡　書　　二枚
恒齋詩箋五葉（「首夏田園雜興」「古壘桃花」「柳陰洗馬」「詠放牛于桃林之野」「仲國尋小督圖」）
小圭道人（源行正）詩箋八葉（「仲國尋小督圖」「同」「桃林放牛圖」「柳陰洗馬」「田園雜興」「古壘桃花」「庚申歲晚書懷呈六有藤先生博粲」「雪窓閑臥」）
荒木重麗「初冬夜坐」二首
平策堂詩箋二葉（「古壘桃花」「仲國尋小督圖」）
野口爲弘「中秋奉寄藤先生足下」七絶
伸齋詩箋三葉（「首夏田園雜興分韻」「題仲國尋小督圖」「柳堤洗馬」）
隅野夢嶽詩箋二葉（「乙丑詩曆屬大」「寒林歸樵」）
月舟「踏青」七律
樵石　七絶（短冊）
小僊「春晴」五絶（短冊）
作者不明一　七絶（短冊）
屛風貼書　二枚

第三類　詩文稿

詩稿類（古義堂旧藏）二十袋　（四八—五）

一、那波古峯（自筆）「湛然居奉次韻仁齋先生謾興」七絶二首（「元祿戊寅夷則念六日」）
二、同　「次韻東涯逸人湛然居秋漫興」（當世詩林續編ニ所收）
三、北村篤所（自筆）「漫興五首」
四、同　「哭冨小路藤公呈東涯丈」七律、（「辛卯夏五」）
五、朝倉景暉（〃）「壬辰元日作」五律
六、同　「春行」「春雨」七絶二首（當世詩林續編所收）
七、同　「贈行嚴院主赴京師」以下九首（「辛卯五月」）
八、〔林〕鳳岡（〃）「山行」七絶
九、瀨尾用拙齋（〃）七絶
一〇、渡會南溟（〃）「冬夜讀書」五律（「乙卯之歲」）
一一、尾片槐窓（〃）「橋」七絶
一二、平井東川（〃）「壬辰春」七律
一三、井上桐陰（〃）「田家賞菊」七絶
一四、同　「早行」五律
一五、　「賀小野寺秀和母九十壽」等
一六、　「偶成」七絶等（文中ニ「丁丑之秋」トアリ元祿十年ナリ）
一七、蘭畹　「午睡」七絶
一八、僧　湛然（自筆）七律（星田道月ノ東涯宛書狀ヲ附ス）
一九、伊藤龍洲（〃）「與友話舊」七律
二〇、同　「觀獵」七律
二一、同　「山行」七絶
二二、同　「明妃曲」
二三、伊藤錦里（自筆）「早行」五律
二四、同　「田家賞菊」七絶

二五、同　「觀獵」七律
二六、同　「癸丑初冬諸賢過訪」七律
二七、同　「南樓對月」六言
二八、同　「午睡」七絶
二九、同　「與友話旧」七律
三〇、同　「乙夘歳晩書懷」五律二首
三一、堀　景　山（〃）「夏初奉謝諸君見過」七律
三二、淺井時敏（〃）「秋信」七律（常世詩林續編ニオサム）
三三、同　「露」五律
三四、同　「王昭君」七言古
三五、同　「田家賞菊」七絶
三六、同　「池舘避暑」五律
三七、同　「山行」七絶
三八、堀　南　湖（自筆）「題八景畫扇」七絶等
三九、松崎蘭谷（〃）「山陰歳抄作」五絶（「謹呈東涯先生」トアリ）
四〇、股野廷幹（〃）「老妓」七絶
四一、僧　純　慶（〃）「秋日即事」七律（「庚寅之秋」）
四二、僧　覺　沅（〃）「長胤先生一日過吾山有佳什不獲緘口謾攀韻末云」七絶（東涯書ス「正徳六年丙申抄光寺見住建仁寺堆雲軒ゟ兼帯也」）
四三、星田道月（〃）「洛陽十二景和韻」
四四、篠崎東海（〃）「辛丑中秋」七律
四五、同　「東都金城」七律
四六、戸田子良（〃）五律（「享保己酉之秋七月」トアリ）
四七、明石景鳳（〃）「山行」七絶（東涯書ス「山行詩　丙午二月廿一日拙宅來參東匡」）

四八、橘泉堂主人常玉　（自筆）「元日」七律
四九、公　慶（自筆）「早春小集喜諸賢到」七律
五〇、原田藏六（〃）　五律
五一、僧　大　雲（自筆）「懷浄土」七律
五二、高　維　翰　「歳晩之作」七律（東涯カト思ハルル手デ「丙辰年高木賀源太作書來ル」トアリ）
五三、古　川（自筆）「午睡」七絶
五四、唐人冊葉内挿小詩亂草　五葉
五五、清人董宜叶詩（東涯外題シテ「享保丙午」トアリ）
五六、愚極偈（東涯筆）
五七、室　鳩　巣　「奉賀藤太守四袟初度　二首」七律
五八、入江若水　「村居元日」等
五九、勘解由小路韶光　「壬辰元日病中」七絶二首
六〇、中　睦　叟（自筆）七律
六一、畑　鶴　山（自筆）「仲冬奉陪　東所儒宗過養壽居之茶宴」七律
六二、奥田燕山（自筆）「寄呈東所先生」七絶
六三、同　（〃）「奉送東所伊藤老先生還平安伏祈敎正」七律
六四、同　（〃）五絶
六五、同　（〃）「元日口占」七絶
六六、同　（〃）「丙子元日」七絶
六七、同　（〃）「癸丑秋日」七絶
六八、土岐頼直（〃）「同賦殘菊照晨光奉慶大閤老濱松侯拾遺源公六秩盛壽十韻」（「寛保二年壬戌秋吉」）
六九、瀬尾敎延（〃）「初夏陪東所先生奉觀　龍谷法主涉成園」七律
七〇、松郵茂實（〃）「奉呈伊藤先生」七絶
七一、櫻井篤忠（〃）「仲夏清泉舘陪宴」三首

七二、同（〃）「途中春盡」七絶
七三、同（〃）「三日過友人山莊」七絶
七四、同（〃）「濟江問舟子」七絶
七五、蘭軒（〃）七絶（「壬子歳季冬」）
七六、谷子玉（〃）七絶（「蘭嵎書ス「享保庚子年西鄙洋中犯禁泊船官吏追捕問罪囚長崎監　谷子玉書也」）
七七、坪井臣（自筆）「奉謝伊藤老先生」七律
七八、中井竹山（〃）「三品風早公墨畫風竹賛」七律
七九、福澤咸（〃）「庚寅秋登于小倉山拜仁齋先生碑」「同前拜東涯先生碑」七律
八〇、小田惟明（〃）「中秋無月恭次東所先生高韻」七絶
八一、草加定環（〃）「奉謁東所先生」七律
八二、藤政峻（〃）「賡東所先生花柳爭阳散之瑤韻」七絶
八三、山本晋（〃）「小春初三日遊鹿苑寺」等
八四、僧晃深（〃）「不識亭小集席上初謁東所先生賦以奉呈」七絶
八五、「東所先生欲遊吾主情延山之別業久矣十月四日遂請先生及諸君席上有高作…用尊韻恭賦一律以奉呈且謝」七律
八六、大岡爲富（〃）「湖東驛奉送東所先生之參州」七律
八七、瀨尾教延（〃）「雙清樓賞月」七絶等
八八、景山興（〃）「奉賀東處先生六十」七律
八九、内田士顯（〃）「奉呈東所先生」七絶（「丁未中夏」）
九〇、石田元（〃）「奉寄東處先生」七絶
九一、源德基（〃）「冬夜應東所先生招與二三子登閣喫茗……綴鄙辭呈座右云」七律
九二、吉田近義（〃）「無月」七律等
九三、同（〃）「己酉夏日」五絶
九四、梯隆恭（〃）「秋夜奉呈東所先生」七絶
九五、大江玄圃（〃）「春宮曲」
九六、永井好義（〃）「次奉東所先生拜觀涉成薗瑤韻」七絶
九七、瀨尾文（〃）「歳晩辱東所先生佳招詩以奉謝」七律
九八、文禮（〃）「客中歳暮」七絶等四首
九九、遠藤元長（〃）「仲秋無月奉次東所先生芳韻」七絶
一〇〇、敎廣（〃）「奉謝東所先生之來訪」七絶
一〇一、魯龍（〃）「登樓」七律
一〇二、蘭渚（〃）「春寒花較遲」七絶
一〇三、同（〃）「南樓對月」七律
一〇四、同（〃）「僧院海棠」七律
一〇五、永田知章（〃）「致仕」七絶
一〇六、松井德隣（〃）「同賦南樓對月」七絶
一〇七、土居篤志（自筆）「歳晩偶題」七律
一〇八、林鳳（〃）七絶
一〇九、森賢啓（〃）七律
一一〇、昌（〃）「歳旦」七絶ト和歌二首
一一一、田久敬（〃）「春寒」「春月」七絶二首
一一二、小田惟明（〃）「高津祠」七絶
一一三、荒敏樹（〃）「寄桂川雅伯」七律
一一四、浚泉（〃）「擬贈道士」七律
一一五、三浦毎平（〃）「茅屋閙讀書」七絶
一一六、菅原爲德（〃）「賦杜鵑」七絶
一一七、大村景尹（〃）「暮秋吟」七律
一一八、同（〃）「庚戌春」七絶
一一九、翫齋（〃）「冬初夜坐」七絶二首
一二〇、翫古散人（〃）「寒月」七律

一二一、勘解油小路資善（自筆）「早春奉寄伊藤先生」七絶
一二二、輪王寺宮公辨親王（自筆）「次韻伊藤原藏見寄」七絶（ツヽミ紙「輪王寺宮公辨親王之御筆」ト東涯筆）
一二三、伏見宮貞建親王（〃）「賡梅雨連夜吟」七絶（東涯末端ニ「享保十九年兵部卿宮睿製賜和伊藤長胤」トアリ）
一二四、八條隆佑（〃）「冬至陽生春又來」七絶等四首
一二五、中山忠尹（〃）七絶
一二六、坊城俊將（〃）「庚戌冬日太上皇賜白綿於伊藤長胤詩以賀之」七律
一二七、同（〃）「次東涯先生甘露之韻」七律
一二八、八條隆英（〃）「午睡」七絶
一二九、同（〃）「山行」七絶
一三〇、德大寺公統（〃）七絶（末ニ「呈于新苔二十葉并蕪詩七絶重光先生机下勿論韻字平仄矣　大呂十九日　前槐藤純誌」）
一三一、藤波光忠（〃）「和東里伊藤先生韻」七絶
一三二、同（〃）「和伊藤弘美韻」七絶
一三三、同（〃）「同」七絶（東里書ス包紙ニ「藤波右兵衞佐公勢州御歸洛之節被下候　文化七年庚子九月廿六日賜」）
一三四、速水修敬（自筆）「僧房春雨」七絶二首
一三五、山　政　胤（自筆）「三元」七絶其ノ他
一三六、言　　恭（〃）「要寫字」七絶
一三七、東　　谿（〃）「高照山房觀海棠花」二首
一三八、闞　其　寧（〃）五絶
一三九、朱　芝　岡（〃）五絶
一四〇、寧　泉　江（〃）「春同諸友飲竹間」七律他二首
一四一、環　　海（〃）「詠菊」七律
一四二、松井道長（〃）五律
一四三、兒玉宗因（〃）「乙未仲春念日登物外樓即興」七絶他二首
一四四、大　成　美（〃）五律
一四五、秉　　文（〃）「家釀號以甕春甕讀彌加戲作」五律（「乙酉二月」）
一四六、鳥居定保（〃）「春興」七絶二首
一四七、山本惟寅（〃）七絶
一四八、不　　言（〃）「僧房春雨」七絶
一四九、幽　　山（〃）「偶成」七絶
一五〇、方　　品（〃）「歲旦」七律
一五一、柳　滄　洲（自筆）「新年作」七律
一五二、同（〃）「池塘生春艸」他二首
一五三、三宅貞暢（〃）「早梅」五律他一首
一五四、同（〃）「和澤子亨仲秋送別韻」五律
一五五、〔白井〕貞寬（〃）「田家賞菊」七絶
一五六、同（〃）「池館避暑」五律
一五七、同（〃）「冬初郊行」七絶（「戊申十月朔」）
一五八、同（〃）「秋信」七律
一五九、同（〃）「擬樂天春深」五律（「戊申三月廿一日日」）
一六〇、同（〃）「同賦霞」五律
一六一、進藤圭齋（〃）「穐居病中偶成十首」等
一六二、中山文谿（〃）七絶
一六三、同（〃）「戲賦四題」等
一六四、鳴　　謙（〃）「再和」等
一六五、大神景貫（〃）五絶
一六六、長　　康（〃）「早行」五律
一六七、同（〃）「觀獵」七律
一六八、同（〃）「話舊」五律
一六九、龍門象田（〃）「花鳥」七絶

一七〇、同　（〃）「山水」七絶
一七一、甲斐信員（〃）七絶
一七二、憲　（〃）「乙亥試毫」五律
一七三、蘭化主人（〃）「戊申中秋小集」七絶
一七四、宮澤重禮（〃）「呈伊藤先生」七絶
一七五、爲　高（〃）「蓮華念中作」七絶和哥一首
一七六、今郁義準（〃）「庚子歳旦口號」七律其ノ他
一七七、同　（〃）「三軒屋雨後」等
一七八、藏　器（〃）「赴阿州徳島漫賦」七律
一七九、中郁元恒（〃）「辛卯新年試筆」七絶
一八〇、井口襲祥（〃）「偶成」七律
一八一、獨酔主人（自筆）「喫茶吟」七絶等
一八二、安岡政和（〃）「山居冬景」五律
一八三、同　（〃）「冬夜客懷」五律
一八四、同　（〃）「得賦翠竹壽某生」七絶
一八五、源　元禎（〃）「丙辰元日雨」七律
一八六、同　（〃）「初夏芙蓉亭集賦得東山新樹」七絶他一首
一八七、同　（〃）「歳首」七絶
一八八、松泓基長（〃）五言古（「丁未六月」）
一八九、春　芳（〃）「辛丑元日」七律
一九〇、宗　鎮（〃）「得烏府爵與塵字」五律
一九一、〔五井〕蘭洲（〃）「東福寺賞楓和愚山韻」七律
一九二、蕙　淳（〃）「夏日江村」七絶
一九三、守　本（〃）「到尾陽城對月有感」七絶
一九四、行　正（〃）「小督彈箏圖」七律
一九五、在　經（自筆）「奉和松陰老大人元旦玉韵」七絶
一九六、象　德（〃）「聞鳫」七絶

一九七、瀬尾文（自筆）「奉謝東峰先生賜庭花」七絶
一九八、同　（〃）「夏夜古義堂席上」七絶
一九九、同　（〃）「四月九日古義堂分韵」二首
二〇〇、同　（〃）「四月九日古義堂前白躑躅盛開……」二首
二〇一、香川惟徳（〃）「今玆戊戌榕亭先生八十六予七十七師弟無恙
俱延齢豈可不欽哉因有此作」七絶
二〇二、永田知章（〃）「奉酬和伊藤東里先生見賀八十八初度高韻」
七絶
二〇三、吉川有典（〃）「奉伊東里先生」七律
二〇四、隨　翁（〃）「古義堂白躑躅」七絶
二〇五、最里鶴洲（〃）「拜觀秋芳園菊花」五絶
二〇六、同　（〃）七律（「文化丑仲秋」）
二〇七、荻野德威（〃）「暮春過雲母坂」七絶
二〇八、同　（〃）「偶作」七絶
二〇九、永田知章（〃）「擧藩儒官堀先生自京來時賦以待」七律
二一〇、趙　約（〃）「奉寄東里伊藤先生」七絶
二一一、長澤　弘（自筆）「奉呈東里伊藤先生」七絶
二一二、隨有幹（〃）二首
二一三、山本利策（自筆）〔山本利策詩稿〕一冊
二一四、渡邊信渉（〃）旅中詩稿　一冊
二一五、忠　篤（〃）〔忠篤草稿〕一冊
二一六、三浦恒（〃）〔詩稿〕一冊
二一七、眞　彥（〃）〔〃〕一冊
二一八、中野信成（〃）仁齋東涯贊
二一九、吉田觧水（〃）「題張子房圖」七絶
二二〇、同　（〃）「嘉永六年三月六日集游于嵐山舟中口占」一
首和哥二首

二三二一、北川舜治（〃）「和集友人歳暮書懐韻」七言古
二三二二、同（〃）「除夜作」七律
二三二三、荒木重麗（〃）詩稿　一冊
二三二四、研　里（〃）「辛巳秋中念四日同田策堂訪伊藤先生於青山之幽居席上賦呈博粲改」五律
二三二五、同（〃）「壬午清和月十又四日雨中重訪輶軒先生席上賦呈博一粲」七絶
二三二六、小　僲（自筆）「題赤穂義士伝後」其他一首
二三二七、同（〃）「奉送輶齋先生之東京」七絶
二三二八、隅野夢岳（〃）「頃日久旱不得雨六月廿九日風雨忽來賦之以記事」七絶
二三二九、同（〃）「孟冬初二曉即事」七絶
二三三〇、研　里（〃）「癸未夏日伊藤先生宅小集圍碁偶成」七絶
二三三一、同（〃）「辛巳秋日訪伊藤先生園中卸榻迎焉受故及」七絶
二三三二、信　渉（〃）七絶
二三三三、仝（〃）七律
二三三四、矢澤圭（〃）「詠大石良雄」三首
二三三五、徳　輝（〃）「雪樓」其他一首
二三三六、沈　泌　五首
二三三七、鏡　湖　「和奉若水詞案」七律
二三三八、過懶生（自筆）「謝人恵酒餞慰陪讀之勞」七絶
二三三九、市河寛齋　「題赤壁圖」七絶
二三四〇、廣瀬淡窓　「宿山家」七絶
二三四一、咏菊詩（覺天、亮谷作）
二三四二、惟　恭（自筆）「冬夜與友人月下對酌」五言古等　二枚
二三四三、同（〃）「上鳴瀧山次韻草香孟慎」等　二枚

二三四四、澁谷義行（自筆）「丁丑新年」七絶
二三四五、同（〃）「丙子新正」（同）
二三四六、源元禎　七絶
二三四七、眞木山厓（自筆）「辛丑八月念八陪探蕈行同東峰先生分韻得眞」
二三四八、同（〃）「辛丑仲秋廿八日奉陪西山探蕈行同伊藤先生分韵得眞」
二三四九、「秋日書懐應輶齋先生需」等　一冊
二三五〇、「棋賛二十餘首」
二三五一、「寒夜訪人」等
二三五二、「雨後眺望」等
二三五三、「夏日與友人登山避暑養梅瀑鏡賦詩予次其韻二首」等　二枚
二三五四、「賡春日漫興韻」
二三五五、「詠千里鏡分韵」
二三五六、「次韻黄檗笠庵禪師」七絶
二三五七、「咏雪」等
二三五八、「喜客至」
二三五九、「臺上寒」（「辛酉夏日」）
二三六〇、「甲戌辭年作」等（立壽　道棟等ノ作アリ）
二三六一、「客中聞鵑」等　二枚
二三六二、「乙卯元日」等　二枚
二三六三、「歸今安途中作」
二三六四、「古怨次石庵韻」
二三六五、「梅溪賞春」
二三六六、「題自畫竹二首之一」
二三六七、「讀林子平海國兵談」

二六八、　　　　　　　　　「小督幽居圖」

二六九、　　　　　　　　「初夏一日従岩下公遊笠川氏見其所珍藏書畫且聞傳教大師遺績因賦一絶」等

二七〇、同　　　　　　　「冬至前日遊海眼寺奉呈老師和尚」

二七一、同　　　　　　　「夏日江村」等

二七二、徳基・不省・元長「奉唱和」

二七三、作者未詳　　　　（無題）十八枚

二七四、香川修庵（自筆）「山行」七絶

二七五、同　　　（〃）「賦招月夜窓虛」七律

二七六、同　　　（〃）「新竹」五律

二七七、同　　　（〃）「冬初郊行」七律

二七八、同　　　（〃）「午睡」七絶

二七九、山本達所（自筆）「山閣秋晴」七律

二八〇、同　　　（〃）「乙丑歳晩書懷」等

二八一、同　　　（〃）「山齋讀書」七絶

二八二、同　　　（〃）「丙寅歳首自述」等

二八三、同　　　（〃）（無題）

二八四、小鼎集詩括　　　十三枚

慶應丁卯ノ年、題ハ櫪翁ノ作ノ末ニ「古義堂宿題初聞初冬夜坐後聞山居正邪難并欲訂于會主傍人云夜坐山居兩宜即是餘意邪無手云々」、席題ハ「爐邊話舊分韻體隨意」トセシ一紙アリ、存スルモノ櫪翁　恒齋　梅圃　仲齋　小圭（登　正文　輶齋　行正　梅圃　職明）、括孤内ハ席題作ナリ

二八五、庚午九月十八日詩會詩　七枚、輶齋包紙ニ書シテ「古義堂集」、貫一、淳、雪堂等ノ作アリ

二八六、福井棣園（自筆）「示生徒」七律

二八七、同　　　（〃）「中秋前一夕福蕣席上與神晋齋同賦分得多字」七絶

二八八、同　　　（〃）「季秋念二日遊中島氏別莊」五律

二八九、同　　　（〃）「五月廿三日過山端得寒」七絶等

二九〇、同　　　（〃）「庚子新年」二首

二九一、同　　　（〃）「遊某氏梅莊」三首

二九二、同　　　（〃）「丁未九月二十三日候月華門北廓拜觀登極儀恭賦一律以紀」

二九三、同　　　（〃）無題

二九四、覆簣社詩収　　　二十四枚

船西散人二、眞齋二、靁石四、麓幽（輶齋）等二、桂齋二、桐陰三、修省二、幽筠二、三省一、苞山一、訥齋一、翫古齋一　得所二

二九五、北川周次詩稿　　十二冊ト三十八通

二九六、福井楓亭　　　　四枚、「丙辰首書」「偶成」、「癸巳歳旦」、「偶成」、「辛亥早春」、皆伊藤輶齋ノ寫シナリ

二九七、　　　　　　　　　苦寒行

二九八、定　　光　　　　「上巳郊行」等四首

二九九、詩稿　　　　　　一冊（「病中聞内子讀八犬傳戲賦二十四首」ナドアリ）

三〇〇、勘解油小路韶光（自筆）「和東匡促予序先集詩韻」

三〇一、福井小車　（〃）無題

三〇二、同　　　（〃）同

三〇三、福井榕亭　（〃）「癸巳上巳後三日遊嵐山」三首

三〇四、同　　　（〃）「文政庚寅春」　七絶（「去歳餘齡七十七民間乞書喜字者數矣不知何謂爲賦一絶至今春尚有乞者仍加一點改七作八云」）

三〇五、同　　　（〃）「壬辰九月十九日遊如意嶽觀飛瀑」七絶

三〇六、同　　　（〃）「無題」七絶

三〇七、菅原長義・清原宣通　七絶二首
三〇八、王英・聶大年　七絶二首（東涯寫）
三〇九、費之達　「里言寄懐希翁老先生年臺并正」七律（東涯寫）
三一〇、草稿　一冊（「秋江暮景」以下十三首ヲノス）
三一一、緒方木鐘　「徐夕」「人日偶作」（東涯寫）
三一二、妙法院堯延親王　「辛卯除日立春」五律（東涯寫）
三一三、道本　七絶（東涯寫）
三一四、若霖　「題厂來紅」「山中道中」
三一五、　「柿本祠」
三一六、　「示學者」「示贈學佛人」
三一七、　「張子房賛」等（東涯寫）
三一八、林信篤・同信充・同信智「壬寅元旦」ノ詩
三一九、星田道月（自筆）「江上四景」
三二〇、呉寛　「畫中四境圖」
三二一、頼春水・杏坪詩　二枚（東里寫）
三二二、細合斗南詩寫
三二三、牧野公珍（自筆）八首
三二四、牧　野　約（自筆）三首
三二五、黒木稼堂（自筆）「伊藤仁齋先生二百年祭……」
三二六、　（寫）「客中一夕夢……」古詩
三二七、山本宕嶽（自筆）「謝伊藤君爲所贈萩花」七絶

文　稿　類（古義堂旧藏）四袋　（四八―六）

一、安東省庵（自筆）「送謙堂序」（東涯端ニ書シテ「右安東省庵子之筆井原道閲翁惠予」）
二、和智東郊　「長州滕君實之文」（外題東涯「丁未歳來」トアリ、「送銃将赤城子泛海逐閩舶序」、「送田子高奉孺人游上國序」ノ二文）
三、大森杖信（自筆）「近江志賀郡小松村伊藤八右衛門自豆州三宅嶋應召歸記」
四、沈　玉　田（自筆）「種德齋記」
五、藤　南　阜　「瑞蓮呈祥序」
六、　「橋銘」（「元祿八年乙亥冬一月朔日後藤行忠敬建」トアリ橋ノ名不明）
七、元　　滅　「謝愿禪衲爲余塗壽児傳序」
八、安原繩德（自筆）「龍淵年譜行狀略」
九、石原擴充　「祭古學先生文」
一〇、會澤正志齋　「大職官藤公畫像賛」
一一、永井直寛（自筆）「書再刻論語古義後」
一二、古賀侗庵　「犬鼻巖鑿開新渠碑」
一三、薫　　淳（自筆）「贈大亦俊書」
一四、義　　禅　「三蟲説」
一五、内田士顯　「武德編年集成新本跋」
一六、小森政康（自筆）「與良奨」
一七、光　　謙　「石風呂記」
一八、石崎長久　「友求堂再興ノ趣旨書」
一九、松田雪柯　「段氏筆法序」
二〇、　「一谷坂落之記」
二一、山本秀夫（自筆）「孔明自比管仲樂毅論」
二二、橋　本　寧　「星岡八勝記」（菊池三溪ノ評モ合セウツス）
二三、　「晩秋遊於觀月樓思友人記」
二四、宗　　辰　（無題）（文政壬午孟夏　伊藤東峯筆、壬午孟夏十一日　福井榕亭人々ト嵐峽ニ舟遊セシ記ナリ）
二五、長澤弘稽（自筆）「奉呈東禺伊藤老先生」

二六、同 (〃) 「奉呈伊藤先生」
二七、 「壁齋記」
二八、奥田彰 (〃) (無題)
二九、中郇寅 (〃) 「送輶軒伊藤先生挂冠歸京都序」(「明治己丑嘉平月」)
三〇、 (無題) 三枚
三一、八條隆英 「重刊論語古義序」(「享保辛巳」) 一帖
三二、玄光 「浮屠玄光文章」(「載干獨庵稿者釆之」トアリ) 一冊
三三、人見鶴山 「山本義安墓碑銘」 一冊
三四、友野霞舟 「重新徽典館碑」 一冊
三五、 「南宋高宗紀總論」(「寶永己丑歳孟冬」トアリ) 一冊
三六、小河成材 (自筆) 「論趙襄子滅智伯豫讓爲智伯報讎」(元祿六年) 一冊
三七、 「多武峯普門院大織冠神影記」 一冊
三八、林確軒 「將軍正孫誕生祝詞」 一冊
三九、桂川元廉 「与韓使申青泉簡」(東涯外題) 一冊
四〇、伊藤弘䪺 (自筆) 「題蘭梅圖」(「明治十八年三月」)
四一、勸修寺高顯 (自筆)「鄒魯大旨後叙」
四二、 「民事不可緩説」
四三、 「性善論」(「正徳元年十月四日製」)
四四、(宜行周麟文) (東涯寫)
四五、 「故朝散大夫豊前刺史源公墓碑銘」 一冊
四六、 「小林氏墓碑」

詩稿類 (稽古堂旧藏) 三袋 (四八―七)

一、齋木坦窩 (自筆) 「青藍滕君有九月十三夜賞月之作次其韻以呈」七絶
二、同 (〃) 「次過須磨上平公子碑韻」等(「甲戌臈月」)
三、同 (〃) 「早春寄贈滕先生」五律(「乙亥之春」)
四、同 (〃) 「癸酉九月恭供霞臺先生奠位」七律
五、同 (〃) (無題)
六、沖田惟穆 (〃) 「(前缺) 奉寄伊藤詞伯」四言
七、同 (〃) 「重疊前韻奉呈 伊藤詞伯」
八、同 (〃) 「福山藩文學伊藤君去臘再疊前時唱和韻見寄懷今秋復疊韻見示因畳作四律奉謝情見乎辭」(「甲申暮秋」)
九、虬嶠壽恒 (自筆) 「和月夜聞琵琶韻」等
一〇、小野任 (〃) 「棐恭先生七年忌祭分得韻東」
一一、三好政載 (〃) 「庚子歳旦」等
一二、千村蕨陽 (〃) 「己亥暮春陪送伊丹郡長伊藤署長兼迎加來郡長駒田署長之盛宴得二十字与二十八字之小作以博一粲」二詩
一三、容齋野人 (自筆) 「卜居遇佳節因賦」七絶
一四、良幹承 (〃) 「有所思」(「戊戌之仲秋」)
一五、藤村蕉雨 (自筆) 「丙申夏日遊大瀧山寺」二種どゝいつ二首四枚
一六、蘆沼範 (〃) 「九月十三夜青藍君登圓照寺樓有作」
「明月見示因次瓊韻謝奉」(「戊戌之歳」)
一七、河野鴻 (〃) 「新年作」等十首
一八、永田善從 (自筆) 「奉呈竹坡伊藤先生」五律
一九、岡完未 (自筆) 二首
二〇、愛柳軒蘭之 (自筆) 「送別」二首
二一、東巷美 (自筆) 「美人半酔」二首
二二、滄浪 (〃) 「中秋宇治萬碧樓與社友賞月探得蒸韻」二首

二三、乗　如（〃）「同賦和歌題松避年友奉壽大夫川田君大孺人七十」七絶
二四、松山随齋（〃）「養槀[ ][ ]遊學限滿歸郷時予亦及瓜倉卒之間不能收餞禮聊呈小詩一章」七律
二五、門田隣（〃）「奉悼伊藤君健藏」七律
二六、大塚松洲（〃）「奉送伊藤老兄轉任中備下原」二首
二七、田維馨（自筆）「元日恭奉攀茶山先生除夜瑤韵奉贈文學伊藤先生」七律
二八、瀬尾緑谿（自筆）「早春荊山賁臨席上奉次高韻」等四首
二九、同（〃）「奉送伊藤順藏格佐二君還福山鎮」（「辛卯三月盡」）
三〇、中山甫光（自筆）「次伊藤君健藏席上韻以寄」七律
三一、高久隆次（〃）「季秋二日同諸君集稽古堂分韻得青」七絶
三二、井出祇敬（〃）「奉賀伊藤先生弘道館講經」七絶
三三、鈴木重光（〃）「栗恭先生七年忌祭賦此奉供墓前」七律
三四、源質勝（〃）「弄琴宜左夜」七絶
三五、子　範（〃）「謝蕉亭贈園中枇把」七絶
三六、鴟　牖（〃）「呈小林君兼諸簡賢伏乞高和」七絶
三七、山室惟從（〃）「伏生授經圖」七絶
三八、山口直淳（〃）「奉寄伊藤先生在京」七絶
三九、谷本悳（〃）「伊藤集君見喪聖善賦此以追悼」
四〇、三峰郷（〃）「咏坐」「咏步」二首
四一、河村元監（自筆）「奉留別渡邊足楚寶」七律
四二、同（〃）「奉留別伊藤兄健藏」同（前ニ同詩ナリ）
四三、伊澤信厚（〃）「送伊藤健藏君還福山」七律
四四、昌　令（〃）「題木村亭」七絶
四五、松　陰（〃）「悼玄阿翁令息」七絶
四六、同（〃）「辛卯二月初八宿山莊示從者學生伊藤長大」七律
四七、三好庸祥（〃）「得見青藍藤君再次宮寺氏見和赤松氏登樓詩韵予亦次其音韵奉呈」七律
四八、同（〃）「再次伊藤君見和予贈菅谷君詩之高韻奉報」（閏七月十日）
四九、同（〃）「奉寄別伊藤君」七絶
五〇、小田明（〃）「同伊藤弘亨君遊上鴨祠君不日而將歸本藩」七絶
五一、敎　粛（霞臺五十年忌追悼、破損アリ）
五二、今郁寛（自筆）「奉送竹坡伊藤君將有事于古學先生廟赴京」（「甲子之春」）
五三、淺川弸中（〃）（梅宇先生五十回忌献詩）
五四、淺川勝周（〃）「奉送竹坡伊藤先生之洛陽」五律
五五、淺川周（〃）「奉送伊藤君格佐携侄順藏遊學京師」（「癸巳初春」）
五六、矢島豫（〃）「凝翠軒席上送芦汀伊藤先生之京」七絶
五七、齋藤乗聚（〃）「奉送伊藤先生之京師」七絶
五八、赳　武（〃）「秋興」七律
五九、「巳調惜別」七律
六〇、渡邊惟善（〃）「奉留別伊藤健藏學兄」七律
六一、「託蘭江平野生寄贈岡山府市正湯淺君」七言古
六二、「巳年試筆」
六三、梅　堂　七絶
六四、（無題）三枚
六五、送竹坡帰郷詩　六通七枚（作者ハ山崎之清　小田明　二枚

敎延　宇田利起　河原崎正幹　不明、文化三年ノ作ナリ）

六六、送芦汀帰郷詩　五枚（作者ハ安田信好二枚　源泰　大岡爲富　谷川敎隆）

六七、古學先生詞堂新成祝詞　四枚（作者　三箇林雄　木梨胤久　高久隆次　淺川惬、文化十二年ノ作ナリ）

六八、破損紙　十枚

六九、杉聽雨（「次韵春畝旧作」）二首（顧也包紙ニ書ス「明治廿八年春見贈藤村樵雨」）

七〇、赤澤貞幹（悼弘篤先生并序）

文稿類（稽古堂旧藏）一袋（四八―八）

一、妹尾兼聽（自筆）「善行寺惠光和倘碑銘」

二、龍山居士（〃）「送朝鮮三書記序」「擬藤藤房諫受駿馬表」（「天明甲辰之冬」）

三、山室共　「勸農論」附「梅將雪共春」七絶

四、齋木坦篙（〃）（祭霞臺伊藤先生文）

五、「大森元直碑銘」

六、最里幹（〃）「奉送□□伊藤君還福山序」

七、原擴充（〃）「喪志」（「文化已巳秋八月」）

八、郡玄亨（〃）近藤儀平行實

第四類　和歌連俳稿

和歌連俳稿類　五袋（四八―九）

一、花山院愛徳和歌懷紙（東里包紙ニ「花山院中納言愛德卿書戌申五月七日書賜茶匙白菊之銘之本歌也」）

二、勸修寺高顯和歌懷紙「春日同詠春情處々多」

三、綾小路有長　同「辰のとしの始によめる」

四、綾小路有長　〃「北小路幾久千代かはしめの節句にをくる」

五、近衞忠凞　〃「河水久澄」

六、綾小路俊資　〃「賀の夜に寄鶴祝といふ事をよめる」

七、綾小路俊資　〃「夏日同詠二首和歌」

八、千種有功　〃「祝」

九、資之　〃「詠河水久澄」

一〇、同　〃「君か代は……」

一一、柳枝　〃「御年賀を祝して此二首奉り侍る」

一二、東郊　〃

一三、賀茂季鷹　〃「養老瀧見にまかりて」等二首

一四、香川景樹　〃「伊藤氏の婚儀をいはひ參らせてよめる」

一五―一七、川嶋圓齋〃　三枚

一八、豊岡倘資筆和歌懷紙　爲家寶治二年百首歌「野月」

一九、筆者未詳　和歌懷紙　六枚

二〇、二一、有栖川職仁親王色紙　二枚

二二、末吉德安和歌　二枚（東涯書シテ「攝州平野耆老末吉德安翁作今年七十七享保二十年乙卯歳自土橋氏寫來」）

二三、修學寺八景

二四、烏丸資慶和歌二首（寫、「右後水尾長点也」ト註アリ）

二五、資之和歌「輶齋伊藤先生古郷へ歸給ふをおくりて」

二六、以重　和歌　二枚

二七、晴房　和歌

二八、玄祐　「花下邀客時雨」詩歌

二九、慧通和歌二首（東涯書ス「享保癸卯年」）

三〇、恒樹　和歌
三一、壽枝和歌
三二、正敷和歌　「伊藤大人古郷に歸り給ふを送り侍りて」
三三、爾然和歌　三枚
三四、久我殿一條殿御息女贈答歌（中院通茂、清水谷實業代作、寫）
三五、烏丸光榮等和歌（寫）
三六、巖の松詠進歌
三七、詠者未詳和歌　十一枚
三八、元　政　「草庵の記」寫
三九、直之等　「百韻連歌」
四〇、　（〔芭蕉略傳〕）
四一、陽　唱　俳句「初て伊藤大先生にまみえ奉りて」
四二、嘉栗狂歌　「初夏」
四三、東三條の左大臣和歌一首（古今集巻一所収、東涯寫）
四四、享保帝御製　（東涯寫）
四五、四六、廣　川　懷紙二枚

短册帖　折二帖　（三〇—四〇）

和歌（狂歌）

二條光平　一　　庭田重能　一　　梅溪通治　三
梅溪通善　二　　百合　一　　香川景樹　六
幻々堂圓齋　四　　佐々木眞足　二四　　綾小路有長　二
正義　一二　　潤　七　　石陰　一三
倘絅　八　　遊山　五　　保實　七
資之　九　　郁子　二　　宣和　三
祐以　二　　光盛　三　　良恭　三
定保　二　　蓮成　二　　直康　二
當明　四　　善達　二　　延尹　二
廣川　四　　式部　二　　貞道　二
松風　三　　隨慶　三　　宣東　二
兼信　　祐貞　　貞淳
長康　　尋庸　　昇義
英住　　秀邦　　道賢
言知　　信秀　　喜之
周尹　　けさ　　松齋
音壽丸　　辰庸　　義一
元珍　　連阿　　信古
紀之　　知昭　　祐之
慶安　　親久　　忠記
義直　　久邦　　憲光
行正　　章達　　春樹
白水　　六藏　　辰男
蓮月　　昌雄　　景村
大周　　戸田松翁　　中島甚助
孚一　　小林光直　　西尾正忠
御巫清直　　利和　　八田知紀
薗村敏　　小川布淑　　河田景福
延之　　公業（各一）　　不明一九

發　句

昌逸　　諸九　　蕉雨
志道　　朝鮮國梅軒（各一）

第五類　書　　簡

小野蘭山尺牘　一幅　（四九―三七）

（寛政十年）四月十四日、廣瀬恕庵宛

頼春水書簡　一巻　（三二―三）

那須間齋同壽之介宛　四通

桑原長義書簡　一巻　（三二―四）

奥田三角宛　三通　甲午中元日三角ノ識語アリ、初メニ東涯ノ記アリ

縉紳手柬　一束　（三二―五）

一、嚴有大君御内書（家綱）（水野出羽守宛、東涯包紙ニ「辛亥歳從備州福山來」）
二、西山黄門文（光圀）（花山院前内大臣宛）
三、勘ヶ由小路資望（八條侍從宛）
四、風早公長　二通（式部大輔高辻前大納言宛）
五、勸修寺經逸
六、井上正岑・戸田忠眞等（板倉近江守宛）
七、勘解由小路資善（考證ノ如キモノ二通）
八、萬里小路民部卿（治房）（得生院宛）
九、風早公雄（新中納言宛）
一〇、桑原中納言（義長）（東涯宛カ）
一一、今出川伊季　二枚（高辻前大納言宛）
一二、萬里小路治房（大内記殿）
一三、押小路公音（高辻前大納言宛）
一四、（伊豆との宛）
一五、頭中將
一六、無署名（廣橋辨宛）

祇園南海狀　一通　（三二―六）

（東涯ノ集メ藏セシニ後人ノ加ヘシモノナルベシ）

安東省庵狀　一通　（三二―七）

眞野利兵衞宛

柴野栗山狀　三通　（三二―八）

福井修吉宛一通　他モシカルベシ、事ハ制度通ニ關ス

奥田淸十郎狀寫　一通　（三二―九）

伊藤東里寫、東所歿後、福井修吉・福原半左衞門・頼尾彌兵衞宛ニ送レルモノ

回　章　二通　（三二―一〇）

福田要藏、名倉文作、伊藤竹坡、古義堂出講費用ニツキテノモノ

諸家書簡集　三袋　（三二―一一）

一、本多金五右衞門（本多武兵衞宛）二、澁江宇内（僧厚宛）
三、維文（丹下宛）　四、千立室（福井立助宛）
五、赤澤體助（上田元長等宛）　六、淺川圭助
七、寄筇坊閑空（伊藤先生御門人中）
八、松本勘兵衞（牧田甲斐守宛）　九、後藤春藏（泉井豊太郎宛）
一〇、後藤快乘（磯部平右衞門宛）一一、大工善兵衞
一二、意信（伊藤宛）　一三―二五、不明　十二

二六、依田主鈴（畠山掃部宛）　二七、二八、堯寛　二通
二九、松山理左衛門（進藤治兵衛等宛）
三〇、中島棕隱（伊藤様御塾頭様）三一、石原擴充
三二、大岡右中　三三、本阿彌二郎左衛門（磯部平右衛門宛）
三四、海老澤元壽　三五、吉田信義
三六、同（お咲様宛、東所三配）三七、梅垣幸三（石崎長裕宛）
三八、太田（山口宛）　三九、宗宸（福井棣園宛）
四〇、餘二郎（平田老翁昆宛）四一、中山甫光（山岡君宛）

書簡写　二冊　（三一—二）

一八「宇都宮治郎右衛門、岡部右京、林八右衛門、笹浪兵庫」宛ノモノ　二八「下山彦三」「小川自得」等ニアテシモノヲ集メ寫シタリ

書簡集（筆者宛名不明）　十八通　一袋　（三一—三）

丁　刷物・文書目録

第一類　拓本・刷物

1 枝山石刻　一枚　（六六—一）

「案飛青霞」ノ四字、端ニ享保二十一年ノ東涯ノ記アリ、輶齋包紙

2 董玄宰五絶石刻　一巻　（六六—二）

端ニ享保十九年ノ東涯ノ記アリ、輶齋包紙

3 宋紫石・土方稲嶺画「竹」　二枚　（六六—三）

輶齋包紙

4 大石良雄画並賛「福祿壽」　二枚　（六六—四）

一枚ニハ輶齋記「慶應丁卯冬三寶寺良淳惠」

5 荒木田氏尹母九十才書「松」　一枚　（六六—五）

6 筆研紙墨ヲ祭ルノ圖　一巻　（六六—六）

鹽川文麟畫、天保十四年上田元冲賛

7 何逢僖筆聯　二枚　（六六—七）

8 傳北條時頼書双鉤　寫一枚　（六六—八）

「明治乙未春日　聽雨摹勒上石」ノ寫

9 石川丈山像 一枚 （六六―九）
狩野探幽畫、丈山自筆贊、文政三年四月再刻ノモノ

10 中江藤樹筆「致良知」 一枚 （六六―一〇）
安政五年河田迪齋ノ識語ヲ附シタルモノ

11 李太白書五絶 一枚 （六六―一一）
東溟刻

12 蕉 圃 画 鳥 一枚 （六六―一二）

13 「穌 稾」等 一巻 （六六―一三）

14 最澄入唐牒 一巻 （六六―一四）
陸淳ノ驗文ノアルモノ

15 李 邕 石 刻 二枚 （六六―一五）
「楊州李太和書干崇教寺」ノ五絶四首、同ジモノ二通、輶齋包紙

16 歐陽詢般若經小楷石刻 一枚 （六六―一六）
輶齋包紙

17 周天球墨本 一巻 （六六―一七）
輶齋包紙ニ「周天球墨本吾齋虚禮之中不倘中山醫伯被惠重光収」

18 朱文公大字石刻 一巻 （六六―一八）
「夙興夜寢」、輶齋包紙

19 文衡山摹本 一枚 （六六―一九）
七絶一首、輶齋包紙

20 張旭書石刻 一巻 （六六―二〇）
同ジモノ二枚、輶齋包紙

21 李北海書法銘石刻 一巻 （六六―二一）
輶齋包紙

22 三雲氏篆書石摺 三枚 （六六―二二）
三雲孝敬（僊嘯）筆ノ三種

23 鄧 石 如 書 四枚 （六六―二三）
嘉慶八年白鹿洞ノコトヲ云フ篆書

24 三雲仙嘯老人墨本 一幅 （六六―二四）
「愼終追遠民德歸厚」、篆書、輶齋題

25 朱舜水七律石刻 二枚 （六六―二五）
同ジモノ二枚、輶齋包紙

26 室鳩巢書石刻 一枚 （六六―二六）
費元祿ノ蘭花ノ詩ヲ書ス、輶齋包紙

27 堀南湖歳旦詩石刻 一枚 （六六―二七）
題ハ「新年五首用蘇子由韻」輶齋包紙

28　楓亭辛亥早春七律　一枚　(六六一—二八)
明治二十四年福井楓亭百年祭ノ摺物

29　和田大純石刻　一巻　(六六一—二九)
醫事ニ關スル文並ビニ書

30　楓亭福井先生偶成詩石刻　一巻　(六六一—三〇)
七絶「偶作庚戌晩夏ノ書」、輶齋包紙

31　藤樹書牘墨本　一巻　(六六一—三一)
池田與兵衞宛書、寛政庚申仲夏米谷寅跋、輶齋包紙

32　跋藤樹先生致良知大寫眞蹟　一巻　(六六一—三二)
大鹽中齋作並書

33　山陽五律墨本　一巻　(六六一—三三)

34　坂和田昌俊詠十首和歌　一巻　(六六一—三四)
寛永十七年作並ビニ書

35　道本「春日謁天滿宮作」七律石刻　一巻　(六六一—三五)
輶齋包紙

36　玉照齋主人「花港観魚」七律　一枚　(六六一—三六)

37　太田全齋先生遺墨摺本　一枚　(六六一—三七)
扇面ニ扇ノ文

38　石刻　東湖先生墨蹟　一枚　(六六一—三八)
東照宮御遺訓

39　貝原篤信「改過説」石刻　一巻　(六六一—三九)
輶齋包紙

40　今やうむさし野みやけ　一枚　(六六一—四〇)
福羽美静、附歳旦作和歌

41　朱子家訓　一巻　(六六一—四一)
島雪江書ノ石刻

42　藤堂高猷五言古詩　一枚　(六六一—四二)
末ニ「吾公幾暇書此賜臣士彦士彦欣躍鐫板傳子孫寶之臣奥田士彦謹識」

43　福井楓亭詩「偶作」石刻　一枚　(六六一—四三)

44　「初冬早起」七絶　一枚　(六六一—四四)
伯卿ト署名ス

45　小楠公矢根和歌　一幅　(六六一—四五)
輶齋外題

46　法帖類斷片　九枚　(六六一—四六)

○

47 大嵩社碑拓本　三舗　(六六—四七)
享和二年、紀貫之撰并書ノ碑ヲ再建セシ折ノモノ、輶齋包紙

48 楠公碑墨本　一舗　(六六—四八)
朱之瑜文並書、輶齋包紙

49 吉澤櫻島碑記墨本　二舗　(六六—四九)
吉田重麗撰、市河三亥書、輶齋包紙

50 勢州神山碑　一舗　(六六—五〇)
伊藤東涯詩作、奥田三角書、輶齋包紙

51 志津嶽碑墨本　一舗　(六六—五一)
中川久貞撰、中川久徳書、輶齋包紙

52 石崎先生堂射之碑　一舗　(六六—五二)
明治二十八年一月建ツ所

53 望海樓碑　一舗　(六六—五三)
文化十年、仁井田南陽撰并書、輶齋包紙

54 林崎文庫記石刻　一舗　(六六—五四)
天明五年六月、柴野栗山撰

55 藤澤南岳先生埋髻詩碑拓本　一舗　(六六—五五)
越智宣哲書、大正十一年大阪豊田宇左衞門發行

○ 56 河道主事嵯峨吉田氏了以翁碑銘拓本　一舗　(六六—五六)
林羅山撰、源長因書、寛永七年七月十二日建

57 宮崎筠圃先生墓碣　一舗　(六六—五七)
久我信通撰并書、六條有榮篆題、輶齋包紙

58 竹内西坡墓誌　(六六—五八)
明治十三年十二月穀旦男正信誌、王仁爵書

59 花山院家厚公墓碑銅版石刷　一巻　(六六—五九)

60 溝口出雲守直侯夫人翰子墓碑石刻　一舗　(六六—六〇)

61 萬里小路博房墓誌　一枚　(六六—六一)
明治十七年二月廿七日　萬里小路通房謹誌

62 仙臺少將齊村朝臣室鷹司與君墓誌　一枚　(六六—六二)
輶齋包紙

63 岡本興齋墓誌　一枚　(六六—六三)
子行重誌

○ 64 嵯峨墓所石燈拓本　一舗　(六六—六四)
輶齋包紙、伊藤墓所ノ石燈ノ文字

65 南圓堂前銅燈臺銘石刻　二枚　（六六—六五）

末ニ東所ノ後語ガアリ、輶齋包紙

66 小納言正五位下威奈卿墓誌銘并序石刻　一枚　（六六—六六）

末ニ「蒹葭堂藏」トアリ

67 多胡碑拓本　一舗　（六六—六七）

末ニ朱書「寶暦十四歳次甲申夏四月伊勢韓天壽手搨」

68 江州日野古碑拓本　二枚　（六六—六八）

同ジ物二枚、菅貞ノ寛政己未之冬ノ後語アリ、輶齋包紙

第二類　資料斷片

1 處世雜事記　（二〇七—一）

一　神祖御示し（輶齋寫、「竹陰子より借り寫」）　一枚
二　弘道館記（徳川齊昭著、東峯寫）　一枚
三　五兩判雛形　一枚
四　享保十一年丙午尾州ゟ堀出金書付寫（東涯筆題）　一枚
五　銀座事（正徳四年東涯ノ記アリ）　一冊
六　〔貨幣勘算表〕　二枚
七　〔忌月の故事〕（花鳥餘情ヨリ）　一枚
八　〔烏帽子摸品〕（包紙ニ延徳年中之制ト東所ノ記アリ）　一箇
九　今川家傳赤藥方　一枚
一〇　うらなひ集（仁齋母里村氏ノ筆ノ如シ、中ニ「伊藤維貞」ト仁齋少年時ノ文字ミユ）　一巻
一一　點灸紙尺（一ハ東涯製袋モ同筆、二ハ東所筆、三、四ハ東里筆袋ニ入ル、ソノ三袋ヲ東涯筆ニテ「享保辛丑之歳改定」トアル包紙ニ収ム）　四箇
一二　打栗拵ヘ様（端ニ「廣澤豊次郎より承ル」）　一枚
一三　〔伊勢流弓的ノ法〕　一枚
一四　〔刀劔の札類〕（東所寫多シ）　一束
一五　〔名倉俊泰祝義禮狀刷物〕　一枚
一六　將軍家御他界追善狂連句（七代家繼將軍ノ折）　一枚
一七　新鑄金銀之公移（正徳四年東涯記アリ）　一枚
一八　痘瘡食物禁方（東所寫）　一枚
一九　正平塗ノ書付（東涯末ニ記ス「先人の時代榎本甚右衛門殿ゟ自筆傳來」）　一枚
二〇　御水しのかさりやう（京伊藤女子ノ筆ナレド筆者未詳）　一枚
二一　しうけんの時膳立　（同　　）　一枚
二二　妙藥きゝ書　（同　　）　一冊

2 宗教関係書付類　（二〇七—二）

一　渡唐天神事（天文廿年笑雲清三書ノ寫、東涯記アリ）　一枚
二　〔北野天滿宮炎上之事〕（康富記文安元年四月十三日ノ記等）　二枚
三　備後ゟ來古文書（梅宇寫「定補阿彌陀峯事弘安二年七月」、「下深津郡執行職之事建保三年七月」ノ二文書ニ梅宇註ヲ付ス、東涯題）　一通
四　鷹峰萬山塔銘（清布政使鄭任鑰撰）　一通
五　淺草寺鐘銘并序（元祿五年宣存撰、東涯包紙）　一枚
六　〔後七日御修法十首和歌〕　一通

七　享保十一年東福寺開帳文書（「享保十一丙午歳二月十一日ヨリ東福寺開帳目録之外少々覺」寫一冊　他刷物五枚　東涯ノ記アリ）　一束
八　峯入行列次第（一ニ「聖護院道祐二品親王峯入行列」トアレド他ハ題名ヲ缺ク、中ニ東峯筆三冊アリ）　六冊
九　紙錢（東所包紙「華人所用紙錢天明丙午五月山下終吉氏恵云」）　一枚
一〇　榛名山御聽宣寫（建久元年、東涯題）　一枚
一一　周眉監寺ノ補任狀寫（東涯寫）　一枚
一二　孝謙帝時法隆寺献物帳之寫（東涯朱筆、書入アリ）　一通
一三　度牒式（正和二年ノモノヲ原物大ニ摸寫、蘭嵎註記、端ニ「丁酉七月長堅寫藏」、包紙ニ又「享保三年十月廿一日収」トアリ）　一枚
一四　長府二宮祭神　一枚

3　考古資料　（三〇七―三）

一　和州法隆寺什物唐金飯筒銘（東涯書入アリ）　一枚
二　〔楊貴氏墓誌〕　一枚
三　下野那湯津上碑文（付佐々十竹考證）　一枚
四　〔鹿嶋正等寺藏驛路鈴圖〕（鳥飼圭純寫解説、東涯記アリ）　一通
五　〔正倉院蘭奢待のこと〕（元祿六年春、勅封ノコト）　一枚
六　〔鐵磬圖〕（東涯書入アリ）　一枚
七　小野毛人墓誌拓本　三枚
八　文祢麻呂忌寸墓誌拓本（東峯包紙ニ「銅板摺新古」又註記アリ）　一枚
九　久米仙君祠彫神面刷物　一枚
一〇　漢長樂未央瓦刷物（文政十年屋代弘賢古稀クバリモノ）　一枚
一一　石塔寺古墳記録（江州日野ゟ二里側石塔寺古墳三枚」トシタル包紙ニ東里「享和三癸亥十二月七日　日野後藤玄策惠寄」ト註記、中ハ勅使之墓、阿育王之墓、野屋光盛之墓ト東里ノ説明書アリ、計七枚）　一束
一二　三條大橋擬寶珠銘墨本（同物二）　二枚
一三　文祢麻呂忌寸墓誌函、金銅骨壺及玻璃製内容器（天保二年大和國宇陀郡發掘）略圖（東峯寫）　六枚
一四　下野國那須郡那須國造碑文　一枚

4　災害記事類　（三〇七―四）

一　元祿八年二月八日江戸大火　一枚
二　寶永五年三月八日京都大火　二冊
三　寶永七年十二月十九日　正德元年三月廿一日江戸火事　一通
四　享保六年三月三、四日江戸大火（鳥飼圭純送ル所）　三通
五　享保九年三月廿一日大阪大火　一冊
六　享保十一年三月四日佐賀大火（東涯題）　一通
七　享保十二年十一月十日江戸大火（東涯題）　一通
八　享保十五年六月廿日京都大火（東涯題）　二通
九　天明八年一月晦日京都大火　一通
一〇　元祿十四年六月廿日京都落雷（東涯書入）　二冊
一一　元祿十六年十一月江戸地震　二通
一二　享保八年八月八、九日奥州筋大風雨　一通
一三　享保十三年八月廿九日江戸出水（東涯題）　二通

5　巷談雑説記録　（三〇七―五）

一　野村増右ヱ門仕置の事（寶永七年五月晦日ノコト、東涯寫）

二　豆州豊川村怪獸の事（正徳四年五月ノコト）　一枚
三　宗禅寺馬場仇討の事（正徳五年十一月四日ノコト）　一通
四　和州郡山本多喜十郎殿城請取の事（享保九年二月、東涯書入アリ）　一通
　　　　一冊
五　享保十二年九月廿七日西の丸能の事
六　文政十三庚寅年風怪状（同年七月二日京都大地震ノ際ノ戯文）
　　　　一冊
七　湯島聖堂へ諸侯より寄進の目録（元祿三年ノコト）　一枚
八　國枝惣右ヱ門遠島の事（「壬申ノ冬比吉田藤八ゟ書來」トアリ、元祿九年ナリ）　一通
九　癸酉之年國替等の事（元祿六年）　一枚
一〇　彥根藩廣原主税等徵罰の事　一通
一一　在府大名御家中珍名之分　一通
一二　松浦求馬殺害一件　一枚
一三　煙焇藏爆發の事　二枚
一四　江戸消息（一ハ元祿四年六月、一ハ享保六年五月、主トシテ、幕府ノ様子ヲシラス）　二通
一五　高野山上使の事（元祿五年七月）　一冊
一六　行列次第　一枚
一七　定家眞跡歌傳受之書のこと（東涯書入ニ享保十二年ノ覺書）　一冊
一八　五月下旬之比熊野浦へ異國船參リ申候節書付（東所寫）　一枚

6　大塩一件書類　（三〇七―六）

一　大鹽落文問答（末ニ「天保八年丁酉七月廿八日借用寫了　東峯」）　一冊
二　求民大平記（東峯寫）　一冊
三　大鹽平八郎落文（東峯寫）　一冊
四　〔天保八年二月十九日報告書〕（東峯寫）　一冊
五　諸雜記（刷物、寫シ物共十八枚所収ノ袋ニ東峯書シテ「天保八年丁酉二月十九日大坂天滿東組與力大鹽平八郎其外黨徒之與力同心浪人百姓乱妨之諸雜記」）　一束

7　幕末雜記　（三〇七―七）

（幕末ノ外交内政ニ關スル公文書ヲ初メ、公卿ノ動キ、世相ナド諸事ヲ輯齋ノ寫シオキシ斷片三十七點ヲ一括ス）

8　系譜集　（三〇七―八）

一　近代皇胤圖譜（後陽成帝以後、包紙東涯筆）　一帖
二　連綿親王宣下略系圖（安原貞平寫、東所補筆、享保十二年東涯寶暦十四年東所ノ記アリ）　一舗
三　攝家譜（東涯袋ニ書ス）　一帖
四　玉牒略圖（東所識語）　一帖
五　當代玉牒考（東涯寫「享保十年乙巳歲九月改正」）　一枚
六　〔當代五攝家家譜〕（九條輔實關白時代）　一冊
七　雲井（嘉永五年、天皇ヲハジメ　御所女房マデノ一覽）　一冊
八　越前守護次第　一枚
九　〔平家系圖〕　一枚
一〇　後藤略系圖（同物二種、一ハ東所安永四年寫、一ハ東里寫）　一冊
一一　空公上人行業碑（東峯寫）　三枚
一二　白居易傳　一枚
一三　茶道千家系圖（東所寫）　一枚
一四　〔一庵系圖〕（東所寫）　一枚

9

異域人文誌類　(三〇八―九)

一　大清建國事（東涯寫）　一枚
二　朝鮮國諺文（東涯寫　包紙ニモ東涯ノ記アリ）　一舗
三　琉球官職位階之大抵（梅宇寫）　一冊
四　琉球傳（東涯記ニ「出邵經邦弘簡録　自堀氏來」）　一通
五　伊豆諸島之記（圖ヲ附ス）　一通
六　八丈ヶ島ニ漂流人口上寫（重光包紙）　一通
七　方正學不革詔事實（明史紀事本末ヨリ）　一通
八　〔史書抄記〕（梁書　言行録　國策ヨリノ抄）　一枚
九　王寅眞筆寫（東所寫）　一枚
一〇　夏禹治水碑（細井廣澤臨摹ヨリノ東里寫）　一枚
一一　泉州萬安橋碑（東里寫）　一枚

10

外交資料　(三〇七―一〇)

一　朝鮮來聘記（東涯寫、年代順ニ通交年次人名ヲ記ス）　一冊
二　秀吉書簡寫（名護屋ヨリ秀次宛ノモノ、織田丹後守ノ家來ガ所持ノモノ）　一通
三　前田玄以書簡寫（名護屋ヨリ諸公卿宛、脇坂家之家人所持ノモノノ寫ト東涯記アリ）　一通
四　朝鮮禮曹參議姜鋧ノ宗對馬守宛書狀寫（元祿四年ノモノ）　一通
五　朝鮮東萊府使李正信ノ宗對馬守宛書狀寫（正德元年ノモノ）　一通
六　〔享保四年韓使記録〕（東涯書入アリ）　一冊

○

七　朝鮮正使松堂「次蘇東坡詠陳迓叟園竹贈法橋翁」詩ノ寫　一枚
八　〔圭齋送日本僧此山詩寫〕（東涯註記アリ）　一枚
九　明洪武三年中書省咨日本國寫（東涯外題）　一冊
一〇　萬福寺與福州黄柏（檗）往復書簡二通寫（大清雍正五年二月ト大日本享保十二年ノ狀、東涯外題）　一通
一一　船主費元齡狀寫（正德五年三月ノモノ）　一枚
一二　信牌寫（正德五年、長崎通商照票）　一枚
一三　〔長崎風評狀〕　一通
一四　船主揚啓堂狀寫（文政九年ノモノ）　一通

○

一五　琉球國王尚泰久封國勅寫（明景泰年中、東涯包紙）　一通
一六　琉球國王尚益書簡二通之寫（寶永七年中ノモノ、東涯外題）　一通
一七　琉球王宛朝鮮國書寫（萬曆參拾捌年ノモノ）　一通
一八　南泉院東照宮參詣行列次第（南泉院ハ琉球人ニシテ、寶永七年十一月晦日ノコト）　一巻
一九　寶永七年琉球人濱松病死一件　一通
二〇　天保三年壬辰冬來朝琉球人名　一通

○

二一　安南國王日本國宛書狀寫（永祚六年ノモノ）　一通
二二　安南國王手旨寫　一枚
二三　安南國大都統書寫（弘定十三年、長谷川藤廣宛）　一枚
二四　安南國路引寫（永祚拾年ノモノ）　一枚
二五　安南國路引寫（永祚拾陸年ノモノ、東涯寫）　一枚
二六　眞臘國入貢之書付（東涯外題）　一通
二七　朝鮮安南國咨文憑由雜收ノ袋（東涯使用）　一袋
二八　享保丙午年阿蘭人書付（東涯外題、献上物ノ目録）　一枚
二九　玉海抄（玉海中、異國之供物ノ記事、廣瀬生ノ寫來ル由東涯記アリ）　一枚

11　詔勅類寫　（二〇七—一一）

一　源經基ヲ祭ル宣命（元祿十四年五月廿七日）　一枚
二　六孫王權現ヲ祭ル宣命（元祿十四年十一月十八日）　一枚
三　贈正一位宣命（寶永六年正月廿二日　綱吉へ）　一枚
四　東山天皇御讓位宣命（寶永六年六月廿一日）　一枚
五　贈將軍宣命（寶永七年八月廿三日、綱重へ、合セテ、同八月廿七日　贈大相國宣命）　一通
六　清揚院故甲府中納言綱重卿贈官宣命位記（前ト同文）　一通
七　享保二十年乙卯十一月三日御即位宣命（東涯外題）　一枚
八　光格天皇御諡號ノ宣命類（天保十二年閏正月）　一冊
九　同　一冊
一〇　贈正一位宣命（家齊へ　天保十二年二月）　一枚
一一　贈正一位宣命（家齊へ　天保十二年二月）　一冊
一二　春宮加冠之詔書（天保十五年三月十七日）　一枚
一三　文久三年四月廿五日新鑄錢勅書　一枚
一四　女房奉書之寫（元祿十六年九月廿九日　柳原前大納言　高野前中納言宛）
一五　元弘三年大塔宮令旨（東涯識語アリ）　一枚
一六　位記（延寶六年十二月廿八日　源重孟、從五位下）　一通
一七　宣旨（應令二品法親王尊敬授傳法灌頂職位事、慶安三年二月廿三日、）　一枚
一八　公辨親王准三宮勅（寶永四年十一月六日、東涯端書）　一枚
一九　贈正一位位記（寶永六年正月廿二日、綱吉）　一枚
二〇　青蓮院尊祐法親王　俗體ノ時親王宣下勅書（寶永七年四月廿七日、東涯端書）　一枚
二一　輪王寺宮一品公寛親王准三后宣下勅書寫（享保十六年八月廿七日、東涯端書）　一枚
二二　六孫王權現贈正一位位記（元祿十四年十一月十八日）　一枚
二三　東大寺俗別當官牒寫（昌泰二年、東涯識語アリ）　一枚
二四　近衞前攝政家煕公准后宣下勅（享保十年十二月、東涯識語アリ）　一枚
二五　櫛笥内府隆賀公任槐宣旨（享保八年）　一枚
二六　寫嘉靖十二年賜御醫徐浦蔚勅（附林春齋序）　二通
二七　葉忠父母附贈勅書（明ノ正德十六年ノモノ）　一帖

12　上表類寫　（二〇七—一二）

一　元祿二年復辟表（東涯端書）　一通
二　和泉國司申請官裁事（寶永元年十二月十一日）　一通
三　朔旦冬至賀表（享保三年、東涯端書）　一通
四　家長請學問料狀　一通

13　改元記錄類　（二〇七—一三）

一　元祿改元記錄　二枚
二　寶永改元記錄（東涯識語）　一冊
三　元文改元記錄（蘭嵎寫）　一通
四　享和改元記錄（東所識語）　一冊

14　武家公文書類寫　（二〇七—一四）

一　元龜天正間武家公文書（鳥飼圭純寫、信長秀吉ノ時代、上京中ヘ下シタルモノ、東涯記アリ）　一通
二　秀吉陣中定（東涯寫）　一枚
三　武家諸法度（元和三年七月廿五日、東涯ノ記アリ）　一通
四　寛文元祿年間觸（天和三年二月廿三日、同閏五月、天和四年二月四日、元祿十七年二月十六日、寛文九年八月四日ノ五ヲ收ム）　一冊

五　元祿五年五月六日觸　一通
六　中院大納言加贈に就き老中より所司代に贈りし書（元祿十六年九月廿八日）　一通
七　甲府少將宛御墨付（寶永二年閏四月、十五万石ヲ與フル由）　一枚
八　評定之面々へ被仰出候御書付（正徳二年九月）　一冊
九　寶永七年四月廿三日觸（通貨ノコト）　二枚
一〇　享保壬寅教旨（享保七年三月、獻上御禮物ノコト）　二通
一一　東府命令諸軍參勤之次第（享保十五年四月ノ令）　一通
一二　拜借金之書付（享保十五年十二月）　一通
一三　享保ヨリ享和マデ奢侈禁止ノ觸　一冊
一四　御改革ニ付御觸書書拔（天保改革ノ折）　一冊
一五　天保十三寅三月廿一日町々年寄共へ三條大橋會所江御召出にて西御役所御目附方ゟ被仰聞候書付　一冊
一六　卯十月奉公人につきての觸　一枚
一七　下馬ゟ下乘迄召列人數之事（九月廿日ノ觸）　一通

15　堂上武家文書類寫　（三〇七—一三）

一　御即位諸御大名方御獻上之覺（貞享四年四月）　一冊
二　享保御即位諸國獻上之覺（享保二十年、東涯外題）　一冊
三　御即位次第（近松顯忠寫、寶暦十三年、東所ノ書入アリ）　一冊
四　享保七年壬寅三月廿七日法皇御幸九條前關白殿第書付之寫（東涯端書）　二枚
五　修學院御幸御行列（文政七年九月二十一日ノコト）　一冊
六　遷幸供奉（安政二年大江康信寫、新内裏遷幸供奉公卿ノ次第、輶齋外題）　一冊
七　賀茂下上社行幸惣御列帳（文久三年三月十一日　輶齋外題）一冊
八　石清水社江行幸惣御列帳（文久三年四月四日延引シテ同月十一日ノモノ、輶齋外題）　一冊
九　行幸惣御列帳（輶齋外題）　一冊
一〇　立太子次第（享保十三年、東涯識語アリ）　一冊
一一　元祿十丁巳年御入内御勤留帳（同年二月廿五日、有栖川親王宮照子入内ノ折）　一冊
一二　〔御入内賀儀獻上物控〕（元祿十年二月ノ折、東涯ソノ末ニソノ他同年ノ世事ヲモ記ス）　一冊
一三　御入内ニ付御用狀留（享保元年十一月ノ折）　一冊
一四　御入内御祝儀獻上物等控（享保元年十一月ノ折）　一冊
一五　御入内御行列（谷行德、東峯ノ命ニヨリ寫ス、文政八年八月廿八日、仁孝天皇女御藤原祺子入内ノ折）　一冊
一六　賀茂祭使進發次第・賀茂祭社頭次第（下賀茂）　二通
一七　賀茂祭社頭次第（上ニ同ジ）　一通
一八　賀茂祭次第（上下賀茂神社ニワタル）　一冊
一九　將軍宣下式（寶永六年五月一日、家宣ノ折、東涯ノ書入アリ）　一冊
二〇　將軍宣下之節御規式之次第（享保元年八月十三日、吉宗ノ折、東涯記アリ）　一冊
二一　關白宣下御奏慶御行列（文政六年三月十九日、鷹司政通ノ折）　一冊
二二　靈元院樣御崩御香奠之覺（享保十七年ノコト、東涯外題）　一通
二三　後櫻町院登遐記（文化十年、東峯外題）　一冊
二四　後櫻町院御葬儀行列（東里寫、文化十年）　一冊
二五　仙洞御所御葬儀行列（天保十一年十二月二十日、光格天皇ノ御葬儀、東峯書入アリ）　一冊
二六　新待賢門院御方御葬式列帳（安政三年七月廿三日ノコト）　一冊

二七　諒闇終大秡儀　一通
二八　享保十六亥御所御麻疹御祝儀（享保十六年正月、靈元法皇御全快ノ折ノ、幕府ヨリノ祝儀献上物、東涯外題）　一通
二九　渡御倚廬次第（東峯寫）　一冊
三〇　覺（幕府ヨリ朝廷ヘ献上物ノ覺）　一通
三一　普請料被下候覺（諸卿ヘ普請料ヲ下ゲラレシ覺）　一通

○

三二　元祿元年戊辰十一月廿一日上野孔子堂御成次第　一通
三三　元祿辛未年孔堂迁座行列（元祿四年二月六日）　一通
三四　〔昌平坂御成次第〕（附、將軍淨土宗法問を被聽の記　元祿四年二月十一日、附ハ同八月廿九日ノコト）　二通
三五　〔聖堂御成次第〕（附、將軍中庸講談の記、元祿七年二月廿五日附ハ同二月十五日ノコト）　二通
三六　祭禮次第（聖堂祭典ノ次第、綱吉時代ノモノ）　一通
三七　二月晦日大久保加賀守樣ヘ被爲成候節被下物献上物之覺等（元祿七年ノコト、當日ノコトノ諸記録）　一冊
三八　松平加賀守亭ヘ公方樣御成之覺（元祿十五年四月廿六日）　一通
三九　水戸中納言邸御成次第（元祿十三年九月廿五日）　一冊
四〇　甲府宰相邸御成ノ折被下物及献上物之覺　一通
四一　丙午小金原御鹿狩之諸記録（享保十六年三月廿七日ノコト、東涯ノ記アリ）　二冊
四二　〔家千代樣御七夜之記録〕（寶永四年、東涯ノ記アリ）　三通
四三　就松姫樣御婚禮諸大名ゟ献上（寶永五年十一月ノコト、東涯ノ識語アリ）　一冊
四四　有章院樣御婚禮ノ折献上物覺（正徳六年ノコト、東涯ノ記アリ）　一冊
四五　比宮樣御婚儀書付（享保十六年ノコト、東涯ノ記アリ）　一冊
四六　東照宮百年御祭禮之書付（正徳五年四月十七日）　一通
四七　享保十三年戊申年日光御社參寫品々（享保十二年七月八日ノ準備ノ覺、享保十三年戊申日光御社參之節供奉之面々江被下候次第、日光御供人數并馬數、日光山御社參行列次第、東涯ノ記アリ）　三通一冊
四八　〔享保十六年日光御迁宮之覺〕（ソノ折ノ日光准后公寛法親王ノ動静ヲ記ス、東涯ノ記アリ）　一通
四九　申ノ五月御法事ニ付被遣物覺（寶永元年五月、家綱法事ノ折ノコト）　一通
五〇　京都ヘ御祝儀之上使（東涯寫、貞享四年ヨリ享保十年マデ、幕府ヨリノ上使ノ名簿）　一冊
五一　龍徳院樣御葬送御行列（東岸寫、天保二夘年九月十九日、越後長岡侯牧野忠精ノ葬式ノ折）　一冊
五二　御遺物　一通

16　博物資料　（三〇七—一六）

一　〔象之記録〕（廣南ゟ來象之書付、象之御歌寫、象入京書付、享保十四年ノコトト東涯ノ記アリ）　寫一束
二　駝鳥之圖（「天保九年六月寺町四條上町善長寺ニテ見セ物予六月二十七日見ル、東峯」ト記ス）　寫一枚
三　〔額摩鳥ノコト〕（福井棣園編ノ刷物、前ノ駝鳥ノ考證）　一冊
四　郢州橡實及茘枝之圖　寫一枚
五　〔異鳥之圖〕　寫一枚
六　白澤之圖（東峯寫）　寫一枚
七　まんぼうの圖（正徳四年三月廿七日和哥出嶋ニテ漁獲）　寫一枚
八　馬之旋毛之圖（三十二旋毛ノ中ヨリ抄記）　寫一枚
九　隕石之圖（天保七年二月十二日、大和國宇陀郡ニ落チシモノ）

寫一枚

一〇　雪華ノ圖（雪華圖説カラ抄出）　寫一枚

一一　石腦油井記（越後國蒲原郡柄目木村近傍ノ石油井ノ記ト圖、「享保甲寅夏六月日、師庸」ト末ニアリ）　寫一冊

一二　かひ子おほえ書　寫一枚

17　天文暦数資料　（三〇七—一七）

（若干ノ文書ト計算ニ用ヒル表ヤ小器具ナリ）

18　棟札及祠堂　（三〇七—一八）

一　棟札集（南禅寺等五山佛殿上梁之銘、佛國寺棟札、黄檗三門ノ札、五山棟札トセシ包紙ニ収ム）　寫一束

二　〔享保十四年東涯製伊藤家棟札ノ案〕　寫一枚

三　東堀川祠堂ノ圖及神主ノ圖　寫二枚

19　茶道瑣事記　（三〇七—一九）

一　名水（諸國ノ名水ノ名ヲツラヌ）　寫一枚

二　文久年間茶會之記　寫六通一束

三　〔茶之木植様ノコト〕　寫一枚

四　河本倜居製茶碗ノ圖　寫一枚

五　木や圜ノ書圖（東所寫）　寫一枚

六　等持院山亭ノ圖（東所寫）　寫一枚

20　文雅断片　（三〇七—二〇）

一　後崇光院震《マヽ》筆之寫（八幡御夢想歌ヘノ御返歌、東涯ノ記アリ）　寫一通

二　弘安五年清俊七絶（東里寫、附解）　寫一枚

三　樵父賛ノ寫（鳥飼圭純享保十一年寫、東涯ノ記アリ）　寫一枚

四　周麟景徐書寫（東涯ノ記アリ）　寫一枚

五　平安人物志抄（東里寫）　寫一冊

六　米庵臨書（重光寫）　寫一枚

七　千畳鋪太字圖（天保二年江戸修性院デノ書ノ刷物）　一枚

八　アラビヤ數字ノ寫（東里寫）　寫一枚

九、菅家角筆（東峰天保十五年五月寫、大江家ノ角筆）　寫一枚

一〇　官員諷刺書　寫二枚

一一　魏氏樂合奏揭目　寫一通

一二　華製筆之圖（東所寫ニシテ記アリ）　寫一枚

一三　懸想文（刷物）　一枚

一四　道風肖像（東涯包紙）　寫一枚

一五　儒者、畫工、醫者ノ狂歌　寫一枚

一六　勝定院義持公筆之寫「本源二字扁」（裏面ニ東涯ノ識語アリ）　寫一枚

一七　富得安齋「ある人のもとに答ふる言葉」（将棊ニ關スルコト）　寫一枚

一八　養石昌蒲八字訣（東所寫）　寫二枚

一九　唐裝書畫帖寸法（東所寫、董玄宰ノモノ）　寫一枚

二〇　補陀閣額寫（双鉤、泉涌寺ニアリシモノ、東涯ノ記アリ）　寫一舗

二一　「避塵深處」寫（双鉤、董玄宰ノ書ナリト東涯ノ記アリ）　寫一舗

二二　避塵深處四大字扁寫（同物ノ寫シ、東涯ノ記アリ、以上三點、一包紙中ニアリ）　寫一舗

二三　大江匡衡詩（寛弘三年三月四日作ノ寫）　寫一枚

二四　文字繪　寫一枚

二五　金澤文庫古蹟案内書　寫一枚

二六　孝俊九十賀刷物（甲寅春）　一枚

二七　拾遺和歌集巻七物名「きさのき」　寫一枚
二八　天保十四卯四月日光御社参「開口御句」　寫一枚
二九　〔大和魂ノ文献〕　寫一枚
三〇　〔唐人詩三首〕寫（文徴明以下三人、東涯ノ記アリ）　寫一枚
三一　〔道歌〕（東涯寫）　寫一枚
三二　唐櫛笥之圖（東所寫「春日神物ノ由庚子十一月十七日左府公ニて拜見」）　寫一枚
三三　〔古代衣裳之圖〕（東所寫）　寫二枚
三四　涉成園十三境目録　寫一枚
三五　〔雅語出典〕　寫一枚
三六　松尾芭蕉ニ關スル抄記（東里寫）　寫二枚
三七　軸物表裝ノ控（東里寫）　寫三枚

21　反古類　一束　（三〇七―三）

追加

東涯書仁齋先生題水哉閣詩　一幅函　（三八—三七）

末ニ「右先子題水哉閣　戊戌之冬長胤書」トアリ、戊戌ハ享保三年、江馬天江箱書ニ「歳在丙戌小春觀并題於近江長濱宿次　天江欽」（東涯書誌略第四類ノ一ノ中ヘ追加）

伊藤延藏宛書翰　（八月四日附）　一軸　（四四—三）

内藤學文自筆

和書索引

ア 行

カ 行

サ行

タ　行

ナ　行

漢籍索引

サ行

タ　行

古義堂顚末の記

昭和十六年の十二月、古義堂移譲のはなしを仲介者からきゝ、だいたいの相談もまとまつてから、私は、ぜひ一度、伊藤孝彦さん自身から、文庫を手離そうという、本當のところをきいておきたいとおもい、古義堂をたずねた。そのとき關係者全部があつまつていたが、當の伊藤さんがいなかつたので、わざわざお勤め先からかえつて貰い、今までの經過を私からおはなしし、色々な點についてじかに念をおし、そして、今更ら天下の著名な文庫をどうして手離されるかとおたずねした。伊藤さんは顔をよこ向けしたまゝ、萬事はてまえの方の代理人にまかしてあるから、それとはなしをして欲しい、條件はすべて異存はない、というようなことを暗誦するようにのべられてから、立とうとし、又、座りなおして一言、言いわけめいた感想をつけ加えられた。

「府からいただく年九十圓ばかりの補助では、この家、屋敷をさゝえていくことは、とてもできません」

そのご樣子は、むしろ私に、移譲することをゆるして貰いたい、と乞うようなふうだつた。私はいさゝか驚いたのであるが、同時に、この文庫は、鷹がとらねば鳶にとられる、と直感した。それで、この人とのはなし合いはこゝで打ちきり、その夜から翌日にかけて、二三この文庫と關係のある、市在住の諸名士をたずね、そのご意見をたゝき、なお、伊藤さんによつて答えられなかつたものを知り、且つ、後日のため、文庫の移讓に遺憾をのこさぬよう、諒解をもとめたのであつた。

それから、中二度ほど、こまかな引取りについて相談にあがつたことはあつたが、それを除けば、大きくは、前後三回にわたつて、この文庫移讓の衝に立つことになつた。

第一回は、ちょうど大戰勃發の日を中にして、二度の引越しをした。西藏にあるものの全部で、こゝには千字文によつて函分類され、階上階下にわたりつみ重なつた遺書類、稿本類、若干の文書と消息類、記録類、さらに二千面におよぶ仁齋以後の著述の版木、それに文化元年花山院愛徳卿が大師流をもつて書した「古義堂」と、享保十六年東涯筆刻になる「稽古堂」の二面の扁額などで、この最後の二品は、のちに文庫の看板がいりようになつたときの用意のためで、このとき、引取りの主旨をあくまで、古義學の内容をつたえる遺書、遺品においていたのである。だからこのときは、門人帳、家乘（伊藤家日記）、著述稿本などを、もつとも重しと見、西園寺公の「如在」の書幅や、光悅筆蘭亭記などこそあつたが、仁齋、東涯、東所三代の肖像畫も含まれていなければ、藏印類も岡崎圖書館寄託の漢籍類も考慮の外であつた。その代り、學の對象としてこゝに在るべき蘭嵎の紹衣稿など、不在のものにつきその所在を明らかにし、その蒐集方法まで、うち合わせたのであつた。著名な明應版論語集解、後水尾天皇勅版皇朝事實類苑等は、もちろんこのときに引取りその總數は、五千冊あまりであつた。

第二回は、昭和十七年五月で、もつぱら岡崎圖書館に寄託された漢籍類、約二千七百冊である。反町さんの記憶では、この引取りのことは、第一回目の後始末がすんだのちに話頭にのぼつたとあるが、正にそのとおりで、文庫の主軸を移轉してから、はじめて、古義堂復元の輪郭は擴大されたのである。が、從來圖書館事情の上では、これにつき、元の館長北畠貞顯翁に意見あるべきことが知られていたから、私は、書面をもつて事のいきさつを告げ、なほ所信をのべて、ちかく引取りに赴きたいことをお斷りしたが、これに對するご返事は、何もなかつた。そこで豫定どおり、中村幸彦君が出張して、時の岡崎圖書館長内藤乾吉氏のご許可をえて無事引受けを了した。この中に、金澤文庫の印をもち、一部伊藤蘭嵎の補寫になる國寶宋本歐陽文忠公集ほか、元本事文類聚、その他仁齋、東涯二師の書入れをもつ諸本が多く含まれていた。歐陽文忠公集の金澤文庫印については、本集第六巻の後尾に一顆を止めるばかりで、他冊ではすべて切取られている關係上、念のため、此れを岡崎圖書館に糺したが、それは初からそうなつていたもので、何時切取られたかは判らぬ、という返事であつた。

最後は、直接お宅からの依頼によつて私が出向いた。この第三回と二回目との間に、も一度出向いて孝彦さんから、書畫類、他の原稿などをいたゞいたが、これは最初に遺漏したものを主としていた。この第三回、最後のときには、たしか、三先生の肖像畫、はじめて東藏から第一回以外の筆稿類、反古類、硯、筆にいたるまで選出し、なほ紹述遺稿と附箋した二棹をふくむ四棹の簞笥を容器として貰つた。東藏には、なお多くの文筆類以外の器物、著名な遺品などがあつたが、私は、これ以上古義學に關する資料はとり出しえないことを告げた。このときは既に孝彦さんは物故されていたが、最初の文庫移轉以後の、主として史蹟維持上の事情をこま〲と承り、私よりも、更に今後の遺蹟保存上の諸注意を、なにくれとなく申上げ、祠堂に三拜し、夕暮近く古義堂を辭した。

こうして古義堂は、學の遺承に關するかぎり、昭和二十年の暮れまでにわたつて引繼がれたが、すでに以前から散佚していた書籍、又おもな人々の手になる筆稿、發信した書翰、そのほか地方に散在する關係文献は、このさい、ゆるすかぎり文庫に回收することにきめ、機會あるごとに購入し、ゆずりうけ、又、複製した。これらの中には多數の仁齋の書翰、東涯の三奇一覽帖、名物六帖の遺芳も存し、紹衣稿は原本、東所編の二種とも影寫におさめた。このほか古今學變、及び、仁齋百年忌に刷つて配布した「德必有鄰」の版木なども回收された。又、この中に原本から、纔かに洩漏した古學先生別集の一冊を還元して下さる慶應大學阿部司書のような方もあつた。残芳を拾遺するかたわら、機をつくつて文庫の顯彰につとめた。第一回收受の翌昭和十七年十月には、新村出、武内義雄、吉川幸次郎三博士による記念講演會をもよおし、別に、主要著述、稀覯本、稿本等の展覽會をひらいた。つゞいて仁齋書誌略を刊行し、これを主體とする百七拾點は重要美術品に指定せられた。その間、中村君は、仁斎日記抄、伊藤東涯来翰集抄、古義堂の小説家達をはじめ數種の稿、述をもつて啓蒙の任にあたり、近くは「ビブリア」第四號を古義堂記念號として世におくつた。

最後に文庫の整理について一言いたしておきたい。文庫は、入館とともに、これを本館第十一號研究室におさめ、假架を配して特殊文庫として保管することにした。新文庫のため、狩野君山先生は「實事求是」の四字を題しておくられ、本館では司書研究員中村幸彦君（現天理大學教授）が研究、整理を擔當し、その間、前川梅造司書その他がこれをたすけた。整理の業は、書籍の清掃、製本、書函の修理にはじまり、特殊分類表の作成、本館藏書として正式編入などをへて、印刷目錄印行に及んでいる。そのうち、もつとも困難をおぼえたのは諸稿類の識別と順列作成、舊函內容の編成替え、更に、書翰、反古等の零片紙葉の類別整理で、數萬に及ぶ、この最後のものゝ處理はきわめて繁雜、面倒なものがあつたに拘らず、係員は始終一貫して整理を完了した。爾今、古義堂に想いをよせる學者、研究家にとつて、本目錄が至便の書誌たるべきことを疑わない。

この文庫をめぐつて、なお多くの方々の名が記念さるべきである。とくに、中山眞柱さまは、最初に弘文莊主人よりはなしをきかれ、その讓受決定をすゝめて下され、今日まで、特別のご關心のもとに完備を激勵して下さつた。又、狩野直喜、新村出、吉川幸次郎、岩井武俊の諸先生にも、入館後は、何くれとなくご注意をたまわり、駕を枉げて文庫の状況を直視いたゞくこと一再にとゞまらなかつた。なお、知見の方々、諸書店主人方から、思わぬ蒐集上のご便宜をたまわつたことは、文庫復元の上にひじような便をえたもので、玆に御禮申上げるとともに、將來のため、併せてご協力をお願申上げる。

昭和三十年十月

天理圖書館長

富永牧太

天理圖書館叢書

第一輯	天理教書目誌	第1編	昭和5
第二輯	Catalogue of Special Books on Christian Missions.		昭和7
第三輯	藏書分類目錄	第1編	昭和7
第四輯	加波伊文庫著者名目錄		昭和8
第五輯	藏書分類目錄	第5編	昭和8
第六輯	藏書分類目錄	第2編	昭和9
第七輯	藏書分類目錄	第3編	昭和9
第八輯	藏書分類目錄	第4編	昭和10
第九輯	天理教書目誌	第2編	昭和10
第十輯	藏書分類目錄	第6編	昭和10
第十一輯	藏書分類目錄	增加第1編	昭和12
第十二輯	稀書目錄	和漢書之部	昭和15
第十三輯	稀書目錄	洋書之部	昭和16
第十四輯	仁齋書誌略	古義堂文庫書誌 第一	昭和19
第十五輯	稀書目錄	和漢書之部第二	昭和26
第十六輯	稀書目錄	洋書之部第二	昭和26
第十七輯	綿屋文庫連歌俳諧書目錄		昭和29
第十八輯	逐次刊行書目錄	第二版	昭和29
第十九輯	中文地志目錄		昭和30
第二十輯	Catalogue of Special Books on Christian Mission. Vol. II.		昭和30
第二十一輯	**古義堂文庫目錄**		**昭和31**

善本寫眞集

I	日本近世自筆集	昭和28
II	きりしたん版	昭和28
III	古俳書(1)	昭和29
IIII	西洋古版日本地圖集	昭和29
V	稀觀本集	昭和30
VI	滿文書籍集	昭和30

TENRI CENTRAL LIBRARY SERIES

No. 1	Bibliography of Tenrikyō. (Vol. 1)	1930
No. 2	Catalogue of Special Books on Christian Missons. Vol. 1.	1932
No. 3	Classified Catalogue of the books of the Tenri Central Library. Part I.	1932
No. 4	Catalogue of the Kawai Library in the Tenri Central Library.	1933
No. 5	Classified Catalogue of the Tenri Central Library. Part V.	1933
No. 6	Classified Catalogue of the books of the Tenri Central Library. Part II.	1934
No. 7	Classified Catalogue of the books of the Tenri Central Library. Part III.	1934
No. 8	Classified Catalogue of the books of the Tenri Central Library. Part IV.	1935
No. 9	Bibliography of Tenrikyo. (Vol. 2)	1935
No. 10	Classified Catalogue of the books of the Tenri Central Library. Part IV.	1935
No. 11	Classified Catalogue of the books of the Tenri Central Library. 1st supplement to Part I–VI.	1937
No. 12	Catalogue of the rare books of the Tenri Central Library. (Japanese and Chinese books. Vol. 1)	1940
No. 13	Catalogue of the rare books of the Tenri Central Library. (Books other than Japanese and Chinese. Vol. 1)	1941
No. 14	Abridged bibliography of Itô Jinsai's works. (A part of the Kogidô Library, the former collection of the School of Itô Jinsai)	1944
No. 15	Catalogue of the rare books of the Tenri Central Library. (Japanese and Chinese books. Vol.2)	1951
No. 16	Catalogue of the rare books of the Tenri Central Library. (Books other than Japanese and Chinese. Vol. 2)	1951
No. 17	Catalogue of the Wataya Library, the Catalogue of Renga and Haikai in the Tenri Central Library.	1954
No. 18	Catalogue of the Periodicals in the Tenri Central Library.	1954
No. 19	Catalogue of Chinese geographical books on China and her neighboring countries.	1955
No. 20	Catalogue of Specicial of Special Books on Christian Missions. Vol. II.	1955
No. 21	**Catalogue of Kogidô Collection, formerly owned by the School of Itô Jinsai.**	**1056**

TENRI CENTRAL LIBRARY PHOTO SERIES

I	Authographic documents of Edo-period in Japanese literature.	1953
II	The Jesuit Mission Press in Japan.	1953
III	Kohaisho (1) — Materials of early Haikai —	1954
IV	Early printed maps and atlases of Japan made in Western countries.	1954
V	Old and rare books and manuscripts-Japanese, Chinese and Foreign.	1955
VI	Collection of Manchu books.	1955

昭和三十一年三月二十日印刷
昭和三十一年三月二十六日發行

編輯者　奈良縣天理市
天理圖書館
右代表者　富永牧太

印刷者　奈良縣天理市
天理時報社
右代表者　岡島善次

發行者　奈良縣天理市
天理大學出版部
右代表者　今西國三郎

古義堂文庫目録　復刻版

発行　平成十七年十二月十五日

定価　(本体二〇、〇〇〇円+税)

編者　天理大学附属　天理図書館

発行者　株式会社　八木書店

代表　八木壮一

東京都千代田区神田小川町三―八

電話　〇三―三二九一―二九六一〔営業〕

二九六九〔編集〕

FAX　〇三―三二九一―二九六二

印刷・製本　株式会社　クイックス

ISBN4-8406-0045-7